抗日战争时期中国人口伤亡和财产损失调研丛书

主　编　张树军　李忠杰
副主编　蒋建农　霍海丹
　　　　李　蓉　姚金果

山东省抗日战争时期人口伤亡和财产损失

山东省委党史研究室　编

中共党史出版社

图书在版编目(CIP)数据

　　山东省抗日战争时期人口伤亡和财产损失/山东省委党史研究室编.
—北京:中共党史出版社,2017.1
　　(抗日战争时期中国人口伤亡和财产损失调研丛书/张树军,李忠杰主编)
　　ISBN 978-7-5098-3769-6

　　Ⅰ.①山… Ⅱ.①山… Ⅲ.①抗日战争－损失－史料－山东省
　　Ⅳ.①K265.06

中国版本图书馆 CIP 数据核字(2016)第 153417 号

出版发行:**中共党史出版社**
责任编辑:贾京玉
复　　审:陈海平
终　　审:汪晓军
责任校对:龚秀华
责任印制:谷智宇
责任监制:贺冬英
社　　址:北京市海淀区芙蓉里南街6号院1号楼
邮　　编:100080
网　　址:www.dscbs.com
经　　销:新华书店
印　　刷:北京汇林印务有限公司
开　　本:170mm×240mm　1/16
字　　数:896 千字
印　　张:47.5　17 面前插
印　　数:1－3050 册
版　　次:2017 年 1 月第 1 版
印　　次:2017 年 1 月第 1 次印刷

　　ISBN 978-7-5098-3769-6
定　　价:96.00 元

此书如有印制质量问题,请与中共党史出版社出版业务部联系
电话:010－82517197

《抗日战争时期中国人口伤亡和财产损失调研丛书》

本课题在中共中央党史研究室室委会领导下进行。先后四位时任主任孙英、李景田、欧阳淞、曲青山对本课题给予了重要指导。

主　编　张树军　李忠杰
副主编　蒋建农　霍海丹　李　蓉　姚金果

参加审稿的领导和专家：

一、中共中央党史研究室领导和专家

　　曲青山　孙　英　龙新民　陈　威　石仲泉
　　谷安林　张树军　黄小同　黄如军　李向前
　　陈　夕　任贵祥　郑　谦　王　淇　黄修荣
　　刘益涛　韩泰华

二、有关部门和单位的专家

　　李景田（第十二届全国人大常委、民族委员会主任
　　　　　　委员；中共中央党史研究室原主任；中共
　　　　　　中央党校原常务副校长）

　　何　理（中国人民解放军国防大学少将、教授、中
　　　　　　国抗日战争史学会会长）

　　支绍曾（中国人民解放军军事科学院少将、原军事

历史研究部副部长、研究员）

罗焕章（中国人民解放军军事科学院研究员）

刘庭华（中国人民解放军军事科学院原军事历史研究部研究室主任、研究员、博士生导师、首席军史专家）

阮家新（中国人民革命军事博物馆原副馆长、研究员）

步 平（中国社会科学院近代史研究所原所长、研究员）

汤重南（中国社会科学院世界历史研究所研究员、中国日本史学会名誉会长）

姜 涛（中国社会科学院近代史研究所研究员）

荣维木（《抗日战争研究》原主编）

郭德宏（中共中央党校党史教研部原主任、教授、博士生导师）

肖一平（中共中央党校党史教研部教授）

杨圣清（中共中央党校党史教研部教授）

李东朗（中共中央党校党史教研部教授、博士生导师）

徐 勇（北京大学历史系教授、博士生导师）

李良志（中国人民大学中共党史系教授）

王桧林（北京师范大学教授、博士生导师）

谢忠厚（河北省社会科学院原现代史研究所所长、历史研究所顾问、研究员）

中共中央党史研究室课题组成员

李忠杰　霍海丹　李　蓉　姚金果　李　颖

王志刚　王树林　杨　凯

《抗日战争时期中国人口伤亡和财产损失调研丛书》

总　　序

中共中央党史研究室副主任　李忠杰

发生在 20 世纪三四十年代的中国人民抗日战争，是中华民族抵抗日本帝国主义侵略的一场规模巨大的战争，是世界反法西斯战争的重要组成部分和东方主战场，是近代以来中国反对外敌入侵第一次取得完全胜利的民族解放战争。中国人民抗日战争的胜利，成为中华民族由衰败走向振兴的重大转折点，也对世界各国人民取得反法西斯战争的胜利、争取世界和平的伟大事业产生了巨大影响。

这场战争，作为世界反法西斯战争的一部分，从根本上来说，是反法西斯正义力量与法西斯侵略势力之间的一场大决战，是文明与野蛮的一场大搏斗。日本侵略者，站在法西斯阵营一边，不仅与中国人民为敌，而且与世界人民为敌，肆意践踏人类的公理和正义，企图以残暴杀戮的手段，将中华民族置于自己的铁蹄之下。日本侵略者先后占领了中国、东南亚、南亚、大洋洲许多国家的领土，杀害居民，掠夺物资，强征劳工，施放毒气，蹂躏妇女和儿童，毁坏和窃取文物，造成了大量人员和财产的损失，给中国人民和亚洲其他许多国家人民留下了巨大的创伤，给世界文明造成了空前的破坏。

中国是受战争摧残最为严重的国家。从 1931 年到 1945 年的 14 年间，日本侵略者先后占领了东北、华北、华中、华南等大片中国最重要的经济政治文化战略地区。在整个战争进程中，日军到处屠杀、焚烧、抢掠、奸淫，使中国人民的生命财产惨遭蹂躏；大量使用生化武器，进行残酷的细菌战和化学战；把大批中国平民和俘虏当作细菌和毒气的试验品；对无辜的中国平民施放毒气，或在河流、湖泊、水井中投毒；掠走大批中国劳工，强迫他们筑路、开矿、拓荒，从事大型军事工程，使其大批冻、饿、病、累而死；强征中国妇女作为"慰安妇"，严重残害妇女的身心健康；对抗日根据地实行"烧光、杀光、抢光"政策，企图摧毁抗战军民起码的生存条件；在许多地方还制造了一系列触目惊心的大惨案。直至今天，日本侵略所造成的后果还难以完全消除，日军遗留的毒气弹还不时地威胁着中国人民的生命安全。

日本侵略者的罪行，违背了起码的人类良知和国际公法，不仅是对人权和人道主义的践踏，而且是对人类文明的挑战。它决不是如某些日本右翼分子所说是解放亚洲和太平洋地区人民的行动，而是亚洲和太平洋地区历史上最黑暗的一幕，是人类文明史上的一场浩劫。第二次世界大战结束后，根据《波茨坦公告》的规定，远东国际军事法庭在东京对日本首要战犯进行了国际审判，确认侵略战争为国际法上的犯罪，策划、准备、发动或进行侵略战争者为甲级战犯。此外，盟军还在马尼拉、新加坡、仰光、西贡、伯力等地，对日本的乙、丙级战犯进行了审判。中国也先后对日本的有关战犯进行了审判。这些审判，与欧洲的纽伦堡审判一起，使发动侵略战争的罪犯受到了应有的惩处，代表了全世界一切爱好和平人民的共同愿望。这是正义的审判，历史的审判！这一审判的结果是不容挑战的！

策划和制造当年这场战争的，是一小撮日本军国主义和法西斯分子。而日本人民，从根本上来说，也是受害者。所以，日本人民也用不同方式对这场战争进行了抵制和反抗。不少参加侵华战争的士兵认识到战争的性质，幡然悔悟，积极参加了国际和日本国内的反战活动。战后，很多人勇敢面对历史事实，以见证人的身份揭露了日本军国主义的罪行。还有很多当年的士兵，真诚忏悔战争的罪行，以实际行动推动世界和平和中日友好，做了很多有益的工作。他们的良知和勇气，应该得到充分的肯定和赞赏。

相反，日本国内一些右翼势力，直到今天仍然否认侵略战争的性质和罪行，竭力推卸侵略战争的责任。对早已由当年远东国际军事法庭作出严正判决的南京大屠杀一案，始终企图翻案。历史不容改变，事实岂能抹杀！企图歪曲历史，掩盖罪行，这是中国人民绝对不能同意的！

中国人民在当年那场战争中的胜利，是正义战胜邪恶、光明战胜黑暗、进步战胜反动的伟大胜利！是正义的胜利、人民的胜利、和平的胜利！既是中华民族永远值得纪念的胜利，也是世界人民永远值得纪念的胜利！但是，在纪念胜利的同时，我们不要忘记，这一胜利是用极为惨重的代价换来的。在这一伟大胜利的背后，是中华民族遭受的巨大人员伤亡和财产损失！中华民族，既为这场战争的胜利作出了巨大的贡献，也在这场战争中付出了巨大的民族牺牲。

1995年，江泽民同志在首都各界纪念抗日战争暨世界反法西斯战争胜利50周年大会上，对当年日本侵略中国造成巨大人口伤亡和财产损失的基本数据作出了重要表述。2005年，胡锦涛同志在纪念中国人民抗日战争暨世界反法西斯战争胜利60周年大会的讲话中，再次郑重宣布，据不完全统计，在抗日战争期间，中国军民死伤3500多万人；按1937年的比值折算，中国直接经济损失1000多亿美元，间接经济损失5000多亿美元。中国领导人公开宣布的基本数据，从整体上揭示了中国人口伤亡和财产损失的规模，有力地揭露了日本军国主义侵略的罪行。

数据，是历史的抽象。数据的背后，是大量的事实、确凿的证据，是无数人们的惨痛记忆和血泪控诉。为了更直接、更具体、更全面、更系统、更立体地还原当年的历史，展示中国人民遭受的灾难和损失，揭露日本军国主义的罪行，驳斥日本右翼势力否认侵略罪行的种种言论，我们必须通过更多档案资料的展示、历史文书的挖掘、具体事实的考查、当事人的证词证言、各种各样的物证书证，等等，将侵略者的罪行昭告天下。因此，作为炎黄子孙，作为郑重的历史工作者，有必要、有责任、有义务、也有权利对战争期间中国的人口伤亡和财产损失进行更加系统、详尽、具体的调查研究，将当年中国人民的巨大牺牲和惨重损失永远地记载下来。

这项调查研究工作，本来在抗日战争结束之后，或者在新中国成立时，就应该进行。但由于种种历史原因，未能系统、全面地进行。由于年代久远，资料散失，在世的证人越来越少，现在进行这方面的调查和研究已经有很大困难。但是，无论早晚，这项工作总得有人来做。现在才做，已经晚了几十年。但如果现在再不做，将来就更晚，也更困难了。所以，无论再困难，做，都是必要的。做好这项调研，是对历史负责、对人民负责、对当年的牺牲殉难者负责、对我们的子孙后代负责。根本上，是对整个中华民族负责，也是对国际社会和人类文明负责。

因此，2004年，中央党史研究室决定开展《抗日战争时期中国人口伤亡和财产损失》的课题调研。从2005年开始，组织全国党史部门围绕这一重大课题，开展了系统深入的调研工作。其基本任务，是按照实事求是的原则，调查更加详实、有力、具体、准确的档案、材料、事实，更加清楚准确地掌握日本军国主义的侵略罪行，更加清楚准确地掌握日本侵略在各个不同领域、地区和方面对中国造成的破坏和损失。其中包括：各个省、自治区、直辖市在抗战中的人口伤亡和财产损失情况；历次重大战役战斗中中国军队伤亡的情况；日本从中国掠走各种资源的情况；日本从中国掠走和破坏文物的情况；日军在中国制造的一系列重大惨案；中国劳工的损失情况；中国妇女遭受日军性侵犯的情况，包括"慰安妇"的情况；日军在中国使用细菌武器、化学武器及其造成伤害的情况；日本侵略在其他方面给中国造成破坏的情况；等等。

课题调研的整体布局，实行块块和条条的结合。每个省、自治区、直辖市党史研究室，主要负责把本区域内的情况调查清楚。也可根据实际情况，选择一些重点，进行专题性的调研，形成专题性的研究成果。一些重要专题，单靠某个省（自治区、直辖市）做不了，就采取条条的办法，组织专题性的调研。还有一些，则是条条与块块相结合。如毒气，日军在不同区域使用过，有关的省（自治区、直辖市）都调查。但作为一个专题，由相关的区域进行协调，配合开展调研工作，并形成专项的调研成果。如劳工、性侵犯等，就大致属于这种类型。

课题调研的方式方法，主要是查阅和搜集档案文献资料，包括不同历史时期的统计报表。同时查阅当时有关的报刊资料，查阅多年来涉及有关地方、有关课题的研究成果。对一些特殊的重大事件，特别是重大惨案等，也同时进行社会调查，对当事人、知情人、有关研究人员等进行走访，记录证词证言。对于特别重要的事件，有条件的，还进行必要的司法公证，如南京大屠杀、潘家峪惨案等，使这些调查都成为在法律上可以采信的证据。根据需要与可能，也到国外境外包括台湾地区查阅搜集档案资料。

中央党史研究室进行了大量组织和指导工作。在课题确定前，首先进行了必要的论证，得到了许多专家的支持。随后，制定了详细的工作方案，向各省、自治区、直辖市党史研究室发出正式通知和实施意见，明确了工作的指导思想、组织领导、调研项目、工作步骤、基本要求、注意事项等等。为了提高认识，振奋精神，交流经验，落实措施，专门召开了工作培训会议，就课题的总体规划、调研方法、需要把握的问题等，作了全面部署，特别是提出了把调研工作做成"基础工程、精品工程、警世工程、传世工程"的要求。多年来，一直分阶段、有步骤地把这项课题调研推向前进。有关领导和专家分别到各地参加会议，指导培训，提出要求，统一规格，解答疑难问题。在调研过程中，随时就有关问题进行具体指导。工作班子及时编发简报和简讯，交流情况和经验。

各级党委和政府高度重视。多数地方成立了由党史研究室领导负责的课题组。各地先后召开工作会议、电话会议等，培训人员，落实任务。许多地方形成了由党史研究室牵头，档案、民政、财政、司法、地方志、社科院以及高校等部门单位联合攻关的局面，保证了调研工作扎扎实实、有计划有步骤地向前推进。

《抗日战争时期中国人口伤亡和财产损失》课题调研先后经历了六个阶段。第一，酝酿启动。第二，全面调研。这是最重要的阶段。各地组织专门人员，查询档案，实地走访，搜集了大量资料。第三，起草报告。凡参加调研的县以上单位，都要在搜集整理、考证研究档案文献资料和进行实地调查的基础上，写出调研报告，全面、准确地反映调研成果。同时，将调研中搜集的档案文献资料进行分类整理，制作统计表、大事记和人员伤亡名录等。第四，分级验收。为保证调研成果的科学性、准确性、严肃性，各省、自治区、直辖市调研报告都要经过四级验收。首先由课题领导小组审查通过，然后聘请所在省份资深专家审读验收，合格后报送中央党史研究室课题组。中央党史研究室课题组审读各省、自治区、直辖市的调研报告及相关调研成果，认为合格后，再聘请有全国影响的专家审读，写出书面意见并亲笔署名。根据审读意见，各地都要反复认真进行修改，只有达到规定要求才能通过验收。第五，上报成果。完成调研工作的省、自治区、直辖市，都按统一要求，将调研中收集的档案文献资料等所有文件，精心整理，分类成册，向中央党史研究室提交调研成果。各市县也要逐级向省级报送。第六，反复审核。中央党史研究室召开审稿会，组织各省、自治区、直辖市按照标准自审，相互间互审，将各种材料进行比对，将有关数据核实，解决带有共性的问题，进一步统一标准、统一规范、统一格式。

这项课题调研，作为一项浩大的工程，到目前为止，进行了将近10年之久。前后共有60多万党史工作者、史学工作者和其他各类有关人员参加。将近10年来，各个地方都周密组织，采取有力措施推动工作开展，保证调研质量。如山东省，先在30个县（市、区）进行试点，然后在全省普遍推开，形成了纵向省市县乡村五级联动、步调一致，横向十几个部门优势互补、携手攻关的工作格局。课题调研期间，山东省参加工作的同志共查阅档案238742卷，复印档案资料406912页，查阅抗战期间及战后出版的书刊61301册（期），复制文献资料220177页。走访调查8万余个行政村、609万名70岁以上（即1937年全国性抗战爆发以前出生）老人中的507万余人，收集证言证词79万余份。拍摄照片资料7376幅、录像资料49678分钟，制作光盘2037张。全省1931个乡镇，每个乡镇都建立了包括证人证言证词、伤亡人员名录、财产损失清单、人员伤亡和财产损失数字统计、人员伤亡和财产损失大事记、重大惨案证据材料以及证人和知情人口述录音、录像、照片等内容的抗战时期人口伤亡和财产损失材料卷宗，共12892个。

这项课题调研，也得到了社会各界特别是档案图书部门、专家学者的普遍支持。许多档案馆、图书馆为这次调研提供各种方便。不少专家学者在教学科研任务繁重、经费困难的情况下，承担专题研究任务。有的外请专家利用学校假期全力以赴做课题，缺少交通工具，就以自行车代步或徒步，到档案馆和图书馆查阅文献资料。

为了扩大搜寻面，中央党史研究室还组织查档小组，分赴美国、俄罗斯、日本，搜集了许多抗战史料。很多地方的课题组都到台湾查档。在台北"国史馆"、中国国民党党史馆、"中央研究院"近代史研究所档案馆等，找到了数量巨大、整理比较细致的抗战档案。台北"国史馆"馆藏的国民党在大陆统治时期行政院赔偿委员会档案，涉及抗战时期中国人口伤亡和财产损失的有8924卷，内容十分翔实具体。既有中央机关、军队系统人口伤亡和财产损失情况，也有地方省、市，县、区和个人填报的资料，包括台湾地区和华侨的档案资料。新疆防空委员会也报送有财产损失材料，如修筑防空工事、疏散费等财产损失。重庆市报送有日机空袭慰恤重伤难胞姓名卡，上面有卡号、伤员姓名、性别、年龄、籍贯、受伤时间、受伤地点、犒金额、发犒金时期、所住医院名称、医院地址、入院时间等，受伤部位还配有图片加以说明。所有这些，为查明当时各方面的人口伤亡和财产损失，提供了重要证据。

这项重大课题调研的成果，均编成《抗日战争时期中国人口伤亡和财产损失调研丛书》公开出版，为国内外学者提供并为子孙后代留下一份关于抗战时期中国人口伤亡和财产损失的系统资料。经过验收、审核合格的调研报告和主要档案文献资料，都按统一体例，编辑成为丛书的 A、B 两个系列。A 系列为各省、自治区、直辖市各一本调研成果，以及若干重要专题的调研成果，由中央党史研究室负责审核。B 系列为各省、自治区、直辖市的其他大量调研成果，由各省、自治区、直辖市党史研究室负责审核。全部成果统一设计、统一规格、统一版式、统一编号，由中共党史出版社统一出版。全部出齐之后，将有 300 本左右。

为了集中反映日本侵略者在中国制造的各种重大惨案，我们专门编纂了一套《抗日战争时期全国重大惨案》，收录抗战时期死伤平民（或以平民为主）800 人以上的重大惨案 100 多个，配以档案、文献、口述及照片等作为历史证据。日本一些右翼分子，常常攻击中国为什么不拿出伤亡人员名单。我们专门安排了一个省，即山东省，公布该省具体的伤亡人员名录（第一批先公布该省100个县〈市、区〉的死难人员名录），包括姓名、籍贯、年龄、性别、伤亡时间等多项要素。以此说明，中国的伤亡人员都是有根有据、铁证如山的。

历史的生命在于真实、客观、准确。《抗日战争时期中国人口伤亡和财产损失》这一课题调研的生命也在于真实、客观、准确。所以，在开展这一课题调研的过程中，我们始终把保证调研质量，保证所有材料、事实、成果的真实性、客观性和准确性放在第一位，并在五个重要环节上严格要求、严格把关。第一，严格要求。一开始就明确规定，课题调研工作坚持实事求是的原则和科学严谨的态度。整个调研工作必须尊重历史事实。档案怎么记录的，就怎么记载，不能随意改变。当事人、知情人怎么说的，就怎么记录，不能随意加工。所有的材料、事实都要经得起法律上和学术上的质证。在需要与可能的情况下，对当事人、知情人的证词证言要进行司法公证。各种数据，都要确有根据，不能随便编排、采信。不许追求任何高数字、高指标。第二，统一规范。对课题调研的项目、内容，都做了认真细致的研究，提出了统一要求和严格规范。对全部调研项目设计了统一的表格，对调研报告的内容和格式做了统一规定。每个数字的内涵外延，包括如何计算、如何换算等等，都有明确的规定。事前对调研人员进行了培训。调研过程中，对没有理解的问题、疑难的问题等，都由专家给予统一的解释、说明。第三，责任到人。对所有参与课题调研的人员，都实行责任制。查档的、笔录的、整理的、起草调研报告的、审读的……，每个环节的人员都要签名，以对这一环节自己的工作负责，对子孙后代负责。明确规定，今后凡遇到质疑，有关环节的调研人员都要能够站出来进行证明、解释和辩论。第四，客观撰写。在汇总情况、起草调研报告阶段，要求所有的数据统计都必须客观、真实、准确。一律用事实说话，材料要具体、实在。不允许像写文艺作品那样来写调研报告；不允许作任何想象、编造和煽情性的描写；不允许刻意追求语言的生动华美；不允许使用任何带有夸张性、主观推断性的文字；不允许用"不计其数"、"无恶不作"这类抽象的形容词来概括相关内容；经过调研，凡是能够说清的事实、数字都予采用，但仍然说不清的情况、数据，就客观地说明未查核清楚，在汇总和整理数据时充分考虑这些因素，绝对不得编造数字。第五，逐级验收。除了在调研过程中由特聘的专家随时给予指导外，对各地提交的调研报告和相关材料，都实行逐级验收制度。其中，对省级调研成果实行由地方到中央的四级验收，其他调研成果由有关省、自治区、直辖市党史研究室组织验收。每一验收环节都要有专家审读、签字。凡存在问题和不符合要求之处，都要退回重新核查和修改。

经过艰苦努力，到 2010 年底，我们在深入调研的基础上，初步编出了几十本成果，先行印制了少量样本作为内部工作用书，组织力量作进一步的研究、审读、复查、校核。从 2014 年初开始，我们又组织展开了新一轮较大规模的审核工作。第一，召开有关省、自治区、直辖市党史部门参加的审稿会，进一步提高认识，明确规范，听取相互评审以及从社会各方面听到的意见，对审核工作提出要求，进行部署。第二，开展自审、复核、修改，确保准确无误。同时在各省、自治区、直辖市党史部门之间交叉审读，相互间进行比较、核对、衔接。自审互审完成后，都要确认是否具备正式出版的质量水准，签署是否同意交付出版的意见。第三，由中央党史研究室组织专家，对所有拟第一批出版的成果（书稿）进行六个环节的审读、检查、修改、校对，不仅检查是否还有表述不够准确或不够清楚的地方，而且对各本书稿之间、每本书稿各个部分之间的内容、叙述、时间、数字等进行统筹检查，排除表述不一致的内容。第四，如实客观地说明我们工作尽最大努力后达到的程度。始终强调，凡是已经清楚的，就清楚表述。还没有搞清楚的，就如实说明还没有搞清楚。某些数据、结论与其他书籍资料不完全一致的，则说明我们是依据什么材料、从什么角度得出和叙述的，不强求一致。第五，组织各地党史部门继续参与审核。凡有疑问的，都与有关地方党史部门联系、查核。多数省、自治区、直辖市都派专人来京参与审核、修改、校对。审核完毕后，又组织各地党史部门对自己书稿的清样再次进行审核。然后再按出版流程交付印制。今年以来对这些成果再次进行如此繁密、细致的复核工作，都是为了进一步保证成果的质量，保证历史事实的真实性和准确性。

特别需要强调的是，开展这项调研，不是为了简单汇总、计算这样那样的数据，而是为了寻找、展示更多的档案、更多的材料、更多的人证物证、更多的历史事实，用具体的事实来反映当年中华民族遭受的巨大灾难，揭露日本侵略者反人类的罪行。时隔几十年，很多数据难以查清，很多数据可能不很吻合，而且数据的分类、统计、核算都极为复杂，远远不是简单做一做加法就能算出来的。所以，我们在数据上采取了十分谨慎的态度。能统计出来的就统计出来，难以统计的也不强求。统计的口径、结果相互有差别的，也注意说明。今后，我们将会对数据问题作进一步研究。因此，目前的研究还只是阶段性的，不能说已经包罗万象，更不是最终的结论。总体上，还是在为今后更加综合性的研究提供一个详尽、扎实的基础。

由于自始至终都高度重视和强调调研的质量，所以，对于这一项目的真实性、客观性、准确性，我们有充分的信心。当然，无论如何，历史已经过去了六七十年，很多当事人已经去世，很多档案资料已经散失。现在再对发生在六七十年前的灾难进行大规模的调查，其困难是可想而知的。所以，即使做了最大的努力，我们仍然充分预计在调研成果及有关材料中，还是会有不足和差错之处，出版之后，肯定会有不同意见。所以，我们真诚地欢迎所有看到这些调研成果的人们，对其中的内容、材料、数据等进行审查、讨论。如此，必将有更多的人们关心和参与对当年那场灾难的调查，必将会提供和发现更多的档案、更多的资料、更多的见证，必将对我们调研成果中的很多内容进行不断的推敲琢磨，从而使我们能够更加准确、系统地展示当年中国的人口伤亡和财产损失，使我们为子孙后代留下的资料更为完整、更为丰富。我们也欢迎日本和其他国家的人们对这些调研成果进行阅读、审查、讨论、质疑。如此，将会有更多的国家和人们关注中国当年所遭受的灾难，也将会有更多的存留于国外境外的档案资料出现在公众面前，也将会使对当年这段历史和灾难的记录、研究更加准确和科学。

《抗日战争时期中国人口伤亡和财产损失》课题调研，是一项学术性的工作。开展这项课题调研，是为了更加准确和详尽地记录这场战争和灾难的历史，更加充分和有力地揭露日本军国主义的侵略罪行、反击日本右翼势力否认侵略战争的言行，更加充分和有效地进行爱国主义教育，毋忘国耻、振兴中华，更加积极地促进两岸交流、推进祖国和平统一进程，同时，也是为了给全世界所有关注当年这场战争和灾难的国家、政府和人们一个更加负责任的交代，为子孙后代继续研究当年中国人民抗日战争和日本军国主义的侵略罪行留下一笔丰富翔实的历史遗产。因此，虽然是学术性调研，但具有重大的历史意义、现实意义、国际意义、政治意义。作为历史工作者，我们有责任、有义务，实事求是地把中华民族在那场战争中蒙受的巨大灾难和损失尽可能完整地记载下来。推动和开展这项课题调研，是良心所在，是责任所在！每每读到那些令人震颤的历史事实，每每想到那数千万死难者的冤魂亡灵，每每掂量我们今人特别是历史工作者的责任，我们都禁不住潸然泪下。将近10年来，所有调研人员本着对历史和民族负责的精神，殚精竭虑，无私奉献，千方百计寻找各种线索，逐字逐页翻阅档案资料。为了做好对当事人、知情人的调查取证工作，顶酷暑，冒严寒，深入村镇，一家一户进行走访。也许，随着时间的流逝，这样的调研工作，以后再也不可能如此全面深入大规模地进行了。所以，对于能够基本完成这一课题的调研，我们极为欣慰，对能够取得今天这样的成果，我们极为珍惜。将近10年来，调研工作遇到过重重困难，调研人员付出了巨大心血，但只要能够对国家、对民族、对人民有一个负责任的交代，我们所有的努力、辛劳甚至痛苦都是值得的！

现在，《抗日战争时期中国人口伤亡和财产损失调研丛书》A系列第一批成果就要正式出版了，随后我们还将根据工作进程陆续出版第二批、第三批……B系列丛书的编纂和出版工作也将同时推进。而且，这项课题调研工作远没有结束。截至目前课题调研取得的成果，都还是阶段性的、部分的、不完全的成果。很多专题性调研还要继续进行，对大量档案资料还要进行分析研究。所有这些，都还需要我们继续不懈地努力。我们将以对历史负责的精神，一如既往地将这项课题调研工作做好。

历史，是现实的基础，更是未来的起点。打开尘封的记忆，重温昔日的往事，我们可以得到很多的启示和教诲，增长很多的聪明和智慧。所以，研究历史，形式上是向后看，但根本目的是向前看。作为一种科学的研究，我们调查历史的真相，记录历史的灾难，不是为了延续旧时的仇恨，不是为了扩大中日之间的裂痕，不是为了煽动狭隘民族主义的情绪，而是为了以史为鉴，不让历史的悲剧重演；面向未来，书写更加友好合作的美好篇章。经历了太多的苦难和挫折之后，我们更加坚定地热爱和平，更加执着地追求正义，更加珍惜国家的主权与独立，也更加关注世界的文明发展和进步。我们真诚地希望，世界各国能够携手努力，平等协商，求同存异，友好相处，共同推进世界的发展，共享人类文明的成果；我们真诚地希望，中日两国人民能够更多地加强交流、理解和合作，共同开辟中日关系的新局面，使中日关系更加健康稳定地向前发展，使中日两国人民真正世世代代地友好下去；我们真诚地希望，中华民族能够始终以坚韧不拔的努力，坚定不移地走和平发展之路，在中国特色社会主义旗帜下全面建设小康社会，努力实现社会主义现代化，为推动建设一个和平发展、文明进步的世界作出自己的贡献！

2014 年 4 月 30 日

《抗日战争时期中国人口伤亡和财产损失》课题①调研工作规范和要求

2004 年，中共中央党史研究室决定开展《抗日战争时期中国人口伤亡和财产损失》课题调研。2005 年向全国各省、自治区、直辖市党史研究室发出开展此项工作的正式通知，进行相应部署，着重说明工作的指导思想、调查项目、实施步骤及规范和要求。以后又随着课题调研的深入开展，对规范和要求进行了补充和完善。

一、课题调研的基本任务

抗战损失课题调研的目的和任务是深化对抗日战争时期中国人口伤亡和财产损失的研究。1995 年，在首都各界纪念抗日战争暨世界反法西斯战争胜利 50 周年之际，江泽民同志曾经对 20 世纪三四十年代日本侵略中国造成巨大人口伤亡和财产损失的基本数据做出了重要表述。2005 年，在纪念中国人民抗日战争暨世界反法西斯战争胜利 60 周年大会的讲话中，胡锦涛同志再次郑重宣布，据不完全统计，在抗日战争期间，中国军民伤亡 3500 多万人；按 1937 年的比值折算，中国直接经济损失 1000 多亿美元、间接经济损失 5000 多亿美元。中共中央党史研究室组织开展的课题调研，旨在全面详尽调查有关抗日战争时期中国人口伤亡和财产损失的具体事实，为这组基本数据提供强有力的史实支撑，并不是简单地做数据统计。

---

① 本课题亦简称为抗战损失课题或抗损课题。因为抗日战争时期及抗战胜利后国民政府统计人口伤亡和财产损失多采用"抗战损失"等概括性提法，其中将人口伤亡也称作抗战损失之一种，与财产损失并提，故沿用这一表述。

课题调研的基本任务是：按照实事求是的原则，经过广泛、全面、深入细致的调查研究，包括查阅搜集档案资料、对统计数据进行分析等，获得更多的证据，以更加全面和准确地揭露日本帝国主义侵略中国的罪行及其对中国人民造成的伤害。

课题调研的主要内容包括：（1）各个省、自治区、直辖市在抗战中的人口伤亡和财产损失情况；（2）历次重大战役战斗中中国军队伤亡的情况；（3）日本从中国掠走各种资源的情况；（4）日本从中国掠走和破坏文物的情况；（5）日军在中国制造的一系列重大惨案；（6）中国劳工的损失情况；（7）中国妇女遭受日军性侵犯的情况，包括"慰安妇"的情况；（8）日军在中国使用细菌武器、化学武器及其造成伤害的情况；（9）日本侵略在其他方面给中国造成破坏的情况；等等。

二、课题调研的方式和方法

主要是组织有关人员查阅和搜集档案馆、图书馆和其他文博单位以及民间保存的有关中国抗战人口伤亡和财产损失的档案资料、报刊杂志、历年出版的专题资料集和发表的研究成果。对一些特殊、重大的事件如重大惨案，则走访当事人、知情人和有关研究人员，进行录音录像，整理和保存证人证言，有条件的还进行司法公证，努力使这些调查材料成为在法律上可以采信的证据。有些省份的课题组还到境外的有关机构查阅相关档案资料，作为对大陆保存的档案资料的丰富和补充。这次课题调研的整体布局，实行块块和条条相结合。每个省、自治区、直辖市党史研究室在负责开展地区性的广泛调研的同时，也从实际出发开展一些专题性调研。一些重要的、涉及多个地方的带有全局性的专题，则另组织专家进行调研。

三、对搜集档案资料的要求

1. 明确搜集档案资料的范围。搜集档案资料是本课题调研工作的基础，调研成果的质量也主要决定于档案资料是否翔实，是否尽可能完整和全面。所以，凡相关内容的档案资料，不论是直接反映人口伤亡和财产损失的，还是间接反映的（如关于人口状况、财产状况、生产能力、各类资源情况等资料），都尽量搜集，作为撰写调研报告的客观的历史依据。搜集的要件有：档案、报刊、史志、时人日记、专著专论、实地调查报告、图片、影像资料以及出版、发表的研究成果等。

2. 认真整理原始档案和资料。对于搜集到的档案资料，不论是来自原始的档案，还是来自报刊、史志、日记、图书、专题论文等，都认真整理，每份每件都注明保存的地点、单位，文件卷号、出版或发表处等，然后分类汇总，妥善保存。档案资料使用时一律保持原貌，必要时作注释说明，不允许对原件内容增改、涂抹。对搜集到的档案资料要在分门别类整理的基础上进行必要的考证、鉴别和研究。整理后的档案资料，不仅是有关课题承担者撰写课题调研报告的重要依据，其主要内容也作为附件收入有关的调研成果之中。

四、有关数据统计中的几个问题

1. 根据搜集、掌握资料的情况，抗日战争时期中国的人口伤亡分为直接伤亡和间接伤亡两大类。直接伤亡，一般是指日本侵略中国的战争直接导致的中国方面人员的死、伤、失踪等；间接伤亡，一般是指在日本侵略中国的战争包括特定战争环境中造成的中国方面被俘捕人员、灾民、难民、劳工等的伤亡。抗战期间，被俘捕人员、灾民、难民、劳工等伤亡很大，但由于其流动性大等复杂原因，很难形成具体数据资料，统计起来十分困难。因此，本课题调研中，将已确定属于死、伤或失踪的被俘捕人员、灾民、难民、劳工的数据归入有关地方间接伤亡统计数据；无法确定是否伤亡失踪的，可视情况单列相关数据并加以说明。需要补充说明的是，在战争中失踪者，按通常惯例归为死亡。

2. 抗日战争时期中国的财产损失分为直接损失和间接损失两大类。直接损失，一般是指在日军攻击、轰炸或掠夺中直接造成的社会财产损失。居民财产损失列为直接损失。间接损失，一般包括：(1)政府机关等因抗战需要而增加的费用，如迁移费、防空设备费、疏散费、救济费、抚恤费等；(2)各种营业活动可获利润额的减少及由于成本上升等增加的费用；(3)有关伤亡人员的医药、埋葬等费用；(4)为抗战捐献的物资和钱财；(5)有关人力资源的损失。总之，一切因战争造成的间接财产损失均包括在内。

3. 在财产损失中所列的人力资源类损失，包括了被俘捕人员、劳工等在财产方面的损失。中国各级政府所组织的劳役，例如为战争修筑公路、机场、军事工事等抽调民工，都算作人力资源损失。但中国方面征用民工和日本侵略军强征劳工有所区别。日军强征劳工的伤亡率很高，和中国方面征用民工民夫的情况区别很大，因此要分别统计和说明，不能混淆。

4. 中国军队在重大战役战斗中的人员伤亡，分别情况加以统计处理。此次课题调研以统计平民伤亡为主。有关省（自治区、直辖市）如发现有本地发生过军队人员伤亡的重要资料，可以搜集整理并在调研报告中说明，但不计入本地人口伤亡总数。若是本地籍军人的伤亡，则计入本地人口伤亡总数。

5. 海外华侨拥有中国国籍，因此在计算抗日战争时期中国人口伤亡和财产损失时，华侨人口伤亡和财产损失均计算在内。各有关地方在计算本地人口伤亡和财产损失时，视情况可以将本地籍华侨的伤亡、损失计入统计数据总数，亦可单列数据并加以说明。

6. 工厂、学校、机关团体等由于战争原因搬迁造成的损失，算作间接损失，原则上由工厂、学校、机关团体等原所在地方统计。如果原所在地方缺少相关资料，新迁移处具备资料条件，也可由后者统计。为避免交叉和重复，遇到这类情况须特别加以说明。

7. 政党、政府机构的财产损失，归入公用事业的社会团体类财产损失一并计算。

8. 被日军、日本占领当局无偿征用、占用的中国耕地，按农作物的产量及其价值计算财产损失。

9. 伪军、伪政府的人员伤亡和财产损失，一般计入中国人口伤亡和财产损失。

10. 由战争原因导致的如黄河花园口决堤一类重大事件所造成的人口伤亡和财产损失，计算在间接人口伤亡和财产损失中。

11. 重大的财产损失，均以相应数额的货币反映价值。反映财产损失的货币一般要注明币种。

12. 通常用于抗日战争时期财产损失统计的货币（主要是法币），币值问题非常复杂。本课题调研中，涉及财产损失统计的货币数据，有条件进行折算的，一般按 1937 年即全国抗战爆发当年通用货币法币的币值进行折算，并说明折算的方式方法。因条件不具备，保留原始数据未作折算的，则注明有关数据中用以反映财产损失的货币系何种货币、何年币值。

五、关于撰写课题调研报告的要求

本次课题调研，有关课题组和承担专门课题的专家均按要求撰写出调研报告。

1. 各省、自治区、直辖市课题组撰写调研报告，内容大致分为概述、主体、结论三部分。

概述部分主要包括：介绍课题调研工作的基本情况，如：投入多少力量，到过什么地方查阅搜集档案资料，搜集了多少档案资料等。反映本地的自然地理概况，抗战爆发前的经济社会发展和人口状况，以及在抗战时期是重灾区还是大后方，是沦陷区还是根据地等。叙述日本侵略者在本地的主要罪行。还可简略回顾以往相关课题的资料和研究情况。

主体部分主要包括：分析说明本地人口伤亡和财产损失情

况。根据现掌握资料，将本地抗战时期人口伤亡分为直接伤亡和间接伤亡，将本地财产损失分为直接损失和间接损失，并分别说明主要的史料依据和分析结果。

结论部分，汇总本地人口伤亡数据、财产损失数据。据实说明迄今所掌握资料的局限性、本地遭受人口伤亡和财产损失的特点、影响等。

撰写调研报告依据的主要资料以及调研中同步完成的专题研究报告等，作为调研报告的附件，纳入课题调研成果中。

2. 由一批专家承担的全局性专门课题，如抗日战争时期重大惨案、劳工问题、"慰安妇"问题、细菌战、化学战、文化损失、海外华侨人口伤亡和财产损失、中国军队伤亡、重要战役战斗伤亡等，其调研报告的撰写和附件的收录，参照以上要求进行。

六、对调研成果的验收

在各省、自治区、直辖市课题调研工作结束后，完成的包括课题调研报告在内的省级调研成果和市、县等调研成果，要装订成册，通过审阅和验收，逐级上报，送交各省、自治区、直辖市党史研究室和中共中央党史研究室分别保存。

为确保质量，在调研过程中形成的各省、自治区、直辖市 A、B 两个系列书稿（省级调研成果为 A 系列书稿，市、县等调研成果为 B 系列书稿），要分别通过验收。其中，省级调研成果要通过由地方到中央的四级验收，市、县等调研成果则在有关省、自治区、直辖市内验收。

省级调研成果上报验收前，课题组先认真进行自审，以保证内容的完整准确，特别是调研报告和有关专题研究报告、资料、大事记的内容和数据要互相补充、印证，不能互相矛盾。课题组完成自审后，省级调研成果首先报送省级抗战损失课题领导小组验收。省级课题领导小组审查通过后，送省级专家验收组验收。省级专家验收组参加验收的专家一般为3—5人，人选来自党史系统、社会科学院和社科联系统、档案史志部门、高等院校等方面，为较有影响力、权威性的专家。省级专家验收组在本省（自治区、直辖市）课题领导小组的指导下，按照学术规范的严格要求和有关规定审读、验收本省（自治区、直辖市）拟提交中共中央党史研究室的省级调研成果。验收的主要标准和目的是确保调研成果的准确性、可靠性。对于验收中指出的问题、提出的意见和建议，各省（自治区、直辖市）课题组须采取有效措施解决和落实。对一次验收不合格的，修改、完善之后进行第二次以至多次验收，直到合格为止。省级专家验收组验收合格后，填写《A系列书稿验收报告表》。填写的报告表和书稿同时报送中共中央党史研究室课题组。

中共中央党史研究室课题组收到经省级专家验收组验收合格的省级调研成果后，先进行验收。认为合格后，再聘请国内知名专家进行验收，并填写《A系列书稿验收报告表》。验收中所提修改意见，由有关省、自治区、直辖市课题组予以逐条落实，对调研成果做出相应修改或者说明相关情况。

由一批专家承担的全局性专题研究成果，最后形成的书稿也纳入A系列，其验收也参照上述程序和要求，由中共中央党史研究室课题组组织有关专家进行。对于验收中提出的意见，承担课题的专家要逐条落实，对调研成果进行修改完善直至合格为止。

最后，中共中央党史研究室课题组对经过反复修改形成的省级调研成果和全局性专门课题调研成果进行复核。完成各项程序并符合要求的调研成果，包括通过四级验收的A系列书稿和由有关省、自治区、直辖市党史研究室组织验收并合格的B系列书稿，分批次送交中共党史出版社付印出版。

中共中央党史研究室课题组

山东省抗日战争时期
人口伤亡和财产损失课题研究办公室

（2006年9月）

主　任（重大专项课题组组长）　　常连霆

副主任（重大专项课题组副组长）　　席　伟

成　员　岳绍红　张绍麟　丁广斌　于文新　王成华

　　　　陈金亮　李清汉　郑世诗　宋继法　亓　涛

　　　　张启信　范伟正　李秀业　崔维志　张宜华

　　　　刘如峰　李双安　苗祥义　韩立明　刘桂林

　　　　魏子焱　张艳芳　王增乾

山东省抗日战争时期
人口伤亡和财产损失课题研究办公室

（2008年2月）

主　任（重大专项课题组组长）　　常连霆

副主任（重大专项课题组副组长）　　席　伟

成　员　岳绍红　张绍麟　丁广斌　侯希杰　张开增

　　　　陈金亮　李清汉　郑世诗　秦佑镇　亓　涛

山东省抗日战争时期
人口伤亡和财产损失课题研究办公室

（2010年7月）

山东省抗日战争时期
人口伤亡和财产损失课题研究办公室

（2014年8月）

成　员　刘　浩　冯　英　司志兰　张开增　褚金光

杨仁祥　郑世诗　崔　康　牛国新　肖　怡

肖　梅　李秀业　李洪彦　刘宝良　张绪阳

李文进　李允富　张　华

山东省抗日战争时期
人口伤亡和财产损失课题研究办公室
（2015年10月）

主　任（重大专项课题组组长）　赵国卿

副主任（重大专项课题组副组长）　席　伟　李晨玉

韩立明

成　员　刘　浩　冯　英　司志兰　张开增　褚金光

杨仁祥　康悦彬　崔　康　牛国新　肖　怡

肖　梅　李秀业　李洪彦　刘宝良　张绪阳

李文进　李允富　田同军　张　华

《山东省抗日战争时期人口伤亡和财产损失》编纂委员会

主　任	赵国卿	常连霆			
副主任	邱传贵	林　杰	席　伟	李晨玉	周　静
	韩延明	吴士英	臧济红	姚丙华	
成　员	韩立明	危永安	田同军	闫化川	郭洪云
	孟红兵	许　元	张耀龙	刘　浩	冯　英
	司志兰	张开增	褚金光	杨仁祥	康悦彬
	崔　康	牛国新	肖　怡	肖　梅	李秀业
	李洪彦	刘宝良	张绪阳	李文进	李允富

主　编	赵国卿	常连霆			
副主编	席　伟	李晨玉	韩立明		
编　辑	田同军	李拴虎	胡　涛	闫化川	邱从强
	张艳芳	乔士华	张　华	秦国杰	陈泽华
	齐　薇				

1937年9月底，日军沿津浦铁路南下侵入山东境内。图为日军飞机轰炸济南。

1937年12月27日，济南沦陷。图为中国军队撤退前炸毁的济南黄河铁路大桥。

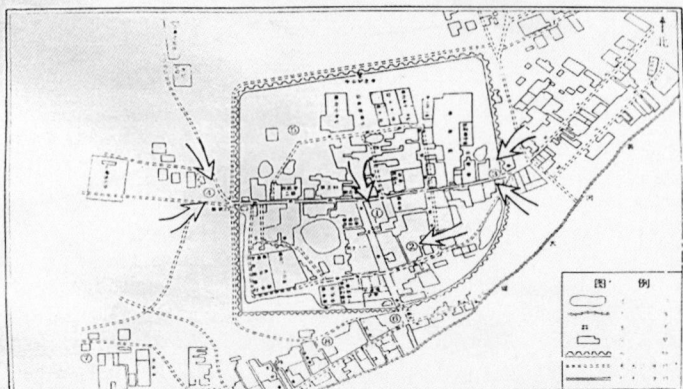

济阳惨案示意图

注：①1937年10月16日，日军空袭济阳城，投下4颗炸弹。②1937年10月31日，日军空袭济阳城里大集，投下8颗炸弹。③1937年11月13日上午，日军开始炮击东门。④1937年11月13日下午，日军攻陷济阳城，并在西门口设伏杀害2000余名百姓。⑤1937年11月14日，日军在文庙用机枪杀害百姓40余名。⑥1937年11月14日，日军在南门外杀害百姓13人。⑦1937年11月14日，日军在马家胡同报店增百姓30余人。⑧1937年11月14日，日军在南关杀害百姓40余人。

1937 年 11 月 13 日,日军侵占济阳县城,屠杀平民 2400 余人,奸淫妇女 102 人,烧毁房屋 550 余间。图为济阳惨案示意图。

1938 年 1 月 10 日,日军从青岛崂山山东头一带登陆。

日军侵入青岛市区,占领青岛市政府大楼。

　　1938 年 3 月 14 日，日军轰炸峄县老和尚寺村。在此避难的平民四五千人中，被炸死 600 余人、炸伤 1000 余人。图为老和尚寺惨案发生地。

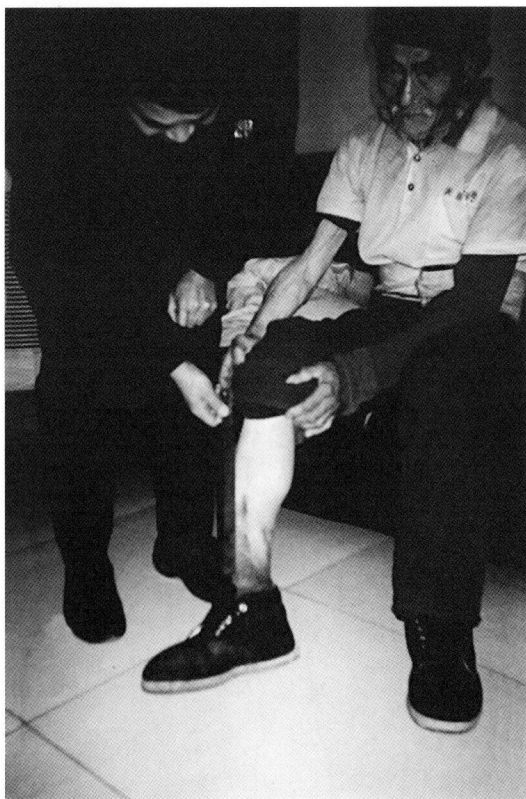

　　1938 年 3 月 14 日，日军在邹县大季村杀害村民 24 人，伤 13 人。图为大季村惨案幸存者张茂科右腿内侧伤残痕迹。

1938年3月17日，日军侵占滕县县城，屠杀平民2259人，强奸妇女224人，烧毁房屋60467间。图为日军进攻滕县县城。

战斗后留下断壁残垣。

1938年5月14日，日军侵占金乡县城，屠杀平民3347人，烧（炸）毁民房670余间。图为日军进攻金乡县城。

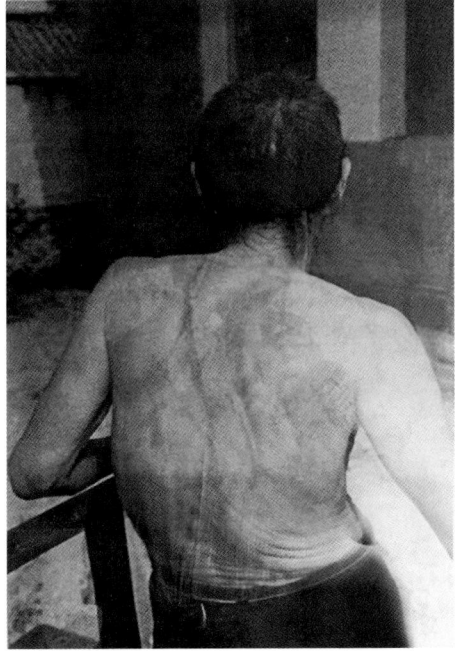

1938年3月17日，日军侵占青岛花园头村，杀害村民66人，伤8人。图为当年背部被日军连刺16刀的村民王永勋。

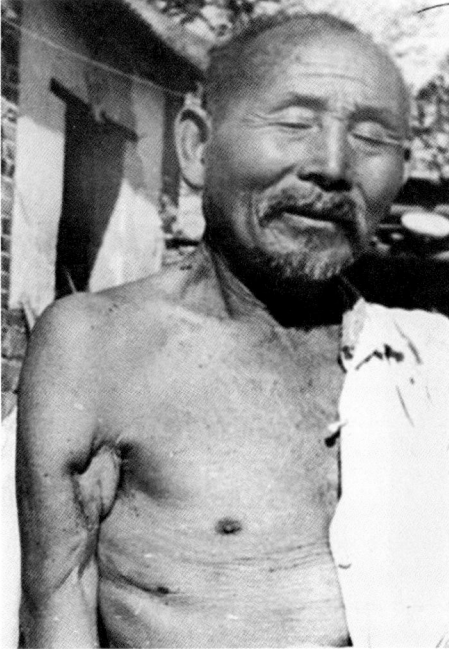

1938年5月12日，日军飞机轮番轰炸日照县南湖村大集，炸死平民637人，伤残273人，烧毁房屋1292间。左图为惨案幸存者时广彬，右图为时广彬被日军炸伤致残的右臂。

日军以济南、青岛为基地,先后成立了以鲁仁、梅花、樱花、鲁安、涞源、凤凰公馆等命名的遍布全省的庞大的特务组织网络,以迫害、残杀山东抗日军民。图为济南日本特务机关"涞源公馆"旧址。

日本侵略者在占领区竭力推行日语教学,培养亲日走卒,并采取种种手段控制师生思想和行动,给山东文化教育带来巨大灾难。图为日军侵占烟台后当地使用的奴化教育课本。

日军华北细菌战部队在济南、青岛设立支部和办事处，用活人实验细菌，进行细菌战。图为日军细菌战部队——济南防疫给水支部旧址。

日军济南防疫给水支部用八路军战俘做细菌实验的解剖室。

1943年9月，日军在鲁西北实施细菌战。图为当年日军在临清运河岔口施放细菌的遗址。

日军在济南、青岛、张店、潍县等地设立集中营，关押战俘和劳工。其中，1940年5月在济南建立"救国训练所"，1943年3月改为济南新华院。济南新华院先后关押3.5万余人，有1.5万余人被酷刑和劳役折磨致死，100余人被抽血致死，200余人被注射毒药和细菌致死，1万余人被押送东北和日本国内充当劳工。图为济南新华院墙外的水沟。

济南琵琶山"万人坑"遗骨。

济南琵琶山"万人坑"遗址纪念碑。

青岛集中营包括第一劳工训练所和第二劳工训练所。第一劳工训练所平时关押战俘劳工2000人左右，第二劳工训练所关押战俘劳工数千人。图为青岛集中营第二劳工训练所。

青岛集中营关押战俘劳工的小囚室。

张店集中营又名张店俘虏收容所，先后关押战俘5000余人。图为张店集中营关押战俘的楼房和大门。

日军在山东大肆建立"慰安所",强征中国妇女充当"慰安妇"。据战犯广濑三郎交待,从 1942 年 4 月到 1945 年 3 月,在新泰、泰安、临清、口镇、莱芜、济南、张店、博山、周村、德县、东阿等地,经他指示所部各大队设置的"慰安所"即有 127 所。图为广濑三郎口供。

日军在"扫荡"中肆意抓捕、强奸、轮奸、侮辱中国妇女。1942 年 3 月 19 日,日军 1000 多人"扫荡"定陶县裴河村,该村妇女未跑出者被日军奸淫达五六十人。图为裴河村受害妇女。

日军疯狂"扫荡"、"蚕食"、封锁山东抗日根据地，修筑了密如蛛网的公路网、碉堡群、封锁沟、封锁墙。1942年底，日军在山东修建的据点就达3700多个。图为新泰市小协镇大协村修建的日军炮楼。

日军在新泰市东都镇凤凰泉修建的碉堡。

日军在平阴县张海村修筑的据点。

　　日本侵略者疯狂掠夺山东煤炭资源，并提出了"以人换煤""以战养战"的口号，逼迫工人在毫无安全保障的条件下采煤井下伤亡事故不断发生数以万计的矿工死亡。在山东各矿区出现了埋葬死难矿工尸体的"万家林""万人坑"。上图为见证人杨辉才、杨辉照指认禹村煤矿"万人坑"。　下图为张庄煤矿"万人坑"遗址。

1942年11月，日军2万余人对胶东抗日根据地进行拉网式冬季大"扫荡"。11月23日，日军攻占马石山后，将尚未转移的500多名平民全部杀害，并进行其他杀戮。日军制造的马石山惨案，造成中国军民伤亡近千人，其中平民伤亡至少826人。右图为马石山反"扫荡"突围战纪念碑。

左图为马石山上八路军战士抗击日军的掩体遗址。

左图为"血水井"井口。

1943年6月10日，日军将冠县前李赵庄20多名平民推进井里，随后开枪、扔手榴弹、掀磨扇。这些平民全部惨遭杀害。是为血水井惨案。右图为血水井惨案遗址。

为封锁、隔绝、消灭山东抗日根据地，日、伪军在泰安、淄博、潍坊、聊城、烟台等地制造了多个"无人区"。图为海阳盆子山"无人区"死难者的尸骨。

海阳盆子山"无人区"归来的难民。

　　1942 年 3 月，日军在潍县设立侨民集中营，将长江以北地区的外国侨民陆续掳来关押。被关押的侨民来自美国、英国、加拿大、澳大利亚、新西兰、荷兰、比利时、伊朗、菲律宾、古巴、希腊、挪威、乌拉圭和巴勒斯坦等国，有知名教授、医生、商人、学生和演员，最多时达到 2008 人，其中有 327 名儿童。上图为集中营旧照。下图为侨民被解救后欢庆胜利的场景。

目　　录

总序
《抗日战争时期中国人口伤亡和财产损失》课题
　调研工作规范和要求

一、山东省抗日战争时期人口伤亡和财产损失调研报告

山东省抗损调研重大专项课题组

（一）调研工作概述

本课题是《抗日战争时期中国人口伤亡和财产损失》调研课题的子课题。在中央党史研究室的组织指导下，山东省于2006年3月至2007年6月开展了抗日战争时期人口伤亡和财产损失大型调研活动（以下简称"抗损调研"）。此后，山东省委党史研究室组织全省党史部门对调研资料进行分类、整理，并开展了调研资料的相关研究和编纂工作。

1. 试点的开展与调研目标任务的确定

根据中央党史研究室关于开展抗日战争时期中国人口伤亡和财产损失调研的部署和要求，2006年3月，山东省委党史研究室成立了抗损调研重大专项课题组，确定在全省17个市选择30个县(市、区)开展抗损调研试点工作。

试点工作开始前，抗损调研重大专项课题组充分考虑了这项调研的复杂性，在认真研究中央党史研究室确定的抗损调研的总体目标、原则和方法、要求的基础上，经多次研讨，确定了调研试点工作的预期目标和基本方法：一是广泛查阅、搜集散落在各地的档案、文献资料，在初步整理和研究调研资料的基础上，基本弄清历史上有关山东省抗日战争时期人口伤亡和财产损失的调研情况，掌握调研工作全面展开后资料搜集的重点和方法。二是开展乡村走访调查，抢救征集在世见证人、知情人口述资料，在初步梳理和研究这些口述资料

的基础上，基本弄清留在见证人和知情人记忆中的这些信息的价值，进一步确认走访调查的样本选择、重点人群和基本方法。在反复研究论证的基础上，山东省委党史研究室按照全国调研工作方案的基本要求，制订下发了《山东省抗日战争时期人口伤亡和财产损失调研试点工作方案》。

各试点县（市、区）成立了课题调研办公室，建立了两支调研队伍：一是县（市、区）建立由党史、档案、史志等单位人员组成的档案与文献资料查阅队伍；二是乡（镇）、村建立走访调查队伍。调研的方式是：档案与文献资料查阅队伍以各级档案馆、图书馆、博物馆为重点，搜集和查阅历史档案和文献资料，梳理人口伤亡和财产损失情况记录；走访调查队伍以村为单位，以70岁以上老人为重点，走访调查见证人和知情人，调查人员根据访问情况填写调查表，被调查人员确认填写的内容准确无误后签字（按手印）。各试点县（市、区）课题研究办公室汇总统计两支队伍调查的本县（市、区）人口伤亡和财产损失情况，并撰写调研报告。试点工作于7月底结束。

在中央党史研究室的指导下，山东的试点工作取得重要成果。

一是收集了大量历史档案和文献资料，掌握了历史上山东省对抗损问题的调研情况。试点期间，30个试点县（市、区）共查阅历史档案2.36万卷、文献资料6859册（期），收集档案、文献资料3.72万份。主要包括：战时国民政府有关山东财产损失的调查资料；战后山东解放区政府、冀鲁豫解放区政府和国民党山东省政府、青岛市政府对抗日战争时期山东省境内人口伤亡和财产损失所做的调查资料；中华人民共和国成立后，为收集日本战犯罪行证据，由山东省人民政府统一组织领导，各级公安、检察机关所做的调查资料；20世纪五六十年代和改革开放以后，各级党史、史志、文史部门，社科研究单位和民间人士对抗日战争时期发生在山东省境内的人口伤亡和财产损失重大事件所做的典型调查资料等。通过查阅散落在各级档案馆、图书馆、博物馆的档案和文献中的历次调查资料，可以在确凿的历史档案和文献资料基础上，进一步查明山东省抗日战争时期人口伤亡和财产损失的基本情况，但难以在全省范围内查明伤亡者更多的具体信息。

二是收集了大量见证人、知情人口述资料，掌握了乡村走访调查的样本选择和操作方法。30个试点县（市、区）走访调查19723个村庄、103.6万人，召开座谈会13.13万人次，收集证人证言22.42万份。这些证言证词记载了当年日军的累累罪行，虽然时间已经过去了六七十年，见证人的有些记忆已很不完整，有些仅是片段式的，但亲眼目睹过同胞亲人惨遭劫难的老人们，仍能清晰讲述出其刻骨铭心的记忆；虽然有些村庄已经消失，有些家族整个被日军杀绝，从而导致一些信息中断，但大多数村庄仍然保留着其历史记忆，大量死难者有亲人或后人在世。据此可以看到：村落是民族记忆的历史载体、家族生活的社会单元，保留着家族绵延续绝的历史信息，70岁以上老人在抗日战争胜利时最小的也有10岁左右，具备准确记忆的能力。以行政村为调查样本，以全省609万在世的70岁以上老人为重点人群，采用乡村走访调查的方法，可以收集更多的抗日战争时期伤亡人员信息。

三是查阅了世界其他国家对二战时期死难者调查的文献资料，深化了对抗损调研的认识。试点期间，课题组查阅了世界各国对二战时期死难者调查和纪念的相关资料。"尊重每一个生命，珍惜每一个人的存亡"，在第二次世界大战灾难的调查和纪念中得到充分体现。2004年，以色列纪念纳粹大屠杀的主题是"直到最后一个犹太人，直到最后一个名字"。在美国建立的珍珠港事件纪念碑上，死难者有名有姓，十分具体。在泰国、缅甸交界的二战遗址桂河大桥旁，盟军死难者纪念公墓整齐刻写着死难者的名字。铭记死难者的名字，抚平创伤让死难者安息，成为国际社会通行的做法。但是，日本全面侵华战争中造成数百万山东平民伤亡，60多年来在尘封的历史档案中记录的多是一串串伤亡数字，至今没有一部记录死难者相关信息的大型专著。随着当事人和见证人相继逝去，再不进行这方面的调查，将会成为无法弥补的历史缺憾。推动开展一次乡村普遍调查，尽可能多地查找死难者的名字、记录死难者的相关信息，既可告慰死难者的冤魂亡灵，又可留存日军残酷暴行的铁证。这是历史工作者的良心所在、责任所在！

在认真总结试点经验、进一步研讨论证的基础上，我们研究确定了山东省抗日战争时期人口伤亡和财产损失调研的目标任务。一是在收集整理历史上历次抗损调研资料和研究成果的基础上，查明山东省抗日战争时期人口伤亡和财产损失的情况，即广泛收集散落在各级档案馆、图书馆、博物馆的抗损资料，在系统整理、深入分析研究60多年来各级政府、社会团体、研究机构等调查和研究成果的基础上，查明山东省抗日战争时期人口伤亡和财产损失的情况。二是开展日军在山东各地制造的重大惨案、日军对山东劳工的统制和奴役、日军对山东女性实施性侵犯、日军在山东的奴化教育、日军对山东的毒化侵略、日军在山东制造和使用生化武器、日军在山东各地制造的"无人区"、日军对山东的"移民"侵略、日军在山东设立的集中营、日军对山东工矿业的掠夺等10项专题调研，弄清日本侵略者在各个领域和各个方面给山东人民造成的创伤和破坏情况。三是开展一次普遍的乡村走访调查，尽可能多地调查记录伤亡者的具体信息，即按照统一方法步骤，以行政村为调查样本，以70岁以上老人为重点调查人群，通过进村入户走访调查，广泛收集见证人和知情人的口述资料，如实记录死难者的姓名、性别、年龄、籍贯、伤亡时间、伤亡原因等信息，留下日军残酷杀戮山东平民的更多证据。

2. 调研的筹备与人员组织

在中央党史研究室的指导下，山东省委党史研究室研究制订了《山东省抗日战争时期人口伤亡和财产损失课题调研工作方案》。经山东省委同意，成立了由党史、财政、档案、民政、文化、出版、统计、司法、史志、政协文史委等单位组成的山东省抗日战争时期人口伤亡和财产损失大型调研活动领导小组。领导小组下设课题研究办公室（重大专项课题组），负责全省调研工作的组织协调、业务指导以及调研资料的整理、研究和编纂工作。2006年10月中旬，山东省抗日战争时期人口伤亡和财产损失大型调研活动领导小组研究通过并印发了《山东省抗日战争时期人口伤亡和财产损失课题调研工作方案》，明确了抗损调研的指导思想、目标任务、方法步骤和保障措施等要求，同时制定印发了关于录制走访取证声像资料、司法公证、重大惨案、编写抗损大事记等相关配套方案，统一印制了由中央党史研究室设计制作的《抗日战争时期人口伤亡调查表》《抗日战争时期财产损失调查表》《抗日战争时期人口伤亡统计表》《抗日战争时期财产损失统计表》等调查统计表格。

各市、县（市、区）按照方案要求进行了筹备部署：

一是组织调研队伍。各市、县（市、区）成立了抗损调查委员会，从党史、史志、档案、民政、统计、图书馆等单位抽调10～20名人员组成抗损课题研究办公室，主要负责本地调研工作的组织协调，历史档案和文献资料的查阅、收集和分类整理、汇总统计等。全省共组织档案文献查阅人员3910余名。各乡（镇）抽调5～10人组成走访调查组，具体承担本乡（镇）各村的走访调查工作。全省各乡（镇）走访调查组依托村党支部、村委会，共组织走访调查人员32万余名。

二是培训调研人员。各市培训所属县（市、区）骨干调研队伍，培训主要采取以会代训的形式，重点推广试点县（市、区）调研工作中的成功做法。各县（市、区）培训所属乡（镇）调研队伍，培训采取选择一个典型村或乡（镇）进行集中调研、现场观摩的形式。

三是确定重点调查人群并告知调查事项。各乡（镇）以行政村为单位对辖区内70岁以上老人登记造册，统一印制并发放了《抗日战争时期人口伤亡和财产损失入户调查明白纸》，告知调查的目的和有关事项。

本次课题调研的覆盖范围，为目前山东省行政管辖区域。

3. 调研的过程与主要方法

2006年10月25日，山东省抗损调研活动领导小组召开了全省抗损调研动员会议。10月26日，山东省大型抗损调研活动全面启动。整个抗损调研按照档案、文献资料搜集和大规模走访调查两条线展开。

一是档案、文献资料的搜集。档案、文献资料的搜集工作由省市县三级课题研究办公室组织的3910余名档案文献查阅人员完成。搜集的范围包括：中央档案馆，中国第二历史档案馆，山东省周边省市档案馆，省内省市县三级档案馆和公安厅（局）、检察院、法院档案馆馆藏的有关档案资料；省市县图书馆、博物馆，史志、民政、统计、出版、文史等部门馆藏和保存的有关文献材料。档案、文献资料的集中搜集工作于2006年年底完成，全省共查阅档案238742卷，复印档案资料406912页；查阅抗日战争时期及战后出版的书刊61301册（期），复制文献资料220177页。

二是乡村走访调查。各乡（镇）走访调查取证组携带录音、录像设备和《抗日战争时期人口伤亡调查表》《抗日战争时期财产损失调查表》等深入辖区行政村走访调查。调查人员主要由乡（镇）调查组人员和村党支部、村委会成员以及离退休老干部和退休教师组成。调查对象是各村70岁以上老人。对于文献资料中记载的一次性伤亡10人以上的惨案，各县（市、区）课题研究办公室组织党史、档案、史志等部门专业人员进行了专题调查。对具备司法公证条件的惨案，司法公证部门进行了司法公证。截至2006年12月中旬，大规模的乡村走访取证工作结束。全省乡村两级走访调查队伍共走访调查8万余个行政村、507万余名70岁以上老人，分别占全省行政村总数和70岁以上老人总数的95%和83%以上；共收集证言证词79万余份。录制了包括证人讲述事件过程、事件遗址、有关实物证据等内容的大量影像资料，其中拍摄照片7376幅（同一底片者计为一幅），录音录像49678分钟，制作光盘2037张，并对301个惨案进行了司法公证。

为加强协调和指导，确保调研工作目标的实现，山东省抗损课题研究办公室建立了督导制度、联系点制度、信息通报制度。省市县三级抗损课题研究办公室主任负责本辖区调研工作的督查指导，分别深入市、县（市、区）、乡（镇）

检查调研工作开展情况。各市抗损课题研究办公室向所属县（市、区）派出督导员，深入乡（镇）、村检查指导调查取证工作，解决遇到的具体问题。省、市抗损课题研究办公室每位成员确定一个县（市、区）或一个乡（镇）为联系点，各县（市、区）抗损课题研究办公室每位成员联系一个乡（镇）或一个重点村，具体指导调研工作开展。

自2006年12月中旬开始，调研工作进入回头检查和分类汇总调研材料阶段。各市、县（市、区）抗损课题研究办公室组织档案文献查阅人员，回头检查档案、文献资料查阅是否存在遗漏，所复制的资料是否将来源、出处填写完整等，并梳理档案和文献资料中记载的人口伤亡和财产损失情况。各乡（镇）调查组回头检查走访调查取证是否有遗漏的重点村庄和重点人员，收集的证言证词中证人是否签名、盖章、留下指纹，调查人、调查单位、调查日期等是否填写齐全。在回头检查的基础上，将有关事件、伤亡者信息等如实记录下来，编写本地抗日战争时期人口伤亡和财产损失大事记，填写包括伤亡者"姓名""籍贯""年龄""性别""伤亡时间""伤亡地点""伤亡原因"等要素的本地抗日战争时期伤亡人员名录。大规模调研和资料汇总工作于2007年7月完成。

4. 调研资料的整理与编纂

根据中央党史研究室关于抗损调研成果审核验收的有关规定和要求，自2007年下半年开始，山东省抗损课题研究办公室组织各市、县（市、区）抗损课题研究办公室，对抗损调研中搜集到的档案资料、文献资料和走访取证资料进行系统整理，形成了综合调研报告、专题研究报告、档案资料、文献资料、司法公证材料、大事记、伤亡人员名录等资料，共计3套1851卷。该资料上报中央党史研究室1套，保存在山东省委党史研究室和山东省档案馆各1套。县乡调研人员在对证人证言证词、财产损失清单进行认真整理的基础上，形成了1.2万余个卷宗的抗损资料。这些资料保存在县（市、区）党史部门或档案部门。

按照中央党史研究室关于抗损调研成果均编纂成《抗日战争时期中国人口伤亡和财产损失调研丛书》的部署要求，山东省委党史研究室在对抗损调研资料进行整理、研究的基础上，自2009年开始，组织全省党史部门编纂《山东省抗日战争时期伤亡人员名录》《山东省抗日战争时期人口伤亡和财产损失大事记》《山东省抗日战争时期重大惨案》《山东省抗日战争时期人口伤亡和财产损失档案文献资料选编》等。在细致梳理见证人和知情人证言证词中记述的有关伤亡者姓名等信息要素的基础上，《山东省抗日战争时期伤亡人员名录》于2010

年10月整理编纂完成，共收录全省140个县（市、区）和16个经济开发区、高新技术开发区共156个区域单位在抗日战争时期因战争因素造成的、查清姓名的伤亡人员469995名。2014年年初，按照中央党史研究室关于《抗日战争时期中国人口伤亡和财产损失调研丛书》审核出版的要求，山东省委党史研究室组织力量对《山东省抗日战争时期伤亡人员名录》进行认真审核，从中选出死难者信息比较完整、规范的100个县（市、区）的死难者名录集中进行编纂，于2014年9月编纂出版了《山东省百县（市、区）抗日战争时期死难者名录》，共收录死难者169173名。《山东省抗日战争时期人口伤亡和财产损失大事记》和《山东省抗日战争时期重大惨案》，除历史档案和文献资料中记载的重大伤亡和损失事件外，收录了大量此次调研中走访调查取证获得的新成果，包括当事人、知情人的证言证词和司法公证材料等。《山东省抗日战争时期人口伤亡和财产损失档案文献资料选编》汇集了此次调研中搜集的重要历史档案和文献资料成果，其中有大量新挖掘的反映日军暴行的资料。

本调研报告以山东省抗日战争时期人口伤亡和财产损失大型调研活动中搜集的档案、文献资料为基础，以入户走访调查的见证人、知情人的证言证词为佐证，力求全面反映调研中形成的档案文献成果、走访取证成果和专题调研成果。但是，由于抗日战争胜利后各方面的调查和研究都不够深入和全面，由于年代久远、当事人大多离世，加之区划调整、城乡变迁，本次调研走访调查的人口伤亡和财产损失情况仅为现仍在世老人记忆深刻的部分，而且种类多样、数量巨大的财产损失尚未作出科学的汇总和价值折算。因此，本调研报告仍是一个阶段性的研究成果。

（二）全国抗战前山东的经济政治情况和全国抗战期间山东的政治军事情况

山东省位于中国东部沿海、黄河下游，北纬34°22.9′～38°24.01′、东经114°47.5′～122°42.3′之间。境域包括半岛和内陆两部分，总面积15.71万平方公里，约占全国总面积的1.64%。山东半岛突出于渤海、黄海之中，同辽东半岛遥相对峙；内陆部分自北而南与河北、河南、安徽、江苏4省接壤。山东中部山地突起，西南、西北低洼平坦，东部缓丘起伏，形成了以山地丘陵为骨架、平原盆地交错环列其间的地形地貌。山东气候属暖温带季风气候类型，是全国重要的粮、棉、烟、果等生产基地。山东水资源和海洋资源丰富，境内水系发达，河流、湖泊众多；近海海域17万平方公里，海岸线绵长曲折，占全国大陆海岸线的六分之一，是全国重点渔业和盐业基地。山东矿产资源丰富，具有种类繁多的如煤、石油、铁、黄金等金属与非金属矿产。山东历史文化悠久，是孔孟之乡和儒家文化的发祥地。山东具有极其重要的战略地位，自古以来是兵家必争之地。

1. 全国抗战前山东的经济和政治情况

工业方面，山东部分工业领域陆续出现了若干机器化工厂，但绝大多数工业企业规模狭小，资金在百万元以上的屈指可数。山东工业按规模分，大体可分为工厂工业和作坊工业两种。规模较大的工厂工业有棉纺织业、机器造纸业、面粉业等；作坊工业多为榨油业、酱园业、酿造业、地毯业等。按工业种类分，则可分为纺织工业、饮食品工业、化学工业、五金机器工业、日用品工业及其他工业。20世纪30年代初，山东各种工业，除规模过小的家庭手工业、副业和外资经营企业外，共有10624家，工人有94902人，工业资本共计43152637元。其中，饮食品工业最多，有3846家；其次是纺织工业，有3282家①。山东矿业开采以非金属矿开采居多，其中又以煤为主。到20世纪30年代初，有大中小民营煤矿35家（其中有的属于季节性开采），共有工人18938人，总资本1538万元。1933年产煤量达到365万吨。

农业方面，山东是全国重要的农业区域之一。据1933年统计，山东农田面积为10449.4万亩，占全国农田总亩数的8.36%，与河南、河北同为全国农田面积最广的省份。种植面积以小麦为最多，其次是大豆、高粱。随着农产品商品化的发展，作为工业原料的棉花、烟叶、花生等经济作物的种植面积不断扩大。1930年，山东植棉面积由以前的三四百万亩增至654万余亩，年产量由以前的不足100万担增至217万担，占全国第一位。抗战前，山东烟叶种植面积约41万亩，年产量127万余担。1936年，山东花生种植面积440万亩，产花生米5.2亿斤，为全国之冠。

商业贸易方面，山东形成了以济南、青岛、烟台、龙口、威海卫、济宁、周村、潍县、淄博、泰安等为代表的重要商业中心，商业贸易比较发达。据20世纪30年代初调查，济南商业共有47个行业、1228家商店，资本共计520万元，营业总

① 国民政府实业部国际贸易局编：《中国实业志·山东省》（乙），1934年印行，第113—123页。

额9135万元①。山东有4个对外贸易的口岸，青岛占据山东对外贸易的龙头地位。1933年，青岛占山东对外出口贸易的70.89%，烟台占17.61%，龙口占6.19%，威海卫占5.31%。1936年，青岛直接对外贸易额10628万元，烟台1655万元，龙口461万元，威海卫365万元②。

财政方面，1931年至1936年，山东年财政收入与支出基本平衡。除1931年、1933年和1935年有30万元至100万元的亏空外，其他年份均有结余。这一时期，年财政收入与支出的绝对数均有所增加。财政收入为：1931年21410770元，1932年24714196元，1933年23371178元，1934年23038585元，1935年24247342元，1936年25589857元；财政支出为：1931年22896603元，1932年24036476元，1933年23736045元，1934年22673272元，1935年24897550元，1936年25425341元。

人口方面，山东是全国人口众多、密集的省份之一。民国时期经过审定的山东人口数字有6个：1912年3137万，1919年3323万，1925年3488万，1928年3075万，1931年3377万，1936年3949万。从1912年到1936年，山东人口增长800余万，其中仅1928年由于战乱和严重的自然灾害，人口有所下降。山东人口占全国总人口的比重，1912年为7.66%，1936年上升至8.42%；人口密度1912年为203.7人，1936年增至256.4人，仅次于江苏，列全国第二位③。

全国抗战爆发前，在山东执政的是国民党。1928年5月，国民党军队进入山东。由于日本帝国主义出兵占领济南，国民党政府于同年6月在泰安成立山东省政府，1929年5月迁至济南。孙良诚、陈调元先后任省政府主席。1930年9月，韩复榘任省政府主席。韩复榘在主政山东的七年多时间里，集军政大权于一身，拉拢和利用各种势力，反对和排斥其他派别，在政治、军事、经济、文化教育等方面实行了一系列变革，成为在全国颇有影响、独霸一方的地方军阀。山东行政区划分省、县（市）、区、乡（镇）四级，共107个县④，青岛、威海（1930年10月从英国手中收回）直属国民党政府。1936年，国民党山东省政府决定将全省划为

---

① 国民政府实业部国际贸易局编：《中国实业志·山东省》（丁），1934年印行，第38—39页。

② 交通部烟台港务管理局编：《近代山东沿海通商口岸贸易统计资料》，对外贸易教育出版社1986年版，第24—28页。

③ 山东省地方史志编纂委员会编：《山东省志·人口志》，齐鲁书社1994年版，第6—7页。

④ 抗战前，山东四级行政区划略有变化。1930年12月，濮县分为濮县和鄄城，全省时为108县。1933年8月，国民党山东省政府在乡（镇）之下遍设保甲（10户为甲，10甲为保）。1934年11月，决定除济南市及滕县、丘县、临清外，其余各县的区公所一律撤销。1936年10月，又将鄄城并入濮县，恢复到107县。

12个行政区，每个行政区设行政督察专员公署和保安司令部。到全面抗战爆发前，共设立7个行政区，辖66个县，其余41个县仍隶属省。

2. 全国抗战前日本侵略山东的基本情况

山东早在19世纪末就为日本所觊觎。1894年至1895年中日甲午战争中，日军攻占威海卫，并在威海卫驻军达三年之久。1914年夏第一次世界大战爆发后，日本借口向德国宣战，占领青岛和胶济铁路，并设立"青岛守备军"，直到1922年才撤走。1915年1月，日本向北洋政府提出了旨在灭亡中国的"二十一条"，其第1号共4款，不仅要承袭德国在山东的特权地位，还要独占整个山东。1928年5月，为阻止中国军队北伐，保护其在山东的既得利益，日本调集军队进占济南。5月2日，日军第6师团抢占商埠地区，并构筑阵地，划设防区，禁止中国军民通行。5月3日，日军在商埠地区大肆屠杀中国军民，并杀害了国民党政府外交部山东交涉署交涉员蔡公时等17名外交人员。在5月3日及其后一段时间内，日军在济南屠杀中国军民6000余人，史称济南惨案（亦称五三惨案）。在济南惨案中，仅商埠和城区就有5000余名中国军民惨遭杀害。商店、粮店被日军洗劫一空，经济凋敝衰退，金融枯竭，大部分银行歇业，工厂停工倒闭，商店关门歇业，失业工人和店员达五六万之多。自此，济南被日军侵占近一年。

全面抗战爆发前，日本加紧了对山东的经济侵略和经济掠夺，尤其是华北事变以后变本加厉。一是利用金融资本进行经济控制。日本先后在山东开设了朝鲜银行、正隆银行、济南银行等，在各国列强中以日本在山东的金融势力为最大。二是通过投资工矿业来榨取财富。据1935年统计，青岛共有9家纱厂。其中，日厂占8家，华厂仅占1家；纱锭数日厂占81%，华厂只占19%。日本以"中日合办"的名义，通过鲁大公司、旭华公司、协泰公司等，掠夺山东煤矿资源。据有关方面统计，从1923年到1937年间，日本从山东掠走了近2000万吨煤炭。三是掠夺农业资源，尤其是表现在对棉花的控制上。四是大量倾销商品和疯狂走私等。日本对山东的经济侵略和掠夺，加快了山东民族工商业的破产，加深了农村的危机，使社会矛盾更加尖锐化。

3. 全国抗战期间山东的政治和军事情况

抗日战争期间，山东存在三种政权，即国民党政权、抗日民主政权和日伪政权。

（1）国民党政权。日军侵入山东后，1937年12月，山东省政府主席韩复榘命令军政机关撤离济南，经泰安、兖州、济宁，退至曹县。由于韩复榘畏敌自保，擅自撤退，致使日军很快就侵占了大半个山东。1938年1月，韩复榘被处决，国民党政府任命沈鸿烈为省政府主席。省政府驻地则因日军"扫荡"而辗转迁移，先后驻东阿、惠民、沂水、蒙阴、临朐等地。1942年1月，国民党政府任命牟中珩为省政府主席。1943年8月，省政府机关迁至安徽阜阳。1944年12月，国民党政府任命何思源为省政府主席，省政府驻地仍在安徽阜阳。1945年6月，何思源率省政府部分人员到达寿光；9月，省政府各机关进入济南。

全面抗战爆发后，国民党山东省政府决定分区设立行政公署，作为省政府的辅助机关。1938年5月至10月，先后设立鲁西、鲁北、胶东行署，分领各行政督察专员公署。与此同时，又将全省划分为17个行政督察区。至1942年，17个行政督察区先后成立行政督察专员公署。1945年初，取消鲁西、鲁北、胶东3个行署，设立鲁北、鲁西北、鲁西、鲁南、鲁中、鲁东6个省政府办事处，各办事处分辖若干专员区。国民党山东省政府名义上管辖全省107个县，但很多仅仅流于形式，权限实际所及仅为武力所至，皆不能达及全境。据1941年3月统计，在全省107个县中，日伪、共产党、国民党三种政权并存的有26县；日伪占据、有国民党活动的有28县。1943年后，随着省政府迁出山东，国民党的很多县级政权更是名存实亡。

（2）抗日民主政权。全面抗战爆发后，中共山东地方组织发动遍及全省的抗日武装起义，建立抗日民主政权。1938年1月，冠县成立抗日民主政府；3月至5月，蓬莱、黄县、掖县分别成立县级抗日民主政府；8月，北海专署成立，是山东抗日根据地第一个专区级抗日民主政府。1939年8月，山东军政委员会成立，统一领导山东抗日根据地党政军各项工作。到1940年夏，山东抗日民主政权有1个行政主任公署、9个专员公署和66个县级①、近300个区乡级抗日民主政府。1940年7月至8月，山东省各界联合大会召开，选举产生了山东省临时参议会和山东省战时工作推行委员会（简称省战工会），分别作为山东抗日根据地统一的民意机关和行政权力机关。黎玉任省战工会首席组长。到1940年底，山东抗日民主政权有2个行政主任公署、10个专员公署和79个县政府，管辖范围达6.3万平方公里，有人口1200余万。1941年4月，省战工会作出决定，将山东抗日根据地

---

① 山东抗日民主政权的县制主要依据抗战斗争的需要划分，与国民党政权的县制有所不同。1939年7月，中共中央山东分局发出关于恢复区乡政权的指示，要求县界以地形及战争需要重新划分，不受旧行政县界的限制。

划为胶东、清河、冀鲁边区、鲁中、鲁南、鲁西6个行政区；7月，鲁西与冀鲁豫边区两根据地合并为冀鲁豫边区抗日根据地，并划入晋冀鲁豫抗日根据地。此后，山东津浦铁路以西地区不再隶属山东抗日根据地。1943年，山东省战时工作推行委员会改称山东省战时行政委员会，黎玉任主任委员。这时，山东抗日根据地有4个行政主任公署（另有2个相当于行署的专员公署）、11个专员公署、90多个县政府（新区未计算在内）、663个区公所、10128个村政权，同时还在游击区建立12443个村政权。1945年8月，山东省战时行政委员会改为山东省政府，黎玉任省政府主席。此时，山东抗日民主政权有胶东、鲁中、渤海、鲁南、滨海5个行政主任公署、22个专员公署、127个县级政府。冀鲁豫边区所辖山东部分共有44个县。

（3）日伪政权。1937年12月，日军侵占济南，任用旧军阀马良出面组织"济南治安维持会"，临时代行伪政府职权。1938年3月，山东省公署成立，马良任省长。山东省公署受制于日军特务机关长，在行政上隶属北平伪中华民国临时政府。1939年1月，唐仰杜任省长。1943年8月，山东省公署改称山东省政府（仍设省长），既受伪南京国民政府领导，又受华北政务委员会直接指导。1945年2月，杨毓珣任省长，直至抗日战争结束。

日伪在建立省级政权的同时，也建立了省以下地方政权。1938年5月，山东省公署在原来区划基础上，将全省划为鲁西、鲁东、鲁北、鲁南4道和省辖济南、烟台2市，分别成立道、市公署。1940年6月，又将全省划为济南、登州、莱潍、青州、沂州、兖济、泰安、曹州、东临、武定10道，辖105县（始为107县，即墨县、胶县后划归青岛市）。1938年伪县政权为44个，占其总县数的41.9%；1939年为95个，占90.48%；1940年为102个，占97.1%。1941年至1943年，伪县政权的数目大致如此，一直未设伪政权机构的只有观城、范县、濮县。尽管山东成为了沦陷区，但日伪一直没有控制过全省，更多的是日伪、国民党、共产党相互争夺，国民党、共产党、日伪三方政权同时并存的局面。

抗日战争期间，与上述三种政权相对应，山东存在四支武装力量，即国民党军队、共产党军队、日军和伪军。

（1）国民党军队。全国抗战爆发前，山东国民党军队基本上是韩复榘的第三路军。全面抗战爆发后，第三路军扩编为第三集团军，韩复榘任总司令，同时划归第三集团军的还有于学忠的第51军、沈鸿烈的青岛守备队及第三舰队海军陆战队等。国民党政府将全国划分为6个战区（后有变化），山东隶属第五战区。1938年1月韩复榘被处决后，孙桐萱代理第三集团军总司令，沈鸿烈兼任山东省保安司令。徐州失守后，在山东参加徐州会战的中国军队大部分撤出，留下第69军。第69军后扩编为第10军团，石友三任军团长，下辖第69军和暂编第1军。1938年11月，国民党政府成立鲁苏战区，统一指挥山东、江苏两省的正规部队和地方武装，于学忠任鲁苏战区总司令。1939年4月，于学忠部进入山东。鲁苏战区山东部分驻有第51军、第57军。一些未逃走的国民党专员、县长等地方官吏和部分爱国人士，以抗日为名，纷纷拉起地方武装。到1938年夏，山东受国民党控制的游杂武装达15万人。鲁苏战区对这些武装实行整编，除行政区、县所编保安部队外，其余编成战区直辖的10个游击纵队，共约10万人。同时，省一级设保安司令部，行政区编师（旅），县编保安团（大队），1942年底总兵力为9万余人。1942年11月，国民党政府命令驻安徽阜阳一带的李仙洲第28集团军进入山东，接替于学忠部的防务。但李仙洲部因遭到日、伪军的阻击而入鲁未果，并于1943年8月退出山东。随着李仙洲部的入鲁失败和于学忠部的撤出，加之许多地方武装相继充当伪军，国民党在山东的军事实力遭到严重削弱。山东国民党军队1940年统计有16.6万人，1943年减为5万人。1944年春，国民党政府将山东的保安部队及游击部队改编为山东挺进军，并在安徽阜阳成立山东挺进军总指挥部，牟中珩兼任总指挥（1944年夏李延年继任）。直至抗日战争胜利时，国民党在山东所辖部队未发生很大变化。

（2）共产党军队。抗日战争时期，共产党在山东领导的抗日武装力量主要由三部分组成：一是山东土生土长的抗日游击兵团——八路军山东纵队。全面抗战爆发后，中共山东地方组织领导全省人民广泛开展抗日武装起义，成立了多支抗日武装，如八路军山东抗日游击第四支队、山东人民抗日救国军第一军、八路军鲁东抗日游击队第八支队等。1938年12月27日，八路军山东纵队成立，统一指挥山东各地起义武装(不含冀鲁边及鲁西北地区)。所属部队整编为10个支队及3个团，共2.45万人，另有所属地方武装1万余人。1940年9月，山东纵队开始进行第四次整军。整军后辖4个旅、4个支队和2个直属特务团，共5.4万余人。二是八路军第129师。1938年7月，由八路军第129师工兵连扩编组成的津浦支队，协同第115师第5支队东进冀鲁边区。其后，津浦支队和筑先纵队等鲁西北抗日武装归第129师先遣纵队指挥。三是八路军第115师。1938年9月，第115师政治部副主任萧华率第343旅的百余名干部到达乐陵。1939年3月，陈光、罗荣桓率第115师师部及第343旅第686团进入鲁西地区。1939年8月1日，八路军第一纵队正式成立，徐向前任司令员，朱瑞任政委，统一指挥山东和苏北的八路军各部队。第115师入鲁后得到很大发展。根据八路军总部的批复，自1940年10

月至1941年1月，第115师将所属部队先后整编为7个教导旅共18个团，计7万余人。1942年1月，中共中央军委指示山东纵队司政机关改为山东军区司政机关，第115师统一指挥山东所属部队；8月1日，山东纵队正式改为山东军区，山东军区归第115师指挥。1943年3月，中共中央军委决定成立新的山东军区，保留第115师的番号，罗荣桓任军区司令员兼政委、第115师师长兼政委。新山东军区辖鲁南、鲁中、胶东、清河、冀鲁边、滨海6个军区，各军区共辖12个军分区及13个主力团。1945年8月，山东军区决定将各军区与基干武装编成山东解放军野战兵团，共8个师、11个警备队和4个独立旅，连同地方武装共27万余人。

（3）日军。1937年9月下旬，日军第10师团沿津浦铁路南攻，侵入山东。10月3日，第10师团占领德县。12月23日，第10师团、第109师团之本川旅团分两路强渡黄河：一路由济阳、青城间突破黄河防线，12月25日侵占周村、博山后沿胶济铁路继续东侵，1938年1月9日侵占潍县，1月17日占领整个胶济线；一路由齐河过河，12月27日占领济南后沿津浦铁路继续南侵，12月31日侵占泰安，1938年1月4日侵占兖州、曲阜、泗水，1月5日侵占邹县，并于同月攻陷济宁。与此同时，日军国崎支队由上海乘船于1月12日在青岛登陆，沿胶济线东开的第5师团主力也于1月14日进占青岛。2月中旬，日军第5、第10师团一齐出动，继续南进。第10师团派出濑谷支队，于2月17日向运河以西发起攻击，2月26日占领嘉祥，摆出迂回徐州的态势。第5师团派出片野支队，于2月22日从胶济路潍县地区南下，2月23日占领莒县，随后编入坂本支队继续南进，3月5日占领临沂北30公里的汤头镇，呈迂回徐州右侧后之势。与此同时，2月上旬，日军沿青烟公路进犯，占领烟台、福山后兵分两路，一路东犯牟平、威海，一路西犯蓬莱、黄县、掖县，胶东地区渐次落入日军之手。日军第10师团濑谷支队和第5师团坂本支队在攻占鲁南地区滕县—峄县—临沂一线后，为打通津浦线，连接华北和华中战场，企图从南北两个方向对徐州地区的中国军队进行合击。3月下旬至4月上旬，中国军队在台儿庄地区，对濑谷支队和坂本支队进行顽强阻击和外线包围，歼敌1万余人，取得了全面抗战以来国民党正面战场上的重大胜利。台儿庄战役后，日军调整了作战计划，加大兵力进攻徐州。5月19日，徐州失陷。占领徐州后，日军依托津浦铁路、胶济铁路和沿海港口，逐渐向周边扩张，形成了对山东的点线式占领（占领主要交通线和中心城市），山东全境沦为敌后。

抗日战争时期，驻山东日军先后隶属华北方面军第2军、第12军、第43军。日军兵力的使用，主要是控制中心城市、重要港口以及交通线。1937年8月，日军编成华北方面军，辖第1军、第2军。其中，第2军辖第2军司令部、第10师团、第16师团、第108师团以及野战重炮兵第6旅团和第2军通信队。1938年11月，日军组建第12军，司令部设在济南，辖第5、21及第114师团、独立混成第5旅团、骑兵集团（欠骑兵第4旅团）。1939年初，日军又把第32师团，独立混成第6、第7、10旅团投入到山东战场，除独立混成第7旅团属于华北方面军直接统领外，其余均隶属第12军。1941年11月，第21师团在青岛集结后编入南方军序列。1942年2月，第41师团由山西临汾调至德州（同年底调往新几内亚）；4月，独立混成第10旅团改编为第59师团。1942年，驻山东日军总兵力增至4.7万人。1944年1月，第32师团调往缅甸，遗防由新组建的独立步兵第1旅团接替。不久，第12军司令部和独立混成第7旅团调往河南。驻山东日军归第59师团指挥。此时驻山东日军共约2.5万人，为抗日战争期间驻山东日军最少的时期。1945年春，日军增兵山东，组成相当于旅团的4个独立警备队；3月，组建第43军，司令部设在济南；5月，第59师团和独立混成第9旅团调离山东，遗防由自河南调入的第47师团接替。1945年上半年，山东境内及外围地区日军总数达到10万人左右。除作战部队外，日军在山东还设有特务机关及宪兵部队。

（4）伪军。抗日战争初期，日军所到之处，在组织成立伪政权的同时，网罗地痞、流氓，收编地主武装和国民党溃散的游杂部队，建立伪军，作为伪政权的支柱。山东伪军可分为三种类型：一种是大股伪军，包括"剿共军""治安军""和平建国军""皇协军"等。这股伪军数量大，战斗力较强，多为叛变投敌的国民党军队改编而成。二是伪省、道、县警备队（保安队），战斗力较弱。三是区、乡自卫团，战斗力弱，地方性强。1937年底至1938年初，追随日军侵入山东的伪军有赵保原部。至1939年底，山东伪军达10万余人。随着日军占领区的扩大，国民党军队不断投敌，伪军数量日益增多。例如，1941年11月，国民党第39军军长文大可率部投敌，被编为"中央军"第32师；1942年8月，国民党第三十九集团军副总司令兼鲁西行署主任孙良诚率部投敌，被编为"中央军"第二方面军。1943年，山东伪军达20万人，是抗日战争时期山东伪军人数最多的一年。该年几股比较大的伪军有：1943年1月，国民党鲁苏战区新编第4师师长吴化文率部投敌，被编为"和平建国军"第三方面军，该部共2万余人，活动于鲁中地区；2月，国民党鲁苏战区游击第二纵队司令厉文礼率部投敌，被编为"鲁东和平救国军"，该部共1万余人，活动于鲁东地区；6月，国民党第51军第112师副师长荣子恒率部投敌，被编为暂编第10军，该部共1.3万余人，活动于鲁南地区。另外，还有"皇协军"第一支队，司令张希贤，该部共1.2万余人；山东省保安司令部，司令唐仰杜（兼），辖11个大队及各道、县保安队，共11万余人，等等。

1944年，山东伪军各部此消彼长，变化很大，到年底共有17.4万人。1945年日本投降前夕，山东仍有伪军17.34万人。

（三）抗战时期日本侵略者在山东的主要罪行

日军侵入山东的8年间，为巩固占领地，扩大占领区，将山东变为进行"大东亚战争的战略基地"，违背起码的人类良知和国际公法，对山东人民进行残酷的殖民统治，犯下了累累罪行。

1. 残酷屠杀无辜平民

1937年9月30日日军侵入山东的第一天，就在德县于庄、后赵一带对当地平民进行了大屠杀，不足600人的两个小村有22人被杀。日军还在村南侮辱毒打老人、妇女、儿童数人，烧毁民房40余间。日军在侵占山东的8年间，肆意屠杀山东无辜平民，制造了众多惨绝人寰的惨案。本次调研共确认有据可查的抗日战争时期日、伪军在山东制造的一次性伤亡平民10人以上的惨案956个，其中一次性伤亡50人以上或烧毁房屋500间以上的惨案270余个。比较典型的有：

1937年11月13日，日军侵占济阳城，守城军民从西门突围时遭日军伏兵机枪扫射，2000余人被屠杀。日军侵占县城后，连续7个昼夜，屠杀手无寸铁的平民，400余名无辜群众被杀，100余名妇女遭奸淫，550余间房屋被焚烧。11月14日上午，日军抓到四五十名平民并集中到一起，逼迫他们搬死尸、打扫街道和日军住所。有一位老人因听不懂日语干错了活，被日军当场用刺刀捅死。傍晚，日军又把他们捆绑起来，押至南门外黄河大堤下，全部用机枪扫射而死。刘善远当时受伤后被压在尸体下，佯死未动，躲过了一劫。日军走后，他深夜连忙逃走，成为这次屠杀中唯一的幸存者。日军在济阳东关一天之内就用凌迟、砍头、刀捅、火烧、木杠砸、汽车拖、剁碎身骨等凶残手段，杀害了47人。日军将邓奎洁抓住后捆绑在树上，用刀一块一块地往下割肉。邓奎洁疼痛难忍，哭喊呼救。邻居80岁的老汉邓学河闻讯，拄着拐杖前来求情，日军不予理睬，仍是继续往下割肉。邓学河气愤至极，扑上前去拼命夺刀，被日军用刀捅进脖子，含恨而死。邓奎洁也被日军用刀活活割死。

1938年3月14日，日军飞机轰炸枣庄市薛城区张范镇老和尚寺村，炸死无辜平民600余人，炸伤1000余人。爆炸发生后，一名中年妇女抱着小孩倒在血泊中，孩子的下身被炸没，只剩下头和肩膀，妇女的下半身也被炸得破烂不堪。倒塌的城垣下有一名青年,被炸死时手里还端着尚未吃光的饭碗。有一名吃奶的婴儿头部被炸飞,双手仍紧紧抓住母亲。据当事人老和尚寺村村民刘明胜回忆:"那天我正在山上走着,就听见有人喊日本鬼子扔'条子'了。就见一根根明晃晃的炸弹飞了下来,紧接着山谷里火光冲天,当时很害怕,就跑到后山老黄家墙西的秫秸里躲了起来。只听见外面的炮火和机枪的轰隆声,人们慌乱、疼痛的叫喊声和牲口的嘶叫声,还能感觉到的便是由于轰炸而引起的地颤","当时的景象惨不忍睹,尸体满地,都已不成人形,到处挂满了被炸飞的衣服碎片和血淋淋的人手、人腿。"[1]

1938年3月15日,日军侵入滕县境内,3月17日侵占滕县城。就在这几天内,日军杀害平民2259人,奸污妇女224人,烧毁房屋60467间。仅县城东关就有720余人被杀,有的户全家被杀绝。据当事人北沙河村村民王子云回忆:"我后来听说就在那天全村遭杀害的有50多户,83人;在农历15、16日村里人来收尸时很多人把自己亲人的尸体就埋在村北的大壕沟里,还有埋在萝卜窖、路旁的坑里。"[2]

1938年3月16日,日军飞机在临沂城西南方向进行轰炸,炸毁民房千余间,伤亡居民千余人。4月21日,日军侵占临沂城。入城后,日军疯狂屠城,全城被害平民计2840余人,加上在城郊杀戮的达3000人以上。据当事人宁振芳回忆:"480多名手无寸铁的居民躲藏在西北坝子附近的城墙洞和墙根处。日军发现后,逐个用刺刀捅死。俺娘挨了3刺刀后倒地死去,我躲在俺娘怀里,她的鲜血顺着我的脸庞,不断地流进我的眼里,我的右眼就这样被鲜血浸瞎了。不知过了多长时间,收尸的人来了,才发现了我。我全家当时有十口人,被鬼子杀了九口,只有我一人幸存下来。"[3]

1938年5月12日(农历四月十三)上午,正值日照南湖村大集,5架日军飞机从西北方向飞来,在大集上空投下炸弹。附近村庄有一姑娘赶集卖菜,正碰上飞机轰炸。父母不见女儿返回,便急忙到集市上找,找遍了各个角落不见女儿的踪影,最后在一棵树上发现了一条辫子,从扎辫子的绒线绳上辨认出是自己女儿的。日军第二次轰炸时,王应城连同正在烧水的妻子,以及王公辰的妻子,均被炸死,3具尸体被炸得血肉模糊,难以辨认。赵明福的儿媳刚要上车回娘

---

① 刘明胜证言证词(2007年3月),存中共山东省委党史研究室。
② 王子云证言证词(2007年1月6日),存中共山东省委党史研究室。
③ 宁振芳证言证词(2006年6月),存中共山东省委党史研究室。

家，正赶上飞机来袭，她便跑到屋里，将两个孩子一个让小姑子抱着，一个自己抱着，分头躲在东西里间的床底下。炸弹炸倒了她们家的房子，大火随之燃烧起来。邻居救火时，听到坍塌的屋里有孩子的声音，扒出一看，两个大人已经烧焦，护在身子底下的两个小孩，一个受了重伤，一个头部被烧伤。在南湖惨案中，人口死伤：大集上，死468人，伤残者无从统计；南湖村等村庄，死169人，伤残273人；财物损失：烧毁房屋1292间，烧毁衣服4923件，烧毁粮食147716斤，炸死牲畜79头。

1938年5月11日至17日，侵华日军第10师团中岛今朝吾部进犯金乡，所经的大义、孙瓦房、王楼、苏楼、张草庙等村庄皆遭血洗。14日晨县城沦陷后，日军连续进行了4天大屠杀，死难者总数达3347名，烧毁民房670余间。日军在大义村将未逃走的19名村民杀害。独身老人刘明余被日军按倒在地上，割下了头颅。年逾七旬的李洪前，被日军活活肢解。村民王永吉被日军剖腹，肝肠涂地。

1938年5月14日，日军占领菏泽城后沿街烧杀、奸淫掳掠，城内尸横遍野、血流殷地。日军仅在菏泽城停留10天，被杀者达2000余人。据当事人大丁庄村村民马殿敬回忆："日军在村里见人就杀，见东西就抢。本村丁延顺的姐姐想出去和日本人拼命，被她弟弟及爹娘拉住，他的爹娘都被杀死在家中，一个叫二黑的也被打死在自己家中。丁梁被打死在村西南地里。日军到丁庄后街，把一个在丁庄帮工的外地人打死，马留长是个医生被捆走杀害。马敬雨、马殿训爷俩为护其子马敬雨的妻子，爷俩都被杀，看疮的医生马殿成也被杀，还有一个叫二升的，我应叫他大爷，他也被扎死，马顺礼的弟弟也被扎死。这些人都是被堵在家中被害的。当时村西南学校里的校董马凌江被杀。外村赵庄的何斤斗也被打死了，马振帮他堂兄弟和他大爷及哥哥三人都被杀。北院就是现在学校北面（学校还是原址）的马殿张都快出村了，被日军用刺刀砍下去，就剩喉咙系连着，他撑着爬到家就死了。二赵的媳妇被抓，他的儿子一阻拦，被日军一枪打死了，马李被三人用刺刀刺死。马殿广媳妇的乳房被日军用刺刀挑了，马殿广喊了一声又被日军一枪打伤。日军在快天亮时跑到了我家。秦海的6人、姓丁的5人、我家5口人都藏在我家。他们把我父亲拉出来用刺刀刺死，把我拉出来头往墙上撞。这次全村死29人，还有外来人员更多。全村孙四家、马李家、马留长家、马殿训家、马振帮的大爷家都没有人了。"①

1938年11月15日，日军攻占聊城县城，700余名守城将士壮烈殉国，日军进

---

① 马殿敬证言证词（2007年5月16日），存中共山东省委党史研究室。

· 18 ·

城后杀害平民500余人。

1940年4月2日，日军攻破国民党丁树本部丁培尧固守的东明县东明集镇王官营村，残酷杀害丁部伤散官兵及随军民夫2300余人，杀害无辜村民近百人。当事人沈永年回忆："日军以一个旅团的兵力，攻破了由国民党濮阳专员冀南15县联防司令丁树本的丁培尧团固守的王官营村，打死杀害国民党丁部共2300余人，无辜村民近百人。并放火烧村，烧毁房屋20余间，树500余棵，抢走骡马100余头，牛20头，羊500只，抢走粮食3万余斤和其他贵重物品，制造了骇人听闻的大惨案。我干嫂子叫张恩，时年20多岁，已有身孕，我当时在她怀里，炮弹皮炸在她头里，满脸是血，十天后死去，我父亲叫沈逢时，炮弹炸塌了两间屋子，被房顶上掉下来的东西砸了个窟窿，我外甥叫段有然，头上被砸了窟窿。"[1]

1941年11月2日，日军大举"扫荡"沂蒙山区，野蛮屠杀抗日军政人员和伤病员及无辜平民3500多人。仅蒙阴县大崮山周围，就死伤数百人，1万多名青壮年被抓走，160万斤粮食被抢掠，1/4的房屋被烧毁。

1942年5月4日，日、伪军突袭单县潘庄寨，驻扎在潘庄寨内的国民党军暂编第30师朱世勤部1500名官兵阵亡，其中随军妻女20余人被日军奸杀，金乡县派去慰问朱世勤部的民众代表11人同时遇难。村民张自房、靳保丰等24人被枪杀或毒死；吴兆严、吴氏等4人失踪；陈学成、祝自义等6人严重致残。3500亩小麦全部被日军坦克车和汽车轧毁。由于受到日军毒气侵袭，较长时间内，潘庄一带许多村民出现轻度精神失常、眼睛流泪、鼻孔出血、胸闷气喘、四肢无力等症状。幸存者祝邦存回忆："鬼子冲进了西门，他们见人就杀，在张茂林家拉出11人，当场用刺刀穿杀10人，仅我们这个村就被杀了30多人。因为都和驻军家属在一块，死得都很惨。当时我的父亲也被抓了去，鬼子押着他给他们背枪，我印象最深的是鬼子在3点左右开始打臭弹，闻到臭气的人都昏死过去，有的用被子包着头也不管用，情况当时很可怕。"[2]

1942年7月，日、伪军5000余人"扫荡""蚕食"徂徕山，将山内居民2000余人全部逐出，制造山内"无人区"。徂徕山区有1730多名抗日干部和平民被杀害，2883间房屋被烧毁，280万斤粮食被抢走。此外，日军逼迫平民将山上2万棵合抱粗的柏树全部砍掉，把山上的古建筑群全部烧毁。

1942年11月，日本华北方面军司令冈村宁次，纠集了青岛、烟台、莱阳等地

---

① 沈永年证言证词（2007年5月23日），存中共山东省委党史研究室。
② 祝邦存证言证词（2007年5月17日），存中共山东省委党史研究室。

的两万余名日、伪军，在其亲自部署和指挥下，对胶东抗日根据地进行了前所未有的冬季大"扫荡"。其间，制造了惨绝人寰的"马石山惨案"。军民伤亡近千人，其中民众伤亡至少826人。在马石山东北方向的大院村南山上，陈京璞一家8人和邻居1人藏在一个山洞里。日军发现后就向洞里投掷燃烧弹，8人被活活烧死，只有陈京璞1人烧伤幸存。金斗顶采石坑里藏有60多人，被日军杀死的有50多人，仅崖后一个村就有18人被杀。在东尚山村的南塝上，日军抓住一名八路军伤员后，在地上燃起一堆火，两名日军分别抬着他的头和脚，烧燎腹部和胸部，将他活活烧死。在西尚山村，日军把一名八路军战士按在烟囱上，在锅下烧火，把他活活呛死。该村一孕妇即将临产，被日军抓住后，剥光了衣服押到山顶上，然后从高高的悬崖上摔下[①]。1943年1月21日的《为追悼马石山惨案告全胶东同胞及士兵书》中记述："在死难者的尸体中，我们曾看见赤身露体被刺刀洞穿的青年妇女，曾看见被火烧得佝偻的儿童尸骸，倒卧在血泊中的母子尸骨，我们看见了头断、肢折、洞胸、破腹、倚仰蜷伏在山坡松林沟壑间的五百多具血淋淋的尸体。"

1942年12月20日至23日，对胶东抗日根据地进行冬季大"扫荡"的日军制造了惨绝人寰的"招远惨案"。日军共杀害500多人，奸污妇女285人，打伤致残无数，抓走1000多人，烧毁房屋422间，抢劫财物730多万元。

1943年3月，驻济南日军在济南天桥官扎营街建立济南新华院。在此后的两年半间，新华院先后关押中国战俘3.5万余人。其中，被酷刑和劳役折磨致死者1.5万余人，被抽血致死者100余人，被注射毒药、细菌致死者200余人，被押送东北和日本国内充当劳工者1万余人。

日军对山东人民的残害方式多种多样，如军刀砍，刺刀刺，棍棒打，石头砸，鞭子抽，坐电椅，压杠子，"蹲汽油桶"[②]，"放肉炮"[③]，"放红花"[④]，火烧，烟熏，灌凉水、辣椒水、臭水，坐"老虎凳"，吊打，削耳、鼻，剜眼，割舌，拔牙，剖腹，挖心，断指，截肢，肢解，火筷夹，烙铁烙，活埋，勒死，狼狗咬，烈

[①] 陈京璞证言证词（2007年2月4日），存中共山东省委党史研究室。

[②] "蹲汽油桶"，就是将汽油桶内灌满屎尿，将人投入，用铁丝编成的盖子压在油桶上，人在油桶里想站站不起来，下蹲就要喝到屎尿，一次数小时惨遭折磨。

[③] "放肉炮"，就是将人绑在木柱上，周身捆得紧紧的，只留腹部露在外面，待腹部涨鼓绷紧时，用刺刀刺腹部，放出响声。

[④] "放红花"，就是将人推入坑内，用泥土埋至腰部，使人血液不能下流而涌溢头部，待面部赤紫、目欲突出之际，刽子手双手举刀照头劈下，鲜血喷突四溅似火花。

火烤，冰雪冻，挂面（把人钉在树上），把身上割破再用盐搓，针扎手指，钉穿脚心，妇女被奸污后用刺刀捅死或剖腹致死，儿童被活活劈死或摔死……这些手段之残忍，令人发指。

2. 实施细菌战和毒气战

1925年6月17日，国际联盟在日内瓦召开管制武器、军火和战争工具国际贸易会议，通过了《禁止战争中使用窒息性、毒性或其他气体和细菌作战方法的协议书》（亦称《日内瓦协议书》）。1928年2月8日，该协议书生效，无限期有效。日本是当时37个签署国之一。但是，日本无视国际公法，在山东大肆生产、使用生化武器，给山东人民造成了极大的伤害。

日军在华北的细菌战部队是北支（甲）第1855部队。这支细菌战部队在山东省济南、青岛设立了支部和办事处，负责人分别是军医大尉大森玄洞和军医中尉铃木武夫。日军济南防疫给水支部对外称第1875部队。驻泰安的第59师团还设有防疫给水班，代号为第2350部队。协同单位有第12军军医部、陆军医院、济南市同仁会防疫所、新华院等。这些细菌战部队和协同单位在山东用活体解剖培养细菌，用活人实验细菌，进行细菌战，给山东人民造成了严重的伤害。

活体解剖制造细菌武器。进行细菌战必须使用高浓度的大量细菌，一般的方法是使用营养液作为营养基进行培植，而在山东，按照日本军医的说法"活人的内脏是细菌最好的培养基"。据竹内丰供词，他在1943年8月，使用11名俘虏，制造了约999公斤用作细菌战的霍乱生菌及很多鼠疫生菌①。第59师团卫生曹长林茂美曾在第1875部队帮助工作一个月，期间亲自剖杀了11名八路军战俘。林茂美到达该部细菌室的当天，即同木村大尉将已注射鼠疫菌的2名八路军战俘活活解剖。通过解剖检验，认定该菌种有很强的感染力，即将被解剖者的血和血液琼脂培剂置于摄氏37度的孵卵器内，经反复培养操作，制造出大量细菌战用的鼠疫菌。后来，林茂美和木村又将伤寒菌注射到9名八路军战俘身上，并让他们吃下拌有伤寒菌的食物。然后将战俘绑在解剖台上，将腹腔剖开，一一取出内脏，装入标本瓶；而后穿刺胆囊，取出胆汁，作为伤寒菌培养基；最后给战俘注射吗啡液，将其杀害。这9名战俘的胆汁培养基，共制造出16瓶半细菌战

---

① 《日战犯竹内丰罪行材料》（1954年11月），山东省公安厅档案馆藏档案，档案号5—3030—2893。

用的伤寒菌①。

用活人试验细菌武器。日军为缩短研制细菌武器的时间，及早用于战场，大量用人当动物来试验。曾在济南细菌战部队当过翻译的韩国人崔亨振，1989年7月21日向韩国《中央日报》记者揭露了该部队用中国人、朝鲜人进行活体解剖、实验制造毒菌的罪行。该报报道称济南防疫给水细菌战部队平均每3个月进行一次人体实验，每次要死100多名俘虏，一年要杀死400～500多名俘虏。军医们还对离部队8公里远的一个村子50多户300多名村民，进行了霍乱病菌的人体实验：他们把沾有霍乱菌的猪肉等狗食撒在村里，经过15天左右因霍乱死了20人后，就宣布这个村子为传染病发生地区，然后便观察防疫和治疗过程。这种惨绝人寰的罪恶方法，其野蛮、残忍，堪称人类历史上从未有过的"创举"。据日本战犯供述，仅从1942年4月至1944年10月，日军在山东用活人试验或解剖就有8次（详见表1）。

表1：日军在山东用活人试验和活人解剖情况

时间	地点	用活人试验和活人解剖情况	资料来源
1942年4月中旬至6月上旬	山东省济南陆军医院	为350名卫生新兵进行直观教育，长田友吉和铃木军医尉等将2名济南俘虏收容所的农民进行解剖虐杀	长田友吉笔供（1954年8月4日）
1942年6月	山东利津县小清河北	逮捕一名男性农民试验毒药毒死	小岛隆男口供（1954年11月3日）
1942年9月中旬	山东省陆军医院	教育队队长铃木将济南俘虏收容所送来的2名中国男子（35岁左右）进行解剖实验	长田友吉笔供（1954年11月1日）
1943年7月中旬	山东临清县	军医中尉冈野广将临清宪兵队2名抗日爱国者进行活体解剖练习	石田松雄笔供（1954年8月20日）
1943年八九月间	山东章丘县某村	59师团54旅团110大队逮捕一名农民，矢崎大郎中尉命令军医土屋将其解剖	永滨健勇口供（1954年10月8日）
1944年6月	山东朝城县	活体解剖一农民，进行实地教育卫生兵	小岛隆男口供（1954年11月3日）
1944年10月10日	山东兖州陆军医院	种村文三将一名俘虏解剖	种村文三口供（1954年8月21日）

资料来源：中央档案馆、中国第二历史档案馆、河北省社会科学院编：《日本侵略华北罪行档案·细菌战》，河北人民出版社2005年版，第360—361页。

---

① 《日战犯林茂美罪行材料》（1954年10月7日），山东省公安厅档案馆馆藏档案，档案号5—3730—33。

进行细菌战。日本细菌部队为摧毁山东抗日根据地，消灭山东抗日力量，在山东城乡进行了多次针对抗日军民的细菌作战，造成山东各地疫情严重，人口大量伤亡。1941年，日军把放上病菌的馒头、猪肉让狗吃后，再传染到人群中去。结果济南市车站、王官庄、东昌等地发生霍乱大流行，大批居民死去。1943年2月，日军第59师团防疫给水班派3人强制给山东省泰安县两名患天花的妇女注射伤寒病菌，两天后致死[①]。8月，在济南防疫给水分部制造出肠伤寒及巴拉伤寒的生菌共16桶半，每桶直径40公分，高50公分，分三次由日本北支那方面军参谋部将15桶用飞机运走，撒布在陇海路以南地区及京汉铁路沿线地区[②]。8月至10月，日军实施了代号为"华北方面军第12军十八秋鲁西作战"的霍乱细菌战，地域涉及今山东、河北、河南、北京、天津、江苏6个省市[③]。

进行毒气战。日军为满足大规模毒气作战的需要，在山东省的济南、德州等地建立毒气工厂，大量装填毒气筒、毒气炸弹、毒气手榴弹等，及就地生产大量毒气武器。在毒气战演习时，用抗日俘虏作"肉靶"。1941年8月下旬，在山东德县车站南约300米处，由40名瓦斯兵发射了毒气武器[④]。独立混成10旅团步兵45大队纳福小队于8月下旬在山东泰安六郎坡附近，将正在耕地的8名农民捕去，用作毒瓦斯试验[⑤]。1942年5月上旬，第59师团在山东泰安大众桥附近，抓捕一名男40岁的农民进行了喷嚏性瓦斯试验。5月中旬，又在泰安车站附近兵营里，对3名40至45岁的农民试验了催泪性的红棒[⑥]。6月中旬，在山东省临清城公园讲堂内对一名35岁左右的农民施放了中型赤筒瓦斯一筒[⑦]。1943年，日军第12军干部教育队在济南旧飞机场施放毒气约1小时，使张庄约150名农民中毒[⑧]。

在毒气武器试验的基础上，日军将大量毒气武器用于战场上。在著名的台儿庄战役中，日军多次施放催泪性、喷嚏性和糜烂性的毒气弹，国民党军队战后缴获大量毒气武器。在徐州会战临沂战场作战中，日军第5师团坂本旅团经兰陵向台儿庄救援第10师团濑谷旅团，被汤恩伯第10军团拦击、包围。为了突围

<hr />

① 《日战犯林茂美罪行材料》（1954年10月7日），山东省公安厅档案馆藏档案，档案号5—3730—33。
② 《日战犯竹内丰罪行材料》（1954年11月），山东省公安厅档案馆藏档案，档案号5—3030—2893。
③ 《日战犯矢崎贤三材料》（1954年），山东省档案馆馆藏档案，档案号A016—02—030。
④ 《日战犯清水永吉材料》，山东省档案馆馆藏档案，档案号A016—02—026。
⑤ 《日战犯御园勉材料》，山东省档案馆馆藏档案，档案号A016—02—033。
⑥ 《日战犯加藤喜久夫材料》（1954年10月29日），山东省档案馆馆藏档案，档案号A016—02—026。
⑦ 《日战犯管原喜好材料》，山东省档案馆馆藏档案，档案号A016—02—029。
⑧ 《日战犯矢崎贤三材料》（1954年），山东省档案馆馆藏档案，档案号A016—02—030。

逃命，日军第5师团师团长坂垣竟下令施放毒瓦斯，国民党官兵中毒而死者数以千计。

在对山东抗日根据地进行的"扫荡"中，日军使用毒气攻击近乎疯狂。1941年1月15日至2月6日，日军第12军第21、32师团及伪军一部1万余人，分6部"扫荡"鲁西抗日根据地之中心范县、观城地区。1月17日，日军一部乘70余辆汽车合击朝城以西之苏村、马集地区，鲁西军区第7团掩护党政军机关突围，军区特务营予以阻击，日军连续大量使用毒气，致使特务营两个连大部中毒牺牲。2月间，日军第32师团210联队第1大队，在堂邑县某村与齐子修部作战时，发射催泪性、窒息性毒气弹10发，毒杀官兵100人、村民200人[①]。3月1日，日军在惠民"扫荡"撤退时大量施放毒气，使八路军200余人中毒。3月15日，日军在"扫荡"商河、惠民以南时，放毒气使八路军300余人中毒。4月7日，日军在嘉祥县李家楼发射"赤筒"2发，使抗日军民400人中毒[②]。9月上旬，日军独立混成第10旅团第41大队在莱芜朱彪崮作战中使用毒气，使平民10余人中毒身亡。9月中旬，在莱芜县茶叶口，日军向八路军后方医院的地洞内投毒气筒，将八路军15名伤员驱出洞外并砍死。在鲁南地区，日军独立混成第10旅团第43、45大队，于1941年11月上旬攻击蒙阴县560高地时，以3架飞机轰炸，发数发榴弹和毒气弹，使八路军300多人被炸伤和中毒[③]。

1943年，日军在"扫荡"山东抗日根据地时，实施毒气作战达13次之多。其中，2月间在临清县大张官营、费县石庄、沂水县望楼道，4月间在馆陶县大金村，5月间在冠县孔村，6月间在堂邑以北地区和冠县大金村，7月间在南馆陶以西地区，11月间在沂水县南北岱崮，先后使用毒气作战9次，共用各种毒气弹、毒气筒98个以上，致使八路军和抗日民众伤亡1730余人。1944年11月，日军第59师团在山东进行"十九秋渤海作战"中，第54旅团第109大队在广饶县王家村发射毒气弹10余发，毒杀八路军官兵90余人；在利津县辛集附近发射毒气弹10余发，毒杀八路军官兵130余人。1945年4月24日，滕田茂根据秀岭第一号作战命令，下令各大队携带瓦斯弹和瓦斯筒，给予"各大队长使用瓦斯的权限"，

---

① 雨宫健治的笔供(1954年8月15日)，载谢忠厚主编：《日军侵略华北罪行史稿》，社会科学文献出版社2005年版，第237页。

② 铃木史行的笔供(1954年6月28日)，载谢忠厚主编：《日军侵略华北罪行史稿》，社会科学文献出版社2005年版，第237页。

③ 铃木良雄笔供(1954年7月29日)，载谢忠厚主编：《日军侵略华北罪行史稿》，社会科学文献出版社2005年版，第239页。

44大队长遂在5月14日攻击博山县毫山约300名八路军时,使用了大量毒气作战[①]。据相关资料统计,从1938年4月至1944年11月,日军就使用毒气49次(详见表2)。

表2:日军在山东的用毒情况表

用毒时间	用毒地点	用毒方式、种类及数量	伤亡人数
1938年4月	峄县南某村	毒弹10余发	
1938年4月	峄县台儿庄	放喷嚏性毒气弹14发,毒弹40发	
1938年5月	泰安红山	放糜烂性榴弹40发,毒气弹6发	300余人
1940年6月17日	郓城某地	放毒气	20余人
1940年6月17日	高唐柳子王庄	毒弹45发	60余人
1940年8月	泰安祖徕山	放喷嚏性毒气弹12发	
1940年8月21日	峄县涧头集	放糜烂性榴弹80发,用毒筒20余发	380人
1940年9月	峄县朱沟	使用毒气弹	1500人
1940年10月	沂南青驼、葛沟	施毒气	50余人
1940年12月16日	胶东某镇	施毒气	100余人
1941年1月17日	朝城苏马集	施毒气	2个连大部
1941年1月22日	韩庄、张坝地区	施毒气	1个营全部
1941年2月	堂邑以西某村	放催泪性毒气10发	200余人
1941年3月1日	惠民马颊河、南徒骇河以北	施毒气	200余人
1941年3月15日	惠民、商河以南	施毒气	300余人
1941年4月7日	嘉祥	毒筒2枚	300余人
1941年5月	蓬莱某村	施毒气	12人
1941年6月22日	馆陶塔头村	施毒气	42人
1941年8月	堂邑	施毒气	100余人
1941年8月	堂邑某村	施毒气	300余人
1941年8月	蒙阴南头市场	放糜烂性毒气筒3个	200余人
1941年8月	德县车站	放糜烂性毒气筒13个	150余人
1941年8月	泰安六郎坡	施毒气	8人
1941年9月22日	乐陵李明集、杨家庄	施毒气	20余人

---

① 《日战犯滕田茂材料》(1951年),山东省档案馆馆藏档案,档案号A016—02—026。

用毒时间	用毒地点	用毒方式、种类及数量	伤亡人数
1941 年 9 月	莱芜茶叶口八路军医院	赤弹 2 枚	15 人
1941 年 9 月	莱芜朱彪崮	施毒气	10 余人
1941 年 10 月	新泰某村	施毒气	120 余人
1941 年 11 月	蒙阴 560 高地	放糜烂性榴弹 80 余发	300 余人
1942 年 4 月 29 日	武城小曲里店村	施毒气	106 人
1942 年 5 月	泰安大众桥	瓦斯试验	1 人
1942 年 5 月	泰安车站	瓦斯试验	3 人
1942 年 5 月	泰安兵营	瓦斯试验	16 人
1942 年 6 月	临清城南	瓦斯试验	1 人
1942 年 7 月	莱芜九顶山	毒气弹 9 发	15 人
1942 年 8 月	博山八陡东南	毒气弹 5 发	
1942 年 11 月	博山马鞍山	毒气弹 10 发	
1942 年 11 月	蒙阴城南	红筒 4 个	13 户
1942 年 12 月 31 日	邹县	瓦斯 15 筒	2 人
1943 年 2 月	临清大张官、营庄	毒气弹 12 发	320 人
1943 年 2 月	沂水望楼	毒筒 20 个	
1943 年 2 月	费县石庄	毒气弹 5 发	150 人
1943 年 4 月	冠县大金村	施毒气	80 余人
1943 年 5 月	冠县大金村	施毒气	20 人
1943 年 5 月	冠县孔村	毒气弹 6 发	30 人
1943 年 6 月	堂邑以北	毒气弹 5 发	20 人
1943 年 7 月	馆陶西某村	窒息性毒气筒 20 个	950 人
1943 年 8 月	济南张庄	毒气演习	150 余人
1944 年 11 月	广饶王家村	毒气弹 10 发	90 人左右
1944 年 11 月	利津辛集附近	毒气弹 10 发	90 人左右

资料来源：中央档案馆、中国第二历史档案馆、河北省社会科学院编：《日本侵略华北罪行档案·毒气战》，河北人民出版社2005年版，第319—320、327—328、335—337页。

3. 制造"无人区"

日军在入侵山东过程中，为封锁、隔绝、消灭山东抗日根据地，在齐鲁大地制造了多个"无人区"。

在泰安，日军制造了徂徕山区"无人区"。由于该地区是抗日根据地，山高路险、地形复杂，给日军的"扫荡"造成了极大的困难。为围困共产党领导的地方抗日武装，日军先由徂徕山南麓进攻，继而从东、西、北三面分进合击，将徂徕山周边各地占领，封锁围困徂徕山。1939年6月，日军在徂徕山周围的旧县、保安庄、天宝寨等村镇安设了据点。1942年7月，日军在山区外围160余里处修筑封锁沟及碉堡、据点，沟外修公路，封锁沟内划为"无人区"，强迫民众搬家，不服从者残施屠戮[①]。据广濑三郎供认，8月至10月，日军第59师团下属的步兵第45、第111大队各一个中队，联合伪军万金山、苏志芳部（司令部在天宝寨）共万余兵力，实施"徂徕山封锁作战"计划，采取"铁壁合围"的战术，在山区周围制造了宽10余公里的"无人地带"[②]。

在淄博，日军制造了淄河流域及东南山区地带"无人区"。由于淄博处于清河、鲁中抗日根据地的结合部，为切断两大根据地的联系，进而在经济上困死抗日武装，从1941年3月至1942年10月，日、伪军对淄博地区先后推行了5次"治安强化运动"，使千余平方公里的山区成为大片"无人区"。临朐、淄川、博山三县交界的峨庄是中心。据调查，峨庄乡近5000人，1943年外逃死亡的约3000余人。1943年9月，日军对博山、淄川西部山区东西牛角、镇门峪、珠宝峪、峪口、吴家宅等村，进行了为期七昼夜的空前残酷"扫荡"，将11个村抢劫一空，房屋烧光。到1943年末，博山、淄川南部山区大部分人口死亡或外逃，这一地区基本成为"无人区"。

在潍坊，1942年至1943年期间，日、伪军烧杀掳掠，加上严重的旱灾和瘟疫，导致临朐县人民丧失了基本的生存条件，大量平民因饥饿、疾病死亡或逃亡，全县人口急剧减少，形成了骇人听闻的临朐"无人区"。据《解放日报》报道，九山、米山两区130个村庄原有居民37357人，至翌年春天死亡、逃亡的已达28876人，剩下在家的只有老弱残疾和倚势凌人的保甲长之流，总共不过8485人。如许家峪350口人，逃得只剩9口人，其中一个瞎子，一个跛子和几个走不动的妇孺。

在聊城，日军制造了莘冠聊堂"无人区"。从1942年开始，日伪在冠堂公路两侧挖掘了深数米、宽数丈的封锁沟，安设碉堡、据点，疯狂地制造"无人

---

① 《敌蚕食徂徕山的新花样》，载《大众日报》1942年10月15日。
② 《日战犯广濑三郎材料》，山东省档案馆馆藏档案，档案号A016—02—026。

村""无人区",形成了冠堂公路两侧、马颊河两岸约1500平方公里范围,涉及莘、冠、聊、堂4个县的10多个区、1000多个村庄的 "无人区"。至1943年春夏之交,莘、冠、聊、堂一带村庄已十室九空,几乎没有人家。据统计,仅大花园头、烟庄等33个自然村,就饿死11000多人,桑阿镇一带的63个自然村饿死21000多人,堂邑、聊堂县共饿死60000多人。

在烟台,日军在海阳县制造了盆子山"无人区"。1945年5月,由白冈、松崎率领的3000余名日、伪军自青岛和莱阳窜至海阳,占领了东西绵延50余华里的盆子山区。日、伪军进占盆子山区后,在方圆800余平方里的地区建据点、修碉堡,在长达105天的时间里,实行残酷的"三光"政策,采取驻扎"清剿"、反复"扫荡"和强迫驱赶村民离开家园的手段,制造了盆子山"无人区"。日军在盆子山"无人区"制造伤亡5人以上的惨案就达十余起,累计杀害村民283人、伤109人。

此外,日军还制造了其他 "无人区"。如平原县六区苇子园一带在1944年造成30多村的"无人区"。第92军入鲁之后,与申从周、刘黑七等勾结,进占滕峄边(今之双山),大肆活动,屠杀、抢粮、抓丁,造成了这一带的"无人区"。

4.设立集中营

日本在全面侵华战争中,通过设立集中营,对被俘的抗日军民进行奴化教育,以便进行策反利用和奴役使用。当占领区或日本国内劳动力不足时,又训练劳工,强迫做苦力。在入侵山东期间,日军设立的集中营主要在济南、青岛、张店、德州、潍县等地。

济南集中营关押战俘劳工在5万左右,死亡者约在2万人左右。济南集中营分前后两个阶段,前一阶段叫救国训练所,设立于1940年5月。后一阶段叫济南新华院,设立于1943年3月。同时,还设有一个临时战俘收容所。

救国训练所由驻济南的日军第12军(代号仁字第4221部队)管理,被押送到这里受训的战俘有四种:一是被俘的八路军军政人员;二是被俘的国民党军队的官兵;三是下乡"扫荡"掳掠来的无辜青年百姓;四是从宪兵队和拘留所转来的所谓的"嫌疑犯"。经常关押的有数百人,多时上千人。每天的训练活动主要有:做新民操,读日伪报刊,听"大东亚圣战消息"广播等。训练的方法是:教官训话、读警词、座谈、写悔过书等。训练时间为两个月至半年。每当战场上有成批战俘押来,训练所都要开所谓的欢迎会。训练所办了一段,因不见成效只好结束。于是,在1943年3月把救国训练所的人员迁到济南市堤口路官扎营街西头路北（今济南幼儿师范学校校址），改名为济南新华院，四周挖置壕沟和设置电网，由日军仁字第2350部队（后改为依字第2350部队）管理。凡被押进新华院的人，一般先要抽200CC的血，然后才进行预审。预审经常使用殴打、水刑、火刑、吊刑等刑罚。经过预审，被认定为是重要战俘或重要分子的，送济南军法会议复审判刑后，再押回来服苦役。被认定是普通战俘的，则直接编入训练队，经过所谓的教化和训练，根据其表现和身体状况，分别安排在当地服劳役或外送当劳工。　济南集中营规定了五项守则等清规戒律，如劳动时不准东张西望，违者就受棒打、罚跪等惩罚。日军定期从编入抽血队的战俘身上抽血，以供应侵华日军的伤员需用。最狠毒的是，对战俘进行活体试验，致使许多人惨死。

临时战俘收容所设在济南火车站附近的原济南美孚洋行的汽油仓库，主要关押各地劳工协会抓来的劳工，或是由石家庄、北平、塘沽集中营经济南转车去青岛，短期停留的战俘劳工。1942年11月末，由难波博担任所长。据难波博交待：他接任时，收容所里关押的俘虏有900多人[①]。

因为集中营条件恶劣，疾病流行，死人的事经常发生。济南集中营死亡的战俘劳工被车一批一批运到琵琶山，加上日军在坑里一次又一次残杀抗日军民，最终形成了白骨累累的"万人坑"。据日本战犯难波博供认：1943年1月，日军解散救国训练所时，将被俘抗日军民中病残人员80余名拉到琵琶山刑场杀害。

1945年8月，日军投降后，国民党当局接管了新华院。据国民党当局公布：1943年3月至1945年8月，新华院先后关押抗日军民和爱国人士约35000余人，除国民党山东当局接收的2000余名外，被酷刑劳役折磨致死者15000余人，被抽血致死者100余人，被注射毒药、细菌致死者各数百人，被押送到中国东北和日本国内充当劳工者万余人。另据曾关押在此的被囚人员揭露，仅在1943年5月至1944年8月的短短15个月内，被囚死在这里的抗日军民和爱国人士就有17000余名。

青岛集中营包括第一劳工训练所、第二劳工训练所。第一劳工训练所在铁山路85号，平时关押战俘劳工多达2000人左右。第二劳工训练所设在汇泉体育场，关押劳工多达数千人。为办理青岛市辖区劳工赴日事务，1944年7月日军设华工赴日事务所。事务所只在1944年向日输送了一批劳工104人，其余都在青岛本地服苦役。通过青岛集中营，在1939年至1943年5年中，由青岛运往伪满和蒙疆的

---

① 《日战犯难波博材料》（1954年12月27日），山东省档案馆藏档案，档案号A016—02—026。

劳工达695639人。根据日本《外务省报告书》记载,1943年后由两个劳工训练所训练后送到日本的劳工共有7批计2500人[①]。青岛集中营是"临时木板房间建筑,在40~50坪(一坪为3.3平方米)的地方挤入700~800人,无采暖设备。由于疲劳和寒冷,疾病频发,从而出现大量死亡者"[②]。劳工不堪忍受,通过多种方式反抗。从1944年10月到1945年3月,第一劳工训练所发生过4次暴动。其中1945年2月26日晚的暴动除2人被日伪军警追捕时打死、15人被抓回外,97人胜利逃出。

张店集中营,又名张店俘虏收容所,位于张店二马路。日军把在鲁东、鲁北、鲁南"扫荡"作战中俘虏和抓捕的中国军民,都关押在张店集中营。据战后调查有关资料统计,张店收容所主要收容活动,从1941年春到1943年夏,大致两年多的时间,先后收容战俘劳工至少应在5000人以上。

5. 实施性侵犯

日军侵华期间,大肆建立妓院、"慰安所",强征妇女充当"慰安妇",对其进行强奸和性侮辱。发生在战争中对山东女性的性侵犯事件更是数不胜数、令人发指。

日军侵入山东后,通过暴力掳掠、设圈套欺诈引诱、利用汉奸组织协调等多种手段,强征山东女性,在全省各地设立"慰安所"、军人俱乐部、妓院等机构,直接为日军提供性服务。济南的"慰安所"不下几十所,纬六路在整个抗日战争时期成为著名的花街。据广濑三郎战后交待:"从1942年4月到1945年3月,在新泰、泰安、临清、口镇、莱芜、济南、张店、博山、周村、德县、东阿等地,指示各大队设置的慰安所即有127处。济南主要有'樱桃'军官用慰安所、六大马路'星俱乐部'、纬八路慰安所、二大马路纬九路慰安所,还在历城县、历城县西营村、章丘县(县城内、南曹范、西彩石)、长清县岗山等地设有慰安所。"日本人本多胜一、长沼节夫在《天皇的军队——"衣"师团侵华罪行录》中记述了当时"星俱乐部"的情况:"对于夜幕下的兵士来说,济南市最令人神往的地方是六大马路纬六路这个地段。那里有个叫'星俱乐部'的慰安所,当时有100名以上的中国女性在那里成为皇军性欲的牺牲品。"在胶济铁路沿线的坊子,日军也设

---

① [日]田中宏、松泽哲成编:《中国人强制连行资料(外务省报告书)全五分册及其他》,现代书馆1995年版,第283—311页。

② [日]中国人强制连行事件资料编纂委员会编:《草墓碑》,新日本出版社1964年版,第641页。

立"慰安所"，其建筑呈L型。其他如曲阜、淄川、高密、德州，以及蒙阴、博山等凡是日军侵占的地方，都有"慰安所"的设置。驻山东日军第59师团第111大队，每个小队都配有一名兼做饭、洗衣等杂活的"慰安妇"随军行动，在战场上也不例外。

为满足日伪军政人员和日本商人的性要求，日伪政权还恢复了山东各地的妓院为日军提供性服务。日伪政权根据日军的要求，在济南恢复的有济源里、大生里、共和里、恒善里、第一楼、纬八路乐户消纳区；济宁恢复的有果子巷、安阜街、文武胜街、白家胡同、罗家胡同、南门里亚东敬馆；德州有中山市场、大有栈街等。"群魔乱舞的济南，有几条广阔的大街，昼夜一样繁嚣，那里有咖啡馆、妓女馆，这区域是不让中国人到的，每个门前拥坐十数个花枝招展的神女，专供寇兵兽欲的发泄。"[1]在青岛，1944年日本青岛工商会议所统计表明，日本在青岛共有一等妓馆4家、二等妓馆55家，仅市北区临清路，就建有妓馆38家，如日本楼、东洋馆、满花楼、青岛馆等。另外，在清平有5家，茌平路有4家，博平路有1家，夏津路有4家。

这些性服务场所女性的来源中，中国女性多是被日军以武力胁迫抢夺和各种形式诱拘拐骗而来的。战犯秋田松吉供认：自1940年2月至1941年5月，第43大队第3中队山东省章丘县南曹范分遣队长山根信次伍长以下15名在南曹范盘踞期间，他入该队一等兵步哨，山根伍长通过伪村公所强制带来5名中国妇女作"慰安妇"，他们15人对该5名中国妇女进行了一年零五个月时间的淫污。战犯林茂美供认："1941年9月下旬，41大队4中队在山东省历城县西营住时，我以军曹的身份和中队长尾英典中尉、大辉荣准尉合谋把西营镇长叫来，强迫镇长要两名妇女，逼使镇长无奈，便把一名朝鲜妇女和一名中国妇女强迫拉来，监禁在西营村附近共一个月，命令部下15人以及自己对这两名妇女进行强奸，以后因轮流奸污过度，使该两名妇女生病，身体衰弱不堪才放回去。"[2]这些被迫沦为日军"慰安妇"的妇女，受到了日军残酷野蛮的性虐待、性侮辱，身心受到极大创伤。

除有组织、有计划地征集妇女进行性侵犯外，日军还在战场上和"扫荡"过程中肆意抓捕、强奸、轮奸、侮辱妇女。

1937年11月13日，济阳县城沦陷后，日军组成若干小分队，挨家挨户进行抓

---

① 抗争：《群魔乱舞的济南》，《半月文摘》第3卷第4期。

② 《日战犯林茂美罪行材料》（1954年10月7日），山东省公安厅档案馆馆藏档案，档案号5—3730—33。

捕。见了男人，远的用枪打死，近的用刀捅，捉住妇女就施暴强奸。11月14日上午，一股日军闯进文庙后街，捕捉了鲁某某的妻子和牟某某的妻子，日军将她俩的衣服剥去，先行轮奸，后又拖至西门外，将她们绑在树上，用刺刀割掉乳房，血顺着身子往地下直淌。接着日军又向其阴部楔木橛子，就这样两个妇女被折磨了一个多小时后死去。一股日军闯进南关街王庆堂的家中，从地洞里搜出3名妇女，将她们的衣服剥光，奸污后又将她们杀害，并用刺刀挑开一孕妇的肚子，取出胎儿围观取笑。然后，又剁下女尸的脚，用刺刀挑起来，在大街上举着喊："中国女人的脚，顶小！顶小！"仅11月14日到21日的7天中，"一城三关"就有102名妇女被强奸。1938年2月，日军占领莒城后，对妇女进行了残酷迫害，将王顺之小女和许姓幼女（均七八岁）摧残后，用刺刀插入两人阴道将其杀死。1941年2月10日，日军在宁津县李满庄制造惨案，杀害无辜村民13人，重伤20人。一名年仅14岁叫小爱的姑娘被日军轮奸，随后被活活烧死。日军还将村里200多名妇女赶到村内学校的3间南房里，以审讯为名对70多名姑娘、年轻媳妇进行强奸。5月20日，驻河北沧州的日伪军"扫荡"到庆云县尚堂镇李家店村时，把全村平民集合起来，将茂林妻子的衣服扒光，逼她为日军扭秧歌。由于其坚决不从，日军便把她绑起来，往肚子里灌水，灌满后又用扛子压出来，直到将其残酷折磨致死。日本战犯加藤喜久夫供述：自1943年7月至1944年3月，于山东省德县盘踞中，我是旅团司令部通讯班通信系下士官军曹，为满足自己的性欲，于德县市内，将20岁至26岁的中国妇女，进行凌辱2次。1945年，海阳县盆子山区的日军疯狂残害当地妇女，荷叶山后20岁的怀孕数月的妇女孙文德被日军强奸后绑在树上，用刺刀挑开腹部，将腹中的胎儿挑了出来。

这些性侵犯给广大妇女身心带来了巨大的伤害。据《冀鲁豫区第一分区山东部分抗日战争人口损失统计表》记载：德州仅齐禹县妇女被奸污染病者214人，河西县妇女被奸污染病者150人。许多性病患者不能生育，甚至传染上家里其他人，还有一些患者因得不到及时治疗而死去。除受害妇女身心造成了难以愈合的创伤，也对其后来生活以及整个社会带来了很坏的影响。有的妇女被日军奸淫后造成家破人亡；有的妇女特别是青少年女性，被强奸后惊吓致神经病，丧失正常人的生活；有的妇女被强奸后虽活了下来，但一辈子抬不起头来，就是其后代心中也有阴影。

6. 统制和奴役劳工

抗战期间，山东是日本劫掠劳工的重点地区。通过掳掠、骗招与强征等手段,日、伪军将数万计的山东青壮年和抗日战俘运往山东各工矿、交通、电力等企业和军事工程,或运往东北、蒙疆、华中和日本、朝鲜等地,强制从事奴役劳动,给山东劳工身体和精神上造成了永久难忘的伤痛。

1937年初,日本在伪满开始了旨在扩大和强化对东北经济大规模掠夺的"产业开发第一次五年计划",以及旨在满苏边境修筑大规模军事设施和工事的"北边振兴计划",对劳动力需求急剧增加。于是,日伪当局改变限制入满劳工政策,转而采取积极招募华北劳工的方针。除大东公司(1939年7月后并入新成立的满洲劳工协会。该公司在济南设分公司,在青岛、威海卫、芝罘等地设支店或办事处)外,日本在伪满的一些大企业,如北票煤矿、大连福昌华工会社等相继在山东省济南、青岛等城市设立招工事务所。

招工主要采取欺骗手段。在农村充分利用把头的同乡关系,回村招募时以高工资和提供安家费等优厚待遇为手段,诱使农民上当受骗。日本土建行业公司到莱芜招工,招工的把头说,去关外为日本人修建伤病员大楼,每人给44块现大洋,40元给家庭,作为安抚费,4元给本人,作为路上的零用;到满洲后吃大米洋面,每月还有10块现大洋的工钱。在这种欺骗宣传下,为生活所迫,莱芜红埠岭村的段伦书、西港村的吴式卜等共17人去了伪满。后来才知道,这是汉奸把头骗人的谎言。

被骗去的劳工过着非人的生活。据曾在东北开矿的龙口市徐福镇埠子后村杨衍青口述:劳工的环境极其恶劣,日军为了防止劳工逃跑,在矿区周围密布电网,晚上睡觉,日军让劳工脱光衣服,把他们的衣服捆在一起。劳动时间长达16个小时,每人每天却只分两个玉米饼,冬天又特别冷,病倒者甚多。有病也不给治。饥饿、劳累、思乡,被抓劳工大多都是家里的顶梁柱,远隔千里的家乡,情况全然不知,劳工往往是一人失声,众人皆哭。偶有逃回家乡,往往是冒着生命危险,非死即伤。杨衍青九死一生逃回家中时,10个手指都冻掉了。

随着战事的推进,日军在华北占领区不断修筑军事工程,为其侵略战争服务。这些导致华北当地的劳工需求猛增,使日满劳工需求与华北劳工需求发生冲突。日军要求山东各地的特务机关及劳务统制委员会对本地劳动力资源进行部分统制。1938年8月10日,济南陆军特务机关主持设立了山东劳务公司(地址在经二纬五路63号,资本金10万元,代表者为宗像金吾),负责对全省劳工的招募、分配事项。9月,在青岛设立山东劳工福利局,抓募劳工。

日军占领台儿庄后,抓捕劳工在当地建碉堡、修铁路、挖壕沟、建据点等,就达1.51万人,死伤256人。1938年4月,枣庄邳庄镇雷草村有40人被抓去挖战沟、修碉堡10天。黄林村100多名劳力被日军强迫挖交通沟，到台儿庄修铁路，干苦力8个多月。从1938年春开始，闫浅村70多名壮年村民终日为日军盖碉堡修铁路，长达7年之久。1940年春，日军强征马河湾村村民70人，自己带饭，干了一年半，把柿树林园村周围挖成3米深、5米宽的大围沟。1942年3月，日、伪军1000余人占领旺庄后，强拉民夫1500余人抢修据点，有十几人被砸受伤致残。1942年春，涧头集西徐塘村的李××（李凤龙之二哥）被日军抓到泉源村修碉堡，受伤生风而死。日军侵占东营区、利津县期间，先后在东营区三里、小刘、车里、龙居、西隋、王营等村庄设立据点，并挖掘深2米多的封锁沟。每次修碉堡、筑公路，大批的日、伪军到处抓民夫、扒民房、抢物料，祸害百姓。被抓去的民工处境十分悲惨，不仅食不果腹，还要挨打受骂。

在枣庄煤矿，日军为掠夺煤炭，通过"维持会""爱国会""流动自卫团"等，利用抓、骗、抢等手段，补充了大批新劳工。这些被抓、骗来的劳工没有最起码的人身自由，集体住在"劳工宿舍"里，大门有日军、矿警队站岗，四周围墙上架设铁丝电网，防止他们逃跑。他们吃的是橡子面窝头，里面掺杂着猪毛等脏东西，吃了以后容易口渴。在井下喝的是"窑水"，经常使很多劳工得"拉肚子"病，日军又不给看，因此，造成大批劳工死亡。

为解决山东本地的军事工程和军用工业所需劳工与伪满等地所需劳工的矛盾，1939年2月，日本军方召开了"满华劳动关系者会议"，审议通过了《关于中国工人的满华分配调整纲要案》，规定在华北的劳工募集归即将成立的华北劳工协会指定担任。1939年3月，伪山东省公署制定了《劳工协会设立纲要》。1941年7月1日，华北劳工协会在北平成立。 11月4日，华北劳工协会在济南设立办事处，伪省长唐仰杜兼任处长。设立时职员24人，到1944年10月职员达78名。后又在青岛、芝罘设办事处，在威海卫、龙口、潍县、张店、德县等地设立办事分处，在禹城、泰安、济宁、汶上、长清、巨野、平原、临朐、潍县、益都、莒县、淄川、平度、泰安等县设立事务局。通过这些机构，日军对山东劳力资源实施全面统制。从1942年开始，日军划分地区，采取按计划定点强征与公开抓捕并行的手段，劫掠山东劳工。1942年，仅德县被招募、强征往东北的大连、山海关等地做劳工的就有14165人。1943年5月23日到6月30日，日军在济南修建西十里河至孟家桥防水工事，使用劳工6000名，从新华院送去1500名，其余从附近各县抓来。

被抓捕的山东劳工除在本地、伪满受非人折磨外，还被送到外国受奴役。1942年11月27日，日本内阁会议通过了《关于将华北劳工移入日本内地》的决议，规定由华北劳工协会募集年龄在40岁以下的男性移入日本做工。根据这个规定，从1943年3月至11月，将1411名中国劳工先行"试验性的移入日本"，从事体力劳动。1944年2月28日，日本次官会议讨论并决定了《关于促进向内地移入华工的文件》，从此日本开始正式大规模掠夺中国劳工到日本做苦役。为此，华北劳工协会在济南设劳工训练所，在青岛建立劳工收容所，作为输日劳工机构。由这些机构挑选青壮年押送到中国东北或日本国内服苦役，其余编入各种劳役队，强迫进行开荒、种田、织布、开山等重体力劳动。据华北劳工协会理事松隈吉郎供认："在石门及济南的军队俘虏收容所内设置了协会的训练所，每月有数千名经过再教育的人们，或是作为农民等进入村中的指导阶层，或是作为工人挺身从事于共荣圈各地的各种产业。我确信，其成果是值得刮目相看的。同时也希望各位不断地给予指导和帮助。"[①]据1946年日本外务省管理局发布的《华人劳务者就劳事情调查报告书》记载，以济南新华院为"训练地"被送往日本的中国劳工有如下4批：1944年4月15日，在青岛由"彦山丸"送往神奈川县的株式会社熊谷组与濑作业所296人（其中包括在北京"训练"的部分）；1944年7月6日，在青岛由"泰安丸"送往铁道工业株式会社北海道美呗出张所500人（其中包括在青岛"训练"部分）；1944年9月3日，在青岛由"第一山南丸"送往福冈县日铁矿业株式会社二濑矿业所300人；1945年4月5日，在青岛由"衡阳丸"送往日本北海道荒井合名会社国缝出张所200人。4批总计为1296人。送往日本的劳工由于劳动强度大，又经常处于饥饿状态和精神摧残之中，被残害致死者甚多。逃跑是劳工摆脱奴役的唯一方法。逃跑时间最长的是刘连仁。刘连仁是山东高密县草泊村的农民，是1944年9月从新华院押送至日本去的那批华工之一。在日本北海道昭和矿业挖煤时，冒死逃出虎口，在深山野林里躲了13年。直到1958年被一猎人发现，经旅日华侨营救才重新回到祖国。

除向日本输出外，山东劳工还被掳往朝鲜。兖州市城关镇李恒和被送往朝鲜当劳工。据他回忆：每天早起4点钟，天还没亮就起来干活，一直到晚上，天黑了才让回来休息。吃的是玉米面和橡子面做的窝头，一天两顿，没有菜吃；连一块咸菜也没有，喝的是凉水。住的是草棚，屋里没有床铺，日本人只在屋里铺上一层草席，天很冷下雪了，日本人没有发一件衣服。

1944年下半年，日本在太平洋战场败局已定。日本改变策略，于同年8月指

① 《华北劳工协会理事松隈吉郎关于训练战俘输往日本做工的报告（节录）》（1943年12月20日），载居之芬、庄建平主编：《日本掠夺华北强制劳工档案史料集》，社会科学文献出版社2003年版，第560—561页。

示伪华北政务委员会制定《战时重要劳力紧急动员对策要纲》，实施劳工行政供出制，规定由伪华北政务委员会及各省市行政当局按摊派数额供出劳工。由于日本这时开始在中国占领区实施所谓最后决战的各项特殊体制，对劳工需求更大，征募地区也扩大，手段更加残忍。在济南，仅1945年度修筑各种工事所需劳工数为794000名。另外，城市建设、水利、公路三方面所需劳工数为132000名[①]。尽管最后供出劳工的数量暂不详，但从该计划来看，供出数量无疑是巨大的。

日军在扩建山东德县飞机场之初，日军与伪德县政府在德县城乡和外地抓劳工3000人。两年后，改由德县各伪区、乡摊派，多时达五六千人。在日、伪军的监视下，数千名民夫夏顶烈日，冬冒严寒，平场地，修跑道、机窝，建岗楼，挖壕沟，没日没夜地从事着繁重的劳动。把头们见谁行动迟缓或不顺眼，就拉出去毒打，扒光衣服罚冻示众，用刺刀刮肋条等。最为恶毒的是，日军强令民工罚民工，若民工不忍下手，则要受到更为严厉的惩罚。1944年9月25日，釜山警察署曾向日铁釜石所就劳动管理发出通知："汉民族不为感情所左右，愈是亲切相待会越发使其较慢起来，因此不必亲切心或爱抚相待"，"宿舍坐着头上有三寸空余即可"，等等。这种认识，可能是日本当局普遍一致的看法。在这种认识主导下的中国劳工的命运可想而知。

7. 实施毒化侵略

1937年全面抗战爆发后，日本大力推行"鸦片毒化政策"，其中华北地区是其着力重点。在华北，伪政权成立了华北烟土局，下设烟政科，专门进行鸦片的生产、经营、贩卖，使鸦片生产合法化和鸦片买卖专门化，从精神和肉体上麻醉华北人民。山东也深受烟毒之害。

强迫种植鸦片。在青岛，抗战时期，罂粟种植以胶济铁路两侧最为严重。1938年6月，山东胶县县长高尚文根据日本人的授意，甚至公布了奖励种植罂粟办法。由于种植罂粟收入比其他农作物高出一倍，1939年至1941年3年间，罂粟种植几乎遍布全县，1941年仅胶州区办事处种植罂粟就达4394亩。其中，龙山、艾山两区90余村尤为严重，罂粟种植户占两区总户数的90%。在历城、泰安、济宁、临淄、寿光、益都一带日本也强制栽种鸦片。

---

① 《伪工务总署济南工程局函请配给劳工食粮事给该局的公函》，山东省档案馆藏档案，档案号J102—17—0111。

开设烟馆,强迫吸食。日本虽然在表面上设立禁烟专门机构,实行"寓禁于征"的政策,但实际上设置烟馆登记手续极简便,不受物质条件的限制,去戒烟社吸食并无限制,有的甚至还增添女招待勾引吸客。1939年,青岛特别市禁烟清查委员会通过了《青岛特别市鸦片吸食登记规则》和《青岛特别市禁烟清查委员会招商开设土店膏店暂行规则》,批准设立毒品专卖机构,指定毒品批发与零售商,颁发烟馆营业执照和个人吸烟许可证等,实现了毒品经营合法化[1]。在济南,1938年9月有40多家烟馆,到11月底增加到136家。据日伪青岛特别市警察局1939年6月对其管界内烟户及消量统计,辖区6个警察分局共开设烟膏店等307家;有瘾及吸食人数4214人;每月消量7169两;每月合计价额76229元[2]。

吸卖鸦片的盛行,给人民带来了极大危害。抗日战争时期,山东菏泽地区吸食鸦片者达20余万人,且多是青年人。这些青壮年吸食鸦片后丧失了劳动和生活能力,致使土地大量荒芜,农业生产受到阻碍,兵源质量也大受影响。如在山东定陶县马集镇力本屯村,日军强行把平民抓到大烟馆内吸食大烟,使70多名平民吸食上瘾,最后造成11人死亡,60余人倾家荡产。大量鸦片吸食者为满足毒瘾,盗取他人财物,致使盗窃案件频发,严重影响了正常的社会秩序。

8. 实施奴化教育

日本帝国主义为了达到长久占领中国之目的,不但实行军事上的侵略、政治上的压迫,而且在文化教育上实行侵略和奴化。日本侵占山东期间竭力推行日语教学,培养亲日走卒,采取种种手段控制师生思想和行动,给山东文化教育带来了巨大灾难。

为迎合日军的侵略占领需要,1938年,济南"维持会"建立了4所日语学校,后伪山东省公署又将其改为省立第一、第二、第三、第四日语学校。9月,4校合并为省立日语专科学校,并接收日军特务机关宣抚班成立的山东模范学院日语专门部,编为特别科。与此同时,对非日语专科学校,日、伪军强行取消了自中国新学兴办以来一直开设的英文课,把日语课列为主要课程,并打破惯例,从小学三年级开始讲授日语,减少国语课时,增加日语课时,每周授课六节,强令师生日常会话使用日语。在"推进日语教学"的旗号下,大批日本教官进驻各类

---

[1] 《青岛特别市禁烟清查委员会招商开设土店膏店暂行规则》(1939年7月24日),青岛市档案馆馆藏档案,档案号B0034—002—00184。

[2] 《青岛特别市警察局调查管界烟户暨消量概况表》(1939年9月),青岛市档案馆馆藏档案,档案号A0018—001—00171。

学校。一般省立小学1—3人，中等学校2—4人，1941年驻山东的日籍教官达到118人。日本教官在课堂上大肆宣传"大东亚圣战"，宣扬日本富强，污蔑中国贫困，鼓吹中国只有依靠日本才能"共存共荣"等等。

在学校，对中小学教师进行严密控制。伪省教育厅成立后，即"创设小学教员讲习会，以纠正其思想，每三个月为一期"①。1938年7月，伪省教育厅设立检定委员会，分别检定中小学教员和日语教员。检定的内容首先是"思想检定"，凡"合格教员"必须拥护"兴亚灭共"的教育宗旨，凡违反日伪教育宗旨者一律不得录用。日伪还对教师进行所谓"训练"。1938年5月，日伪设立省小学教员训练所，分期分地区轮训小学"骨干教员"。1940年省小学教员训练所扩充为省教员讲习所，由伪省教育厅长兼任所长。1939年6月，伪山东省公署通过《山东小学教员暑期讲习班暂行办法》，对教员进行强制性的"认识时局""了解新秩序"的思想训练，使教员"胜任训育职责"，以便"管教"学生。凡被日军视为"不轨"的教员，即遭逮捕。1940年，日军从济宁明德小学一次就捕走5位教员，教学生唱"大路歌""开路先锋"等进步歌曲的赵守真被打成重伤，后来该校又有3位教员被捕，其中一位被折磨得精神失常。青岛市立男中和铁路中学教师也有多人被捕。

在严密控制教师的同时，还对学生进行思想控制。首先表现为教学内容的奴化。日伪删改、更换教科书，凡抵御外侮、具有民族意识的内容全被删去，换上"中日亲善""共存共荣""建设东亚新秩序"之类的内容。日伪强行要求沦陷区公私各校一律采用由日伪编印的教科书。其次，建立少年团、青少年团，进行组织上的控制、思想上的奴役。1940年，伪省教育厅颁行《山东省学校少年团暂行规则》，成立山东学校少年团，由伪省长兼任总团长，以"顺应东亚新秩序的建设"为宗旨，以"反共"为目标，实施团体训练、纪律训练。次年颁行《修正山东省学校青少年团实施训练暂行办法》，对男女少年团进行军事、勤务、劳作等武士道式的"严格训练"，学生动作稍有怠慢或疏忽，便遭拳打脚踢。另外，还频繁地举办以"兴亚灭共"为内容的讲演会、辩论会。日伪要求每天早操之后，全体师生都要先向东方遥拜，接着唱《大东亚进行曲》。每逢日军攻陷重要城镇，都要求师生必须集会庆祝。

日本占领山东期间的奴化教育是山东教育史上最黑暗的一页。日军侵入山东后，原有教育体制被摧毁。"所有公私大学，及中等学校一百余处流失，悉遭

① 伪山东省公署编：《山东省概况》，1940年版，存山东省图书馆。

蹂躏，破坏无遗，学生或迫归乡里，散之四方。"[①]

9. 进行经济统制和掠夺

伴随着日本帝国主义军事进攻，为达到其以战养战的目的，日军对沦陷区进行了赤裸裸的经济掠夺。山东由于有蕴藏量丰富的煤、盐和金矿资源，棉花、粮食等农产品和廉价的劳力，更是成为日军掠夺的重点地区。

日本在山东的经济掠夺一开始就表现出计划性和统制性的特征。1937年6月，满铁经济调查委员会提出了《山东产业开发五年计划案》，其中指出："在山东省现在的政情下，当前的对策着眼于面向将来的基础地盘的培养，主要倾注力量于棉花、羊毛、小麦资源的流通机构，以完善其获得，同时间接地谋求增产目的达成。"[②]在开发方案的指导下，日本在山东推行"以战养战"的经济政策，视山东为兵站基地，建立起配合其战略推进的殖民地统制经济，开始实行有计划的经济开发和掠夺，有重点地攫取资源，以支撑规模不断扩大的侵略战争。

交通、电业的统制与开发。作为国民经济基础产业的交通、电力，是日本在占领区建立统制经济、掌握经济命脉、掠取资源的重点，也是日本实施产业开发计划中投融资比例最高的领域。在港口开发上，青岛港由日海军所设立的码头事务所独揽，烟台、龙口、威海卫、石岛诸港由日伪政权设置机构管理，日本驻军加以操控。1939年9月，日本成立青岛码头股份有限公司，资本200万元，由满铁和11家日资海运公司以及财阀、青岛日商共同投资。1941年9月，该公司资本金增至2200万元，成为华北开发公司一元化统制之下的子公司。至战争结束时，华北开发公司给青岛码头股份公司投融资总额达4.373亿元。

为最大限度地增强铁路交通的运输能力，日本侵略者在设备上专门增加货车车辆，客车车辆则一直没有恢复到战前水平。1938年1月至5月，从青岛港运入的机车有50辆、货车1133辆。经过补充，胶济铁路机车、货车数恢复到战前水平。胶济铁路1938年货物发送量84.5万吨，1939年增至149.6万吨，1940年又增至260.2万吨[③]。输运货物中绝大部分为煤炭、铁矿石、原盐、棉花等战略物资，

---

① 伪山东省公署编：《山东省概况》，1940年，存山东省图书馆。

② 满铁经济调查委员会：《山东产业开发五年计划案》（1937年6月），载中央档案馆、中国第二历史档案馆、吉林省社会科学院合编：《日本帝国主义侵华档案资料选编·华北经济掠夺》，中华书局2004年版，第43页。

③ [日]松崎雄二郎：《青岛现势》（1944年），载《民国山东通志》编辑委员会编：《民国山东通志》第3册，（台北）《山东文献》杂志社2002年版，第1588页。

其中增幅最大的是煤炭。随着铁路运煤量的增长,青岛港煤炭出口不断增加。

电力工业是日本重点加以统制的行业。日军占领山东各地后,随即对电业实行"军管理",并委托兴中公司、东亚电力兴业公司经营,对电业统制也开始逐步实施。1938年4月,兴中、东亚公司与济南市公署发起成立济南电气股份有限公司(1939年7月改为齐鲁电业公司),除经营原济南发电厂外,还负责统一管理经营德县等地9家小发电厂。稍后兴中公司插手胶澳电气公司。8月,胶澳电气公司接办鲁东电力公司,组成资本1200万元的大电业公司,统制济南以东地区电气事业的开发,包括青岛之外的近10家发电所。华北电业公司成立后,先后完成了对山东15家公用发电厂的控制,装机容量58332千瓦,占华北占领区公用电厂装机总量的38.5%。另外,还收并了占领区31家企业自备电厂,占华北地区的50%,设备装机容量48648.3千瓦,占华北地区装机总量的45.8%。

金融业的统制。随着伪华北政权的中央银行——中国联合准备银行(简称"联银")各地分支机构的设立,日本开始了对山东金融业的全面统制。1938年4月,"联银"济南分行和青岛分行同时成立。至1942年6月,"联银"在山东开办的分支、办事处,纸币兑换所、外汇局办事处、票据交换所等各类机构共15处。日本在山东的主要城市建立起"联银"金融网络,并通过这一网络控制华商银行。"联银"青岛、济南分行开业之时将"联银券"送存各银行,强迫各行将其作为同行存款接受,并规定在支付存款时一律使用"联银券"。其他分行也采取类似措施推行使用"联银券"。1939年6月"联银券"在山东主要城市的发行额为5776.1万元,1940年10月增至13546.6万元。为获取外汇和物资,在占领区实施汇兑统制,以确立"联银券"贸易通货功能,1939年3月,"联银"实施汇兑集中制度,先是统制鸡蛋等12种商品的出口,进而对全部出口物资实行外汇统一,由"联银"独家集中结汇,强行增加"联银券"的贸易支付功能。1940年7月后,日伪政权又强行规定所有银行的放款,都必须通过"联银"并须得到华北金融委员会的许可,华北金融市场由此完全掌握在"联银"手中。

商业贸易的统制。由于战争对原有社会经济的破坏,生产和流通出现严重衰退和停滞,日本当局为获取支撑战争所需的各类物资,在统治区秩序稍有恢复后,便开始对商业贸易实行统制。先是对60余种商品进行了严格限制,后来为全面控制物资交易,贸易统制范围不断扩大。其扩展步骤为:由物资输入配给统制扩展到物资输出统制,由日商组合制扩展到华商组合制统制,由配给销售价格控制扩展到产、供、销全过程统制。从1939年9月起,日本当局开始对占领区实行配给票证制供应,配给范围包括大米、砂糖、食盐、菜、卷烟、食用油、火柴、肥皂、棉制品等各类生活必需品。1940年1月，日本宣布实行食粮限量配售，以配给来实施统制。随着占领区物资匮乏的加剧，全面配给制困难重重，迫使日本当局从1943年4月改全面配给为重点配给。

在统制政策的支持下，日本资本所涉足的商业贸易领域迅速扩大。在济南，1941年资本万元以上的日本商社达350家[①]。在青岛，日本商业资本原有的优势地位进一步上升为垄断地位。据青岛日本商工会议所1940年3月调查，日本商业资本的经营商品范围有14大类约170余种，从业人员由1936年底1183人增至1938年底的1796人，增加52%[②]。

工矿业的掠夺。日本在山东占领区的工业开发以控制战略资源为根本指向，开发力度最大的为煤炭，其他有原盐、铁矿、铝矿等。华北各产煤区全面沦陷后，日本即划定7个集团(不包括开滦煤矿)，着手恢复开采。其中山东便占有3个：中兴集团，以枣庄煤区为中心，由三井矿山株式会社经营；胶济集团，以淄川、博山煤区为中心，由山东矿业株式会社经营；大汶口集团，以泰安、宁阳煤区为中心，由三菱矿业株式会社经营。三家公司让矿工加班加点地挖煤，使全省煤炭生产超过战前水平。煤炭成为日本掠夺的最重要的战略物资之一。

日本全面侵华的8年间，从山东劫掠了大量煤炭。据不完全统计，日本从淄博煤矿共掠夺煤炭达19137808吨，共盗运煤炭15794108吨。枣庄煤矿历年被盗采的煤炭，除炼焦自用及当地出售97万吨外，其余绝大部分运往日本，或转运鞍山昭和制铁所，总数量达到12302201吨。为不断增加原煤产量，日本在各煤区采用直掠式开采方法，不顾煤田布局，吃肥丢瘦，多采大槽煤，甚至连保安煤柱、运输大巷的煤也掠采一空，致使井岗走动、泵房扳裂、运道低陷，大大缩短了煤矿寿命。同时，还不断勘探找矿，开发新矿井。1939年日本开始试掘莱芜安位煤矿，1942年投入采煤，至抗战结束时共掠运优质煤达10万余吨。

山东海盐丰富，也是日本帝国主义为支撑侵略战争而大规模掠夺的主要原料品之一。1937年2月，日本三家商社共同出资100万元，在青岛设立山东盐业株式会社，开发胶澳盐区，增加对日原盐输出。翌年4月，三井矿产、三菱商事两会社加入，并将资本金增至1000万元。随后，日本从统制原盐生产、销售和新辟盐田入手，扩大盐业生产和对日输出，先后在青岛附近后韩家、女姑口等地开辟新盐田，到1945年达到14362亩。除胶澳盐场外，石岛、金口、威宁、涛雒等盐场的

---

① [日]前田七郎、小岛平八编：《山东案内》，日华社出版1941年版，第451页。
② 青岛日本商工会议所编：《所报》第11号，1940年9月，第8页。

生产和销售也先后被山东盐业株式会社控制。华商原盐加工企业永裕公司以70万元被该会社强买。1941年4月，山东盐业株式会社并入华北开发株式会社，成为其子公司。战前山东年产原盐约50万吨，1939年增至533400吨[①]。1937年仅青岛盐对日本输出(包括朝鲜)195566吨，1938年为251441吨，1939年为163116吨[②]。山东盐业株式会社在1937年至1945年8年中，共掠夺山东原盐达216万吨以上。

日本对山东铁矿、铝土矿等资源也极为重视，并列入重点开发项目。抗战以前即被日本开采的金岭铁矿在这一时期继续被大量掠夺，当时矿工多达万余人。1942年开采铁矿石10万吨，1943年增为24.7万吨，超过战前最高年份1919年的17万吨，1944年则为14.6万吨。1941年春，日本华北开发株式会社所属的华北矾土矿业株式会社对淄博地区铝土矿投资开发，至1943年已采掘百余万吨，除部分在南定氧化铝工厂加工外，其余全部由青岛运至日本。日本对山东的金矿也大肆掠夺。玲珑金矿位于烟台市招远县东南部，黄金矿藏丰富。八年抗日战争时期，日军从这里至少掠夺黄金约16.5吨。

日本在山东工矿业的掠取中，借助华商资本，强制推行资源"重新配置"，建立为战争服务的统制经济，结果则是华商财产被侵夺，日本资本势力大增。到1939年，据青岛日本商工会议所的调查，青岛20个工业行业中，日本资本在纺织、机械器具、面粉、啤酒、橡胶、榨油等6个行业上基本处于独占态势，资本额比例在50%以下的仅有金属加工、骨胶、蛋品加工、烟草加工等4个行业，其余均在50%以上[③]。在青岛、济南、烟台等山东重要城市，日本成立了卷烟、洋纸、杂货、火柴、麻、木材、染织等各种"协会""组合"，对允许开办的民营工厂从原料购置、生产规模、销售渠道等各个方面加以限制，使此类工厂或成为日资企业的附属加工单位，或在其任意摧残下归于倒闭。

（四）抗日战争时期山东的人口伤亡情况

1. 基于档案文献资料的历史上历次调查之研究

本次调研搜集的档案资料主要包括：各级档案馆馆藏的抗日战争时期日军

---

① 大连日本商工会议所编：《北支经济图说》，1940年，第191—192页。
② [日]前田七郎、小岛平八编：《山东案内》，日华社出版1941年版，第111页。
③ 青岛日本商工会议所编：《经济时报》第13号，1939年3月，第79—80页。

在山东烧杀抢掠的有关资料，国民政府抗日战争时期的有关调查资料，山东省伪政权、国民党政权和共产党领导的抗日民主政权形成的有关资料；战后山东解放区和冀鲁豫解放区各级政府所做的人口伤亡和财产损失调查统计资料，战后国民党山东省政府和青岛市政府所做的人口伤亡和财产损失调查统计资料；日军制造重大惨案、奴役劳工、实施性侵犯、进行奴化教育、实施毒化侵略、制造和使用生化武器、制造"无人区"、实施"移民"侵略、设立集中营、进行工矿业掠夺等方面的专题资料；新中国成立后，司法部门审判日本战犯和伪军政人员形成的资料，以及受害人家属控诉日伪暴行的资料。文献资料主要包括：抗日战争时期山东抗日根据地出版的有关刊物、报纸资料，反映日军侵略山东及华北地区的有关图书、报刊资料；新中国成立后国内出版的反映日军侵略山东的有关图书资料；全省党史、史志、文史、民政等部门编辑出版的有关抗日战争时期的图书、报刊资料。

　　课题组将上述档案文献资料中有关人口伤亡的内容分为5类进行研究：一是抗日战争时有关山东人口伤亡的调查统计资料及记录人口伤亡情况的文献资料；二是抗日战争胜利后山东解放区政府和冀鲁豫解放区政府所做的调查和统计资料；三是抗日战争胜利后国民党山东省政府和青岛市政府所做的调查和统计资料；四是新中国成立初期，为收集日本战犯罪行证据所做的调查资料；五是20世纪五六十年代和改革开放以后，各级党史、史志、文史部门，社科研究单位和民间人士对抗日战争时期发生在山东境内的人口伤亡重大事件所做的典型调查和个案研究资料。通过对调研资料的分类梳理，从中看到：战时抗日民主政府和国民政府对山东平民伤亡情况做的调查都不完整，一些局部的、零散的人员伤亡记录，如某个战斗、某次日军"扫荡"造成的平民伤亡或某一区域、某一时间段的平民伤亡情况等，大多见诸于当时的报刊报道和有关工作总结、讲话、报告之中；中华人民共和国成立初期，为收集日本战犯罪行证据所做的调查，其对象是在押的日本战犯、汉奸，受害者当事人或其家属，其中日本战犯主要为日军第59师团，少数涉及第117师团、第39师团、第63师团、独立混成第10旅团等，共计253人，此次调查是在山东省人民政府统一布置掌握下由各县分别进行的，留下了日军在山东制造惨案的大量证词；20世纪五六十年代和改革开放以后各级党史、史志、文史部门，社科研究单位和民间人士所做的调查，其时间跨度大、参与单位和人员多且分散，调研成果多以见证人口述资料和个案研究的形式见诸于党史资料、文史资料、史志资料和有关著述中。由此可见，第一、四、五类资料虽然留下了日军对山东平民进行杀戮的大量人证和书证，但都比较零散，难以说明日军在山东造成人口伤亡的整体情况。战后山东解放区政府、冀鲁豫解放区政府和国民党山东省政府、青岛市政府为救济和善后所做的调查和统计，其调查项目是按照联合国善后救济总署设定的战争灾害损失调查项目进行的，调查的范围基本覆盖山东全境，其调查统计的结果比较全面地反映了抗日战争期间日军在山东造成的人口伤亡和财产损失情况。为此，本节以战后山东解放区和冀鲁豫解放区政府、国民党山东省政府和青岛市政府的调查资料为研究重点。

（1）对山东解放区和冀鲁豫解放区政府调查资料的研究

1945年8月17日，山东省政府公布《中国解放区临时救济委员会山东分会组织及工作条例》和作出《关于成立救济机关的指示》。《中国解放区临时救济委员会山东分会组织及工作条例》规定："中国解放区临时救济委员会山东分会，隶属于中国解放区临时救济委员会，俟中国解放区救济总会成立后，隶属于中国解放区救济总会"；"本会由山东省政府聘请十三至十七人为委员组织之，并由委员中推选主任、副主任、秘书长各一人主持日常会务。会址设山东省政府所在地"；"本会在正副主任领导下，分设调查（报导）、救济（联络、运输）、医药（卫生、保育）、会计（保管）等科，由秘书长总管其事，以便进行日常工作；并得按工作需要，设各种专门委员会。此外并得聘请顾问若干人，以便帮助工作"。山东分会的工作任务是："（一）调查报导目前及八年来山东解放区被敌伪烧杀、抢劫、轰炸、破坏以及水旱虫荒所造成之一切人民损失，和对医药卫生、儿童保育、难民救济等项的各种情形，搜集一切敌伪罪行向国内外控诉，并报告总会，向日本要求赔偿。（二）协助政府及人民团体筹划并进行战时及战后一切救济、抚恤、赔偿、建设等事宜。（三）联系国际国内各种善后机关、盟国各种援华团体以及中外一切同情人士，以便取得援助和交换救济工作经验。（四）募集、接受、保管、调剂、分配、运送、审核各种救济款项物品，并接待分配各种救济工作的技术人员。（五）指导各行政区市救济机关工作之进行。"①《关于成立救济机关的指示》指出："日本无条件投降，我山东全省及各大城市即将全部光复。为实行紧急救济并向日本要求全部赔偿起见，亟需各行政区、市成立救济机关，以充分的准备，紧张的工作。"同时要求："（一）各行政区市成立各该区市救济委员会，立即布置工作，妥为筹划，准备救济物资，组织工作队，随军

---

① 《山东省政府公布令》（1945年8月17日），载山东省档案馆、山东社会科学院历史研究所合编：《山东革命历史档案资料选编》第15辑，山东人民出版社1984年版，第249—250页。

出发，实行调查救济。（二）各专署各县，即充实原有优救委员会，并加强其临时工作力量，妥为筹划，准备物资，组织工作队，随军进城，实行城乡调查与救济。（三）救济委员会为在政府指导下协助政府工作的机关，进城之后，应注意吸收新收复区之有民族气节、素为群众所拥护的人士参加工作。"① 8月24日，山东省救济委员会成立，由山东省政府主席黎玉兼任该会主任。

1945年9月12日，山东省政府发出《关于调查八年战争损失的指示》，对调查的艰巨性、复杂性作出了正确的估价，对调查方法作了明确规定。《指示》强调："由于抗日战争前后历时八年之久，群众在战争中的损失与损害已经不是一次；而且损失与损害的种类也是多种多样的，群众已经是不胜记忆了。要想获得比较翔实的科学调查成果，必须依靠我各级政权干部的深入与耐心的工作精神，而且只有依靠很好的运用群众路线，才能完成这一巨大的工作任务。"《指示》规定："本府制定调查表的样式，要求各地区以村为单位调查，以县为单位统计，由各行政公署汇报本府。在各县领导进行这一工作时，可制发统一表格（或由行署专署统一制发均可），召集各区主要干部开会研究，解决进行中可能发生的问题及困难，并将表格分发各区公所从事调查。区公所则召集各村主要干部开会研究具体进行的各种办法，解决进行中可能发生的问题及困难。每村发一张统一的表格，并将表格要求讲解明白，准备各该村按户调查清楚后，按照统一表格规定项目，加以分类统计，汇报县府。"《指示》指出："在进行调查时，必须注意通过群众自己的系统，而掌握这一工作，则是各级政权干部不可诿卸的责任。这一工作比较麻烦的地方，是村中挨户上了'流水账'以后的分类统计。要想顺利的完成统计任务，必须抓紧运用村学教员及村公所文书的力量，没有村学的山僻小庄，可由区公所酌予调剂，热心公益之农村知识分子、情愿为人民服务者，亦应吸收参加这一工作。"在调查工作的时间安排上，《指示》要求："这一工作进行最好的季节与场所，是在秋收完毕后冬学教育中进行，但必须估计在期限（三十四年十二月三十一日以前）以内保证完成。在进行工作期间，要求每月检查一次，以收及时指导之效。"②此后，10月12日山东省政府发出《关于调查八年战争损失的补充通知》，11月21日发出《加速调查战争损失的通告》，12月7日发出《关于调查八年战争损失的补充指示》，12月11日发出《关于

① 《山东省政府公布令》（1945年8月17日），载山东省档案馆、山东社会科学院历史研究所合编：《山东革命历史档案资料选编》第15辑，山东人民出版社1984年版，第250页。
② 《山东省政府公布令》（1945年9月12日），载山东省档案馆、山东社会科学院历史研究所合编：《山东革命历史档案资料选编》第15辑，山东人民出版社1984年版，第333—335页。

调查八年战争损失的布告》等，对各级政府的抗日战争损失调查工作进行严格督促。

山东解放区虽然要求各地1945年12月31日以前完成抗日战争损失调查，但直到1945年12月11日仍在不断发出通知、通告、指示和布告，督促各地加速进行确保按时完成，可见这项调查因极其复杂而进展缓慢。1945年12月17日，新华社山东分社以《山东省政府公布全省八年战争损失初步调查》为题，报道了抗日战争时期山东人口伤亡和财产损失初步调查结果。报道称："抗日战争以来，山东人民在敌伪的烧杀摧残下，受到了亘古未有的惨重损失，敌人宣布投降以后，省政府即指示各级政府成立救济委员会，调查抗日战争八年中间山东人民所受各种损失，以作赔偿救济时的根据，现已接到各地初步报告，根据不完全的统计（未解放地区不在内，鲁西亦不在内，鲁中等地新解放区也没有调查，部队亦未包括在内）已有下列惊人数字：死亡人数668143人，被俘壮丁313259人，回乡难民228550人，受灾难人数904083人，急需救济人数1637174人"，"以上只是敌人侵华战争所造成的直接损失，如以解放区人口2500万人口计算，则每百人中被杀害的计有2.6人（加上部队死亡的达5%）"。1945年12月18日，《大众日报》也刊发了上述调查统计结果。事实上，这一调查结果公布时山东解放区的调查仍在进行之中，直到1946年4月，山东解放区政府对各地调查结果较为完整的汇总统计才基本完成。显然，新华社山东分社和《大众日报》公布的伤亡统计结果，是初步的、不完全的，不是山东解放区最终形成的调查统计结果。因而，有的研究者在其著述中对上述"不完全的统计"直接加以引用，以说明抗日战争时期山东人口伤亡情况是不妥当的。

山东解放区各级政府开展抗日战争损失调查时，山东解放区辖鲁中、鲁南、滨海、渤海、胶东5个行政区、127个县。本次调研搜集的1946年调查统计的有关平民伤亡的统计资料，有鲁中、滨海、渤海、胶东4个行政区抗日战争期间人口损失调查汇总表，83个县、区、市（其中3个县为部分村镇）抗日战争期间人口损失调查统计表。83个县、区、市分别为：胶东区的文登县、昆嵛县、海阳县、牟平县、乳山县、牙前县、石岛特区、荣成县、黄县、龙口特区、蓬莱县、长山岛特区、福山县、招北县、招远县、栖霞县、栖东县、掖县、掖南县、平度县、昌邑县、平西县、潍南县、东海区、即东县、即西县、莱西南、平东县、五龙县、烟台市、威海市、莱阳特区、莱阳县等33个县、区、市；渤海区的黄骅县、靖远县、沧县、南皮县、吴桥县、东光县、振华县、乐陵县、庆云县、海上办事处、齐河县、济阳县、匡五县、商河县、临邑县、德县、平禹县、德平县、寿光县、益寿县、临淄县、广饶县、桓台县、博兴县、高苑县、长山县、邹平县、青城县、齐东县、羊角沟市、周村市、蒲台县、利津县、垦利县、沾化县、阳信县、惠民县、无棣县、滨县、惠民市40个县、区、市；滨海、鲁中、鲁南有莒北、诸城、莒县、临沂、莱东、临朐、郯城7个县，以及莒南（十字路镇）、蒙阴（3个村）、沂源（4个区）3个县的部分村镇。对于除上述83个县之外44个县的调查统计表以及鲁南区的调查汇总表没有搜集到的原因：一种可能，是调查资料丢失或档案资料搜集时不够深入，需要我们进一步挖掘；另一种可能，则是当时山东省政府确定的调查截止时间已到，但这些地方的调查仍未完成，全面内战爆发后调查统计和汇总工作大多没有再进行下去。例如，本次调研中搜集到了唯一一份1949年4月20日形成的汇总统计表——《鲁中南一专区八年战争损失统计表》，此表形成时已为山东解放区汇总统计的3年之后。对于上述两种可能虽然无法作出最终判断，但可以肯定的是，山东解放区1946年4月完成的抗日战争时期人口伤亡汇总统计仍然存在疏漏或者说仍然不够完全。

山东解放区所辖5个战略区中调查统计比较完整的鲁中区、滨海区、渤海区、胶东区，调查统计的平民伤亡情况为：鲁中区平民死亡167441人、伤残389330人、失踪12711人、抓走331400人，共计900882人[1]。滨海区死亡34609人、伤残103386人、失踪3749人、抓走8180人，共计149924人[2]。渤海区死亡83410人、伤残24250人、失踪8367人、抓走20815人，共计136842人[3]。胶东区被杀害49706人、被枪杀残废48289人、被捕征壮丁291090人、被征用劳役1858034013天[4]。

1946年4月，山东省政府根据山东解放区各级政府汇报之查报材料，汇总编制出了《山东解放区人民各种损失统计概数表》，其中包括《山东解放区人口伤亡统计概数表》《山东解放区急待救济者统计概数表》《因战争而产生患病人数统计》等。从当时山东解放区汇总统计的调查情况看：山东解放区总人口29591100人，共计伤亡3766597人，占总人口的12％。其中，死亡895714人，占总人口的3％；伤残1610883人，占总人口的5％；被抓1260000人，占总人口的4％。山东解放区急待救济者11107000人，占总人口的36％（应为37.5％——编者注）。其中，还乡难民2450000人，占总人口的8％；鳏寡孤独2300000人，占

---

① 《鲁中区人口伤亡统计表》（1946年4月），山东省档案馆馆藏档案，档案号G008—01—0010。

② 《滨海区人口伤亡统计表》（1946年1月），山东省档案馆馆藏档案，档案号G008—01—0015。

③ 《渤海区人口伤亡统计表》（1946年4月），中央档案馆馆藏档案。

④ 《胶东区人口伤亡统计》（1946年上半年），山东省档案馆馆藏档案，档案号G031—01—0343。

总人口的7％；贫民6357000人，占总人口的21％[①]。山东解放区因战争患病人数7490000人，占总人口的25％（详见表3）。

表3：山东解放区因战争而产生患病人数统计表（1946年4月）

疟 疾	1000000人	回归热	90000人
脑膜炎	50000人	结核病	1800000人
花柳病	150000人	黑热病	600000人
妇女月经病	3500000人	痢 疾	300000人
共 计	7490000人，占总人口的25％		

资料来源：山东省档案馆馆藏档案，档案号G008—01—0016。

1946年7月，刘子陵在《山东解放区一年来的救济工作》中指出："省救济分会成立于去年八月日寇投降之后，至今天，已将近一年。在这一年当中，山东解放区各级为救济事业工作的干部，在省救分会领导与推动下，高度的发扬了为群众服务的积极性和责任心，配合政府与群众团体，完成了群众迫切要求的八年战争损失调查、灾难民的抚恤救济与发放联合国救济物资的三项重要工作。"在第一项"八年战争损失调查"部分中指出："省救分会为了清算日寇八年来给予山东人民的损失，以便向国内外控诉日寇暴行，迫使日寇履行战争损失赔偿，于去年日寇投降后，即将这一工作列于第一位，配合政府布置进行。各级干部均以艰苦卓绝耐心细致的作风，深入调查，挨村挨户点滴统计，于本年2月总算结清了日寇汉奸八年来积欠的一笔血债。（一）人口损失。伤亡：三七六六五九七人，占总人口百分之十二。急待救济难民：一一一〇一七〇〇〇人，占总人口百分之三十六。"[②]文中所说抗日战争时期山东解放区伤亡人数与1946年4月山东解放区统计的结果一致。也就是说，直到全面内战爆发前山东解放区政府再没有公布新的伤亡数字。

山东解放区调查统计的人口伤亡数字中，包括隶属河北省的黄骅、靖远、沧县、南皮、吴桥、东光、振华（今宁津）、庆云8个县，隶属江苏省的邳县、铜山、赣榆、东海4个县[③]。除庆云县、振华县现属山东省外，其余10个县不属于现山东省区域范围。

---

① 《山东解放区人口伤亡统计概数表》（1946年4月），山东省档案馆馆藏档案，档案号G008—01—0016。

② 刘子陵：《山东解放区一年来的救济工作》（1946年7月），载山东省档案馆、山东社会科学院历史研究所合编：《山东革命历史档案资料选编》第17辑，山东人民出版社1984年版，第198—206页。

③ 《山东解放区人口统计表》（1946年），山东省档案馆馆藏档案，档案号G008—01—0015。

河北省的黄骅、靖远、沧县、南皮、吴桥、东光6个县当时隶属渤海区。根据渤海区汇总的调查统计，在抗日战争期间6个县总计伤亡26690人，其中死亡13942人、伤残7433人、抓走5315人[①]。江苏省的邳县、铜山、赣榆、东海4个县，当时分别隶属于鲁南区和滨海区，共有人口1072989人[②]，但本次调研中未能搜集到4个县抗日战争中人口伤亡的调查统计。

山东解放区的平民伤亡总数为3766597人，减去河北省6个县的伤亡数26690人，山东解放区辖山东区域和江苏4个县的平民伤亡数共计3739907人。其中，死亡881772人，伤残1603450人，被抓1254685人。

山东解放区平民失踪人口仅据鲁中区、滨海区、渤海区统计，共计失踪24827人。

山东解放区政府对各级政权干部的伤亡情况作了专项调查。其调查统计的情况是：山东解放区各级政权干部（区级以上）共有56510人。其中，在抗日战争中造成死亡的10170人，受伤1698人，被俘3390人，因战争影响病故1695人，共计伤亡16953人[③]。

山东解放区对部队伤亡情况的调查仅限于主力部队，且统计极不完全。其调查统计的情况是：山东解放区主力部队牺牲38367人，伤91609人，残废24780人，共计154756人[④]。

抗日战争胜利后，冀鲁豫解放区抗日战争时期人口伤亡情况的调查统计与山东解放区调查相类似。1946年5月，冀鲁豫解放区政府汇总统计了抗日战争期间人口损失和急待救济情况，其中战争中损失人口1331438人，伤残疾病急待救济人口1134430人[⑤]。

抗日战争胜利时，冀鲁豫解放区所辖山东部分共计44个县，其中完整的40个县，分别是博平、荏平、阳谷、长清、齐河、平阴、东河、肥城、朝城、观城、范县、寿张、濮县、鄄城、郓城、东平、汶上、嘉祥、巨野、宁阳、菏泽、定陶、曹县、单县、金乡、鱼台、成武、聊城、济宁、临清、清平、夏津、高唐、恩县、堂邑、莘县、冠县、馆陶、丘县、武城；不完整的县有：泰安（占原县面积2/3）、禹城

① 《渤海区八年战争人口损失统计表》（1946年4月），中央档案馆馆藏档案。

② 《山东解放区人口统计表》（1946年），山东省档案馆馆藏档案，档案号G008—01—0015。

③ 《山东解放区各级政权干部伤亡统计》，中央档案馆馆藏档案。

④ 《山东解放区八年战争损失各项总计表》（1946年），山东省档案馆馆藏档案，档案号G008—01—0015。

⑤ 《冀鲁豫区抗日战争时期人口损失及急待救济统计表》（1946年5月），山东省档案馆馆藏档案，档案号G004—01—0082。

（占原县面积1/2）、平原（占原县面积1/2）、滋阳（占原面积1/3）。根据冀鲁豫解放区政府1946年5月的调查统计，冀鲁豫解放区辖山东部分抗日战争时期共计损失人口1160104人，伤残疾病急待救济人口970014人（详见表4）。

表4：冀鲁豫区山东部分抗日战争期间人口损失统计表（1946年5月）

项　别		数　目	备　考
现有人口		9442238	
战争中损失人口	被敌杀死	127204	1. 被抓壮丁系指被敌掳去长期未回者。 2. 少衣无食者系指目前即没法维持生活者，内包括因敌灾而造成的孤老孤儿及贫苦难民。 3. 遭敌灾伤残者系指被敌打伤致残不能恢复健康者，现已痊愈者未统计在内。 4. 被奸致残者系指妇女被奸传染花柳病或其他伤症者，至于被奸淫未致疾病之妇女以及间接传染花柳病症者均未统计在内。 5. 道口市、济宁市的损失未统计在内。
	特务暗害死	4530	
	敌灾病饿死	802767	
	流亡失踪	48559	
	被抓壮丁	177044	
	合　计	1160104	
目前伤残疾病急待救济数	遭敌枪伤拷打致残者	22102	
	被敌奸淫染病者	10766	
	现在仍患疾病者	183643	
	少衣无食者	753503	
	合　计	970014	

资料来源：山东省档案馆、山东社会科学院历史研究所合编：《山东革命历史档案资料选编》第16辑，山东人民出版社1984年版，第532页。

《冀鲁豫区山东部分抗日战争期间人口损失统计表》"备考"之第5项指出，"道口市、济宁市的损失未统计在内"。 道口市现隶属于河南省，其人口伤亡情况在此不作叙述。济宁市原属冀鲁豫区第二分区所辖。根据冀鲁豫区第二分区的调查统计，济宁市在战争中共计损失人口4575人，其中被敌杀死1273人、敌特暗害死67人、敌灾病饿致死1100人、流亡失踪280人、被抓壮丁1855人；伤残急待救济7103人，其中遭敌枪伤拷打致残者518人、被敌奸淫染病者203人、现在仍患疾病者4526人、少衣无食者1856人[1]。

将《冀鲁豫区山东部分抗日战争期间人口损失统计表》与济宁市抗日战争期间人口损失数相加，冀鲁豫区山东部分44个县共计损失人口1164679人，其中被敌杀死128477人、特务暗害死4597人、敌灾病饿死803867人、流亡失踪

---

[1] 《冀鲁豫区第二分区八年抗日战争人口损失统计表》（1946年5月），山东省档案馆馆藏档案，档案号G004—01—0082。

48839人、被抓壮丁178899人；伤残急待救济人口977117人，其中遭敌枪伤拷打致残者22620人、被敌奸淫染病者10969人、现在仍患疾病者188169人、少衣无食者755359人。"被敌杀死""特务暗害死""敌灾病饿死"3项可计算为"因战争死亡人数"，"被敌奸淫染病者""现在仍患疾病者"两项可计算为"患疾病者人数"。按此计算，冀鲁豫解放区山东部分44个县平民因战争死亡936941人，伤残22620人，失踪48839人，被抓壮丁178899人，患疾病199138人。

冀鲁豫解放区各级政权干部和部队伤亡情况的调查统计，目前尚未找到相关的档案资料记载。

（2）对国民党山东省政府和青岛市政府调查资料的研究

战时，国民党政府行政院虽然于1939年7月颁布了《抗日战争损失查报须知》，此后颁发了抗日战争损失查报的相关法规、调查办法、填造表式，通令中央各部及其所属机关和全国省、市、县等各级政权组织，按照规定的时间、程序、表式、方法，对战区、沦陷区以及后方所有中国的公私机关、团体或人民，因抗日战争遭日军进攻、日机轰炸等受到的财产损失及人口伤亡，进行系统追查、调查，层层转报，由国民党政府主计处或行政院、抗日战争损失调查委员会等相关机构负责汇总。但是，此次调研搜集的档案资料中没有查到战时国民党山东省政府有关人口伤亡的调查资料和人口伤亡情况的统计资料。

抗日战争胜利后国民党山东省政府对抗日战争时期山东省人口伤亡和财产损失的调查，是依据国民党政府行政院赔偿委员会的部署进行的，调查的范围是当时山东省全境，不包括山东省现行政区划中的青岛市和庆云县、宁津县（青岛市直属国民党中央政府，庆云县、宁津县当时隶属河北省）。 1945年6月20日，刘道元主持召开山东省抗日战争损失造报研讨会，研究抗日战争损失如何造报案，确定人口伤亡约数，并安排此项工作由省参议会负责①。1946年11月，国民党山东省政府向国民党政府行政院赔偿委员会报送了《山东省战时人口伤亡及财产损失报告总表》。根据国民党山东省政府的调查统计，山东境内抗日战争时期人口伤亡总计6526000人（详见表5）。

---

① 山东省抗日战争损失造报研讨会会议记录（1945年6月20日），山东省档案馆馆藏档案，档案号J101—09—0880。

表5：山东省战时人口伤亡统计表

县市	伤亡人数	县市	伤亡人数	县市	伤亡人数
济南市	62000	德平	75000	单县	50000
烟台市	58000	陵县	35000	成武	60000
威海卫	46500	临邑	35000	曹县	65000
邹县	73500	茌平	68500	章丘	45000
滕县	58500	博平	57500	齐东	70000
滋阳	63000	聊城	85000	济阳	35000
宁阳	57000	堂邑	65000	历城	75000
鱼台	62000	冠县	75000	淄川	50000
济宁	58500	阳谷	75000	博山	65000
嘉祥	75000	莘县	65000	泰安	60000
巨野	40000	朝城	40000	莱芜	55000
郓城	30000	东阿	35000	新泰	70000
寿张	80000	平阴	80000	海阳	65000
东平	75000	肥城	60000	莱阳	40000
汶上	60000	荣成	55000	即墨	50000
临沂	45000	文登	70000	平度	70000
蒙阴	70000	牟平	60000	掖县	45000
莒县	60000	福山	85000	蒲台	70000
日照	55000	昌乐	45000	博兴	50000
沂水	85000	安丘	85000	广饶	65000
平原	45000	益都	57000	寿光	80000
恩县	55000	临朐	63000	临淄	55000
德县	65000	潍县	55000	郯城	65000
禹城	60000	栖霞	60000	峄县	60000
齐河	50000	蓬莱	85000	费县	55000
长清	75000	黄县	70000	泗水	60000
高唐	55000	招远	45000	曲阜	75000
夏津	60000	滨县	60000	菏泽	70000
武城	85000	阳信	75000	定陶	65000
临清	60000	商河	60000	范县	40000
清平	45000	惠民	85000	观城	55000

县市	伤亡人数	县市	伤亡人数	县市	伤亡人数
定陶	75000	高苑	45000	昌邑	66000
丘县	65000	桓台	60000	胶县	70000
无棣	40000	长山	55000	高密	50000
利津	35000	邹平	40000	诸城	65000
沾化	80000	青城	45000	濮县	65000
乐陵	65000	金乡	35000		
总计伤亡人数: 6526000					

资料来源:《山东省战时人口伤亡及财产损失报告总表》(1946年11月),山东省档案馆馆藏档案,档案号J102—02—0014。

全国抗战前,青岛市市区划为东镇、西镇、大港、小港、浮山、四方、沧口等8个区;乡区划为李村、崂东、崂西、夏庄、薛家岛、阴岛、水灵山岛、黄岛、竹岔岛、红石崖、塔埠头等11个区,人口57万人。到1944年,全市共有43.8万人,较1936年减少13.2万人。日本投降后,国民党政府接收青岛市,李先良任市长。这次调研中,青岛市抗损课题研究办公室从青岛市档案馆查到了《抗日战争时教育人员及其家属伤亡调查表》《青岛市人口伤亡汇报表》《空袭伤亡损失调查表》《青岛市流亡人力损失调查表》《青岛市保安总队抗日战争阵亡官兵名册》。《抗日战争时教育人员及其家属伤亡调查表》中记载了有名有姓的被日军杀害或摧残致死的教育人员及家属6人,失踪1人,受伤5人。《空袭伤亡损失调查表》中记载了有名有姓的伤亡人员12人。《青岛市保安总队抗日战争阵亡官兵名册》中记载了有名有姓的伤亡人员191人。署名青岛市市长李先良报告的《青岛市人口伤亡汇报表》中统计青岛市伤亡人口1275人,其中亡1167人(男1145人、女22人)、伤108人(男107人、女1人)。

由于国民党山东省政府调查统计的山东省区域范围不包括青岛市、庆云县和宁津县,若将国民党山东省政府调查的山东境内抗日战争期间伤亡人口6526000人,加上青岛市调查统计的伤亡人口1275人,则抗日战争时期山东省平民伤亡人口为6527275人。若再加上解放区调查统计的庆云县伤亡人口6286人、宁津县伤亡人口2498人,则抗日战争时期山东省平民伤亡人口总计达6536059人。

(3)小结

就山东解放区和冀鲁豫解放区平民伤亡情况的调查而言,从调查的区域范围看，山东解放区调查了包括津浦铁路以东的山东地区和现属河北省的6个县、现属江苏省的4个县，共计127个县，覆盖29591100人口的区域[①]。冀鲁豫解放区调查了津浦铁路以西山东地区44个县（其中4个县为部分村镇），覆盖9442238人口的区域[②]。1945年下半年至1946年3月国民党山东省政府所辖45256平方华里、3182643人口区域范围[③]，未包括在山东解放区和冀鲁豫解放区调查统计的范围之内。在"对山东解放区和冀鲁豫解放区政府调查资料的研究"中，我们已经从山东解放区所调查统计的人口伤亡数中减去了河北省6个县的伤亡数。也就是说，山东解放区和冀鲁豫解放区的调查统计总体上覆盖了除国民政府在山东统治的狭小区域之外的山东境内全部区域，我们从其调查中所得出的山东境内人口伤亡数，不包括国民党政府在山东统治区域范围的伤亡数，但包括隶属于江苏省4个县1072989人口区域范围的伤亡数。

从调查统计汇总的项目看，山东解放区汇总统计的项目分为"人口伤亡统计""急待救济者统计""因战争产生患病人数统计"3类、14项。其中，"人口伤亡统计"分为"死亡""伤残""被抓"3项，"急待救济者统计"分为"还乡难民""鳏寡孤独""贫民"3项，"因战争产生患病人数统计"分为"疟疾""脑膜炎""花柳病""妇女月经病""回归热""结核病""黑热病""痢疾"8项。除山东省政府汇总时的统计项目，鲁中区、滨海区和渤海区调查统计了"失踪人员"情况。冀鲁豫解放区汇总统计的项目分为"战争中损失人口"和"伤残疾病急待救济数"2类、9项。其中"战争中损失人口"包括"被敌杀死""特务暗害死""敌灾病饿死""流亡失踪""被抓壮丁"5项，"伤残疾病急待救济数"包括"遭敌枪伤拷打致残者""被敌奸淫染病者""现在仍患疾病者""少衣无食者"4项。显然，山东解放区调查统计的"伤亡人口"与冀鲁豫解放区调查统计的"损失人口"其概念和涵盖的内容都不相同，但其中的有些项目可对应合并计算。如果按照山东解放区所确定的"死亡""伤残""被抓"3项来界定"人口伤亡"，则山东解放区统计的"死亡"1项可对应冀鲁豫解放区统计的"被敌杀死""特务暗害死""敌灾病饿死"3项，合并计算为"因战争死亡人数"；山东解放区统计的"伤残"人数可对应冀鲁豫解放区统计的"遭敌枪伤拷打致残

① 《山东解放区人口伤亡统计概数表》（1946年4月），山东省档案馆馆藏档案，档案号G008—01—0016。

② 《冀鲁豫区山东部分抗日战争期间人口损失统计表》（1946年5月），载山东省档案馆、山东社会科学院历史研究所合编：《山东革命历史档案资料选编》第16辑，山东人民出版社1984年版，第532页。

③ 《山东省历年面积、村庄、人口统计表》（1946年4月），载山东省档案馆、山东社会科学院历史研究所合编：《山东革命历史档案资料选编》第16辑，山东人民出版社1984年版，第404—413页。

者"人数,合并计算为"伤残人数"; 山东解放区统计的"被抓"人数可对应冀鲁豫解放区统计的"被抓壮丁"人数,合并计算为"被抓人数";山东解放区统计的"因战争产生患病人数"1项可对应冀鲁豫解放区统计的"被敌奸淫染病者""现在仍患疾病者"2项,合并计算为"因战争产生患病人数"。此外,冀鲁豫解放区和山东解放区的鲁中、渤海、滨海统计了失踪人数,山东解放区统计了还乡难民人数。

综合山东解放区和冀鲁豫解放区调查统计的范围和调查项目等因素,解放区政府调查的抗日战争时期山东境内平民伤亡和损失情况为:山东境内(包含江苏4个县1072989人口区域范围,不含山东境内国统区3182643人口区域范围)的平民死亡1818713人(山东解放区死亡881772人、冀鲁豫解放区山东部分死亡936941人),伤残1626070人(山东解放区1603450人、冀鲁豫解放区山东部分伤残22620人),被抓1433584人(山东解放区被抓1254685人、冀鲁豫解放区山东部分被抓178899人),共计4878367人。山东境内(含江苏、河北划入山东解放区的10个县,不含山东境内国统区3182643人口区域范围)因战争造成的患病人口7689138人(山东解放区7490000人、冀鲁豫解放区山东部分199138人),其中被奸淫染病者160969人(山东解放区150000人、冀鲁豫解放区10969人)。山东解放区鲁中、滨海、渤海3个行政区和冀鲁豫解放区失踪平民73666人(鲁中、滨海、渤海3区失踪24827人、冀鲁豫解放区失踪48839人)。山东解放区还乡难民2450000人。需要指出的是,山东解放区和冀鲁豫解放区的调查统计毕竟涉及的项目不尽相同,即使相同或相近的项目所涵盖的内容也有所不同。例如,冀鲁豫解放区所统计的"伤残人员",仅为被打伤致残不能恢复健康者,已痊愈者未统计在内。因此,在上述所列项目中,同一项目之中,山东解放区和冀鲁豫解放区的伤亡数字也存在较大差距。

以抗日战争胜利后国民党山东省政府和青岛市政府的调查为基础统计的山东境内伤亡人口共计6527275人,比解放区统计的山东境内平民伤亡4878367人多出1648908人。分析造成这一差距的主要因素:一是国民政府调查统计的"伤亡人口"和解放区政府调查统计的"伤亡人口",所涵盖的项目和统计口径不同。例如,解放区政府虽然对战争造成的平民死亡、伤残、被抓、失踪、患病、还乡难民等人口,分别进行了具体的调查统计,但按照山东解放区政府调查统计所设定的项目汇总的"伤亡人口"共计4878367人中,仅包括死亡、伤残、被抓3项。显然,解放区未统计在内的战争中失踪人口中的伤亡者、受伤后痊愈者、被奸淫染病者、间接传染花柳病症者、政权干部中的伤亡者等,都应计为因战争造成的"伤亡人口"。 二是山东解放区和冀鲁豫解放区的调查统计，虽然总体上覆盖了除国民政府统治区域之外的山东境内全部区域，但山东解放区对人口伤亡调查的汇总统计并不完全。例如，上文中指出的本次调研中仍有鲁南区和44个县的调查统计表未能找到，姑且不论其是否有个别或部分县区的伤亡数字未统计在山东解放区汇总的伤亡数字之内，即使已经明确汇总统计在内的也不完全。又如，1946年4月《山东省渤海区人口损失统计表》的"备考"一栏中指出："邹平统计数字系4个村的"，"益寿系32个村的统计数字"。若将山东解放区和冀鲁豫解放区调查统计的被奸淫染病者160969人（其中山东解放区150000人、冀鲁豫解放区10969人）计为受伤人口，则山东境内平民伤亡人口共计5039336人（死亡1818713人、伤残1626070人、被抓1433584人、被奸淫染病者160969人）。若将山东解放区各级政权干部（区级以上）伤亡16953人（死亡10170人，受伤1698人，被俘3390人，因战争影响病故1695人）计算在内，则山东境内伤亡人口共计5056289人。若再将失踪人口中的伤亡者计算在内，受伤后痊愈者和间接传染花柳病症者计算在内，冀鲁豫解放区山东部分政权干部和国民党山东省政府各级政权干部中的伤亡者计算在内，解放区未调查统计的国统区伤亡人口计算在内，并将解放区各级政府调查统计不完全的项目和区域补充统计完全等，则国民政府统计的山东境内抗日战争时期人口伤亡数与解放区调查统计的人口伤亡数之间的差距将大大缩小，或者说趋于接近。课题组综合分析上述因素认为，抗日战争时期因战争因素造成的山东境内人口伤亡（不包括部队伤亡）应至少在600万人至653万人之间。

2006年抗损调研中搜集到的战后解放区政府和国民政府有关山东部队人员伤亡情况的调查统计资料较少，较完整的调查统计资料是山东解放区政府对解放区主力部队伤亡情况的统计，各行政区记录部队伤亡情况的调查资料仅有渤海区人口损失统计表"备考"中有关部队伤亡调查情况的说明。从山东解放区政府对部队的统计资料中看到，山东解放区部队牺牲38367人，伤91609人，残废24780人，共计伤亡154756人。但这一伤亡统计仅限于主力部队，而且是极不完全的统计。1946年8月7日渤海区汇总统计的所属4个专区、40个县（市、办事处）平民伤亡人数，总计伤亡136842人，其中死亡83410人、伤残24250人、失踪8367人、抓走20815人。在其"备考"中指出："该表数字系群众损失数字，部队与工作人员损失据不完全统计已达群众损失数的二分之一，统计起来共死亡125115名，伤残36375名，失踪12651名，抓走31223名，总人口损失205364名。以上统计资料，由于环境不便，所以统计的不够完全，是从抗日战争开始到日本投降以前的。"①依据渤海区人口损失统计表"备考"说明，可以作出这样的推断：一是渤海区不完全统计的部队及工作人员死亡数为41705人（125115人减去83410人），这一死亡数字已大于山东解放区主力部队不完全统计的牺牲人数38367人，说明山东解放区不仅主力部队的伤亡统计不够完全，而且没有统计在内的非主力部队在战争中造成的伤亡数量庞大。二是渤海区在对群众伤亡的调查早在1946年4月已作出详细的汇总统计，而对部队和工作人员损失的调查统计直到8月份仍不完全，说明山东解放区对部队伤亡情况的调查统计滞后于平民伤亡调查，后因全面内战爆发而未能进行下去。这或许是这次调研中搜集到的关于部队人员伤亡情况调查统计资料较少的原因之一。冀鲁豫解放区和国民党政府部队的伤亡数目，这次调研中没有找到相关的调查统计资料，此两项人口伤亡人数尚无法确定。

2. 基于见证人和知情人口述资料的乡村走访调查之研究

（1）乡村走访调查概述

2006年，山东省开展了抗日战争时期人口伤亡和财产损失大型调研活动。这次调研的目标任务之一，是以行政村为样本、以70岁以上老人为重点人群，在全省范围内普遍走访调查见证人和知情人。在走访调查中，全省共组织乡村走访调查人员32万余人，主要由三部分人员构成：一是每个乡（镇）成立了由5至10人组成的走访调查组，这部分人员主要是乡（镇）干部；二是每个行政村成立了3人以上的走访调查组，这部分人员主要是村党支部和村委会的成员；三是自愿加入到走访调查队伍中的人员，主要是住在乡村的离退休干部和教师，如烟台市牟平区玉林店镇的10名离退休老干部自发组成了一支"老八路"调查队伍。在山东省抗损课题研究办公室组织指导下，从2006年10月下旬开始，大规模的走访调查工作按照以下方法步骤全面展开。

第一，以乡（镇）为单位对70岁以上老人登记造册，并提前告知调查的目的和有关事项。各乡（镇）走访调查组在入户调查前，一是根据户籍档案编写各村《70岁以上老人调查登记表》，确定重点调查对象。如，新泰市汶南镇杨家洼村共有250户、860人，按照户口簿登记的70岁以上老人共50人，其中男29人、女21人，年龄最大的87岁。二是以村为单位向70岁以上老人发放《抗日战争时期人口伤亡和财产损失入户调查明白纸》，提前告知调查的目的和有关事项。如，新

---

① 《山东省渤海区人口伤亡统计表》（1946年8月7日），山东省档案馆馆藏档案，档案号G034—01—152。

泰市编写的《抗日战争时期人口伤亡和财产损失调查工作问答》，对调研工作的目的、范围、时间安排、如何开展工作等内容进行了解答。

第二，以村为单位对70岁以上老人进行访问，每访问一人记录下有价值的信息，填写一份《抗日战争时期人口伤亡调查表》，证人确认签字后形成一份证言证词。乡（镇）走访调查人员在由村党支部、村委会成员组成的调查组的配合下，依据《70岁以上老人调查登记表》确定的走访人员名单逐一走访。首先，调查人员按照《抗日战争时期人口伤亡调查表》上设定的栏目，确认被调查人的姓名、年龄、籍贯、身份证号码等信息。随后，调查人员参照《抗日战争时期人口伤亡和财产损失入户调查提纲》询问以下主要内容：日军侵入当地的时间；被调查人所见到和听到的因日、伪军烧杀抢掠造成人员伤亡的人和事，包括日军进行"扫荡"、制造惨案等的时间、地点、伤亡人数以及伤亡者姓名、年龄，伤亡时间、地点、经过（如被日军枪杀、烧杀、活埋、砍杀、奸杀、溺水等情节）等情况。被调查人讲述，调查人员如实记录。记录完成后，调查人员当场向被调查人宣读记录，被调查人确认无误后签名或盖章、按手印，调查人员同时填写调查单位、调查人姓名、调查日期。至此，形成一份完整的证言证词（样式见表6）。证人讲述的死难者遇难现场遗址存在或部分存在的，调查组在证人指证的遗址现场（如田埂、河沟、大树、坟地、小桥、水井、宅基地等）拍摄照片、录制声像资料。

表6：北觉孙家村孙桂美、孙长庚证言证词

山东省莱州市北觉孙家村

证人姓名	性别	出生日期	住址	身份证号码
孙桂美	女	1929 年 11 月 11 日	山东省莱州市北觉孙家村	370625291111222
孙长庚	男	1930 年 1 月 4 日	山东省莱州市北觉孙家村	370625193001042219

情况说明：
1941年古历10月27日，莱州市北觉孙家村惨遭机枪点名惨案。
1941年古历10月25日，朱桥据点鬼子来北觉孙家村"扫荡"，发现了村民做的军鞋、棉裤、棉靴子等（给八路军做的）。当场将孙廷恩、孙恩同、孙会绪、孙林祥、盛春荣5人捉走。带回朱桥据点，孙廷恩、孙恩同在途中被杀害，其他两人在古历10月26日杀害，盛春荣幸免。当时将妇女识字班名册搜走。1941年古历10月26日，据点鬼子叫北觉孙家村送5000元（中国联合准备银行），送钱放人，但钱没送到，引发10月27日的机枪点名。机枪点名发生在古历10月27日上午，地点在孙家村关帝庙（现村中间）门口，当时全村老少基本都到齐，点名时，鬼子先念妇女识字班名册，然后机枪扫射，当场死亡13人，伤10人。扫射后鬼子立即撤走。
证人签名（盖章）
孙桂美（手印），女，1929年11月11日出生，山东省莱州市北觉孙家村，身份证号：370625291111222。
孙长庚（手印），男，1930年1月4日出生，山东省莱州市北觉孙家村，身份证号：370625193001042219。
调查人：张俊香　　调查单位：北觉孙家村　　调查日期：2006年11月10日

第三，专题走访调查一次性伤亡10人以上的惨案，并对具备司法公证条件的进行司法公证。各县（市、区）抗损课题研究办公室根据档案文献中记载的一次性伤亡10人以上的惨案线索，结合乡村走访调查的情况，确定专题走访调查的惨案和惨案涉及的行政村，由党史、档案、史志、司法等部门工作人员组成的专题调查组，对其进行专题走访调查。调查的全过程进行录音、录像，其中具备司法公证条件的，进行了司法公证。具体方法如下：

各县（市、区）专题调查组在村党支部和村委会的配合下，召开惨案见证人、知情人座谈会，按照《抗日战争时期人口伤亡调查表》设定的事件发生的时间、经过，伤亡者姓名、性别、年龄等调查事项，逐个提出话题。每问一项后，在座的老人集体进行回忆，在互相提醒下讲述当年惨案发生的详细过程。调研人员根据老人的讲述如实进行记录。在记录过程中，不修饰、不增加也不减少相关内容。座谈结束以后，调查人员当场宣读记录内容，参加座谈的老人确认无误后签名、按手印。

在调研座谈中，证人若同意进行保全证据公证，司法公证人员根据实际情况，选择一名或多名老人进行专访，对其证言进行保全证据公证。比如，在对即墨市七级镇毛子埠村惨案进行座谈后，选择了思路和语言表达相对清晰的证人李绍元、赵有海进行保全证据公证。首先是在即墨市公证处公证员孙功先和朱立杰的监督下，由调查人员慈友声和姜保国进行询问，两位证人分别回忆讲述自己亲眼所见、亲耳所闻的毛子埠惨案经过。因证人不会写字，由调研人员王孝功代其记录，形成两份《一九三八年五月八日日军在即墨市毛子埠村制造惨案证明材料》，经证人确认无误后盖章、按手印，代书人同时也进行签名。根据调查材料，调研人员又签写了两份惨案伤亡人员登记表，也经证人确认无误后盖章、按手印。整个采访过程由公证员制作现场笔录，并进行现场拍照、录像。证明材料、登记表、现场笔录制作完成后，公证处出具公证书。

大规模的走访调查工作于12月中旬基本结束，全省共走访调查了8万余个行政村、507万余名70岁以上老人，分别占全省行政村总数的95%、70岁以上老人总数的83%。此次走访调查，共收集见证人、知情人证言证词79万余份，拍摄、录制了包括证人讲述事件过程、事件遗址、有关实物证据等内容的大量影像资料，其中照片7376幅（同一底片者计为一幅）、录音录像49678分钟，并对301个一次性伤亡10人以上的惨案进行了司法公证。

（2）对见证人、知情人证言证词的研究

走访调查的成果集中体现在79万余份见证人和知情人的证言证词之中。在大规模走访调查取证工作结束前后，山东省抗损课题研究办公室即开始对走访调查的部分证言证词进行了分析研究，从证言证词记录的内容中确认价值最高的信息主要包含三个方面：一是见证人和知情人仍记忆深刻的伤亡者姓名、年龄、性别、伤亡时间、伤亡地点等信息，这也是本次走访调查所要达到的主要目标之一。如在历城鹊山惨案中，当事人张富训在证言证词中说："我家被日军用枪捅死两人，我爸张承昌，40岁左右，种地和打石头。我大哥小名叫大小，20岁左右，种地。我奶奶张刘氏，70岁左右，被日军用枪打死。我姐姐张家兰（小名胖妮子），14岁，被日军打伤，和我奶奶是一枪打的。我爷爷在向小木子家地窖子里跑的时候，也被日军用枪打伤右脚。"①二是证言证词中记述了见证人终生难忘的日军残酷杀戮同胞亲人的手段和过程。如在沾化义和庄惨案中，当事人孙在堂在证言证词中说："到了那里一看才知道，鬼子把老百姓赶到了茅草屋，用机关枪进行扫射，一共杀死了12人。村东北角有一个姓黄的，人们都叫他黄一贯，他和他儿子都被捅死，孩子他妈也疯了。村北有一个黄盆窑，师徒7个，2个伙计，还有一个买黄盆的，因为前夜装完车后天晚了，就住进了黄盆窑，10个人都遭杀害。我父亲惦记亲人，就去义和庄探探情况，亲戚袁顺七被鬼子打成重伤，孙秀华被鬼子割了头。在三角湾，70多人被蒙了黑布，然后被杀了，场面惨不忍睹。"②三是证言证词中记录了见证人和知情人所知道的本地或某一惨案中伤亡人数。如于佶祥在证言证词中说："1940年冬，日军从海阳杜家过来，在乳山寨孤石河村东孤石处看见船上于长欣兄妹，向其刺去，于长欣伤，于长欣妹妹死，部分风台顶村村民听说日军来，向村外跑去，被日军抓获，赶至孤石处，死伤男子24人，其中死12人，伤12人。"根据对证言证词的价值判断，山东省抗损课题研究办公室对证言证词重点从三个方面展开研究：

第一，证言证词中记录的有关伤亡者姓名等具体信息要素的研究。在系统梳理证言证词的基础上，编纂一部记录抗日战争时期伤亡者具体信息的大型专著《山东省抗日战争时期伤亡人员名录》，其本身既是抗日战争时期伤亡者姓名等信息要素研究的一项重要成果，同时也为深化这一研究构建一个重要平台。2007年初，山东省抗损课题研究办公室制定下发"抗日战争时期伤亡人员名录"表格，要求各县（市、区）在进行调研资料分类整理时认真梳理证言证词，并按照名录表格所设定的伤亡者"姓名""籍贯""年龄""性别""伤亡时

---

① 张富训证言证词（2006年11月29日），存中共山东省委党史研究室。
② 孙在堂证言证词（2006年11月30日），存中共山东省委党史研究室。

间""伤亡地点""伤亡原因""伤或亡""资料来源"等要素，以乡（镇）为单位填写、以县（市、区）整理汇总，形成本县（市、区）的"抗日战争时期伤亡人员名录"，将其作为本次调研的重要成果之一报山东省抗损课题研究办公室。县乡调研人员认真阅读每一份证言证词，将每一名伤亡者的信息逐一记录下来，填写在伤亡人员名录设定的要素项目中。以上文所列莱州市北觉孙家村孙桂美、孙长庚的证言证词中记录的伤亡人员信息为例，孙桂美、孙长庚的证言证词中记录了1941年古历10月25日，朱桥据点日军"扫荡"北觉孙家村，将孙廷恩、孙恩同、孙会绪、孙林祥、盛春荣5人带回朱桥据点，其中杀害孙廷恩、孙恩同、孙会绪、孙林祥4人的具体信息。工作人员将上述4名死难者的具体信息记录下来，填入《莱州市抗日战争时期伤亡人员名录》。

各县（市、区）伤亡人员名录的填写汇总工作于2007年7月基本完成。由于有的证言证词对伤亡者信息的记录本身不够完整，加之证言证词的梳理和名录的填写涉及工作人员众多，致使各地上报的名录突出存在着伤亡者的"性别""年龄""籍贯""伤亡时间""伤亡地点"等要素填写不全或记录不完整、不规范等问题。如依据上述孙桂美、孙长庚的证言证词，填写在莱州市伤亡人员名录中的孙廷恩、孙恩同、孙会绪、孙林祥4名死难者的年龄、性别信息出现空缺。针对上述问题，山东省抗损课题研究办公室按照编纂出版的规范要求，于2009年2月制定下发了《关于编纂出版〈山东省抗日战争时期伤亡人员名录〉有关要求的通知》，要求编纂工作由县（市、区）党史部门的业务人员来完成，重点解决名录要素填写不全、不完整、不规范、不准确等问题。各市、县（市、区）对证言证词记录的伤亡者信息进行了再次梳理核对，对证言证词中记录的伤亡人员基本情况表述不清、填写不完整的，采取实地回访或电话回访等形式，尽可能补充全面，对籍贯、伤亡地点等地名涉及到旧行政区划、归属不明确的，先后通过民政局、地名办、档案局、史志办及相关街道、社区等进行核实。部分县（市、区）在核实证言证词时发现与文献记载差距较大、存在疑问的，核实人员携带有关文献资料与证言证词再次深入乡村重点走访当时的见证人和事件知情人、受害人亲属，确保每一名伤亡者的信息都经得起推敲，不留遗憾。2010年10月，《山东省抗日战争时期伤亡人员名录》编纂完成，共收录山东行政区域范围内140个县（市、区）和16个经济开发区、高新技术开发区在抗日战争期间因战争因素造成伤亡人员中能够准确查清伤亡姓名者469995人，其中死难者347884人、受伤者122111人。但是，由于历史已经过去了60多年，有的见证人和知情人对有些伤亡者信息的记忆本身就不完整，《山东省抗日战争时期伤亡人员名录》仍然存在大量伤亡者信息要素不全的问题。2014年初，山东省抗损课题研究办公室按照中央党史研究室关于抗损课题调研成果审核出版的安排，对2010年整理编纂的《名录》再次进行认真审核，从中选择死难者信息比较完整、规范的100个县（市、区），组织力量集中进行编纂。2014年8月，编纂出版了《山东省百县（市、区）抗日战争时期死难者名录》，收录死难者169173人。以上研究成果仅是79万余份证言证词中关于伤亡者姓名等信息要素研究的阶段性成果，山东省抗损课题研究办公室仍在继续推进这一研究及其成果的编纂工作。

第二，日军屠杀平民的重大事件和日、伪军施暴手段、过程的研究。见证人和知情人的证言证词中记录了大量日、伪军屠杀平民的事件，这些事件勾起了见证人痛苦的回忆，他们讲述了日、伪军极其残暴的、非人道的杀人手段和施暴过程。一是刺杀妇女、老人和儿童并以杀人取乐。如在郓城箕山惨案中，当事人冯胡同村村民陈金着在证言证词中说："1942年4月底5月初，日军占领冯胡同村，共杀死村民14人。其中有77岁的老妇和刚满周岁的女婴。日本鬼子闯进村民陈洪亮家中，将陈洪亮和躲在他家中的陈大诺杀死，并将陈大诺妻子的乳房和肚子挑开，把陈洪亮刚满周岁的小孙女穿在刺刀上，挑起来在院子里耍了一阵儿，然后扔到了墙角。陈家老少被害4口。"[①]二是使用毒气毒杀平民。如在平度西洼子惨案中，当事人西洼子村村民赵修贤在证言证词中说："我记得那是1944年，农历十月初八早晨，村北响起了枪声，我们一开始认为是柳行据点治安军来抢粮食，后来才知道是日本鬼子，就赶紧下到储存地瓜的井子中。敌人包围住村庄后，向发现的井子里先放火，劝我们投降。后来见劝降不成，就开始向井子内放毒气。毒气散开后，大家纷纷用毛巾堵住鼻子、口，还把棉被浸湿堵住洞口，一直到晌天，敌人才撤走。这次惨案一共死了33人，现在想起来，还是那么悲惨，我们村有的一家死了2口，有的死了3口，最多的是赵华行一家，一共死了5口人，门口摆满了尸体。"[②]三是强奸妇女致其死亡。见证人烟台市福山区南厚滋沟村村民林裕昆在证言证词中说：打日本鬼子时我组织村民采用埋地雷等方法打击鬼子，鬼子于1945年农历二月十八日组织300多人来我村"扫荡"报复，烧杀抢掠，并惨无人道强奸妇女5人，其中有我妻子王玉兰，被强奸后大出血，于当年3月16日上吊自尽了，肚子里怀的孩子也都死了。我姐林裕凤被强奸

---

① 陈金着证言证词（2006年12月1日），存中共山东省委党史研究室。
② 赵修贤证言证词（2006年11月），存中共山东省委党史研究室。

后得惊痨，第二年春也死了，刘淑梅姊妹2人都被强奸，刘淑梅的大腿还被捅了一刀，栾学勤的母亲大腿上也被捅了一刀，被强奸后精神失常，数年后死亡[①]。四是采用点"天灯"的残忍手段烧杀平民，采用刺刀剖腹的方式屠杀妇女和胎儿。如在费县东流惨案中，当事人东流村村民吴付成、吴庆祥在证言证词中说：1939年1月29日，日军西侵经过费县新庄镇东流村，村民愤怒抵抗。全村村民被日军枪杀、烧杀73人，重伤22人。其中吴广孝一家8人被日军捆押在吴凤堂屋内烧死，吴宝堂等3人被捆绑在吴恩法屋内烧死；日军用铁丝穿透窦铁匠父子俩的肩胛骨吊在树上浇上汽油点了天灯；孙开籍的妻子周广兰（20岁）怀孕8个月，被日军用刺刀剖腹，挑出未出生的婴儿[②]。在见证人、知情人证言证词中记述的日军残杀平民的手段还有水淹死、活埋、棍棒或石头砸死、狼狗咬死、挖心死、儿童被活活劈死或摔死等数百种。

在系统梳理证言证词的基础上，将日、伪军造成平民伤亡的重大事件一一记录下来加以研究，并广泛吸收以往档案文献资料记载的研究成果，编纂一部全面反映日军侵略暴行的《山东省抗日战争时期人口伤亡和财产损失大事记》；把见证人和知情人讲述日、伪军对平民残忍施暴的证言证词集中起来，与日、伪军制造的重大平民伤亡事件结合起来加以研究，编纂一部反映日军反人类、非人道侵略行径的《山东省抗日战争时期重大惨案》，是深化证言证词研究的一项不可或缺的内容。2009年，山东省抗损课题研究办公室制订下发了《〈山东省抗日战争时期人口伤亡和财产损失大事记〉编纂方案》。编纂工作由山东省抗损课题研究办公室组织实施，省市县三级党史部门共同完成，收录的主要事件为日、伪军一次性制造的人口伤亡5人以上和居民财产损失50间房屋以上或相当于50间房屋以上的事件共计2000余个。《山东省抗日战争时期人口伤亡和财产损失大事记》编纂工作于2012年基本完成。由于其中有些事件存在县（市、区）之间交叉记述，有些事件需要对照相关文献资料进一步考证，2013年以来，《山东省抗日战争时期人口伤亡和财产损失大事记》的研究订正工作仍在持续进行。自2012年开始，山东省抗损课题研究办公室组织全省党史部门开始《山东省抗日战争时期重大惨案》的编纂工作。以见证人和知情人的证言证词为主要依据和佐证材料，本次调研共确认有据可查的抗日战争时期日、伪军在山东制造的一次性伤亡平民10人以上的惨案956个，《山东省抗日战争时期重大惨

---

① 林裕昆证言证词（2006年12月7日），存中共山东省委党史研究室。
② 吴付成、吴庆祥证言证词（2006年5月22日），存中共山东省委党史研究室。

案》收录了其中的350余个。以上两项研究成果以专著的形式推出。

第三,证言证词中记录的平民伤亡人数的研究。证言证词中记录了见证人和知情人记忆中抗日战争时期本地或某一惨案中的伤亡人数。为将其统计起来加以研究,2007年初,山东省抗损课题研究办公室制定下发了各县(市、区)《抗日战争时期伤亡人口(走访取证)统计表》,并作出如下规定:各县(市、区)抗损课题研究办公室负责本县(市、区)走访取证调查的伤亡人员数的汇总统计,统计时要按照证言证词中记录的伤亡地点分别统计,避免重复;对于证言证词中记录的伤亡数字为约数的,按最小整数统计,如十几人统计为10人,十五六人统计为15人,二十多人统计为20人。由于有的证言证词中记录的伤亡人数没有明确其中的受伤人数和死亡人数,本次统计只设"伤亡数"一项。2007年7月统计工作基本完成,共统计见证人和知情人能够准确回忆并作证的抗日战争时期山东省伤亡人口1569873人。

(3)小结

2006年,山东省开展的抗日战争时期人口伤亡和财产损失乡村走访调查,调查了8万余个行政村、507万余名70岁以上老人,收集证言证词79万余份。通过对这些证言证词的梳理和研究,从中统计出抗日战争时期山东省伤亡人口1569873人,记录下469995名伤亡者的姓名、性别、年龄、籍贯、伤亡时间、伤亡地点、伤亡原因等具体信息,其中死难者347884人、受伤者122111人,梳理出日、伪军制造的2000余个平民伤亡5人以上的事件、956个伤亡10人以上的惨案和数百种极其残忍地屠杀平民的方式、手段。

从走访调查的样本和对象看,首先,这次走访调查选择的样本是行政村。由于60多年的社会变迁和城镇发展,导致大量村庄迁移或者被城市化的浪潮所湮没,此次虽然调查了全省8万多个村,占现有行政村总数的比例达95%以上,但其中战后60多年来一直延续下来的村庄数占当年全省村庄总数的比例,远小于这一比例。其次,走访调查的对象是70岁以上老人。他们中年龄最小的在抗日战争胜利时已经9岁,在抗日战争中后期已经有了准确记忆能力,截至2006年10月全省在世的70岁以上老人有609万人,其中调查了507万人,虽然被调查的老人占其总数的83%,但是与1946年当时全省近4000万人口相比,仅约占八分之一。因此,此次规模巨大的走访调查,就现在来讲是一次在全省农村较为普遍的调查,若将其放在60年前加以比较,则仅是一次选取样本较多、调查范围较大的抽样调查。

从证言证词中记录的相关内容所反映出的60年后人们的记忆规律看,人们记忆深刻的首先是发生在当地的惨案和惨案中惨死的亲人及惨案造成的死伤人数，而抗日战争八年间被日、伪军零星杀害、失踪特别是受伤的人员，则由于人们记忆不够深刻而逐渐忘记；其次是被日、伪军杀害者的后人或亲人仍在世者往往容易被人们记起，如证言证词中有许多诸如"×××之母""×××之祖父""×××之姑"等见证人以伤亡者后人或亲属命名的伤亡者信息，而整个家族被灭门或其后人数十年前早已迁移的伤亡者的姓名等具体信息，则难以被人们准确记忆。

从这次走访调查的结果看，如果将这次调查的伤亡人数与战后国民党山东省政府调查的伤亡人数作一比较，则这次被调查的人员507万人，约占当时山东人口近4000万人的近八分之一；这次调查确认伤亡人口1569873人，约占国民党山东省政府调查统计的伤亡人口6526000人的四分之一。如果将这次调查的留下伤亡者姓名等具体信息的伤亡人员与山东解放区和冀鲁豫解放区调查的伤亡人口构成比例作一比较，这次调查的有名有姓的死难者347884人、受伤者122111人，分别约占山东解放区和冀鲁豫解放区调查统计的死亡1817045人、伤残1625496人的五分之一和十三分之一。

综合考虑这次走访调查的时间、样本、对象、结果和人们的记忆规律等因素，不妨作出这样的判断，如果2006年所做的大规模乡村走访调查向前追溯60年来做，则走访调查会呈现如下情况：当时全省近4000万人口中有记忆能力的80％以上人员接受调查并留下他们的证言证词，则山东解放区政府、冀鲁豫解放区政府、国民党山东省政府调查统计的500多万、600多万甚至更多的伤亡人员将留下他们的姓名等具体信息。本调研报告形成之际，在本课题组组织人员对2006年走访调查中留下证言的证人进行回访以进一步确认他们的证言证词时，遗憾的是许多证人已相继离世。如果2006年所做的走访调查往后推迟10年乃至20年来做，还有多少见证那段历史的老人接受我们的调查取证，他们又能够回忆起多少在那场战争中死难的亲人及其他们的名字和相关信息？事实虽不能假设和推断，但可以肯定的是：调查的难度将会更大，见证人的证言证词中记录的伤亡人员会更少，给我们留下的遗憾也会更多。

（五）抗日战争时期山东的财产损失情况

本次调研搜集到的有关山东省抗日战争时期财产损失的资料，除零散记载抗日战争时期不同年份、不同地域、不同事件造成山东省财产损失的各类文献资料外，较为系统的调查资料主要有以下四类：一是战时国民政府有关山东抗日战争时期财产损失的调查资料；二是战后山东解放区政府和冀鲁豫解放区政府对抗日战争时期财产损失的调查资料；三是战后国民党山东省政府和青岛市政府对抗日战争时期财产损失的调查资料；四是2006年走访调查收集的证言证词材料。课题组以上述四类调查资料为基础，以文献资料的有关记载为补充，按照调查主体和行业类别进行了分类研究。

1. 各调查主体所做调查之分类研究

（1）对战时国民政府调查资料的研究

战时国民政府有关山东省抗日战争时期财产损失情况的调查统计数据，散见于国民政府主计处、经济部统计处、交通部统计处、教育部统计处以及中央研究院社会科学研究所等部门和单位编制的各类损失统计表、报告表、研究报告等调查统计资料之中。

国民政府主计处在"各级政府机关查报之损失，陆续由行政院及文官处转送本处""并将本处由其他方面获得之估计或调查，加以整理"的基础上，1941年至1944年每年汇编《抗战中人口与财产所受损失统计》[①]，但在其财产损失统计中有关山东省和青岛市财产损失情况的统计数据很不完整。如，国民政府主计处统计的财产损失包括直接损失和间接损失两部分，分为机关、学校、农业、矿业、工业、公用事业、商业、银行业、铁路、公路、航业、民航航空、电讯、邮务、人民团体、住户16项损失统计。1942年统计的山东省各项财产直接损失2873083.63元（法币，下同）仅为机关和学校2项损失的统计，青岛市直接损失2447444.79元仅为学校和工业2项损失的统计，山东省和青岛市均有14项损失未作调查统计。1942年统计的山东省各项财产间接损失1669430元仅为机关和学校2项损失的统计，青岛市间接损失则全部空缺。其它年份的财产损失统计与

---

① 国民政府主计处编：《抗战中人口与财产所受损失统计》（1941年1月），载中央党史研究室第一研究部、中国第二历史档案馆编：《国民政府档案中有关抗日战争时期人口伤亡和财产损失资料选编》，中共党史出版社2014年版，第238页。

1942年的统计情况大致相同[1]。

国民政府经济部统计处1943年10月编的《战时经济事业财产损失统计》，是根据《中华民国统计提要（廿九年辑）》《中国经济年鉴》《电报年鉴》所记载各地工业、矿业、公用事业的数量、产量、资本额等情况，再衡量其被掠夺情况和战争中损失程度估计其损失数额，主要包括矿业、工业、公用事业、商业4类损失。有关战时山东省和青岛市财产损失情况主要有1937年至1939年的山东省分年度损失情况和1940年青岛市损失情况，每个年度分为直接和间接两项。其中，1937年统计的山东直接损失和间接损失共计401644005850元，1938年直接损失和间接损失共计80832517120元，1939年仅有直接损失511725620元，间接损失数据则未作统计[2]。青岛市的损失统计数据仅有1940年工业直接损失1项，共计8300.84元[3]。

国民政府教育部统计处编制的全国各级学校及教育机关损失统计资料，按学校类别分别统计了中等学校、小学、社会教育机关、教育机关的直接损失和间接损失，按统计项目分别统计了建筑物、图书、仪器、器具、医药用品、现款和其他共7项损失情况。其中，有关战时山东的损失情况仅统计了1938年至1944年中等学校、小学、社会教育机关的建筑物、图书、器具3项直接损失，共计1268494878825元[4]。

中央研究院社会科学研究所关于中国抗日战争损失问题研究报告损失统计的时间为全国抗日战争爆发至1939年5月，有关山东的都市损失统计为济南28710092元、青岛37498427元、德州23500000元，其项目分别包含公用设施、特殊建筑、新式产业3项。该报告按产业、产品类别统计了商业、金融业、农产品、畜产品、矿产品、林产品、手工业、渔业及其他水上业、学校、医药机关、胶

① 国民政府主计处编：《抗战中人口与财产所受损失统计》（1941年1月），载中央党史研究室第一研究部、中国第二历史档案馆编：《国民政府档案中有关抗日战争时期人口伤亡和财产损失资料选编》，中共党史出版社2014年版，第248—351页。

② 国民政府经济部统计处编：《战时经济事业财产损失统计（初稿）》（1943年10月），载中央党史研究室第一研究部、中国第二历史档案馆编：《国民政府档案中有关抗日战争时期人口伤亡和财产损失资料选编》，中共党史出版社2014年版，第554—569页。

③ 国民政府经济部统计处编：《战时经济事业财产损失统计（初稿）》（1943年10月），载中央党史研究室第一研究部、中国第二历史档案馆编：《国民政府档案中有关抗日战争时期人口伤亡和财产损失资料选编》，中共党史出版社2014年版，第563—564页。

④ 《中央研究院社会科学研究所关于中国抗战损失问题研究报告》（1939年），载中央党史研究室第一研究部、中国第二历史档案馆编：《国民政府档案中有关抗日战争时期人口伤亡和财产损失资料选编》，中共党史出版社2014年版，第865—880页。

济铁路、公路车辆、邮政等方面的损失①。

国民政府交通部统计处编制的交通事业损失统计资料有关山东的战时损失统计，主要有全国抗日战争爆发至1939年6月胶济铁路路线、机车、客车、货车、资产以及山东公路、邮政等损失。

总之，战时国民政府的调查统计，主要是依据战前各地、各行业经济状况，沦陷后被掠夺情况和战争中损失程度，多采取估计办法。其调查的项目虽然涉及机关、学校、农业、矿业、工业、公用事业、商业、银行业、文化、医药卫生、交通、人民团体、住户等，但有关抗日战争时期山东省的财产损失调查统计很不完整、很不全面。如，山东为农业大省，却没有农业损失的调查统计情况，即使有损失情况统计的行业，也多为部分项目的损失或仅限于部分年份的损失。相对而言，调查统计相对比较完整的年份为1937年、1938年和1939年，行业损失调查统计相对较为完整的为工业、矿业和学校及教育机关的直接损失统计。

（2）对战后山东解放区和冀鲁豫解放区政府调查资料的研究

战后，山东解放区对抗日战争期间财产损失情况的调查统计是与人口伤亡的调查统计同时进行的，即山东省政府1945年8月17日公布《中国解放区临时救济委员会山东分会组织及工作条例》及发出《关于成立救济机关的指示》，9月12日发出《关于调查八年战争损失的指示》，10月12日发出《关于调查八年战争损失的补充通知》，11月21日发出《加速调查战争损失的通告》，12月7日发出《关于调查八年战争损失的补充指示》，12月11日发出《关于调查八年战争损失的布告》等，对人口伤亡和财产损失调查的组织机构、方式方法和有关要求作出规定。有关调查统计的组织机构、方式方法和要求，在"对山东解放区和冀鲁豫解放区政府调查资料的研究"中已作详细解读，在此不再赘述。需要指出的是，《关于调查八年战争损失的指示》作出如下规定："本府制定调查表的样式，要求各地区以村为单位调查，以县为单位统计，由各行政公署汇报本府"，"每村发一张统一的表格，并将表格要求讲解明白，准备各该村按户调查清楚后，按照统一表格规定项目，加以分类统计，汇报县府。各村挨户调查时，则可按群众实际损失与损害，如记'流水账'的方式，记明物品数量，并挨户折成共值本币数额，妥为保存，以便将来可能赔偿时之依据"。也就是说，山东解放区

---

① 国民政府教育部统计处编：《全国各级学校及教育机关战时财产数量与价值损失》（1946年12月），载中央党史研究室第一研究部、中国第二历史档案馆编：《国民政府档案中有关抗日战争时期人口伤亡和财产损失资料选编》，中共党史出版社2014年版，第163—225页。

政府对抗日战争时期财产损失的调查是以村为单位挨户调查，以记"流水账"的方式记明各户物品损失数量并折成共值本币数额，按照统一表格规定项目加以分类统计后汇报县政府的。2006年调研搜集的档案资料中有关财产损失的统计资料与人口伤亡统计资料汇总在了一起，即有鲁中、滨海、渤海、胶东4个行政区抗日战争期间财产损失调查汇总表，83个县、区、市（其中3个县为部分村镇）抗日战争期间财产损失调查统计表。

1946年，山东解放区汇总统计了八年抗日战争期间平民伤亡所需救济抚恤费、农业、工业、矿业、商业、盐业、渔业、部队、政府机关、民兵、教育、出版、银行、交通通讯14项损失调查统计，总计3256515293617元[①]。其中，直接损失2375365233617元，间接损失28822619460000元，救济抚恤1504530600000元。具体如下：

平民伤亡人口救济抚恤费共计1487359700000元。因战争造成平民死亡895714人，伤残1610883人，失踪1260000人，急待救济人口11107000人，共计14873597人。以上每人平均以10万元的救济抚恤费计算，则共计1487359700000元。

农业总损失29807195000000元。其中，在战争中直接损失工具、食粮、房屋、衣物共值1451500000000元，牲畜、家禽452500000000元，共计1904000000000元；因战争影响的间接损失共27903195000000元（包括粮食、牲畜等减产）。

矿业总损失875797332000元。其中在战争中机件直接损失1824460000元，产量损失454548412000元，共计456372872000元；因战争影响的矿山间接损失共为419424460000元。

工业（包括各类工厂共839家因战争而完全倒闭，各厂尚有许多损失未及统计）损失共计5572950000元。其中机件工具损失698330000元，资材损失4874620000元。

商业损失共计79763400000元。

盐业损失共计33099280000元。

渔业损失共计15878750000元。

解放区部队损失共计145631270000元。装备（不包括武器）损失130155670000元；牺牲人口38367人，伤员91609人，尚留部队之残废人员9780人，退伍之残废人员15000人，共计154756人（此数极不完全而且仅限主力），

---

① 据编者考证，货币"元"均为抗日战争胜利后法币，其数额均由本币（解放区北海币）折算成法币后数额，其折算标准为北海币1元折法币10元。

每人抚恤与赡养约以10万元计，共为15475600000元。

解放区政府机关损失总计18773320000元。其中，伤亡人员共计16953人（亡10170人、伤1698人、失踪3390人、病故1695人），每人抚恤与赡养均以10万元计，共为1695300000元；资财损失共计17078020000元。

教育资财损失共计21661500000元。

出版事业损失共计368582000元。

银行事业（包括生金银及证券等）损失共计11990447017元。

人民（民兵）自卫作战损失总计9485118600元。其中伤亡与失踪（已包括在人口损失总数内）3370人，每人抚恤与赡养均以10万元计，共为337000000元（已包括在人口损失救济抚恤总数内）；其它各种损失9148118600元。

交通事业损失共计50275644000元。其中电讯损失2235644000元，车辆损失3000000000元，船只损失11400000000元，仓库码头损失33640000000元①。

1946年4月，冀鲁豫解放区汇总了冀鲁豫区山东部分工业、商业、渔业、盐业4项损失的调查统计，共计折合抗日战争胜利后法币13900400000元（详见表7）。5月，汇总了山东部分农业损失的调查统计，共计折合抗日战争胜利后法币1371241853000元②。从现搜集到的资料看，冀鲁豫解放区调查的山东部分财产损失仅包括工业、农业、商业、渔业、盐业5项损失，总计折合抗日战争胜利后法币1385142253000元。

表7：冀鲁豫区山东部分八年抗日战争工商渔盐业损失（1946年4月）

项　别	损失金额（抗日战争胜利后法币）
工业损失	6539400000 元
商业损失	3515300000 元
渔业损失	2829500000 元
盐业损失	1016200000 元
总　计	13900400000 元

（3）对战后国民党山东省政府和青岛市政府调查资料的研究

1945年6月20日，刘道元主持召开山东省抗日战争损失造报研讨会。研讨会

---

① 《山东解放区八年战争损失各项总计表》（1946年），山东省档案馆馆藏档案，档案号G008—01—0015。

② 《冀鲁豫区山东部分财产损失统计表》（1946年5月），载山东省档案馆、山东社会科学院历史研究所合编：《山东革命历史档案资料选编》第16辑，山东人民出版社1984年版，第533—534页。

研究确定了抗日战争历年物价指数递高造报标准和各机关分别承担的公私财产直接损失造报任务。在各机关分别承担的公私财产直接损失造报任务中，列出了直接损失调查的15个项目：1.人民伤亡之损失（参议会）；2.人民私有财产之损失（参议会）；3.中央、省、县各级政府及其所属机关公有财产之损失（省党部、政务厅、军事厅、总务厅）；4.公立或私立各级学校财产之损失（政务厅）；5.公营或民营事业财产之损失（政务厅）；6.人民团体财产之损失（省党部、政务厅）；7.古物书画之损失（政务厅）；8.关于国家经常岁入减少之损失（总务厅）；9.关于国家经常岁出或临时支出增加之损失（总务厅）；10.关于沦陷区天然资源之损失（政务厅）；11.关于沦陷区金融破坏之损失（总务厅）；12.关于因敌人在沦陷区经营工矿、交通及其他生产事业所受之损失（政务厅）；13.关于中国之公私机关团体或人民在敌国领土及其占领区内之损失（军事厅）；14.关于敌国团体、公私机关或个人所欠中国公私机关团体或人民债务之损失（从缓）；15.关于人民在沦陷区因被迫吸食毒品及种植鸦片所受之损失（省党部、政务厅）[①]。国民党山东省政府按照上述15个项目展开调查，并依据重庆物价指数，制定了《山东省抗日战争期间历年物价折算表》（详见表8）。

表8：山东省抗日战争期间历年物价折算表[②]

26 年	27 年	28 年	29 年	30 年	31 年	32 年	33 年	34 年
100	122	203	548	1467	4248	13337	45840	177647
	100	166	449	1182	3472	10936	37608	145670
		100	268	718	2099	6535	22451	87047
			100	264	770	2400	8186	31976
				100	299	933	3208	12435
					100	306	1054	4085
						100	343	1332
							100	378
								100

---

① 山东省抗日战争损失造报研讨会会议记录（1945年6月20日），山东省档案馆馆藏档案，档案号J101—09—0880。

② 表中年份以下各栏数字均为法币，单位为"元"。

说明	一、本表系遵照行政院赔偿委员会电示依据战时首都重庆历年物价指数厘定。 二、本省在抗日战争期间所有公私财产损失历年折算标准均以本表所列折合数为准。 三、例如在二十六年或二十六年以前赔得之财产物价值百元者在二十七年因抗日战争损失应作价122元，在二十八年损失应作价203元余照表类推。 四、又如在二十六年或二十六年以前赔得之财产物品价值1元者，二十七年因抗日战争损失应作价1元2角2分，在二十八年损失应作价2元零3分余类推。 五、又如二十七年赔得之财产物品价值百元者，在二十八年损失应作价166元，在二十九年损失应作价449元余照表类推。 六、又如二十七年赔得之财产物品价值1元者在二十八年损失应作价1元6角6分，在二十九年损失应作价4元4角9分余类推。 七、填报损失物价必须依照本表厘定历年折合数不得任便增减务须注意。 八、注意财产损失报告单（表式2）损失时价值应按本表历年折合数填报。

资料来源：山东省档案馆馆藏档案，档案号J102—02—0014。

1946年11月，国民党山东省政府向行政院报送了《山东省战时财产损失报告总表》，详细列出了当时山东省各市县（不含现山东境内青岛市、庆云县、宁津县）财产损失情况。全省抗日战争期间共损失147941963083109元（折合抗日战争胜利后法币币值，详见表9）。

表9：山东省战时财产损失报告总表

县　市	损失数额（单位：元）[①]
济南市	1926046309064
烟台市	1292175666652
威海市	892595844001
邹县	1157346434264
滕县	1127639867759
滋阳	1109578368425
宁阳	1079984070257
鱼台	1088925225762
济宁	1148474625421
嘉祥	1085429498117
巨野	1069495860221
郓城	1106588467582
寿张	985362703631
东平	1056962610229
汶上	1525749324819

---

① 据编者考证，货币单位"元"为抗日战争胜利后法币。

县　　市	损失数额（单位：元）
临沂	1779325238552
蒙阴	1057375122996
莒县	1151728343440
日照 ①	
沂水	1159332564201
平原	1083219567918
恩县	1150183518518
德县	1217441011864
禹城	1155392148434
齐河	1126682928984
长清	1207512720764
高唐	1152626786938
夏津	1095344229027
武城	1098409996751
临清	1223027011854
清平	1098667340225
馆陶	1093579121848
丘县	1072565290929
无棣	1125718835856
利津	1105408381479
沾化	1145123353448
乐陵	1164468618617
德平	1064070942526
陵县	1025936722510
临邑	1001718105572
茌平	1158189769815
博平	1064694683442
聊城	1173412104600
堂邑	1122774027818
冠县	1059536894156

---

① 因档案本身残缺，日照的财产损失数字无法辨认。

县　市	损失数额（单位：元）
阳谷	1022045061136
莘县	1021051259905
朝城	1053392458562
东阿	1132052825587
平阴	1087466623789
肥城	1150247590399
荣成	1120417060393
文登	1095918822652
牟平	1161936913361
福山	1126751162840
昌乐	1058900133084
安丘	1143185743104
益都	1174008432486
临朐	1532802613380
潍县	1330444257604
栖霞	1098453255732
蓬莱	1103047266918
黄县	1168839105006
招远	1151352354079
滨县	1183725829440
阳信	1113370195202
商河	1051518090551
惠民	1167285599671
高苑	970913983484
桓台	1115342689588
长山	1306956192450
邹平	1081267025726
青城	944434836956
金乡	1159471740851
单县	1176816396129
成武	1042956601099

县　市	损失数额（单位：元）
曹县	1105692911549
章丘	1157810859561
齐东	1085310743956
济阳	1110779485462
历城	1180716609883
淄川	1784148294696
博山	1686710809917
泰安	1780706391992
莱芜	1115209774318
新泰	1088233449925
海阳	1107744172987
莱阳	1197426080774
即墨	1158932219809
平度	1203331113712
掖县	1101064980997
蒲台	993028952977
博兴	1078624274784
广饶	1165202455886
寿光	1181151254742
临淄	1118136220870
郯城	1106173925114
峄县	1294639321048
费县	1124168227026
泗水	1116694316796
曲阜	1137991030740
菏泽	1211792993883
定陶	1097328880347
范县	1093076120782
观城	1025878456340
昌邑	1167999402567
滕县	1204677789059

县　市	损失数额（单位：元）
高密	1144394480759
诸城	1213257660489
濮县	1108158189249
临冠邱特区	11574747028
利广沾棣垦区	11045042152
其他	20647222703021
总计	147941963083109

资料来源：山东省档案馆馆藏档案，档案号J102—02—0014。

抗日战争胜利后，国民党青岛市政府对抗日战争期间财产损失调查的情况，详细记录在其调查统计的《财产损失报告单》和各类财产损失汇报表中。其中，财产损失汇报表主要有《青岛市工业部分财产直接损失汇报表》《青岛市各机关财产直接损失汇报表》《青岛市人民财产直接损失汇报表》《青岛市银行部分财产损失汇报表》《青岛市财产直接间接损失总汇报表》《青岛市商业部分财产直接损失汇报表》《青岛市各学校财产直接损失汇报表》《青岛市抗日战争财产直接损失统计表》《青岛市自由职业财产损失直接汇报表》《青岛市矿业部分财产直接损失汇报表》《青岛市财产间接损失汇报表》《青岛市公教人员财产直接损失汇报表》《青岛市抗日战争期间被灾损失情况表》等。青岛市政府在汇总上述调查汇报表的基础上，编制了《青岛市直接间接财产损失总汇报表》，共计直接间接财产损失2639730277375元（折合抗日战争胜利后法币币值，详见表10）。

表10：青岛市直接间接财产损失总汇报表

分　类	价　值
共　计	2639730277375.00
建筑物	124545947168.00
器　具	147355780085.00
现　款	17313961.00
图书仪器	508094862.00
存　货	1056883614.00
制成品	40252034.00
原　料	674931614.00
矿　坑	115487000.00

分　类	价　值
矿产品	43360000.00
有价证券	1151573781.00
医药用品	1220086783.00
运输工具	16523800.00
机械及工具	652711496.00
拆迁费	7778000.00
防空费	2135000.00
救济费	2568000.00
抚恤费	668000.00
其　他	2351146866462.00

资料来源：青岛市档案馆馆藏档案，档案号B0024—01—01151。

（4）对2006年乡村走访调查资料的研究

2006年的乡村走访调查包括人口伤亡和财产损失两个不可分割的组成部分，财产损失调查与人口伤亡调查同时进行，不仅调查人、被调查人完全相同，而且被调查人讲述的财产损失情况与人口伤亡情况大多记录在同一份证言证词上。如即墨市七级镇毛子埠村村民李绍元证言："1938年5月8日拂晓，日军从胶县、城阳、南泉、蓝村调集了大批人马，包围了我村。日军见人就杀、见房就烧，烧杀7个多小时。共杀害、烧死、伤亡180余人，其中我村民140人，还有40名外村人在我村干活的（不知姓名）。损失房屋740间、树木4000棵、禽畜1960只，粮食15.2吨、服饰156宗、生产工具175套、生活用品460宗、小学1所、村公所1栋。"[1]

在调查过程中，见证人和知情人讲述的财产损失情况是什么、记录人就记什么，调查人和记录人不得随意进行价值折算，也不得引导见证人和知情人按照现在的价值进行估算。因此，证言证词中记录的财产损失多为农业和居民财产的实物数，其品种涉及土地、粮食、房屋、树木、牲畜、家禽、生活用品等数千种。如日照市东港区两城镇安家村村民杨红彩、刘加春证言："1941年秋，日军到日照市东港区两城镇安家一村、安家二村、青岗村等地'扫荡'，烧毁房屋6间，砍伐树木61棵，抢走驴1头，猪5头，鸡55只，粮食2190公斤，花生35公斤，服饰11件，柜子1个，锅3个，虾皮50公斤，干鱼160公斤，白酒5公斤，馒头15公斤，门1对，虎骨0.25公斤，玉牌1块。"由于每份证言证词中所记录的日、伪军在不同时间、不同地点造成的财产损失种类、数量都不相同，汇总、统计和价值折

---

[1] 李绍元证言证词（2006年12月19日），存中共山东省委党史研究室。

算极其复杂，山东省抗损课题研究办公室对证言证词中有关日、伪军造成的山东省财产损失种类、数量、价值等汇总统计和价值折算仍在进行之中，尚未形成科学的汇总统计结果。

2. 各主要行业财产损失之分类研究

在本次调研搜集到的各类调查资料中，按行业和系统分类，分别有农业损失、工业损失、商业损失、矿业损失、渔业损失、盐业损失、交通运输损失、邮电损失、金融损失、政府机关损失、出版业损失、文化教育损失、医院损失等等。课题组重点对农业损失、工业损失、商业损失、矿业损失、渔业损失、盐业损失、交通运输损失、金融损失、文化教育损失9个方面进行了分类研究。

（1）农业损失

日军侵入山东后，将山东农业作为掠夺的重点之一，采取向沦陷区人民任意征用军粮补给的"征发"手段，以及通过"交易所""合作社"强行低价收购棉花、粮食、皮革等物资的"收购"手段，大肆搜刮掠夺山东农产品。如，由青岛港运往日本及其占领地朝鲜、中国台湾、伪满洲的农产品，1939年有麦糠13130吨、花生15685吨、花生饼4566吨、花生油629吨、牛肉5527吨、棉花4032吨、草制品3096吨、桐木4783吨、烟制品435吨、蔬菜及水果2620吨、棉布861吨、谷类1630吨、鸡蛋360吨，1940年有麦糠610吨、花生21247吨、花生饼5050吨、花生油3974吨、牛肉834吨、棉花2174吨、草制品2264吨、桐木5678吨、烟叶559吨、谷类630吨、鸡蛋3280吨、蔬菜及水果2620吨。这些农产品大部分来自山东农村。1943年，伪山东省政府在鲁西地区（兖济道、曹州道）收购小米、谷子、玉米、高粱等杂粮12万吨，收买价格分铁道沿线县价格、中间价格及内地县价格三种："铁路沿线县较收纳价格减低10元"，"中间县较收纳价格减低20元"，"内地县较收纳价格减低30元"。并规定："以集中施行兖济道及曹州道杂粮收买各种施策，绝对确保责任数量为目的"，"于实施本要纲之际须与皇军密切联络受其强力之援助"①。其中，仅菏泽县"自开始至三十二年十二月底，共计征齐737225市斤（约369吨）；自三十三年一月至三月二十四日，共计征齐369064市斤（约185吨），连前总共征齐1106289市斤（约554吨），其余数量

---

① 《民国三十二年度鲁西地区（兖济道、曹州道）杂粮收买要纲》（1943年10月），载中央档案馆、中国第二历史档案馆、河北省社会科学院编：《日本侵略华北罪行档案·损失调查》，河北人民出版社2005年版，第358—364页。

现仍在继续督催中"①。在日本驻军比较集中的济南、青岛、烟台、德州地区，1943年日军共收购小麦58285.4吨，占其收购计划的32.7%②。为达到更多、更及时掠夺粮食的目的，日军还在山东临清、齐东、邹平、青岛、菏泽、高密等地设置农事试验场，并确定福山、昌乐、平度、青岛、昌邑、潍县、安丘、长山、益都、惠民、邹平等32个县为产粮重点县。除粮食以外，棉花、花生、畜产品等都是日军在山东掠夺的重点物品。

配给制度是日伪实行的最残酷的掠夺方式，"合作社"制度则是配给制度的一种工具，"它负着统制'配给'各地一切日用品（包括食粮在内）的实物，民众粮食必须经过一定机关的批准（如特务机关等），领到规定的一定数目的许可证，然后才能到'合作社'去购买。例如鲁南枣庄、临城一带的'合作社'，是以乡为单位组织的，它所规定的买卖数目（以五口之家计算）是每月盐三斤，煤油三斤半，火柴三盒等等。又如青岛的'合作社'所统制，'配给'的物品，按敌'地方物资对策委员会'之规定，则包括机器（自行车等在内）、皮革及其制成品、橡胶制品、棉花、火柴、医药品、工业品、米、麦及其他食粮如砂糖、烟草、脂肪油、酒等等，几乎所有人民的必须品，都已包括在内"③。在农村，普遍设立公仓，"农民一年辛苦得来的粮食送归公仓，每日每人只能领粮六两至十二两，三岁或六岁以下及五十岁或六十岁以上者，均不能得到粮食的配给，除部分配给人民的粮食外，其剩余大批粮食，敌即无代价的送往平津及其他地方，供养其士兵或出卖，无论地主或农民的粮食，敌人都是同样的掠夺"。④据战后解放区调查，抗日战争期间，山东抗日根据地被日伪掠夺粮食1450000万斤⑤。冀鲁豫边区山东44个县被日伪强征粮食5634084余万斤，抢掠499437余万斤，烧毁24384余万斤⑥。其中冠县36个村庄被日伪抢夺粮食385万余斤⑦。

日军在大肆掠夺农副产品的同时，任意圈占农民土地，用以建设飞机场、

---

① 《一九四四年日伪山东省兖济道及所属各县县政工作报告——菏泽县政府县政工作报告书》（1945年），山东省档案馆馆藏档案，档案号J104—02—6。

② ［日］浅田乔二：《日本帝国主义占领下的中国》，东京游乐书房1981年版，第149页。

③ 成兵：《敌寇在山东敌占区内的经济掠夺》，载《大众日报》1942年3月16日。

④ 彭渊：《开展全面对敌斗争》，载《大众日报》1942年3月16日。

⑤ 《山东解放区八年战争农业损失调查统计》（1946年4月），中央档案馆馆藏档案。

⑥ 《冀鲁豫区山东部分八年抗日战争损失调查统计表》（1946年3月14日），山东省档案馆馆藏档案，档案号G008—01—0015。

⑦ 《冠县四区三十六个村庄八年抗日战争损失统计表》（1946年3月10日），山东省档案馆馆藏档案，档案号G008—01—0015。

兵营、采矿等。如1938年，日军在济南西郊建张庄飞机场，强行霸占5000亩土地。1940年12月，日伪华北矾土矿业公司在淄博张博铁路以东强征农民土地1.2万亩，用于采矿和修建氧化铝厂。1943年，日军在潍坊二十里堡修建机场，强征2万民工并烧毁赵家村等30余个村庄及大片良田①。日伪烟台警备队修建营区时，将烟台山几万株葡萄树砍伐殆尽。为实现军事占领和封锁扼杀抗日根据地，日、伪军大量圈占农田修建据点、碉堡和封锁沟，对农田的破坏更大。伪军吴化文部于1940年8月侵占鲁中鲁村一带，截至1945年4月，仅沂源县一个县的统计，共修大小碉堡656个、围墙68座，掘壕沟26824尺。以上共占地1022454亩②。1941年11月，日伪山东省治安强化运动本部根据其各督察专员视察报告统计，鲁南及武定道17县共筑遮断线2112华里，修建碉堡278座③。据战后山东解放区调查统计，抗日战争期间，日、伪军在山东解放区所筑遮断沟全长约7410公里，沟宽12公尺，沟深6公尺，遮断沟所占的耕地面积133380亩。封锁墙全长7410公里，宽1公尺，高4公尺，按墙两边仍有1公尺不能耕种，占去耕地面积22230亩④。日军对山东农业的残酷掠夺，造成了耕地减少，土地荒芜，产量减产，粮食奇缺，物价上涨。日伪占领下的1943年比1933年小麦、大豆、高粱产量下降情况是：小麦，1933年亩产151斤，1943年为78斤，下降约50%；大豆，1933年亩产198斤，1943年为56斤，下降70%以上；高粱，1933年亩产206斤，1943年为76斤，下降64%以上。

日伪不仅向农民征收名目繁多的苛捐杂税，其军政警特组织对农民敲诈勒索的数量更大。据对夏津县的调查，日伪收取的明目税捐有："（1）国税（国地税分红）；（2）特捐（为消灭共产党征的钱）；（3）军饷（军队给养费）；（4）建筑捐（修机关、炮楼等）；（5）征集捐（征收新兵用款）；（6）枪炮捐（30亩地一支铅枪，50亩地一支钢枪）。另外，还有区乡加的办公费捐、修庙捐、地契、招待捐，城市还有路灯费、清洁卫生捐等，这些捐税仅是明牌"，"光明目税每年就征15～20次，加上杂团、汉奸的摊派，形成天天要捐，日日收税，有时一

---

① 《对日籍战犯于1943年在潍坊修建机场及烧毁二十里堡赵家村等村庄的罪行调查报告》（1952年10月10日），山东省档案馆馆藏档案，档案号A016—02—0025。

② 刘子陵：《山东解放区一年来的救济工作》（1946年7月），载山东省档案馆、山东社会科学院历史研究所合编：《山东革命历史档案资料选编》第17辑，山东人民出版社1984年版，第198—206页。

③ 山东省治安强化运动本部：《鲁南匪区及武定道属三县经济封锁设施状况》（1941年12月），载中央档案馆、中国第二历史档案馆、吉林省社会科学院合编：《日本帝国主义侵华档案资料选编·华北治安强化运动》，中华书局1997年版，第303页。

④ 《山东解放区八年战争农业损失调查统计》（1946年4月），中央档案馆馆藏档案。

天就收过两次，东关田登山一年光收税证就收下200余张。在一般年景下，群众每亩交拿20元左右，占每亩收入的80%，有时税捐超过农业总收入"①。据先后担任伪鲁南沂州道警备队副官处长、伪鲁西曹州道保安队指挥部科长的温大明回忆：日伪政权组织"常假招待日军保卫乡土之名，任意向农民派款，勒索粮、草、猪、鸡，供其享用，稍不如意就草菅人命"，"为了向日军讨好，许多较大县城的伪县长还设有招待皇军的供应处，有的县还规定每个月一个乡送日军十口肥猪，一千鸡蛋，一百小鸡，一条牛。可是供应处都对农民加倍勒索，还向农民要小麦、花生油等物，逼得老百姓无法应付"，"日伪军和警特组织也直接向乡村农民要给养、索款、抓兵拉夫，祸害人民"，"各县保安队和各区自卫团的士兵，多为地痞流氓无业游民。只要下乡，他们就抢东西，牵牲畜，公开抢掠，养家肥己"②。据临沂城东南一个村的调查，该村65户260人，1942年1月至5月底，全部负担统计如下：第一，现款：①招待费，共招待敌伪62次，支款3000元，另送伪常备队聂教练150元，一次因招待不周罚款400元，总共支款3550元。②子弹、军装鞋袜费，共抽6次，平均每亩土粮地负担63元，全村共缴13545元。③官差费，除经常零星公差外，大批出差共8次，共96天，支出差费2774元。④训练壮丁费，壮丁半月轮训一次，现全村壮丁均已轮遍，每人各缴保险费3元。此费连同雇送3个伪军及缴钢枪5支，共支1878元。⑤新币（伪币）换旧币（法币）费，全保十庄共缴旧币24万元，本庄两次共缴2888元。第二，粮食。①月子粮：每月拿1次，每亩土粮拿高粱1斤，麦12两，5次共缴376斤。②季子粮：按季拿粮，1942年麦收后每亩土粮拿35斤，共缴7525斤。③其他：马石河伪常备队王事务长以私人名义借去粮食135斤，聂教练借去120斤，招待用粮2000斤，训练壮丁吃粮210斤，二月初三日土匪徐兰声要粮210斤。以上5个月共支现款25066元，共支粮食10576斤，平均每户5个月中负担现款385元，负担粮食163斤③。抗日战争期间，临沂县被日伪征收捐税231251325元（折合解放区北海币），敲诈勒索159807638元（折合解放区北海币），没收侵占88683214元（折合解放区北海币）④。据战后解放区调查统计，胶东区被日伪征收敲诈勒

---

① 《夏津县日伪时期苛捐杂税典型情况的调查》（1963年11月13日），夏津县档案馆馆藏档案，档案号1—1—2580。

② 温大明：《日伪军在鲁西南罪恶种种》，载政协山东省委员会文史资料研究委员会编：《文史资料选辑》第20辑，山东人民出版社1986年版，第195—203页。

③ 张华：《临东敌占区一个村庄的调查》，载《大众日报》1942年10月1日。

④ 《临沂县八年战争损失损害调查表》（1946年1月），山东省档案馆馆藏档案，档案号G008—01—0016。

索掠抢款项及其它物资损失594390000000元（折合法币）[1]；滨海区被日伪征收苛捐杂税4966356736元（折合法币），敲诈勒索3390622781元（折合法币），没收侵占307721154元（折合法币）[2]；冀南专区所属山东11个县被日伪征收小麦129796570斤、杂粮1540916799斤、棉花7896773斤、税款735281545元（折合法币），敲诈勒索38216599元（折合法币）[3]；渤海区被日伪征收苛捐44981649106元（折合解放区北海币），敲诈40607852440元（折合解放区北海币），侵占3102474481元（折合解放区北海币）[4]。

为彻底摧毁山东军民的抗战意志，日军在山东抗日根据地实施烧光、杀光、抢光的"三光"政策，进行疯狂"扫荡"，"采取掠夺、毁灭、抓壮丁、破坏等等残暴的办法来破坏我根据地。先是实行掠夺，一切无所不抢，一切无所不夺。抢夺带不走的东西即毁灭、砸碎或烧掉"[5]，致使山东农业和农村经济遭受毁灭性破坏，大量村庄房屋被烧、被毁，居民家庭财产荡然无存。在游击区，日军主要以"蚕食"为主，修筑公路网、碉堡群、封锁沟、封锁墙，制造"无人区"，割断游击区与根据地的联系。自1939年1月至1942年冬，日军在山东实施3期"肃正作战"、5次"治安强化运动"。仅1939年至日本投降前，日军对山东抗日根据地千人以上的"扫荡"即达190余次，其中万人以上的达17次。如，1943年12月，日军在以范县为中心的"十一·二扫荡"中，"敌兵力约3万众，历时3月，汽车近2000辆，强征外县民夫约2万人，大车5万辆，专赴我县各村抢粮"，"将我大部村庄上场未打之大豆等粮食完全焚烧，化为灰烬。兽兵所至，均将炊食家具砸毁，尤以锅为最多且最普遍。此役本县据不完全统计，为敌掠去粮食3150多万斤，占全县总收成1/3强"[6]。山东省治安强化运动本部在其第三次"治安强化运动"总结报告中称："综计自11月3日起至12月25日止，所属各道、县出师联合讨伐共为269次，与匪接战126次，毙匪1158名，伤匪1180名，俘虏431名，收抚639名，虏获各色枪1562枝，轻机枪5挺、土炮1004枝，各色子弹5152粒，又2箱手榴弹749枚、军用铁锹500把、刺刀33柄、银元5箱约1000斤、

① 《胶东区抗日战争以来损失初步调查》（1946上半年），山东省档案馆馆藏档案，档案号G031—01—0343。
② 《滨海区八年战争损失损害调查表》（1946年1月），山东省档案馆馆藏档案，档案号G008—01—0015。
③ 《冀南行署所辖山东各县八年来敌祸损失调查统计表》（1946年4月5日），载山东省档案馆、山东社会科学院历史研究所合编：《山东革命历史档案资料选编》第16辑，山东人民出版社1984年版，第307—308页。
④ 《渤海区八年战争压榨类损失统计表》（1946年4月），中央档案馆馆藏档案。
⑤ 景晓村：《一九四一年的山东与清河》，载《大众日报》1942年1月13日。
⑥ 《范县人民检察署、范县人民政府、公安局关于日籍战犯罪行调查报告》，山东省档案馆馆藏档案，档案号A016—02—0023。

伪钞票37元4角、毛边纸币30000元、马112匹、牛骡驴160头、自行车5辆、杂粮60万余斤又6小车、各种物资20车、棉花600斤、军衣、被服179件、鞋袜500双、兵器制造修理器一车,铁器1500斤、裁缝机3架、铅印石印机共11架、石炭1500斤,其他如旗帜、手榴弹柄及一般零星杂件不计其数。此乃仅就本部自11月3日起至12月25日止所收成战果报告统计之数,其实各县所得之战果或有遗漏呈报,将来全盘详细统计,必更有可惊之数。"[1]在渤海区,"1941年以后,敌人的频繁'扫荡',碉堡林立,汽路密如蛛网,分割蚕食,实施其强化治安计划、三光政策,敌之守备队曾达万人以上,伪军达11万之多,又加敌占铁路,汽路遍地,能迅速地调集敌伪外围力量,进行残酷'扫荡',我军民经年处在敌我残酷斗争中。在1943年我区曾收缩到700多村,100多万人口,其余均成了拉锯地带。到1944年,我军又开始反攻,直到1945年下半年,才逐渐开展到8400多村,330万人口"。经过八年的残酷战争,"人民遭受了严重的创伤,农村经济大半破产,无饭吃,无衣穿,无房住,以及农具的严重摧毁,牲畜的惊人损失"。抗日战争期间,渤海区仅房屋损失就达536687间。仅1944年,"平原县六区苇子园一带造成30多村的无人区,不但死亡惨重,房子多被焚被拆与倒塌,德县的雨林店被敌烧杀数次,房子均土平了。敌在原清河区'扫荡',烧民房18000多间,至于一村焚毁到半数多或一村几百间之损失是不胜列举的"[2]。在鲁中区,房屋损失达1509745间[3]。由于日军频繁"扫荡","沂源县(原沂水县的西北部)南麻鲁村一带村庄树叶完全吃光,临朐县的朱山九山两区竟成为死绝逃亡,白骨累累悲惨凄绝的无人区","鲁中区之蒙阴城,房屋毁坏在90%以上,沂蒙区之垛庄、葛庄、东里店(均属原沂水县)等村庄尽成一片焦土"[4]。据抗日战争胜利后解放区调查统计,山东抗日根据地损失农具59000000件、房屋5800000间、衣服87000000件、粮食14500000000斤、牛驴2900000头、猪羊26400000只、鸡鸭145000000只,直接损失折合战后法币1904000000000元(详见表11)。冀鲁豫边区山东44个县农业直接损失折合战后法币1371241853000元(详见表12)。

① 《山东省治安强化运动本部报告书》(1941年12月25日),载中央档案馆、中国第二历史档案馆、河北省社会科学院编:《日本侵略华北罪行档案·损失调查》,河北人民出版社2005年版,第297—298页。
② 《渤海区八年战争损失调查报告》(1946年6月6日),山东省档案馆馆藏档案,档案号G034—01—0151。
③ 《鲁中区八年战争人口财物损失统计表》(1946年4月),中央档案馆馆藏档案。
④ 《鲁南地区八年战争损失概况》,山东省档案馆馆藏档案,档案号G008—01—0015。

表 11：八年抗日战争中山东解放区农业直接损失统计表（1946 年 4 月）

关于农具房屋衣服粮食的损失				
项别	农具	房屋	衣服	粮食
数目	59000000 件	5800000 间	87000000 件	14500000000 斤
单价（元）	1500	50000	4000	50
总值（元）	88500000000	290000000000	348000000000	725000000000 斤
共计（元）	1451500000000			

关于牲畜的损失			
项别	牛驴骡马	猪羊	鸡鸭
数目	2900000 头	26400000 只	145000000 只
单价（元）	50000	10000	300
总值（元）	145000000000	264000000000	43500000000
共计（元）	452500000000		
总计（元）	1904000000000		

说明：各种价值均系按当地现时一般价格以法币计算

表 12：冀鲁豫区山东部分农业损失统计表（1946 年 5 月）[①]

项　别				数　目	备　考
粮食损失	原产量	原有地亩数		26501942	1. 粮食斤数均按小米计算。2. 折价均按目前本区物价折成法币（鲁钞 1 元合法币 10 元）计算，大车每辆合法币 30 万元，小车犁耙等每件合法币 2 万元，房子每间合法币 3 万元，牲口每头合法币 20 万元，小米每斤合法币 100 元。3. 此项损失统计仅系农村的主要损失项目，至于被服、棉布、家具、农具、树木柴草、金属钱款（包括被抢压欺诈勒索）以及工商业、文化建设等项损失，均未统计在内。
		每年平均产量		200	
		被敌侵占	亩数	39615	
			减收	39808080	
		荒芜土地	亩数	1115304	
			减收	1051952000	
	劳力肥料缺乏及天灾减产量			12424077750	
	被敌焚烧抢夺粮数			119623800	
	强征粮数			5096612300	
	共　计	损失粮数		18732343930	
		折价		1873234393000	

① 表中"数目"一栏内数字均为法币，单位为"元"。

项　别			数　目	备　考
牲口损失	原有头数		899857	
	战争损失	头数	200715	
		折价	40094580000	
	现有头数		708942	
	恢复生产急需补充牲口	头数	20179	
		折价	39517700000	
主要农具之损失	大　车	原有数目	289584	
		损失数目	37311	
		现有辆数	253349	
	小　车	原有数目	373530	
		损失数目	69628	
		现有辆数	517786	
	犁耙耧	原有数目	1283516	
		损失数目	168703	
		现有辆数	1168062	
	共计损失	件数	275642	
		折价	15971920000	
	急需修补	件数	275759	
		折价	15939420000	
房屋损失	原有间数		11564752	
	战争损失	间数	1424733	
		折价	41940960000	
	现有间数		10152887	
	急需修补	间数	1388405	
		折价	41247150000	
共计损失折价			1371241853000	

资料来源：山东省档案馆、山东社会科学院历史研究所合编：《山东革命历史档案资料选编》第16辑，山东人民出版社1984年版，第533—534页。

（2）工业损失

日军侵入山东后，国民党山东省政府主席韩复榘无意固守山东，率军队和政府机关大撤退，采取了抢掠一空的办法，能拿的拿走，不能拿的烧掉，济南的津浦铁路胶济路两货场、商埠仓库、当铺、私营工厂、商行等均遭洗劫。撤退之夜，济南的货场、仓库连同省政府机关宿舍一片火海。与此同时，沈鸿烈在青岛对日本人开设工厂及其他设施实施报复性大爆炸，厂房、机器被毁。地方上，半数以上专员、县长携款潜逃，全省秩序大乱，盗匪趁火打劫。济南、青岛等全省主要城市的工业企业或被自行破坏，或在战争中被日军炮火炸毁，或被抢掠，山东经济遭受巨大破坏。据战时国民政府经济部统计处统计，山东工业1937年损失191690000元（法币），1938年损失46005600元（法币）[①]。

日军占领山东后，对工矿业采取"军管理""委任经营""中日合办"强买等手段，进行赤裸裸的掠夺。例如，日军侵占济南后，"一九三七年十二月二十九日，日本特务机关长中野亲自到济南市商会，召集七户面粉厂，三户棉纺纱厂厂主'开会'，到会的计有：成记面粉厂苗兰亭、成丰面粉厂苗星垣、惠丰面粉厂张印三、华庆面粉厂赵静愚、宝丰面粉厂李锡三、丰年面粉厂孙墨村、成通纱厂苗海南、成大纱厂苗兰亭、仁丰纱厂马伯声等十余人，中野在会上宣布：分批对各厂实施军管理，并着日本企业'三菱'、'三井'等洋行带人前往各厂，先行查封，接收账目、房产、设备、原料、成品、现金。同时有寇军随往，立即占据"[②]。在青岛，先后被"军管理"的工厂有中国海军工厂、港湾局工场、四方机厂、冀鲁针厂、益丰火柴厂、茂昌蛋品公司等，被强买的工厂有华新纱厂、利生铁工厂、中兴面粉厂、义利油厂、山东烟公司、中国颜料厂、阳本染印工厂、橡胶工厂等。在烟台，先后被"军管理"的工厂有华丰缫丝厂、烟台榨油厂、烟台火柴厂等。在日军侵略和占领下，山东的民族工业企业或成为日资企业的附属加工单位，或在其任意摧残下归于倒闭，太平洋战争爆发后更为严重。据统计，青岛一地完全停工的工厂（包括手工业作坊）有200余家，产量大减者近500家。战前靠青岛棉纱发展起来的潍县手工织布业，因日本实行棉纱配给，织户纷纷廉价出售布机，以潍县为中心的近代织布业不复存在。

据国民政府经济部统计处编的《战时经济事业财产损失统计》中记载，抗日战争期间，山东省工业类直接损失折合1937年法币210953610元，间接损失

① 国民政府经济部统计处编：《战时经济事业财产损失统计（初稿）》（1943年10月），载中央党史研究室第一研究部、中国第二历史档案馆编：《国民政府档案中有关抗日战争时期人口伤亡和财产损失资料选编》，中共党史出版社2014年版，第554—556页。

② 苗兰亭：《抗日战争时期我在济南伪商会的经历与见闻》，载政协山东省委员会文史资料研究委员会编：《文史资料选辑》第4辑，山东人民出版社1982年版，第86—108页。

折合1937年法币160324748元[①]。据抗日战争胜利后山东解放区和冀鲁豫解放区调查统计，山东解放区各类工业企业1450家，有839家因战争而完全倒闭，占工业企业数的近60%，战前每年出口300多万元的花边发网业全部停工，因战争造成的工业损失折合战后法币557295万元（详见表13）；冀鲁豫解放区所辖山东部分战前原有面粉公司、电灯公司、火柴公司、蛋厂、榨油厂、印刷厂、皮革厂、纸厂、纸烟厂、丝绸作坊、烧酒作坊、成衣作坊等1303家，战后仅有368家，因战争造成的工业损失折合战后法币653940万元（详见表14）。

表13：山东解放区八年战争工业损失统计表（1946年3月）

类别 \ 厂数	原有厂数	倒闭厂数	规模	机器损失总值（万元）	资财损失总值（万元）	合计金额（万元）
面粉公司	4	2	机器生产	4680	108000	112680
电灯公司	19	7	平均150匹马力	7898		7898
火柴公司	5	2	手工生产3 机器生产2	1500	300	4500
铁工厂	98	39	甚小	870	44100	44970
（文化纸）造纸厂	18	不详	手工生产	2000	11520	13520
纺织厂	121	不详	手工业	255	58628	58883
织绸厂	93	56	手工业	3510	1408	4918
缫丝厂	126	97	手工业	2400	3240	5640
造船厂	28	27	造小风船及修理厂	840	344	1184
成衣铺	584	340	平均三张机	33880		33880
大车铺	209	185	手工业		284	284
报社	18	18	包括石印小报馆	3000	1762	4762
印刷厂	127	66	包括石印局	9000	176	9301（9176）
花边发网业	分散生产	全部停工	事变前每年出口300多万元		255000	255000
合计	1450	839		69833	487462	557295
说明	1. 价格以法币为标准，本币1元折法币10元。 2. 资财损失栏"资财"包括建筑、家具、原料及其它财产损失。 3. 上表所列各项损失，包括被敌伪敲诈、勒索、掠夺及战争中损失。					

资料来源：山东省档案馆馆藏档案，档案号G008—01—0016。

[①] 国民政府经济部统计处编：《战时经济事业财产损失统计》（1947年12月），载中央党史研究室第一研究部、中国第二历史档案馆编：《国民政府档案中有关抗日战争时期人口伤亡和财产损失资料选编》，中共党史出版社2014年版，第601—604页。

表14：冀鲁豫区山东部分八年抗日战争工业损失统计表 （1946年4月）

类别 厂别	原有厂数	现有厂数	机器损失总价 （万元）	资财损失总价 （万元）	合计金额 （万元）
面粉公司	1	1	51000	1000	52000
电灯公司	3	1	54000	2000	56000
火柴公司	5	3	33000	1000	34600
蛋　厂	5	2	81000	3000	84000
铁工厂	8	2	160000	3000	163000
榨油厂	394	115	23500	5340	28840
印刷厂	195	42	34000	5520	39520
纺织厂	58	21	2000	5130	7130
烧酒作坊	410	114		29600	29600
丝绸作坊	42	3		16450	16450
皮革厂	5	1	7500	3500	11000
纸　厂	3		36000	15000	51000
纸烟厂	46	28	3600	50000	53600
成衣作坊	128	35	23300	4500	27800
合　计			508900	145040	653940
附注：1. 价格以战后法币为标准一律按冀钞1元折法币5元。					

（3）矿业损失

日军侵入山东后，把作为重要军需物资的煤炭等矿业资源作为掠夺的重点对象。继对山东工矿业实行"军管理"之后，1938年11月，日本在"中日合办"的名义下，成立了北支开发会社。"北支"在山东青岛设有山东盐业会社，为盐矿管辖单位；峄县设有中兴煤矿公司，东磁窑设有大汶口炭矿公司，新泰设有炭矿事务所，为煤矿管辖单位；青岛、张店设有日本铁管会社金岭镇矿业所，为铁矿管辖单位；淄川、博山设有华北矾土矿业公司，为矾土矿管辖单位；招远设有"北支"采金会社，为金矿管辖单位。此外，还设有山东矿业会社，为其他矿业管辖单位。日本在"中日合办"的名义下进一步完成了对山东矿业企业的控制和窃取，在其操控下疯狂掠夺山东矿业产品。据战时国民政府经济部统计处统计，1937年山东矿业损失390040485000元（法币），其中直接损失390001350000元、间接损失39135000元；1938年损失78047232000元（法币），其中直接损失

78000270000元、间接损失46962000元①。

为适应战争需要，1940年，日本由满铁、三菱、三井等垄断公司出面，联合若干小煤区设立了山东煤、矿产销公司，一区分散于淄川、博山、章丘、坊子等地，另一区分散于枣庄、陶庄、大汶口、新泰等地。该公司通过掠夺性开发，将山东煤炭、原盐等物资经胶济铁路、青岛港运到日本。1940年青岛港的煤炭出口量比1935年平均增加35倍。1940年后，日本对原煤的掠夺剧增。据1942年青岛海关报告记载，该年度煤炭出口量占总出口量的40%，其中72.5%运往日本，17%运往关东租借地，8.3%运往伪满，合计占全部煤出口量的97.8%。据《山东省志·煤炭工业志》（山东省地方史志编纂委员会编，山东人民出版社1997年版，第12—13页）记载，1938年至1945年日军侵占山东期间，共产煤3683.2万吨，平均年产460.4万吨，如果不算其入侵未稳的1938年和投降在即的1945年产量，6年产煤3390.2万吨，平均年产565万吨，年产水平为正常年产水平的1.46倍。

除煤炭外，日本还掠夺式开采山东的铁、铝、金等矿产资源。自1938年初日军侵占金岭铁矿后，先后招募中国廉价劳动力2万多人，最高日产1000吨，共掠夺铁矿石300万吨②。1940年至1945年，日军仅从张店火车站运走的铝矿石达660.35万吨，耐火材料28万吨。曲中原在《追索玲珑金矿被日寇掠夺矿石损失咨文》中说："从1939年到1945年间，日寇掠夺玲珑金矿已采存筐含金50克/吨的矿石20万吨，选炼净金16万两，全部存入日本的正金银行。"③

日本8年时间对山东矿产资源的掠夺和对矿业的破坏，给山东矿业造成巨大损失。据国民政府经济部统计处按照受损失之全部矿场资产价值分别乘其损失程度计算，山东矿产类直接损失折合1937年7月法币141397760元，间接损失折合1937年7月法币29983524元④。据抗日战争胜利后山东解放区调查，抗日战争期间，日军在山东解放区掠夺金96240两、银233280两、铜9720吨、铁13000吨、铅2950吨、五花石286000吨、云母石600000磅，总值折合战后法

---

① 国民政府经济部统计处编：《战时经济事业财产损失统计（初稿）》（1943年10月），载中央党史研究室第一研究部、中国第二历史档案馆编：《国民政府档案中有关抗日战争时期人口伤亡和财产损失资料选编》，中共党史出版社2014年版，第554—569页。

② 淄博市志编纂委员会：《淄博市志》，中华书局1995年版，第892页。

③ 山东省地方史志编纂委员会编：《山东省志·黄金工业志》，山东人民出版社1993年版，第7页。

④ 国民政府经济部统计处编：《战时经济事业财产损失统计》（1947年12月），载中央党史研究室第一研究部、中国第二历史档案馆编：《国民政府档案中有关抗日战争时期人口伤亡和财产损失资料选编》，中共党史出版社2014年版，第598—605页。

币3512395.2万元（详见表15）；直接掠夺和强制廉价收卖煤炭26100000吨，折合战后法币41760000万元，煤矿器材损失折合战后法币182446万元（详见表16）。

表15：山东解放区八年战争矿产损失统计表（1946年3月）[1]

类别 矿别	矿数	规模	矿产损失					备注
			名称	单位	数量	单价	总值（万元）	
金矿	8	机器开采1 手工开采7	金 银 铜	两 两 吨	96240 233280 9720	150000元 900元 400000元	1443600 20995.2 388800	胶东 鲁中
铁矿	1	机器开采	铁	吨	13000	100000元	130000	淄博
铝矿	1	机器开采	铅	吨	2950	1000000元	295000	淄博
五花石	2	机器开采1 手工开采1	五花石	吨	286000	40000元	1144000	胶东
云母石	1	手工开采	云母	磅	600000	1500元	90000	滨海
合计	13						3512395.2	

资料来源：山东省档案馆馆藏档案，档案号G008—01—0016。

表16：山东解放区八年战争煤矿器材损失统计表（1946年3月）[2]

名称	数量	单位	损毁情形	均价	总值（万元）	
锅炉	11	个	待修5 全部损毁6	4650000元	5115万元	①表内空白格内因不知其单价故亦无法计算损失。②煤炭8年来直接间接（强制廉价收卖）26100000吨（每吨2000斤），每吨折价16000元，共计41760000万元，及各种器材煤炭损失（如本表所列），共41942446万元。
发电机	3	个	待修2 全部损毁1	66670000元	20001万元	
卷扬机	5	架	待修4 全部损毁1	9000000元	4500万元	
电动机	109	个		3000000元	32700万元	
汽绞车	17	部	待修11 全部损毁6	190000元	323万元	
洋油	1200	桶		70000元	8400万元	
变压器	47	个	待修22 全部损毁25	350000元	1645万元	
乌金	10000	斤		4000元	4000万元	
钢丝绳	70	条		1600000元	11200万元	

---

[1] 表中货币为折合抗日战争胜利后币值的法币。

[2] 表中货币为折合抗日战争胜利后币值的法币。

名称	数量	单位	损毁情形	均价	总值（万元）	
风钢	2000	斤		10000 元	2000 万元	
电石	1700	桶		10000 元	1700 万元	
高压线	156000	米尺		500 元	7800 万元	
黄胶布	500	米尺		3000 元	150 万元	
钢轨	30000	条		20000 元	60000 万元	
钢块	6000	斤		200 元	120 万元	
电线	8000	盘		21000 元	16800 万元	
铁管	2000	条		12000 元	2400 万元	
元铁	55000	斤		80 元	440 万元	
皮带	1500	米尺		4000 元	600 万元	
洋灰	1000	袋		20000 元	2000 万元	
透瓶油	500	桶				
滑机油	500	桶				
西林达油	500	桶				
华士林油	200	桶				
镤条	100	箱				
电灯泡	20000	个				
灯口	20000	个		230000 元		
电丝车	24	部			552 万元	
合计					182446 万元	

（4）商业损失

日军入侵山东造成社会秩序的混乱，使山东商业遭受严重打击。韩复榘政权和军队撤退前的大劫掠，使各商户备受其害，商业陷入停顿半停顿状态。日军侵入山东之初，各地烽火遍燃，秩序混乱，商业之境况更惨。以济南为例，据时任济南市伪商会会长苗兰亭回忆：日军入城后商户多半不开门营业，"街上仅有卖山楂、柿饼、羊枣、糖块者。日本寇兵嗜糖如命，然吃了并不给钱，仅说'心交心得有'（日语：请客的意思）。其后小商小贩也都裹足不前，不敢摆摊了"。日本兵在街上吃不到，就转而抢砸商店、仓库。事变前在济南开代当（小型当铺）卖洋货、卖海洛因、吗啡、鸦片烟的日本浪人返回济南后，"也都有所恃而无恐地随同日寇军队肆意检查。所有中国人从各货场仓库拿走的东西，均命扛到日本浪人及日商家中"。为减轻日军进城后对商店的破坏,济南市商会成立联合供应站,按日侨日军的需要,供应大米、调料、肉食、鱼虾、蔬菜等,由各行各业分担货源。"日兵日侨取货记账,不付现钱。未及半月,日商便相继开业,原来都是小商小贩的日本商人,此时也强行侵占邻佑的房舍,把从中国人手中敲诈来的物资陈列出来,一跃成为巨商"①。直到1939年10月,伪商会组织恢复了被烧毁的济南劝业商场等商业场所,商业秩序才得到基本恢复。这期间,山东商业遭受巨大损失。战时国民党中央研究院社会科学研究所"参酌各省市实际受祸情形","根据各省市营业税额,推定商店资本数,再估计其战事损失",截至1939年5月,山东和青岛的商业损失情况如下:"山东除游击区域外,几已全部沦陷,胶济、津浦两路沿线,均曾沦为战区,即若干游击县份,亦多旋得旋失,颇受损害,其总数约为六一一,一六八,〇〇〇元","青岛我军撤退后,经过大规模的自动破坏,亦当视为战事损失,其总数约为一一四,八四〇,〇〇〇元"②。据国民政府经济部统计处1943年10月编的《战时经济事业财产损失统计》记载,山东商业1937年损失共计11400000000元(法币),1938年损失共计2736000000元(法币)③。

伪政权成立后,不仅颁布了一系列捐税征收章程,全面增加税额及租金,而且日伪人员的敲诈勒索手段多样、名目繁多。据时任博山县伪商会会长李养之回忆:博山"维持会"成立后,"搜刮民财以资敌用,首先从大资本家孙宝森开刀。维持会派政务警把孙抓去,下了大狱,交上4万银元才放出来。资本家程玉坤以及矿商大户、银号大户、窑货商大户等怕同样吃亏,都顺从地交了款,一般商号也要交两三千","伪商会设立'招待处',主要任务:一是采购供应日伪军、警、宪及日本居留民会的蔬菜肉蛋等副食品,天天购送;二是为日伪军、警、宪、特、翻译、顾问、队长等家属安置公馆住房;三是日伪之间相互馈赠,甚至生活用品均由招待处开支,日伪宴请商会人员,也由招待处负担;四是为伪县府警察局在押的所谓犯人送监饭,每顿两个高粱窝窝头;五是轮番宴请宪兵队、

---

① 苗兰亭:《抗日战争时期我在济南伪商会的经历与见闻》,载政协山东省委员会文史资料研究委员会编:《文史资料选辑》第4辑,山东人民出版社1982年版,第86—108页。

② 《中央研究院社会科学研究所关于中国抗战损失问题研究报告》(1939年),载中央党史研究室第一研究部、中国第二历史档案馆编:《国民政府档案中有关抗日战争时期人口伤亡和财产损失资料选编》,中共党史出版社2014年版,第163—167页。

③ 国民政府经济部统计处编:《战时经济事业财产损失统计(初稿)》(1943年10月),载中央党史研究室第一研究部、中国第二历史档案馆编:《国民政府档案中有关抗日战争时期人口伤亡和财产损失资料选编》,中共党史出版社2014年版,第554—556页。

产销公司、伪政府、伪军警等日伪人员"①。再如，滕县城西红沙乡是日伪建立的"模范乡"，"各商店一次'捐款'即达60余万元之巨。该县城30余家商号均已被迫关门"②。至于日常对商户的敲诈和抢掠，已是司空见惯。如，"中华民国临时政府"山东庶政视察团第五组在视察报告中所言："友军把守城门，对于进城小贩卖鸡子、猪羊肉、水菜、萝卜等，于检查时，尝有留下数只鸡、鸭，或数十鸡子，或若干斤肉、水菜、萝卜者，然后始得放行。又有友军在市面买布匹、毛巾、胰子、纸烟等物，于剪裁、检选许多物品，包裹提走之时，仅给一角或二角之代价。若商人声明不足数，或在后追讨时，即难免遭其毒打。故一般商人，见有日兵前来买物，即多规避，而日兵有时竟自动手检取，因此商号即时闭门。"③

为严密控制山东商业，日伪政府成立了名目繁多的所谓"委员会""协会""恳谈会""组合"等机构，对包括棉布、洋纸、杂货、小麦、棉、麻、盐、木材、水产、电料等各种土产物资、农业产品、工业原料及各种商品，通过日商、华商结合，日伪政权操纵采购、征发、批发、分配等手段进行控制和掠夺，致使许多商户陷入困境乃至破产。以周村为例，日伪"按企业种类组成各种'组合'，强迫工厂、商店加入；每一'组合'内再分三'部'。如'布业组合'包括周村数十家织布厂及数百家布商，其中所有织布厂均须加入'一部组合'，交出全部资本，由敌人'配给'原料，制成品亦必须由'组合'统一出售。如私自买卖，被敌查出立即没收，封闭工厂，甚至杀身。每次所领原料，皆不及资本十分之一，但必须将制成品交上后，始能领第二次原料。所有批发布商，均须加入'二部组合'，只准批发不准零卖，卖价由敌人规定，不准出口，亦不准卖其他货物，因此各商号生意均极清淡。此外所有零卖商店均须加入'三部组合'，只准零卖不准批发。有的5000元的资本交到'组合'，连500元的货也买不到。每天卖物收入必须交到'组合'，但却不一定能领到明天所需的货物"。

此外，又规定"80万以上的资本才能经营银号钱庄，因此以前80多家银号钱庄现已完全倒闭"④。据战后山东解放区调查，津浦铁路以东山东部分除济南、青岛等胶济铁路沿线主要城市外，资产总额80万元以上的商号倒闭的有

① 李养之：《博山县商会在日伪时期的活动》，载政协山东省委员会文史资料研究委员会编：《文史资料选辑》第25辑，山东人民出版社1988年版，第120—138页。
② 《山东敌横征暴敛》，载《晋察冀日报》1942年11月20日。
③ 《伪临时政府山东庶政视察团第五组视察报告》(1939年12月)，载中央档案馆、中国第二历史档案馆、吉林省社会科学院合编：《日本帝国主义侵华档案资料选编·汪伪政权》，中华书局2004年版，第388页。
④ 《周村敌实行"组合"八十家钱庄银号倒闭》，载《大众日报》1942年9月22日。

12147家，占原有商户20012家的60%以上，80万元以下的商号则无法计算①。

　　除运用经济手段进行掠夺外，日军还辅之以军事等手段进行抢劫式掠夺。在其占领区通过查"囤积"、查"暴利"的方式，疯狂掠夺商户财物。据苗兰亭回忆，1943年五六月间，"日本宪兵队、伪警察署经济、特务两科、和侦缉队联合行动，在同一个时间，出动摩托进行搜捕。这次逮捕的面很广，仅被宪兵队逮捕的就有花行复成信、粮行福聚成、恒聚成、恒聚成北记、颜料行裕兴颜料庄和花店街所有的颜料商户、布行聚庆长等一百多户的经理人，伪警察署逮捕的比这还多，汉奸、特务们一方面对被捕商户非刑拷打（鞭子抽、绳子拉、灌凉水）强逼他们承认暴利，一方面在各店进行查账"，"好在钱花到了，审讯的结果是'所认'暴利，与'实际'相符，各愿退补。于是按户大小，十万八万的、三万四万的、一一认账，落好供签了押，由济南市商会前往将人保释出来"，"这次查暴利共查出所谓'暴利'三千二百余万元。这个钱数，最初无人知晓，原来因为事情作得太不合理，完全是日寇军方在华经济支绌，穷急生疯的无理措施，在舆论上无法掩饰，日寇首相东条英机方不得不缅颜颁发'感谢状'一纸，美其名曰济南商界的'献金'，在我们到北京去敬领所谓'感谢状'时，方从'感谢状'上看到那个三千二百万元的数字"②。据伪山东省公署在其1944年的工作报告中记载，1944年伪省警察计查"囤积"834起，"暴利"675起，罚金112226元（伪币），物品变价金226942.64元（伪币），"不正"利益金1933446.98元（伪币），合计2272615.62元（伪币）。在抗日根据地，日军实施夺取根据地物资作战，并极力破坏生产设施、运输工具、物资仓库等；采取没收等办法取得根据地货币，进行抢购，哄抬物价，扰乱根据地的金融。在游击区，则设置由特务机关监督的日华商店、合作社等物资收购机关，大肆采购粮食、棉花等农副产品，同时给予武力协助等手段进行掠夺和破坏。日伪的掠夺和破坏给山东商业造成巨大损失。据国民政府经济部统计处1947年12月编的《战时经济事业财产损失统计》记载，山东商业直接损失折合1937年法币736783979元，间接损失折合1937年法币607986776元③。据抗日战争胜利后山东解放区调

---

① 《山东解放区八年战争商号损失统计表》（1946年3月），中央档案馆馆藏档案。

② 苗兰亭：《抗日战争时期我在济南伪商会的经历与见闻》，载政协山东省委员会文史资料研究委员会编：《文史资料选辑》第4辑，山东人民出版社1982年版，第86—108页。

③ 国民政府经济部统计处：《战时经济事业财产损失统计》（1947年12月），载中央党史研究室第一研究部、中国第二历史档案馆编：《国民政府档案中有关抗日战争时期人口伤亡和财产损失资料选编》，中共党史出版社2014年版，第603、606页。

查，山东解放区商业损失折合战后法币共计79763400000元（详见表17）。据抗日战争胜利后冀鲁豫解放区调查，冀鲁豫解放区所属山东44个县商业损失折合战后法币3515300000元[①]。

表17：山东解放区八年战争商号损失统计表（1946年3月）

资金数额 ＼ 类别	原有家数	倒闭家数	资财及资金亏损损失数		备考
30000万元以上	127	13	762000	万元	
5000万元以上	242	41	1500000	万元	
1000万元以上	5896	1171	2358400	万元	
300万元以上	11529	3546	2075220	万元	
80万元以上	20012	12147	1280720	万元	
80万元以下					无法统计
合计	37806	16918	7976340	万元	
说明	资金计算系以战后法币为标准				

（5）盐业损失

日本侵略者把山东盐业作为掠夺的重点对象之一，于1938年在济南成立伪山东省盐务管理局，下设王官、威宁、金口、石岛、莱州、永利6个盐场公署，并代管属于淮北的涛雒盐场公署，另在徐州、济宁、德州、潍县等地设有办事处。日伪政权通过这一套盐务机构，一是强制盐民进行生产，然后以低价收买、抵押贷款、抵押借粮、配给粮食等方式掠夺食盐；二是加重盐税，掠夺盐民和消费者。1941年以前，日伪将运往日本、朝鲜的盐税降至每担仅0.03元，而将运销山东内地的盐税增至每担6.70元。1942年1月，日伪开始实行新税率，再将运销山东内地的盐税提高50%以上。当时，王官盐主要行销黄河沿岸、济南市及周围各县，莱州等场盐行销于山东内地，胶澳、金口、石岛等场盐大部运至日本、朝鲜。从1938年至1945年，日本仅通过青岛掠走的山东原盐就达38731160担，其中运往日本16515020担，运往朝鲜8297180担，工业用盐435400担。由于日本掠夺和广大盐民逃亡，造成大面积的盐滩荒废、盐场减产。据抗日战争胜利后山东解放区调查统计，王官、威宁、金口、石岛、莱州、永利、涛雒、泊儿、红石崖、临兴等盐场被日本直接掠夺2156万担，造成减产4320万担，18976付盐滩荒

---

① 《冀鲁豫区山东部分八年抗日战争工商渔盐业损失》（1946年4月），中央档案馆藏档案。

废，合计损失折合战后法币3309928万元(详见表18)。据抗日战争胜利后冀鲁豫解放区调查统计，冀鲁豫区所属山东部分盐业损失折合战后法币101620万元[①]。

表18：山东解放区八年战争盐业损失统计表（1946 年 3 月）[②]

项目 类别	数量	单位	金额		备注
直接掠夺	2156	万担	1078000	万元	
减 产	4320	万担	2175000	万元	
盐滩荒废	18976	付滩	56928	万元	每付滩 2.5 亩，金额系修理费
合计			3309928	万元	
王官、威宁、金口、石岛、莱州、永利、涛雒、泊儿、红石崖、临兴等盐场					

（6）渔业损失

日军占领山东后，日商在青岛、烟台、威海等地设立水产协会、山东渔业株式会社等机构，霸占山东渔场，以青岛为基地，集中大批底曳网渔轮，在黄海、渤海劫掠水产资源。仅1942年，日本人在青岛一地即捕捞4387万多斤水产品。日本侵略者在大肆侵渔的同时，极力破坏山东渔民的船只和捕捞工具。据1939年国民政府中央研究院社会科学研究所估计，山东在日伪控制区有除大轮船外的船舶50000艘，其中"因战事的破坏及被敌人所征用者至少当有一半"，"以平均每艘至一千元计算"，则损失达25000000元（法币）[③]。据战后山东解放区对龙口、庙岛、芝罘、威海卫、石岛、石臼所、柘汪、岚山头等口岸的损失统计，仅损坏渔船、渔网及造成的减产损失就折合战后法币1587875万元（详见表19）。据抗日战争胜利后冀鲁豫解放区调查统计，冀鲁豫区山东部分渔业损失折合战后法币282950万元[④]。

---

① 《冀鲁豫区山东部分八年抗日战争工商渔盐业损失》（1946年4月），中央档案馆馆藏档案。

② 表中金额为折合抗日战争胜利后币值的法币。

③ 《中央研究院社会科学研究所关于中国抗战损失问题研究报告》（1939年），载中央党史研究室第一研究部、中国第二历史档案馆编：《国民政府档案中有关抗日战争时期人口伤亡和财产损失资料选编》，中共党史出版社2014年版，第177页。

④ 《冀鲁豫区山东部分八年抗日战争工商渔盐业损失》（1946年4月），中央档案馆馆藏档案。

表 19：山东解放区八年战争渔业损失统计表（1946 年 3 月）[1]

项目 类别	数量	单位	金额		备考
损坏渔船	2432	只	1216000	万元	风船
待 修	973	只	24325	万元	风船
减 产	705000	担	7050	万元	各种水产品
损坏渔网	6810	挂	340500	万元	
合 计			1587875	万元	
龙口、庙岛、芝罘、威海卫、石岛、石臼所、柘汪、岚山头等口岸					

资料来源：山东省档案馆馆藏档案，档案号 G008—01—0016。

日本占领山东期间，通过其设立的"水产组合""水产交易所"等，强迫渔民向其出售鱼，并收取高额费用，如烟台鲜鱼收费6％，石岛鲜鱼收费8％。日伪政府对渔民征收会费捐、码头捐、灯捐、坝捐、岗捐、扛力捐等名目繁多的捐税。日伪渔业联合营业专局、振兴会、商会等则向渔民摊派各种杂费。在日伪的掠夺、破坏和压榨下，山东渔民经常以吃海菜、草根、树皮、谷糠度日，许多人倾家荡产，背井离乡，流落关东。

（7）交通运输损失

日军占领山东之初，国民政府焚烧了胶济、津浦铁路的济南货场，并将部分路段毁坏，炸毁了济南洛口铁路大桥，青岛等港口也沉以船只、起重机塔吊设备，以阻止日军的侵占。至1938年3月，山东境内铁路、港口全部被日军攻占。据1939年6月国民政府交通部统计，胶济铁路原有机车107辆、客车220辆、货车1855辆全部损毁，原有铁路资产52111018元（法币）全部落入敌手。因战事而停止之邮局所86处、停办之邮路6295公里，损失邮件1965件、包裹947件。山东公路车辆损失为：普通汽车损失2751辆，公共汽车损失432辆，货车损失1524辆，脚踏机车损失777辆[2]。据1943年11月国民政府交通部统计，至1943年6月，山东沦陷及因战事破坏公路里程6533公里，估值53480000元（法币），各路局办公房屋器具损失102000元（法币），汽车配件及材料损失1120000元（法

---

[1] 表中金额为折合抗日战争胜利后币值的法币。

[2] 国民政府交通部编：《交通机关抗战损失统计》（1939年），载中央党史研究室第一研究部、中国第二历史档案馆编：《国民政府档案中有关抗口战争时期人口伤亡和财产损失资料选编》，中共党史出版社2014年版，第761—772页。

币）①。据抗日战争胜利后山东解放区调查，山东解放区控制铁路全长870.48公里，其中津浦路550.77公里、陇海路153.98公里、胶济路165.93公里，因战争造成路基、路轨、桥梁、枕木、道钉螺丝、夹道板、站台水塔、机头、车厢、工具用品等9项损失，折合战后法币128666250000元；山东解放区公路破坏计7285公里、大小桥梁破坏746座、汽车损失683辆、大道破坏85700公里，折合战后法币9935300000元；山东解放区电话电报机、电杆电线、工具用器等电话电报损失折合战后法币2235644000元；山东解放区车辆损失（包括被毁抢走）计有脚踏车63200辆、大车（马车）12000辆、独轮车150000辆，共合战后法币3000000000元；船只损失计有小轮船35只、大小帆船3826只，强占或破坏行栈150所、码头15处，共合战后法币33640000000元②。

至于战争期间，道路不断破坏，反复修复，所造成的劳动力损失，则难以统计。"中华民国临时政府"山东庶政视察团第五组在视察报告中所言："山东省原有公路，均经韩复榘退却后陆续掘毁。自友军到后，责成各县知事，征用民力，无偿修筑。现在各县城区较近之治安恢复地方，多已修成。但其征用民力，纵不给资，人民亦不敢有所怨言。惟有多处之人民，白昼为日人逼迫修路；晚间游击队来，又逼迫掘毁。同是一个民人，昼修夜毁，诚不胜其烦。故一般民人，咸有一种要求，即系对于友军或游匪，强迫修路或毁路，固不敢辞，只求于监视工作完成后，此项军事武力，永久驻扎该地。倘此方一经开走，而彼方当时即可复来；待此方闻信复来，而彼方则又急速开走。双方并不开火抵抗，此来彼去，修路毁路，累日积月，有似儿戏，人民殊不胜其苦云。"③

（8）金融业损失

抗日战争爆发之初，山东金融业出现混乱状态，银根奇缺，华商银行收缩放款，各方争提存款，大量现钞通过各种形式南流，加之国民党军队南撤时的搜刮，山东金融市场陷入枯竭境地。以济南市为例，七七事变前，全市银行业共12户，银号52户，市面存款总计9000万元（法币）以上，且与青岛、天津、上海等处通汇。七七事变后，银钱业多数处于停顿状态。日军侵占山东后，一方面掠夺

① 国民政府交通部编：《敌伪毁损没收或占用交通事业财产损失及人员伤亡统计》（1943年11月），载中央党史研究室第一研究部、中国第二历史档案馆编：《国民政府档案中有关抗日战争时期人口伤亡和财产损失资料选编》，中共党史出版社2014年版，第792—797页。

② 《山东解放区八年战争铁路公路电话电报航运损失》（1946年4月），中央档案馆藏档案。

③ 《伪临时政府山东庶政视察团第五组视察报告》（1939年12月），载中央档案馆、中国第二历史档案馆、吉林省社会科学院合编：《日本帝国主义侵华档案资料选编·汪伪政权》，中华书局2004年版，第379—394页。

山东省内公私银行，接管了民生银行、平市官钱局等国民政府地方金融机构，接收了青岛汇丰、麦加利银行，烟台汇丰银行，威海卫汇丰代理店泰茂洋行等英国系统的金融机构。一方面建立伪系银行，华北伪政权于1938年2月设立中国联合准备银行（简称"联银"）后，4月在济南设立分行，并在青岛、烟台、龙口、威海等占领区设立分行、办事处等机构。除伪中央银行系统外，日伪政权在山东设立的地方银行有总行在济南的山东农业银行、鲁兴银行，总行在青岛的大阜银行等。日系银行有战前设立的横滨正金银行、朝鲜银行、济南银行、青岛兴业银行等，有山东沦陷后新设置的安田储蓄银行、大阪储蓄银行、山东创业股份公司、山东无尽会社等隶属不同财阀或不同部门的金融机构。

山东沦陷之后，日本军票一度充斥市场。"联银"成立后，一方面发行"联银券"作为法定货币强制使用，强制收兑法币和旧通货，用以骗取中国的外汇和掠夺抗日根据地的战略物资；另一方面大量发行"联银券"以应付巨额战争开支。伪政权先后对旧通货多次强力实施贬值，1938年8月按9折流通和兑换，翌年2月按6折流通和兑换，3月即宣布旧通货一律禁止流通使用，停止收兑。事实上，由于战时的复杂情形和日伪占领区的范围限制，山东大多数地区，特别是农村，仍然是"联银券"和法币及其他货币混用。鉴于此，伪政权不得不放宽旧通货收兑期限，继续采用贬值的办法收兑，1942年2月后贬为4折，3月后贬为2折，6月后贬为1折。日本侵略者把集中收兑来的大量法币运往国统区和抗日根据地购存战略物资，仅1941年和1942年就有几千万至几亿元的法币流入山东抗日根据地。日本侵略者为聚敛财富以达到其"以战养战"的目的，大量印发"联银券"，并实施通货膨胀政策。"联银"成立时资本额为5000万元，到1945年8月，"联银券"共发行1326亿多元。据1939年6月统计，"联银券"在济南发行2687.1万元、青岛2600.7万元、烟台455.9万元、龙口21.2万元。整个抗日战争时期"联银券"在山东发行数量尚无完整统计，根据估算当不少于600亿元。伪钞的滥发，导致了币值下跌和物价飞涨，日本侵略者以此大量劫夺山东财富。与此同时，各种地方势力滥发土杂钞，大肆搜刮，全省各地流通的票券达27种之多。如伪军吴化文部在其驻地，"发行一种用桑皮纸制的纸币，号头是庆仁号，在300个村9万人的地区内，发行量竟达9570000元，每人平均担负百元之多。原规定1元合法币1元，后以通货膨胀，70元才换法币1元"。于是，群众普遍地说："桑皮纸成了放屁纸，庆仁号成了坑人号。"[1]

---

① 刘子陵：《山东解放区一年来的救济工作》（1946年7月），载山东省档案馆、山东社会科学院历史研究所合编：《山东革命历史档案资料选编》第17辑，山东人民出版社1984年版，第202页。

在山东抗日民主根据地，1938年，胶东抗日根据地建立北海银行，发行北海币。1940年，山东抗日根据地设立北海银行总行，各地设立分行、支行、办事处等机构。抗日民主政府大力发展生产，加强抗日战争的经济力量，并整顿抗日根据地金融，北海币在与法币和伪币的斗争中逐步取得优势，"不但根据地的人民拒绝法币伪币，游击区的人民也乐于使用抗币，甚至某些敌占区的人民也愿意接受抗币"[1]。日军对北海银行及其发行的北海币进行疯狂的破坏和掠夺。据抗日战争胜利后山东解放区调查统计，山东北海银行共计损失折合战后法币11990447017.1元，其中损失的现金1210894971元、生金银366889213.5元、有价证券946114000元、印刷器材1690385069.6元、营业家具687483790元、土产3022108968元、抵押品474643997元、放款2431592710元、杂损1160334298元[2]。

（9）文化教育损失

抗日战争期间，山东的文化事业遭到严重破坏。1937年12月，日军进攻济南时，山东省立剧院、省立图书馆、省立民众教育馆等在战火中遭受巨大损失。省立剧院百余间房屋被焚毁。省立图书馆54间房屋被焚毁，损失图书266995册，甲骨、陶文、泉范、砖瓦、钱币、石刻共计23409件，损失仪器、器具3065件[3]。省立民众教育馆有62间房屋被焚毁，损失图书18720册，损失器具1300件[4]。各市县立图书馆及藏书也受到很大破坏，如日军攻陷惠民县城时，2万册图书遭破坏；日军攻陷聊城时，存省立聊城中学内的5000余册图书遭破坏[5]。整个抗日战争期间，各图书馆处于停顿状态。著名的藏书所海源阁在聊城陷落以后，成为日军指挥部，建筑被糟蹋得破烂不堪。据战后调查统计，抗日战争期间，山东省立民众教育馆、省立图书馆、省立体育场、省立国术馆、济南市立民众教育馆、济南市立体育场、济南市中山公园、山东省济南进德会以及各县公共体育场、民众教育馆、图书馆等省县社教机关财产损失，折合1946年法币共计

---

① 薛暮桥：《抗日战争时期和解放战争时期山东解放区的经济工作》，山东人民出版社1984年版，第179页。

② 《山东北海银行战争损失统计表》（1946年3月），中央档案馆馆藏档案。

③ 《山东省立图书馆财产直接损失汇报表》（1947年8月），山东省档案馆馆藏档案，档案号J101—01—0009。

④ 《山东省立民众教育馆财产直接损失汇报表》（1947年8月），山东省档案馆馆藏档案，档案号J101—01—0009。

⑤ 《国立编译馆为报送所属战时私人财产损失致教育部呈文稿》（1947年6月），载中央党史研究室第一研究部、中国第二历史档案馆编：《国民政府档案中有关抗日战争时期人口伤亡和财产损失资料选编》，中共党史出版社2014年版，第924、927页。

98200000000元①。

山东省古物书画在战争中遭受巨大损失。据国民党山东省政府调查估计，1937年至1938年，全省古物书画损失折合洋（指银元）50元以上的达40万件，合洋百元以上的达30万件，合洋千元以上的达3万件，合洋万元以上的达1万件，合洋10万元以上的达600件，合洋百万元以上的达50件，共计损失合洋51000万元。1940年至1942年，共计损失古物书画合洋101800万元。1941年太平洋战争爆发后，山东省教会机关全部被日军封锁。日军对西方人所收取的和中国人存放于教会的古物书画全部掠走，损失价值估洋32800万元。

山东教育遭受灭顶之灾。日军攻占济南等城市和县城时，许多教育设施被焚毁、炸毁或掠夺，如国民党山东省政府教育厅100余间房屋及器具被焚毁，济南市立小学70余间房屋及器具被焚毁，济南高级中学、济南市立中学、省立第一中学各100余间房屋及大量器具被焚毁，济南第一师范、济南女子师范、省立第一职业学校被掠夺侵占；省立临沂中学、临沂县立益心街小学、县立孔子庙小学、县立双井孔小学等被炸毁。日军侵入山东后，对山东原有的教育设施肆行破坏，仅青岛市就有市属50处小学，胶州、即墨所属25处小学被全部或部分破坏，全省许多校舍被占为兵营和仓库，学校大部被迫停办②。临沂城内包括省立五中、省立乡师、进德小学、启明小学、职业小学、教育馆、高台庙小学、崔家巷小学、公安局小学、西园小学、靛市小学、清真寺小学、东关小学、北关小学、南关小学等20所学校，共计损失房屋976间、家具15305件、图书148934册、体育器具111件、仪器6871件、乐器61件、机器19件，共计86925800元（法币）③。据国民政府教育部统计处统计，1938年至1944年，山东省中小学校及社会教育机关仅建筑物、图书、器具三项直接损失，即折合1945年8月法币1268494878825元④。1946年，国民党山东省政府根据卢沟桥事变前编印的《山东省各县教育款产一览》记载的学田、教育基金、财产情况和战后损失

----

① 《山东省省县社教机关抗日战争期间财产损失调查表》（1946年10月），山东省档案馆馆藏档案，档案号J101—109—543。

② 《河北、河南、湖北、重庆等十二省市抗战损失汇报表》（1939年），载中央党史研究室第一研究部、中国第二历史档案馆编：《国民政府档案中有关抗日战争时期人口伤亡和财产损失资料选编》，中共党史出版社2014年版，第56—66页。

③ 《临沂城学校调查表》（1946年1月），中央档案馆馆藏档案。

④ 国民政府教育部统计处编：《全国各级学校及教育机关战时财产数量与价值损失》（1946年12月），载中央党史研究室第一研究部、中国第二历史档案馆编：《国民政府档案中有关抗日战争时期人口伤亡和财产损失资料选编》，中共党史出版社2014年版，第865—880页。

情况,按照各年度物品最低价格估计,事变前共有学田596607.1亩,折合时值29830355000元(法币,下同),损失19866903332元,教育基金1449967.96元,折合时值14499679600元,损失11599743680元。省立第十七联中、省立济南女子师范、省立邹平简易师范、省立济宁工业职业学校等54所省立学校,共计损失2946814801元;县市立学校合计109所,共计损失1842470600元;私立中学21所,共计损失797379760元①。山东省立悦庄小学、山东省立埠村小学、山东省立东里店小学、山东省立鲁村小学等24所省立小学,共计损失3030000元②。山东省各县小学共计1214所,损失估价折合1946年法币325966009000元③。据抗日战争胜利后山东解放区调查统计,山东解放区出版事业损失共计368582000元(法币),教育资财损失共计21661500000元(法币)④。

3. 小结

基于对不同调查主体所形成调查资料和各主要行业或领域损失情况的分类研究,就山东省财产损失情况作以下总结:

从按调查主体进行分类研究的情况看,战时国民政府的调查统计,有关山东的损失情况很不完整、很不全面,只能说明部分行业的某个方面或某些年份的损失情况,难以反映抗日战争时期山东省的整体损失情况。抗日战争胜利后山东解放区和冀鲁豫解放区的调查统计,采取以村为单位挨户调查、以记"流水账"的方式记明各户物品损失数量、以县为单位统计的方法,其调查的区域除济南、青岛及胶济、津浦铁路沿线城镇所属310余万人口范围外,覆盖山东境内其他全部区域。调查的领域,山东解放区涉及救济抚恤费、农业、工业、矿业、商业、盐业、渔业、部队、政府机关、民兵、教育、出版、银行、交通通讯等14项损失,冀鲁豫解放区涉及工业、农业、商业、渔业、盐业等5项损失。抗日战争胜利后国民党山东省政府所采取的调查统计方法,一是在其统治区,以县市为单位记明各实物损失数量,根据各年度价值进行折算后汇总统计;二是在其统治未达地区,根据各县市战前状况、战争损失情况并参考已报县区损失情况进

① 《山东省公私立学校战时损失数目清册及县市教育基金和学田损失清册》(1946年),山东省档案馆馆藏档案,档案号J101—109—543。
② 《山东省省立各小学抗日战争期间财产损失调查表》(1946年10月),山东省档案馆馆藏档案,档案号J101—109—543。
③ 《山东省各县小学抗日战争期间财产损失调查表》(1946年10月),山东省档案馆馆藏档案,档案号J101—109—543。
④ 《山东解放区八年战争损失各项总计表》(1946年),山东省档案馆馆藏档案,档案号G008—01—0015。

行估算。其调查的区域除青岛市、庆云县、宁津县外，覆盖山东全境。其调查的领域主要包括私有财产损失、机关公有财产损失、公立或私立各级学校财产损失、公营或民营事业财产损失、团体财产损失、古物书画损失、国家经常岁入减少之损失、国家经常岁出或临时支出增加之损失、天然资源之损失、金融破坏之损失、工矿、交通及其他生产事业所受之损失、公私机关团体或人民在敌国领土及其占领区内之损失、人民在沦陷区因被迫吸食毒品及种植鸦片所受之损失等。2006年的乡村走访调查，记录了抗日战争胜利60年后仍在世的当事人和见证人记忆深刻的上万种各类生产工具、生活用品和家庭财产的损失，足以说明抗日战争期间山东农业和农村所遭受的极其残酷的破坏程度，但其损失数量仍在进一步统计和研究之中。综上所述，四个调查主体所做的调查统计各有侧重，但比较而言，抗日战争胜利后国民党山东省政府和山东解放区政府所做的调查覆盖面更大、更全面。

从按各主要行业或领域分类研究的情况看，抗日战争时期日军对山东经济、文化和社会生活各方面的掠夺和破坏是全方位的，各个行业和领域都遭受了一场空前的大灾难。这场灾难持续8年之久，其破坏之大、范围之广、影响之深不是简单的实物统计能够准确计算和估量的。抗日战争胜利后山东解放区和冀鲁豫解放区的调查统计采取入户调查、实物统计的方式，这一调查方式对农业和农村居民损失的调查统计相对而言比较全面，但就人的记忆递减规律来看，时间越久，遗忘的就越多。正如解放区山东省政府在《关于调查八年战争损失的指示》中所言："由于抗日战争前后历时八年之久，群众在战争中的损失与损害已经不是一次；而且损失与损害的种类也是多种多样的，群众已经是不胜记忆了。"让人们一次全面回忆8年来多次造成的各个方面的损失，必然会有众多遗漏。尽管如此，山东解放区调查统计的农业总损失29807195000000元（折合抗日战争胜利后法币），仍然占山东解放区所调查的14项财产总损失32562515293617元的91.5%；冀鲁豫解放区调查统计的农业损失1371241853000元（折合抗日战争胜利后法币，不包括被服、棉布、家具、农具、树木、柴草、金属钱款）[①]，占工业、农业、商业、盐业、渔业5项总损失1385142253000元（折合抗日战争胜利后法币）的99%。但是，通过入户调查、实物统计式的调查方式对工业、矿业、商业、教育文化等复杂产业和公共财产

---

① 《冀鲁豫区山东部分财产损失统计表》（1946年5月），载山东省档案馆、山东社会科学院历史研究所合编：《山东革命历史档案资料选编》第16辑，山东人民出版社1984年版，第533—534页。

等进行统计,其局限性不言而喻。如山东解放区调查统计的工业、矿业、商业、盐业、渔业5项损失共计1010111712000元(折合抗日战争胜利后法币),仅占总损失的3%。冀鲁豫解放区调查统计的山东部分工业、商业、渔业、盐业4项损失总额为13900400000元(折合抗日战争胜利后法币),仅占总损失的1%。再与国民政府经济部统计的工业、矿业、商业和国民党山东省政府统计的教育损失作一比较。1947年12月国民政府经济部统计处统计的抗日战争期间山东省工业类直接损失折合1937年法币210953610元,间接损失折合1937年法币160324748元,共计371278358元,按照国民党山东省政府1945年确定的抗日战争期间所有公私财产损失历年折算标准1937年100元折合1945年177647元计算,山东省工业损失折合1945年法币659564864636元。山东解放区调查统计的工业损失折合抗日战争胜利后法币557295万元,冀鲁豫解放区调查统计的山东部分工业损失折合战后法币653940万元,两项合计1211235万元,占国民政府统计的山东省工业损失的1.8%。按上述折算标准,1947年12月国民政府经济部统计处统计的山东商业损失折合1945年法币238562332万元。山东解放区和冀鲁豫解放区调查统计的山东部分商业损失合并计算为折合1945年法币8327870万元,仅占国民政府经济部调查统计损失数的3.5%。再以教育损失为例,将山东解放区政府与国民政府教育部和国民党山东省政府的调查结果作一比较。山东解放区调查统计的教育资财损失共计折合抗日战争胜利后法币21661500000元,国民党山东省政府调查统计的教育损失仅山东省各县1214所小学,即达1946年法币325966009000元,国民政府教育部统计处统计的1938年至1944年山东省中小学校及社会教育机关,仅建筑物、图书、器具三项直接损失即折合1945年8月法币1268494878825元。山东解放区调查统计的教育损失仅分别为国民党山东省政府和国民政府教育部统计损失数的6.6%和1.7%。

综上所述,山东解放区和冀鲁豫解放区的调查统计,主要着眼于战后灾民救济。就农业和农村损失的调查统计而言,与其他行业损失的调查统计相比,其调查统计结果比较全面地反映了山东农业和农村居民所遭受的巨大损失情况。但是,就工业、商业、矿业、文化教育等行业损失的调查统计而言,在其调查的区域范围上,山东解放区的调查统计未包括国民党所统治的济南、青岛及胶济、津浦沿线主要城镇,而这一区域为山东省工业、商业、矿业和教育文化等最为集中的地区;在其调查的项目上,山东解放区对这些行业的调查统计很不完整、很不全面,如商业损失仅调查了资金数额80万元(法币)以上商号,数量庞大的80万元以下商店未做调查统计,工业损失仅调查了部分企业的直接损失,盐业、渔业损失仅为部分口岸和盐场损失等等；在调查方法上，如前所述，采用通过当事人回忆、按实物损失折算的方法，也难以全面、准确反映工业、商业、矿业、文化教育等行业和领域的实际损失情况。

综合研究各调查主体调查的时间、范围、方法以及各主要行业和领域损失情况，就目前所已知的调查结果，我们更倾向于采用战后国民党山东省政府和青岛市政府调查统计的山东省抗日战争时期财产损失数据，其调查范围包括除庆云、宁津两县外的山东全部区域，其调查结果更接近于山东省财产损失的实际情况。国民党山东省政府调查统计的山东境内抗日战争期间财产损失共计14794196308.3109万元（1945年法币），国民党青岛市政府调查统计的青岛市财产损失共计263973027.7375万元（1945年法币），两项总计15058169336万余元（1945年法币）。按照国民党山东省政府依据重庆物价指数制定的《山东省抗日战争期间历年物价折算表》的折算标准，1945年的法币177647元折为1937年的法币100元。以此为依据列出以下公式：15058169336÷177647×100＝8476455.7（万元法币）。由此，可以得出：抗日战争期间，因日军侵略在山东省造成的财产损失折合1937年法币8476455.7万元。

（六）结论

1. 日本侵略者肆意摧残无辜生命，造成大量山东无辜平民伤亡

抗日战争时期，山东是全国敌后抗日战争的主战场之一，山东人民自古以来就有不畏强暴、抵御外侮的传统。日本侵略者出于极其卑劣的报复心态，大量屠杀无辜平民，企图彻底摧毁山东军民的抗战意志。在抗日根据地，日军实施烧光、杀光、抢光的"三光"政策，进行疯狂"扫荡"、反复"清剿"，到处屠杀、焚烧、抢掠、奸淫。仅1941年11月中旬至12月上旬对沂蒙山根据地的一次"铁壁合围"大"扫荡"，就杀害群众3000多人，抓走青壮年近万人，许多村庄被烧毁，其中马牧池村遭日军纵火3次，房屋全部化为灰烬。日军还违背起码的人类良知和国际公法，在战争中大量使用生化武器，进行残酷的细菌战和化学战。在游击区，大量安设据点，修筑碉堡、封锁干线、封锁沟、封锁墙，以对抗日根据地进行大规模的"蚕食"和封锁，并在鲁中、鲁西、胶东、渤海等区制造了多个"无人区"。在其占领区，在济南、青岛、潍坊、淄博等地设立多处集中营，对在战争中掳掠来的战俘和平民，或实施残酷屠杀，或进行细菌活体实验，或转

运日本、朝鲜、东北等地做劳工，并通过集中营将大量诱骗来的青壮年转往日本、朝鲜、伪满等地做劳工。日军还在山东实施毒化侵略，在农村强力推行鸦片种植，在城镇开设烟馆，诱骗和强迫群众吸食，仅菏泽地区吸食鸦片者即达20余万人。整个抗日战争期间，日、伪军在山东制造的一次性伤亡平民10人以上的惨案仅有据可查的就达956个。经此次调研初步认定，抗日战争时期因战争因素造成的山东境内伤亡人口至少在600万至653万人之间（注：按当年统计口径，这个数据中包括了"被抓"以及"被抓壮丁"人数不少于143万人[①]，不包括部队伤亡人数）。战争还造成了大量难民流亡，仅山东解放区战后调查统计的还乡难民就达245万余人，至于居无定所、不断流亡的难民则难以计数。如，"济南市在事变前，仅有40余万人口；当事变时，仅有万余人，大多逃避一空"[②]。1938年日军侵占临朐县后，"扫荡""清乡"，烧杀掳掠，又遇荒年歉收、瘟疫流行，致使临朐人民陷入绝境，非死即逃。1940年全县有38万人，到1942年只剩8万多人。

2. 日本侵略者屠杀奸淫手段极其残忍，给山东人民造成的巨大精神创伤难以弥合

日军在山东制造了遍布全省的一系列惨不忍睹的血案，被杀者上至八旬老翁，下至孕妇胎儿，其非人性的杀人手段多达数百种。日军常以杀人花样之多、之残忍以及被杀者痛苦之惨状取乐，致使大量群众因惊吓致死、致病。随着战争进程的推进，日军新兵源不断补充，日军利用战俘和抓捕来的群众对新兵进行"刺杀试胆"训练。如，藤田茂任第59师团师团长期间，"仅为了所谓'试胆教育'，即杀我被俘人员与和平居民200余名，其中，仅一个大队进行新兵'试胆教育'一次即集体屠杀我和平居民34人，并由该犯部下大队长进行'检阅'，更惨无人性的竟刺杀一名24岁的青年孕妇"[③]。在60多年后的本次走访调查中，仍有大量见证人回忆起亲人被杀的惨状时浑身颤栗、痛不欲生。日军的奸淫行为更是龌龊残忍、毫无人性。被奸淫者上至60岁以上老人，下至8岁以下儿童，有

---

① "被抓"以及"被抓壮丁"人数，包含了失踪、被抓劳工、被抓民工、被抓壮丁等人口在内。由于资料欠缺，其中具体情况不详，有待进一步调查考证。

② 《伪临时政府山东庶政视察团第五组视察报告》(1939年12月)，载中央档案馆、中国第二历史档案馆、吉林省社会科学院合编：《日本帝国主义侵华档案资料选编·汪伪政权》，中华书局2004年版，第381页。

③ 《侦讯藤田茂的总结意见书》(1954年9月20日)，载中央档案馆、中国第二历史档案馆、河北省社会科学院编：《日军华北罪行档案·战犯供述》，河北人民出版社2005年版，第49页。

先奸后杀者，有杀后奸尸者，有奸后割下女性生殖器官者，有奸后将男女脱光衣服捆在一起取乐者等，许多女性因不堪凌辱而自杀身亡。如，1939年12月"中华民国临时政府"山东庶政视察团在其"视察山东庶政秘情"中所报："为解决性欲，尝有白昼强入良民住宅，强行奸淫"，"如曲阜、邹县、滋阳、泰安各县，对此问题均感困难"，"邹县知事虽为日兵特置女闾，但日兵因其长官时亦往游，诸多不便；又因有所破钞，故仍时有白昼或夜间强入良民住宅逼奸之事。其被奸之妇女，多有即时自杀者，民心殊形愤激"①。据战后山东解放区调查统计，山东解放区因战争而患病者达749万人，占总人口的25%，其中花柳病15万人、妇女月经病350万人。据冀鲁豫解放区调查统计，冀鲁豫所属山东44个县伤残疾病急待救济人口达970014人。其中，仅被奸淫染病者（不包括被奸淫未致疾病之妇女以及间接传染花柳病症者），就达10766人。

3.日本侵略者有计划的经济掠夺和毁灭性的战争破坏，给山东人民造成巨大财产损失

日本侵略者早在侵入山东之前的1937年6月，就由满铁经济调查委员会制定了《山东产业开发五年计划案》，有计划、有预谋地配合战争的展开掠夺山东经济资源。伴随着战争的推进和对山东的军事占领，日军在山东全面实施"以战养战"的侵略政策，采用"军管理""委托经营""中日合办""征发配给"等手段，并辅之以军力支持，进行洗劫式的掠夺经济资源。随着战争的不断扩大，日军为维持其庞大的军费开支，纵容士兵、日伪地方政权及地痞流氓敲诈勒索和抢劫工厂、商户、居民等各种财产乃至日常生活用品。如，1939年12月"中华民国临时政府"山东庶政视察团在其"视察山东庶政秘情"中所报："日宪兵故纵痞棍秘密敲诈"，"各县宪兵队有似侦缉队，专以查捕反动思想行为之人。为易于侦缉计，即利用当地地痞流氓，委为秘密侦探，任其攀诬敲诈，故多放纵，尤加特别袒护。而此地痞，为以得其所宠，胆大妄为，无所不至。待其敲诈之财积有巨数时，日宪兵队长即可宣布一种罪名，将此秘探枪毙，而没收其所敲积之资。曾有某县知事，请求日宪兵队长对某秘探加以儆戒，以其过于诬害良民，殊惹一般民众反感，途人侧目，有碍中日亲善。但此日人则答称：若委中国正

---

① 《伪临时政府山东庶政视察团第五组视察报告》（1939年12月），载中央档案馆、中国第二历史档案馆、吉林省社会科学院合编：《日本帝国主义侵华档案资料选编·汪伪政权》，中华书局2004年版，第381—382、388页。

人君子为密探，累年累月，决无成绩可言；必须利用此种地痞，然后始能生效，此系经过历试不爽者，闻之实为痛心。"[1]在山东抗日根据地，日军则实行"三光"政策，企图彻底摧毁根据地军民起码的生存条件，造成根据地大批企业和商铺被抢，大片农田和林地被毁，大量房屋和生产工具、生活用品被烧。仅山东抗日根据地群众就损失房屋580万间、农具5900万件、衣服8700万件、粮食1450000万斤、牛驴290万头、猪羊2640万只、鸡鸭14500万只[2]，致使大量平民因居住和衣食无着沦为难民。战后山东解放区有急待救济的难民111017000人，占山东解放区总人口的36%[3]。经本次调研初步认定，抗日战争时期，日本侵略者给山东人民造成的财产损失折合1937年法币8476455.7万元。

4.日本侵略者大力实施政治经济军事文化的总力战，给山东各方面各领域造成的巨大破坏影响深远

一是阻断了山东的工业化发展进程。日商通过控制原料、运输、销售等环节，破坏了山东民族工业的正常生产和经营，使正处于起步和发展上升阶段的山东工业经济遭受重大摧残，日趋衰落凋零。二是破坏了战后经济恢复的劳动生产力基础。在山东除有计划地大规模掠夺生产资料外，还大量屠杀和掠夺青壮年劳动力。以渤海区为例，战争造成渤海区青壮年伤亡89113人，占伤亡总数136842人的65%。为补充侵华战争中的人力和财力消耗，日军采用诱骗和武力捕捉等手段，强征大量山东劳工出口。如，"根据日方自己的宣布，仅山东一地，去年（民国二十八年）3月至12月，在伪组织集体强迫征发和敌方个别欺骗招募之下，输送出关的壮丁241356人"[4]。由华北出口到伪满洲国的壮丁，1939年有940000人，而1940年增加到1340000人，其中仅山东一省，就有900000以上[5]。除劳动力输出外，日军还抓捕大量劳工在当地修碉堡、修铁路、挖壕沟、建据点等。据战后山东解放区调查统计，日、伪军在山东解放区仅所筑遮断沟、

---

① 《伪临时政府山东庶政视察团第五组视察报告》(1939年12月)，载中央档案馆、中国第二历史档案馆、吉林省社会科学院合编：《日本帝国主义侵华档案资料选编·汪伪政权》，中华书局2004年版，第383页。

② 《八年抗日战争中山东解放区农业直接损失统计表》(1946年4月)，中央档案馆藏档案。

③ 刘子陵：《山东解放区一年来的救济工作》(1946年7月)，载山东省档案馆、山东社会科学院历史研究所合编：《山东革命历史档案资料选编》第17辑，山东人民出版社1984年版，第198页。

④ 《反对强征壮丁》，载胶东《大众报》1940年5月20日。

⑤ 《为抢救民族生命！为保卫抗日战争力量！——胶东联合办事处颁令严禁各地壮丁出口》，载胶东《大众报》1941年7月18日。

封锁墙两项，所用民工即达23714万工时①。抗日根据地因战争造成的生产资料和生产工具的破坏更是数量惊人，仅冀鲁豫区山东44个县就被日军侵占耕地39615亩，因战争荒芜1115304亩，牲口损失200715头，占原有899857头的22.3%②。三是遭受极大破坏的生态环境难以修复。日军在战争中大量使用生化武器，毁坏林木修筑工事。如，因日军大量砍伐树木修筑碉堡、据点，"乐陵城东城北数十里的果园尽成了木鬼，黄河两堤的河堤树林均被伐尽，各据点村之树密如蛛网的汽路两旁所有皆无几"③。据1951年山东省农业厅、山东省统计局对晚清和民国时期林地资源进行的调研、分析，按当时的林地标准（即稀疏残林也算林地），确认山东省19世纪末林地约1000万亩，1937年抗日战争爆发前全省林地面积1200万亩，1948年全省林地450万亩。四是打破了山东整体发展格局，造成经济社会畸形发展。不仅日伪政权、国民党政权、共产党领导的人民政权在山东长期并存，而且国民党政权和日伪政权内部之间也派系林立、割据一方，加之日军对根据地的军事封锁和分割，切断了各区域间的联系。例如，在山东流通的货币除日本军票、"联银券""民生券"、法币、北海币、冀钞等日本军方、日伪政权、国民党政权、抗日根据地民主政权发行的货币外，各种地方势力滥发土杂钞，强迫人民使用的各种票券多达数十种。即使日军占领下的"模范区"也呈畸形发展状态。如当年日伪方面有一份报告称：1939年日军占领下的济南"市面人心渐形安定，似觉日形繁荣。但观察周围各县乡村，则断壁颓垣，田园荒芜，乡农生活困难实达极点。是济南市之繁庶，实属畸形发展"④。五是文化教育遭受灭顶之灾。日本侵略者为从思想文化上彻底控制和奴役山东人民，不仅取缔、破坏和销毁了山东原有的报刊、通讯社和进步书籍，而且大量抢劫和破坏山东的书画、文物、古籍，肆行破坏山东的各类文化教育设施，极力推行奴化教育。但实际上，由于原有的教育机构和设施惨遭破坏、人民群众在战争中居无定所、以敲诈人民为能事的日伪地方政权根本无心投入教育等因素，在全省农村连基本的识字教育都难以推行。正如1939年12月"中华民国临时政府"山东庶政视察团描述的日伪占领下的山东教育状况："查山东各县之小

---

① 《山东解放区八年战争农业损失调查统计》（1946年），中央档案馆馆藏档案。

② 《冀鲁豫区山东部分财产损失统计表》（1946年5月），载山东省档案馆、山东社会科学院历史研究所合编：《山东革命历史档案资料选编》第16辑，山东人民出版社1984年版，第533—534页。

③ 《渤海区八年战争损失调查报告》（1946年6月6日），山东省档案馆馆藏档案，档案号G034—01—0151。

④ 《伪临时政府山东庶政视察团第五组视察报告》(1939年12月)，载中央档案馆、中国第二历史档案馆、吉林省社会科学院合编：《日本帝国主义侵华档案资料选编·汪伪政权》，中华书局2004年版，第381页。

学教育,殊多敷衍了事,毫无成绩可观","人民终日不得安居,又焉能从事普及教育。若夫山东,本系中国文化发源地,文化教育如此落后,则将来前途诚不堪设想"[①]。

日本侵略者自1937年9月侵入山东至1945年投降,残酷蹂躏山东人民生命财产达8年之久,山东人民遭受生命摧残之重、财产损失之大、精神创伤之深以及持续时间之长、影响范围之广,是抽象的统计数据难以还原历史真相的。在战后60多年的今天,我们通过大规模的档案文献资料搜集和乡村走访调查,获得了抗日战争时期山东人口伤亡和财产损失的若干数据,这些数据只能部分地说明抗日战争期间日军给山东人民造成的深重灾难。随着对调研资料整理和研究的不断推进,我们反复翻阅数百名日本战犯良知发现后的自悔供述材料、近千个重大惨案惨不忍睹的书证和物证材料、数万名见证人血泪斑斑控诉的证言证词材料,越来越感到统计数据显得抽象、苍白和无力,以致于多次中断研究,力图以当事人、见证人的证言证词为主体寻求新的研究思路。但是,这些总计达数百万份的证据材料,毕竟是一个个历史片段或局部场景,难以在一份研究报告中一一呈现。因此,我们今天的研究成果,仍然是初步的、阶段性的成果。我们根据迄今所掌握的资料和进行的相关研究所得出的山东省抗日战争时期人口伤亡和财产损失的有关数据,还只是初步的和尚不完整的数据,并不是研究的最终结果。下一步,我们将集中山东党史部门更多的研究力量,并祈望更多的社会研究力量积极参与,共同推进本课题的深入调查研究,以期在掌握更多资料和取得研究新成果的基础上对有关数据再作出修订和补充,用数百万数千万个真实的历史碎片还原一个更加真实完整的历史全貌,用铁的事实昭告世人、今人和后人:牢记惨痛的历史,珍爱今天的和平,共铸幸福和平美好的世界家园。

课题组组长:常连霆

副组长:席 伟 韩立明

执 笔:韩立明 邱从强 乔士华 张 华

主 审:常连霆

特邀审稿:丁龙嘉 魏训洲 吕伟俊 申春生 赵延庆 李拴虎
　　　　　　刘大可 庄维民 刘培平 徐 畅 张树枫

---

① 《伪临时政府山东庶政视察团第五组视察报告》(1939年12月),载中央档案馆、中国第二历史档案馆、吉林省社会科学院合编:《日本帝国主义侵华档案资料选编·汪伪政权》,中华书局2004年版,第384页。

二、资　料

（一）档案资料①

1. 综合资料

（1）山东省政府关于调查八年战争损失的指示

（1945年9月12日）

民字第一号

为了有组织的调查本省八年来由于敌伪的烧杀抢劫、轰炸破坏以及各种压榨侵占乃至水旱虫灾给予人民的损失损害，求得比较确实的情况，以便转送中国解放区临时救济委员会山东分会向国内外控诉敌寇罪行，并报请总会向日本要求赔偿，特制定战争损失损害调查表，会〔分〕发各该地区切实调查统计，务于1945年12月31日以前汇送本府。并仰遵照后开注意事项，参照各该地区实际情况妥为进行。

一、这一调查，主要是从政治上给广大群众以深刻的民族教育，使广大群众回忆起日本法西斯侵略者的凶恶残酷的罪行，我们是在怎样的敌忾同仇的积极抗战之下，获得抗战的最后胜利；而胜利之后的战争损失与损害的调查，以

---

① 以下档案资料中，涉及财产损失的货币统计数据，凡未标明币种者一般为法币（亦称为国币），或者为北海币（又称本币、北币，解放区发行的货币）、冀币（解放区发行的货币），凡未标明货币单位者均以"元"为单位。特此说明。

及搜集敌寇罪行，向全世界控诉，又是多么严肃而光荣的权利。因此，我们切忌单纯的宣传只是为了经济上的赔偿，以致妨碍了群众的民族觉悟更加提高。

二、由于抗日战争前后历时八年之久，群众在战争中的损失与损害已经不是一次；而且损失与损害的种类也是多种多样的，群众已经是不胜记忆了。要想获得比较翔实的科学调查成果，必须依靠我各级政权干部的深入与耐心的工作精神，而且只有依靠很好的运用群众路线，才能完成这一巨大的工作任务；粗枝大叶的单纯要求数目字，不与细密的组织工作与耐心的教育工作相结合的工作方法，必须坚决反对。

三、本府制发调查表的式样，要求各该地区以村为单位调查，以县为单位统计，由各行政公署汇报本府。在各县领导进行这一工作时，可制发统一表格（或由行署专署统一制发均可），召集各区主要干部开会研究，解决进行中可能发生的问题及困难，并将表格分发各区公所从事调查。区公所则召集各村主要干部开会研究具体进行的各种办法，解决进行中可能发生的问题及困难。每村发一张统一的表格，并将表格要求讲解明白，准备各该村按户调查清楚后，按照统一表格规定项目，加以分类统计，汇报县府。各村挨户调查时，则可按群众实际损失与损害，如记"流水账"的方式，记明物品数量，并挨户折成共值本币数额，妥为保存，以便【作为】将来可能赔偿时之依据。

四、在进行调查时，必须注意通过群众自己的系统，而掌握这一工作，则是各级政权干部不可诿卸的责任。这一工作比较麻烦的地方，是村中挨户上了"流水账"以后的分类统计。要想顺利的完成统计任务，必须抓紧运用村学教员及村公所文书的力量，没有村学的山僻小庄，可由区公所酌予调剂，热心公益之农村知识分子、情愿为人民服务者，亦应吸收参加这一工作。

五、这一工作进行最好的季节与场所，是在秋收完毕后冬学教育中进行，但必须估计在限期（1945年12月31日以前）以内保证完成。在进行工作期间，要求每月检查一次，以收及时指导之效。

六、以上各点，希望各级政府同志能够多所研究，求得更能有效的完成任务。尤望根据各该地区实际情况，予以充实与发展。

附发：战争损失损害调查表式样□份（删）

主席　黎玉

（转录自山东省档案馆、山东社会科学院历史研究所合编：《山东革命历史档案资料选编》第15辑，山东人民出版社1984年版，第333—335页）

（2）山东省政府关于救助从东北返籍的劳工的通知

（1945年10月12日）

民字第五号

据载冀热辽行署通电，以："自苏联红军解放东北后，过去被敌寇抓往东北之劳工，亦同时获得自由，纷纷奔返故乡。此批劳工，籍贯遍达全国各省市，为数在300万人以上，现在正自沈阳、天津间徒步而行，络绎不绝，每日均以万计。他们在日寇长期鞭笞下，贫病交加，衣不蔽体，身无分文，赖乞讨以度日，其状甚惨……深望国际及全国各救济机关、团体、各解放区、各省政府、各界人士广为募集财物，紧急援助，并予劳工以通过各该地区之一切便利。"本府阅读之余，至深同情！为此，通知各该地区行政机关，对于返乡之山东籍此种劳工，务须妥为安置，帮助他们解决生产上与目前生活上的一切困难，其无土地者，并须确实帮助解决土地问题。对于过境的此种劳工，亦须尽量予以各种便利，俾得早日返乡，重上生产战线，共为新中国的建设而努力。仍将办理情形随时报告本府为要。

主席　黎玉

（转录自山东省档案馆、山东社会科学院历史研究所合编：《山东革命历史档案资料选编》第15辑，山东人民出版社1984年版，第508页）

（3）山东省政府公布全省八年战争损失初步调查（节选）

死亡人口竟达总数5%
财物损失每人平均5000本币

（新华社山东分社17日电）抗战以来，我山东人民在敌伪的烧杀摧残下，受到了旷古未有的惨重损失。敌人宣布投降以后，省政府即指示各级政府成立救济委员会，调查抗战八年中间山东人民所受各种损失，成为赔偿救济时的根据。现已接到各地初步报告，根据不完全的统计（未解放的地区均不在内，鲁西亦不在内，鲁中等地新解放区也多没有调查，部队机关损失亦未包括在内）已有下列惊人数字：

甲、人口类：

    1. 死亡人数　　　　　668143人

    2. 被俘壮丁　　　　　313259人

    3. 回乡难民　　　　　228550人

    4. 受灾难人数　　　　904083人

    5. 急需救济人数　　　1637174人

乙、财物类：

    1. 损失牲畜　　　　　1079791头（每头5000元计算）

      约　值　　　　　539895万元

    2. 损失粮食　　　　　2356972万斤（每斤4元计算）

      约　值　　　　　9427888万元

    3. 损失农具　　　　　2542544件（每件200元计算）

      约　值　　　　　50657万元（缺鲁南鲁中）

    4. 损失衣服　　　　　8937978件（每件400元计算）

      约　值　　　　　357519万元

    5. 损失钱款　　　　　582062万元（缺胶东鲁中鲁南）

    6. 烧毁房屋　　　　　1151186间　（每间2000元）

      约　值　　　　　23024万元

    7. 其他损失　　　　　146463万元

以上合计　　　　　　　12447708万元

以上只是敌人侵华战争所造成的直接损失，此外因天灾人祸所造成的间接损失，如农产歉收、田地荒芜尚未计算在内。如以解放区人口2500万人口计算，则每百人中被杀害的计有2.6人（加上部队死亡的达5%），每个人的平均财物损失达5000元（按法币计为5万至10万元），现在缺乏衣食、急待救济的约占全人口的10%。

编者注：据考证，本文发表时间为1945年12月17日。

（中央档案馆馆藏档案）

（4）山东省历年面积、村庄、人口统计表

（1946年4月）

山东省政府民政厅

行政区	项目别	三十一年				百分比		
		解放区	游击区	敌占区	共计	解	游	敌
滨海	村庄							
	人口							
	面积							
鲁南	村庄							
	人口							
	面积							
鲁中	村庄							
	人口							
	面积							
胶东	村庄							
	人口							
	面积							
渤海	村庄							
	人口							
	面积							
合计	村庄	10128	15730	43932	69790	15	23	62
	人口	3997708	6765352	19985400（19988540）	30751600	13	22	65
	面积	82958	136287	373309	592554	14	23	63

时间 行政区 数目 地区 项别	三十二年				百分比		
	解放区	游击区	敌占区	共计	解	游	敌
滨海 村庄	5186	1905	3236	10327	50	19	31
滨海 人口	2120426	933511	1838697	4892634	43	20	37
滨海 面积	44332	13300	31032	88664	50	15	35
鲁南 村庄	2834	2540	4765	10139	28	25	47
鲁南 人口	1244620	1040652	1887504	4172776	30	25	45
鲁南 面积	26337	17816	33309	77462	34	23	43
鲁中 村庄	3000	5876	3626	12502	24	47	29
鲁中 人口	1129887	3330139	1486669	5946095 （5946695）	19	56	25
鲁中 面积	27133	63704	27133	117971 （117970）	23	54	23
胶东 村庄	6765	4416	5525	16705	41	26	33
胶东 人口	1707029	1194920	5633196	8535146 （8535145）	20	14	66
胶东 面积	35430	25096	87099	147620 （147625）	24	17	59
渤海 村庄	7242	4627	8248	20117	36	23	41
渤海 人口	2274997	1614514	3449189	7338700	31	22	47
渤海 面积	51465	48249	61115	160829	32	30	38
合计 村庄	25027	19364	25400	69791	36	28	36
合计 人口	8476959	8113736	14295255	30885950	27	27	46
合计 面积	184697	168165	239688	592554 （592550）	31	29	40

时间 行政区 数目 地区 项别	三十三年				百分比		
	解放区	游击区	敌占区	共计	解	游	敌
滨海 村庄	6454	1595	2280	10327 （10329）	63	15	22
滨海 人口	3033433	733895	1125306	4892634	62	15	23
滨海 面积	69104	10352	17849	88664 （97305）	68	12	20

行政区	项别	解放区	游击区	敌占区	共计	百分比 解	游	敌
鲁南	村庄	4246	2322	3571	10139	42	23	35
	人口	1848346	968479	1355957	4172782	44	23	23 (33)
	面积	36408	16267	24788	77463	47	21	32
鲁中	村庄	5626	4001	2875	12502	45	32	23
	人口	2616538	1843470	1486466	5946474	44	31	25
	面积	58980	34209	24773	117971 〔117962〕	50	29	21
胶东	村庄	9355	3007	4343	16705	56	18	26
	人口	5163732	1118809	2323884	8606225 (8606425)	60	13	27
	面积	95960	16239	35431	147620 (147630)	65	11	24
渤海	村庄	7845	4627	7644	20117 〔20116〕	39	23	38
	人口	3345026	1561012	2527353	7433391	45	21	34
	面积	77198	32166	51465	160829	48	20	32
合计	村庄	33526	15553	20713	69790 (69792)	48	22	30
	人口	16007075	6225665	8818966	31051708 (31051706)	52	20	28
	面积	329010	109233	154304	592547	56	18	26

表头：时间 地区 数目 目 行政区 项别 —— 三 十 三 年

行政区	项别	解放区	游击区	敌占区	共计	百分比 解	游	敌
滨海	村庄	7374	1461	1492	10327	71	14	15
	人口	3481070	704689	706875	4892634	71	14	15
	面积	68271	9753	10640	88664	77	11	12
鲁南	村庄	7614	1482	1043	10139	76	14	10
	人口	2920870	667627	584174	4172671	70	16	14
	面积	55773	11620	10070	77463	72	15	13

表头：时间 地区 数目 目 行政区 项别 —— 三 十 四 年

行政区	项别	解放区	游击区	敌占区	共计	解	游	敌
					三 十 四 年		百分比	
鲁中	村庄	8751	2250	1500	12502〔12501〕	70	18	12
	人口	4563845	1051185	890645	6505675	70	17	13
	面积	86119	18875	12977	117971	73	16	11
胶东	村庄	11359	2009	3341	16705〔16709〕	68	12	20
	人口	5507887	1204850	1893336	8606074〔8606073〕	64	14	22
	面积	95960	20668	31002	147630	65	14	21
渤海	村庄	12070	3219	4828	20117	60	16	24
	人口	4354916	825932	2327628	7508476	58	11	31
	面积	96497	16083	48249	160829	60	10	30
合计	村庄	47168	10421	12204	69790〔69793〕	68	15	17
	人口	20828588	4454283	6402658	31685529	66	14	20
	面积	402624	76999	112938	592564〔592561〕	68	13	19

行政区	项别	解放区	国民党地区	共计	解	国
			三十四年下半年—三十五年三月		百分比	
滨海	村庄	10130	197	10327	98	2
	人口	4745855	146779	4892634	97	3
	面积	86891	1773	88664	98	2
鲁南	村庄	9839	300	10139	98	2
	人口	3922404	250366	4172771〔4172770〕	94	6
	面积	74363	3098	77462〔77461〕	96	4
鲁中	村庄	11802	700	12502	94	6
	人口	5342853	1172821	6515674	82	18
	面积	101455	16516	117971	86	14

		三十四年下半年—三十五年三月					
		解放区	国民党地区	共计	百分比		
					解	国	
胶东	村庄	14534	2171	16705	87	13	
	人口	7401354	1204871	8606225	86	14	
	面积	129915	17715	147630	88	12	
渤海	村庄	19117	1000	20117	95	5	
	人口	7579934	407806	7987740	95	5	
	面积	154675	6154	160829	96	4	
合计	村庄	65422	4368	69790	94	6	
	人口	28992399	3182643	32175042	90	10	
	面积	547299	45256	592556〔592555〕	92	8	

备注：1.面积以平方华里为计算单位。

2.解放区每平方华里平均49人，全省每平方华里平均54人。

3.三十一年各地区人口、面积数目不详，是按村庄数目估计的。

4.三十四年下半年至三十五年三月鲁中、胶东两地区之"国民党地区"栏包括本省人口密度最大之青岛、济南两市在内，故人口百分比较大。

（转录自山东省档案馆、山东社会科学院历史研究所合编：《山东革命历史档案资料选编》第16辑，山东人民出版社1984年版，第404—413页）

（5）八年抗战中山东解放区人民各种损失总计概数表

（1946年4月）

关于人口的					
解放区总人口					
29591100					
被害人民（口）					
死亡	占总人口之%	伤残	占总人口之%	被抓	占总人口之%
895714	3	1610883	5	1260000	4
共计	3766597人　占总人口之12%				
急待救济者					
还乡难民	占总人口之%	鳏寡孤独	占总人口之%	贫民	占总人口之%
2450000	8	2300000	7	6357000	21
共计	11107000人　占总人口之36%				

关于农具房屋衣服粮食的损失				
项别	农具	房屋	衣服	粮食
数目	59000000件	5800000间	87000000件	14500000000斤
单价（元）	1500	50000	4000	50
总值（元）	88500000000	290000000000	348000000000	725000000000斤
共计（元）	1451500000000			
关于牲畜的损失				
项别	牛驴骡马	猪羊		鸡鸭
数目	2900000头	26400000只		145000000只
单价（元）	50000	10000		300
总值（元）	145000000000	264000000000		43500000000
共计（元）	452500000000			
总计（元）	1904000000000			
说明：各种价值均系按当地现时一般价格以法币计算				

（中央档案馆馆藏档案）

（6）山东解放区一年来的救济工作

刘子陵

省救济分会成立于去年8月日寇投降之后，至今天，已将近一年。在这一年当中，山东解放区各级为救济事业工作的干部，在省救分会领导与推动下，高度的发扬了为群众服务的积极性与责任心，配合政府与群众团体，完成了人民迫切要求的八年战争损失调查、灾难民的抚恤救济与发放联合国救济物资的三项重要工作。兹分别列述于下：

一、八年战争损失调查

省救分会为了清算日寇八年来给予山东人民的损失，以便向国内外控诉日寇暴行，迫使日寇履行战争损失赔偿，于去年日寇投降后，即将这一工作列于第一位，配合政府布置进行。各级干部均以艰苦卓绝耐心细致的作风，深入调查，挨村挨户点滴统计，于本年2月总算结清了日寇汉奸八年来积欠的一笔血债。

（一）人口损失

伤亡：3766597人，占总人口12%。

急待救济的难民：11107000人，占总人口36%。

（二）财物损失（以本币计算）

农具：59000000件，总值8850000000元。

房屋：5800000间，总值29000000000元。

衣服：87000000件，总值34800000000元。

粮食：14500000000斤，总值72500000000元。

牛驴：2900000头，总值14500000000元。

猪羊：26400000只，总值26400000000元。

鸡鸭：145000000只，总值4350000000元。

以上共值：190400000000元。解放区按29591100人计算，则每人平均损失6435.4元。这个数只限于人民的直接损失，如果再加上农、工、商、矿、渔盐、交通、武装部队、政府机关，所遭受之全部损失则为：

因战争造成之直接损失：273536523361.7元。

因战争造成之间接损失：2832261946000元。

因战争造成之救济抚恤：150453060000元。

以上合计：3256251529361.7元。这一个巨大的数目，一方面说明了敌伪抢掠破坏的残酷性、野蛮性，另一方面标志着解放区人民在敌人铁蹄下受到的创伤是如何的痛深。

敌人的残酷破坏，也给人民永远不能忘记的惨痛回忆。在调查损失当中，想起了他们的隐痛，沉痛的控诉敌伪的暴行。这里顺便引证3个例子，说明敌伪罪恶行为的一般。

（一）惨遭敌机血肉横飞摧残无余的南湖集

1938年4月13日，敌机5架突向日照县一个很小的和平村镇——南湖轰炸。当时群众正在赶集，敌机低空纵情扫射轰炸，无丝毫抵抗能力的人群，一时手足无措，夹杂着市上的牛驴牲畜奔窜逃命，拥挤践踏，惊呼哀号，陷于不可形容的恐慌混乱中。敌机自上午12时直炸至下午3时飞去。赶集人的家属都跑来找人，看到遍地尸体横三倒四、焦头烂额、血肉模糊的，无不痛哭，哀声遍野。而杀人的敌机在点余钟后又从西北飞来，群众纷向庄里逃跑，敌机的目标却是有意的对准了这个小庄——南湖，肆意投掷燃烧弹，顿时火光触天，燃烧了整个村庄。赵福明的儿媳抱着两个小孩躲藏在床底下，一个炸弹，房子炸倒，火也燃烧起来。迨邻人把大火扑灭后，大人已成黑炭，护在身子底下的小孩，已是烧得半死不活了。不到200户的南湖集，就在这样情况下变成一片焦土，摧残无余了。

事后统计：

人口死伤：

集上：死468人，伤者无从统计。

庄里：死169人，伤残273人，共442人，占全村人口4%。

财物损失：

房屋：1292间。

衣服：4923件。

粮食：147716斤。

牲畜：79头。

以上合洋4511614元。

（二）大野、栾子亭二贼惨绝人寰的暴行

大野是日军田中中队的军曹，栾子亭（原籍高密）是田中中队的翻译官。1940年冬月27日随军进据我掖县小庙后村，残暴罪行即从此日开始，直到1943

年秋才离开这里。

小庙后东沟一块荒地，是二贼的杀人场。有的被狼狗活活的咬死的女抗属，有的在严冬用冷水冻结而死的同志，有的把人当作肉靶而描〔瞄〕准射死，数百个烈士即掩没在今天这荒草寒烟野塚垒垒的里面。

1942年夏有一天，二贼率兽兵窜至郭店区七里崖村抗属姜玉振家，把刚降生3天的婴儿溺死栏中，产妇当场击毙，次子亦一同被难，临去，并将房屋付之一炬。他把南招夏店一个初生20天的婴儿用刀尖挑在半空，着令其父母欣赏。孩子惨死，父母晕绝。

再看，二贼奸淫妇女的罪行，更是旷古未有。（下删）

二贼盘踞小庙后的3年当中，共计烧掉周围数10个村庄，房子3000余间。杀人：在据点内者300余名，在外边者约在3000以上。他俩直接强奸的妇女400名以上，在他指挥下奸污的妇女不止10倍此数。他俩直接抢掠搜刮的金钱约计70万元，在他指挥下间接搜刮的亦在10倍以上。

（三）吴逆化文欠下人民的一笔血债

吴逆化文于1940年8月进据鲁中鲁村一带，于1941年夏即大肆修筑碉堡围墙，挖掘壕沟。截至1945年4月我军解放鲁山山区止，在这5年当中，仅沂源县一个县的统计，共修大小碉堡656个，围墙68座，掘壕沟26824尺。以上共占地1022454亩（官亩）。每年每亩平均以200斤粮计算，5年共减产1022454000斤。每斤粮按当时4元本币计算，则为4089816000元。共用人工1816050个，每工按8斤粮计，共折合洋58113600元。外用木材炭钢铁等计洋1010800元。以上各项总计4148940400元，全县以165000人计算，每人平均损失2514.5元。

吴逆在驻地发行一种用桑皮纸制的纸币，号头是庆仁号，在300个村9万人的地区内，发行量竟达9570000元，每人平均担负百元之多。原规定1元合法币1元，后以通货膨胀，70元才换法币1元。于是群众普遍的说："桑皮纸成了放屁纸，庆仁号成了坑人号。"

吴逆【在】驻地横征暴敛，人民负担之重亦空前未有。例如吴家庄齐立庚有地4亩（大亩），1943年一年的负担是：纳粮5680斤，交款5485元，额外摊派之油、盐、绳子、钢铁、灰药等杂项尚未统计在内。

巨大的损失，繁重的负担，把人民驱到饥荒死亡线上，被强迫修筑碉堡围墙而饿死的人即达1400名之多。壮年人逃荒走了，剩下的老弱妇女，或则饿毙，或则鬻子而食，这样人间惨剧随处都是，毫不稀希〔罕〕。尤其残忍的是，老百姓的粮食全被要去，颗粒无存，依然强征苛索。小麦尚未黄穗，麦粒不硬打不下来，迫使群众用手搓，即磨得鲜血淋漓，仍不准稍停。

鲁山山区就在吴逆这样"竭泽而渔、围丛驱雀"的办法下，终于制出了一幅惨淡荒凉的无人区画图。

敌伪的滔天罪行，使解放区人民结下了血海深仇。省救分会已将罪行的全部材料汇送解放区救济总会，代表解放区人民向国内外宣布控诉。怨有头债有主，这部分战争损失调查材料，即是偿命讨债的铁证。

二、对灾难民的抚恤救济

去年8月日寇投降，我解放大军向大城市交通要道进军，广大地区宣告解放。在敌伪血腥统治下的千百万人民，结束了阴森恐怖的生活，见到了光明，首先使他们觉到温暖的，乃是我们的抚恤与救济。

根据自大进军后至今年1月，5个月来的不完整统计，救济灾难民共发去粮7022680斤，款7215775元，无利低利贷款28031285元，被救济的人数599868人。有些城市居民缺乏衣服燃料，即根据其需要救济。威海市为缺乏衣服的市民发去衣服3741件，棉花670斤，布5070尺，鞋袜1279双。烟台发放食盐610000斤。枣庄发放煤炭120000斤。并且通过救济组织灾难民有计划的生产，有的小本经营、肩挑贸易，有的将救济粮款投入合作社作长期打算，并有许多回乡难民得到粮款资助，回乡重新安家生产。即在敌伪控制下的济南市及其附近地区，通过层层封锁，也将56万斤粮食送到难胞手里，免遭饿毙。

此外，对灾情特重地区，更有重点的进行了急救。

鲁中淄博特区10万工人被敌长期统治压榨而失业，解放后两次救济，发粮120万斤，赈款100万元，使10万工人又恢复了生产。赵镈、邳县、郯城以去秋水灾，造成今春的严重春荒，20万饥民嗷嗷待哺；今夏，平邑、历城、淄川、泰安迭遭雹灾，小麦颗粒未收；胶东沿海各县遭遇飓风，房舍、人畜损失奇重，救分会协同政府分别进行急救。胶东抢救风灾灾民，发粮92000斤，赈款257500元，低利贷款1500000元。省救分会拨粮30万斤和一部分联总救济物资，救济赵镈、邳县、郯城3县灾民。对雹灾地区，除由政府酌情减免公粮外，并组织灾民从事其他生产运输事业，以谋生活问题的适当解决。

今春，鲁中区发现麻疹、脑脊髓炎、回归热等流行性的传染病，病者几占全人口2%至3%。为了扑灭病菌勿使传染，分会梁秘书长及卫生局白局长协同联总行总安、韩二大夫，前往博山病灾最严重的地区进行调查，布置救济，把20万病人从死亡的边缘救了回来。

三、发放了联合国的救济物资

自本年2月2日联合国善后救济总署郎恩慈及蒲来思两氏由青飞抵临沂，与我磋商运输分发联合国救济物资，我方代表复去青直接接洽之后，解放区救济机关也随着扩大了工作范围，救济工作重点也转入了发放联合国物资。

联总首批以300吨物资直接运抵烟台后，复陆续向临沂、诸城、石臼所、莒县等地运送，截至今天，共运来解放区的救济物资1229吨又1442磅。这些物资之运输虽时断时续，前后达半年之久，并受青岛军政当局百般阻挠，影响到整个工作计划之贯彻与步调的一致，然而解放区各级救济委员会，都能很快的把物资发放到被难人民的手里，而且分发的公平恰当。

下面即是救济物资的收发统计：

（一）省救分会直接收到救济物资419吨又1442磅。包括：旧衣1670包；面粉15124袋；旧鞋173包；大桶奶粉25箱；小桶奶粉奶水971箱；医药器材30箱。

以上物资计分发滨海区10个县，鲁南区10个县，鲁中区3个县，共23个县。

据已交来13个县的签收单统计，被救济者已有1386个村，32574户，126807人。

（二）胶东区救委会直接收到救济物资750吨。

（三）渤海区救委会直接收到救济物资60吨。

以上二地区发放详细数目尚未送交分会，故从略。

各地救委会对这一工作，是极其重视的，在具体进行当中，掌握了如下几个原则：

第一，贯彻了联总的急救精神，掌握了速运速发、及时解决群众困难的原则。当物资运抵解放区后，分后立即布置转运分发，各委员为了工作有时连夜不眠。为了帮助联总运输力的不足，分会组织了千辆小车，把运到临沂的物资赶运各地，恒在夜深人静时，犹听到街上运物资的小车辘辘之声。各地救委会也以最快的速度进行工作，一般的在10天之内将收到的物资发放完毕。

第二，严格掌握了对救济不分种族、政治畛域、宗教信仰的基本原则，主要以战争损失严重、生活困难、抗战有贡献为救济对象。这点，完全符合了联总的救济方针。临沂南关的发放物资，少数民族回民被救济户占总数40%以上；基督教院6人全被救济。鲁南救委会并以运滕物资之一部，救济今天仍在伪军统制下的鲁南临城人民。

第三，掌握了重点，通过群众路线，发扬民主，公平而适当的发放了救济物资。在救济的地区上，以城市为主，以乡村为副。在救济的程度上，是先灾重地区，而后一般县区。并为了使物资分配的公平合理，通过群众民主讨论，评定等级，张榜设意见箱，尽量吸收群众意见，务使盟国友人热心捐的物资，发到他所希望救济者的手里。

解放区的人民，充满着无限的热情，支援了这一工作，表现了伟大的力量。他们连日修讫以临沂为轴而向四面辐射的10条运输公路，全长2500华里，修路修桥用工1108000个。石臼所的运输工人为了运输救济物资，而自动让去1/3的工资。各级救委会干部，均以积极负责的态度进行工作而忘掉疲倦。莒县救委会委员，为了突击工作忘寝废食。运河县的干部利用黑夜进入反动派控制地区，访问救济对象。临沭县大墩，有4户将应得救济物资让与他人。临沂沂宏庄抗属徐东本家庭赤贫，因自己是救济委员，情愿不受救济而救济他人。"即在最困苦的情形下，需要救济者也曾努力工作，并有英雄气概以自助助他。"联总的这条基本原则，解放区人民可以当之无愧。

以上，即是山东解放区一年来的救济工作。铁的事实明显的对比了黑暗与光明、灾难与幸福。解放区的人民，认清了他的朋友，也忘不了他的敌人。

（据编者考证，此件成文时间约在1946年7月间）

（转录自山东省档案馆、山东社会科学院历史研究所合编：《山东革命历史档案资料选编》第17辑，山东人民出版社1984年版，第198—206页）

（7）山东解放区八年战争损失各项总计表

（1946年）

一、人口

  （一）死亡：895714人

  （二）伤残：1610883人

  （三）失踪：1260000人

  共计：3766597人（占人口总数12%）

  （四）急待救济的人数：11107000人（占人口总数36%）

  以上每人平均以10万元的救济抚恤费计算则共计1487359700000元

二、农业

  （一）在战争中的直接损失

    1．工具食粮房屋衣着共值：1451500000000元

    2．牲畜家禽：452500000000元

  共计：1904000000000元

  （二）因战争影响的间接损失共为：27903195000000元（包括粮食牲畜等减产）

  以上农业总损失：29807195000000元

三、矿业

  （一）在战争中的直接损失

    1．机件损失：1824460000元

    2．产量损失：454548412000元

  共计：456372872000元

  （二）因战争影响的矿山间接损失共为：419424460000元

  以上矿业总损失：875797332000元

四、工业（包括各类工厂共839家因战争而完全倒闭，各厂尚有许多损失未及统计）

  （一）机件工具：698330000元

  （二）资材：4874620000元

共为：5572950000元

五、商业　共计：79763400000元

六、盐业　共计：33099280000元

七、渔业　共计：15878750000元

八、部队方面

（一）装备：130155670000元（不包括武器）

（二）牺牲人口：38367人

（三）伤员：91609人

（四）尚留部队之残废人员：9780人

（五）退伍之残废人员：15000人

以上共计：154756人（此数极不完全而且仅限主力）

人员之抚恤与赡养每人约以10万元计，则共为：15475600000元

以上共计：145631270000元

九、政府机关

（一）人员

亡：10170人

伤：1698人

失踪：3390人

病故：1695人

以上共计16953人

人员之抚恤与赡养每人均以10万元计，则共为：1695300000元

（二）资财损失：17078020000元

以上总计：18773320000元

十、教育资财　共计：21661500000元

十一、出版事业　共计：368582000元

十二、银行事业　共计：11990447017元（包括生金银及证券等）

十三、人民（民兵）自卫作战之损失

（一）人员

伤亡与失踪：3370人（已包括在人口损失总数内）

人员之抚恤与赡养每人均以10万元计

则共为：337000000元（已包括在人口损失救济抚恤总数内）

（二）各种损失：9148118600元

以上总计：9485118600元

十四、交通事业

（一）电讯：2235644000元

（二）车辆：3000000000元

（三）船只：11400000000元

（四）仓库码头：33640000000元

共计：50275644000元

以上共计14大项损失总计为：

直接损失：2375365233617元

间接损失：28322619460000元

救济抚恤：1504530600000元

总计：32562515293617元

（部队医药损失不在内）

附：公私医院损失：

公私医院约1000处以上每处损失以10万元计：

则共：100000000元

贫民医院：78753000元

中药铺：600000000元

以上共：1678753000元

（8）八年抗战中山东解放军的损失情况 [①]

山东现有残废军人统计表：

部队中残废人员计：9780人

退武〔伍〕残废人员计：15000人

共计：24780人

八年来我军消耗伤亡统计：

我亡：38367

伤：91609（极不完全）

消耗：各种子弹：9350794发

手榴弹：2005480

迫炮弹：26876

山钢平炮弹：1356

掷筒小炮弹：19088

炸药：293500斤

损坏：步枪：20698支

重机：36挺

轻机：785挺

迫炮：41门

子弹：789560发

战马：493匹

本军所属军区各卫生机关及医院现有伤病员数字，药品器材预算等事项分述如下：

A、伤病员医院及病类概况：

一、伤病员总计：18800人

1. 5个军区，每军区平均伤病员2500共计12500人

2. 4个师，每个师平均伤病员1500共计6000人

---

① 原件未署时间。

3. 军直属队300共计300人

总计伤病员：18800人

二、已建设的医院共计50个

1. 每个军区7个共计35个

2. 每个师3个共计12个

3. 军直属3个共计3个

总计：50个

三、伤病员比例：

伤员平均占70%

病员平均占30%

四、现有病类以下列数种最多：

①黑热病　②消化系统病　③疟疾　④回归热　⑤脑膜炎

⑥肺结核　⑦呼吸系统病

（山东省档案馆馆藏档案，档案号G008—01—0016）

（9）滨海区八年战争损失损害调查表

调查时间：1946年1月　　　　　　　　　　　　调查机关：滨海区救济委员会

<table>
<tr><th colspan="3">项目</th><th>男</th><th>女</th><th>合计</th></tr>
<tr><td rowspan="16">人
口
类</td><td rowspan="4">老年</td><td>死</td><td>5950</td><td>2866</td><td>8816</td></tr>
<tr><td>伤残</td><td>16992</td><td>14304</td><td>31296</td></tr>
<tr><td>失踪</td><td>364</td><td>98</td><td>462</td></tr>
<tr><td>抓走</td><td>830</td><td>41</td><td>871</td></tr>
<tr><td rowspan="4">壮年</td><td>死</td><td>11960</td><td>2926</td><td>14886</td></tr>
<tr><td>伤残</td><td>13383</td><td>16115</td><td>29498</td></tr>
<tr><td>失踪</td><td>1208</td><td>341</td><td>1549</td></tr>
<tr><td>抓走</td><td>4543</td><td>742</td><td>5285</td></tr>
<tr><td rowspan="4">青年</td><td>死</td><td>4914</td><td>1653</td><td>6567</td></tr>
<tr><td>伤残</td><td>5229</td><td>5883</td><td>11112</td></tr>
<tr><td>失踪</td><td>814</td><td>569</td><td>1383</td></tr>
<tr><td>抓走</td><td>1217</td><td>216</td><td>1433</td></tr>
<tr><td rowspan="4">儿童</td><td>死</td><td>3037</td><td>1303</td><td>4340</td></tr>
<tr><td>伤残</td><td>16978</td><td>14502</td><td>31480</td></tr>
<tr><td>失踪</td><td>224</td><td>131</td><td>355</td></tr>
<tr><td>抓走</td><td>489</td><td>102</td><td>591</td></tr>
<tr><td colspan="3">合计</td><td>88132</td><td>61792</td><td>149924</td></tr>
<tr><td rowspan="3">房屋土
地类</td><td colspan="2">种类</td><td>数目</td><td>估值</td><td rowspan="3">合计
7443860524</td></tr>
<tr><td colspan="2">房屋</td><td>3806431 间</td><td>4978223262</td></tr>
<tr><td colspan="2">土地</td><td>992494 亩（折合官亩）</td><td>2465637262</td></tr>
<tr><td rowspan="5">生活资
料类</td><td colspan="2">种类</td><td>数目</td><td>估值</td><td rowspan="5">合计
28699710167</td></tr>
<tr><td colspan="2">衣服被褥</td><td>116605712 件</td><td>15126842200</td></tr>
<tr><td colspan="2">粮食</td><td>3023172430 斤</td><td>8849239455</td></tr>
<tr><td colspan="2">林木</td><td>19769289 棵</td><td>3924338488</td></tr>
<tr><td colspan="2">柴炭</td><td>1554379912 斤</td><td>799290124</td></tr>
<tr><td rowspan="3">资财类</td><td colspan="2">种类</td><td>数目</td><td>估值</td><td rowspan="3">合计
14434753123</td></tr>
<tr><td colspan="2">货币</td><td></td><td>2503710937</td></tr>
<tr><td colspan="2">首饰</td><td>58029640 件</td><td>211902525</td></tr>
</table>

	项目		男	女	合计
	金银		4911840	77952438	
	货物			11641187223	
器具类	种类		件数	估值	合计 3738414608
	生产工具	农具	23617241	808591170	
		手工业工具	196154	41058757	
		机器	5559	18273968	
		合计		867903895	
	交通	大车	5036	10421820	
		小车	2171719	16963047	
		脚踏车	8750	27124088	
		汽车	19	7484000	
		其他		1027141	
		合计		63020094	
	运输工具	木船	236	80554500	
		汽船			
		轮船			
		其他		4153550	
		合计		84708050	
	家庭用具		85398819	2922782569	
畜牧类	种类		头数或只数	估值	合计 602838815
	牲畜	牛	32492	88490548	
		驴	82311	169601004	
		骡	1711	8253345	
		马	358	1620936	
		骆驼	11	55000	
		羊	19962	4160683	
		猪	224552	184642355	
		其他		386810	
		合计		455210681	
	家禽	鸡	5694083	105878383	
		鸭	48376	1627341	

项目			男	女	合计
		鹅	2961	165599	
		其他		40758811	
		合计		147628134	
压榨灾荒类	压榨	苛捐杂税		4966356736	合计 40015366965
		敲诈勒索		3390622781	
		没收侵占		307721154	
		劳役	697203328 工数	14367073011	
	灾荒	水灾		855653940	
		虫灾		5111124023	
		旱灾		6353735567	
		合计		16983593283	

共合计　94934944202

外加附表　2027705320

　总计　96962649522

（山东省档案馆馆藏档案，档案号G008—01—0015）

（10）冀南行署所辖山东各县八年来敌祸损失调查统计表

（1946年4月5日）

项　别		数　目	折合法币
人口损失	被　杀	100583 人	
	受　伤	32614 人	
	被　打	896972 人	
	被征服劳役	720292 人	144059000 元
	被奸淫	59218 人	
	被奸淫得病	17009 人	
	冻饿死	39363 人	
	逃　亡	390562 人	
	被　抓	79313 人	
财产损失	烧毁房屋	488866 间	4888660000 元
	强占土地	150277 亩	78895425 元
	被抢粮食	192542098 斤	9627104900 元
	被抢牲畜	41028 头	4102800000 元
	被抢猪羊	36739 头	434780000 元
	被抢鸡鸭	5994545 只	2997272500 元
	被毁器具	9455249 件	47276245000 元
	被毁树木	4000598 株	20002990000 元
	被抢衣物	10771343 件	53856715000 元
	被毁车辆	45055 辆	4505500000 元
对敌负担	被征小麦	129796570 斤	12979567000 元
	被征杂粮	1540916799 斤	77045839950 元
	被征棉花	7896773 斤	5922271750 元
	被征铜铁	3197032 斤	479554800 元
	被征税款	735281545 元	
	敲诈勒索	38216599 元	
总　计			242342255325 元〔244342255325 元〕
说明：财产损失之被毁器具多为农具及制棉用具			

编者注：冀南行署所辖山东之县为：莘县、冠县、武训、清平、卫东、丘县、临清、馆陶、武城、夏津、高唐、恩县、平原，共11个。

（转录自山东省档案馆、山东社会科学院历史研究所合编：《山东革命历史档案资料选编》第16辑，山东人民出版社1984年版，第307—308页）

（11）鲁中区八年战争人口财物损失统计表

（1946年4月）

项别	数目	占总人口之百分比
死亡	167441 人	
抓走	331400 人	
失踪	12711 人	
伤残	389330 人	
共计	900882 人	

项别	数目	单价（元）	价值（元）	附注
土地	175717 亩	60000	10543020000	
房屋	1509745 间	50000	75487250000	
衣服	18774964 件	4000	75099856000	
粮食	3147527657 斤	50	157376382850	
树木	33962771 株	1000	33962771000	
农具	14465658 件	1000	14465658000	
家具	26160889 件	550	14388488950	
机器	926 架	87028	80588400	
运输工具	90754 辆	19607	1779415000	包括大车小车脚踏车
金银	713516 两	1729	1233349520	
煤柴	4528990126 斤	5	22644950690	
牛驴骡马	198530 头	30000	5955900000	
猪羊	3840467 只	10000	38404670000	
家禽	15177713 只	300	4553313900	包括鸡鸭鹅
灾害	3537173 亩	7970	28241446390	包括水旱虫灾
劳役	264043508 个工	500	132021754000	
其他			99975469370	包括苛杂勒索侵占损失
共计			716209784070	

编者注：据考证，币值为战后法币。

（中央档案馆馆藏档案）

（12）冀鲁豫区山东部分八年抗战损失统计表

（1946年5月）

项别			数目	备考
现有人口			9442238	1.被抓壮丁系指被敌掳去长期未回者。 2.少衣无食者系指目前即没法维持生活者,内包括因敌灾而造成的孤老孤儿及贫苦难民。 3.遭敌灾伤残者指被敌打伤致残不能恢复健康者,现已痊愈者未统计在内。 4.被奸致残者系指妇女被奸传染花柳病或其他伤症者,至于被奸淫未致疾病之妇女以及间接传染花柳病症者均未统计在内。 5.道口市、济宁市的损失未统计在内。
战争中损失人口	被敌杀死		127204	
	特务暗害死		4530	
	敌灾病饿死		802767	
	流亡失踪		48559	
	被抓壮丁		177044	
	合计		1160104	
目前伤残疾病急待救济人口	遭敌枪伤拷打致残者		22102	
	被敌奸淫染病者		10766	
	现在仍患疾病者		183643	
	少衣无食者		753503	
	合计		970014	
粮食损失	原产量	原有地亩数	26501942	粮食斤数均按小米计算。 1.折价均按目前本区物价折成法币(鲁钞1元合法币10元)计算,大车每辆合法币30万元,小车犁耙等每件合法币2万元,房子每间合法币3万元,牲口每头合法币20万元,小米每斤合法币100元。 2.此项损失统计仅系农村的主要损失项目,至于被服、棉布、家具,农具、树木、柴草、金属钱款(包括被抢夺欺诈勒索)以及工商业、文化建设等项损失,均未统计在内。
		每年平均产量	200	
	减产量	被敌侵占　亩数	39615	
		损毁土地　减收	39808080	
		损毁土地　亩数	1115304	
		荒芜土地　减收	1051952000	
		劳力肥料缺乏及天灾减产量	12424077750	
	被敌焚烧抢夺粮数		119623800	
	强征粮数		5096612300	
	共计	损失粮数	18732343930	
		折价	1873234393000	

项别			数目	备考
牲口损失	原有头数		899857	
	战争损失	头数	200715	
		折价	40094580000	
	现有头数		708942	
	恢复生产急需补充牲口	头数	20179	
		折价	39517700000	
主要农具之损失	大车	原有数目	289584	
		损失数目	37311	
		现有辆数	253349	
	小车	原有数目	373530	
		损失数目	69628	
		现有辆数	517786	
	犁耙耧	原有数目	1283516	
		损失数目	168703	
		现有数目	1168062	
	共计损失	件数	275642	
		折价	15971920000	
	急需修补	件数	275759	
		折价	15939420000	
房屋损失	原有间数		11564752	
	战争损失	间数	1424733	
		折价	41940960000	
	现有间数		10152887	
	急需修补	间数	1388405	
		折价	41247150000	
共计损失折价			1371241853000	

（转录自山东省档案馆、山东社会科学院历史研究所合编：《山东革命历史档案资料选编》第16辑，山东人民出版社1984年版，第532—534页）

（13）渤海区八年战争损失调查报告

（1946年6月6日）

A、渤海区情况介绍：

1. 位置区别——西至津浦铁路，东临渤海，南至胶济铁路，北达天律〔津〕县境，黄河旧道横贯（稍东北向西南）全境，系一个平原地带（只长山一部山区）共属36县，3个市3个办事处，共计42个行政单位，全面积25000000方华里，2万多村庄，将近900万人口，除8县系河北省属，其余均山东属。

2. 战时环境——由于本区系平原地带，更便于敌人统治，特别在1941年以后，敌人的频繁"扫荡"，碉堡林立，汽路密如蛛网，分割蚕食，实施其强化治安计划、三光政策，敌之守备队曾达万人以上，伪军达11万之多，又加敌占铁路，汽路遍地，能迅速的调集敌伪外围力量，进行残酷"扫荡"，我军民经年处在敌我残酷斗争中，受到最残重的损失，比其它区实残酷为多。在1943年我区曾收缩到700多村，100多万人口，其余均成了拉锯地带。到1944年，我军又开始反攻，直到1945年下半年，才逐渐开展到8400多村，330万人口，到1946年地区才完全恢复。

3. 战后情况——经过八年的残酷战争，人民〔是〕遭受了严重的创伤，农村经济大半破产，无饭吃，无衣穿，无房住，以及农具的严重摧毁，牲畜的惊人损失，更直接影响到目前与今后生产上的严重灾难，又加历年天灾为患（主要是旱虫水灾），病祸流行，实为本区所面临到的苦难。谁料到反攻胜利后有组织的匪伪特务到处活动，造谣破坏实行暗杀政策，民主人士与抗战群众所遭血案，相继发生，更加重了临时急救的责任。处此和平到来的今天竟有此等残忍无道行为不伦不类的怪象仍陷人民于水深火热之中，实可惋惜。唯仰赖联合国建立救济总署，拯救人民灾难，对战后的中国实施急救与帮助中国农村进行一切恢复建设，各等慈善义举，故渤海区900万人民是不胜企待感激之至。

B、八年来战争损失概况介绍

1. 在八年战争中据不完全的统计，即有125115之人口死亡，36375之伤残，12651之失踪，31223之抓走，共人口损失达205364名（如益寿县光被伪徐振中所杀死的334人，乐陵县大孙家据点系刘佩忱部之伪团长王宝俊，盘踞大孙家

4年中，遭其毒手而死者不下千名，据点十里内造成无人区。其所用刑种即有30多种，特别是煮人锅，人□钩，两响刺，毙粗死，□大肚（灌水□架□）最为残无人道。又如寿光，邢家毛沱，牛头镇，沾化县的义和庄，匡五县（即陵县）的凤凰店，惠民城西大孙家，博兴县陈胡店，历次所发生的大血案，余不赘述）。

2．房屋损失：据已调查的已达536687间（如匡五县罗院区南），小庄（靳寨子南）群众残亡殆尽，房屋完全变成废墟。齐河的小李家在1946年敌伪把全村民房付之一炬，皆土平了。平原县六区苇子园一带在1944年造成30多村的无人区，不但死亡惨重，房子除多被焚被拆与倒塌，德县的雨林店1944年被敌烧杀数次，房子均土平了。1944年敌在原清河区"扫荡"，烧民房18000多间，至于一村焚毁到半数多或一村几百间之损失是不胜列举的。

3．生活资料及家庭用具的损失：计被服损失41313366件，食粮被敌伪抢去及烧毁者15890253646斤，林木被伐及烧毁皆达1729014417根（如乐陵城东城北数十里的果园尽成了木鬼，黄河两堤的河堤树林均被伐尽，各据点村之树株密如蛛网的汽路两旁所有皆无几）柴炭损失达4909637798斤，家庭用具（包括烧毁砸毁及抢去的）达11708716件之多。

4．生产工具类损失：敌人最毒狠的是破坏农具，摧残生产。根据这一不完全的统计，损失81431547件，手工业工具（本区产棉区多纺织业普遍，主要是织布机与纺车）共计炸毁焚毁多达955964件，各项机器损失7937架（打油机轧花机等）。

5．运输工具——大车损失19319辆（多被敌伪抢运物资拉去或焚毁的），损失小车30552辆，损失自行车34840辆，船损失479只（部分）。

6．牲畜损失——敌人是一贯的摧毁农村生产，故敌人足迹所至牲畜损失特别重，现部分统计即达200424头，损失猪羊369507只，尤其是敌人吃鸡贯技所到必光，计损失6716776只。

7．压榨损失——这也是人民最感心痛的负担，苛捐敲诈难以计也，难以名计。至于历年劳役，群众天天在敌伪驱策下付出了无法计算的血汗，遭受不人道的鞭笞，总计苛捐欺诈侵占劳役损失不下110225208796。

8．资财损失——乡谣所谓破家值万贯，家家所积蓄宝藏的各种资财在横被敌人抢掠搜索下，荡然无存，据统计部分估值13916161245元。

9．灾荒损失——战祸下的灾荒（旱水虫）尤其是以农产物为主的渤海平原地区大陆气候雨量不调，灾荒向极严重。自1944年的大旱灾，实属面有饥色路有饿殍，向不为食的树业〔叶〕、苦业〔叶〕均已吃光无余，又加上敌人封锁苛敛，灾情又加严重。又如1945年造成10个县的水灾，11个县的旱灾，10个县的虫灾，今年麦口边又发现数十里的蝗蝻区正组织动员巨大力量进行消灭中。并今年部〔分〕地区形成了旱灾危机，如博兴县自春大旱，麦收无望春禾未种，又在5月间，博兴齐东突降雹灾，齐东二区，杨四官庄一带，雹大如鸡蛋，禾麦均被砸毁，部分房屋砸塌，政府当予急救措施。据八年的荒灾统计有10152902亩是水旱〔灾〕，11774616亩是旱灾，有13636991亩的虫灾（今年的荒灾尚不在内）。据8年计算各项损失数目，每个老百姓的损失负担达3万之左右（本币），若按法币折算，每人损失至少达45万元之法币损失。

病灾概况

本区系处在大陆性气候干燥，雨量不调，连年多灾荒（旱灾多虫灾多有时也有【水】灾）。又由于在战争饥饿中，各村群众年年过着流亡生活，食无定时，居无定所，在天灾人祸中，故造成渤海区病灾流行死亡最多的灾难。据本区所发生的病灾最普遍如□□之势，比为〔如〕疥疾，（除埕口）有许多县长疥疾者占其全县人口50%至80%（如平禹德县齐河益寿县等），至轻者也占其全县人口的30%。推其主要原因是由于连年战争，无论衣食住均不卫生。洞居野宿常受潮湿，疥毒得以滋长蔓延，故造成空前未有的流行疥灾，对这种疥的治疗中医望效，西医缺乏，以至疥菌蔓延各地成灾。另外敌伪盘据的附近村庄，梅毒横生蔓延日甚（最严重者为齐东，该县五区生毒者占全区人口50%，广饶的河南及博寿长县等均较严重），有的地区我工作人员与部队即不能驻扎，因传染性大。该症之原因由于敌伪太无人道，恣意奸淫过甚，故成梅毒蔓延之危机，因当地又缺乏有效治疗只有日渐增加为害甚巨。

近数年来妇女经水不调，产期多病，而且胎儿死亡率大，经过几年来的战祸造成人间病灾加多与严重。

在本区流行病灾最为严重的是急性霍乱症，传染快，死亡多，每一发现时不及治。有的一天内一村死达数十人之多，有全家死无人者，在医治上除多地中医施针术外也无施救良方。又因当地群众落后西医西药，益常缺乏防疫，准备忽视，故年年受其灾害。

另外其它病灾亦多，且较战前发展，如儿童斑疹历年死亡率很大，肠胃病心脏心〔病〕、肺结核、脑膜炎，以及历年流行的伤寒症、淋症、痢疾等，均较前加多。

以上各种病灾，固有轻重，但总的情况，是病灾增多，发展严重，已造成人生的大灾难。经本区竭力倡办西医，及各县督促建立群众情〔性〕的治疗所及门诊，惟因西药奇缺，施救困难。处在经济破产的农村，灾情严重的情况下，颇望救济总署大力帮助增设广泛的群众性医院，多予批拨需要的各种药品药具，在技术指导上尽量协助，以有效治疗。这是渤海区900万人民对贵会所〔盼〕。

（山东省档案馆馆藏档案，档案号G034—01—0151）

（14）胶东区抗战以来损失初步调查

（1946上半年）

被敌伪杀害者：49706名

被敌伪枪杀残废者：48289名

被敌伪捕征壮丁：291090名

被敌伪征用劳役：1858034013天

被敌伪征收抢掠烧毁粮食：6781749120斤

损失耕畜：138600头

损失羊猪：395499只

损失家禽：4016005只

被敌伪拆毁烧炮击房屋：297795间

被敌伪占用与破〔坏〕土地：165588亩

被敌伪抢掠搜刮金子：43073.23两

被敌伪抢掠搜刮银子：950686两

被敌伪掠夺铜铁：123482196斤

被敌伪掠夺被帐衣服帽鞋袜巾等：22837157件

被敌伪烧毁掠夺毁坏农业用具：5528599件

被敌伪烧毁掠夺毁坏手工业机器：12000架

被敌伪烧毁掠夺毁坏工业机器：21架

被敌伪烧毁掠夺毁坏家具：18893583件

被敌伪烧毁掠夺毁坏大车：1952辆

被敌伪烧毁掠夺毁坏小车：4470辆

被敌伪掠毁与毁坏自行车：12416辆

被敌伪烧毁掠夺毁坏汽车：220余辆

被敌伪掠夺与毁坏帆船：756只

被敌伪掠夺与毁坏轮船：8只

被敌伪掠夺与毁坏汽船：118只

被敌伪掠夺与毁坏树株：3734408棵

被敌伪掠夺油类：4231062斤

被敌伪破坏的公路桥梁大小：126座

被敌伪破坏与抢掠的电话电报上的物资计有：

1. 电杆：123048棵

2. 瓷瓶：154896个

3. 电线：3004200斤

4. 克力得锉孔电报机：2部

　　摩尔式电报机：84部

5. 避雷机：33部

　　分电匙：33部

　　水电瓶：2580套

6. 十门二十门交换机：25部

　　三十门四十门交换机：17部

　　三十门避雷器：17部

　　电话机：530部

被敌伪征收敲诈勒索掠抢款项及其它物资损失（上列各项不折合在内）本币：39626000000元，合法币594390000000元

（山东省档案馆馆藏档案，档案号G031—01—0343）

（15）鲁中南一专区八年战争损失统计表

（1949年4月20日）

	项目	损失数
人口方面	被敌杀死者	9956
	被敌伪俘捕	10352
	受敌伪虐待死	4111
	旱、水、蝗、疫、天灾死	8742
	战灾患病死	2469
	孤寡穷苦无靠人	17355
	战争结束还乡之难民、俘虏人	387
土地、房屋、资财方面	烧毁屋	101302
	拆除的	142
	土地损失	40348.8
	手工工具	34136
	商号损失	277249423
	粮食	88894718
	款子	724110826
	工役	101661783
	家庭用具	4230380
	学校损失	27565
	被敌抢烧粮	118505676
	战灾减产粮	236024830
	首饰	44870 件
	柴炭	1532681096
	树株	1113760
	木板	201101

项目		损失数
牲畜损失	牛	14726
	马	788
	骡	1522
	羊	87898
	驴	10828
	猪	21762
	鸡	1386249
	鸭	879
衣服损失	被褥	3147055
	棉衣	375418
	单衣	3175972
	布匹	2828502
	鞋袜	83837
交通工具	大车	850
	独轮车	7486
	洋车	1633

（山东省档案馆馆藏档案，档案号 G008—01—0204）

（16）鲁南地区八年战争损失概况 [①]

鲁南地区（包括现行区划之鲁中、鲁南、滨海3地区）是在胶济路以南（胶县高密诸城3县及日照莒县之一部除外）东至海，西至津浦，南至陇海，东西500里南北长有600里，全境人口12426000，土地310625000亩。

抗战八年中敌伪大小"扫荡"不下数十次之多，最大规模者为1941年沂蒙区5万人之大"扫荡"，在长宽不满百里的狭小地区疯狂"扫荡"，反复清剿达两月之久。1942年后，敌人对各地区进行封锁蚕食抢掠焚烧压榨勒索亦空前残酷，造成严重饥荒，人民普遍吃草根树叶。沂源县（原沂水县的西北部）南麻鲁村一带村庄树叶完全吃光，临朐县的朱山九山两区竟成为死绝逃亡，白骨累累悲惨凄绝的无人区，滨海区之莒县城、鲁中区之蒙阴城，房屋毁坏均在90%以上，沂蒙区之垛庄、葛庄、东里店（均属原沂水县）等村庄尽成一片焦土。总计该地区八年损失死亡人口30余万，还乡难民99万，急待救济之难民达440余万，资财损失据不完全统计已达五万万万六千万万余元，约占全山东解放区总损失之半。

（山东省档案馆馆藏档案，档案号G008—01—0015）

---

① 原件未署时间。

（17）临沂县八年战争损失损害调查表

（1946年1月）

		项目	男	女	合计
人口类	老年	死	400	73	473
		伤残	7022	6235	13257
		失踪	22	20	42
		抓走	85	2	87
	壮年	死	1302	1001	2303
		伤残	4655	6269	10924
		失踪	47	8	55
		抓走	259	112	371
	青年	死	1060	700	1760
		伤残	1458	2610	4068
		失踪	27	25	52
		抓走	49	5	54
	儿童	死	185	95	280
		伤残	6363	5870	12733
		失踪	3	3	6
		抓走	6	2	8
	合计		22943	23030	45973
房屋土地类	种类		数目	估值	合计 315052941 元
	房屋		633215 间	313504366 元	
	土地		27763 亩（折合官亩）	1548575 元	
生活资料类	种类		数目	估值	合计 428029263 元
	衣服被褥		791082 件	21660294 元	
	粮食		77763059 斤	319194900 元	
	林木		298923 棵	8453976 元	
	柴炭		118652818 斤	78720093 元	

项目			男	女	合计
资财类	种类		数目	估值	合计 1225872497 元
	货币		46105066		
	首饰		16219 件	2050008 元	
	金银		97773 两	16213710 元	
	货物			1176018848 元	
器具类	种类		件数	估值	合计 163393138 元
	生产工具	农具	11938	3433174	
		手工叶工具	4490	664522	
		机器	368	8904221	
		合计	16796	13005917	
	交通 车	大车	247	100 万	
		小车	1812	□□	
		脚踏车	1047	〔13202000〕	
		汽车	4	120 万	
		其他	汽油□□	40 万	
		合计	3310	〔7191525〕	
	运输工具 船	木船	10	32 万	
		汽船			
		轮船			
		其他	768	180 万	
		合计	778	212 万	
	家庭用具		1864250	141075696 元	
畜牧类	种类		头数或只数	估值	合计 17056043 元
	牲畜	牛	2436	6447737	
		驴	2243	4343574	
		骡	70	400000	
		马	37	252000	
		骆驼			
		羊	452	135671	
		猪	28222	3879915	
		其他			
		合 计	33458	15458897	

	项目	男	女	合计
家禽	鸡	567321	1125872	
	鸭	8100	325680	
	鹅	120	9200	
	其他	68197	136394	
	合计	643778	1597146	
压榨灾荒类	压榨 苛捐杂税		231251325 元	合计 5124456714 元
	敲诈勒索		159807638	
	没收侵占		88683214 元	
	劳役	工数 12054250	288564537	
	合计		768306714 元	
	灾荒 水灾	面积 1200 方里	124000000	
	虫灾	3600 方里	2132150000	
	旱灾	2800 方里	2100000000	
	合计	7600 方里	4356150000	
总计：7273860596 元（此数字系按本币计算，本币 1 元折合法币 10 元）				

（山东省档案馆馆藏档案，档案号 G008—01—0016）

（18）海阳县救济委员会给联合国救济总署的信

　　1945年5月6日，日本法西斯实行重点配置，窜据海阳盆子山区，企图控制沿海山区，防止盟国登陆，烧杀抢掠惨绝寰宇，给这一地区的人民造成严重的灾荒。灾情波及61个村庄，死伤人数269名，毁坏房子2338间，荒土地33911亩，抢去牲口640头，猪羊1887头，铁属农具17657件，及其他粮食、衣物等物品，总估价计达41593953元之数。他们回乡后，一劫如洗，饥寒交迫，疾病相因，他们虽由民主政府的积极扶助与广大同胞的援救，已解决了去冬衣食问题，但面临今年春荒，生产工具、种子、肥料、药品诸问题，仍急需设法解决。他们除依靠自己努力生产外，他们更希望联合国善后救济总署，能根据公平合理原则给他们以更多的救济物品，以冀早日恢复生产，安定生活，共建和平民主团结之新中国。

海阳县救济委员会

1946年3月3日

（海阳县档案馆馆藏档案，档案号H099—001—001）

（19）烟台市抗战以来人民损失统计表

（1946年上半年）

类别	项目 数目	统调数	估计数	合计数	备注
人民伤亡劳役	死	987		987	
	残废	73		73	
	捕征	12045		12045	（出卖了300人口在内）
	劳役				
粮款	粮	65338421		65338421	
	款	8279023626		8279023626	敲诈勒索各种□捐间接损失，医院娱乐等损失
家畜	马牛骡驴	3649		3649	
	猪羊	24819		24819	
	鸡鸭	24819		24819	
房地	房	8325		8325	
	地	2764		2764	内有山地2540亩
金属	金	12000		12000	
	银	195000		195000	
	铜铁	5253700		5253700	
被服	衣服被帐	106407		106407	内有皮袄124件，毛衣215件
	帽鞋袜巾	141325		141325	
生产工具	农工用具	50989		50989	
	手工叶　机叶				
	工叶　机器	1		1	发电机
家具	家具	416270		416270	内有坐钟353架，表119只，锅131只
交通工具	大车	14		14	
	小车				
	自行车	1234		1234	

类别 \ 数目 \ 项目		统调数	估计数	合计数	备注
	汽车	75		75	
	帆船	206		206	
	轮船	6		6	
	汽船	89		89	
建筑材料	砖瓦				
	木料	11035711		11035711	立方尺,内有杉椽189根,折283立方尺
	树株	99658		99658	棵
	土坯				
	石头				
	洋灰				

（山东省档案馆馆藏档案，档案号G031—01—0343）

（20）威海市抗战以来人民损失统计表

（1946年上半年）

类别	项目 数目	统调数	估计数	合计数	备注
人民伤亡劳役	死	827		827 名	部队牺牲在内内有荣誉军人
	残废	459		459 名	
	捕征	538		538 名	
	劳役	1735181		1735181 工	
粮款	粮	78545413		78545413 斤	
	款	106917124		106917124 元	
家畜	马牛骡驴	504		504 头	
	猪羊	9418		9418 只	
	鸡鸭	70319		70319 只	
房地	房		5000	5000 间	
	地		1315	1315 亩	
金属	金	173.88		173.88 两	
	银	11807		11807 两	
	铜铁	248461		248461 斤	
被服	衣服被帐	481848		481848 件	
	帽鞋袜巾				
生产工具	农工用具	53564		53564 件	
	手工叶 机叶	379		379 架	
	工叶 机器				
家具	家具	63754		63754 件	
交通工具	大车	459		459 辆	
	小车	175		175 辆	
	自行车	274		274 辆	
	汽车	26		26 辆	

类别 \ 数目 \ 项目		统调数	估计数	合计数	备注
	帆船	104		104 只	
	轮船	2		2 只	
	汽船	25		25 只	
建筑材料	砖瓦				
	木料				
	树株	658471		658471 棵	
	土坯				
	石头				
	洋灰				

（山东省档案馆馆藏档案，档案号 G031—01—0343）

（21）在堂邑县八年战争损失调查总结报告（节选）

（1954年7月22日）

我们与聊城专区分署马为平同志等3人，于7月19日，到达山东省堂邑县城，向金县长报告了我们来此工作的任务与目的，并与县检察署司仁甫检察长共同研究，从而得到了当地党政领导上的大力支持和指导。尤其是金县长亲自布置，提供线索，召集曾在本县坚持抗日工作的谭子奉（县府秘书），邢太〔华〕（当时在柳林镇工作现任县粮食局股长），刘金河（当时作地下情报站工作现在任县供销社科长），杨德润（民政科），屈云鹏（县卫生院长）等9同志进行座谈，并分别访问了县委统战部长张金岳，老中医李宗〔吴〕等人，以及在群众中的重点调查。同时对给过去作过敌人翻译的费登泰（二区费庄人），伪保安团大队副孙保林等进行了讯问。

经4天的工作，查明了日寇从1942年至1945年在堂邑县所犯的主要罪行如下：

①制造无人区。由于日、伪军对我根据地实行残酷的破坏，杀戮、抢掠，群众无法进行生产，加上歉年，所以在1943年元月以后堂邑县城以北，东西40里，南北30里，原来是人口稠密物产丰富的广大地区，变成了无人区。群众吃的是野草、糠、棉籽。在无人区房子没有了顶子，没有牲口，夜晚不敢走人，全县死了70000多人（抗战全县280000人口，日寇投降后只有210000人口），直到现在还未复原。

②1944年冬季堂邑县城之鬼子20多名，皇协军计70多人，到县城东北的凤凰集进行报复（因该鬼子在梅庄吃了败仗），抓住31个农民在该庄东场上，令其排好队后，用枪打死了2人，用刺刀挑了29个（死了张立泰等6人，受伤的张秀峰等23人）。

③1944年6月（当时麦子还未收割完）从临清来的鬼子对柳林镇（县城以北）进行合围，在柳林镇包围我军夏支队200多人，当场打死夏清泉支队长以下七八十人，杀害了农民杨光之、杨顺之等40多人。（邢太华说，当时在柳林工作，亲自掩埋了被杀害者尸体）。

④1943年夏历3月13日，从泰安来的鬼子经聊城与馆陶、冠县等地的敌人共同于3月13日早上在冠县东北25华里之孔村，包围了我八分区赵建民领导下的3

个连300多人，从早上一直打到下午三四点钟，最后我军从孔村只突围出来80多人，区队长张金山及马河支队长李春熙以下200多人，全牺牲于孔村周围（据刘金河同志亲自参加了此次战斗）。

⑤1945年夏历正月15日，清平、临清、聊城来的鬼子对堂邑县五区斗虎屯地区进行合围，当场打死了清平县工商局长王胜武及堂邑六区的王区长，抓走了老百姓很多，仅清平县那股敌人即抓走了40多个老百姓，牵走了20多头牛（严少卿同志在此次被捕，现任卫生院会计）。

（以上事件详情可参阅座谈记录及控诉材料）

调查组：鱼建民、陈成富、司仁甫、马为平

（聊城市公安局档案室藏）

（22）诸城县被敌伪摧残八年来的刘家庄子 [①]

诸城县荆山区东西刘家庄两庄相隔只百余步，东庄全庄45户，人口203口，西庄86户，人口405口，西村土地在700亩以上，是一个比较富庶的村庄，全庄男女老幼都是刻苦勤劳的过日子，没有一个二流子，在封建社会来说比较是一个好的农村。

该村群众有一些特点：无论老幼都好打枪，到坡里做活经常扛着大枪打兔子和飞禽，用独子土枪从空中能打下小燕子的有五六名，最出名的一位好射手名叫禽子阎王。

自事变以来至1944年，在6年当中，该村受敌伪之掠夺焚烧屠杀实难言尽，尤其是汉奸张步云对该村勒索敲诈最为严重，全村由富庶生活突变为饥寒交迫非人过的日子，以致流为乞丐者有20多家。自1944年我军大举向滨北进军以来，拔除了无数敌伪据点，（该村并未解放）。在胜利的影响下，该村群众自动觉悟，在周围重重的据点包围中树立起民主政权，坚决不给汉奸鬼子拿粮了，同时组织了村自卫队民兵保护村子。在1944年7月11日张步云又去2000多人包围东西刘家庄，当时该村民兵70余人，用土枪土炮在我某一部队的援助下英勇抗击，终将伪军击退，直追伪军窜回据点，打得敌人落花流水。当时调查打死伪军4人，我方毫无损失，这时全村群众在胜利的影响下，有的民兵说：二师整个拉来也没有关系，有的说鬼子来了也是一样的打，咱们把土枪好好整理【一】下叫村长多买药，无论那〔哪〕些王八蛋来一定和他们干哪！有的老头说：遭了6年罪，早知这些东西这样好打，早就和他干了，何至于到今天呢？今后坚决保卫咱的庄子。

经这一战斗后张步云怀恨在心，屡次扬言，去调鬼子来打开该村杀个孩芽不留。突于1945年2月4日张部之张天和旅、张天海旅、王吉祥旅、夏锡环旅配合鬼子500余来包围东西刘家庄，拂晓赶到张部防堵外围。鬼子在飞机大炮掩护下猛烈进攻，该村民兵以及老幼男女奋不顾身的英勇应战，抵抗至下午2时，敌人之炮火猛烈，被敌攻破东刘家庄，这时全庄群众退至西庄，仍以土枪土炮积

---

① 原件未署时间。

极应战。敌人进东庄纵火焚烧，残杀老幼，这时西庄民兵不但未被火光吓倒，反而鸣鼓作气，霎时敌人又攻进西庄东门，肉搏巷战【中】有敌人手持机枪爬在屋顶四面扫射，被该村有名之禽子阎王在墙角隐蔽轰的一声，一土枪就打的滚下了屋脊，这个战斗情况可见一般。最后因为药用尽终被敌人围困在一角落反复搏斗，要想越墙转移阵地。敌人在庄后东西用机枪合击，当时伤亡50余人。鬼子进庄后又挨户搜索，不论男女老幼用枪刺杀，敌人的惨无人道是空前未有的一次。事后统计两村共死亡87人，全村财物被抢掠一空，在民兵英勇的抗击下，亦击毙敌伪34人。将该庄八年损失统计如下：

全村人口死亡	113人	伤	11人
烧屋47间	折合法币	2115000元	
牛13头	折合法币	150000元	
驴63头	折合法币	1775000元	
猪75口	折合法币	740000元	
鸡451只	折合法币	135300元	
粮食270430斤	折合法币	13521500元	

（山东省档案馆馆藏档案，档案号G008—01—0016）

（23）1939～1945年临清县四个村敌祸天灾调查统计表①

项别 \ 村别	杨二庄	英烈屯	闫屯村	荆林村	合计	单价	估价合计
被敌杀者	38	27	38	7	110人		
被敌打者	289	580	200	1200	2269人		
打伤者	17	27	1		45人		
打吓死者		3			3人		
杀绝家者		10			10户		
摧残冻饿死	7		140	320	467人		
抓走壮丁	37	9	30		76人		
被迫逃亡者	56		70	523	649人		
妇女被奸者	58	17	5		80人		
奸后而死者	1				1人		
烧毁房屋	821		370	87	1298间	100000	129800000
拆毁房屋				540	540间	100000	54000000
被迫卖土地	700		1060		1760亩		
敌杀抢牲畜 马骡		1	7		8匹	500000	4000000
敌杀抢牲畜 牛	25	52	50	150	277头	200000	55400000
敌杀抢牲畜 猪	4			100	104只	40000	4160000
敌杀抢牲畜 羊	8			60	68只	25000	1700000
敌杀抢牲畜 鸡鸭	150	2672	1000	5000	8822只	1000	8822000
敌抢之粮棉 粮食	56090	1500	2500	300000	396090斤	100	39609000
敌抢之粮棉 棉花	20000	40000	10000	500000	570000斤	600	342000000
敌抢之粮棉 布匹	15000				15000尺	500	7500000
敌抢之粮棉 衣服	13000	2100	300		15400件	7000	49800000
敌抢之粮棉 被褥	380	3100			3480床	14000	48720000

① 原件未署时间。

	村别 / 数目 / 项别	杨二庄	英烈屯	闫屯村	荆林村	合计	单价	估价合计
敌抢走农具敌暴征索要	大车	4	10	5	63	82 辆	200000	16400000
	小车	14		10		24 辆	40000	960000
	杂物	1704	9968	2850		14522 件	20000	290440000
	钢枪		9		230	239 只	200000	47800000
	粮	480000	6400000	240000	800000	7920000 斤	100	792000000
	款	2400000	3200000		15000000	20600000 元		20600000
	棉	36000	50000	10000		96000 斤	600	57600000
	牛		10800			10800 头	1100	11880000
	车		5040			5040 辆		
	人夫	50900	35280	3600	59	89839 人	1000	87839000
水灾	减收粮	23000	279000	315000		617000 斤	100	61700000
	减收棉	15000				15000 斤	600	9000000
旱灾	减收粮	60000		50000		110000 斤	100	11000000
	减收棉	20000				20000 斤	600	12000000
蝗灾	减收粮	50000	126000	14000	500000	683700 斤	100	68370000
	减收棉				250000	250000 斤	600	150000000
合计								2381100000

（山东省档案馆馆藏档案，档案号 G008—01—0015）

（24）博兴八年战争损失与损害典型调查

（1945年6月29日）

陈户店区

兹将本受损失重大之典型村总结分述如下。

官闫村八年来损失总结报告

（一）

①一九三九年正月十八日，敌酋吉田率其部队70余人来该村安设据点，共住4个多月，共坏民房20余间，该据点于五月二十五日拔走。

②该村安设至拔走共损失粗粮185.6斗、麦子295斗、家俱2151件、锅8口、猪2头、鸡68只、布360尺、衣服114件、被褥27件，北海币50000余元、箱16顶、线20斤，共折币166499元，共出夫4800名。

③残无人道之行为，奸淫妇女2名，枪杀1名。

（二）该村第二次安设据点

①1941年5月28日，敌酋河野率队300余名在原地安设据点，兹将损失列下。

②损失粗粮127.5斗、麦子2075斗、家俱328件、猪2头、鸡350只、土布约18尺、衣服377件、被褥117件、木料60条、箱16顶、房子5间、线212两、门窗27合、柴火4000斤、砖10000个、牛驴3头，共计洋476140元，共出夫4500名，并砍倒高粱40余亩，该两项合计洋币25000元。

③残无人道行为，奸淫妇女2个，打杀人1名。

（三）三次安设据点其损失列下

①1943年5月27日，敌酋干野部300余名，赵逆建文及中队长位连科，率队200余名来该村安设据点，全村老幼皆出，扶老携幼、哀声遍野，逃出者赤身皆空，遗其财产，哭奔他乡，所有财产一切尽洗，至七月初八日救命的八路军解放了该村，人民方解倒悬。

②计共损失粗粮1905斤、麦子1344斤、家俱3225件、锅104口、猪羊89头、瓮153个、鸡245只、土布9527尺、衣服1157件、被褥861床、火柴16880斤、箱617顶、房子109间、线1316两、门525合、米66880斤、砖118500个、牛驴8头、棉花

1797斤、北海洋52390元、大小车6辆、其他458件、酱园家俱计洋156000元、洋针1架，全部计洋5304640元，出夫100名。

③奸淫妇女1名，伤杀2名。

（四）

①1943年11月11日，敌人配伪军一部扫荡博兴，共损失列下

②伤6名、死4名、烧房10间、粗粮68斗、家俱34件、土布952尺、衣服53件、被褥43件、线106两、柴25350斤、牛3头，共洋124160元。

（五）1944年10月19日，三角部队300余突然包围

①该村1944年初十，成建基、刘佩臣部及日寇500余，打死小孩1名，伤2名，损失牲口6头，烧房子30间，共计洋667850元。

（六）以上损失物品总计如下：

粗粮2264斤、麦子1581斤

土布12557丈、猪羊92头、家俱3847件

锅116口、瓮170个、鸡663只

衣服17010件、被褥1078床、木柴600000条

木头1906条、箱659顶、房子118间、钱552004元

大小车6辆、其他458件、酱园家俱243500元

洋针5000元，蜂箱12个，共洋6071435元

死亡16名，伤2名，高粱40亩，蝗灾70亩

共损失粮食110亩。

甲、金寨村——在1945年5月21日由国民党领导下之部队刘丕臣为扫荡队之副指挥成建基为先锋队司令，其余杜孝先、周胜方、赵建文等全部勾结鬼子共有5000余人偷偷布置四方面陈户店一带压缩我党政军民机关想将我博兴之抗日力量全部摧毁实行其一党专政之独裁手段，我独立营部队及地方武装为保卫人民利益展开苦战有半天之久但寡不敌众王协理员（竹川）及陈秘书（岳奎）与连长指导员6名在英勇奋斗下光荣牺牲，我共牺牲人员105名（战士干部在内），被俘者46名（地方武干除外）。

一、该村受残害之情形

被杀死者6名，王碑房11岁，陈房14岁，王开章28岁，张丙坤28岁，王学伶36岁，被打伤者3人，王凤祥33岁，张西庚32岁，王福祥48岁，打死牛4头，骡1头，并牵去15头，惨无人道强奸妇女数名，劳动英雄王凤祥负伤至今未愈，其子11岁

被枪杀野外，王官文之妻被杀在村里，并放火烧大车2辆，房子24间，柴草家具烧光。

二、群众损失之物质

物品种类	扣洋数目
烧房子24间	205000 元
牲口15头	80400 元
被褥106床	48610 元
门30扇	11700 元
布匹1060尺	21500 元
衣服250件	46300 元
其他零星	124680 元
以上总计 353831 元	

三、扫荡前后生活情况之比较

1、未扫荡前群众生活丰衣足食，天天欢天喜地，扭秧歌、跑高跷，民主新气象日日高升，至敌人扫荡之后，村内悲声在道，破衣烂被缺吃缺烧，老大爷大娘话说中眼含泪珠我们一定和汉奸鬼子拼，虽然这样惨苦，群众气节依然存在，而大声说，继承王协理员与陈秘书及各位烈士之血迹进前之悲声。

2、在畜力劳力与经济方面——该村原系困贫村庄，由于共产党八路军开来，民主政府帮助，1945年贷给11万元，生活程度日渐高上，更由于王凤祥劳动英雄在1944年组织了群众领导插伙组，增加了生产，在生活比较前好的很多。但敌人之数次扫荡损失即有部分影响，尤其是五二一之事件各种物质与畜力之损失，在耕作方面受了极大困难，在去年耩地时即没有牲口用人拉耧，打场用人拉碌碡，虽经政府再三帮助仍是弥补不起这种困难来。

3、扫荡前原有牲口29头，扫荡后成了14头，全村共112户，共地610亩，扫荡后无力不能锄之地，全村普遍少锄了2遍，少生产199150斤。

4、因扫荡吓病的共5人，王修身、王怀玉、黄秀芹、黄振荣、刘连美均系惊症，至今未愈。

5、人员牲口之损失

部队机关牺牲人员——战士135名，负伤者50名，被俘者46名，被杀老百姓45名，受伤者32名，被俘者254名。

牲口损失——全区在此村被敌伪牵去牲口544头，打死29头。

乙、王集村

1、该村按设据点日期——自1942年10月10日敌酋何田大队长与佐藤指导官率敌150余并有伪队长率伪军200余,顽军周胜方、傅象震率300余在该村居住2年半共经3次战斗。

第一次战斗1942年10月15日,我杨刘首长从广北挥部南下住董家、桥子、郑家一带,于16日早佐藤率敌伪100余向附近村庄抢杀烧,我方部队为保卫人民利益展开苦斗半天之久,我方伤亡26名,敌伤亡10余人,佐藤负重伤。

第二次战斗1944年3月26日,我杨首长带领特务营战斗一天一夜,我军伤亡10余名。

第三次战斗1945年2月15日,被我独立营围攻伪敌军不得支持趁机狼狈逃窜,我方无伤亡。

2、敌伪占该村2年半当中所受到之损失及其残杀之行为

①残无人道方面——该村妇女被奸淫者计达60%以上,枪杀人3名,伤4名,俘去19名,敲诈71800元。

②群众损失之物资

房屋 100 间	扣洋 114000 元
占据土地 68.6 亩	少产粮扣洋 168000 元
衣服 608 件	扣洋 243200 元
被褥 299 床	扣洋 114500 元
食粮 86500 斤	扣洋 288490 元
树木 174 株	扣洋 37600 元
木头 325 根	扣洋 27700 元
柴草 6020 斤	扣洋 11380 元
炭 2000	扣洋 3000 元
农具 250 件	扣洋 38400 元
工人具 250 件	扣洋 50000 元
小车 7 辆	扣洋 18000 元
自行车 3 辆	扣洋 10500 元
船 1 只	扣洋 4000 元
牛驴 26 头	扣洋 116000 元
骡子 2 头	扣洋 23000 元
猪 11 头	扣洋 16000 元

鸡 180 只	扣洋 9000 元
劳役出夫 5400 个	扣洋 36000 元
修据点用砖 68000 个	扣洋 68000 元
其他零碎估值	总扣洋 628000 元
家庭用具估值	总扣洋 284790 元

3、该村按据点前后生活比较情形

①未修据点前，该村共牲口28头，各户生活自给自足。

②按据点后，该村荒芜土地150大亩，因生产减少，现在即有20余户无的糊口。

③群众大部吃烧困难并且十之八九有了疾病。

丙、店子区敌伪危害之典型村

大刘村——受损害之年月及其情形：

1、该村系一富裕村子，共75户，在1943年敌伪企图利用小清河封锁我八路军在沿河南岸村庄修筑据点，实行封锁政策，于本年4月份周逆胜芳于逆博周将该村全部占领房屋尽行拆毁，修筑了一个规模洪〔宏〕大据点，老百姓所有财产尽行抛弃流离失所，至1945年7月份于逆博周经我军围攻狼狈逃窜，群众得到解放。

2、群众遭受之损失

拆毁房屋 686 间	扣洋 3430000 元
粮食 6389 斗	扣洋 65644 元
各种家具 1888 件	扣洋 738830 元
牲口 5 头	扣洋 25000 元
树木 720 株	扣洋 720000 元
梁檩 400 条	扣洋 120000 元
衣服被褥 2150 件	扣洋 430000 元
砖数 90000 个	扣洋 90000 元
鸡 4000 只	扣洋 20000 元
鸭 45 只	扣洋 2500 元
削高粱 900 亩　计粮 1800 石	扣洋 180000 元
以上总计 6394520 元	

3、敌伪之残暴行为

修据点时抓夫挖沟筑墙不与饮食并行毒打，在二年余当中群众被杀的及被吓死的共35名。

4、按据点前后群众生活情况之比较

①未按据点前该村房屋686间，生活自给自足并有剩余。

②按据点后群众流离客遇他乡，至今村庄模形还是土丘瓦砾一堆着。

丁、柳桥区被敌伪损害之典型村

院庄村——该村濒麻大湖，是一个最富裕生活最好的庄子，在1939年10月23日鬼子将周胜方围困在该村，激战经数日，将该村攻开，周胜方逃窜。鬼子大肆屠杀放火。此一事件全村房屋烧了90%，鬼子走了，周胜方又在邻村安家，按下老巢，绑架勒索日有所闻，民众陷入水深火热至去年8月始得解放。

一、民众被杀害之姓名

焦云令	刘开文	焦兰经	焦玉兰之子（四家）		刘丕元
焦玉文	焦大生	焦王氏	焦小妮	焦兰堤	焦舒民
焦小妮	焦小河	焦小才	焦小娥	焦玉梁	焦云合之父
焦向通	焦刘氏	刘学酉	刘学芹	刘杨氏	焦云江
刘树标	崔焦氏	焦小城	刘焦氏	焦小妮	王恩太之父
焦玉振	焦玉兴	刘周民	王茂查之父	胡砚田	焦宋氏
焦刘氏	安象贤	焦云海	焦传民	焦舒民	
焦小妮	刘向道	焦刘氏	共计44名		

二、被损害之物资

烧毁房屋	1047间	计洋208400元
据占土地	42亩	42000元
大车	一辆	120000元
牛驴骡	11头	110000元
衣服被褥	2200件	2223000元
桌椅板凳	522件	313200元
松板	10对	48000元
船	4只	100000元
松材	6口	120000元
家庭用具杂货物品		450000元

以上合计 3218600元[①]

---

① 原文如此。

三、被压榨勒索之损害

1940 年	勒索硬币	3460 元	计本币	173000 元
1941 年		4200 元		210000 元
1942 年		36000 元		1800000 元
1943 年	（伪钞）	42000 元		2100000 元
1944 年		2100000 元		2100000 元
1945 年		2000000 元		1000000 元
1941 年	勒索麦子	2100 斤		42000 元
1942 年	麦子	5000 斤		100000 元
1943 年	麦子	11600 斤		232000 元
	粗粮	10000 斤		100000 元
1944 年	麦子	34600 斤		692000 元
	粗粮	16000 斤		160000 元
1945 年	麦子	24000 斤		480000 元
	粗粮	12000 斤		120000 元
	民夫	12500 名		3750000 元

四、劳役

总计损失16277600元

戊、闫坊区被敌伪损害之典型村

营李村——该村位广博边界1943年时敌伪施行蚕食政策，在围绕该村的金家桥石村碑寺周家楼张柳店建筑碉堡，经常到该村抓夫抢掠，系李逆青山部队与周胜芳拉鸡队危害人民，至1944年9月10日李青山配合鬼子在该村住了一天，打死青年妇女各3名，抓去4名至今无踪，并放火烧房子300余间。

1、残无人道方面

打死人14名　被伤残14名　抓去16名　拉去人104名　化了951700元

2、群众之损失

瓦房 359 间	计　洋	973800 元
草房 21 间		84000 元
粮食 374 斤		561000 元
棉花 1707 斤		76700 元
土布 508 个		359000 元

被服 5641 件		729600 元
农具 4243 件		441490 元
小车 41 辆		42300 元
大车 1 辆		53200 元
牲口 35 头		599600 元
柴草		194800 元
绑架勒索		316700 元

己、兴福区兴福镇八年来被敌伪之损害情形如下

一、八年来兴福镇被敌伪损害概况——兴福镇共户数528户,为本县南部文化经济政治中心。事变前商业繁荣,事变后,敌伪对该镇控制较为重视,作为控制二、四、五区之基地。在1938年7月间汉奸弋建文伪县长程联甲周逆胜芳鬼子队长重福名派遣部队抵该镇住〔驻〕防,从此人民开始受血腥统治生活。

1940年汉奸同鬼子,从街里移住该镇东北角占领民宅,逼宅户弃产移出,附近村庄群众被敌压粮摧款生活陷于苦境。至1942年腊月间,我军为解放人民攻克该据点,民情大振颇为活耀〔跃〕。至1943年7月间敌伪勾结复修据点,将该镇抢掠一空,并奸淫妇女多名。至秋后,我军受群众之要求又将该据点攻克,这时社会秩序较前稳定,民生渐荣。不幸是年腊月15日周胜芳勾结张店鬼子500名王逆砚田1个团加周逆本部均住该镇,群众财物荡然一空,烧杀奸淫毁民房舍较为厉害,至1944年冬我军为解救人民计将据点攻克,敌伪逃窜,群众始得解放。

二、八年来受敌伪之损失

①遭残杀与惊病死亡者共28名

②被敌强迫充当伪军共计176名

③物资损失折价总计32775858元。

庚、闫坊区被敌伪损害之典型村

纯化镇——该镇为本县北部商业重镇,在未按据点前,商业兴盛,较其他集镇繁荣。在1943年5月初三日周逆胜芳勾结鬼子及王六合击博北,实行其蚕食政策,将该镇占领。老百姓尽行逃出尽是赤手空拳,扶老携幼,流离失所,当时惨况目不忍睹。敌人更使出血腥手段将270户农民之住宅扒毁356间,按设大规

模据点，至8月份被我军攻克，敌伪逃窜。至现在碉堡虽然拆除地形还是沟头崖岭，群众无力平填建设，据调查损失情形如下：

群众被杀者3名

被毁房屋1356间

被牵去牲口59头

被抢去粮食492石7斗

衣服衣具折价11536552元

辛、城关区被敌伪损害之典型村

西隅村——该村自敌人占领后群众任其蹂躏，在北门大街高小学校附近宅居有30余户，宅子被敌人拆毁建成碉堡或挖成沟壕，至今瓦砾成堆，满目皆是，虽经政府扶持建设尚难恢复原来状况，又东隅村东首敌人按设据点拆毁20余户民房，群众流离失所寄属邻村，现碉堡拆除形成一个瓦砾场。

（山东省档案馆馆藏档案）

（25）利津县崔家湾村战争损失损害调查表①

人口类

项目	老年 死	老年 伤残	老年 失踪	老年 抓走	壮年 死	壮年 伤残	壮年 失踪	壮年 抓走	青年 死	青年 伤残	青年 失踪	青年 抓走	儿童 死	儿童 伤残	儿童 失踪	儿童 抓走	合计
男	3	3		1	1			2	3			2	4				
女		1		1				2	1								
共计	3	4		2	1			4	4			2	4				24

房屋土地类

种类	房屋	土地	合计
数目	间数 61间	亩数（折合官亩）72亩	
估值	165000元	18000元	183000元

生活资料类

种类	衣服被褥	粮数	柴炭	合计
数目	件数 417件	斤数 196580斤	斤数 220000斤	
估值	104250元	432760元	176000元	4600210元

资财类

种类	货币	首饰	金银	货物	合计
数目	数额 300800元	件数 24件	重量		
估值	300800元	8000元	4200元	372000元	680800元

器具类

生产工具

种类	农具	手工业工具	机器	合计
件数	450件	100件		
估值	67500元	12400元		

交通运输工具

种类	大车	小车	脚踏车	木船	汽船	轮船	其他	合计 车船
件数	5	13	2					
估值	35000元	5600元	6000元					

器具类 合计：170000元

畜禽类

牲畜

种类	牛	驴	骡	马	骆驼	羊	猪	其他	合计
头数或只数	3	3	2				80		
估值	18000元	15000元	18000元			12000元	56000元		

家禽

种类	鸡	鸭	鹅	其他	合计
只数	300				
估值	12000元				43500元

畜禽类 合计：119000元

① 原件未署时间。

压榨灾荒类	项目	压榨				灾荒				合计
		苛捐杂税	敲诈勒索	没收侵占	劳役	合计	水灾	旱灾	虫灾	合计
					工数		面积			
	数额		200000 元		4230 个工			1875 亩	625 亩	
	折合本币数额	200000 元			253800 元		估值	468750 元	156250 元		1078800 元

（山东省档案馆馆藏档案，档案号 G034—01—182）

（26）利津县东堤区屠户张村战争损失损害调查表

利津县东堤区屠户张村，该村共112户，平均每户共损失172444.31元口。

人口类

项目	老年 死	老年 伤残	老年 失踪	老年 抓走	壮年 死	壮年 伤残	壮年 失踪	壮年 抓走	青年 死	青年 伤残	青年 失踪	青年 抓走	儿童 死	儿童 伤残	儿童 失踪	儿童 抓走	合计
男	1	4			5	1			6	1		2	3	3			
女		3			1												
共计	1	7			6	1			6	1		2	3	3			32人

房屋土地类

	房屋	土地	合计
种类	房屋	土地	
数目	间数 63间	亩数（折合官亩）430亩	
估值	189000元	150500元	1339500元

生活资料类

	衣服被褥	粮食	柴炭	合计
种类	衣服被褥	粮食	柴炭	
数目	件数 8600件	斤数 1890000斤	斤数 1500000斤	
估值	3440000元	3780000元	1500000元	880400元

资财类

	货币	首饰	金银	货物	合计
种类	货币	首饰	金银	货物	
数目	数额	件数 84件	重量		
估值	1582480元	16800元		14430元	1613710元

器具类

生产工具

	农具	手工业工具	机器	合计
种类	农具	手工业工具	机器	
件数	244件			
估值	97600元			

家庭用具

	家庭用具
种类	家庭用具
件数	155件
估值	15500元

交通运输工具

	大车	小车	脚踏车	木船	汽船	轮船	其他	合计（车 船）
种类	大车	小车	脚踏车	木船	汽船	轮船	其他	
数目	5	18						
估值	30000元	16200元						

器具类 合计：159300

畜禽类

牲畜

	牛	驴	骡	马	路驼	羊	猪	其他	合计
种类	牛	驴	骡	马	路驼	羊	猪	其他	
头数或只数	6	8	12				90		
估值	36000	32000元	108000元			81000			

家禽

	鸡	鸭	鹅	其他	合计
种类	鸡	鸭	鹅	其他	
头数或只数	342				
估值	10260元				

畜禽类 合计：267260

项目		压榨					灾荒				合计
		苛捐杂税	敲诈勒索	没收侵占	劳役	合计	水灾	旱灾	虫灾	合计	
压榨灾荒类	数额		4550000元		工数 254000工	面积					
	折借估计				7620000元	估值					7170000

制表机关　山东省政府　1945.9制　总数19313770元

（山东省档案馆馆藏档案）

176

（27）冠县四区三十六个村庄八年抗战损失统计表

（1946年3月10日）

数目 项别 / 类别	敌伪杀死者	敌伪杀伤者	逮捕监狱拷打者	作劳工被敌伪摧残致死者	逃亡失踪者	病故饿死者	强迫劳工者
人口	704	466	2029	232	4510	4512	484516

财物	类别	烧拆房间	田地强占荒废亩	损失牲口	被抢粮食	强征粮食	被抢农具	烧抢日常家具	苛捐杂税	勒索敲诈
	数目	8307	36125	2763	3852708	2561532	70262	277733		
	合法币	830700000	1625625000	414450000	385270800	256153200	1405240000	148866500	8066530	32428370

说　明

一、统计标准说明

1. 房屋每间之修筑材料与劳力以 100000 元计。

2. 敌伪盘据时间平均约 3 年，每年每亩产量以 150 斤（米）计，每斤估价 100 元。

3. 农具系指大车、小车、犁耙、耕套、耧等，平均每件估价 20000 元。

4. 日常家具系指饭具、桌椅、纺织工具等，平均每件估价 5000 元。

5. 牲口包括骡马、牛、驴，每头平均以 150000 元计。

6. 估价均以法币计之。

二、地区说明

被害 36 村系冠县四区属，位在城东南 35 里，以桑阿镇为中心，村名列下：

桑阿镇、野场、裳菜庄、段菜庄、张菜庄、李菜庄、任菜庄、业庄、冯庄、郭庄、潘庄、贾庄、油房、大玉庄、小玉庄、大花园头、小花园头、莘园、谢海、潘庄、魏辛庄、东相里、西相里、梁庄、杜庄、双庙、呼家、闫茉莉营、阜茉莉营、小冉尔庄、闫尔庄、丁庄、张化营、活佛堂、大张庄、花果屯

三、敌伪暴行说明

敌伪暴行主要指汉奸齐子修。齐匪自 1941 年 3 月间，在敌人掩护之下，在桑阿镇、油房、冯庄，按设据点，于 1943 年遁去，2 年过程中，配合堂邑郭官庙、莘县燕店敌人大肆烧杀抢劫，奸淫良妇，压榨人民，造成历史未有之灾荒。房屋拆毁十之八九，人口亡死逃走十之七八，树木伐之一光，田地荒芜，行人尽不视路，虽经政府屡施救济，安置归乡难民，但迄今人仍称为无人区，完全为齐子修一手造成，盖因受灾过重一时不易恢复故也。

（山东省档案馆馆藏档案，档案号 G008—01—0015）

（28）（齐东、惠民、青城、博兴）典型村战争损失损害调查表①

齐东 最轻点〈典〉型村 齐东一区刘裴户家村战争损失损害调查表

调查机关　　　　年　月　日

人口数

项目	老年 死	老年 伤残	老年 失踪	老年 抓走	壮年 死	壮年 伤残	壮年 失踪	壮年 抓走	青年 死	青年 伤残	青年 失踪	青年 抓走	儿童 死	儿童 伤残	儿童 失踪	儿童 抓走	合计
男					1												1
女																	
共计																	

房屋土地类

	房屋	土地	合计
种类			
数目（间数）		亩数（折合官亩）41亩	
估值	35000元	35000元	35000元

生活资料类

	衣服被褥	粮	柴炭	林木	合计
种类					
数目（件数/斤数/株数）	土布4200尺鞋袜180双棉花14100斤被子5床	77500斤	42100斤	46株	
估值	502500元	565000元		4700元	1106900元

资财类

	货币	首饰	金银	合计
种类				
数额（件数/重量）	350吊铜元		280元硬币	
估值	3500元		14000元	17500元

器具类

	农具	手工业工具	机器	车（大车 / 小车 / 脚踏车）	船（木船 / 汽船 / 轮船 / 合计）	家庭用具	合计
种类	桌一椅二						
件数	镢镰30个			大车 1			
估值	700元	30000元		4000元			34700元

---

① 表格中部分数据加合有误，为保持原貌未做改动。

种类	牲畜									家禽					合计
	牛	驴	骡	马	骆驼	羊	猪	其他	合计	鸡	鸭	鹅	其他	合计	
头数或只数	2		2							3					
估值	8000元		8000元							150元					16150元

畜禽类

项目	压榨						灾荒				合计
	苛捐杂税	铁铜砖坏油	敲诈勒索	没收侵占	劳役	合计	水灾	旱灾	虫灾	合计	
数额					5500工		面积				
合计估值数额	31050元				82500元	113550元	估值				113550元

压榨灾荒类

合计	估值	1313800元

全村人口295人 每人人摊4453.6元 每亩摊3632元 每银两银占18768.7元

· 179 ·

齐东一区最重点〈典〉型村闫家村战争损失损害调查表

调查时间　年　月　日　　　　　　　　　　　　　　共计：8199580 元

人口类

项目	老年 伤残	老年 死	老年 失踪	老年 抓走	壮年 伤残	壮年 死	壮年 失踪	壮年 抓走	青年 伤残	青年 死	青年 失踪	青年 抓走	儿童 伤残	儿童 死	儿童 失踪	儿童 抓走	合计
男		3				6		29		3	1	35					77
女						1											1
共计		3				7		29		3	1	35					78

房屋土地类

种类	房屋 间数	房屋 估值	土地 亩数（折合官亩）	土地 估值	合计
数目／估值	50 间	140000 元	47 亩	47000 元	187000 元

生活资料类

种类	衣服被褥	粮	林木	柴炭	合计
数目	61 件　被 272 床　土布 22000 尺　鞋袜 3300 双	粮数 634800 斤	棵数 3500 根	斤数 7904400 斤	
估值	580420 元	1269600 元	1750000 元	1904400 元	13504420 元

资财类

种类	货币	金银	货物	合计
数额／重量	690 吊	289 两（银子）		
估值	34500 元	124200 元		158700 元

器具类

种类	农具	手工业工具	机器	交通工具（车：大车／小车／脚踏车／其他／合计；船：汽船／轮船／木船／其他／合计）	家庭用具	合计
件数	63 件			脚踏车 1	288 件	
估值	12600 元			5000 元	86400 元	104000 元

畜禽类

种类	牛	马	驴	骡	骆驼	猪	羊	鸡	鸭	鹅	其他	合计
头数或只数	3		2	1				2100				
估值	24000 元		5000 元	12000 元				105000 元				146000 元

项目 压榨灾荒类		压榨				灾荒				合计
		苛捐杂税	敲诈勒索	没收侵占	劳役	水灾	旱灾	虫灾	合计	
					工数	面积				
数额		22000 斤	1127460 元		28800 元	300 亩	600 亩	180 亩		2099460 元
折借估计		66000 元	1127460 元		576000 元	估值 100000 元	200000 元	30000 元		

调查时间　年　月　日

齐东二区杨四官庄损失调查战争损失损害调查表

调查机关

人口类

项目	老年 死	老年 伤残	老年 失踪	老年 抓走	壮年 死	壮年 伤残	壮年 失踪	壮年 抓走	青年 死	青年 伤残	青年 失踪	青年 抓走	儿童 死	儿童 伤残	儿童 失踪	儿童 抓走	合计
男					2				9								11
女																	
共计					2				9								11

房屋土地类

	房屋	土地
种类	房屋	
间数 / 亩数	223 间	亩数（折合官亩）373 亩
估值	2230000	186500 元

生活资料类

种类	衣服被褥	粮食	柴炭
数目（件数／斤数）	28417（件）	180000 斤	2300000 斤
估值	755000 元	400000 元	2300000 元

资财类

种类	货币	首饰	金银	货物	合计
数目（数额／件数／重量）	138600	30			
估值		60000 元			60000 元

器具类

生产工具

种类	农具	手工业工具	机器	合计
件数	138600			
估值				

交通运输工具

车				船					合计		
大车	小车	脚踏车	合计	汽船	木船	轮船	其他	合计	车	船	家庭用具
6											
36000											

合计 174600 元

畜禽类

牲畜

种类	牛	驴	骡	马	骆驼	羊	猪	其他	合计
头数或只数	7			7		5			
估值	40000 元			40000 元		70000 元			

家禽

种类	鸡	鸭	鹅	其他	合计
只数	420 只				
估值	12000 元				

合计 162000 元

压榨灾荒类	项目	压榨					灾荒				合计
		苛捐杂税	敲诈勒索	没收侵占	劳役 工数	合计	水灾 面积	旱灾	虫灾	合计	
	数额				28000		384000				
	折借估计		500000元		280000元		估值				1164000元

说明：该村共六十户，人口共二百七十口，共损失洋七百五十二万三千六百元，每人平均损失二万七千八百六十五元

共计：7523600元（北币）

齐东县齐三区董王庄战争损失损害调查表

调查时间：1946年4月16日　　　　　　　　　　　　　　调查机关：

人口类

项目	老年（死/伤残/失踪/抓走）	壮年（死/伤残/失踪/抓走）	青年（死/伤残/失踪/抓走）	儿童（死/伤残/失踪/抓走）	合计
男		死 1			1
女		死 1			
共计					

房屋土地类

种类	房屋	土地	合计
数目	间数 4 间	亩数（折合官亩）35.1 亩	
估值	8400 元	18000 元	26400 元

生活资料类

种类	衣服被褥	粮食	柴菜	林木	合计
数目	件数 320 件	斤数 40000 斤	斤数 80000 斤	株数 113 株	
估值	1280000 元	80000 元	56000 元	47460 元	1463460 元

资财类

种类	货币	首饰	金银	货物	合计
数目	数额 236400 元	件数 2 两	重量		
估值		10000 元		2440 元	12440 元

器具类

种类	生产工具			交通运输工具						家庭用具	合计
	家具	手工业工具	机器	车（大车/小车/汽车/脚踏车/其他/合计）				船（木船/汽船/轮船/其他/合计）			
件数	24	4	4	大车 1；脚踏车 1					14 件	
估值	1200 元	850 元	2050 元	大车 9000；脚踏车 4800 元；合计 13800 元				合计 13800	3120 元	18970 元

车合计 14，64000；船合计

畜禽类

种类	牲畜（牛/驴/骡/马/骆驼/羊/猪/其他）				家禽（鸡/鸭/鹅/其他）	合计
头数/件数	牛 8	驴 4	骡 2		鸡 73 个	
估值	28800	17200	18000	合计 64000 元	2190 元	66190 元

184

项目	压榨				灾荒				合计
压榨灾荒类	苛捐杂税	敲诈勒索	没收侵占	劳役合计	水灾	旱灾	虫灾	合计	
数额	12000	5700 元		5002 元	面积	9 万华里 1215			
合估计数值额	12000	5700 元		10000 元	估值	65000 元			92700 元
总计	估值			1680160 元					

185

惠民青杨店区张上梁家损失失调查战争损失损害调查表

调查时间：1946年4月16日

调查机关

人口类

项目	老年 死	老年 伤残	老年 失踪	老年 抓走	壮年 死	壮年 伤残	壮年 失踪	壮年 抓走	青年 死	青年 伤残	青年 失踪	青年 抓走	儿童 死	儿童 伤残	儿童 失踪	儿童 抓走	合计
男					15口（男的死者）												15
女					6口（女的死者）												6
共计																	21

房屋土地类

	房屋	土地	林木	合计
种类	房屋	土地	林木	
数目	间数 58	亩数（折合官亩）	棵数 65	
估值	290000		16250	290000 元

生活资料类

	衣服被褥	粮数	柴炭	合计
种类	衣服被褥	粮数	柴炭	
数目	件数 400	斤数 20000	斤数 298600	
估值	32000	20000	298600	346850 元

资财类

	首饰	货币	金银	货物	合计
种类	首饰	货币	金银	货物	
数目	件数	数额	重量		
估值					合计

器具类

	生产工具 农具	生产工具 手工业工具	生产工具 机器	生产工具 合计	交通运输工具 车 大车	车 小车	车 脚踏车	车 其他	车 合计	船 木船	船 汽船	船 轮船	船 其他	船 合计	家庭用具 其他	合计
件数	2	120			4										23	
估值					20000										（棺材、磨、门等）10500	31700 元

畜禽类

	牲畜 牛	驴	骡	马	骆驼	羊	猪	合计	家禽 鸡	鸭	鹅	其他	合计	合计
种类	牛	驴	骡	马	骆驼	羊	猪	合计	鸡	鸭	鹅	其他	合计	
头数或只数	24	5		1										
估值	156000	20000		6000										182000 元

186

压榨灾荒类	项目	压榨			劳役	灾荒				合计
		苛捐杂税	敲诈勒索	没收侵占	工数	水灾 面积	旱灾	虫灾	合计	
	数额					估值				
	折借估计									

共850550元(北币)

187

调查时间：民国35年2月10日　　　　　　调查机关：青城县第五区区公所

青城县胡家店村战争损失损害调查表

人口类

项目	老年 死	老年 伤残	老年 失踪	老年 抓走	壮年 死	壮年 伤残	壮年 失踪	壮年 抓走	青年 死	青年 伤残	青年 失踪	青年 抓走	儿童 死	儿童 伤残	儿童 失踪	儿童 抓走	合计
男	15名	8名			26名	7名	2名	2名	11名								71名
女	20名	6名			12名	19名											57名
共计	35名	14名			38名	26名	2名	2名	11名								128名

房屋土地类

种类	房屋 间数	房屋 估值	土地（折合官亩）亩数	土地 估值
数目	57间			
估值		85500元		186500元

生活资料类

种类	衣服被褥	衣服被褥（床）	粮数	柴炭	林木	合计
数目	件数 7520件	4469床	斤数 1257386斤	斤数 1900000斤	棵数 814棵	
估值	1504000元	2234500元	估价 3772158元	估价 1330000元	估价 81400元	8922058元

资财类

种类	首饰	金银	货币	合计
数目	件数	重量 银元6525元	数额	
估值		银元 391500元		391500元

器具类

生产工具

种类	农具	手工业工具	机器	合计
件数				
估值				

交通运输工具

车	大车	小车	脚踏车	汽车	其他	合计	船 木船	汽船	轮船	其他	合计	合计（车船）
件数	15个	20个	13个		48个							
估值	75000	20000	26000		421000							

家庭用具

	合计
估值	121000元

畜禽类

种类	牛	驴	骡	马	骆驼	羊	猪	其他	家禽 鸡	鸭	鹅	其他	合计
头数或只数	53头	18头	5头	3头		32头	111头						
估值													444000元

压榨灾荒类	项目	压榨					灾荒				合计
		苛捐杂税	敲诈勒索	没收侵占	劳役	合计	水灾	旱灾	虫灾	合计	
	数额				10000工		面积				
	折借估计	78630元	155400元		估价200000元	434030元	估值				434030元

除人口损害外，共计10312588元损失

博兴城关区焦集村战争损失损害调查表

调查时间：1946 年　月　日

调查机关：博兴城关区焦集村

人口类

项目	老年 死	老年 伤残	老年 失踪	老年 抓走	壮年 死	壮年 伤残	壮年 失踪	壮年 抓走	青年 死	青年 伤残	青年 失踪	青年 抓走	儿童 死	儿童 伤残	儿童 失踪	儿童 抓走	合计
男	1				1	1	1				1						5
女																	
共计	1				1	1	1				1						5

房屋土地类

	房屋	土地	合计
	间数	亩数（折合官亩）	
估值			

生活资料类

种类	衣服被褥	粮	柴炭	合计
数目	件数 6452 件	斤数 122500 斤	斤数 22500 斤	
估值	967800 元	245000 元	270000 元	1707800 元

资财类

种类	货币	首饰	金银	货物	合计
数目	数额	件数 350	重量 280 两		
估值	7536800 元	7000 元	16000 元	563600 元	8123400 元

器具类

生产工具

种类	农具	手工业工具	机器	合计
件数	1650	102	45	1797
估值	19800	1530	2250	23580

交通运输工具

	车 小车	车 大车	车 脚踏车	车 汽车	车 其他	车 合计	船 木船	船 汽船	船 轮船	船 其他	船 合计	合计 车	合计 船
合计	8	18	12			38						38	
估值	40000	9000	36000			85000						85000	

家庭用具	合计
1564 件	
23460 元	132040 元

畜禽类

牲畜

种类	牛	驴	骡	马	骆驼	羊	猪	合计
头数或只数	7	9	3	0	0	2	8	29
估值	21000	24000	15000	0	0	500	6400	66900

家禽

种类	鸡	鸭	鹅	其他	合计
只数	225	2	1		228
估值	9000	100	60		9160

合计 76060 元

压榨灾荒类	项目	压榨				灾荒					合计
		苛捐杂税 敲诈勒索	没收侵占	劳役 工数	合计	水灾	旱灾	虫灾	合计		
						面积 / 估值					
	数额	900000	120000	94000		502 亩 20000	900 亩 180000	200 亩 16000	1602 亩 216000		
	折合本币数额	900000 元	12000	188000	1100000						1316000 元

制表机关 博兴县政府 1945.9制

调查时间：民国35年4月17日

齐东县第五区师家庄战争损失损害调查表

调查机关

人口类

项目	老年				壮年				青年				儿童				合计
	死	伤残	失踪	抓走	死	伤残	失踪	抓走	死	伤残	失踪	抓走	死	伤残	失踪	抓走	
男												5					5
女												5					5
共计																	

房屋土地类

种类	房屋	土地	合计
数目	间数 150	亩数（折合营亩）40	
估值	180000 元	80000 元	260000 元

生活资料类

种类	衣服被褥	粮食	柴装	合计
数目	件数 540	斤数 149760	斤数	
估值	108000 元	449230 元		641230 元

资财类

种类	货币	首饰	金银	货物	合计
数目	数额	件数	重量		
估值					

器具类

生产工具

种类	农具	手工业工具	机器	合计
件数	196			
估值	19600			

交通运输工具

	车					船					合计
	大车	小车	脚踏车	其他	合计	木船	汽船	轮船	其他	合计	车船
	2				1 万 6						4 千

家庭用具

合计
35600 元

畜禽类

种类	牲畜							家禽				合计
	牛	驴	骡	马	骆驼	羊	猪 其他	鸡	鸭	鹅	其他	
头数或只数		1										
估值												4000 元

项目	压榨					灾荒				合计
	苛捐杂税	敲诈勒索	没收侵占	劳役	合计	水灾	旱灾	虫灾	合计	
压榨灾荒类 数额	39000			208000工		面积				
折借估计	312000 元			2080000 工		估值				2392000 元
总计 估值										3332830 元

叁百三十三万贰仟捌百三十元

每人平均35052元

（山东省档案馆馆藏档案，档案号G34—1—178—1）

（29）鲁中区临朐县盘阳区王家庄战争损失损害调查（60户的调查）

（1946年）

一、战前概况：全村94户，400人。牲畜：牛5头，驴36头，猪150口〔头〕，房子750间，地280亩。

二、敌人侵占严重时：全村27户，110人，牲畜全无，耕地80亩，荒地200亩。

三、现在情形：全村49户，203人，牲畜：牛6头、驴3头，猪32个，耕地157亩，荒地123亩。

四、损失损害详细情形：

（一）人口类：

1、男：年老：饿死2人，　病死3，　　骇死2

壮年：饿死2人，　病死1，　　骇死3，　　抓去3

青年：饿死2

儿童：饿死3，　病死1

2、女：壮年：饿死4，　病死2、　　骇死3，　　失踪3

老年：饿死3

青年：饿死1　　　　　　　　　　　失踪1

儿童：饿死5人　　　　　骇死2　　失踪1

（二）房屋土地类：

1、损失房屋150间　　　　估价：750000元

2、损失耕地99亩　　　　估价：2310000元

（三）生活资料：

1、衣服：棉衣800件，　　估价：320000元

单衣7260件，　　估价：1260000元

2、被褥：被子50床，　　估价：300000元

褥子37床，　　估价：148000元

毡子：24床，　　估价：144000元

毯子：18床，　　估价：108000元

3、鞋袜：鞋：996双，　　估价：996000元

袜：1150双， 估价：575000元

4、大衣：袍子88身， 估价：440000元

袄60身， 估价：360000元

毛衣17身， 估价：34000元

5、粮食：582斤， 估价：29100元

6、树：1148棵， 估价：860200元

7、木柴：555900斤： 估价：3891300元

（四）资财：

1、货币：12300元

2、金银：55两

（五）器具类：

1、农具：锄：54张， 估价54000元。

锨：24张 估价29200元。

镢：38张 估价：38000元

犁：25张 估价：125000元

耙：13张 估价：65000元

扁担：25条 估价25000元

耧了：14把 估价：84000元

绳子：14根 估价：14000元

口袋：9条 估价：37300元

2、交通工具：小车13辆， 估价：195000元

3、家庭用具：

桶：24个 估价：72000元

瓮：12个 估价：72000元

盆：69个 估价：13900元

碗：138个 估价：4140元

筷子：189双 估价：1890元

席：74领 估价：29600元

铜盆：18个， 估价：54000元

方桌：16张 估价：128000元

抽屉桌：25张 估价：225000元

碟子：186个 估价：5580元

橙〔橃〕子：166条，	估价：332000元
门：38扇	估价：114000元
茶壶：13把	估价：2600元
锅：10口	估价：50000元
鳌子：8口	估价：3200元
斗：4个	估价：4000元
床：12张	估价：92000元
酒壶：8个	估价：8000元
箔：89领	估价：89000元
椅子：76把	估价：141000元

（六）牲畜类：

1、牛　5头　　　　　估价：250000元。

2、驴　10头　　　　估价319000元。

3、羊　2只　　　　　估价：18000元。

4、鸡　48只　　　　估价14300元。

（七）压榨灾荒类：

1、苛捐：36442000元

2、勒索：16065000元

3、劳役：工夫10019个　　估价：4007600元

4、旱灾：55亩　　　　　估价：3360000元

附注：价格按法币计算，王家庄是损失较严重的村子。

（山东省档案馆馆藏档案，档案号G008—01—16）

（30）八年来战争损失损害典型村〔渤海区蒲台县〕
三里庄、许家调查报告

（1946年）①

一、三里庄被敌伪烧毁抢掠实况：

该村位于史家口之西北角距史家口3里，全村共60户，人数241名，房屋454间，地亩1040亩，牲口38头（以上均系敌伪未修据点前）。该村系一富裕村子。在1938年，成逆建基到处起枪要人，聚集一群，该村即被其掠夺，负担奇重。至1941年8月18日，成建基即在许家鬼子掩护支持之下（成早已投敌）在该村修筑据点，时值初秋，高粱、谷子均已长成，该逆抓捕民夫，用镰刀铲割已长成之禾苗。同时拆毁民房，抢掠所有财物，该村民众全部逃出（只有两人在家），流离失所，土地大部荒芜，变成一片荒凉。于1943年4月26日，始被解放，共被敌伪统治20月之久，但仍受许家敌伪之摧残，掠夺。至1944年夏秋之交，利城战役，始获彻底解放，兹将所受损失例〔列〕举如下：

被拆房舍250间	估洋750000元	（每间3000元）
沟占地120亩	估洋144000元	（每亩1200元）
铲苗地158亩	估洋189600元	（每亩1200元）
被子174床	估洋60900元	（每床350元）
裤子82件	估洋8200元	（每件100元）
口袋143条	估洋14300元	（每条100元）
鞋124双	估洋4300元	（每双35元）
袜子84双	估洋2100元	（每双25元）
棉花3745斤	估洋37450元	（每市斤10元）
水桶34只	估洋3400元	（每只100元）
驴5头	估洋15000元	（每头3000元）
猪25个	估洋12500元	（每个500元）
耧12张	估洋3600元	（每张300元）

---

① 时间为编者所加。

犁16张	估洋5600元	（每张350元）
梁30架	估洋21000元	（每架700元）
粗粮29300市斤	估洋58600元	（每市斤2元）
树120棵	估洋24000元	（每棵200元）
锨、锄共98张	估洋11760元	（每张120元）
大车子5辆	估洋6500元	（每辆1300元）
烧柴25200斤	估洋7560元	（每斤3角）
土枪12支	估洋2400元	（每支200元）
褥子81床	估洋16200元	（每床200元）
柜子62顶	估洋18200元	（每顶300元）
门167合	估洋83500元	（每合500元）
桌子79张	估洋19750元	（每张250元）
门子84合	估洋8400元	（每合100元）
梯子18面	估洋1800元	（每面100元）
锅62口	估洋15500元	（每口250元）
鸡98支〔只〕	估洋2940元	（每支30元）
石磨13盘	估洋10400元	（每盘800元）
小平车7辆	估洋3500元	（每辆500元）
蚊帐15床	估洋3000元	（每床200元）
牛24头	估洋120000元	（每头5000元）
敲诈勒索洋	231200元	
砖19500个	估洋19500元	（每个1元）
耙4面	估洋2000元	（每面500元）
凳子99根	估洋5900元	（每根60元）
椅子26把	估洋3900元	（每把150元）
箱52顶	估洋10400元	（每顶200元）
土布94匹	估洋32900元	（每匹350元）
单衣166件	估洋12450元	（每件75元）
床20张	估洋4000元	（每张200元）
纺车74辆	估洋5760元	（每辆90元）
瓮101个	估洋20200元	（每个200元）
织布机9张	估洋4500元	（每张500元）

袄147件	估洋36750元	（每件250元）
夹衣163件	估洋19560元	（每件120元）
檩378条	估洋37800元	（每条100元）
钢枪1支	估洋5000元	
受伤人18名	（青年10个，老年7个，小孩1个）	
死亡4个		
首饰274件	估洋5480元（每件20元）	

苛捐杂税洋936000元（该村地亩1040亩，计每亩900元）

被迫失种荒芜地297亩　　估洋356400元（每亩平均产量8斗，折洋1200
元，荒芜2年）

劳役6300名　　估洋157500元（每工按25元计）

总统计：3573180元

死亡人数：

李克明之母	被成逆活埋的	年65岁
李允之	被成逆刺死的	年47岁
李浩义	被成逆逼死的	年73岁
李浩敏	被成逆逼死的	年73岁

被伤人数：

李浩明	打伤	年62岁
李勋臣	打伤	年33岁
李书零	刀伤	年63岁
李云桥之子	刀伤	年9岁
李浩杰	枪伤	年28岁
李振全	打伤	年42岁
李树芬	刀伤	年42岁
李维甲	打伤	年60岁
李锡零	打伤	年73岁
李义亭	打伤	年45岁

外伤8名系石村一带的民夫

二、史口区许家村被敌伪烧杀掠夺实况：

该村在郝家正西离郝家7里离小刘6里，全村共130户人数530名，地亩2100
亩，房屋1300间，大车12辆，小车38辆，牛38头，驴12头，骡子3头。【该村据点】在民国29年11月23日（即1940年12月）敌伪来安设据点，该据点为敌伪向我根据地进行蚕食封锁的重点，其余郝家小楼三里村，都系该据点的外围。在安据点后的5年当中对我根据地人民的残杀掠夺大小共计289次，广北一带的资财大部都断送在该据点敌伪的手里，仅就该据点安设来说共盘据田苗253亩，捣毁民房248间，打死人民47名，受伤987名，被洋狗咬伤的7名，该村被敌伪统治下逃出者至今尚有23户未归，兹将敌伪烧杀掠夺列举如下：

被子350床	估洋122500元	（每床350元）
褥子347床	估洋86750元	（每床200元）
袄149件	估洋37250元	（每件250元）
鞋142双	估洋4970元	（每双35元）
棉花19700斤	估洋197000元	（每斤10元）
锨锄184张	估洋18400元	（每张100元）
桌子86张	估洋21500元	（每张250元）
柜子48顶	估洋14400元	（每顶300元）
箱子123顶	估洋30750元	（每顶200元）
柴草285000斤	估洋85500元	（每斤3角）
口袋243根	估洋24300元	（每根100元）
瓮84个	估洋16800元	（每个200元）
小木车5辆	估洋2500元	（每辆500元）
檩806根	估洋80600元	（每根100元）
水桶54支	估洋8100元	（每支150元）
梯子12面	估洋1200元	（每面100元）
土布138匹	估洋48300元	（每匹350元）
床28张	估洋5600元	（每张200元）
锅87口	估洋17400元	（每口200元）
豆油1515斤	估洋30300元	（每斤20元）
驴7头	估洋21000元	（每头3000元）
粗粮68400斤	估洋136800元	（每斤2元）
房屋248间	估洋744000元	（每间3000元）
沟占地112亩	估洋215040元	（每亩按1920元计，荒芜4年）
铲苗地100亩	估洋192000元	（每亩按1920元计）
砖24200个	估洋24200元	（每个1元）

椅子52把   估洋10400元 （每把150元）

门173合   估洋86500元 （每合500元）

门子53合   估洋5300元   （每合100元）

凳子136根   估洋8160元   （每根60元）

树123棵   估洋24600元 （每棵200元）

榨1盘   估洋1900元

鸡246支   估洋7380元   （每支30元）

梁46架   估洋32200元 （每架700元）

牛33头   估洋115000元 （每头5000元）

驴11头   估洋33000元 （每头3000元）

纺车165辆   估洋14850元 （每辆90元）

银元460元   估洋23000元 （每1元折50元）

铜元3500吊   估洋28000元 （每吊折8元）

豆饼225片   估洋11250元 （每片50元）

油碾1盘   估洋20000元

榨1盘   估洋5000元

苛捐杂税洋1890000元（每亩按900元计）

敲诈勒索洋560000元

劳役21600名   洋432000元   （每工按20元计）

总计：5224910元

（山东省档案馆馆藏档案，档案号G034—01—0181）

人口类

项目	老年死	老年失踪	老年伤残	老年抓走	壮年死	壮年失踪	壮年伤残	壮年抓走	青年死	青年失踪	青年伤残	青年抓走	儿童死	儿童失踪	儿童伤残	儿童抓走	合计
男	10														4		14
女	1																1
合计	11																15

牲畜类

项目	骡	马	牛	驴	猪	羊	鸡	鸭	其他	合计
种类	骡	马	牛	驴	猪	羊	鸡	鸭	其他	合计
数目			2	9	6		19			
估价			120 元	180000 元	60000 元		11400 元			371400 元

房地资财类

项目	土地	房屋	金	银	法币	铜元	伪钞	其他	合计
种类	土地	房屋	金	银	法币	铜元	伪钞	其他	合计
数目		984 间	1.2 两	65.8 两					
估价	140100000 元	140010000 元	216000 元	121600 元	13441 元				140447600 元

器具类

项目	大车	小车	自行车	汽车	汽船	帆船	农具	工具	机器	家庭用具	合计
种类（交通工具）	大车	小车	自行车	汽车	汽船	帆船					
种类（生产工具）							农具	工具	机器	家庭用具	合计
件数		5	3	3			5800 件	5800 件	3	5700 件	
估价		150000 元	300000 元				116000000 元		60000 元	2850000 元	119460000 元

生活资料类

项目	衣服被褥	各种布匹	粮食	各种油类	柴草	树木	其他	合计
种类	衣服被褥	各种布匹	粮食	各种油类	柴草	树木	其他	合计
数目	7479 件	8652 匹	5413 斤	608 斤		1065 尺		
估价	19454000 元	6056400 元	5641300 元	304000 元		42600 元		206498300 元

压榨灾荒类

项目	水灾	旱灾	虫灾	苛捐杂税	敲诈勒索	没收侵占	劳役	合计
项目（灾荒类）	水灾	旱灾	虫灾					
项目（压榨）				苛捐杂税	敲诈勒索	没收侵占	劳役	合计
数目				7800 元	1500 元		8 人	
折合币				124800	24000 元		7200 元	156000 元

	项目	棉花	海味食品	渔鳔	石灰	渔网	猪皮	毛菜	合计
其他	数目	137斤	663斤	3斤	450斤	415斤	82张	210斤	
	估价	219200元	663000元	3000元	22500元	207500	410000元	105000元	1630200元
总合计									468563500元

荣成县善后救济委员会制

（山东省档案馆馆藏档案，档案号G0731—01—2302—003）

（32）荣成县崖头村八年抗战中飞机轰炸典型调查

（1947年9月21日）

项目	投弹数	机枪扫射次数	损失房间		损失人数		损失牲口粮		炸死猪数
项目 数目			炸毁间数	炸伤间数	炸死数	炸伤数	炸死骡数	炸死驴数	
31.10.24	1枚		29	7					10
31.10.25	4枚		20	11					
31.10.26	4枚		27	9					
31.10.27	4枚		39	8					
32.3.28	14枚	1次	105		6			1	
32.3.30	74枚		357						
32.5.7至6.10	23枚		98						
32.9.29	8枚		27		12	2			
32.12.	2枚		11						
33.3.3	2枚		5			1			
33.4.14		1				1	1		
合计		2	718	35	18	4	1	1	
估值			10770000元	1700000元			90000元	90000元	
说明	此表只系房屋、人口损失的调查，其他衣服物品没有计算在内。								

荣成县善后救济委员会

（山东省档案馆馆藏档案，档案号G031—01—2302—3）

（33）荣成县伟德山区南崖西头村八年损失典型调查表

人口类

项目	老年 死	老年 伤残	壮年 死	壮年 伤残	壮年 失踪	壮年 抓走	青年 死	青年 伤残	青年 失踪	青年 抓走	儿童 死	儿童 伤残	儿童 失踪	儿童 抓走	合计
男		1	1	1			1								4
女			1	4											5
合计		1	2	5			1								9

牲禽类

种类	骡	马	牛	驴	猪	羊	鸡	鸭	其他	合计
数目	7		1	10	12		231	50		311
估价	700000		50000	611000	120000		76680	25000		1582680 元

房地资财类

种类	土地	房屋	金	银	法币	铜元	伪钞	其他	合计
数目		232	2 两 544 分	253 两	31168	107900		2660	
估价	200000 元	4272400 元	450000 元	506000 元	31168	107900		25440	5392908 元

器具类

交通运输工具

种类	大车	小车	自行车	汽车	汽船	帆船	合计
件数			2				
估价	200000 元		200000 元				120000

生产工具

种类	农具	工具	机器	家庭用具	其他	合计
件数	716	5		5146		
估价	120300	130000		8430000 元		9963000000 元

生活资料类

种类	衣服被褥	各种布匹	粮食	柴草	各种油类	树木	其他	合计
数目	651	2853	144221	32800	163	328		
估价	1637500	8559000 元	14422100 元	328000 元	48900 元	9840000 元		34835500 元

各种灾荒压榨类

灾荒

项目	水灾	旱灾	虫灾	合计
数目	40000	70000	10000	120000
折合币	1200000 元	2100000 元	90000	

压榨

项目	苛捐杂税	敲诈勒索	没收侵占	劳役	合计
数目	24914	37		1667 名	
折合币	2491400 元	35000		1667000	7583400 元

续表

	项目									
其他	数目									
	估价									
总合计										59557488 元

荣成县善后救济委员会制

（山东省档案馆馆藏档案，档案号G03－01－2302－003）

（34）对日籍战犯于1943年在潍坊修建机场及烧毁
二十里堡赵家村等村庄的罪行调查报告

接省署9月13日函："日籍战犯上坂胜于1943年率领3个中队驻潍坊附近，在二十里堡修建操〔机〕场，强惩〔征〕20000民工并烧毁赵家村等30余个村庄及大片良田，并打死民工4人，希速调查报告"。我署立即研究派员调查。经调查修建机场与烧毁赵家村等村庄系两个事件，兹将情况分别报告如下：

（一）烧毁赵家村等村庄问题

1938年日寇邱山部队驻坊子车站，当时有伪〔蒋〕游击队大队长李传超（系潍县李家沙窝人，绰号李四虎，以后投降日寇）率队于旧历3月20日在二十里堡村附近将铁路掀掉。21日日寇邱山即率队由坊子出动，附近村庄的群众大部逃跑。日寇即将二十里堡村、赵家村、沙窝村、南家庄、范家庄、十拉子村、碱塔村、田家小庄、徐家大路村、王儿庄10个村庄发〔上〕火，房屋大部烧毁，尚未逃跑之群众冒火逃窜，日寇即开枪射击，死亡群众60余人。（以上村庄烧毁房屋间数，打死之群众姓名，现已布置到区作详细调查统计，待统计好后立即报告省署。）后于旧历6月19日日寇邱山又在二十里堡村发火烧庄；又于1939年旧历2月30日在二十里堡村作第三次发火，当即打死群众王惠起、庄高面2人。（二十里堡村遭受3次烧庄均系伪匪李传超掀掉铁路后发生的）该村206户，连第一次被烧后重建的简陋草房遭受三次发火后，只剩30余间房屋。这次并抓去群众徐光仁（伪村长）、庄其五、韩立正、刘丕松、刘玉燕、庄其章、刘芳林之父、李同福、庄留进、庄树梅等13人，四五天后即在二十里堡车站附近，枪毙刺死11人，其余2人罚苦工后释放。

（二）修建飞机场问题

1943年秋，日寇坂田部队（上尉中队长，群众称之为大胡子）在潍县车站驻，机场负责的日寇名石泉和上等兵名木村太吉郎（木村太吉郎群众也叫他大胡子）强惩〔征〕民工约10000人左右（群众谈有一二万人，据通过派出所与过去在机场中当翻译的谭森谈，民工是8900名），系潍县、安丘、昌乐、昌邑、高密5个县的。据当地群众谈，冻死、饿死、打死很多人（详细情况很难了解），仅塌了一个洞子，即砸死高密县之民工27人，潍县碱塔村一韩姓民工被日寇刺了若干刺刀而死。安丘一老年民工被投入井中淹死，民工都吓得混身发抖，动工时间1943年秋开始测量，冬季正式开工，1944年秋正式结束。占用土地面积，长从南屯村至徐家大陆村，宽从范家庄子至公路根。据群众谈占用土地约有1000余市亩，秋季农作物全部掀掉。

在二十里堡村深入群众访问以上两个问题时，群众很愤怒的说日本鬼子惨无人道没有人性，要求政府坚决惩办这些战犯们。一位老大娘切齿痛恨地说：这可好啦，可给俺儿报报仇。

1952年10月10日

（山东省档案馆馆藏档案，档案号A016—02—0025）

（35）荣成县成山区城厢一村八年损失典型调查

1947.9.20 填

类别＼数目（项目）	损失数	单位	估价数 单价	估价数 合计	备考
伤亡	13	名			
残废	3	名			
劳役	80607	名	900 元	72546300 元	
银	83938	两	2000 元	167876000 元	
炸毁房屋	171	间	150000 元	25650000 元	
震坏房屋	232.5	间	50000 元	11625000 元	
震倒界墙石头	1	堆	5000 元	5000 元	
震毁之门	79	付	5000 元	395000 元	
震毁之窗	58	个	3000 元	174000 元	
木料	29	料	15000 元	4350000 元	
敲诈勒索钱款	231140.95	元		231140.95 元	
苞米	4260	斤	100 元	426000 元	
小麦	2799	斤	120 元	3358800 元	
豆子	5281.5	斤	120 元	633780 元	
花生油	172	斤	400 元	68800 元	
豆、猪油	13	斤	500 元	6500 元	
苏子油	3	斤	500 元	1500 元	
酒	102	斤	1000 元	102000 元	
黄烟	60	斤	3000 元	180000 元	
洋烟	327	盒	300 元	98100 元	
被	120	床	10000 元	1200000 元	
褥	76	床	6000 元	456000 元	
裤褂	251	件	2000 元	502000 元	
绸大褂	7	件	6000 元	420000 元	
皮袄	52	件	50000 元	2600000 元	
布匹	4015.5	尺	600 元	2409300 元	
毯子	43	床	15000 元	645000 元	
被单	33	个	6000 元	198000 元	
玻璃	1755	块	2000 元	3510000 元	
铜铁	2037	斤	100 元	203700 元	
桌子	74	张	5000 元	370000 元	
椅子	33	把	2000 元	66000 元	
棺材	3	口	80000 元	240000 元	
牲口槽	4	口	5000 元	20000 元	
箱厨	26	付	20000 元	520000 元	
木床	9	张	5000 元	45000 元	
木箱	25	个	2000 元	500000 元	
铁床	4	个	20000 元	80000 元	
檩子	64	条	2000 元	128000 元	
锨镢	28	张	2000 元	56000 元	
锅	64	口	5000 元	192000 元	
供器	4	付	20000 元	80000 元	
木炭	50	斤	100 元	5000 元	
筷子	380	斤	30 元	11400 元	
合计				301807320.95 元	

项目 类别＼数目	损失数	单位	估价数 单价	估价数 合计	备考
草	18750	斤	15 元	281250 元	
盆	416	个	200 元	124800 元	
碗碟	1175	个	200 元	234600 元	
茶壶	23	把	2000 元	46000 元	
缸	315	口	10000 元	3150000 元	
帽筒	31	对	4000 元	124000 元	
钟表	22	架	10000 元	220000 元	
镜	50	面	1000 元	50000 元	
鞋	54	双	3000 元	162000 元	
伞	10	把	4000 元	40000 元	
麻袋	104	条	1000 元	104000 元	
席子	46	张	2000 元	92000 元	
鸡	36	只	600 元	21600 元	
木板	159	片	5000 元	795000 元	
树棵子	167	棵	3000 元	501000 元	
花生	190	斤	150 元	28500 元	
毛布绸各种大衣	124	件	10000 元	1240000 元	
毛布绸子	1526	尺	600 元	915600 元	
茶杯瓷器	118	件	1500 元	57000 元	
食糖	41	斤	1000 元	41000 元	
白面	225	斤	150 元	33750 元	
铜器	27	件	2000 元	54000 元	
铁器	30	件	2000 元	60000 元	
肥皂	50	块	300 元	15000 元	
木盖子	53	个	3000 元	159000 元	
铁蒺藜	500	斤	2000 元	1000000 元	
袜子	77	只	700 元	53900 元	
金	9.18	两	180000 元	1652400 元	
皮箱柜子	57	个	15000 元	8550000 元	
秤	8	支	10000 元	80000 元	
照像机	1	架	30000 元	30000 元	
胶皮	42	斤	500 元	21000 元	
骡驴	2	头	90000 元	180000 元	
砖	4210	块	30 元	126300 元	
织布机	1	架	10000 元	10000 元	
自行车	2	辆	100000 元	200000 元	
猪子	3	口	10000 元	30000 元	
钢笔	4	枝	5000 元	20000 元	
蜜蜂	2	箱	10000 元	20000 元	
蜂蜜	20	斤	1000 元	20000 元	
面酱	120	斤	150 元	18000 元	
清酱	150	斤	100 元	15000 元	
食盐	200	斤	18 元	36000 元	
鸡子	196	斤	25 元	49000 元	
合计				20664700 元	

项目 数目 类别		损失数	单位	估价数		备 考
				单价	合计	
	解剖刀	1	把	2000 元	2000 元	
	菜刀	16	把	1500 元	24000 元	
	水桶	13	担	5000 元	65000 元	
	眼镜	16	付	3000 元	48000 元	
	橘子	25	斤	500 元	12500 元	
	农具	32	件	2000 元	64000 元	
	枕头	25	件	1000 元	25000 元	
	坛子	138	口	5000 元	690000 元	
	线	17.4	斤	2500 元	43125 元	
	蔬菜	660	斤	50 元	33000 元	
	顶棚	18	个	10000 元	180000 元	
	手电灯	3	个	3000 元	900 元	
	棉花	11	斤	1500 元	16500 元	
	猪肉	15	斤	300 元	4500 元	
摊之粮食按粮银所	小麦	24755	斤	120 元	2970600 元	
	苞米杂粮	11002	斤	100 元	1100200 元	
	豆子	2323	斤	120 元	278760 元	
	地瓜干	8057	斤	80 元	64600 元	
	推子	3	把	1000 元	3000 元	
	绳子	8	根	1000 元	8000 元	
	灯	29	个	300 元	8700 元	
	缚腿带	8	付	500 元	4000 元	
	毛围巾	5	条	1500 元	7500 元	
	毛巾	116	条	500 元	58000 元	
	罩花	13	个	5000 元	65000 元	
	提包	6	个	10000 元	60000 元	
	面箩	23	张	2000 元	46000 元	
	石头	47	块	300 元	14100 元	
	帽子	19	顶	3000 元	57000 元	
	皮帽	7	顶	4000 元	28000 元	
	书籍	5	部	3000 元	15000 元	
	暖瓶	3	个	5000 元	15000 元	
	锁	7	把	1000 元	7000 元	
	粉条	2	斤	400 元	800 元	
	其他物品	277	件	3000 元	831000 元	
	合计				6858885 元	
	说明	廿九年至卅一、二年时敌人盘据在城里时所受的损失				

荣成善后救济委员会制

胶东区东海救济委员会制

(山东省档案馆馆藏档案，档案号 G031—01—2302—003)

（36）莒南县十字路被灾情况

（1946年）[①]

　　1938年3月25日，这在十字路镇，每一个老百姓是最难于忘记的惨痛纪念日，这天上午的11时，突然有25辆汽车，开到了西门外，等到老百姓发觉时，鬼子已把村子西半部包围了，同时向庄里开了炮，老百姓们谁也不甘受敌人的欺凌和侮辱，枪一响他们都跑上西围墙，开始了抵抗，谢连山、孙安邦2人，照准了第一辆汽车，轰隆就是一土炮，2个鬼子和1辆汽车完蛋了，这可气火了小鬼，大炮机枪步枪响成一片，一大群野兽疯狂的冲上来了，一阵激战后，老百姓终于失败，悲惨的恶剧也就随着开始，街头上，巷口上，城墙上，鬼子的机枪在吼叫着扫射，逃跑的群众，父子兄弟各不相顾的逃散了，庄内都被小鬼点上了火，北门里孙树菊的老婆，领着2个小孩刚跑到大街，一梭子机枪，娘儿3个死在了一块，孙同月家老大娘因有病没跑出屋来，哭叫几声，在屋里烧死了，西巷子时洪文陈宝林吴风章3个老大爷，都五六十岁的人，被枪打伤后，又被鬼子逼到火里烧死，康家老大娘是七十多岁的人，被鬼子轮奸而死，像这样残酷悲惨的例子多着啦，这是鬼子的恶兽行为，铁蹄践踏十字路的开始，从这次到1945年4月初六日为止，鬼子前后共扫荡十字路21次，1939年一年当中，鬼子就来了13趟，被飞机轰炸又是经常的事，前后被大火焚烧4次，时成志的母亲被烧死在一个草园里，围墙上尚划上一道一道的临死前挣扎的指痕，全身只剩下个肚子未灼，其悲惨之状，见者无不垂泪，1941年9月13日南门里刘少儒老两口子，被飞机炸死在一起，这21次扫荡，无论那一次，都做到半点不留情的禽兽不如的烧杀奸淫之罪行，1941年腊月21日，鬼子又将前几次残破仅存的几百间房子付之一炬，过年时十字路的老百姓不好意思的塞到邻村人家过年，伏在被烧红的露天的屋框子里，娘一声爷一声天一声哭泣着过了一夜的年节，有个老大娘说："不知那一辈子得罪了这些王八羔子，他害的咱好苦情啊！"

---

① 时间为编者所加。

十字路的损失——一般的损失附调查表

上面如小商民李明元全家共被烧4次，共烧房子14间，共损失物资374870元，就可证明一般。

这次村救济委员会登记损失时，52岁的董怀邦老大爷说："咱这算递个呈子上万国会里讲个理吧。"50岁的刘光美老大爷说："公家是给咱办事的，没有共产党和民主政府，咱也不能过好日子，不讲要赔老百姓，就是赔了公家也和赔了咱一样。"董怀邦家老大娘说："赔不赔的可得叫大家知道，这是咱胜利的面子。"刘二朋老大爷说："根据地的人不赖人，咱有什么说什么，我就是升半黄豆二斗多糁子。"

十字路村群众由于亲身受到敌人的蹂躏，知道了不抵抗是不能活下去的，也认清了只有共产党八路军才是他们的救星，1941年10月28日鬼子进十字路的时候，八路军和鬼子打了一仗，临退的时候，失掉了1个负伤的同志，这时鬼子已经进了庄了，老百姓谢月桂不顾自己的一切，抢救这个同志，背起来就跑，谁知跑没多远，被鬼子一枪，2个人同时都牺牲了。

在八年当中，十字路的群众，锻炼出很多的战斗人员和爆炸模范，全镇5000人口中，就有394个青年直接参加了抗战工作，并有民兵250名和451名自卫队员，保卫着自己的家乡。

十字路村战争损失灾害调查表

类别	数量	估值
房屋	6629.5 间	9888500 元
衣服被褥	45426 件	16153358 元
粗粮	1787623 斤	8942266 元
细粮	726893 斤	7341900 元
柴炭	3490150 斤	2462685 元
农具	16120 件	2221515 元
机器	3947 件	1378300 元
锅鏊	2081 个	586120 元
瓷器	500 件	12500 元
家庭用具	37016 件	4099870 元
牛	123 头	257800 元
驴	57 头	197900 元

类别	数量	估值
骡	3 头	21000 元
羊	79 只	36100 元
猪	289 只	334060 元
鸡	25010 只	5929470 元
鸡子	5250 个	7875 元
水灾		109300 元
总计		69980519 元（59980519 此数为自己计算）

附记：全村伤亡人员65人，残废30人，抓走52人。

（中央档案馆馆藏档案，档案号140—142—192）

（37）在敌伪顽匪的配合下临沭县醋大庄连遭七次洗劫
损失惨重苦不堪言

（1946年）[1]

醋大庄是临沭县岌山区，位于沭河西岸，土地肥沃，人民富裕。抗战前为郯城县属，抗战开始，八路军到达郯马，该村及附近村庄青年，即组织武装，成立青抗营，抗击敌伪顽匪，保卫家园，因此引起敌伪顽匪的仇视，在环境恶化时，该村南北西三面的村庄，敌人都安设了据点（南面大哨，北面黄家庙，西面李家庄，林家宅子。）在敌伪三面包围的严重形势下，仍坚持抵抗，截断敌伪的联系，但敌伪军企图占据醋大庄除掠夺财富物资外，还想控制沭河进攻南古庄，逐步的蚕食根据地，所以敌伪顽匪在3年当中，曾对该村洗劫7次，真是空前未有的大灾难。

一、被劫七次的经过

1、1940年8月12日，土匪头子滕芝三在大汉奸梁麻子指挥下，带领数百名土匪，打开该村牵去耕牛15头，骡驴11头，猪35口，夺去民枪25枝，架去村民4人，其他衣物，抢去无数。

2、1941年2月19日，梁麻子的特务团团长许兰笙，伪区长许兰馨，请来鬼子30多人，汽车5辆，攻入该庄，土炮铁器抢劫净尽，运往临沂，并烧毁房屋35间，柴草5万余斤，抢去粮食45000余斤，架去人5名解送伪临沂县政府，后以2500元、钢枪5枝赎回。

3、同年八月初九日，黄家庙伪乡长赵桂大哨许兰笙各带伪军200余攻入村内，抢去牛4头、骡子1匹、粮食4大车运往大哨据点内，焚烧秫秸2万余斤，架去村民10名，解往黄家庙，化枪2枝、子弹150粒赎回。

4、同年十月初，汉奸许兰笙、伪乡长李培金调集林家宅子大哨黄家庙李家湖马家石河卞庄李家庄等据点伪军700余人，攻入庄内，拆屋放墙，修碉堡筑工事，准备按据点，当晚即被我八路军击退，但村民损失颇重。

5、同年腊月初，伪大队长韩牢靠，伪乡长杨万金带领伪军400余名，企图进

① 时间为编者所加。

占醋大庄按设据点，幸被我军击退。

6、同年腊月初九日，由临沂枣庄峄县卞庄调集敌兵500余人，伪军2000余名，抓来民夫1万余名，携带重武器，大举进攻醋大庄按设据点，房屋被拆烧9/10，未及逃出的男女，即被枪杀奸淫，自此以后，醋大庄即陷入黑暗地狱，过着非人生活。（据点在村东南角）

7、1944年3月16日（克复后的次年）鬼子又来进攻，在村西南角按设据点，群众都说："这回可完了，咱是没有盼头了。"幸我主力军，为抢救群众趁鬼子立脚未稳，当晚即进行围攻，激战3昼夜，鬼子伤亡甚重，不支而退，醋大庄第二次被我们收复。

二、敌伪的惨暴行为

在3年多的时间中，敌伪洗劫醋大庄达7次之多，按设据点也是二年，它们除敲诈勒索，烧杀抢掠外，还作下了许多惨无人道的禽兽行为，兹略举一二于后：

1、敌伪军在第一次攻入醋大庄时，未及逃出的妇女，皆被堵在家里，有一个壮年大嫂子，在床上起来，未及穿衣服，即被伪军赤裸裸的抱走，发泄他们的兽欲，两个少妇回家搬运东西，也被鬼子捉住轮奸，两个年近六旬的老大娘被伪军捉住，欲行强奸，因她们坚决拒绝，竟被鬼子一枪打死两命，真是："六旬老妇难幸免，十四五的闺女更遭殃"，汉奸伪军们借拜干爹干娘干儿干闺女等关系，坑骗奸淫的妇女，更是难以尽述。

2、卖酒的武可朋因为向伪军要酒钱，冒犯了他们，引起汉奸伪军的忿恨，报告了皇军，控告武可朋暗通八路的名义，把他绑在树上，作为练习刺枪的枪靶。经数小时，卒被刺死，尸体不准葬埋，因此群众被吓而死的10人，触怒敌伪军惨遭杀的11人。

3、武可道、武中树、武可成3人，因回家取自己的东西，被诬为私通八路捉住解往黄家庙，百般拷打，治的死去活来，体无完肤，最后化〔花〕枪2枝、款7000元才回来，幸而没喂洋狗。至抓夫抽丁辱骂敲打的事情，尤不胜陈述。兹将该村被敌伪7次抢劫的损失，列表如下：

类别	数量	估值	备考
被烧房屋	1489 间	2530500 元	
衣服	5603 件	1568530 元	
粮食	654316 斤	3019920 元	
树木	4615 株	812920 元	
柴草	1375500	737750 元	

类别	数量	估值	备考
牲畜	313 头	448960 元	
家俱	21936 件	2328235 元	
农具和工具	8304 件	952810 元	
车类	158 辆	298600 元	
合计		12698225 元	

（中央档案馆馆藏档案，档案号155—161—192）

（38）高苑县救济委员会战争损失受害惨重之典型村说明册

（1946年）[①]

说明

1.村名用墨笔——标出

2.全册共五村：一、司家官庄、二、后巩、三、魏家堡、四、前池涯、五、说约李

3.司家官庄、后巩，各附照片，魏家堡、说约李，照片各六张，已呈送。

一、三区司家官庄损失损害记略

1.战前情况：全村60余户、人口289口、大车20多辆，中农占多数。

2.战后情况：自民国二十九年位〔魏〕家堡战斗后，于卅年春，重修据点，卅年秋田镇敌伪40余名来村，牵牛11头，抓去27人（内有4个女人）弄到楼上，均被奸淫，抢了陈鸿智小铺1座，（汽车1辆）后用钱赎回，每人每牛均摊800元（伪钞）扣本位洋3万。三十一年春，田镇敌伪40余人，来到后百姓奔逃，烧毁瓦房4间、土房2间、柴堆无数，被服多件。七月十四日，20多个伪，来抢十五，食物均被抢净，衣服很多，有60多岁的大娘，被敌人扔到湾里，有70多岁的老伯，又枪杀于西门外。十二月廿日，杜团配合田镇敌伪五百多人，扫荡路过，带大车七八辆，民夫多人，老百姓四散在坡里，被脱去衣服，很多女人帽子，包袱很多，村内被服财物，抢劫一空，带去牲口3个，人3名，后将钱赎回（用伪钞4000元）。

三十二年春，五月十五日清晨，田镇杜团来了8个便衣，在坡里带人4名、牛5头。将人赎回、（伪钞6000元）每个牲口1400元。

八月十九日，田镇杜团多股，有别处数股大扫荡，合击三区，正理庄冯郭司姜一带，在庄里蚊帐、被服、家俱、钢铁器、木器烧毁太多，鸡被吃光。吃了两只牛，麦种、菜园子三四亩都净带走两个牲口，奸淫妇女2人，闺女15岁，亦被奸淫，病了四五天。吃了晚饭后，锅碗小盆瓮里，坑上、囤里，都拉上屎，砸了廿多口锅，家俱砸了一个光。

十月初七日，有多处敌伪省警备队，3000余人，在魏家堡，前后巩一带，住

了3天，于九〔日〕夜间，被我军攻克。这次全村家家户户一扫净光，烧房子33间，柴伙〔禾〕木料，全被烧光（有一户人家死了3口人）。

十二月初四日，四团六团田镇敌伪，约一百多人，于正午来村，垫抗日沟，烧木器家俱一空，烧房舍40多所，共计330余间。

本月田镇敌伪200余名，集合敌伪，有朱部，省警队，共计1000余人来位〔魏〕家堡修据点，在附近庄村，扒砖，弄木，伐树600多株抓夫，这次在各县来的夫太多，在修据点当中，冻死的人甚多（有10余人）。自从这碉堡修起后，每天约有民夫少数百人，在五里内，断绝行人，土地荒的遍地是草，这一带的村里半年无有一个人。

民国卅三年，过年的时候，老百姓都不敢在家，麦收以前，有的来家过麦收，据点敌伪50余人，说来开会，老百姓到场后，被抓走壮丁5人，后来用钱赎回（伪钞）每人1000元，并强迫给他办公。

3.现在情况：烧了半数以上的房子23户，烧光了的21所，总计在敌伪枪下死的7名，被奸淫的妇女6名，牲口18个，扣洋101000元。

房子共计被烧360多间，计值洋321000元，粮食3476头，扣洋331350元，衣服1330件，被褥478床，扣洋761620元，鸡470只，计洋22820元，磨15盘，锅20口，农具625件，拖车，犁，耩子，损失计洋2101380元。

二、后巩村损失损害记略

自民国廿九年，位〔魏〕家堡战斗前后，敌伪多股，在本村一带杀庄稼棵，本秋高粮受损失太重，从十里堡至丁蔡后巩一段高粮秸，均被杀倒。

三十年十月，敌人大举扫荡，多股合击于本处一带，在坡中被劫去牛2头，驴1头，打死人2个。

三十一年六月，十里堡敌伪20多人，到坡里捕去4人，去后将钱赎回，用3000元（伪钞）。

四月某晨，田镇敌伪，60多人（高继常）带来后巩捕人。老百姓跑在抗日沟的很多，当场被击死8人，烧房子12间，有一老人60多岁，被推到火中烧死。

十二月，多处敌伪合击扫荡，合集圈约100里宽，老百姓都跑到敌区，被捕去五人，当场打死一个，后赎回4人，洋5000元（伪钞），回来时，有一月不能动转。

三十二年，每月扫荡二三次，无法生产，四月间被打死人一个，七月十四日，牵去驴1头。

十二月廿五日，敌伪多股，来修据点，老百姓不及防，光跑出空人，村内成了一空，以至到了明年清明也不见一人，流离失所，吃糠的顶好，作乞丐的太多，按楼时，曾将70多的妇人，放到井内淹死，被炸死的母女二人，被逼无耐〔奈〕，与敌说通，花洋7000多元，来家的，80%以上种地上夫，负担甚重。至五月间本村青年，挖洞准备攻克，被敌发觉，又一次逃荒，地全荒了，被带去4个人，二个被迫办公的，四个受刑太甚，后用洋赎回（伪币8000元），二个后来被敌刺死于十里堡东门外。

某日过午，在坡里杀庄稼，被捕去一人，威吓他，被迫办公，全村人无耐〔奈〕回家，花洋叁千元（伪钞）后来办公，有巩兰恒于八月某日，乱刀刺死于楼门外，九月十四日，敌人撤防，我军民都回。

损失总结　房子303间，扣洋（伪钞）303万元，人数29人（女4人）男（25人）抓走一人，衣服被子3130件，鸡350只、农具583件，大车共24辆。

牲口19头，共扣损失洋（本位币）4425760元，绝了4户人家，炮楼占地40余亩，被奸淫妇女20多人。

三、三区魏家堡典型村之说明

此村未事变前，全村共95户，牲畜足有50余头，大车20余辆，农具足够用的。

事变后，自经民国廿八年八月廿日，高苑敌伪到了这村，虽叫我军打走，也被烧房子廿间，又到廿九年九月廿日，有汉奸朱仲山部，住了一夜，临走将东西抢光。又经七月廿日，及民国卅年六月廿五日，扫荡数次，又到民国卅一年，田镇敌伪高庆常部，到了本村，烧房子80间。又民国卅二年五月初四日，有汉奸王砚田、周胜芳来蚕食六七天，将本庄青年抓走12名，偷跑回来的11名，仍有一名，至今生死不明。又民〔国〕卅二年八月初十日，汉奸杜孝先以及九月初五日，来此扫荡，牵去3头〔牛〕。不幸又十月十五日，城里鬼子、汉奸刘惠章部，来按据点，居住本村5天，虽经我军打走，临走时用大车将东西拉光，又到了十一月十五日，敌伪不死那口气，又勾〔结〕省警备队，重修据点，此次全庄老百姓，只逃出性命，撇家而逃，所有东西，完全抢去，围庄之树，刊〔砍〕伐俱尽，以作围墙，老百姓逃出在外半年，多半数靠亲戚朋友生活，流离失所者亦有30余户，后经说通办公，来家时看了真可叹，有五家使一口锅的，有七八家使一口的，居住集合一块，不用说房屋扒了，所有鸡屋子砖，都扒了去，木料完全烧了。现在虽经我军解放，得到安居乐业。所有的牲畜、农具、等等物具，相未事变前之比较，不到百分之廿。

四、二区前池涯村

兹有高苑二区前池涯村，自经鬼子以来，受害小的次数不可说了，民国卅二年十月里，90多户主的房屋，就烧去70多户，共合烧去315间。卅三年十二日十三日，被鬼子杀了12名，共合八年来，死了37名，都是杀死的。其他牲口、大车、财产、器具，经过八年的扫荡，不剩下一次〔点〕惨苦情况，不可说了，来到现在，有的是都没处住所，生活困难的有17户。

五、五区说约李庄杜逆压迫下所受的损失损害及现在的人民生活情况

1.事变前一般情况

全村共135户600余人，19顷多地，富农60家，中农50户，贫农25户，牲口135头，大车45辆，农〔户〕127家，轧棉花的2家，小铺2家，卖挂面的2户，教员2名，围村周围，完全是大树，好像一个大松林一样，看不见房子，约有四五千株，小树无数。人民生活，都有饭吃很富裕，每家平均大小都有一个牲口，三家平均有一辆车，四五个小菜园子，全村收入，能维持一年半的生活，大部分都是中农以上的生活。

2.按了据点后，老百姓所遭到的损失及受到的痛苦

杜逆配合敌人计划按据点的一般情况，民国廿九年春天，首由魏锡九（本区沙土位人、前任参谋长，后任二营营长）配合鬼子扫荡，敌人六七十名，杜孝先全部，包围说约李家，老百姓全部跑出，抢去15个牲口、5辆大车、粮食5车、衣服多件，打伤了外村3个人，给老百姓砸了很多的锅碗、农具。连续配合滨县敌人扫荡了两三次，都是位〔魏〕锡九带领杜孝先指挥。

三月初，杜逆合〔和〕位〔魏〕逆带领全部（人数四五百人）配合滨县鬼子220余，并带民夫1万余人，大车数辆，在拂晓时包围了，村民早以〔已〕走了大部分，到了明天，到村公所要东西修围墙，挖大壕，叫村成立办公所、区公所、由位〔魏〕锡九负责区长。

3.按了据点后老百姓受到的损失

全村的大树，用锯完全伐去了，约有二三千株，小树不在内，用树枝把村的周围围起来，扒了民房约40口大屋用土坯使，光扒抗属的屋，如刘佃臣家、刘培元家等抗属，民夫昼夜不休，约有万余民夫，大车500余辆，忙修围墙，封锁沟，修筑碉堡。

民国卅一、卅二、卅三年，在三年当中，房子被扒去80%，抗属房屋，全被扒光。老百姓贫中富大部分都被破产，父子离散流离失所，房屋粮食皆空，生活无法，牲口、大车、被褥，遍〔变〕卖了，全家逃荒的有50余户（到利津），到外村去亲戚朋友约有四五十余户，只剩下老头子看守未扒的房子，全村不超过百人（男女）。杜部下（官兵）奸淫烧杀、无为〔恶〕不作、横征暴敛、敲诈勒索，路途劫

票，老百姓不敢把〔从〕他据点附近路过。

杀死了抗日军人（民国卅三年）王秀生、隋芝浩被活埋，朱其辉、胡凤同之妻和外面带来的两人一块被杀，李发才被活埋，鸡全被捕去吃了。

敲款的办法，硬要修墙费、捐款、逼去史元生1000元（法币），被扒了房子，并挖了湾，有五六户，（如刘培元、刘佃臣、都是抗属）全村在杜逆压迫奴役下，逼死、病死、暗杀、枪毙、活埋、共132人。

每到节日，硬叫老百姓给他送礼请客，不允许老百姓关门，随便到民家去，都不敢言、是忍着气，把人家好妇女叫人家离婚，跟着他，有两家。

李如法是区中队战士，偷来家看看，被本村崔同义、崔同明报告杜部，硬活埋了。

杜逆杀人，最凶的、最厉害的武器是轧〔铡〕刀，放在席上，铺上红毡，正日放在团部门口，不断的轧〔铡〕人，逼老百姓看，把人轧〔铡〕成七八块，在杜逆下死的，约有四五百人之多。

（山东省档案馆馆藏档案，档案号4—1—83—13）

（39）伪临时政府山东庶政视察团第五组视察报告

（1939年12月）

1.刘萃华等致王揖唐快邮代电

1939年11月29日

内政部总长王钧鉴：职等前于邹县将视察情形曾以皓电呈报在案。兹于哿日由邹县乘火车到滕县，当因该县地面不靖，未便公然显露视察之名义，仅以便装，秘密进城后，寓于大升客栈。然后前往该县署，访问县知事盛慕三，略询县政情形，即拜访友军守备队长。次日，又到县署召集秘书、科长等，详询县政、治安情形，并于养日亲到城南乡村，宣讲新政权之意义，民众均深感激涕零。于梗日由滕乘火车到滋阳，暂寓客栈。由滋阳县知县金甲一代觅友军联络汽车，护送到宁阳县署。该县知事王绍武及顾问石田清贤，均出署迎接，略叙视察之意。当因天晚，即返客寓。次日，前往拜访驻该县宪兵队长渡边伍长。后即到县署召集各科长、职员详询县政，并到警所及监所各科室视察。于有日由警察保护到城西邢家〔庄〕、许家庄，召集民众，阐明政府抚念民间疾苦，并推行新政之至意。于寝日由宁返泰安。连日因候往肥城友军联络汽车，随又到各城乡区召集民众，分别说明新政之情形，借以推进民众回乡安居之效力。除俟到肥城后，另将视察情形再行呈报外，谨此电呈。山东庶政视察团第五组刘萃华、王钧、王兆南叩。

2．视察山东庶政秘情

1939年12月

谨将视察山东省会暨滋阳等八县庶政秘情，密呈钧鉴：

一、日籍职员干涉行政

山东省公署系合署办公，仅有其名，实系分房制。不过各厅相距较近，于来往公文，直接由省长划分各厅较为直接简便。各厅均有日本顾问及日籍职员，公务员每日到值、散值及一切事务均加干涉。闻省长以下对于用人行政，诸凡措施，甚至用舍一差役，均须取得同意。否则即生问题。

二、促进建设

据闻日籍职员，对于建设新山东，殊形不遗余力，俨然以经营开发利源主人身份自居。据识者推测，预定华北冀、鲁、晋、豫4省，日后将实行管领，故对一切建设均取积极计划；而对于江浙、华中各省，则于将来和平告成后，完全交回新政权管理。故其现在对于华中之建设事业，毫不过问云云。

三、鸦片公卖贻害青年

济南市有花烟馆300余家，一般青年学子，无论是否嗜吸，因有女招待，群焉趋之若鹜。自去年以来，深染此项嗜好者，何只数万人，是亦山东前途之隐忧也。

四、济南市畸形发展

济南市在事变前，仅有40余万人口；当事变时，仅有万余人，大多逃避一空。现在有人口50余万，较事变前增加10余万。市面人心渐形安定，似觉日形繁荣。但观察周围各县乡村，则断壁颓垣，田园荒芜，乡农生活困难实达极点。是济南市之繁庶，实属畸形发展。将来倘能地方肃清，使乡人得归故里，以度其安定生活，然后始能谓之真发展。不过，在此畸形之下，人民能得一时安居，已觉幸福。较之事变时之流离失散，奔走逃亡，殊胜万倍云。

五、苛待被检查行人

山东各县，自济南市起，所驻友军，对于冲衢检查行人，均甚认真。无论公务员、商、农各界，凡经过检查之卡，必须下马、下车，先行脱帽鞠躬，然后停候检查。倘有乡人不知此项礼节，或鞠躬度数不合，或站立地点不当，日军伸手即打，举枪即击。一般无知乡农，于被打时愈形不知所措，以致因此常有惨剧发生。殊惹一般人民反感，于中日实行亲善上，颇有许多窒碍。

六、强奸良民

日军之非理行为，在济南市近亦渐形敛迹。而在各县，为解决性欲，尝有白昼强入良民住宅，强行奸淫，因而有许多自尽之妇女。盖鲁省为孔、孟礼义之邦，廉耻心重，故其反响甚大。偶有向其司令部或管辖机关告发，负责者辄多表示：久征在外，应加原谅；且有不欲闻问之态度。各县知事，特为应付此项友军，特招娼妓创设女闾。惟近因友军薪饷不充，以进女闾须要破钞，仍有强奸良民妇女之事。如曲阜、邹县、滋阳、泰安各县，对此问题均感困难。

七、良民证

原为便于检查行人，各县对于良民，发给良民证。有此证者，均可自由出入城门，或略事检查，即得放行；设无此证，则有诸多留难。因此，人民均须领用良民证。而各县知事，借发良民证以为敛财之工具。如邹县前任知事王勷宸，对此即收照像费3角5分，发证费5角，缮写费2角，且须请领人递呈申请。而人民于递呈时，须购呈纸，须用代书缮写费；而临递之时，又须交收发吏2元之茶敬，然后候批。须在城内守候多日，始可领到一纸良民证。其费用与旅费所耗，实已不赀，人民均感困苦。此项良民证，既各县事同一律，均有需要，应由政府制定单行法规，通行各县，俾有一定办法，庶免污吏上下其手，借为敛财之工具。

八、抓征民伕

鲁省泰山山脉之左右，均藏有游击队甚多，以致友军之每日军事行动颇行频繁。但因道路交通运输均感不便，尝有抓用民车、伕役之事。驱驰如犬羊，役使如牛马。既已达目的地，不特不给工资，且更不给饮食，且有驱作战事工作者。所以被抓之民伕，能以得庆生，即属万幸。据邹、曲、肥、宁各县绅士声称：在今年春前，日军饷金充足，尚有发给工资、饮食费者，但其大半亦归经手人中饱。现在各县人民疾苦，以此为最。

九、征购马草

日军为喂马粮秣，饬令各县知事征购谷草，有要至数百万斤者，其价值常较市价为低。凡被征购者，最惧执秤之人。明是运送千斤，既已过秤，至多不及六七百斤。欲求伸〔申〕诉，即被打骂。惟有忍气吞声，不敢稍有怨言，否则即有被处罚、没收之危险。

十、日宪兵故纵痞棍秘密敲诈

各县宪兵队有似侦缉队，专以查捕反动思想行为之人。为易于侦缉计，即利用当地地痞流氓，委为秘密侦探，任其攀诬敲诈，故多放纵，尤加特别袒护。而此地痞，为以得其所宠，胆大妄为，无所不至。待其敲诈之财积有巨数时，日宪兵队长即可宣布一种罪名，将此秘探枪毙，而没收其所敲积之资。曾有某县知事，请求日宪兵队长对某秘探加以儆戒，以其过于诬害良民，殊惹一般民众反感，途人侧目，有碍中日亲善。但此日人则答称：若委中国正人君子为密探，累年累月，决无成绩可言；必须利用此种地痞，然后始能生效，此系经过历试不爽者，闻之实为痛心。

十一、清查户籍、借端滋扰

在此变乱不靖之时，自应认真办理，以便维持地方治安，而免潜藏匪人，固为法所许可。但现在鲁省各县之友军警宪，常有假查户口之名，任意半夜侵入良民住宅，行其奸淫、掠夺之行为者。人民在此情形之下，倘能甘心忍受，尚可安全；稍有抵抗，即加以通匪之罪而处死刑。曾有数县，均发生此种情事。

十二、教育不振

教育为培养国民之基础。国运之盛衰，端赖教育普及与否。查山东各县之小学教育,殊多敷衍了事,毫无成绩可观。经视察所得,则各县乡村小学教员,其薪金微薄,仅有每月五元或六元者,殊不足为维持其个人之生活,又焉能尽心教育。且各县学生,多系农家子弟,以担任农家耕牧工作为本务,每日于工作之余始得读书。甚至以每日农作为急务,竟累日积月不到学校者。一旦视学员到校,则由学生自行分头临时召集同学到校,以虚应故事。诚以人民对于教育认识不清,一般不知智识为何物,虽有匪人层层压轧、搜括〔刮〕,输纳甘愿;若一旦为教育之设施,或缴纳学费,为数固属微而又微,亦多不肯缴纳、捐输。而现任地方官对此,以为非上峰限定立办之事,亦多置诸敷衍之列。倘长此以往,则将来各县文盲必将日形增加。如滋阳全县人口有22万余,识字者仅有6万余;曲阜全县人口约20万,识字者仅有2.4万余人;邹县有人口35万,识字者仅有1.2万余人;泰安有人口92万,识字者仅有1.36万人;滕县有人口75万,识字者仅占40%;肥城人口有32万,识字者不及万人;宁阳人口有30万,识字者不及数千;峄县人口有32万,识字者不足5000。以上数目,尚系变乱以前之统计。若在此时,人民终日不得安居,又焉能从事普及教育。若夫山东,本系中国文化发源地,文化教育如此落后,则将来前途诚不堪设想。现在正因地方不靖,自无余力普及教育,但中央若能通令山东省长,着令于教育特为注意,限于明年春季始业之时,力促各县极力推进,则影响所及,必能大有改善之功效。庶可为国家前途栽培若干之人才,蒙其福利者,又岂止山东一省已耶。

十三、喊项

[略]

十四、强迫修筑公路

凡一县之治安与社会之经济,均有赖于交通之便利。山东省原有公路,均经韩复榘退却后陆续掘毁。自友军到后,责成各县知事,征用民力,无偿修筑。现在各县城区较近之治安恢复地方,多已修成。但其征用民力,纵不给资,人民亦不敢有所怨言。惟有多处之人民,白昼为日人逼迫修路;晚间游击队来,又逼迫掘毁。同是一个民人,昼修夜毁,诚不胜其烦。故一般民人,咸有一种要求,即系对于友军或游匪,强迫修路或毁路,固不敢辞,只求于监视工作完成后,此项军事武力,永久驻扎该地。倘此方一经开走,而彼方当时即可复来;待此方闻信复来,而彼方则又急速开走。双方并不开火抵抗,此来彼去,修路毁路,累日积月,有似儿戏,人民殊不胜其苦云。

十五、借新民会员之奸淫荒唐

新民会在各县,指导民众拥护新政权,宣传新民主义,固有许多利益。但就视察等所得印象，则各县之新民会主任、日籍职员，多属浪人出身，不知自爱，借势敲诈良民，不遂即诬为通匪；物色良民妻女，或劝加入会员，或委为职员，纵欲不受其委任，亦属势所不许，必至诱惑成奸。一之不足，多多益善。以新民之会所，竟有秽腥四闻之污点，殊惹人民对新民会之蔑视恶感。纵有良法新政，亦因而不生效力。对此项日籍职员，应由中央指导部加以考选甄别，必须慎选，足以领导民众推行新政，然后派往。否则，宁缺勿滥，以免民众因而发生反感，并贻游匪以口实，则各地之肃清，或较易于为力云。

十六、勒派受训青年之巨费

新民会所办青年训练所，名为保送，实是各县乡镇摊派雇佣而来。凡摊派一次，则其雇费与受训费，各县数目虽不相同，但凡出一人，至少亦需费三四百元，民众对之亦殊以为疾苦之一端云。

十七、民盼货车畅运

铁路沿线各县，因军运忙迫，无暇及于商人货运。近月以来，亦可兼及少数货运。因此，当地商人均亟于起运，不惜重费运动县知事、联络员、通译，要求先于起运。因此，亦即借以为敛财之机会。如滋阳、曲阜、邹县、滕县、泰安所出产之落花生、米、大豆、麦子等商货，均有此种情形。所以，各县商民均希望能多挂货车，俾易于流通金融，是人民日夜所切盼者。

十八、摊派雇募治安军队

招募治安军队，系由中央通令各省办理。将来训练有成，作为基本军，立法至善也。但地方农民，不知详情，不敢应募；而各县知事，虽经详为开导，势在必行，乃由各区乡分派，亦由雇佣而来。民众亦颇认为属于烦扰，而加重其负担云。

十九、偷募华工

据闻英国委蒋介石在山东招募华工数万人，由青岛、烟台、天津出口。既经日人发觉查禁，已多启碇出口，追亦不及矣。但现在各县仍常见有手执召募工人之旗帜，询之则云为某日人所办之矿厂或工厂募集。究竟是否属实，殊有应予详加查询之必要。实因各县人民生活极形艰难，一般民众明知于己不利，但为目前衣食计，亦属出于不得已耳。

二十、游匪之暴虐

[略]

廿一、曲阜新民会门新华之罪恶

曲阜新民会主任门新华，无恶不为，嫖、赌、鸦片、吗啡，嗜好甚深。假新民会名义，竭力搜括〔刮〕民财。如组织医师职业联合委员会，兴办医生，药方官纸每张5分，定门脉4角，车马费以远近计算。在此穷僻小县，新创此例，民间殊属不愿接受；又因门新华所提倡，知其于中取利，故尤积极反对云。

廿二、曲阜工人一胎三子

[略]

廿三、各县良民负担过重

如靠近未完全收复之县区，按田税正赋，每两丁赋4元，附加4元；又有单征之伕料捐，每亩银1两，征10元；又冬季警察服装费10元。而一般游击队，亦征田赋、伕料捐等费。甚至又有征粮米、柴草、饷秣等名目之捐税，合计每亩银1两。一年所纳之税，约在200元左右。故一般良民，舍弃房地产业，逃往他处另谋生活者，比比皆是。

廿四、邹县之紧闭城门

邹县城门，其东门、北门，因城外有匪，始终关闭未开；而西门、南门，每日白昼开放，未夜即闭，早7时半始开，每日尝有匪警临时关闭之事，人心颇不安定。

廿五、友军之贪小利

友军把守城门，对于进城小贩卖鸡子、猪羊肉、水菜、罗〔萝〕卜等，于检查时，尝有留下数只鸡、鸭，或数十鸡子，或若干斤肉、水菜、罗〔萝〕卜者，然后始得放行。又有友军在市面买布匹、毛巾、胰子、纸烟等物，于剪裁、检选许多物品，包裹提走之时，仅给1角或2角之代价。若商人声明不足数，或在后追讨时，即难免遭其毒打。故一般商人，见有日兵前来买物，即多规避，而日兵有时竟自动手检取，因此商号即时闭门。有将此事报告其军官者，则谓因其一时军饷未到，待后军饷发时，再为弥补云云。并闻日军在去年每月有18元之薪饷，现因经费不足，减至每月7元，以致有此等现象云。

廿六、邹县之女闾

邹县知事虽为日兵特置女闾，但日兵因其长官时亦往游，诸多不便；又因有所破钞，故仍时有白昼或夜间强入良民住宅逼奸之事。其被奸之妇女，多有即时自杀者，民心殊形愤激。但据闻此系地方变乱，尚未恢复秩序之一时情形。其他各县于初收复之时，亦均有此情形，于治安就绪之后，其军长即禁止其日兵自由活动云。

廿七、邹县前任知事王勤宸之搜刮劣迹

邹县前任知事王勤宸(卸任已3个月)，因在任有种种劣迹，经山东省署撤任，现尚在查办之时。闻其对于接受民事、刑事诉案，并不用司法印纸，每状呈1张，价数元不等。纵民人自有状稿，亦令缴纳撰状费10元、8元不等，缮写费亦无价。最后呈递时，且须给收发人2元之茶敬，方可代予收状，否则即予拒收或搁置不理。其他如卖日本旗，大者1尺5寸，价1元；小者8寸，价洋5角。凡手车、脚车、人力车、骡车及肩挑贸易者，均须各购一面，否则不准进城，或于途中留难。又征收田赋，不用财政厅之四联单，而自行印发收据，以其地区尚未恢复为名，借以乾没许多赋税。又乘金融尚未稳定之时，用联银票以贱价强买当地粮食，假商人之名，蒙请军车运到济南高价卖出；以半价收卖中交票到县，仍按1元原额强买民粮，来往贩运，所得已有数10万元之多。又其所发良民证，亦有种种勒索、搜括〔刮〕之方法。又其征收田赋之通知单，在各县原不收费，而王勤宸则每张收费2分，合7万户，能收1400元。又定每一乡约地保收注册费8元，否则即不承认其为地保，全县87乡镇，能收700余元。其搜括〔刮〕手段，不一而足。现在予以查办，良有以也。

廿八、滕县降匪丁渭溪之被害

滕县前保卫团长丁渭溪，于事变后，经友军招抚，改编为滕县警卫队，即任丁渭溪为队长。其来受抚之兵，亦有200余人。又有滕县临时招募补充者200人，共400余人。曾经日军发给少数枪枝子弹，因其原有枪枝颇不完整，故须略事补充也。闻日军曾同其到各区剿匪，但因未遇游匪，未曾实行开火对仗。后有仇者造谣，秘报友军长官，称丁渭溪将有反动行为。适值丁之诞辰，贺客盈门，日军官亦到其寓申贺，并询丁所带来受抚之军兵是否可靠。丁系粗人，即挺生〔身〕自负谓所训练之弟兄们，叫他死不敢活之豪语。因此愈招日军官之忌，当称拟将其带来之人，全体改编为护路队，可以增加双薪，并委丁为队长，亦加薪1倍。丁闻之甚喜。当应日军官之请，将其所带之原人集合为1排，而将县中新招募者另列为1排，经阅操后，即令其将枪枝架×休息。日军官即称：现有由济南来一司令官，须同到车站迎接。日军官与宪兵队长，并县知事盛慕三及丁渭溪4人，乃同到车站，坐于候车之铁椅上。忽有由城内来之丁团副官，报告丁所原带之队伍均被缴械。丁出不意，即谓盛知事曰：不用就不用，何必缴械。而日宪队长即从其脖后，一刀将丁头砍落，从盛慕三怀前滚于地下。日军官尚恐其不死，又打两枪，并将其报告之副官亦即时枪杀。同时，又派兵到县，将此200余人，均用机枪扫死。因此，现在各地之游击队颇不敢轻受招抚矣。当时盛知事吓昏倒地，日军官又将盛知事押讯两月，经查尚无与丁合谋之事，乃释之。盛自经恐吓，精神时有错乱之状态，现已屡次乞辞，但日军不允其请云。

廿九、邹县知事亲往剿匪之情形

邹县城东80里，有一田黄镇。村外水抱山绕，风景甚佳。内有游击队及旧滕县政府等机关，勒捐派饷，人民殊属不胜其扰。经友军探知，即同县知事刘銮佩，率中日军警百余人，乘夜前往剿捕。因其绕道群山之中，经一夜始到达，一般游击队早已闻风逃飏。当由县知事与日军官宣明现政府对于民众如何爱护之德政，嗣后必加抚恤，盼其安居为良民。人民闻之，颇有感泣者。并叙及游匪之如何苛捐杂税，强迫人民受训各情形，并盼其地久驻重兵，以免游匪复来，否则蹂躏将更加甚云云。当时因有其他原因，经停驻2日，即率原队回县城。即于是日晚间，有田黄镇人来报告，游匪又复全队回镇，限当时着各村民每人缴纳100元或200元，否则即加屠杀云云。仍请县署速同日军再往剿捕。其时是否再派军队前往，则以军事秘密关系，未便深问云。以此推测各县兵匪，此来彼走，此走彼来。肃清工作一时殊尚无了期也。

三十、大汶口日兵之被劫

大汶口在津浦线为一重要村镇。本年9月，有日军30人驻守。某日晚间，忽来游匪数百人，袭入日军防区，先收枪械，后将所有日军全行劫走，至今未知其下落云。

卅一、日军少数驻外村之困难

距县城较近村镇，日军为保护安全起见，派兵四五名常川驻扎，事实上尚称平安。因此，日军官常责成各县知事，谓日兵四五人即敢到外县驻扎；而中国新编成之保卫团，常有数十人亦不敢在外村久驻者，殊显中国保卫团之懦弱云。但日军官殊不知此中尚有许多隐情，盖有日军少数兵驻扎外村，忽被游匪抄袭杀害，日军官即派重兵前往，搜讯当地村、镇长，谓既系本地居民，必须预知游匪来袭详情，何不事前报告，显系通匪，乃下令军法处分，轻则枪杀其村、乡长，重则即将其村民全行屠洗。因有前驱之鉴，故凡有少数驻扎日兵之村镇，于游匪袭来之时，其村、乡长预在外间探知，即急速到村外跪哭央求游匪，千万不可进村，要钱要物均可照给，只求不害皇军，以免事后惨剧。因此，游匪即不进村加害，而日军反以为兵士勇敢，殊不知系由该村村长等昼夜在外探听，暗中保全。此中情形各县知事多不便向日军明言云。

卅二、滕县之治安状态

滕县县城西门，距火车站仅有2里，现在于白昼即有匪人绑票之事。视察等系化装商人，始敢秘密前往。查县城与车站相距之间，原为一繁华商场。因韩复榘在此作战，故一切商号、房屋，均被破坏。近来在此破墙之间，白昼时有枪弹发出，打伤行人，而竟不知弹从何来。县署仍在旧址，因曾修理，尚可敷用。但此县为有抵抗作战之区，当时韩复榘不准人民迁避；一旦失败，仓卒逃遁，日兵进城屠杀最惨。妇女拒奸，被绑背臂，跪腿屈膝而死，亦有赤身裸体，于被奸后挑腹露肠，弃在街面，比比皆是，妇女惧受羞辱，跳井为满，投河、跃城墙死者，尤不计其数。山东各县人民死伤之惨，以此县为最，更以妇女死者为特多。且于事变后，有一月之久，无人前往掩埋，以致臭气蒸腾，惨不忍睹。现在此县人民，对于抗日情绪特别热烈。屡宣传新政府之安抚政策，现已较为安谧。在滕县外村之便衣队，多归沈鸿烈节制，以其距沂水甚近；而于学忠之军队，即在沂水之蒙山中。此山占〔东?〕莒、滕、沂、临各县均长700余里。内有旧山东省政府机关之盘踞，闻尚有广播电台，未知其装设地点。山中有大林，约长200余里，老木参天，森森成荫；内之居民，半开化之土著。当韩复榘主鲁时，曾有计划，拟设立一独立林区县，其广廓可知。现在，除近城数里外，政令即不能达到，税赋收入甚不畅旺云。

卅三、峄县恢复后之情形

峄县在山东省之最南端。乘火车先到临城，换临枣车到枣庄，再换乘小煤车，始得到达。此车原为中兴煤矿自用之煤车。该县知事郭光箕，字向南，历城人。县署仍在旧址。该县于事变时未有抗战，无多破坏。此系一等县，辖境最大，山地最多。所驻日军归临沂军部节制，在昔枣庄，原系矿区，颇为繁华，有妓院200余家。现在，市面萧条，人烟冷落，无复当年之繁荣。该县知事于白昼到县署办公，晚间则在枣庄日军部住宿。恐慌紧张，以此可见。其城区内全用联银票，四乡则有土票、杂票、军用票等，币制尚未完全统一。其煤矿原属鲁大公司之产，有日本资本一半。现在完全由日人经营，鲁大之名完全消灭。当地居民现在恢复归回者，尚不足十分之二。而津浦车尝在此有脱轨之危险。

卅四、宁阳情况

宁阳靠近泗水。事变时，韩复榘省府，首退此地，再退济阳，后退曹县。其县署仍在旧址，闻前任县知事王克鸿，办理不力，业经免职。自现任王绍武知事到任后，政绩颇有进展。县城周围约有5里。从滋阳乘日本军用汽车到县。该县与泗水、曲阜相邻，为游匪出没无常之地。县境多山，地瘠民贫，为三等县。其他政绩，殊无可采云。

卅五、肥城之屡得屡失

肥城现任知事为田资厚。自事变后，该县曾有刘某、秦某两任，均不能应付环境，未能久任。现在田知事全仗其警察局长朱壁（字一飞）之力，应付环境，尚可胜任。该县未恢复之区甚多,常有游匪攻城之事发生,屡次变乱,故建筑破坏亦特甚。除县城以内,尚称平靖,大多不敢越城外一步,须有重兵镇压,方可通行、视察等。于12月1日上午10时在泰安时,县署王秘书来告,今午有讨伐兵车出发,肥城王〔田〕知事已面谕警备队长选择精壮队兵25名保护。11时,赴县署辞行,友军联络车亦已开到,即登车出发,车行1时余,旷野树林中忽有武装匪部散于道旁,对车射击。友军暨警备队予以猛烈还击,加足马力,急驰而过,方得脱离险境。视察等当射击之时,惊惶万状,伏身车底,幸免于难。即此可知该县治安尚未恢复,故人民回复者,尚不足十分之一。各学校亦全未复课。游匪屡次攻城,失而复得者数次。现有县知事久驻县署,系经人民请求者。又其县署全体公务员均须轮值,每晚持枪巡守城墙。有一老科员,年近古稀,亦虽〔随?〕轮值,当称其清苦,答称为吃饭,没法子,并谓此事尚不为苦。在前月初,收复县城之时,城内逃避一空,一无所有。凡县署公务员与县知事等,均须自抱磨棍磨面,方可得食云。

(二) 2045,008

(转录自中央档案馆、中国第二历史档案馆、吉林省社会科学院合编:《日本帝国主义侵华档案资料选编·汪伪政权》,中华书局2004年版,第379—394页)

（40）山东省治安强化运动本部报告书（节选）

（1941年12月25日）

本省自11月1日开始推进第三次治安强化运动，同时遵照华北政务委员会秘字第六八五七号密令颁发实施要领，拟定山东省各级治运本部组织暂行办法，暂将前山东省治安强化运动促进委员会改组省治安强化运动本部，各级县、市亦先后于11月上旬成立治运本部，所幸军、官、民均能明了治运意义，努力工作，不但在训导民众思想上收得良好效果，即对于剿共灭敌已树立伟大功绩。兹将本次治运实施重点及实绩分别报告，敬备参考。

一、对敌匪区经济封锁情形及实绩

经济封锁之方针为发挥中日军、官、民建设东亚新秩序一致之综合力，防止利敌物资向匪地区流入，以谋敌方抗战力量无形挫折而达到急速恢复治安为目的。现在山东省实行经济封锁，划定鲁南为匪地区，计有莒县、沂水、日照、诸城、安丘、昌乐、益都、莱芜、新泰、蒙阴、临沂、费县、博山、临朐等14县。这14县之中，仅莒县、沂水、日照3县为完全被封锁之匪地区，其余11县均系一部分因有敌匪驻在该地而被划为封锁区。

此外，尚有日本军兵团指定之匪地区，乃武定道所管辖之无棣、利津、沾化等3县，这些3县亦仅只一部分因有敌匪驻在该地而被划为封锁区。除以上17县之外，其余在封锁范围以外之地域仍为自由交易地区。当实施经济封锁之前，依据第3次治安强化实施要领制订防止物资流入匪区要领及事务处理办法，随同白话布告颁布实行。全省辖境无不慎重遵照办理，同时令饬各被划定为封锁区之县公署，对敌匪驻在地构筑经济封锁遮断壕及碉堡墙壁，并在封锁线周边重要地点设置经济检问检索所及编制经济检问检索游动队，巡回流弋于封锁线周围最前线，以防物资偷漏流入匪区。最近月余，关于经济违反者之检举、没收利敌物资甚多，各属正继续呈报审核中。据各县情报，自经济封锁实施以来，各地敌匪已陷于物资缺乏之苦境。现在之封锁圈，已随同日本军与县警备队之讨伐工作逐渐缩小，效果卓著，敌匪消灭之期谅不远矣。

二、各属联合讨伐之战果

自本次治运展开以来，第一重点在对匪地区实施经济封锁，第二重点即在强化警团力量，实施联合讨伐。综计自11月3日起至12月25日止，所属各道、县出师联合讨伐共为269次，与匪接战126次，毙匪1158名，伤匪1180名，俘虏431名，收抚639名，虏获各色枪1562枝，轻机枪5挺、土炮1004枝，各色子弹5152粒，又2箱手榴弹749枚、军用铁锹500把、刺刀33柄、银元5箱约1000斤、伪钞票37元4角、毛边纸币30000元、马112匹、牛骡驴160头、自行车5辆、杂粮60万余斤又6小车、各种物资20车、棉花600斤、军衣、被服179件、鞋袜500双、兵器制造修理器一车，铁器1500斤、裁缝机3架、铅印石印机共11架、石炭1500斤，其他如旗帜、手榴弹柄及一般零星杂件不计其数。此乃仅就本部自11月3日起至12月25日止所收成战果报告统计之数，其实各县所得之战果或有遗漏呈报，将来全盘详细统计，必更有可惊之数。此种赫赫战果，实足以表示治运伟大成绩。

三、扩大宣传剿共灭敌意义，励行经济封锁政策之实绩

本省自展开治运以来，关于宣传工作以省公署秘书处宣传室为主干，各级人员一致迈进不遗余力，尤以此次治运异常紧张，每日印制传单、标语分发各道、县、市张贴宣传。凡本部收得各种情报及战果，一面转报华北政务委员会政务厅情报局，一面即由宣传室印成壁报、露布或利用报纸及广播电台分别宣传讲演，务使人民对于剿共灭敌意义及对敌匪地区实施经济封锁政策，均能彻底明了。克服一般不良思想，俾使治运工作得收指臂屈伸自如之效，而人民自觉自卫力量亦因之加强。此种无形效果尤属伟大。

四、构筑防御工事情形及实绩

本省治安强化运动以一、二两次为胚基，自第三次治运展开以来，人民对于剿共灭敌之意义即已彻底明了，一切工作积极推进，紧张万状。关于各县重要地域构筑碉堡、城壁及经济封锁线，构筑遮断壕，铁道沿线构筑民壕，均经主管官厅次第督催兴工建筑，一般人民深感往昔敌匪蹂躏痛苦，对于此种防御工事踊跃兴工，除一部分封锁线、遮断壕须明年3月方能完成外，其余工事现已大多建筑完竣。此后交通得庆安全，治运得收奇效，治安得以恢复，人民得享太平。此种防御工事诚可称为本次治运第一成绩。

五、完成保甲制度之实绩

本省各地保甲制度自治安确定，而后大多经主管官厅督促编制完成。本次治运期间实施联合讨伐，各地自卫团亦均协同战备，并防卫本村作战，所著效果极为宏大。现为强化保甲制度，增进各村镇自卫效率起见，复经主管官厅督饬各县组成自卫团指导班，巡回分担各该管乡镇自卫团训练指导之责，并随时举行假定村自卫团防御本村战备演习，如此积极训练，补助军警之力日见增强，

徇为本次治运一大成果。

六、完成各县警备道路及电话网之实绩

查推进治运，恢复治安，各部机能本无轩轾，而警备道路及电话之建设与保护尤为重要。本省在治运开始以前，关于各道、县、市警备道路及电话，业经主管官厅督促积极兴修，不遗余力。其间虽有被敌匪破坏者亦随时恢复，一遇匪警，或联合讨伐，交通电信尚称便利。现在本省警备电话网之设计，企欲谋各县互相取得联络，仍在增加架设中，将来警备机能必更强化。

七、省本部工作概要及实绩

自本年11月1日成立治运本部以来，各关系官厅同时总动员，对于第三次治安强化运动努力推进，不遗余力。为明了各地实施情形及督导起见，除召集各道督察专员会议指示治运要领，分别进行工作外，本部长及委员、干事、督察专员等分期、分班赴各道、县、市实地视察。计第一期视察封锁线之县、区，第二期视察模范县及铁道沿线县区，第三、四期视察各指定都市及其他县区，切实指导并召集民众讲演治运要义，务期彻底明了，以利进行。所收实效，殊为伟大。关于一切视察情形均另编有详细报告书，以备参考。其他本部一切工作状况以及各属呈报治运实绩，均随时列表统计可供考核，勿庸赘叙。

山东省治安强化运动本部

（二档）二〇〇五②257

（转录自中央档案馆、中国第二历史档案馆、河北省社会科学院编：《日本侵略华北罪行档案·损失调查》，河北人民出版社2005年版，第296—301页）

（41）山东省治安强化运动本部防止物资流入匪区要领事务处理办法

（1941年12月）

兹为对于防止物资流入匪区要项，缜密慎重，以便工作起见，特将疑难之点及施行手续，详加铨释如左：

方针（解释要领第一之一项）

甲、经济封锁，为发挥中日军官民建设新秩序一致之综合力，防止利敌物资向匪地区流入，以谋敌之战意无形挫折，而达到急速恢复治安之目的。

乙、已恢复治安之地区，对于匪区所存之必要物资，应努力渐次吸收之。

丙、已经恢复治安之自由交易地区，对一切经济状态，应使之健全，勿生障碍，并须注意一般良民生活上之安定，勿使感受痛苦。

经济取缔之对象地域（解释要领第二之二项）

丁、所谓匪地区者，乃鲁南之匪地区及日本军兵团所指定之匪地域而言，且此种匪地区，必须随同剿匪之进行，而渐次缩小之。

（1）鲁南匪地区为莒县、沂水、日照、诸城、安丘、昌乐、益都、莱芜、新泰、蒙阴、临沂、费县、博山、临朐等14县。但以上14县，仅莒县、沂水、日照3县为完全封锁之地区，其余11县均系一部分之封锁区。

（2）日本军兵团指定之匪地区，仅为武定道属之无棣、利津、沾化三县，且此三县亦系一部分之封锁区。

（3）凡认为匪地区而加以封锁之地区，系指挖掘遮断壕以内之地方而言，其区域由现地日本军商同县知事划定之。

（4）凡在封锁线以外之区域，仍为自由交易地区。

（5）凡向前列鲁南匪地区及日本军兵团指定之匪地区，搬入要领第二之二项所列之物资时，须先领得搬入许可证。

（6）封锁区附发地图参考。

戊、防止物资流入匪区要领第二之二项所列物品，以禁止搬入封锁匪区为原则，但匪地区内居住之良民（持有官公署所发给之良民证或居住证明书者），经匪地区外自由交易地域（封锁线之外）搬入要领第二之二项所列之物品，或拟由匪地区通过时，须向最近日本军警备队请求，只限有日本军大队长以上之搬入许可证者许可之。匪地区外之居住者，绝对禁止向匪地区内搬入前项所列物品。兵器弹药类，及棉花、皮革、羊毛、麻，仍按照要领第二之二项之（注）一、二取缔之。

封锁线及经济检问检索（解释要领第二之五项）

己、封锁线及匪区周围之地点，各地方机关与日本军缜密连络，确定构筑封锁遮断壕或城壁及堡垒。

（1）在封锁线重要处设立经济检问检索所，严重取缔向匪地区流入要领第二之二项1至12所列之物品。

（2）关于经济检问检索分二种，一为固定经济检问检索所，应设于封锁线之重要处；一为经济检问检索游动队，须选拔品行端正优秀者，以便衣编成之（即以前经济游击队），在封锁线外围周边检问检索，并须深入敌匪地区内，破坏敌之经济运营，以期经济封锁之完成。

对于指定都市经济之取缔（解释要领第三之六及七项）

庚、指定都市，为要领第三之六项所列之21都市，此21都市，并非被封锁地区，乃物资配给基地。此种配给基地，须取缔物资经过自由交易地带向匪地区流入，但向指定都市搬入物资时，以自由为原则。

（1）要领第二之二项之4及第三之七项之5所谓医疗药品，系指东西洋药品及中国成药而言，其他一切本草（树皮草根）之中国普通药材不在此限。

（2）指定都市住民，除搬出要领第三之七项1至5所列之物品者（第5中国本草之普通药材不在此限，以下同）须领取许可证外（无许可证者取缔之），搬出其他物品则勿庸呈请许可。

（3）凡指定都市之住民，拟搬出要领第三之七项1至5所列物品者，应分别依照左列办法：

（子）济南市、烟台市之住民应向该管区公所（联保主任）提出需要证明书，经其证明后径持向日本军特务机关请求发给许可证。

（丑）威海卫、龙口特区之住民，应向该管联保主任提出需要证明书，再转向专员公署请求发给许可证。

（寅）德县、禹城、高密、潍县、益都、博山、周村、泰安、滋阳、济宁、滕县、临清、临沂、惠民等县之住民，应向乡镇公所提出需要证明书，再持向该管县公署请求发给许可证。

（卯）坊子、张店、枣庄等三处之住民，应向该管乡镇公所提出需要证明书，再持向驻在该处日本宪兵队请求发给许可证。

（辰）指定都市以外之住民，拟由其他指定都市搬出要领第三之七项所列1至5之物品时，须向该管乡镇公所提出需要证明书，并须经所在地之县公署盖印证明后，转向欲至之指定都市核发许可证机关，请求发给搬出许可证。

[原件缺（巳）]

（午）需要证明书格式（如另纸第三样式）[略]，颁发各机关作为样本，用纸由提出人自备。

赏罚（解释要领第四之十二项及十四项）

辛、本要领对敌匪地区断行经济封锁，完成剿共工作，以期迅速恢复治安为目的。但规定严重之处罚，对于人民之权利，实有重大之影响，故办理时须慎重处理之，不得有虚伪密告及诬陷良民，并利用封锁冀获不当之利益。

（1）没收物资有处分权限之官厅为济南、烟台市警察署（所）长、县知事、特区专员。

（2）要领第四之十二项括弧内所载没收之盐，应依照山东盐务管理局颁行之私盐取缔规则处理之。

（3）没收变卖违禁品所得之款，以五成充经济封锁所需之各项经费，以五成充破获者及告密者之赏金。

（4）凡破获违禁品，其一案价值在2000元以上者，须呈准省长许可后处理之（如另纸第一式）[略]。其价值在2000元以下者，应随时将处分情形呈报省署查核（如另纸第二式）[略]。

但关于处分一件之赏与。不拘发见及密告者人数之多寡，不得超过五成。

（5）关于没收变卖款项之收支，应作为特别会计，不得与县款混淆。每月将没收之五成经费及赏金多寡残余若干，一切支配情形，须呈报省长察核。

壬、关于封锁地带以内之中国人有违反行为者，其处分官厅限县知事以上之行政长官。

（1）要领第四之十四项之2，关于保（或甲）之处罚，凡发生现行犯之保及甲处以1000元以下之罚金。处罚比例，除本甲分担三成外，由本保其余各甲分担七成。

（2）要领第四之十四项之3，关于同项之1所指之现行犯之家族，以根据户口调查规则所调查之户口，在一户内同住之户主以下父母兄弟妻子为限，并须于呈准省长后执行之，罚款由处罚机关单独保管之，听候省令处理。

（3）要领第四之十四项之4（关于知有第一款之现行犯，而不向军官宪通报者），须经严密调查，证明确系知情而密不报告者处罚之，但发觉有挟嫌诬告之行为时,反坐之。

（4）要领第四之十四项之5后段所载（利用封锁而获不当利益者），包括执行经济封锁之公务员，凡从事于经济封锁之公务员，如滥用职权，违反要领各项之规定，或利用封锁而获取不当利益者，按要领第四赏罚第四之十四项之5严格处罚之。

（5）县知事对于要领第四之十四项1至5之执行，须呈经省长核准，但同项之1如因情形紧迫不及呈请时，应于执行后立即呈报省署备查。

附一、发见日本人及第三国人时，应速送日本宪兵队。

二、在被封锁地带以外之地域之中国人违反者，应速送日本宪兵队。

（二） 2005, 2, 241

（转录自中央档案馆、中国第二历史档案馆、吉林省社会科学院合编：
《日本帝国主义侵华档案资料选编·华北治安强化运动》，中华书局
1997年版,第291—295页）

2. 人口伤亡资料

（1）山东解放区人口统计表

（1946年）

数目 地区	项目 原山东地区之人口	包括河北区、江苏部分地区之人口	合计（现属山东解放区之人口）
胶东区	8986644		8986644
渤海区	5479934	2100000	7579934
鲁中区	5342853		5342853
鲁南区	3422404	500000	3922404
滨海区	2587837	572989	3160826
总计	25819672	3172989	28992661
说明	国民党统治区人口 3000000 鲁西解放区之人口 1000000	1. 河北划入山东解放区渤海之8县为东光、吴桥、靖远、南皮、庆云、黄骅、振华、沧县； 2. 江苏划入山东解放区鲁南之2县为邳县、铜山； 3. 江苏划入山东解放区滨海之2县为赣榆、东海。

（山东省档案馆馆藏档案，档案号G008—01—0015）

（2）山东解放区急待救济之难胞统计表

（1946年）

人口＼地区	胶东区	渤海区	鲁中区	鲁南区	滨海区	合计
难胞数目	2330800	2274000	1922400	1411200	1074400	9012800
备注	山东解放区总人口是28990000，急待救济之难胞占总人口31%。					

（山东省档案馆馆藏档案，档案号G008—01—0015）

（3）山东省渤海区人口损失统计表

（1946年8月7日）

		第一专区										
		黄骅	靖远	沧县	南皮	吴桥	东光	振华	乐陵	庆云	海上办事处	合计
老年	死亡	218	360	1662	296	399	383	493	11414	206	10	15435〔15441〕
	伤残	116	364		999	94	91	221	294	60		2239
	失踪		13			80		11		5		109
	抓走	2	58		19	1407	52	15	11	22		1586
壮年	死亡	297	115	786	1724	299	1212	724	4532	389	37	10115
	伤残	153	965	1664	176	106	233	274	975	983	1	5530
	失踪	24	56		19	143		61		55		358
	抓走	4	244	146	117	112	321	81	899	1019		2873
青年	死亡	126	159	1000	1152	714	1022	357	3937	1849	6	10322
	伤残	136	266	1664		59	217	69	427	723		3561
	失踪	15	239		1018	44		38		30		1384
	抓走		659	200	1565	91	263	41	319	784		3923
儿童	死亡	43	208	1272		50	451	94	2048	128	1	4298
	伤残	66	61			3		10	36	20	4	194
	失踪		44				3		4			51
	抓走		12				43	6	40	9		110
合计		1200	3823	8394	7079	3601	4288	2498	24862	6286	59	62090
		死亡：40170　　伤残：11562　　失踪：1902　　抓走：8492										
		第二专区										
		齐河	济阳	匡五	商河	临邑	德县	平禹	德平			合计
老年	死亡	1506	291	719	216	840	261	476	575			4884
	伤残	606	9	142	35	211	18	54	441			1516
	失踪	104	25	9	8	197	12	41	57			453
	抓走		24	23	19	103	19	41	66			295
壮年	死亡	1160	456	1117	433	1629	341	498	710			6344
	伤残	251	68	306	61	184	84	51	67			1036
	失踪	1009	61	98	13	204	25	93	60			1563

											合计
	抓走	1291	189	89	87	98	20	83	63		1920
青年	死亡	911	174	249	222	520	148	185	51		2461
	伤残	107	62	111	19	125	11	12	26		473
	失踪	161	61	25	3	53	17	30	15		365
	抓走	552	188	33	70	109	28	68	70		1118
儿童	死亡	142	71	63	38	252	33	84	58		741
	伤残		8	8		57		32	52		157
	失踪	90	76	6	2	32	8	24	33		271
	抓走	142	18	15		9		12	74		270
合计		8032	1781	3013	1226	4625	989	1785	2418		23869
		死亡: 14430　伤残: 3184　失踪: 2652　抓走: 3603									

第三专区

		寿光	益寿	临淄	广饶	桓台	博兴	高苑	长山	邹平	青城	齐东	羊角沟市	周村市	合计
老年	死亡	2000	59	455	580	388	401	166	1983	16	100	37	6		6191
	伤残	200	21	211	172	186	119	76	836		56	3			1880
	失踪	14	7	144	50	118	26	7			27	3			396
	抓走		6	48	35	152	129	43	56		18	20			507
壮年	死亡	928	83	954	899	712	596	354	3317	9	152	55	8		8067
	伤残	1356	25	493	138	174	198	160	1022	2	30	11			3609
	失踪	22	6	279	64	37	78	69	294		17	24			890
	抓走	1800	24	647	70	285	299	25	901		24	31			4103(4106)
青年	死亡	260	68	577	405	752	668	339	1506		97	53	4		4729
	伤残	344	11	269	95	139	160	221	250	1	18				1508
	失踪	30	8	123	66	86	60	15	16		19	6			429
	抓走	66	40	291	65	229	331	55	62		10	135			1284
儿童	死亡	58	8	98	100	159	161	12	639		30	3			1268
	伤残	30	2	37	15	16	47	1			3				151
	失踪	4		39	21	17	26				4				111
	抓走			15	8	24	12	41			2	32			134
合计		7112	368	4680	2783	3474	3308	1584	10882	28	607	413	18		35257
		死亡: 20255　伤残: 7148　失踪: 1826　抓走: 6028													

		第四专区									
		蒲台	利津	垦利	沾化	阳信	惠民	无棣	滨县	海上办事处	合计
老年	死亡	241	107	113	615	62	297	519	305		2259
	伤残	37	35	31	275	30		5	33		446
	失踪	38	33	8	70	39	9				280
	抓走	7	18	1	51	39			89		205
壮年	死亡	125	176	154	988	554	216	1605	332		4150
	伤残	31	61	52	389	225	81	472	31		1342
	失踪	59	47	15	460	103	18	1	125		828
	抓走	30	56	9	902	445	27	80	86		1635
青年	死亡	89	113	100	603	91	369	45	123		1533
	伤残	34	9	11	271	44	27	39	25		460
	失踪	33	19	3	626	16	9	24	64		794
	抓走	14	25	9	343	140	18	186	27		762
儿童	死亡	58	43	29	149	71	27	24	53		454
	伤残	1	5	5	94	19			2		126
	失踪	1	16	2	36	11			2		68
	抓走		2	1	54	15			2		74
合计		798	765	543	5926	1904	1098	3000	1382		15416
		死亡：8396　　伤残：2374　　失踪：1970　　抓走：2676									

		行署直属		
		惠民市	驻济办事处	合计
老年	死亡	51		51
	伤残	4		4
	失踪	1		1
	抓走	2		2
壮年	死亡	83		83
	伤残	12		12
	失踪	11		11
	抓走	13		13
青年	死亡	20		20
	伤残	2		2
	失踪	3		3

	抓走	1		1
儿童	死亡	5		5
	伤残			
	失踪	2		2
	抓走			
合计		210		210
		死亡: 159　　伤残: 18　　失踪: 17　　抓走: 16		
总计		死亡 83410　　伤残 24250　　失踪 8367　　抓走 20815　　总计 136842 人。		
备考		1. 邹平统计数字, 係四个村的, 益寿只 32 个村的统计数字。 2. 该表数字係群众损失数字, 部队与工作人员损(失), 据不完全统计已达群众的损失二分之一。统计起来总死亡 125115 名, 伤残 36375 名 , 失踪 12651 名 , 抓走 31223 名 , 总人口损失 205364 名。 3. 以上统计材料, 由于环境不便, 所以统计的不够完全, 是从抗战开始到日本投降以前的。		

（山东省档案馆馆藏档案, 档案号 G034—01—152）

（4）冀鲁豫区第一分区山东部分八年战争人口损失统计表

（1946年5月）

表一：战争中损失人口

县别＼项别数目	被敌杀死	敌特暗害	敌灾病饿致死	流亡失踪	被抓壮丁	合计
茌平	11551	357	58256	1235	8854	80253
博平	5214	161	40621	1279	13615	60890
筑先	7334	226	63960	3675	13315	88510
东阿	4781	147	42758	1347	8141	57174
齐禹	8788	364	40101	1754	8130	59137
阳谷	12380	382	92329	3280	17512	125883
长清	7707	238	65489	1863	12711	88008
河西	1067	32	31698	742	3805	37344
泰安	9877	305	85714	10282	18226	124404
肥城	6872	212	72687	1373	16534	97678
平阴	3921	121	40862	1272	8468	54644
宁阳	6850	193	70151	1265	1535	79994
合计	86342	2738	704626	29367	130846	953919

表二：目前伤残疾病急待救济人数

县别＼项别数目	遭敌枪伤拷打致残者	被敌奸污染病者	现仍患疾病者	少衣无食者	合计
茌平	615	343	4754	75900	81612
博平	554	298	7206	53258	61316
筑先	346	169	2182	54928	57675
东阿	385	263	4928	44825	50341
齐禹	438	214	3603	36953	41208
阳谷	684	318	4429	86215	91646
长清	548	258	6233	55709	62748
河西	308	150	3323	35910	39691

县别 \ 项别数目	遭敌枪伤拷打致残者	被敌奸污染病者	现仍患疾病者	少衣无食者	合计
泰安	518	251	7428	72106	80303
肥城	504	272	4801	61545	67122
平阴	432	209	5456	44964	51061
宁阳	496	253	5342	45635	51726
合计	5828	2940	59685	667948	736401

备考：①被抓壮丁系指被敌掳去长期未回者；②少衣无食者系指目前即无法维持生活者，内包括遭敌灾造成的孤老孤儿及贫苦难民；③遭敌灾致残者，系指被敌打伤致残不能恢复健康者，已痊愈者未统计在内；④被奸致疾者，系指妇女被奸传染花柳病，或其他伤症，至于被奸淫未致疾病之妇女，以及间接传染花柳病者均未统计在内。

（中国第二历史档案馆馆藏档案）

（5）冀鲁豫区第二分区八年战争人口损失统计表

（1946年5月）

表一：战争中损失人口

县别＼项别数目	被敌杀死	敌特暗害	敌灾病饿致死	流亡失踪	被抓壮丁	合计
濮县	3145	165	9193	1015	3835	17353
郓北	499	26	1297	242	483	2547
郓城	998	52	10098	1327	1975	14450
鄄城	617	35	1485	96	708	2941
寿张	879	46	7789	367	664	9745
范县	259	14	1036	131	1290	2730
观城	401	21	693	184	817	2110
郓钜	1169	61	2200	900	4600	8930
临泽	1153	60	3110	885	2235	7443
朝城	746	39	1350	600	700	3435
崐山	1584	83	1637	1120	1569	5993
张秋	1145	60	1177	800	862	4044
东平	1378	73	1705	750	1351	5257
汶上	1152	60	1267	1020	1814	5313
南旺	1002	48	185	290	1025	2550
巨野	1777	93	370	1250	2180	5670
嘉祥	1259	66	242	189	85	1841
济宁	1273	67	1100	280	1855	4575
合计	20436	1069	45934	11445	28048	100933

表二：目前伤残疾病急待救济人数

县别＼项别数目	遭敌枪伤拷打致残者	被敌奸污染病者	现仍患疾病者	少衣无食者	合计
濮县	215	113	2650	3718	6696
郓北	434	231	4132	2966	7763

项别 县别 数目	遭敌枪伤 拷打致残者	被敌奸污 染病者	现仍患 疾病者	少衣无食者	合计
郓城	403	232	4500	6030	11165
鄄城	507	247	4325	3449	8528
寿张	604	324	3970	1565	6463
范县	195	86	3618	909	4808
观城	114	60	2050	1262	3486
郓钜	563	263	4573	2882	8261
临泽	498	239	4612	7934	13283
朝城	218	118	1545	9600	11481
崐山	405	251	2452	2235	5343
张秋	315	203	2794	1332	4644
东平	521	251	6576	1530	8878
汶上	604	289	4078	826	5797
南旺	457	207	5265	1110	7039
巨野	243	134	2380	863	3620
嘉祥	314	154	3374	1287	5129
济宁	518	203	4526	1856	7103
合计	7128	3605	67420	51334	129487

备考：①被抓壮丁系指被敌掳去长期未回者；②少衣无食者系指目前无法维持生活者，内包括被敌灾造成的孤老孤儿及贫苦难民；③遭敌灾致残者系指被敌打伤致残废不能恢复健康者，致于被敌打伤已痊愈者均未统计在内；④被奸致疾者，系指妇女被奸传染花柳病或其他伤症，至于被奸淫未致疾病之妇女，以及间接传染花柳病者均未统计在内。

（山东省档案馆馆藏档案，档案号G004—01—0082）

（6）冀鲁豫区三分区山东部分八年战争人口损失统计表

（1946年5月）

表一：战争中损失人口

县别＼数目＼项别	被敌杀死	被敌特暗害	敌灾病饿致死	流亡失踪	被抓壮丁	合计
鱼台	455	14	1407	248	512	2636
单虞	1206	37	3729	658	1485	7115
金乡	3130	96	9568	1309	3210	17313
单县	5522	170	16530	2875	4956	30053
成武	1024	37	3071	657	1243	6032
钜南	443	13	2215	232	457	3360
合计	11780	367	36520	5979	11863	66509

表二：目前伤残疾病急待救济人数

县别＼数目＼项别	遭敌枪伤拷打致残者	被敌奸污染病者	现仍患疾病者	少衣无食者	合计
鱼台	692	314	3521	2816	7343
单虞	573	273	3204	3604	7654
金乡	965	426	5848	4780	12019
单县	1034	508	6113	5845	13500
成武	942	414	4649	2646	8651
钜南	613	305	5423	2934	9275
合计	4819	2240	28758	22625	58442

说明：①被抓壮丁系指被敌掳去长期未回者；②少衣无食者系指目前仍没法维持生活者，包括因遭敌灾造成的孤老孤儿及贫苦难民；③遭敌灾致残者，系指被敌打伤致残不能恢复健康者，现已痊愈者均未统计在内。④被奸致疾者，系指妇女被奸后传染花柳病或其他病症者，至于被奸淫未致疾病之妇女，以及间接传染花柳病者均未统计在内。

（山东省档案馆馆藏档案，档案号G004—01—0082）

（7）冀鲁豫区第五分区山东部分八年战争人口损失统计表

（1946年5月）

表一：战争中损失人口

县别 项别 数目	被敌杀死	被敌特暗害	敌灾病饿致死	流亡失踪	被抓壮丁	合计
曹县	5462	151	1801	96	800	8310
复程	213	54	303	107	293	970
定陶	769	38	1874	332	2989	6002
菏泽	375	22	2550	540	300	3787
南华	852	49	3764	492	874	5991
齐滨	792	30	3071	161	745	4799
小计	8463	344	13363	1728	5461	29859

表二：目前伤残疾病急待救济人数

县别 项别 数目	遭敌枪伤拷打致残者	被敌奸污染病者	现仍患疾病者	少衣无食者	合计
曹县	925	405	5568	4303	11201
复程	814	398	6317	554	8083
定陶	813	402	4627	3206	9048
菏泽	512	215	3548	575	4850
南华	238	347	4862	1466	7413
齐滨	512	205	2852	1169	4738
小计	4314	1972	27774	11273	45333

说明：①被抓壮丁系指被敌掳去长期未回者；②少衣无食者，系指目前仍无法维持生活者，内包括因遭敌灾造成的孤老孤儿及贫苦难民；③遭敌灾致残者系指被敌打伤不能恢复健康者，现已痊愈者均未统计在内；④被奸致疾者系指妇女被奸传染花柳病者或其他病症者，至于被奸淫未致疾病之妇女以及间接传染花柳病者均未统计在内。

（山东省档案馆馆藏档案，档案号G004—01—0082）

251

（8）济南市人民检查〔察〕署关于济南市防疫给水支部的调查报告

（1954年5月24日）

山东省人民检查署：

奉省署1954年5月10日指示，据"查日籍战犯竹内丰（刘宝琛）在济南所犯罪行"，经我署会同公安局历时9天，查证已毕。兹将查获情况报告如下：

经查济南防疫给水部于1938年设于济南市经六路大纬六路，至1942年迁至经六路纬九路（该房现住我师范学院）。该部对内称"北支那防疫给水部济南派遣支部"，又名"日本陆军防疫处"，对外称"1875部队"，其任务是研究细菌。该部组织机构及人员情况，据查悉计有：

负责人有3个：第一任是柳田大佐，第二任是金子（金久保，1940年时）少佐，第三任是大森上尉（队长至日降）。

组织机构及人数：

庶务室：管理经济开支，主任是铃木中尉，该室有五六人。

经理室：主任是吉村少尉，该室工作人员3名

准备室：主任日人，中尉级，姓名不详，有3人工作。

理化研究室：主任渡边鼎中尉，工作人员3名。

灭菌室：主任岩赖中尉。

细菌试验室：主任是岩赖，内分3个作业室。第一作业室，培养大便、小便、痰，抽血检查一般细菌；第二作业室，组织切片；第三作业室，动物解剖，显微镜检查。该室工作人员八九人。

防疫队：队长姓名不详，任务是给中国人注射防疫针，有时配合陆军医院及警备队赴外县工作，该部共有日人百名，中国人有二三十人。当时该部中国人现在济南市有：（1）李鸿庆（即李寿臣），住七大马路卖粥；（2）张森，在中国保险公司济南支公司；（3）李德福，在石油公司济南分公司当炊事员；（4）阎铿文，在济南市第一联合医院化验室实习化验员；（5）赵金乾，住济南公修街，拉地排车。

经查该部罪行：

（1）据阎铿文、张森及李鸿庆等人供称：日本北支那济南防疫给水部（即柳田部队），部队长是柳田少校，地址设在济南市经六路大纬六路，内设六七个

作业室，专门研究细菌。伤寒（日文吉福斯）、霍乱（苛里拉）、赤痢（塞哥德）病菌及副伤寒血清、百日咳血清。并记得由北京来将校人员3次参观，说是北京防疫总部派来的，后在队长室，不久即走了。后打〔将〕药箱三五箱不定，移到汽车上运至车站送北京。但装的什么东西不知道。

（2）在细菌第一作业室内设有显微镜、孵卵器2个、电气离心器2个、电器油灯架1个，是培养大小便、尿用的。第二作业室，组织切片机一套，动物实验器一套。第三作业室有孵卵器2个，显微镜2个，灭菌室有干燥灭菌器1个、灭菌锅1个、压气消毒器1个、镏锅1个，动物室饲养兔、鼠、荷兰鼠、羊牛等，是供解剖室抽血之用。

（3）民国三十年，日本人在济南由领事馆下令，所有日人一律打防疫针，吃水统由防疫给水部检查后由日本部队供给。然后不久，在济南市车站、王官庄、东冒等地发生过霍乱大流行。据传说（追查未果）：日本人在泰安招来很多苦工，每天5角钱，吃得很好，每日打针，然后派到别处，其中有一人留在小屋内解剖了。同时，有一次他们把纬八路一些妓女带去抽血化验等罪行。关于他们生产的细菌，以后都向外空运，大部运往东北。他们用人试验是在山东省立医院（陆军医院）。"据我（张森）知道，有一次用人试验过，当时天气很热，是在六七月间，将菌注射到身体内部后，进行解剖（具体情况不详）。"据公安局了解，防疫给水部内大部分是日本人和朝鲜人，中国人很少，工作很机密，不准外人知道。主要的工作是试验细菌，白天工作很少，夜间工作忙，每天晚上使小卧车往里拉人（都是新华院日本特务机关要来的）。

关于竹内丰在1943年七八月间惨杀我11名战俘情况，经查，据日籍犯人及宪兵队等日特犯供，均不详。

关于日本济南防疫给水部之组织、人员、罪行事实等，前后于1953年4月9日以公政字1418号报中央公安部一局，山西省日籍战犯罪行调查联合办公室（1953年9月5日以公政字3950号）。另外，关于被害家属及原物资、文件等，据证人供，全部由蒋匪接收，下落不明（注：特请参考见证人笔供及照片、图表）。

济南市人民检察署检察长　李又邨

1954年5月24日

（中档）119—2—411—3—29

（转录自中央档案馆、中国第二历史档案馆、河北省社会科学院编：《日本侵略华北罪行档案·细菌战》，河北人民出版社2005年版，第38—40页）

（9）济南市人民检察院侦查终结报告书

（1955年）

　　济南市人民检察院于1954年8月12日接到西十里河庄居民集体对前日本侵华日军在琵琶山下（"万人坑"）屠杀我抗日军民的控诉书，经我院向省检察院汇报后转报中华人民共和国最高人民检察院，于1954年12月3日派检察员李瑞珍来我院传达了高检院的指示。我院对高检院的指示做了反复的讨论研究，观察了现场，进行了调查询问，决定检察员郑文斋、袁春魁于1954年12月10日实施对该案现场进行勘验工作。历经3天，挖掘出两个坑（群众称"万人坑"）。根据见证人的检举及群众的控诉，此处有6至8个坑。因此，经我院分析研究，报请省院陈检察长向高检院请示批准，继续进行勘探挖掘。高检院并派检察员王广恩、省检院检察员周松山来我院指导和协助，又延请了法医鉴定人陈康颐等参加。于1955年元月7日继续进行对该案现场勘验和挖掘尸骨工作。

　　经过两次勘验挖掘的被前侵华日军屠杀的我抗日军民的遗骨，一并交鉴定人陈康颐、孙绍谦等举行检验鉴定。对其他证物，如子弹头、火车时刻表，亦分别延请了具有专门知识的人进行了鉴定。同时在第二次现场勘验以及检验鉴定，都摄有电影记录和拍有照片留证。

　　以上经历4月余，证实该侵华日军自1940年至1945年日本投降止，先后在琵琶山一处屠杀我抗日军民的暴行罪证事实如下：

　　侦查　我院在勘验现场之前，首先对现场做了视察，如何进行勘验、保全证据等问题做了研究，为了证实前侵华日军屠杀我抗日军民的手段提出科学根据，并决定延请山东医学院法医学助教沈宝镕、王建清为科学鉴定人。同时为了保全和固定证据，又延请了济南市公安局摄影技术员赛上达参观现场勘验拍摄证据。

　　第一次现场勘验挖掘是于1954年12月10日，本院检察员郑文斋、袁春魁同上述人员进行现场勘验挖掘尸骨，经历3天。先后在第一号坑和第二号坑共挖掘拣取尸骨4木箱和8席包，并拣取枪弹1发，枪弹头16个，及生锈铁钉55个。在勘验过程中见到被屠杀的我抗日军民的尸骨的形状，互相堆积压叠，横三竖四，有的弯曲，有的侧卧，有的仰卧，有的向地俯卧。大部分两个肢骨肘关节弯曲，两腕关节部压在腰椎的背侧下面交叉被捆绑着。有的左右胫骨与腓骨围有皮带，有的头骨上有圆形小孔等等，惨状使人看之目不忍睹。并发现子弹头等证物。上述惨状都摄有照片作证。

我院将以上挖掘拣取的尸骨和证物，都一并送往山东医学院，并由鉴定人进行鉴定。

根据勘验现场挖掘过程中发现的事实与群众的控诉、证人的检举，此外还有五六个坑，经我院分析研究后，再次汇报省检院，有陈检察长向高检院请示批准，继续勘验挖掘。

于1954年12月19日最高人民检察院指示："我院应彻底查明万人坑内被驻济侵华日军屠杀我抗日军民的人数和手段"，并派检察员王广恩来我院协助，请有中央新闻记录电影制片厂摄影记者王珍本、孙景明在现场上拍摄电影记录片。同时，山东省人民检察院亦派检察员周松山来我院参加，共同进行现场上的勘验工作。根据第一次现场勘验的经验，决定又延请了鉴定人，中国人民解放军医学科学院法医研究系研究员陈康颐，以及北京市法院法医傅长林、何世魁等来我院参加现场勘验。

第二次现场勘验挖掘工作是于1955年1月7日在检察员王广恩、周松山具体的帮助指导下进行的，并绘制有平面图、现场图、济南市的略图各一张附卷。又挖掘3个坑，即第三号坑、第四号坑（分为四坑南一区、南二区、中区、北区）和第五号坑，均发现有大批尸骨，互相压叠，横三竖四，层层堆积，相互交叉，大部尸骨的两上肢骨以两面腕关节部在腰椎北侧交叉，均有腐朽的绳索捆绑着。为了搜集和固定证据，都拍摄照片和摄成电影记录后，再由法医对每具尸骨编号、填写拣取尸骨记录表，记录尸骨姿势及反常形状，然后分具拣取装入蒲包。总计第二次现场勘验挖掘历经13天，拣取的尸骨分别共装入557个蒲包，屠杀我抗日军民的枪弹头204个，及小本子一册，腐烂的布一团。对所拣取的尸骨和证物都送至山东医学院，分别交由鉴定人进行鉴定。

在勘验现场挖掘尸骨过程中，并通知所查明的部分被害者之家属（父母、妻子、子女等），有薛城县、邹县及济南市的抗日军民烈属金玉华、米李氏、田振安、诸庆宜，以及当时同难的证人诸京旺。来我院后，有检察员带领各地烈属前往"万人坑"瞻望被残杀亲人的遗骨。烈属们哭成一团，在场人悲痛流泪。检察员向烈属们都作了安慰和询问，查明了被害者的身份、职务和被害的时间、地点。有的是在民国三十年（1941年）间，因进行抗日活动，而被前侵华日军逮捕解送到济南，经军法会议判处死刑，以施镇压我抗日军民的组织。

与此同时，我院审讯了在押日籍罪犯园田庆幸（前伪山东省最高顾问）供认：凡在琵琶山下"万人坑"中被屠杀的抗日军民，都是在前日本侵华北支那方面军所辖第12军和第43军的罪证，执行机关交有法务部军法会议判决执行，而其所属军队及驻济侵华宪兵队所逮捕的抗日军民，亦均送该法务部经军法会议执行。

由此可见，证实为前日本侵华北支那方面军所辖第12军和第43军而被害者，都是因保卫祖国领土和主权进行抗日活动遭受侵华日军逮捕和屠杀的。关于被害的人数、性别、年龄和屠杀的手段等，鉴定人陈康颐、孙绍谦及各地来参加鉴定工作的法医学助教和法医，根据我院提出的应解决的几个问题，做出如下鉴定结论：

一、鉴定人先后接受我院挖掘的两批尸骨，用清水刷去泥土晒干，经过配骨检验认定，第一、二、三、四、五坑内的尸骨被屠杀的我抗日军民，共有746人（男女老幼都有）。

二、各坑之尸骨经过检验鉴定后，可以认定的男性尸骨有83具，女性尸骨有7具。由此可证明，各坑被屠杀的我抗日军民有男性亦有女性。

三、鉴定人根据尸骨全身骨骼的发育状态推断年龄的根据，经过检验鉴定结果认定，在13岁上下者有1具，15岁上下者有18具，20岁上下者有47具，25岁上下者有56具，30岁上下者有134具，40岁上下者有131具，50岁上下者有75具，60岁上下者有16具。另一部分尸骨因骨骼残缺不全，或因有骨配不能认定其年龄。

四、检察员与鉴定人在参加现场勘验过程中，查明有310具尸骨是在死亡前两手被反绑在背后，有的颅骨非常明显地被锋利之刃器砍削的骨质缺损。经过检验鉴定认定，颅骨被枪弹射击所致的骨质缺损有185人。认定肩胛骨、肋骨、腓骨被遭受钝器暴力损伤所致的骨质缺损的特征，有的在遭受钝器暴力所致的骨折裂痕边缘有骨痂的72人。认定遭受暴力所致之颅骨粉碎者有229人。

综合上述各种骨质损伤者，经鉴定人鉴定认定，共有442人。

鉴定人特别提出，软组织已消失，从尸骨上检验被屠杀的手段还受到一定的限制，因为损伤人体而不伤其骨骼足能致死。鉴定人经过鉴定后，已证明用上述手段（枪杀、钝器击死、用刀砍死、绳子捆绑活埋等手段）来屠杀的我抗日军民。总之，是一批一批的集体杀害的。

我院对两次勘验现场所拣取的完整枪弹1发，枪弹壳14个、枪弹头220个。为了证实前日本侵华日军使用何种枪屠杀的我抗日军民，特延请了山东军区炮兵部军械处弹药助理员盛存仁为鉴定人。根据我院提出的应解决的问题，做出如下鉴定结论：

枪弹种类为日造6.5公厘，机步枪弹头217个；7.63公厘，驳壳枪弹头3个。经鉴定其弹头已全部经过射击。

在勘验现场时，在坑中拣到的小本一册，经清除表面泥土后，发现里面印有铅印的"北京——东京间连络"火车时刻表和油印的火车时刻表。我们向济南铁路管理局进行了调查了解，他们认为时刻表虽字迹模糊，但可断定系日伪时期印制的时刻表，其使用范围；铅印的时刻表为车长、司机等使用，而油印的时刻表多系发给基层工人等使用，其中油印的时刻表内有"先躯"二字，系指在直达旅客列车开行前开出之"轨道车"。

查明此铅印与油印两种时刻表，经过调查了解和检验后，可证明前临城警务段员田瑞符、张福德等44名因参加我抗日地下组织革命活动，而被侵华日军第12军和第43军司令部命令部下集体屠杀的，判定此表是与死难者埋在一起的（以上事实见附件：鉴定书、现场笔录、苦主告发、证人证词等）。

结论 以上事实，经我院侦查与日籍罪犯供认完全相符。根据该侵华日军犯罪现场附近村庄群众的控诉及被害家属的告发、证人的证词，现场的勘验，鉴定人对证据鉴定的结论，完全证实了前日本侵华北支那方面军所辖第12军和第43军，自1940年至1945年投降止，先后在我山东省济南市西十里河琵琶山下（"万人坑"）屠杀我抗日军民一案的暴行铁证。其中不分男女老幼，大肆逮捕，经严刑拷打后，给予杀害。其手段极为残暴，如枪杀、刀砍、绳捆及用布蒙头活埋，最极惨无人道的是在琵琶山下（"万人坑"），让军犬将被俘我抗日军民活活地咬死（见附件：证词、鉴定书），严重地破坏了我国人民和平生活及生命财产的安全，实属罪恶重大。上述罪行，证据确凿，请依《中华人民共和国惩治战争罪犯条例》严加惩处。

（中档）119—2，5，12，1

（转录自中央档案馆、中国第二历史档案馆、河北省社会科学院编：《日本侵略华北罪行档案·集中营》，河北人民出版社2005年版，第131—136页）

（10）金乡县邮政局长魏作德呈报近日情况

为呈报近日情形由

　　为呈报事。窃查金乡县成〔城〕于本月14日失陷，城内外人民死亡1千余人，天热尸腐，臭闻数里。昨日鲍楼天主堂德国神父进城一次，据闻金乡天主堂内居住50余人尽行杀〔剥〕，城内财物抢劫一空，现在城内无一个中国人。因城南20里即有中央军，故禁止任何人出入，虽第三国际神父亦受严重监视，进城办公，尚无日期。谨将近〔日〕情形备文呈报。

　　鉴核谨呈

　　山东邮政管理局局长。

金乡〔局长〕魏作德呈

二十七年五月廿五日

（山东省档案馆馆藏档案，档案号G052—01—0155）

（11）夏津县日伪时期抓劳工情况的调查

（1963年11月）

在日本帝国主义和国民党反动派统治时期，我县人民受着他们的沉重压迫和剥削。苛捐杂税、烧杀抢掠十分严重，以纹〔及〕地主恶霸也在向广大劳苦工人、农民敲诈勒索，无恶不作，所以在那时候，我们有很多的穷哥们家破人亡，妻离子散，流落异乡，过着异常悲惨的生活。仅据有关材料计算，我县有近千名穷兄弟被日本鬼子运往日本当劳工，替他们卖命，有的惨死在日本。通过到郑保屯公社郑保屯村访问了解这个村，1944年被日本鬼子偷抓走运往日本的就有30人。据访问了解，本村有个王成木，他是当时被抓走到过日本的（早已惨死）。原来他家有5口人（妻、2个儿子、母亲），10亩地，2间半房，一年吃糠咽菜，总能维持生活，但他被抓走后，妻子、孩儿因生活无依无靠逃往关外，在外讨饭，不久，即被冻死在街头，母亲在家乡因病无人照管也死去了，这样房地家产被地主霸占，一无所有。日本投降后，回到祖国，心想能见到离别很久的母亲、妻儿孩郎是多么幸福阿！但当时的旧社会，并没有给他自由和幸福，而由于在国民党反动派统治的旧中国，居然给他带来了更大的苦难和不幸的遭遇。王成木来家后，见到没有亲人，没有房产，热泪夺眶而出，非常难过。但他还抱着希望询〔寻〕找妻子和亲生骨肉。不料闻讯妻儿已惨死，自己含泪离开家乡，在外逃〔讨〕饭，不久死于东北，就这样闹的家破人亡。在旧社会在日本帝国主义和国民党反动派统治时期像王成木这样的悲惨情景，是很多很多的，有不知多少的妻儿失去了丈夫，丈夫失去了妻儿。又据郑保屯公社八〔屯〕村被抓过劳工的李学为说：我劳工到日本受的苦，真一天也说不完，想起来我就难过。想掉眼泪的时候被日本鬼子偷装上汽车、火车、轮船，运到了日本北海岛〔道〕煤矿，下煤窑，挖煤炭，吃的是一种染布用的橡毛子果面，蒸窝头，一顿给2个，没劲干活还得挨打。有一次因饿〔的〕难受偷几个土豆吃，被日本人脱光了衣服毒打了一顿，渴了也不给水喝，日本人洗澡用的水就给劳工喝，受苦受难。在日本投降后才回到中国，当时长了一身浓疥，身体受〔瘦〕的皮包骨头。要饭回到了家乡，不料母亲因吃糠菜，在外要饭，而□死去，并未见到亲爱的母亲。我回后听说：在我被日本鬼子抓走时，因母亲哭的死去活来后疯子样，我的心真是难过极了，这些事我一辈子也忘不了。

（夏津县档案馆馆藏档案，档案号1—1—258）

（12）日寇铁蹄下的临朐"无人区" [①]

地处沂蒙山区的临朐县，境内山明水秀，土地肥沃，人民勤劳善良。1938年日寇侵占临朐后，其铁蹄践踏之处，罪行累累，血迹斑斑。

1940年到1943年间，由于日寇烧杀掳掠，再加上伪顽反动势力的摧残和封建地主阶级的盘剥，使临朐人民陷于水深火热之中。据不完全统计，仅3年时间，全县就有168000多人逃荒要饭，14000多人典妻卖子，骨肉分离，被日、伪、顽杀害及冻饿而死的就有100000多人。全县380000多人口最后只剩下80000人。仅据九山区的统计，1942年，惨遭杀害、背井离乡、逃荒要饭、病饿而死的就有11404人，占该区总人口的90%以上。该区夏庄村110户共500人，最后只剩下7户27人，活着的不足6%。临朐成了骇人听闻的"无人区"，呈现一片"土地全荒芜，街院蓬蒿生，人死无人埋，屋里抱狼羔，有路无人走，夜间野狼嚎"的悲惨景象。

日寇侵华，在临朐的暴行桩桩件件，罄竹难书！

一、实行"三光" 杀人如麻

1938年正月十八日，日寇"扫荡"田庄，用机枪打死青壮年30多人。临走放火烧庄，50多户的所有房产化为灰烬。2月25日，驻蒋峪日寇扫荡唐立店子，进村先把财物抢劫一空，用刺刀当场穿死12人，然后纵火把全村100多间房子烧了个净光，使500多名群众无家可归。4月25日，日寇进入临朐城，残杀群众200余人，仅家住城里的就有马连方、李曾兴、潘正、王德智、李安清、冷茂青、赵诚、高秀云、王正林之母等被杀害。

同年农历7月20日，日寇"扫荡"龙岗村，将该村围墙的东西南北四门封锁，对数百名手无寸铁的逃难群众，用机枪密集扫射，当场打死75人，打伤40多人。有的头颅破碎，血肉模糊；有的肚腹破裂，肠流满地。在一具具死者身旁，老大娘哭得死去活来，有一个妇女被打死了，小孩还在娘身上爬。龙岗南门里崔洪胜一家，他父亲、弟弟、妹妹被打死，50多岁的母亲得了神经病，每逢看到人家的小孩，就抢过去抱一抱，亲一亲，说是她的孩子。南门里路西，户主叫张传

[①] 这份资料形成于1985年。

家，是开中药铺的，当抱着他的四儿逃跑时，鬼子的一颗子弹穿过太阳穴，当场脑浆迸裂而死。村民黄德胜，老婆被打成残废，大儿被打死。在北门，鬼子捅死宋光华的弟弟，他娘一边哭一边念道："连呀连呀（儿子的小名），你死的好苦啊……"在龙岗村东南角，有个看烟炉的姓□，被鬼子打了活靶，傅金惰的妹妹走亲戚来到龙岗也被打死了……以后多少年来，每到农历7月20日，龙岗村的群众怀念亲人，哭祭亡灵，悽悽惨惨，其景催人心酸落泪。

1940年除夕，大雪纷飞。日寇到尧山乡大车沟村"扫荡"，一把火烧毁房屋47间，赶杀耕牛76头，羊200只，伐树200多棵，把全村粮食抢光。除夕之夜，全村一片火海，母唤子，子叫娘，啼饥号寒，哭作一团。

1940年腊月，日寇主力部队路过冶源村，逗留2天，向南开去，后又折回冶源，以找装着军事地图的皮包为借口，把房东刘存忠和刘景岗的娘抓去，押到老龙湾畔。先铡刘存忠他娘，刘景岗他娘吓得跳了老龙湾，刽子手把他捞上来又铡了。鬼子嫌人的脖子肉软不好铡，把秫秸秆子垫在脖子下面，喀嚓一声，人头落地，叫做"响铡"，鬼子兵逼着老幼残疾的人去看，有〔的〕不去者就用枪探条劈头盖脸地打。

1940年农历3月8日，城里鬼子"扫荡"谭马庄，炮弹横飞，落入逃难的人群中，当场炸死3人，伤3人。进村后，安上汉奸据点，强占民房数百间，挖堑壕，拆除民房100多间，砍伐桑树3000多棵。全村120户，家家被抢劫，无一幸免。

从1941年到1942年间，城里马云端在城西南角有一口菜园井，深13米，日寇在城里杀了人就往里填，一直把这口井填满了。城南有个关岳庙，鬼子常常把无辜百姓绑在松树上，让小鬼子练刺刀，把人捅烂，连树皮上都是密扎扎的刀眼子。在城南的迟家林，鬼子埋着九根杀人橛子。

1941年秋，五井镇黄崖村，蔚学武一家6口人，有妻、3个儿子和1个儿媳。一天，住大埠山的鬼子下山抓人，蔚学武被日寇用枪打断了右臂，因无钱医治，胳膊烂了下来。蔚学武的妻子和儿媳被抓去，吊在树上，用鞭子轮番抽打，打得遍体鳞伤后，拖到山下枪杀了。从此以后，蔚学武不满10岁的小儿成天哭着想娘，家中锅底朝天没有吃的，学武从家中找了一点破烂赶五井集去卖，走到半路日寇当活靶对他开枪，幸亏跑得快，才没送命。他大儿子蔚传岱被汉奸抓了兵，三儿被鬼子填了井。蔚学武一家被日寇夺去4条生命。在临朐土地上，悲惨的事何止蔚学武一家！冶源镇半截楼村刘××，早晨挑着一担瓦盆赶宋庄集，走到海浮山南苗家林子，被山上鬼子小队长三户一枪撩倒……还有冶源北村刘存告的弟弟，张家庄绰号叫王扑囊的，都被日寇打了"活靶"。

1942年农历11月，日寇抓去临朐共产党员及群众衣光荣、刘福善、孙仁千、杜焕等93人，有的被活埋，有的喂了洋狗。其余的被送到东北下了煤窑。

二、抓丁拉夫　逼死人命

1940年前后，日寇在临朐相继建了18个据点，共驻日、伪军5个大队，18个中队。他们在哪里建据点，就在哪里圈村（把村庄划为据点范围），拆房扒屋，挖堑壕，修碉堡，他们以影响到碉堡视线为借口，把据点临近的村庄统统铲平。鬼子在杨善建据点时，硬说杨善小庄影响据点视线，摘净全村的门板拿到据点后，把房子扒平，粮食抢光，老百姓统统赶到郊外。据不完全统计，象这样赶出家门的不下万人。

为了加强对临朐人民的经济掠夺，到一村抢一村，掳人索款，抓丁拉夫。1940年，仅弥河桥一处工程，就抢去附近群众门板上万付，柜子箱子上千个。抓去劳工千余人，工头拿着鞭棍监视，劳工们度酷暑、冒严寒，没白没黑地干，大桥建成，因中暑、冻饿和被毒打致死的就有200多人。真是"酷暑严寒筋骨断，弥河大桥白骨堆。"

1941年，鬼子在杨家河村修碉堡，逼着民工抬石头、抬沙子，不给饭吃，红庙村农民冯树村饿坏了，想往家跑，被鬼子一枪打死。在尧洼村，鬼子强迫群众挖水沟，把马桂书打的拉了一裤，鬼子却同恶魔一样在一旁哈哈大笑。

自从冶源南边的海浮山上驻了鬼子，周围老百姓倒了血霉。这些畜牲强迫山下的半截楼、迟家庄等村的群众给他们劈柴送水，从山下的老龙湾源头"铸剑池"打上水，爬五里又陡又滑的山路到山顶。狡猾而奸诈的鬼子怕群众往水桶里放毒药，先命令送水的人喝两碗水后，再挑第二担，稍送晚一点，就是一顿毒打。红窑村的冯连增，脾气有些犟，因不愿给鬼子干活，被打断两根肋骨。冶源街的高军还亲自看见：鬼子用掠夺来的新□裤缠在马蹄上防止马匹爬山打滑，简直叫人气炸肺，咬碎牙！

三、强奸妇女　无所不为

鬼子兵比野兽还凶恶，见了女人就象蚊蝇见血。冶源镇的海浮山上从1939年起就驻着14个鬼子，除了要鸡要酒，还要花姑娘，逼得大闺女往脸上抹锅灰，钻山沟，钻柴禾垛，闺女打扮成老太婆。临朐县南流村有个叫"小白鞋"的女人，被鬼子拖上山，命令她脱掉衣服，她反抗挣扎，鬼子小队长三户哈哈大笑，乘机把她搂在怀里，她急了眼，狠狠咬了三户一口，然而她却死在鬼子的东洋刀下……

临朐城里有个叫陈五的男人，因为有精神病，爱穿红着绿，远看打扮得象个女的。驻临朐北门里的鬼子兽性发作，认为来了花姑娘，便把他拖到屋里，等脱掉衣服一看，原来是个男的，鬼子一怒之下，把他扔进火堆烧死了。1942年，在冶源东村，鬼子将一名妇女轮奸后用刺刀穿死。在冶源戏楼，鬼子追赶着青年妇女，她男人上前阻拦，被一枪打死。目睹日寇的残暴无耻，百姓无不怒火满胸膛。

四、汉奸土匪趁火打劫　祸国殃民

日寇侵占临朐后，国民党、汉奸、土匪等各种反动势力麇集临朐，当时即有国民党苏鲁战区7、8、9支队，国民党省政府沈鸿烈的海军陆战队，吴化文的新编第4师，国民党12战区51军，汉奸清乡队、保安队、警备队等，共2万多人，他们与日寇沆瀣一气，趁火打劫，从1941年到1942年，临朐大旱，庄稼严重欠收，天灾人祸一起降到人民群众的头上。村断炊烟，户无粒粮。群众靠吃树皮、野菜、草种、蚕屎、"熬查"（蚕吃后的桑）、蒺藜、屋烂草、玉米骨头、高粱秸心、麦秸充饥。在村里很少遇见行人，偶尔碰见的也是面色苍白，骨瘦如柴。有肿的，肚子大，通过肚皮看到肚子里的青草。有的肿得破了流水，脸也肿破了，有的倒在树边、路边，说死吧，还有口气，有的人死了没人抬，有的蹲着大便死在那里。褚庄村庙后的墙根下躺着4具尸体，寺头的吕匣店子一段路旁，一天曾有5具尸体无人掩埋。在日寇卵翼下的汉奸及土匪所到之处，翻箱倒柜，搜村抄家。群众好不容易弄到几个粮食粒子，夜间偷着上碾压，竟被夜袭碾台，把粮食扫去。寺头镇河庄村苗园田老俩口饿得没法，卖掉仅有的一亩薄地，换了二升豆子，正在碾上压，被他们扫去，两个老人连气带吓，活活饿死。

1941年秋，寺头镇王瑞村张法文在村南耧麦子，恐怕被匪徒们听见，把耧斗锤上绑上烂棉花，避免锤声传出，结果还是遇上一伙乌龟王八蛋，被他们连打带骂后，磕着麦种就走了。张法文急了眼去夺，被一脚踢倒，鼻口出血。张法文万般无奈，只好领着一家老小逃了荒。

寺头镇石佛堂村的时同英，家无粒粮，公爹饿倒在炕。她是个孝顺媳妇，便拿点破烂到冶源集换了点花生饼，怕被匪徒抢去，回来时把花生饼藏在裤腰里。当她走到三阳山时，硬是被汉奸浑身搜遍把饼搜去。时同英奋力挣扎，险些送命。她象个哭路的，一步一步挪到家，老公爹已经饿死在土炕上了，他的耳朵和鼻子尖已被老鼠咬去，还渗着淡红色的血……

寺头镇吕匣店子村冯升吉一家4口人。1941年秋天，冯升吉被抓了夫，因受不了折磨偷跑回家。伪保长把他抓到保公所，吊在梁上毒打，打得几乎断了气。放下后，又倒拖门外，脊背磨破，鲜血直流。伪保长用凉水泼醒冯升吉，次日又逼他去东路修碉堡，不久含恨而死。

柳山镇后畦村李师田家，为缴捐税把家产卖光。李师田4岁那年，伪保长又闯进他家，以抵债为名把他娘霸去。儿想娘，娘想儿，娘俩相见泪如雨。有一天，他娘出来拿柴禾，碰见师田儿，她偷着把一块干粮塞到孩子里。正巧被保长看见，气势汹汹，如虎似狼，一脚踢倒师田，当场把师田娘毒打一顿，抓着头发拖回家，扔进草棚子含冤而死。师田失母，只好跟他爹逃荒要饭。1942年春，为了让师田找条活路，爹又把他卖到阁家沟庄。可怜的老爹，在去寿光县要饭的路上被汉奸活埋了，这真是一笔阎王债，一家血泪仇啊！

寺头镇石佛堂村，梁福友一家7口人。1942年，仅一个月的时间就卖掉了两个孩子，哥哥嫂嫂相隔3天先后饿死，只剩下母亲和福友两口子。伪保长天天催粮逼款，一点家产都卖完了，老娘又病饿在炕。梁福友只得把妻子典到平安峪庄。夫妻拆散，心如刀搅〔绞〕，生离死别，难舍难分。梁福友背着典妻换回的12斤玉米，刚走到尹子峪北岭，就遇上国民党8支队，人被打昏，粮被抢走。梁福友连饿带气，死在羊肠小道上，娘饿死在土炕。

税多如牛毛，没有东西把命交。日、伪、顽、匪盘踞临朐，横行乡里，敲诈勒索，各种捐税五花八门，什么抗日捐、救国捐、胜利捐、警备捐、军事捐……什么酒税、盐税、土地税、房产税多如牛毛。寺头镇王瑞村王永胜一家，一天接到12根捐条子。冯兴禄家一天被翻八遍。吕匣店子冯立本接到捐条子，一无钱二无粮，伪保长凶相毕露，恶狠狠地对冯立本说："没有东西交，有命也行！"冯立本逼得走投无路，抛下不满10岁的孩子服毒自杀了。这一切令人凄惨的事例，都是日、伪、顽、匪一手制造的，是滔天罪行的揭露和写照。

（临朐县档案馆馆藏档案，档案号1—13—89）

（13）（渤海区　山东）八个县难民统计表 [①]

类别＼数字＼项目	无粮人数（人）	缺衣服人数（人）	无房人数（人）	合计（人）
乐陵	2957	705	935	4597
呈〔埕〕口	683	230	652	1565
垦利	18805	3604	14253	36662
博兴	20499	24756	17375	62630
高苑	7245	2605	2150	12000
临邑	8125	1680	1500	24805
商河	1300	816	175	2291
东光	18050	6224	8526	32800
总计	77664	40620	59066	177350
备　考	此总数字仅当本区山东属县1/3，总计起来共532050难民，以全渤海区计全部有难民709400人。			

（山东省档案馆馆藏档案，档案号34—1—133）

---

① 原件未署时间。

（14）沂源县八年来敌伪抽拔壮丁统计表 [①]

项目 数目 区别	人口 总数	抽壮 丁数	百分比	被迫 干的	自愿自 干的	现回 家的	未回 家的	死亡的
历山区	21108	1002	5%	593	409	595	310	97
安乐区	16768	542	3.5%	405	137	394	121	27
大全区	16385	901	5%	401	500	723	94	84
鲁村区	16565	1250	8%	736	514	655	485	110
文坦区	10268	421	3.5%	307	114	270	69	82
青龙区	27118	1019	4%	608	411	595	322	102
太平区	15361	597	3.5%	395	202	373	150	74
洛村区	13332	638	4.5%	377	261	402	186	50
张庄区	18579	693	3.5%	392	301	396	236	61
黄庄区	13848	570	2.5%	264	306	296	225	49
合计	169327	7633	4.6%	4478	3155	4699	2198	736

（中央档案馆馆藏档案）

---

① 原件未署时间。

（15）日军在定陶县强征中国妇女的罪行（节选）

刘庄岩〔砦〕北盖炮楼时，汉奸每天吃过早饭，就到刘庄岩〔砦〕去掩护，到晚上回城。每天在该村吃中饭，每顿饭需馒头100余斤，鸡子200多个，鸡鸭20余只，大肉30余斤，还要吸海洛英大烟纸烟等，估价每次需万余元。有敌伪住下时，还得给他找年轻妇女，如陈集伪区部住了两班鬼子，每天要"花姑娘"，伪区部招待员王普光到曹州找来两个还不行，打骂着，又逼张李庄村长抓来两个媳妇，这4个妇女每日每人□斤麦子，由村里开支。又如古营集敌寇小队长水野每天要两个"花姑娘。"全区每亩地每月摊派5元，凡遇到摊派不出者，即逮捕扣押，酷刑吊打，或者杀死。

（中档）167卷

（转录自中央档案馆、中国第二历史档案馆、河北省社会科学院编：《日本侵略华北罪行档案·性暴力》，河北人民出版社2005年版，第138页）

（16）敌寇在苗楼村的奸淫暴行（节选）

1940年9月27日，曹县城内敌百余人率伪军300余人，随带汽车两辆配合冉堌集的伪军，进行"扫荡"时，苗楼村的老百姓，扶老携幼，争先恐后地逃命，除伤残之外，死在敌人炮火之下的群众有89人。其中苗庆孚、苗纪奎刚跑到西门，正碰上鬼子，被刺死了。苗方正与其妻李氏刚跑到胡同口，有十来个鬼子从东边赶来，苗方正回头就跑，其妻被鬼子赶上，一枪托将她打倒，然后两个鬼子上前按住将其浑身衣服脱光，以刺刀从阴户内直刺进去，李氏"娘呀！娘呀！"的惨叫，5个月的胎儿，也就被敌人的刺刀尖刺死在肚里！苗方立跑到他堂兄弟家秫秸垛里，被另一个鬼子找出，用洋刀将其头一劈两半。苗克成和苗继休都藏在屋内篷□上，被7个鬼子找着，用刺刀刺死。

……

苗张氏她丈夫叫苗某某，在山西做窑工，她和她女儿某某在家过活，因敌人来得迅速，未及逃出。有一日寇军官及两个士兵，还有翻译共4个人到她家，将她从床底下拉出，野兽们欢喜异常，随即将她母女二人同时按到床上，把衣服脱光，共行强奸。某某被奸后便投井而死。张氏被翻译官染上了梅毒，月余之后，全身生出毒泡溃烂。后因丈夫不要，娘家也不让住，张氏无法生活，便服毒而死。苗某某的儿妻，听说鬼子进庄，便舍命向外逃命，跑到庄东头林里，被日寇骑兵赶上，就在林内被强奸。该村妇女被奸污而逼死者，有被传染花柳病者，为数极多，有淋毒，有杨梅，有烂去鼻子的，有烂了肺的，为此有离婚的，上吊的，投井的。单患梅毒的男子就有26人、妇女37人，患淋病的男子29人，因花柳病致死者5人。全县流行花柳病10余种，其中淋病与梅毒为最多。统计患花柳病者达3000人以上。

（中档）167卷

（转录自中央档案馆、中国第二历史档案馆、河北省社会科学院编：《日本侵略华北罪行档案·性暴力》，河北人民出版社2005年版，第136—137页）

（17）敌伪对定陶县裴河村烧杀奸淫的暴行（节选）

1942年3月19日，有1000多敌人、60辆汽车、2辆坦克，由菏泽定陶分路夹击裴河。该村百姓早跑的和跑得快的躲过了危险，跑得较晚的及跑得慢的就被敌人的汽车部队围得铁桶似的，只好各自回家，战战兢兢地隐蔽起来。……

同时，该村妇女未跑出者，被鬼子奸淫了达五六十人。第二天，有5个鬼子到处找"花姑娘"，到了裴某某家，把他18岁的女儿从粮食囤里拉了出来，剥光衣服，赤条条的一丝不挂，轮奸之后，该女子昏迷不省人事，四五天才苏醒过来，她的母亲邵氏为此气得双目失明。裴刘氏的女儿裴某某，方14岁，也遭敌人轮奸，少女叫痛失声，昏迷过去，阴户溃烂，血流不止，过16天因流血过多而死。还有裴某某的妻王氏，年28岁，有7个敌人将她的衣服脱去，但王氏拼命地抵抗，群敌大怒，用剪刀剪去她的右指，轮奸半日之久，王氏之伤月余才好。最惨的是裴某某的女孩裴某某，年方12岁，被1个敌人拖到庄东头汽车里强奸，该女痛得叫不成人声。当时敌人的集合号响了，该鬼子才丢下裴某某跑了，当她母亲找到她时，还昏迷在地，不能动转，只是未断气息，鲜血染红了汽车上下，她母亲把她抱回家去之后，不久即死。裴某某之妻秦氏，年39岁，长得还算漂亮，被26个鬼子一气轮奸8小时（从上午到天黑）后，她的阴户中毒溃烂，成了不可医治的大疮，现在她已经全身腐烂。

（中档）167卷

（转录自中央档案馆、中国第二历史档案馆、河北省社会科学院编：《日本侵略华北罪行档案·性暴力》，河北人民出版社2005年版，第134—135页）

（18）赵家洼子惨案座谈会记录

时间：1985年11月21日

地点：赵家洼子村委会办公室

参加者：赵士林、赵永美

赵士林，男，现年64岁，中共党员，赵家洼子村人，惨案中的幸存者。

赵永美，男，现年63岁，赵家洼子村人，惨案中的幸存者。

赵士林：

抗战期间，俺洼子村，曾经多次遭受日、伪军的"扫荡"和抢劫。其中规模较大、损失惨重的有3次。1942年12月就连续被日伪"扫荡"两次，共捉去村民39人，发往青岛监禁月余，赵孔祥被发往安东煤矿当苦工，直到抗日战争胜利后，才返回家乡。1944年11月24日，驻平度和莱阳的日、伪军联合"扫荡"，又制造了平度县境内抗战期间一次大的骇人听闻的赵家洼子惨案。在这次惨案中，村民被惨杀35人，其中7家被杀绝门户，遇难者上有七旬老人，下有十二三岁的孩子。

日、伪军的几次大规模"扫荡"都把俺村视为重点目标之一。是俺村靠近平古公路（平度至古岘），就在公路南侧不足三华里之地，一下公路迈步就到，便于抢掠；二是俺洼子附近一带村庄，因屡受日伪烧杀抢掠之苦，村民无法度日，在上级党和人民政府领导下，首先组织起村自卫团和建立了民兵组织，对进村烧杀抢掠的小股日、伪军进行过多次回击，也打过几次胜仗，从敌人手中夺到了一部分武器，装备了自己，迫使日伪的杂牌军队不敢轻易进村抢劫。同时为了抗击日寇侵略，防止日伪袭击，还经常配合八路军阻击敌人，破路拆桥、割电线等。当时俺这几个洼子村的民兵战斗力较强，在各项工作中首当其冲，因此，敌人把俺村看成是他们平古公路上的主要障碍，总是想方设法进行报复。

1944年11月24日拂晓，驻平度和莱阳两地的日、伪军联合"扫荡"，从古岘出发，拂晓时到达俺村，进村之前就开枪鸣炮。当时我们还以为是日伪的杂牌军下乡抢掠，村里的民兵在赵玉奎同志带领下，就用手榴弹进行回击。接火之后，发现敌人火力不象是杂牌军队，而且人数众多，知道是日伪联合"扫荡"的队伍，接着就边打边撤，并通知村民入地洞躲避，民兵组织了几次突围，但由于敌人已将村子全部包围，炮火猛烈，无法突出，就由赵玉奎同志几人进行掩护，其他人都钻了地洞，我和田锡圭等50余人就跑到村东头的地洞里躲起来。这时上面的情况我们就什么也不知道了。进洞不久，马素花同志就来告诉我们，她说："日本鬼子杀了赵玉奎，在村南地洞又放了火，放了毒气。"叫我们不管有什么情况发生，不要出动静，我们就用棉被把洞口堵上了。又停了不多时间就听到向洞里放水的声音，我们认为是鬼子放水淹我们，这就更紧张了，因为地洞里排不出去水。后来才知道是马素花同志泼水救火，所以我们这个洞里的50余人无一伤亡。

敌人撤走之后，我们从地洞上来后就都跑到村南地洞去救人，但是，从地洞拉上来的35位村民，只有2名还有口气，这2个是赵林开和胡希昌，其余无一生还。赵林开和胡希昌虽送医院抢救，但终因中毒过深，不久就死去了。

被日寇残杀的30余具尸体，摆了大半截街，全村男女老少哭声连天，不少被难家属哭得死去活来。也有的男人要找鬼子拼命，为亲人报仇。

24日下午4时左右，李德元部驻柳行3营的1个连，又窜到俺赵家洼子村，开枪打伤赵风书，抢去粮食、衣物一部分，还拉去4头牲口。以上就是我一个幸存者的所见所闻。

赵永美：

惨案发生之前，我和赵玉奎同志在村后巡逻，我们听到从村东北面传来马蹄声和敌人的走动声，就问："干什么的？"他们回答是南海司令部的。我们命令他们过来，他们也不过来。民兵中不知是谁说了声"打"，被敌人发觉了，就开了枪炮。这时赵玉奎同志下令："打！"，我们就分成两队，每队十几人，进行抵抗。这时敌人的火力更加猛烈了，我们才发觉不是日伪的杂牌军，知道硬打不能取胜，就通知村民钻洞躲避，民兵组织突围。由于敌人火力太猛烈，无法突出，就撤到村南下了地洞。我当时是躲到村北的地洞里，所以得以幸存。

赵玉奎同志下到村南的地洞里被敌人发现了，就放了火。放火之后，敌人就抓来几个妇女强逼她们下地洞叫人，并说："地洞的人不上来，就放火烧掉全村。"鬼子还叫一个汉奸下地洞，被胡希昌打了一枪。鬼子汉奸就向地洞里放枪，扔手榴弹，施放毒气，致使村的3个洞口中的35名村民全部中毒惨死。惨案中的遇难者是：

赵玉奎	赵风茂	赵连中	赵华奎	赵风林	赵风欣	赵玉集
胡希昌	赵德林	赵风书	赵艳艳	赵风千	赵华行	赵美林
赵从曼	赵宝善	赵洪林	赵连成	赵风荫	赵寨林	赵玉善

赵胥子　　赵训利　　赵玉会　　赵明利　　赵风进　　赵增责　　赵本利
赵金玉　　赵　明　赵　晨　赵　庆　赵风修　　赵林开　　金××
其中赵林开和胡希昌2人当场未死。后死〔因〕抢救无效，也相继死亡。

幸存者：赵士林　赵永美

1985年11月22日

（平度市档案馆馆藏档案，档案号1—13—19）

（19）屠杀、毁灭造成的无人区——记敌寇在海阳盆子山区的罪行^①

1945年的5月，敌寇带着血腥气息，扑进海阳盆子山区，在这西南起自邢村东北止于索格庄300多平方华里地区（包括了61个村庄），分布下10个据点与碉堡，妄想举行清剿，进窥我胶东抗日根据地腹部，以达到其消灭我抗日力量，与阻碍盟军登陆之企图。但这一带刚毅的人民，都坚决的抛开家乡，老弱妇孺们迁移到外村去，青年民兵们则隐蔽到山野去，从5月9日到8月16日，在这107天当中，始终不屈的和敌人坚持搏斗，创造了轰动胶东每个角落的民兵英勇战斗故事。在8月16日敌寇终于狼狈逃窜，这块饱受屠杀的土地权归回到人民的手里，这一时期，匪徒们给人们制造灾难，白〔却〕给他们自己写下了狂暴的罪行。

—— "屠杀" ——

"屠杀"是匪徒们的嗜好，有着无穷尽的花样，被屠杀的人们，有的是从外地捕来的，有的是在本地捕来的，仅就目前调查的材料，知道在这61个村庄就捕了269人。但所发现的尸骨，却有400余具，可见从外边捕来的也被杀了100多。

在索格庄没有一定的"杀人场"，多数的被难者，在这里被杀掉，但各据点也随时随地的屠杀。有时他们是有计划的，有时是在匪徒们一时的杀兴勃发下而进行的。一般所用的屠杀方式，简述如下：

普通常用的是"肉靶子"，这是把被难者驱到空场上，使之奔跑，匪徒则跟踪追刺，直到他们兴趣索然及被刺者血肉零乱，气息断绝而后止。据说这是为了练武与消遣，如此而被杀者有百余人。

"集体活埋"。当敌寇盘据索格庄，见到一群石瓦匠没有再可使用的地方了，就把他们集拢到一个地沟里，举行了集体活葬。以后被这村民众掘出48具尸骨和一批瓦刀铁锤，又在孙家齐河沿上集体活埋了30多个民众，这些死难者多数是由外地捕来出苦力的民众。

敌人在山上修碉堡，对于工人稍感不满，即将其衣服剥光，手足缚在一起，

① 原件未署时间。

从山顶放到山下，使其骨肉碎乱而死，这名之为"滚绣球"。在此种兽行下惨死的30余人。

敌寇获得婴儿或幼小儿童，则2人斝伙，往后抛掷，有的因震荡而死，有因失手坠地摔死，这名之为"抛肉球"。

有的被绑在山野地的树上，或破屋的门框上，活活饿死的也有10余人，也有的被浇上煤油，绑在桥上点火灼死的，这名之为"放天灯"。

其次是刀铡、勒绞、水灌、火燎，这样惨死的尚无确数。

对于妇女一般的是先奸淫后惨杀，其他惨杀方式，也有在奸污后塞入木橛而钉死的，亦有被拎起头发吊之高空百般戏弄而死的，亦有缠足妇女被驱去，裸体赤足由山下向山上肩石头疲累而死的。

直至今日死难人民尚在谜中，因为当时群众全数离开村子，有些事情无法了解，以上所说的是根据脱难者的片断口述，目前群众在辇荒中，在建筑房舍中，还陆陆续续的发现尸骨，究竟还有多少，尚无法统计。

——"摧毁盗劫"——

为敌寇据点所在的村庄，把房屋拆毁，可利用的木料和砖瓦，搬到山上修碉堡，盖沟，掩蔽洞，柜箱被搬去装上石头垛圩子，比较好的桌凳，被锯短腿子搬进据点或碉堡去使用，其余木器被烧掉，陶器被砸碎，铜铁器如铜盆、铁锅、锨锄、犁头、锄头等，则被运到邢村装船运走。总而言之，敌寇想在这里除去他们之外，不留一个生物，不留一件可为人民使用的东西，其中最严重的如索格庄、东西野口、孙家夼、小纪、夼儿这十余村，除去一部分破烂房屋及碎砖残瓦而外，所有一切，都荡然无存。

——"劫余归来"——

敌寇逃窜，民众们带着幻想蜂拥的奔回家乡，但家乡改换了面目。

村！是淹没在脏污中，水井中装满着的是尸骨，街巷里横躺着的是尸骨，烂草堆里埋藏着的是尸骨，屋场抛置着的是尸骨……一片奇臭，苍蝇碰头碰脸的乱飞，蛆虫盘据着腐尸，滚成一个球。

家！竟然不能辨认了，一股阴森的气味，使他们颤慄，蒿草高过溜腰，长满天井，屋框、茅厕里、蒿草底下，是破瓮、破罐、旧鞋子、乱棉花或几具白森森的人骨头，有几家的王瓜蔓已经爬到炕上结了瓜儿，炕上的地瓜蔓（□□前畦的瓜芽）又爬到天井里攀上墙头，蛤蟆，长虫，蚰蜒，在这里建立了家庭，占有着这些广场子。不敢相信这还是祖先留下的老屋，而且在这里边过过幸福的生活。他们觉着这是"阴风悽悽，荒草漫漫"的乱葬岗，有些妇女在哭了，有些男人耷拉着头害愁了，索格庄是这样的典型村。

田野！是荒草一片，未经修锄的□清〔青〕苗的高粱和谷子，是纤细细的隐伏在蓬蒿底下，没有结穗生子，也有不少的土地上有着未收割的小麦，是稀疏疏的与蔓草纠缠在一起。这里，虽是同样享受了丰足的雨水，然而只是喂壮了蓬蒿，有的高有一丈六七尺，重有十七八斤，却让人民预感到饥饿的灾荒，同时又悔恨自己不该让敌人轻轻的逃跑。仅就索格庄及东西野口3个村就荒芜了6648亩土地。

猪羊！失去主人之后，遭受了饥饿也就领着自己的孩子，脱出圈栏流浪到满山荒野，有些被敌人捉去宰杀了，有些被其他村庄拣去了，有些自己死亡了，有些仍在流浪，但已失去了驯顺的脾性，竟然蛮横的咬起人来。仅就索格庄及东西野口3个村的统计，就损失了506头。

病疫与死亡！在敌人盘据的107天中，索格庄一村新生的15个婴儿完全得"惊风症"而死掸〔掉〕，原因是婴儿的母亲，天天逃避敌人，流亡山野，每当敌情发生，就上山爬崖，嫩弱的婴儿的神经，因遇剧【烈】震荡而得此症。有25个从4岁到5岁的儿童，因终日吃凉饭、喝冷水，睡山沟露草地而得了"痢疾"完全死掸〔掉〕，又有13个成年人，亦因此症而死，又有2个妇女因产后受惊而死掸〔掉〕。在敌寇逃窜后，东西野口等村约百余人患"黄叶瘟"，仅东西野口村即死去30余人，后经政府抢救才算消除。至于今年春季，病疫蔓延，将更不堪设想。

房屋！据索格庄14个严重的灾难村的统计，就被拆毁焚烧2338间，大部分房屋是在政府号召互助运动下得以修复起来，但尚有1526间没有修复，民众只好在屋场里架上几块木棍，盖上层蒿草，或在避风的地方，盖个小草棚，临时爬伏着，在去冬风雪交加之际，灾胞们是受尽苦难，倘若在阴雨连绵的夏季，这些临时的房屋，将失去可能居住的作用，这些民众，都在害着愁。

春荒！敌寇夺去了去秋的丰收，今年当然没有备荒的春粮。虽有邻县邻区以及政府的救济，完属杯水车薪，挡不了长期的灾荒，特别在今年春耕中的食粮种子是迫切需要的，据统计（14个村的）现有9259人急待救济。

索格庄等14个村共荒芜土地19710亩，这些土地的开垦和耕种，是需要大量的农具和牲畜。然而恰恰相反，这14个村庄光农具就损失了13329件，被掳去牲口207头，在逃荒中因喂养不好又死亡很多，尤其因逃亡而无力喂养，同时又迫于生活需要，几乎全部卖掸〔掉〕，如索格庄全村只剩了没有犁刀的犁具和七八头毛驴和牛骡，现在民众一〔异〕口同声的说"地是没法种"。

谈到家俱，为这些村庄的妇女顶伤心的事，家家一扫精光，连一只吃饭的碗都没有。例如索格庄剩的家俱，平均每家分不到一只碗和一个盆，现在所有的几口锅，是由政府救济的，或从亲戚家借来的。这几口锅作为全村公用，挨班作〔做〕饭，这给了妇女们很多痛苦，觉着日子没法过，天天咒骂着敌人该"千刀万刮"。

这些灾难，是日本法西斯的杰作，英勇刚毅的群众永远永远的种在心里，让他结成一朵红花，这红花是标写着"血海深仇"。他们在思想里宣过誓，将严肃的，绵绵不绝的教给他们的后代。

兹将被灾的61个村的损失，总计列表如下：

死难人数	毁坏房屋	荒芜土地	损失牲口	损失猪羊	损失农具	损失家禽	损失物品估价	所有损失估价
269	2338	3391163	640	1887	17657	10798	21347753	41593953

（中央档案馆馆藏档案）

（20）青岛特别市警察局关于山东省各县之劳动者活跃
经青赴满谋生等情之件

（1940年2月26日）

青警特秘第79号

民国二十九年二月二十六日

青岛特别市公署警察局长傅鑫

据报探悉，旧历年已过，关于山东省内各县之劳动阶级在此一年之始系其谋生之首期，故最近各县乡村之劳动者十分活跃，经由青岛赴满谋生者每日不下千余人之多，闻劳工协会为便利该劳动者赴满手续起见，特为购买船票发给入满证明书等情。据此特此通报。

（青岛市档案馆馆藏档案，档案号B0023—002—00151）

（21）青岛市建设局呈报改修四方菜市场为劳工收容所

（1940年9月6日）

呈为呈请事。查四方菜市场改为劳工收容所工程由中孚工务所修理完竣，并奉到验收命令准予验收在案，查该项房舍系属官产，应由主管机关管理，除饬第三工区就近暂派工人为看守外，理合具文。呈请鉴核指定主管机关前往接收以便移交。谨呈

市长赵

建设局局长　韩鹏九

（青岛市档案馆馆藏档案，档案号B0023—001—00745）

（22）青岛特别市警察局呈报华北劳工协会汇泉体育场劳工暴动实况

（1945年1月25日）

　　呈为呈报事。窃据市南分局呈称汇泉体育场内居住之劳工协会工人280余名，忽于本月16日午后8时50分暴动。当经该分局长率同官警及警防团员前往镇压，并饬分局及各分驻所官警全员出动搜索截缉，彼时体育场附近有盟邦桐部队出动布岗。当经调查，该工人等原住市北分局铁山路，于本月13日移往体育场，由劳工协会日人3名、中国青年队员12名在场看护管理，并由该分局派遣徒手警士7名分班协助，于暴动时各工人多以石块向青年队员打击，经制止及鸣枪镇压，均属无效。因工人人多势众，即将体育场之南铁门破坏逃跑，同时亦有越墙逃跑者。结果该分局查获14名，桐部队查获6名，共计20名，内有受伤者5名，均经盟邦宪兵队会同劳工协会领回处理。现体育场内尚有未逃者14名，死者4名，伤者3名等情。据此理合将该劳工暴动经过情形报请鉴核。谨呈
　　市长姚

青岛特别市警察局局长　钱宗超

（青岛市档案馆馆藏档案，档案号B0023—001—01312）

（23）隼第14183部队长函请青岛特别市政府派遣劳工事宜（日）

（1945年5月7日）

为函请协助派遣劳工由

迳启者。查关于派遣劳工一项，希查照左列要（求），予以协助为荷。此致

青岛特别市市长姚

隼第14183部队长

昭和20年5月7日

计开

一、劳工数额　　　1300名

二、派遣日期　　　昭和20年5月13日为限（1945年5月13日）

（青岛市档案馆馆藏档案，档案号B0023—001—01312）

（24）青岛特别市社会局办理本市劳工协会收容
劳工患病者处理经过的报告

（1945年5月10日）

　　签呈遵奉钧谕办理本市劳工协会收容劳工之一部罹灾疾病者，职谨将处理经过详细情形签请鉴核由

　　谨签呈者。窃职奉钧谕派办理本市劳工协会收容各省县供出过青劳工之一部罹灾者而认为传染病携同中医研究委员会前往救济治疗等情；遵于3月18日下午2时与丁科长联络偕同中医刘学三、成学民、辛恕堂、梁玉栋、丁继英等5名驰赴铁山路及（汇泉）体育场，切实视察。在该协会除数日间已病死300余名，计现场收容人数860名，罹灾者尚有337名，除病重者200名已送传染病院，轻病者137名当即督率各医分别诊察，并由本局附设之中医诊疗所所带之救急药品施以临时救治，复由各医指以当地所产芦根煮水，令全体服饮以便解救。并查出50名较重，饬令送院。经研究，病源多系缺乏饮食所致，随处以方笺，由中药公会捐药，职科派员监视服用，颇有成效。据此连日经赴传染病院视查，该院情况仅以监视与大部工人隔离性质之收容并无任何救济设备。又值本市水荒及缺乏西药，故饮食医疗该协会与医院均难施行，致逾数百罹灾者焦头烂额，奄奄待毙之苦况，怨气冲天，令人目不忍睹，实堪痛心。

　　职以钧座素怀主持人道救人济苦之慈心，不顾一切，经向该协会浅川主任力于交涉，令饬充分供给管〔营〕养食料及另派妥员管理，并与该院谷岛防疫处长接洽，允以中医入院施诊；复饬劳工事务所张主任督率该所职员，由汇泉运水接济；一面函请水道当局按时送水，并向红万字会接洽前往施粥，一面派本科职员成身寿、崔子龙、张毓华、栾嗣修等前往周密照料，并经再四督励，上述各方经先后齐备施行救济，历经数日后结果大有转机。查一般罹灾者精神均已恢复，死亡率亦日渐减少，至严禁拉运死者，免以尸体露骨，俾瞑目地下。生者得以活命，而全体病工对本府表示再生之德，并对本局职员有所凭依，视为父兄。本局此举事务方面，虽少有摩擦，幸经王福利股长及王监护系长随时前往解除。至医疗一项，当因中医研究会所派之医士素有营业似难持久，仅去3次，并感于日需车资所费不赀，已用1000余元之巨，支销困难，未便续邀，继饬贫民诊疗所

台西分所医士王植玉、单有余、蒋云泰3人按时前往诊疗，并施以药剂，并经红万字会刘凤山医士自动前往施诊经过情形尚称良好。4月11日，邀同领事馆大口嘱托本局龙井辅佐官前往视查，对该设施不周甚为不满，但对职科一切措施极表赞许，并加指示所派之职员成身寿、栾嗣修2人因调回办理其他工作留张毓华、长川驻守，以不眠不休之真情力行监视工作，成绩益属良好。谨造具3月22日至本月25日止，累计收容病工357名，经救治而出院者186名，死亡者57名，潜逃者6名，现下住院者108名，并附呈日报表1份，收容人数统计表1份，理合将职奉派处理经过情形详细缕陈签请

辅佐官核转　　局长鉴核

附日报1份，收容人数表1份

（青岛市档案馆馆藏档案，档案号B0023—001—01312）

（25）青岛市对日供出劳工实施要领

（1945年）

一、方针

借着肃正治安将在警察局被收容之游民及不逞之徒送往日本生产战线，实行劳务参战，同时使其通晓勤劳，并使其为更生之新国民。

二、供出对策

（1）轻浮无赖者

（2）不良洋车夫、不良物行商。

（3）其他被认为障碍治安上之份子，使其为新国民受更生之训练为必要。

三、供出方法

以肃正都市为目的，由在警察局之逮捕而被监禁于居留所者之中调查，并且诠衡其合格劳工希望者，将其逐次护送、寄留于感化所，俟其达于〔到〕一定数额时，再编成队，然后按其名额配分供出船只。

四、送交供出劳工

警察局按劳工合格希望者，将其警戒护送于感化所，并限将劳工合格者送交劳工协会。送交终了后，关于警备以外之责任，皆由劳工协会负责。

五、供出劳工之选定

供出劳工依在被护送于感化所者在警察局会审之下，由劳工协会选定之。

具有下列之一者为不合格除外（主要须根据内务省之训令）

（1）未满16岁或46岁以上者。

（2）身体不完全畸型怪态者。

（3）患有传染病及其他恶劣疾病者。

（4）鸦片隐〔瘾〕者。

（5）精神病者。

（6）有狂暴性者。

（7）受有2年以上之徒型〔刑〕者。

（8）有显著防害公共安宁者或于卫生上极有危险之虞者。

（9）其他身体未达强健者。

六、供出人数

1个月以300名为最低之标准供出。

七、供出工作费

送交到之集结费及在感化所寄留中之警备费按每1名供出劳工应向警察局交纳33圆。

注：算定基础

13.00元　集结费（基于县工作之劳务班长报酬及其他集结费）

20.00元　警备费（劳工300名，每日须警官20名，延长1个月，则警官为600名，每警官1日津贴10元，1个月为6000元，将此数分配与300名，每名1日当分20元）

八、经费

送交终了后，一切经费由协会负担。收容中之工人食宿以一般感化所收容者为标准，所需经费由协会负担。

备考：

一、在日本就劳条件

（1）就劳期间　2年

（2）饷银（薪水）1日5元（但内2元为储蓄金，故发与3元，其他更有赏金及高数增金之可能）。

（3）持归金（归国时所持带之金）限制于2年后归国时保险，最低持归金为1500元。

（4）汇钱　储蓄金以外者汇钱自由。

（5）衣食住　支给但衣服第一次是发给，以后按配给价格配给。

（6）先借与金（先支给金）1人当为50元。

（7）管理　由协会对业体一事派遣日华系指导员各1人，担当劳工监督、私下杂事及与各机关联络等。

二、以同一日的从被宪兵队逮捕之劳工，也可将其收容感化所混编成队，并且亦为供出者。

（青岛市档案馆馆藏档案，档案号B0023—001—02657）

3．财产损失资料

（1）从敌伪顽我区人民负担的调查中看到的几个问题

陈　超

　　这个材料是在不同的时间对各种不同的地区（敌占区、游击区、顽占区及抗日根据地）的个别庄子的调查。这些材料虽然是零星的，但却可以代表各种地区之一般的情形。从这些不同的材料的对比中，不仅可以了解各地区人民的生活情形，而且也可以看到中国人民为了解放自己所应该走的道路。

　　一、敌伪胁威下的游击区人民的负担

　　赵家庄子位距涛雒敌据点18里，□子伪据点20里，凤凰山伪据点12里，顽军也时常出没的一个游击区。全庄共有50家（出负担的只有38家，余均赤贫者），500口人，130亩地，可是从4月27日到8月25日的麦季负担中已达19257元3角2分。该庄对各方面负担的详情有如下述。

　　1. 对敌伪的负担（4月30日到8月26日）：

　　付麦子583斤，计洋1480.6元。

　　付白面40斤，计洋108元。

　　付大米77.5斤，计洋208.77元。

　　付小米310.5斤，计洋590.52元。

　　付煎饼19斤，计洋38元。

　　付黄瓜81斤，计洋21元。

　　付干柴896斤，计洋89.6元。

　　付麦秸138斤，计洋25.6元。

　　付木头25株，计洋188.5元。

　　付茶壶1把，计洋15元。

　　付砖头244斤，计洋36元。

　　付洋钱1347.1元。

　　以上对伪负担共计洋4148.69元。

付麦子298.5斤，计洋656.6元。

付白面119.5，计洋321.75元。

付大米83斤，计洋215.5元。

付小米194.5斤，计洋369.55元。

付糯米20斤，计洋40元。

付鸡蛋312个，计洋87元。

付干柴2870斤，计洋264元。

付洋钱1210.5元。

以上对敌负担共计洋3164.7元。

对敌伪负担总共洋7313.59元。

2. 对顽军的负担（4月27到7月20日）：

付麦子3530斤，计洋7766元。

付白面51.6斤，计洋103元。

付大米175斤，计洋437.5元。

付煎饼152.5斤，计洋288.8元。

付糯米15.5斤，计洋30.5元。

付马料费洋68元。

付干柴830斤，计洋50元。

付鞋服费洋348.5元。

付洋钱381.25元。

以上对顽负担共计洋473.55元。

3. 对我的负担（5月6日到8月25日）。

付麦子390斤，计洋858元。

付煎饼20斤，计洋30元。

付小米34斤，计洋64.6元。

付大米14斤，计洋35.25元。

付干柴519斤，计洋52.8元。

付鞋子费1双，洋20元。

以上对我负担共计洋1066.55元。

4. 本庄公用费（5月到8月）：

包括出差、送伕、雇壮丁、招待费等，计洋1403.65元。

由该庄对各方3个月的负担总数（19257.32元）看来则每月每户得平均负担

洋128.38元，每人平均负担洋12.838元，每亩平均负担洋当在4937元以上。

据上面统计数字我们知道，敌伪顽对该庄的榨取是不平衡的，顽军对该庄的榨取是最厉害的，约占该庄负担总数48%，伪军对该庄的榨取占负担总数25%，敌军榨取亦占负担总数16%，该庄公用费尚占负【担】总数7%，而只有对我之负担仅占负担总数5%。

然而敌人对该庄的榨取，虽然比率不大，可是我们知道，伪军是和敌军常常不能分开的，伪军即是敌人的爪牙，如果把敌伪对该庄的榨取总合起来算的话，则比例数当在41%以上。这个数目是相当可观的。因为我们又要指出一点，这种榨取的怪现象，统由日寇侵华以后施行其以华制华的、以华乱华的毒计下产生的，没有日寇的入境，就没有顽伪军的存在，也不曾有占该庄那么大的比例数的公用费（自然这里面伪庄长的贪污是不能免的）。所以要安定民生，只有在驱逐日寇出中国后才能得到，这是基本的问题。

敌伪顽对该区人民榨取的关系不仅表现在这一个游击区的群众负担上，而且也表现在敌伪顽等占领区的人民负担上。现在让我们再作下面的比较。

二、顽军敲榨下一个家庭的调查

百福堂是莒北洛河崖庄的一个中上人家，在战前是个上升的富农兼商人，有地48亩（720的杆子），3两5钱的银子，全家共11口人。

今年秋季公摊，每两银子是400斤豆子，400元法币，35元的壮丁费。因此该户公摊数目是：1400斤豆子，合洋2800元；1400元的田赋和121元的壮丁费，总共秋季对顽军的负担在4321元。此外，该户对伪军的负担是每两银子100元伪钱，即合法币1750元；修寨门捐共120.5元，总共秋季对伪军的负担是1870.5元。

由此，顽伪两方对该户的瓜分敲榨的比例是：顽军占该户秋季总负担数（9192元）69.7%，伪军则占30.3%。据调查，该户今年全年的负担在13020元以上，则每月平均负担总数在1085元左右。按11口计算，则每月每人亦得平均负担98.66元。按亩计算，则每月每亩亦当平均出款22.5元。

三、伪军统治下的人民生活

虢家村是在伪军莫正民部统治下的一个有140户的庄子，793口人，有地2031亩，折合银子23.7两。

我们进行调查过，该庄今年5月15日到7月15日的2个月份负担是55780.2元，而具体的压榨情形是【这】样的：

付修城小工738个，计洋387.9元。

付麦子9987斤，计洋19630.4元。

付高粱983斤，计洋983元。

付谷子1969斤，计洋1969元。

付田赋每两60元伪钱，计洋7110元。

付临时小工1650个，计洋8250元。

付慰劳费2次，计洋60元。

付小学校津贴费，计洋70元。

付木头1200根，计洋9600元。

付伪庄长薪金2月，计洋300元。

付额外出款，计洋4850元。

以上对伪负担共计洋52605.3元。

此外，对我们的负担量每两银子77元，合计洋1824.9元。外加135元的零用费，总共不过1959.5元。

根据上述的统计数字，则该庄对我、伪的负担比例是：伪占该庄负担总数（557806元）96.1%，我仅占3.9%。

如按月计算，则该庄每月负担约在2789元以上。每户计，则每月每户平均负担洋192.3元。按人口计，则每月每人平均负担洋35.2元。按地亩计，那么每月每亩平均负担洋当在13.2元。

由此可见，伪军对人民的每亩负担虽比顽军为少，但在他们榨取之中有一特点，即是除了向人民劫索食粮之外，尚大大的剥削民间的劳动力，甘为日寇新驱使，向我蚕食。正因此，也不得不在敌人粉饰"安定民生"总的意图下，做其慢性的吸血鬼。

四、粉饰"安定民生"下的敌占区

西辛庄位置在台潍路的大岭下边，靠近敌据点墩陵子□三里路，全庄共户数131户，700口人，630亩地。自从去年9月15日敌人占领后，人民的生活即在悲痛中生活着，且看去年12月到今年1月的该庄负担情形吧：

付白面622斤，计洋4887元。

付蔬菜795斤，计洋118.9元。

付小鸡10个，计洋25元。

付鸡蛋610只，计洋79.3元。

付肉类359斤，计洋718元。

付豆腐20斤，计洋8元。

付酱油37斤，计洋111元。

付豆芽20斤，计洋2元。

付苘麻10斤，计洋20元。

付被子2床，计洋80元。

付席子5床，计洋15元。

付干柴7190斤，计洋288元。

付钱粮洋400元。

付小工3252个，计洋2542元。

以上对敌负担共计洋5466.5元。

该庄对我负担全年共12773元，则每月只有1060.3元。

因此敌我对该庄的负担比例是：敌占该庄负担总数（6526.7元）83.5%，我占16.5%。

因此，该庄每月每户平均出洋47.5元，每月每人亦平均出洋9.32元。则按地亩计算，每月每亩亦平均摊派在10.36元。

其实，在敌人粉饰"安定民生"下的人民负担也是不轻的，因为敌人的数量比伪军的数量少得多。如果说全山东敌军有3百〔万〕4千多人的话，则伪军亦及146000多人。按这个敌伪数量的对比，将是4.5个人的伪军为〔与〕1个敌军之比。那么在敌伪据点统治下的人民负担每亩地出款13.2元，而在敌据点统治下的人民负担每亩亦在10.36元，这难道还算得轻么？表面上"安定民生"的谎言，粉饰不了铁的事实呵。

五、根据地人民的幸福享受

将军山前是莒南大店区的一个庄子。自从民主政府实行了新征粮办法以后，人民的负担是大大的减轻了。在全庄102户人家，533口人和658亩地，85321斤的总产量下，该庄对政府的负担，秋粮只在9478斤，换一句话说，人民的负担只占他们总产量11.1%，加上半年每亩田赋3.5元，则该庄对我半年的总负担是11781元，每月平均负担1963.5元。

就这个数目字，以户计之，则每月每户共平均负担19.25元；按人计，则每人平均负担3.17元；按亩计，则每亩只平均负担2.57元。无怪乎根据地里的人民幸福生活的消息传到游击区后，而群众这样说着："不管负担怎么重，反正是咱自己的，明年打出鬼子，就饿不死咱的"。他们的意思是指的明年八路军把鬼子赶出去后，我们在民主政权下是饿不死的。

观察以上各占领区之后，就赐给我们有如下表的一个强烈印象：

区别	每月负担		各方负担的百分比				附注
	每人	每亩	顽	伪	敌	我	
游击区	12838 元	4939 元	48%	25%	16%	7%	该庄公用费尚占 5%
顽占区	98.66 元	22.5 元	69.7%	30.3%			
伪占区	352 元	13.2 元		96.1%		3.9%	
敌占区	9.32 元	10.36 元			83.9%	16.5%	
根据地	3.17 元	257 元					

　　根据上面的调查统计的对照,我们明白了,游击区的人民负担是最重的,顽占区次之,敌伪区又次之,只有根据地的人民负担是最轻的。换言之,根据地每亩地的负担较敌占区轻4倍,较伪占区轻5.1倍,较顽占区轻8.7倍,较游击区轻19.2倍。这种加在人民负担上的轻重比例,不仅在不同的占领区中表现了,而且在游击【区】的人民负担中也是依照顽、伪、敌、我的顺序表现出来的。

　　游击区在敌、顽、我三角斗争之下,人民负担之重,已超过人民的负担能力(如赵家庄子的1亩地在2年3季收成下,高粱不过收获在250斤左右,以8月份的2.5元时价折算,共值625元;豆子100斤,以2元时价折算,共值200元;麦子200斤,以2.5元时价折算,共值500元。总共1亩地在2年之中的收获只值洋1325元,除去种子洋57.5元外,仅余1267.5元。如以1年计之,则1亩地实际收获洋不过633.7元。可是该庄每月1亩地出款49.37元,一年即要出款592.5元,收支相抵,只剩70元,计以农具与肥料,则人民吃粮问题就难以在土地上打算了)。今天我们对游击区的政策,要特别注意减轻游击区人民的负担,甚至某些地区可以免除负担。

　　顽占区由于旧政权未改造,贪污腐化等现象影响人民负担特重,造成严重的农村破产。农民的逃亡,对增加生产、坚持抗战是不利的。

　　抗日根据地内由于民主政权的建立、旧政权的改造,人民的生活大大的改善了,抗战情绪普遍地提高。这正是中国人民抗战建国、自由解放的正确道路。

　　此外,在敌、伪、顽的负担关系上也可以看出,我们在顽占区是比较难于插足活动的。所以顽占区的人民对我民主政府就没有负担,这就不得不说顽军对我仇恨之深,同时用严厉镇压的手段,绝对禁止人民通我;另一方面又在它的欺骗宣传下,群众的阶级意识是比较模糊的。在伪占区,我们的活动就较容易些,在人民的负担中也较大胆的对我负担其总数3.9%,这是因为那里的群众也认为当汉奸是不好的；可另一方面，不认为汉奸是中国人且多是被迫的，并受他们的武断宣传，又模糊了认识，因此对我负担的积极性就受到限制。在敌占区（我这里所调查的是对敌占农村），我们的社会基础是扩大了，群众对日寇的民族仇恨心以及民族自尊心是比较大的，因此对我们负担更能够大胆的增至其负担总数16.5%；另一方面，又由于敌人统治比较严密，也影响了人民更多尽其国民应尽的义务。

此外，顽占区公然没有我们的活动余地，而伪军对该地区的瓜分榨取却占了30.3%，这就不得不使我们怀疑到伪顽平常的"红叶题诗"的关系了。

由敌、伪、顽对人民榨取的种类看来，亦不难发现他们向群众要东西各有其不同的特点。敌军固〔因〕为兵力不足，不敢更多的分散，于是常住在据点里，向人民索取白面、小鸡、鸡蛋、猪肉、豆腐、豆芽、酱瓜等吃喝的东西，过其花天酒地的生活。又由于敌军兵力不足，不得不利用伪军，驱使伪军向我边区发展，于是他们【除】向群众要东西，过其腐化生活外，还大大的大兴土木，要小工，要木头、砖瓦等，建筑封锁线，做为敌人蚕食我接敌区的触角。顽军呢？只是大量的向群众要粮食、生吃民间，不打鬼子，与伪军勾勾搭搭，计算"不战协定"的日子。

最后，这个调查统计数字还告诉了我们，民主政府不仅在根据地里是最爱护人民利益的，同样的对游击区、敌伪区的人民也是爱护的，绝无把他们当为殖民地看待（过去个别地主对游击区、敌伪区当为殖民地看待的观点是不对的，就是与根据地人民的同等负担的观点也是不对的，一般来说，应该少一些才是）。这点其实在群众当他拿出1元钱时亦早已体验到了。那里的大多数人心向往民主政府是没有问题的。因此，又一次亲身证明了，开展敌伪区的工作，是完全有其群众社会基础的。

1942年12月27日

（转录自山东省档案馆、山东社会科学院历史研究所合编：《山东革命历史档案资料选编》第9辑，山东人民出版社1983年版，第175—184页）

（2）山东解放区八年战争工业损失统计表

（1946年3月）

类别 厂数	原有厂数	倒闭厂数	规模	机器损失总值（万元）	资财损失总值（万元）	合计金额万元
面粉公司	4	2	机器生产	4680	108000	112680
电灯公司	19	7	平均150匹马力	7898		7898
火柴公司	5	2	手工生产3 机器生产2	1500	300	4500
铁工厂	98	39	甚小	870	44100	44970
（文化纸）造纸厂	18	不详	手工生产	2000	11520	13520
纺织厂	121	不详	手工业	255	58628	58883
织绸厂	93	56	手工业	3510	1408	4918
缫丝厂	126	97	手工业	2400	3240	5640
造船厂	28	27	造小风船及修理厂	840	344	1184
成衣铺	584	340	平均三张机	33880		33880
大车铺	209	185	手工业		284	284
报社	18	18	包括石印小报馆	3000	1762	4762
印刷厂	127	66	包括石印局	9000	176	9301 （9176）
花边发网业	分散生产	全部停工	事变前每年出口300多万元		255000	255000
合计	1450	839		69833	487462	557295
说明	1. 价格以法币为标准，本币1元折法币10元。 2. 资财损失栏"资财"包括建筑、家具、原料及其它财产损失。 3. 上表所列各项损失，包括被敌伪敲诈、勒索、掠夺及战争中损失。					

（山东省档案馆馆藏档案，档案号G008—01—0016）

（3）山东解放区八年战争矿产损失统计表

（1946年3月）

类别/矿别	矿数	规模	矿产损失					备注
			名称	单位	数量	单价	总值（万元）	
金矿	8	机器开采1 手工开采7	金 银 铜	两 两 吨	96240 233280 9720	150000 元 900 元 400000 元	1443600 20995.2 388800	胶东 鲁中
铁矿	1	机器开采	铁	吨	13000	100000 元	130000	淄博
铝矿	1	机器开采	铅	吨	2950	1000000 元	295000	淄博
五花石	2	机器开采1 手工开采1	五花石	吨	286000	40000 元	1144000	胶东
云母石	1	手工开采	云母	磅	600000	1500 元	90000	滨海
合计	13						3512395.2	

（注：据编者考证，币值为战后法币。）

（山东省档案馆馆藏档案，档案号G008—01—0016）

（4）山东解放区八年战争煤矿器材损失统计表

（1946年3月）

名称	数量	单位	损毁情形	均价	总（万元）值
锅炉	11	个	待修 5 全部损毁 6	4650000 元	5115 万元
发电机	3	个	待修 2 全部损毁 1	66670000 元	20001 万元
卷扬机	5	架	待修 4 全部损毁 1	9000000 元	4500 万元
电动机	109	个		3000000 元	32700 万元
汽绞车	17	部	待修 11 全部损毁 6	190000 元	323 万元
洋油	1200	桶		70000 元	8400 万元
变压器	47	个	待修 22 全部损毁 25	350000 元	1645 万元
乌金	10000	斤		4000 元	4000 万元
钢丝绳	70	条		1600000 元	11200 万元
风钢	2000	斤		10000 元	2000 万元
电石	1700	桶		10000 元	1700 万元
高压线	156000	米尺		500 元	7800 万元
黄胶布	500	米尺		3000 元	150 万元
钢轨	30000	条		20000 元	60000 万元
钢块	6000	斤		200 元	120 万元
电线	8000	盘		21000 元	16800 万元
铁管	2000	条		12000 元	2400 万元
元铁	55000	斤		80 元	440 万元
皮带	1500	米尺		4000 元	600 万元
洋灰	1000	袋		20000 元	2000 万元
透瓶油	500	桶			
滑机油	500	桶			
西林达油	500	桶			
华士林油	200	桶			

名称	数量	单位	损毁情形	均价	总（万元）值
镴条	100	箱			
电灯泡	20000	个			
灯口	20000	个		230000 元	
电丝车	24	部			552 万元
合计					182446 万元

说明：①表内空白格内因不知其单价故亦无法计算损失。②煤炭八年来直接间接（强制廉价收卖）26100000吨（每吨市斤2000斤）每吨折价16000元，共计41760000万元，及各种器材煤炭损失（如本表所列）共41942446万元。

（注：据编者考证，币值为战后法币）

（中央档案馆馆藏档案）

（5）山东解放区八年战争工商业损失总计表

（1946年3月）

项目 类别	金　额		位次
各种矿山	45454841	万元	1
工业	557295	万元	4
商业	7976340	万元	2
渔盐	1587875	万元	3
合计	55576351 正	万元	

（注：据编者考证，币值为战后法币）

（山东省档案馆馆藏档案，档案号G008—01—0016）

（6）山东解放区八年战争渔业损失统计表

（1946年3月）

项目 类别	数量	单位	金额		备考
损坏渔船	2432	只	1216000	万元	风船
待　修	973	只	24325	万元	风船
减　产	705000	担	7050	万元	各种水产品
损坏渔网	6810	挂	340500	万元	
合　　计			1587875	万元	
龙口、庙岛、芝罘、威海卫、石岛、石臼所、柘汪、岚山头等口岸					

（注：据编者考证，币值为战后法币）

（山东省档案馆馆藏档案，档案号G008—01—0016）

（7）山东解放区八年战争盐业损失统计表

（1946年3月）

类别＼项目	数量	单位	金　额		备注
直接掠夺	2156	万担	1078000	万元	
减　产	4320	万担	2175000	万元	
盐滩荒废	18976	付滩	56928	万元	每份滩2.5亩，金额系修理费
合计			3309928	万元	
王官、咸宁、金口、石岛、莱州、永利、涛〔雒〕、泊儿、红石崖、临兴等盐场					

（注：据编者考证，币值为战后法币）

（中央档案馆馆藏档案）

（8）山东解放区八年战争商号损失统计表

（1946年3月）

类别 资金数额	原有家数	倒闭家数	资财及资金亏损损失数		备考
30000万元以上	127	13	762000	万元	
5000万元以上	242	41	1500000	万元	
1000万元以上	5896	1171	2358400	万元	
300万元以上	11529	3546	2075220	万元	
80万元以上	20012	12147	1280720	万元	
80万元以下					无法统计
合计	37806	16918	7976340	万元	
说明	资金计算系以战后法币为标准				

（中央档案馆馆藏档案）

299

（9）山东北海银行战争损失统计表
（1946年3月）

类别＼金额＼单位	胶东分行		渤海分行		鲁中分行		滨海分行		鲁南分行		合计	
现金	1356548900	00	578946000	00	245864565	00	170008050	00	80427456	00	1210894971	00
生金银	212534567	50	49786752	00	104567894	00					366889213	50
有价证券	254576850	00	212845900	00	241545650	00	194578600	00	42567000	00	946114000	00
印刷器材	332184000	00	512134890	00	402484567	00	356794855	00	86786757	60	1690385069	60
营业家具	110035825	00	204564560	00	184561750	00	157864870	00	30456785	00	687483790	00
买卖土产	843534200	00	612846756	00	734586754	00	584562568	00	246578690	00	3022108968	00
保管抵押品	198546750	00	175644850	00	97887830	00			2564567	00	474643997	00
因战争损失的放款	704546780	00	442864750	00	587462650	00	392461710	00	304256820	00	2431592710	00
杂损	284546856	00	312567514	50	35678428	00	178567855	00	27867854	50	1160334298	00
统计	3076154728	50	3102201972	50	2955745878	00	2034838508	00	821505930	10	11990047017	10

说明

1. 金额各数，系折合法币数。
2. 总行之损失统计在滨海分行内。
3. 生金银，包括生金元及金银首饰。
4. 有价证券，系伪钞及合作社股票。
5. 印刷器材，系包括票据纸币机器油墨及印刷器材
6. 营业家具，包括桌橙床及房产等。
7. 买卖土产，系收存之各种土产货物（如粮食、烟、丝、毛等）
8. 保管抵押品，包括各种贵重物品。
9. 放款坏账，包括各种放款户因战争死亡伤亡逃亡破产及账目损失无法催还者。
10. 什项损失，不属上列者，多列此项。

（中央档案馆馆藏档案）

（10）山东解放区八年战争农业损失调查统计

（1946年4月）

甲、农业损失

（一）食粮：

山东解放区总人口：29000000人

耕地面积：72500000亩（官亩）　　（每官亩240平方步，每人平均约2.5亩）

战前：每亩产量平均每官亩200斤（二年三季每年可产200斤）

战后：

八年的总产量：1160000000000斤

八年的敌伪掠夺：14500000000斤

八年来荒芜土地：725000亩

八年荒芜土地减产：1160000000斤

八年来一般耕地减产：336400000000斤

八年来损失及减产共：49300000000斤

合法币：2455000000000元（每斤法币50元）

（二）耕畜（包括牛驴骡马）

战前山东约有：2900000头（每100亩地约有4头）

战后：

八年抗战中共损失：1740000头　　合法币：87000000000元（每头50000元）

八年抗战中共减产：1160000头　　合法币：58000000000元

（三）猪羊：

猪——八年抗战中约共损失：12000000头

　　　八年抗战中减产：12000000头

羊——八年抗战中约共损失：2400000头

　　　八年抗战中减产：3200000头

八年共损失及减产猪羊：29600000头　　　合法币：296000000000元（每头10000元）

（四）鸡鸭：

山东老百姓喜养鸡鸭，并且每年春季有的自己孵雏卖鸡，因此鸡鸭数量比任何家畜为多，估计全山东在八年抗战中共有鸡鸭：237000000只

八年抗战中损失：145000000只（每人约5只）

合法币：43500000000元（每只300元）

（五）农具：

1. 犁耙：约共损失：289800件

　　　　合法币：4347000000元（每件15000元）

2. 耩子：（播种器）按山东各地区情形，平均每顷地有耩子二把共有：
1450000把　八年抗战损失：145000把（10%）

　　　　合法币：1160000000元（法币8000元1件）

3. 大车小车：

　　　　大车：八年抗战中损失：1120000辆（60%）

　　　　合法币：60000000000元（每辆500000元）

　　　　小车：共有1200000辆

　　　　（约三户一辆扣去有大车的一部分）

　　　　八年抗战中损失：120000辆（10%）

　　　　合法币：〔6〕2400000000元（每辆20000元）

　　　　大车小车共损失：240000辆　合法币：62400000000元

4. 每户镰刀、锄头、镢头、权耙、扫帚、筛子、簸箕等农具约20件，共：
128000000件　八年抗战中共损失：64000000件

　　　　合法币：64000000000元（每件平均1000元）

（六）水利用具：

1. 辘轳、吊斗、戽斗等约共：1200000架

　　　　八年抗战中损失：400000架

　　　　合法币：2000000000元（每架5000元）

2. 水车战前约共：55000架

　　　　八年抗战中损失：12000架

　　　　合法币：1800000000元（每架150000元）

　　　　以上农具及水利工具共损失：65074900元

　　　　合法币：710867000000元

（七）家具：

山东一般的家庭所用家具比较复杂，如一家内有大小锅、大小碗、大小盘、大小碟、大小盆、大小缸、大小罐、大小瓶、大小桌、大小橙子、大小柜箱、大小切菜刀、大小笊笠、大小勺、大小瓢，家用各种食糟、灯、锅盖、菜板、大小筐、水旱磨等，每一家庭平均有65件家具。

总共约有家具390000000件

八年抗战损失13000000件（30%）

合法币：260000000000元（每件2000元）

（八）铜铁：

八年抗战敌伪掠夺损失：300000000斤（每家约50斤）

合法币：15000000000元（每斤铜铁平均约500元）

（乙）农村副业工具损失：

（一）纺车约：320000辆

　　　合法币：224000000元（每辆700元）

（二）织机：150000架

　　　合法币：3750000000元（每架25000元）

（三）烧锅（蒸酒用）被敌人破坏倒闭2500处

　　　损失铁锅：2200口

　　　合法币：33000000元（每口15000元）

　　　损失锡锅：2200口

　　　合法币：440000000元（每口200000元）

　　　损失酒：2500000斤

　　　合法币：1175000000元（每斤350元）

（四）油房被敌人破坏倒闭的：6332处

　　　损失铁锅：3166口

　　　合法币：31660000元

　　　损失油：3216000斤

　　　合法币：6432000000元（每斤200元）

（五）被敌破坏倒闭的染房：3000处

　　　损失染缸：12000口

　　　合法币：36000000元（每缸3000元）

（丙）遮断沟封锁墙对农业损失：

敌人所筑遮断沟全长为约7410公里，沟宽12公尺，沟深为6公尺，则遮断沟所占的耕地面积为133380亩（官亩），按每亩每年产量200斤，则自1940至1945年6年中所减产量为160056000斤。遮断沟总土方为533520000立方公尺，按每人每日挖3方米计算，则所用民工为177860000工，按每人每日400元法币工资计，则合法币71144000000元。

敌人封锁墙全长为7410公里，宽为1公尺，高为4公尺，按墙两边仍有1公尺不能耕种，则占去耕地面积22230亩，按每亩每年产量为200斤，则自1940年到1945年六年中的减产为26676000斤。

封锁墙总土方为59280000立方公尺，按每人每日筑墙1立方公尺，则人工为59280000工，按每人每日工资400元法币计，则为23712000000元。

以上封锁墙遮断沟共减产总量186732000斤，合法币9336600000元（50元法币1斤计）总工资为94848000000元，共合法币104184600000元。

（中央档案馆馆藏档案）

（11）山东解放区八年战争铁路公路电话电报航运损失

（1946年4月）

一、山东铁路损失调查：

　　我控制铁路全长 870.48公里

　　津浦路我控制 550.77公里

　　损失 122106900000元

　　陇海路我控制 153.98公里

　　损失 3190950000元

　　胶济路我控制 165.93公里

　　损失 3368400000元

　　共计损失 128666250000元

　　损失计有：

　　1. 路基　2. 路轨　3. 桥梁　4. 枕木　5. 道钉镙丝

　　6. 夹道板　7. 站台水塔　8. 机头、车厢　9. 工具用品

二、山东公路损失调查

　　全山东解放区公路破坏计 7285公里

　　损失 1548400000元

　　大小桥梁破坏 746座

　　损失 4625200000元

　　汽车损失 683辆

　　损失 2390500000元

　　大道破坏 85700公里

　　损失 1371200000元

　　共计损失 9935300000元

三、山东解放区电话电报损失调查

　　电话电报机损失 1918000000元

　　电杆电线损失 296000000元

　　工具用器损失 21644000元

共计损失 2235644000元

四、山东解放区车辆损失（包括被毁抢走）

 1. 脚踏车共63200辆（单价法币20万元）

  共合法币12640000000元

 2. 大车（马车）12000辆（每辆法币15万元）

  共合法币1800000000元

 3. 独轮车150000辆（每辆法币2万元）

  共合法币3000000000元

五、船只损失

 1. 小轮船35只（每只3000万元）

  共合法币 1050000000元

 2. 大小帆船3826只（每只300万元）

  共合法币 11400000000元

  行栈码头损失（强占破坏）

  行栈150所（每所20000000元）

  共合法币3000000000元

  码头15处（每处5000万元）

  共合法币 750000000元

  总共33640000000元

（中央档案馆馆藏档案）

（12）山东省司法机关战争损失调查表

（1946年4月）

类别	名称	处数	损失统计	占原有总数的百分比	每件价值 本币（元）	每件价值 法币（元）	合计价值 本币（元）	合计价值 法币（元）
房屋类	高等法院分院	2	72间	30%	30000	300000	2160000	21600000
	地方法院	19	570间	50%	25000	250000	14250000	142500000
	各县司法处	47	987间	70%	15000	150000	14805000	148050000
	地方法院看守所	19	332间	70%	10000	100000	3320000	33200000
	监狱（烟台益都）	2	80间	50%	15000	150000	1200000	12000000
	分监（临沂）	1	60间	100%	15000	150000	900000	9000000
	各县监所	46	1104间	80%	10000	100000	11040000	110400000
类别	名称		损失件数		每件价值 本币（元）	每件价值 法币（元）	合计价值 本币（元）	合计价值 法币（元）
器具类	监狱工厂机器及其他工具		250		10000	100000	2500000	25000000
	木器		44660		700	7000	31262000	312620000
其他杂物家具及图书							94295000	94295000
总合计损失折合价值							175732000	1757320000

说明：
1. 以上的统计仅是统计了了解放区内司法机构的损失，不在我辖区内的高等法院一、高等分院五、地方法院十五的损失尚未统计在内。
2. 以上司法机构的档案卷宗全部损失，价值无法统计，未计算在内。
3. 统计表内所列之本币与法币的比值是按当地币制，现在价格作1与10之比（即本币1元等于法币10元）。

（中央档案馆馆藏档案）

（13）山东军区后勤部八年战争各种物资损失统计表

（1946年4月）

类别	品名	数量	单价（元）	总值（元）
被服材料物品	军棉衣	461000 套	10000	4610000000
	军单衣	435200 套	5000	2176000000
	军大衣	167800 件	8000	1342400000
	军鞋	1324600 只	1000	1324600000
	军毯	46300 条	7000	324100000
	军帽	825000 顶	4000	330000000
	裹腿	812000 付	700	568400000
	袜子	621000 只	600	372600000
	衬衣	421100 套	2500	1052750000
	毛巾	1600000 条	300	480000000
	子弹袋	480000 条	900	432000000
	背包	510000 个	650	331500000
	手溜〔榴〕弹包	412000 个	900	370800000
	皮带	324000 条	1000	324000000
	雨衣雨具	105000 件	5000	525000000
	枪衣	81000 件	3000	243000000
	衣料布匹	21180 匹	24000	508320000
	染料	12100 斤	15000	181500000
	牛皮	11000 张	25000	575000000
	合股线	36700 斤	4000	146800000
	缝衣机	216 架	150000	32400000
	棉花	2145000 斤	600	1287000000
	棉纱	300000 包	10000	3000000000
	共计（元）			20538170000
粮秣	小麦	170825000 斤	100	17082500000
	杂粮	324940000 斤	50	16247000000
	共计（元）			33329500000
兵工器材	各种车床	60 台	2500000	150000000
	钢铁	113500000 斤	200	22700000000

类别	品名	数量	单价（元）	总值（元）
兵工器材	铜锡铅	10000000 斤	1200	12000000000
	工具	10000 件	5000	50000000
	硝磺	10000000 斤	1500	15000000000
	铁锹	140000 把	1000	140000000
	铁镢	170000 把	700	119000000
	共计（元）			50159000000
西药	西药	1500 箱	5000000	7500000000
	器材	120 箱	8000000	960000000
	共计（元）			8460000000
电料	电池	2090 箱	4000000	8360000000
	器材	150 箱	2000000	300000000
	电台	81 台	3500000	283500000
	马达	52 架	1500000	78000000
	电语机	156 架	150000	23400000
	电线	150000 斤	2000	300000000
	共计（元）			9344900000
交通工具	马匹骆驼	1350 头	75000	101250000
	帆船	278 艘	3000000	834000000
	大车	5890 辆	150000	883500000
	自行车	2550 辆	100000	255000000
	共计（元）			2073750000
杂物	猪羊	35000 头	10000	350000000
	家具	165000 件	500	82500000
	建筑物	12682 间	50000	634100000
	马鞍鞲辔	1350 付	25000	33750000
	生产工具	75000 件	2000	150000000
	其他			5000000000
	共计（元）			6250350000
总计（元）				130155670000
说明		1. 该统计表包括各战略区后勤部的物资损失		

（注：据编者考证，币值为战后法币）

（中央档案馆馆藏档案）

（14）山东解放区医药卫生损失调查统计

（1946年4月）

一、八年战争中医院药房损失

（一）教会医院（包括基督教及天主教医院）

教会医院各设于城市，几乎无县无之，甚至有的县设有数处，并且有的县规模相当大。在八年战争中，损失甚巨正在设法调查中。

（二）公立医院：

1. 战前公立医院约数十处，在战争中亦几尽损失，现正在调查中。

2. 战后经民主政府创设有平民医院，滨海、鲁中、胶东、渤海各战略区均有，在八年战争中只〔共〕计损失约合法币78753000元。

（三）私人医院及药房

私人医院及药房约在1000处以上，大小平均每处以1000000元计算，共约损失：1000000000元以上

（四）中药铺：

中药铺约在3万所以上，平均每个中药铺以20000元计算，共约损失600000000元以上。据以上现已算出的损失共约1678753000元以上。

附注：医药卫生损失，包括床位、被服、药料、器械等。

二、因战争而产生患病人数统计：

疟疾	1000000人	回归热	90000人
脑膜炎	50000人	结核病	1800000人
花柳病	150000人	黑热病	600000人
妇女月经病	3500000人	痢疾	300000人

（注：据编者考证,币值为战后法币）

（中央档案馆馆藏档案）

（15）山东解放区八年战争人民损失统计表

（1946年）

数目 \ 项目 \ 地区	各地区损失数（亿元）	各地区人口数	每人平均损失（万元）
胶东区	37156	8986000	41
渤海区	30120	7579000	39
鲁中区	25098	5342000	47
鲁南区	17640	3922000	44
滨海区	14125	3160000	45
合　计	124139	28989000	43
备　考	人民损失以法币计算		

（山东省档案馆馆藏档案，档案号G008—01—0015）

（16）山东省立图书馆财产直接损失汇报表

事件：敌人进攻

日期：1937年12月

地点：山东省济南市

填送日期：1947年8月

分类		数量	单位	购置时价值	损失时价值	折合1937年之价值	备考
共计				国币217710元	217710元	217710元	
建筑物		54	间	12440	12440	12440	
器具		635	件	7100	7100	7100	
现款							
图书		266995	册	76270	76270	76270	书板23500片未填入数量栏
仪器		2430	件	45700	45700	45700	
医药用品							
其他	甲骨	180	片	6000	6000	6000	
	陶文	15000	片	9200	9200	9200	
	泉范	470	件	23500	23500	23500	
	砖瓦	1200	件	17000	17000	17000	
	钱币	6500	品	13000	13000	13000	
	石刻	59	件	7500	7500	7500	
	合计	23409	件	76200	76200	76200	

说明：1. 损失之时期事件地点不同者应分别汇报不能混列一表，如1937年7月之损失与1937年8月之损失不能列为一表，事件不同如敌机轰炸与敌人进攻亦不能列为一表，地点不同如省别不同不能同列一表。

2. 事件：即发生损失之事件分敌机轰炸敌人进攻炮击抢掠其他。

3. 日期：即发生损失之年月。

4. 地点：即损失发生之地点。

5. 本表应由汇报机关长官签名盖机关印信。

6. 折合之标准参见另表。

7. 中央机关与地方机关应分别汇报。

（山东省档案馆馆藏档案，档案号 J101—01—0009）

（17）山东省立民众教育馆财产直接损失汇报表

事件：敌人进攻济南

日期：1937年12月

地点：济南城内

填送日期：1947年8月

分类	数量	单位	购置时价值	损失时价值	折合1937年之价值	备考
共计			国币164240元	164240元	164240元	
建筑物	62	间	24800	24800	24800	
器具	1300	件	39000	39000	39000	
现款						
图书	18720	册	18720	18720 37440	18720 37440	
仪器						
医药						
其他	7963	件	81720	81720	81720	

说明：1.损失之时期事件地点不同者，应分别汇报不能混列一表，如1937年7月之损失与1937年8月之损失不能列为一表，事件不同如敌机轰炸与敌人进攻亦不能列为一表，地点不同如省别不同不能同列一表。

2.事件：即发生损失之事件，计分敌机轰炸敌人进攻炮击抢掠其他。

3.日期：即发生损失之年月。

4.地点：即损失发生之地点。

5.本表应由汇报机关长官签名加盖机关印信。

6.折合之标准参见另表。

7.中央机关与地方机关应分别呈报。

（山东省档案馆馆藏档案，档案号J101—01—0009）

（18）滨海区各县八年战争损失调查各个人平均损失统计表

（1946年3月）

	县名	村数	原人口数	实查人数	每县总损失数	每人损失数	每专署区平均数	备 注
第一专署区	高密	461	300000	90000	4525277	50		原人口数系各该县的人口数,实查人口数,系调查损失各区人口的估计数,如藏马只完成了一半,所以照半数人口平均计算,胶高两县大部未完成,所以照估计人口数平均计算,总计系全滨海区实查人口及总损失数每个人的总平均数
	胶县	787	413800	177417	1181036063	6656		
	诸城	1110	490760	504550	34922628285	69215		
	莒北	327	106275	141297	5037189071	35649		
	合计			913864	41145378696		45100	
第二专署区	竹庭	808	384571		8509412230	22127		
	东海	380	188418		18266704515	96940		
	郯城	555	287815		5065965475	17600		
	临沂	974	503538		7283968599	14464		
	临沭	599	311675		5932977003	12560		
	合计		1676017		45059027823		26880	
第三专署区	莒县	971		508149	3773751654	7426		
	莒南	897		443325	444080862	1000		
	日照	1011		568099	2658281490	4679		
	藏马	859	446605	216960	3882128997	17890		
	合计			1786533	10758243003		6021.8	
总计				4375814	96962649522		22158	

（注：据编者考证，币值为战后法币）

（山东省档案馆馆藏档案，档案号G008—01—0015）

（19）冀鲁豫区山东部分八年抗战工业损失统计表

（1946年4月）

类别\厂别	原有厂数	现有厂数	机器损失总价（万元）	资财损失总价（万元）	合计金额（万元）
面粉公司	1	1	51000	1000	52000
电灯公司	3	1	54000	2000	56000
火柴公司	5	3	33000	1000	34600
蛋　厂	5	2	81000	3000	84000
铁工厂	8	2	160000	3000	163000
榨油厂	394	115	23500	5340	28840
印刷厂	195	42	34000	5520	39520
纺织厂	58	21	2000	5130	7130
烧酒作坊	410	114		29600	29600
丝绸作坊	42	3		16450	16450
皮革厂	5	1	7500	3500	11000
纸　厂	3		36000	15000	51000
纸烟厂	46	28	3600	50000	53600
成衣作坊	128	35	23300	4500	27800
合　计			508900	145040	653940

附注：1. 价格以战后法币为标准一律按冀钞1元折法币5元。

（中央档案馆馆藏档案）

（20）冀鲁区山东部分八年抗战工商渔盐业损失

（1946年4月）

项　别	损失金额
工业损失	6539400000 元
商业损失	3515300000 元
渔业损失	2829500000 元
盐业损失	1016200000 元
总　计	13900400000 元

（注：据编者考证，币值为战后法币）

（中央档案馆馆藏档案）

（21）渤海区八年战争运输工具类损失统计表

（1946年4月）

县别 \ 项目数目		大车	小车	脚踏车	汽车	船
第一专区	黄骅	47	1	438		1
	靖远	781	741	1196		
	沧县	472	236	1472		
	南皮	300		882		
	吴桥	138	28	247		
	东光	25	95	263		
	振华	413	1751	1390		
	乐陵	1190	2912	1102		
	庆云	293	999	634		3
	海上办事处	8	46	21		
	合计	4667	6809	76405		4
第二专区	齐河	1004	502	500		
	济阳	1332	1093	1295		25
	匡五	1230	892	567		
	商河	368	239	83		
	临邑	1455	734	1174		
	德县	545	192	543		
	平禹	1280	517	285		
	德平	224	218	156		
	合计	6938	4387	4603		25
第三专区	寿光	1234	1620	2172	1	46
	益寿	191	204	288		
	临淄	429	1004	1235	4	
	广饶	560	4466	1539	1	24
	桓台	373	402	297		

县别＼项目数目	大车	小车	脚踏车	汽车	船
博兴	245	1507	4000		177
高苑	505	685	964		36
长山	561	3740	2230		
邹平	17	3	20		
青城	1070	1100	1167		
齐东	77	27	229		
羊角沟市					
周村市					
合计	5282	14758	14141	6	283
第四专区 蒲台	104	483	376		12
利津	847	729	262		75
垦利	260	1623	184		30
沾化			2304		
阳信	500	219	3523		
惠民	504	153	171		
无棣	319	280	939		
滨县	732	1038	637		25
海上办事处					
合计	3266	4525	8396		142
行署直属 惠民市	166	73	55		
驻济办事处					
合计	166	73	55		
统　计	19319辆	30552辆	34840辆	6辆	479只
备　考	一、各县只部分统计，邹平只4村，益寿只32村，章厂〔丘〕不在内。				

（中央档案馆馆藏档案）

（22）渤海区八年战争资财类损失统计表

（1946年4月）

类别	项目 数目	货币	首饰	金银	货物	合计
第一专区	黄骅	23424000	1046840	1381000	5368000	31219840
	靖远	29364272	439965330	13372694250		13842023852
	沧县	85799120		14138160	2050400	874187680
	南皮	781161723	15932421	4593245	20274985	821962374
	吴桥	1714819228	3518490	505217	8023915101	9742758036
	东光	32407058	68100			32475158
	振华	72795201	19318433	209091	105087187	199291732
	乐陵		8748504000	217801	887666	8749609467
	庆云	50616666	166666	33333333	17500000	201616665
	海上办事处	455560	114000	2321623	11846252607	11849143790
	合计	3663042828	9282654280	13431275540	20021335946	46344288594
第二专区	齐河	21500000	2510000	2008000	1004000	27022000
	济阳	123669461	10373007	1346092	17292347	152680907
	匡五	78607457	4485832	3244443	7365625	93703357
	商河	2007937645	1325780	3127553	2067094	2014458072
	临邑	877247274	15707824	8465410	42330	904462838
	德县	211558453	7842420	2982110	2593952	2240976935
	平禹	30435957	4305200	545319327	1896035	578956519
	德平					
	合计	3350956247	46550063	566492935	32261383	3996260628
第三专区	寿光	269881224	4262156	166998696	288142076	579284152
	益寿	1757557	546928	630420	8579253	11514158
	临淄	211752705	2337934	7805727	9137465	231033831
	广饶	5234797355	19576989	190078006	320962168	5765414518

类别	项目\数目	货币	首饰	金银	货物	合计
	桓台	9701485600	114500	610365	29609	9702240074
	博兴	2998818314	50029162	616390505	402253	3665640234
	高苑	21855959	1218484	2982166	9147637	35204246
	长山	580230379	11071538	18301340	61505586	671108843
	邹平	641000	123060	840290	409470	2063820
	青城	1284196450	5000000	3328220	70832043	1363356721
	齐东	13200140	237920	840290	494400	14772750
	羊角沟市			24400	6691165	6715565
	周村市					
	合计	20318616685	94518671	858830433	776333125	22048348912
第四专区	蒲台	118248173	837705	311500	3696823	123094201
	利津	2627210	1143870	1155208495	6672363	1165651938
	垦利	6618171	1435963	1721000	6420688	16195822
	沾化	35721945	41847825	2446640	7850702	87867112
	阳信	3948870	5132520	794800	17422300	27298490
	惠民	3646440	5379210	1763820	1267866	12057336
	无棣	6907300	1462230	207471	23027725	31604726
	滨县	54434715	173867	2260247	3604121	60472950
	海上办事处					
	合计	232152824	57413190	1164713973	69962588	1524242575
行署直属	惠民市	1161680	274990	193076	1390790	3020536
	驻济办事处					
	合计	1161680	274990	193076	1390790	3020536
总计		27565980262	9427391149	16021505957	20901283832	73916161245
备 考		以上均以"北海本币元"为计算单位， 与法币比值为北海币1元折法币20元。				

（中央档案馆馆藏档案）

（23）渤海区八年战争每人平均损失统计表

(1946年4月)

县别	项目 数目	总损失数	总人口数	每人平均损失负担数
第一专区	黄骅	203694788	250805	812.12 元强
	靖远	75498413758	246551	306214.91 元强
	沧县	1388553122	219235	6333.62 元强
	南皮	3578209583	256599	13983.80 元强
	吴桥	26249166965	228601	114825.24 元强
	东光	489608778	199142	2458.55 元强
	振华	5650085332	279055	20247.22 元强
	乐陵	12736524545	220779	57688.56 元强
	庆云	1654096507	215651	7670.24 元强
	海上办事处	15298585807		
	合计	142686939185	216418	67419.61 元
第二专区	齐河	2000933400 （1427469391853）	193655	10280.8 元
	济阳	1258747026	324357	3552.38 元
	匡五	386133273	160325	2408.44 元
	商河	11687389424	330791	35331.64 元
	临邑	6450933448	203021	31774.71 元
	德县	3819523637	184482	20610.4 元
	平禹	10309317992	246519	41219.56 元
	德平	62348616	250000	249.39 元
	合计	35975326856	1893150	19002.59 元
第三专区	寿光	3086970088	519807	5938.68 元
	益寿	146955311	198029	742.6 弱
	临淄	901135508	308035	2925.4 强
	广饶	1000514529	334690	29893.3 强

县别	项目 数目	总损失数	总人口数	每人平均损失负担数
	桓台	10434461474	359100	29057 强
	博兴	24415555881	226413	107840.78 强
	高苑	867895812	134224	3833.6 强
	长山	4139024302	214415	19303.8 强
	邹平	8766472	289206	2739.5 强
	青城	3278547382	86934	37713 强
	齐东	190053896	131266	2186.1 强
	羊角沟市	18658841		
	周村市			
	合计	57493059496	2802119	20510.57 元
第四专区	蒲台	1082153773	121420	8914.13 强
	利津	3534833364	159794	22382.21 强
	垦利	15752242152	127506	126913.67 强
	沾化	12164152955	251557	48358.51 强
	阳信	589061662	272595	2160.94 强
	惠民	4901342498	264098	18555.57 强
	无棣	583102336	258751	2253.52 强
	滨县	690592200	258101	2714.8 强
	海上办事处			
	合计	39328280940	1713822	2247.7 元
行署直属	惠民市	35691922	40921	872.2 元
	驻济办事处			
	合计	35691922	42921	872.2 元
总计		275578799399 元	8566430 人	32169.61 元
备 考		以上均以"北海本币元"计算单位。 其比值,北海币 1 元折法币 20 元。		

（中央档案馆馆藏档案）

（24）渤海区八年战争房屋损失统计表

（1946年4月）

县别	项目 数目	房　　屋
第一专区	黄骅	2175
	靖远	12643
	沧县	4233
	南皮	723
	吴桥	2319
	东光	5229
	振华	10667
	乐陵	55600
	庆云	11376
	海上办事处	2807
	合计	1007771
第二专区	齐河	7530
	济阳	14755
	匡五	12086
	商河	9077
	临邑	14942
	德县	4187
	平禹	4266
	德平	18398
	合计	85241
第三专区	寿光	23640
	益寿	3556
	临淄	3789
	广饶	23237
	桓台	2896

项目 县别　数目		房　　屋
	博兴	12454
	高苑	23882
	长山	158870
	邹平	360
	青城	12575
	齐东	1849
	羊角沟市	89
	周村市	
	合计	267241
第四专区	蒲台	1314
	利津	4155
	垦利	6232
	沾化	20394
	阳信	4049
	惠民	10656
	无棣	19526
	滨县	8753
	海上办事处	
	合计	75079
行署直属	惠民市	1355
	驻济办事处	
	合计	1355
总计		536687 间

（中央档案馆馆藏档案）

（25）渤海区八年战争牲畜家禽类损失统计表

（1946年4月）

县别	数目	牲畜	猪羊	家禽
第一专区	黄骅	2445	550	35894
	靖远	9251		274288
	沧县	4266	5930	407356
	南皮	4373	1661	623523
	吴桥	2975	1826	23345
	东光	3801	15522	101532
	振华	5766	6207	445052
	乐陵	9265	24447	198671
	庆云	3323	6500	237437
	海上办事处	71	512	
	合计	46436	63155	2347107
第二专区	齐河	4028	11540	76861
	济阳	13734	2136	104530
	匡五	8826	13973	142177
	商河	3502	6163	30528
	临邑	20095	12971	122733
	德县	5575	1933	261531
	平禹	5704	4290	141761
	德平	2807	678	40079
	合计	64241	63700	920250
第三专区	寿光	14053	1712	214408
	益寿	5834	198	53758
	临淄	3845	2571	99624
	广饶	10792	5341	813681
	桓台	4740	3762	10872

项目 县别　　数目		牲畜	猪羊	家禽
	博兴	5083	3652	331344
	高苑	3673	1617	42073
	长山	10267	13881	366347
	邹平	36	140	330
	青城	5965	3679	30911
	齐东	1201	1044	4739
	羊角沟市	20	25	1381
	周村市			
	合计	65959	162558	1970018
第四专区	蒲台	3589	1769	103501
	利津	2785	3842	51744
	垦利	3388	13262	39034
	沾化	2000	34323	834606
	阳信	2111	9479	41697
	惠民	3681	7461	182574
	无棣	2041	1405	169965
	滨县	3678	7525	44942
	海上办事处			
	合计	23273	79064	1468113
行署直属	惠民市	485	1030	11288
	驻济办事处			
	合计	485	1030	11288
总　　计		200424头	369507只	6716776只

（中央档案馆馆藏档案）

（26）渤海区八年战争生产工具损失统计表

（1946年4月）

县别 \ 项目 数目	农具	手工业工具	机器
第一专区 黄骅	3078		
靖远	77454648		
沧县	1928	3949	
南皮	66600	5994	2
吴桥	2837	7980	47
东光	51869	345	53
振华	141306	7871	2339
乐陵	829784	161551	1
庆云	74723	4351	123
海上办事处	4424	38	7
合计	78631197	192079	2572
第二专区 齐河	7028	10040	50
济阳	145424	58731	633
匡五	33393	25100	635
商河	27700	9468	15
临邑	174683	21735	153
德县	69369	1284	17
平禹	126407	8250	225
德平	16657	395	45
合计	600661	135003	1771
第三专区 寿光	85944	19112	1334
益寿	37147	13139	9
临淄	165618	9369	128
广饶	287598	215710	160
桓台	6855	320	

县别	项目 数目	农具	手工业工具	机器
	博兴	153754	5834	120
	高苑	53840	5806	146
	长山	659055	192176	120
	邹平	117		
	青城	286286	15594	
	齐东	60738	471	19
	羊角沟市	4		
	周村市			
	合计	1796956	477531	2036
第四专区	蒲台	102627	2297	783
	利津	41103	613	143
	垦利	58656	6592	238
	沾化		124545	
	阳信	43094	5554	27
	惠民	21582	3420	
	无棣	48879	4886	10
	滨县	82989	3399	348
	海上办事处			
	合计	398930	151306	1549
行署直属	惠民市	3803	45	9
	驻济办事处			
	合计	3803	45	9
总 计		81431547件	955964件	7937架
备 考		一、各县只部分统计,邹平只4村,益寿只32村。 二、章厂〔丘〕县不在内		

（中央档案馆馆藏档案）

（27）渤海区八年战争生活资料及家庭用具损失统计表

（1946年4月）

县别 \ 项目数目	被服	食粮	林木	柴炭	家庭用具
第一专区 黄骅	99863	9686485	15397	8035100	
第一专区 靖远	100767	3856251	20489309	137116276	
第一专区 沧县	980162	48054795			3035
第一专区 南皮	957085	10983174	175528	147036151	666000
第一专区 吴桥	2119348	46965794	1700146310	72572037	478
第一专区 东光	108437	3738553	25325	11520000	3237
第一专区 振华	4714818	80374192	269562	23162452	329422
第一专区 乐陵	2509996	197834239	472155	887500000	3360733
第一专区 庆云	352561	176606821	156210	56721720	156223
第一专区 海上办事处	15901	72912	6132	191602	9634
第一专区 合计	21564938	608173216	1721755919	1854350818	4528762
第二专区 齐河	1445580	8785000	401600	690300200	141564
第二专区 济阳	6237674	2907169372	185711	98272790	397260
第二专区 匡五	355819	13173487	71924	21268409	127318
第二专区 商河	172764	56768314	56684	5328114	28577
第二专区 临邑	623034	9904536	252906	24005247	82
第二专区 德县	178800	50591093	140938	30831397	108366
第二专区 平禹	258142	8903674	56073	10996342	14964
第二专区 德平	75470	12360754	13926	8576821	103200
第二专区 合计	8029283	3073656230	1185762	937532311	921331
第三专区 寿光	1280860	36251410	208966	83849536	1066176
第三专区 益寿	87117	8390257	76083	6836203	320000
第三专区 临淄	219165	25144724	168885	54825892	9328484
第三专区 广饶	1007468	231584201	160661	113062495	27833

县别 \ 项目/数目	被服	食粮	林木	柴炭	家庭用具
桓台	68544	15715000	3884	1440000	3642166
博兴	857780	273802756	2208749	240234022	84512536
高苑	489282	30045664	198095	86212388	248524
长山	1074190	61011332	375742	25431349	2843
邹平	14122	12440	15	52000	26761
青城	529530	10238106901	118436	29124	1153
齐东	18201	3995861	6580	6145720	8577
羊角沟市	1009	2716011			
周村市					
合计	1647279	10924332110	3526096	919333342	106469487
蒲台	71085	42000194	98000	643799547	1960
利津	200128	25880230	45094	35029048	3039941
垦利	98653	1052603533	18935	93993411	88337
沾化	391585	23041490	969625	156129407	443179
阳信	8387162	44133720	890370	42995640	990168
惠民	173592	6277653	52767	19017900	6012
无棣	3968025	57783242	429306	141950596	480818
滨县	360191	27489319	37096	58146536	86066
海上办事处					
合计	10050421	1279209781	2541193	1196062105	5136481
惠民市	21445	882309	5447	2359222	24655
驻济办事处					
合计	21445	882309	5447	2359222	24655
总　计	41313366 件	15890253646 斤	1729014417 株	490937798 斤	117080716 件

（中央档案馆馆藏档案）

（28）渤海区八年战争灾荒类损失统计表

（1946年4月）

项目 县别 　　数目	水灾	旱灾	虫灾
第一专区 黄骅	64800 亩	31700	330000
第一专区 靖远	1662348	260484	2537355
第一专区 沧县	732272	410138	368776
第一专区 南皮	432000	810000	21600
第一专区 吴桥	58634	63870	34104
第一专区 东光	366052	587486	267039
第一专区 振华	52996	488166	98598
第一专区 乐陵		606396	606396
第一专区 庆云	80000	12000	50000
第一专区 海上办事处	5098	1820	4350
第一专区 合计	3454198	3272060	4318218
第二专区 齐河	32000	1364436	500400
第二专区 济阳	626756	152110	61724
第二专区 匡五	25032	157610	115995
第二专区 商河	360	43455	13600
第二专区 临邑	19506	36732	36887
第二专区 德县	391136	239720	425574
第二专区 平禹	29409	93590	48014
第二专区 德平		20297	7735
第二专区 合计	1124249	2107950	1209929
第三专区 寿光	4273	561495	374673
第三专区 益寿			
第三专区 临淄		51929	
第三专区 广饶	131463	14456	1833525
第三专区 桓台		60000	

项目 县别 数目	水灾	旱灾	虫灾
博兴	70885	43873	224827
高苑	35098	51089	81292
长山		62500	3333
邹平			
青城	38519	369101	1601
齐东	2010	6996	2325
羊角沟市			
周村市			
合计	280248	1221439	2521606
蒲台	93463		114331
利津	7156	9172	9825
垦利	4889530	4096493	4942843
沾化	42843	18571	62967
阳信	56382	704953	
惠民	35145	51570	70290
无棣	135000	243000	342960
滨县	34803	49408	44022
海上办事处			
合计	5294222	5173167	5587238
惠民市	3		
驻济办事处			
合计	3		
总计	10152920 亩	11774616 亩	13636991 亩

（中央档案馆馆藏档案）

（29）渤海区八年战争压榨类损失统计表

（1946年4月）

县别 \ 项目数目	苛捐	敲诈	侵占	劳役	统计
第一专区 黄骅	61794176	9425000	4720000	6396000	82335176
靖远	13279372049	27038007598	1369280200	50028938	41736688785
沧县	65225660	98829133	8093333	56666410	228814536
南皮	19980000	455700000	467956000	68000000	1011636000
吴桥	7089952720	3068067370		236531600	10394551698
东光				30810000	30810000
振华	3355715559	309732735		747147188	4422595482
乐陵	106000000	108384719		224362500	438747219
庆云	240000000	178660000	50000000	502260000	970920000
海上办事处	15047693	11087144	43000	2920195	29098032
合计	24243087865	31277893699	1900092533	1925122831	59346196928
第二专区 齐河	30360480	33634000	500200000	5783040	843221840
济阳	88603639	60704249	16178160	136953524	302439572
匡五	76355422	26037286	3591860	63815084	169799652
商河	534328751	24510851	845000	69138635	608823237
临邑	141081647	69850170	2181113	49552820	262672750
德县	74197930	104320170	253917	82314762	261086779
平禹	896943216	23952577	5190440	78270850	9076846032
德平	772830	454199		553200	1780229
合计	10188377184	343463502	528440490	466388915	11526670091
第三专区 寿光	910448760	220345292	18293546	58776418	1208564016
益寿	14751355	7091531	413200	12793500	35049586
临淄	214661676	39353600	875900	12621500	267512696
广饶	230094396	121466554	5498110	2368231268	2725290328

项目\数目\县别	苛捐	敲诈	侵占	劳役	统计
桓台	11665000	11665000		97750000	121080000
博兴	2141510013	4151010013	11594418	3867960018	10172074462
高苑	236012279	236012279	658479	32264423	504947460
长山	212314000	216314000	328974400	26797210	788399610
邹平				5100	5100
青城	47769084	1061920415	212170435	48280000	1370139934
齐东	63502410	7023160	2300000	62902400	135727970
羊角沟市	1154246				1154246
周村市					
合计	4087883219	6072201844	581478488	6588381857	17329945408
第四专区 蒲台	456769825	355480000	33115291	34694489	890059605
利津	2045383987	55264379	644628	153600522	2254893526
垦利	18332010	9114664	138740	3750745	31336159
沾化	1031852986	2034955304	46854231	67282300	3180950415
阳信	41582986	40465913	7233493	284904300	374186692
惠民	2550000000	360000000		1800000000	4710000000
无棣	1342980	16455064		130936060	148734104
滨县	307443270	30398851	2864587	74708120	415414828
海上办事处					
合计	6452713638	2912134175	90850970	2549876546	12005575329
行署直属 惠民市	9587200	2159220	1612000	3462620	16821040
驻济办事处					
合计	9587200	2159220	1612000	3462620	16821040
总计	44981649106	40607852440	3102474481	11533232769	110225208796
备考	以上均以"北海本币元"为单位计算,其与法币比值为北海币1元折法币20元。				

(中央档案馆馆藏档案)

（30）夏津县日伪时期苛捐杂税典型情况的调查 [①]

一、苛捐杂税的征集者

近日，关于日伪时期的苛捐杂税情况，我们深入朱庄、塔坡、霍庄、东关四个单位进行了调查。通过调查广大群众反映，在旧中国，广大人民的吸血机构——苛捐杂税的征集者，来自四面八方。在国民党统治末期日本侵占中国前夕，在夏津地区进行掠夺的有国民党、义勇军、黄杀会、六趟拳、冯二皮、姜世录等。日本侵占中国后，日本帝国主义随即和国内的反动派、汉奸、杂团、地主、恶霸相勾结，广大人民群众除直接受日本帝国主义的压榨外，并建立了10个区和出现了新的征集者，如张八、云团、萧团、朱锡武、芦展清等，他们虽相互勾结，相互倾轧，但都残酷的〔地〕吸吮人民的血汗。

二、苛捐杂税的种类

日本帝国主义和国民党反动派为了保护他的黑暗统治，装满自己的私囊，不择手段的向人民进行横征暴敛，据调查那时的明目税捐有：（1）国税（国地税分红）（2）特捐（为消灭共产党征的钱）（3）军饷（军队给养费）（4）建筑捐（修机关、炮楼等）（5）征集捐（征收新兵用款）（6）枪炮捐（30亩地一支铅枪，50亩地一支钢枪）。另外，还有区乡加的办公费捐、修庙捐、地契、招待捐、城市还有路灯费、清洁卫生捐等，这些捐税仅是明牌，实际上群众是纳不完的税，交不清的捐，有时连区长取妾也叫群众摊钱，特别在解放前夕的45年，敌人在垂死挣扎中，简直是明征暗抢，根本不分什么税捐，几乎把群众的东西抢劫光。

三、苛捐杂税的数量

苛捐杂税的数量真是难计其数，群众送给敌人的辗歌，就道出了苛捐杂税的严重性：县长是金山银山，区长是金砖银砖，乡长是好吃好菜，群众是叫苦连天。光明目税每年就征15～20次，加上杂团、汉奸的摊派，形成天天要捐，日日收税，有时一天就收过两次，东关田登山一年光收税证就收下200余张。在一般年景下，群众每亩交拿20元左右，占每亩收入的80%，有时税捐超过农业总

---

① 这份调查材料形成于1963年11月。

收入，如大灾荒的1943年东关王书香，家有10亩地，5口人，种棉花5亩，收500斤，折款150元，种粮食作物5亩，收400斤，折40元钱，共收入190元，而苛捐杂税要260元，没有办法就借高利贷抵税，寸土无有的东关李万祥，每年还交税捐26～30元。

四、苛捐杂税给人民带来的灾难

由于苛捐杂税的榨取，广大人民的生活朝不保夕，整日在苦难下呻吟，很多人因交不出税捐而被迫出家门，沿街乞讨，有的被捆绑吊打，卖房、卖地、卖子女，弄的家破人亡，流离失所，如大朱庄梁瑞营因交不起税捐，父子外逃，各奔东西，街旁宿住，最后父亲死在饥饿中。再如东关田登山因交不起税捐，母亲被逼出去给人扛〔做〕饭，挣钱抵税。大朱庄朱文阁，因交不起税捐，他母亲被扣，最后逼得沿街讨饭，卖了亲生的孩子，所举之例，仅是旧社会被压迫的缩影。

（夏津县档案馆馆藏档案，档案号1—1—2580）

（31）日军掠夺枣庄煤炭备忘录 [①]

秦绪颜

枣庄以盛产优质焦煤称著于世，早就令日本侵略者垂涎三尺。在日军占领枣庄的7年多时间里，疯狂掠夺煤炭资源，残酷镇压人民群众，罪行累累，罄竹难书。历史不会忘记，人民不会忘记。

野心勃勃　步步紧逼

1840年的鸦片战争，打开了中国闭关自守的大门。在帝国主义疯狂瓜分中国之时，日本帝国主义更是野心勃勃，于1895年发动了甲午战争，迫使清政府签订了不平等的《马关条约》，霸占了我国的台湾、澎湖列岛，对中国经济上的侵略，已从输入商品为主转而以输入资本为主，进而妄图控制中国的经济命脉。著名矿学家黄著勋在《中国矿产》中一针见血地指出"彼日本之对我，不惜犯大韪，日肆其侵略欺诈之外交手段，亦无非垂涎我国之矿产耳。试观二十一条要求中，既索取其满洲之开矿权，又索取其汉冶萍公司之合办权，可以知之矣。"

日本帝国主义控制了东三省的经济命脉后，又抛出了《北支那经济建设计划》，逐步向关内渗透。所谓"北支那"，系指河北、山东、山西、察哈尔、绥远五省及江苏、河南北部。以煤多质佳称著的枣庄煤矿（当时名为中兴煤矿公司）自然成为日寇争夺的目标。

1915年，由于德籍矿师高夫曼的失误，造成南大井重大透水瓦斯爆炸事故，致使499名矿工死亡，矿井被淹，导致中兴煤矿公司由盈转亏，亟需借款还债恢复生产。这时，日本南满铁道株式会社便乘虚而入，假借到枣庄参观为名与中兴公司多次交涉，以放弃对德国人的依赖、雇用日本技师及会计监督员等为条件，达成借款意向。1918年，由日本安记公司林次正、鲍宗汉和中兴公司任凤苞、张学良、袁作签订了借银50万两的合同，并以到枣庄煤田试椎（打钻）调查矿量为交换条件，以台枣铁路全部财产作为担保，合同规定，"如甲方（中兴公司）到期失去偿还能力，那么，台枣铁路的管理营业权将完全由乙方（安记公

[①] 原件未署时间。

司）所有。"其霸占【之心】，昭然若揭。之后，由于美国东方矿务公司早已插手枣庄煤田的打钻勘察，德国帝国主义又提出抗议，日方试椎的企图才未能得逞，但"较日本上等煤尤佳，与英国松白煤相仿"的枣庄优质焦煤，毕竟对日本帝国主义有太大的诱惑，一天也没有放弃它的侵略计划。数年间，北支那经济调查所、南满铁道株式会社、日满富业协会等各路经济特务蜂拥枣庄，或以"记者"身份，或以"调查花生种值"为名，千方百计窃取中兴公司的种种情报，连篇累牍地报送日本侵略军本部。1933年，在南满株式会社调查部风本和横山的《山东省峄县煤田调查报告》中称：枣庄煤炭"粘结性强，炭热量高，作为骸煤原料是最好不过了。在北亚洲中是第一流的，并且低灰低磷，特别作为炼钢用骸煤原料是令人注目的。"又称：对"这样一个可以与开滦势力（当时为英国人所控制）抗争极有希望的煤田，那就有充分的收买价值。""对北亚洲经济开发及对日本制铁用原料煤的补充具有国策意义。"为了一步步实施吞并枣庄煤矿的计划，从1931年至1937年，日本东京瓦斯会社、八蟠制铁株式会社、广岛瓦斯电轨株式会社，大批进口枣庄的煤炭，并公然对中兴公司押运的代表李秉锟叫嚣："中国是我们的，中兴公司将来也要归我们管！"

抢占矿山　残害矿工

为了实现灭亡中国的侵略野心，日本帝国主义在1931年发动了九一八事变，迫使蒋介石政府签订了"何梅协定"，搞什么"华北自治"；1937年7月7日，又发动了芦沟桥事变，大举南侵。中兴公司资本家眼看枣庄煤矿将要落入日本侵略者手中，便佯装已将公司卖给德国礼和银行，在办公大楼油绘上德国旗帜；谁料油漆未干，即遭到日军10余架飞机轰炸，于1938年3月18日，被日本侵略军占领，在办公大楼上升起了日本的膏药旗。同月23日，日军任命大桥小太郎为"矿长"，电机厂、机务处和收支处及各工段也委派了日军头目，对矿山全部实行了军事管制。这时，中兴公司的办事机构早已迁往武汉，旋移上海。矿山除留少数人维护井下工程看守器材外，全部停产。5月，日军指使伪华北实业部先后数次致函中兴公司董事会，查询矿厂情况，并通告限期回矿，填表登记。董事会一致议决，"绝不与日伪合作"，始终不予回复。为急于掠采煤炭以供战争所需，1940年12月，日军将中兴煤矿公司改名为"中兴炭矿营业所"，并将中兴公司陶庄煤矿改名为"陶庄采矿所"，一并交日本三井株式会社代为经营。1943年2月，又玩弄"中日提携"的花招，将中兴煤矿公司改名为"中兴炭矿股份有限公司"，交日伪经营，聘伪华北实业部部长王子惠任董事会长，日本人占部保磨任副董事会长，但其实权仍操作在日本人手中。

日军占领矿山，许多矿工不愿当亡国奴，有的参加了游击队，有的回了家乡。为了驱使工人下井，日军威胁利诱，无所不用其极。他们利用地痞、流氓和"维持会"、"宣抚班"、"流动自卫团"等汉奸特务组织到处欺骗宣传，抓骗来16389名外工，3267名里工。特别是〔从〕河南等地抓来的外工，一进矿里便失去了人身自由。他们住在拥挤潮湿的"劳工棚"里，四周架有铁丝网，大门有日军和矿警队站岗，行动有特务监视，当时矿场就象"阎王殿"，工人进出大门象过"鬼门关"。向日本人脱帽行礼是第一关，稍一怠慢便惨遭毒打；出示证件是又一关，工人项宗全出示证件晚了，挨了一刺刀，伤痕还在；搜身是第三关，电工金洪章下班时，被查出工具包里有个螺丝，当即遭到一顿毒打，又罚他头顶砖头，跪在焦渣上示众。矿工下井有军警押着去，上井押着来，真是插翅也难飞。所以，当时在矿工中流传着这样一首歌谣：

　　一进矿门泪先流，

　　进了矿厂几遍搜。

　　三层高楼（指井架）爬上去，

　　下到矿井当马牛。

"以人换煤"　疯狂盗采

日本帝国主义为适应其军需工业的畸形发展，占领枣庄后，即疯狂地掠采煤炭。他们根本不管什么采煤程序，放围场，穿煤洞，胡扒乱采，吃肥丢瘦，连护巷煤柱、井筒保护煤柱也被掠采，造成北大井井筒变形，泵房搬裂，东大井南马号运输大巷凹陷，严重破坏了煤炭资源，缩短了矿井寿命，给以后的开采造成许多隐患和困难。更为卑劣的是，日军为了加紧掠夺煤炭，竟然提出了"以人换煤""以战养战"的口号，用皮鞭、棍棒逼着工人在毫无安全保障的条件下采煤，井下伤亡事故不断发生。仅1944年北井围场一次冒顶事故，就有34名矿工死亡。据南二段（相当于现在的工区）帐册记载，每出500吨煤就有1个工伤，每出3万吨煤就有1名矿工死亡。据采矿处会计室抚恤帐册统计，在日军统治的7年多时间，就有400多名矿工死于井下生产事故，2500多人造成伤残。日寇视工人生命如牛马，对工伤根本不给医治，对死亡者只发200元伪钞了事。

日本侵略者残酷地压榨矿工，强迫工人每天要劳动16个小时以上。利用"巡视员"严密监视工人到班和劳动情况，利用把头、监工、查二头子鞭笞工人拼命干活，丝毫不准怠慢；工人吃的是橡子面，喝是老窖水，伤病缠身，还常常挨打受骂；出着牛马力，所得却少得可怜。辛辛苦苦一个月，只能领10元伪钞和60斤杂粮面。当时，1斤小麦4元，1斤油16元，1尺布1元，1斤盐8元，这10元伪钞又能买什么呢？当小工的工资更少，简直无法养家糊口。老矿工高继刚回忆说："我给日本鬼子下井干了7年多的活，出的是牛马力，吃的是猪狗食，上下井只有一条麻袋片。老婆孩子赤身露体，冬天连门都不能出。"日本侵略者只顾出煤，不管工人死活。井下采场条件十分恶劣，煤尘飞扬，空气污浊，许多矿工矽肺哮喘积劳成疾，往往因伤病和劳累过度而死亡。1942年从河南开封骗来的1300多劳工，由于非人的生活，不到3年时间，人都惨死在矿井，尸骨埋葬在枣庄西岭，人叫"开封陵"。枣庄解放时，只剩刘德先一人幸存。

日本侵略者采取"以人换煤"的法西斯手段，在侵占枣庄煤矿7年零4个月的时间里，在矿工的累累白骨上，盗取了13332087吨煤炭（其中，枣庄矿12948911吨，陶庄矿383176吨）。这些煤炭除炼焦自用和地销97万吨外，其余的1236万吨经连云港运往日本，或由铁路运往东北的鞍山昭和制铁所，供冶炼之用，制造了枪炮再来屠杀中国人民。

同时，日军还霸占了台枣运煤铁路和中兴公司租给津江浦铁路的所有车辆，抢夺了中兴轮船公司的10余艘货轮和铁驳船，抢劫了中兴公司转移至武汉等地的全部器材。

灭绝人性　血债累累

日军占领枣庄后，为维护其法西斯统治，在矿上设立了"大兵营"，驻扎194大队300多名鬼子兵负责警备；还网络了千余人的"宪兵队"和"矿警队"。残酷迫害抗日军民。"宪兵队"由日军1415部队长村上派高级特务守岛任队长，下设"宪兵分遣队"，是日军的高级特务组织。队长松本在枣庄西商团开设"岛津银行"和"米面代销店"作为秘密的特务机关，通过各种手段发展了国民党中统特务29人，组织了汉奸便衣队，专门破坏我地下党组织和抗日军民的活动，秘密暗杀抗日骨干。"宪兵队"还下设"剿共班"，班长管野（后由山本、永吉接任），汉奸班长王全忠，他们网络地痞流氓，无恶不作。

"矿警队"是抽调部分日军和收编原中兴公司两个护中队合编而成，是日军"强化治安"和"以华治华"的产物，由山本任总队长。总队下设日、中两个"矿警队"。日方矿警队由日本官兵组成，驻守老公司，下设十八间屋、西商团、枣庄街3个办事处，另设井下班和特务班；中方"矿警队"由日军中村任队长，共500余人，分布在各大门、东井、北井、石碑、煤务处、鞠仁医院和惠工村等15个分驻所，每处设一个班的兵力；另设1个特务队，负责昼夜巡逻。"矿警队"初建时有500余人，到1946年发展到1290人，配有轻重机枪26挺，手炮3门，汽车3部，成为一支颇具实力的反动武装。"矿警队"隶属"宪兵队"管辖，他们狼狈为奸，经常化妆成便衣，勾结"维持会"、"爱国会"、"流动自卫团"中的暗探、汉奸，以交"朋友"的伪善面目出现在群众中侦探地下党组织的活动情况。1939年11月28日，打入"矿警队"的6名党员，由于处事不慎，被特务发觉抓捕，遭受严刑拷打，赵德全同志惨遭杀害。"矿警队"还派出特务，四处刺探抗日武装的活动，先后带领日寇到凤凰岭、梁庄、西集、羊庄、岩湖等地"扫荡"，所到之处，烧杀抢掠，残害民众。

日寇为了镇压矿工的反抗，迫害抗日军民，在"宪兵队"和"矿警队"设置了种种残无人道的酷刑，如坐电椅、压杆子、灌辣椒水、夹指甲、"蹲汽油桶"（将汽油桶内灌满屎尿将人投入，用铁丝编成的盖子压在油桶上，人在油桶里想站站不起来，下蹲就要喝到屎尿，一次数小时残遭折磨）、"放肉炮"（将人绑在木柱上，周身捆得紧紧的，只留腹部露在外面，待腹部涨鼓绷紧时，用刺刀刺腹部、放出响声）、"放红花"（将人推入坑内，用泥土埋至腰部，使人血液不能下流而涌溢头部，待面部赤紫、目欲突出之际，刽子手双手举刀照头劈下，鲜血喷突四溅似火花）等，骇人听闻，惨绝人寰。

日军"宪兵队"杀人如麻，"矿警队"为虎作伥。只要认为谁不顺眼，就被抓进"宪兵队"严刑拷打，至少也得扒层皮。采矿处职员马绍萱，被以"私换粮票"的罪名监禁毒打，勒索钱财，家人求亲告友，典卖家当，凑交了两万元钱才保出一条活命。矿工周保安在井下正干着活，被扣上"私通八路"的罪名，被拉到街上大卸八块。

日本侵略者残害抗日志士的罪行，更是罄竹难书。1939年12月18日，日伪警宪抓捕枣庄煤矿地下党支部书记鹿广连未遂，就把鹿广连的妻子徐德兰和她幼小的儿子抓进"宪兵队"。徐德兰坚贞不屈，嗜血成性的日军宪兵队长冈村，竟于1940年除夕，命令将徐德兰剥光衣服，绑在枣庄煤矿西南门外的木桩上，先是活活劈死了她不满两岁的儿子，又将徐德兰剖腹杀害。1943年9月30日，鹿广连同志在"反扫荡"中壮烈牺牲，又被日、伪军割其头颅，挂在枣庄煤矿西南门外的杆子上示众。是可忍，孰不可忍！

针锋相对　团结抗日

日本侵略者烧杀抢掠、惨无人道的罪行，激起了人民熊熊的反抗怒火。具有反帝爱国传统的枣庄矿工，在中国共产党的领导下，和日本侵略者展开了各种形式的殊死斗争。

日军攻陷枣庄，由部分中兴煤矿矿工和中兴学校学生参加的"鲁南人民抗日义勇队"便在共产党员张光中、何一萍带领下进入抱犊崮山区抗日根据地。1938年9月，抗日义勇队3大队3连1排排长洪振海、3排排长王志胜，受总队长张光中，政委李乐平派遣，回枣庄建立秘密情报站，侦察日军的兵力部署和后勤供应等情况（后成立铁道大队）。同年9月，苏鲁豫皖边区特委派鹿广连返回枣庄，成立"中共枣庄矿区支部"，发展20多名矿工入党，坚持地下斗争。1939年下半年，第三地委又派史天放到15窑正式建立了党支部，发展矿工党员30多名，开展反掠夺斗争。同时，枣庄中心县委派张福林、于康回矿发动工人组织工会，开展群众性的抗日工作。由于日伪特务活动猖獗，党组织和工会组织不断遭到破坏，1942年秋，鲁南军区党委又派张协同回枣庄，团结矿工坚持斗争。

党组织和工会组织开展灵活多变，深入广泛的宣传活动，揭露敌人的法西斯罪行，使日、伪军惶惶不可终日，大涨〔长〕了中国人民的志气，激发了人们的爱国热情。

党组织和工会组织还设立了情报联络站，积极侦察日、伪军的活动情况，破坏敌人的"扫荡"计划。有次，我党联络员鹿传本探听到日、伪军到二区的"扫荡"情况，立即传送到抱犊崮山区根据地，使我军伏击了"扫荡"的鬼子，打死日、伪军10余人，缴获大盖枪10支。

当时，由于日、伪军的重重包围和封锁，致使我山区根据地的枪支炸药、药品、宣传品和生活用品十分短缺。为了支援山区军民的抗日斗争，矿区党组织和工会组织，一是组织群众积极配合运河支队、铁道游击队等抗日武装的对敌斗争，向山区根据地运送夺取的枪支、棉衣等物资；二是千方百计筹集炸药、油墨、纸张等物品，冒着生命危险，及时送到山区根据地。

开展反掠夺斗争，破坏敌人的高产计划，也是党组织和工会组织的重要任务。日本侵略中国始终存有战败的恐惧心理。1942年，日本帝国主义发动太平洋战争节节失利，侵华战场上又处于十分被动的局面，日本藏相大臣津岛寿一亲临枣庄煤矿，提出了加紧掠夺煤炭的"周期增产运动"和"日产万吨万运"的口号。实行法西斯管制，强制工人无限制地增加劳动时间。党组织适时发动工人采取"怠工"、"吃空名"（交了牌下井不干活，接着装作下班的工人从另一井口上井）和"破坏机器"、"破坏工作面"等办法加以抵制，使煤炭产量不断下降。1943年比1942年下降30多万吨。

"前事不忘，后事之师"。对于日本帝国主义发动的那场惨绝人寰的侵略战争，对于日军侵占枣庄期间残害群众、盗采煤炭滔天罪行，我们世世代代都不能忘记。

（枣庄矿务局档案室藏）

（32）民国三十二年度鲁西地区（兖济道、曹州道）杂粮收买要纲

（1943年10月）

第一　方针

依照1943年度山东省杂粮收买要纲，为谋责任数量之绝对确保起见，应将各项施策重点措置并设鲁西地区杂粮收买委员会，以为其推进机关。

第二　要领

一、杂粮之种类

本年度应行收买之杂粮如下：

小米、谷子、玉米、高粱米、高粱、秫子米、秫子、大豆（黄豆）、绿豆、黑豆、江豆。

二、收买数量及时间

（一）收买数量总计为12万吨，道及县别之责任供出数量参照附表。

（二）收买期间为自10月15日起至12月末日止。

三、供出方法

（一）道及县之责任供出数量由省长核定，道尹及县知事负供出之责，各乡镇村之责任供出数量由县知事核定，保甲组织使之供出。

（二）县知事对各区乡村分配责任供出数量之际，应考虑县内收获之丰歉及治安交通状况与农民贫富，使为合理之供出。

（三）县知事应按乡镇别或村庄别作出日期表，倡导共同搬出施以警备督励，并将供出代表者及供出数量详细记载，以明责任。

四、收买机构

（一）收买担任者为采运社员及合作社员收买范围以内须受省长及各行政长官之指导监督。

（二）采运社员及合作社员对县之收买数量系以各半为原则，然遇特殊情事时县知事得斟酌调整之，未设合作社县份即由采运社员收买全数。

（三）关于收买上必要之先付资金及廉价物资，须在省长指导监督之下妥慎运用，省长并按另定方针树立必要计划负实施之责。

（四）食粮管理局（办事处）负收纳杂粮管理分局处理事务，华北麦粉制

造协会暂代食粮管理分局处理事务。

五、收买方法

（一）集货场由县知事指定，设于县内适当地点以便农民供出。

集货场地点之选定应于保管、警备及输送等详加考虑。

（二）在集货场于对农民应施以慰安之措置，如免费旅舍、茶水、留声机之设备同时可作为宣传场所。

（三）杂粮收买应于集货场由收买担任者为之，并使各自负责，而为价款之支付与保管，对农民并须持诚恳和蔼之态度。

（四）廉价物资原则上系于集货场中，在县知事及收买担任者共同责任之下，依配给票制直接配给农民，但亦可斟酌情形汇总配给于农民代表，配给比例为每吨50元，配给票由收买担任者准备。

六、资金、麻袋、廉价物资、输送、交接

（一）收买担任者原以各自之资金收买为原则，但对已收集于县城之杂粮待检同可资证明者之凭证、文件所请求之数量为限合作社员得向麦粉制造协会采运员得向开发粮谷组合分别通融贷款。

（二）麻袋原则已合作社各自负责准备，采运社员由开发粮谷组合借用。

（三）采运社员使用之麻袋在输送中所生损失应由开发粮谷组合负担危险费3%，超过3%以上者则由采运社员负担。但因不可抗力之损害应根据委员会之核定另行处理。

（四）廉价物资对合作社由开发粮谷组合贩卖之对采运社则贷与之。

（五）采运社员之廉价物资其运杂费与保险费概由开发杂粮谷组合负担，因怠忽与不注意所生，根据委员会之核定由采运社员赔偿。

（六）收买杂粮及廉价物资之输送、保管、警备及大车苦力之雇用，概由县知事代办，采运社员之廉价物资在输送中缺斤5%由开发粮谷组合负担，如在百分之五以内余额则作县之收入。

（七）收买担任者与食粮管理分局（办理处）之代行机关，对收纳杂粮之接收原则上应在铁路沿线办理。

七、收买价格

（一）食粮管理分局（办事处）代行机关之收纳价格依照编制收买小麦及杂粮价格行之。

（二）在集货场之收买价格分铁道沿线县价格、中间价格及内地县价格三种，规定如下：

1．铁路沿线县较收纳价格减低10元

济宁、滋阳、宁阳、曲阜、邹县、滕县、峄县

2．中间县较收纳价格减低20元

泗水、汶上、嘉祥、巨野、郓城、金乡、鱼台

3．内地县较收纳价格减低30元

武城、单县、曹县、定陶、菏泽、濮县、寿张、阳谷、朝城

（三）对农民之廉价物资须按配给价格加入运费及其他诸杂费全并计算在各县集货场，均为同一价格。

八、赏罚报告

（一）负收买责任之官吏对本收买工作如果劳绩卓著应予表彰，其有不正行为或因怠忽将致供出成绩不良者，则予以免职或处罚。

九、附则

于实施本要纲之际须与皇军密切联络受其强力之援助。

附表：1943年度鲁西地区（兖济道曹州道）杂粮责任供出量表

道别	县别	实任供出量	备考
兖济道	泗水	3000 吨	
	宁阳	4300	
	汶水	7520	
	曲阜	3870	
	邹县	6400	
	滋阳	3700	
	济宁	7460	
	嘉祥	2000	
	滕县	7680	
	金乡	3850	
	鱼台	2500	
	峄县	7720	
	计	60000	
曹州道	阳谷	5533	
	寿张	3572	
	朝城	3142	
	范县	—	
	观城	—	

道别	县别	实任供出量	备考
曹州道	郓城	8548	
	濮县	5291	
	巨野	6470	
	菏泽	6859	
	城武	351	
	定陶	3677	
	单县	5120	
	曹县	8273	
	计	60000	
		12 万吨	

附：鲁西地区杂粮收买委员会规则

第一条　本委员会定名为鲁西地区杂粮收买委员会，以集中施行兖济道及曹州道杂粮收买各种施策，绝对确保责任数量为目的。

第二条　本委员会由中日关系机关组织之，决定前条目的达成上必要之重要事项。

第三条　本委员会本部设于济南。

第四条　本委员会置委员长1名、副委员长3名、及委员若干名。

第五条　委员长由山东省长充任、副委员长由建设厅长、兖济道尹、曹州道尹充任。

第六条　委员长综理本会一切事务，副委员长辅佐委员长共负确保责任量供出之责。

第七条　委员由委员长任命之。

第八条　本委员会得置顾问若干名。

第九条　本委员会设事务局分下列四班：

总务班

收买班

输送班

宣传情报班

第十条　各班之担当事务如下：

一、总务班

（一）各班之联络调整；

（二）文书之收发保存；

（三）会议；

（四）金钱之出纳保管；

（五）其他不属于各班事项。

二、收买班

（一）关于收买杂粮一切企划；

（二）对下部收买机构之交涉；

（三）廉价物资资金及麻袋之运用。

三、输送班

（一）收买杂粮并廉价物资之输送计划；

（二）与输送机关之交涉；

（三）收买杂粮之保护。

四、宣传情报班

（一）收买杂粮必要之宣传；

（二）收买杂粮之必要之情报搜集与整理；

（三）收买杂粮必要之厚生工作；

（四）收买杂粮必要事项之调查研究。

第十一条　事务局置局长1名、班长4名。

第十二条　于兖济曹州两道指挥部为本委员会之地区收买实行机关并于兖济曹州两道尹分别充任收买总指挥官而为确保道内责任供出数量之责任者。

第十三条　为本委员会两区内之直接收买机关任命兖济曹州两道内各县知事充县收买指挥官，而为确保县内责任供出数量之责任者。

第十四条　本委员会得按必要于道县设置联络员，担任与本部间之联络事宜。

附则

1. 本委员会遇有必要得使中枢部于一定期间移动于杂粮收买中心地之济宁。

2. 本委员会直接收买机关之各县为便于确保实绩起见得编成适宜之机构。

（二档）二〇〇五②610

（转录自中央档案馆、中国第二历史档案馆、河北省社会科学院编：《日本侵略华北罪行档案·损失调查》，河北人民出版社2005年版，第358—364页）

（33）民国三十二年度山东省（兖济道、曹州道除外）杂粮收买要纲

（1943年10月）

第一　方针

本年度收买杂粮为确保需要数量企图进行滑圆应藉行政力之强化，俾达预期目的而收实效。

第二　要领

一、杂粮之种类

本年应行收买之杂粮种类如下：

小麦、谷子、高粱米、籹子米、籹米、大豆（黄豆）、绿豆、黑豆、江豆。

二、收买数量及期间

（一）收买杂粮数量总计为30万吨（兖济道曹州在内）各道各县之责任供出数量另定之。

（二）收买期间为由10月15日起至12月末日止。

三、供出方法

（一）名〔各〕县责任供出数量由省长核定，道尹及县知事负供出之责，各区乡村之责任供出数量则由县知事核定，利用保甲组织使之分别供出。

（二）县知事对各区乡村责任供出之量之配给应考处县内收获之丰歉与治安交通状况及农民之贫富，使为合理之供出。

（三）县知事应按乡镇别或村庄别作成供出日期表，倡导共同搬出，施以警备及督励，并将供出代表者及供出数量等详细记载以明责任。

四、收买机构

（一）收买担任者为采运社员及合作社员，在收买事务范围以内承受省长及各行政长官之指导监督。

（二）采运社员及合作社员对各县之收买数量系以二与一之比例为原则，然遇特殊情事时县知事得斟酌调整之。

未设合作社县即由采运社员收买全量。

（三）关于收买上必要之先付资金及廉价物资须在省长指导监督下妥慎运用，省长并按另定方针树立必要计划负实施之责。

此项事务之处理暂由华北麦粉制造协会实施。

（四）食粮管理分局（办事处）负收纳杂粮责任并负保管加工与配给之责，华北麦粉制造协会暂代食粮管理局处理事务。

五、收买方法

（一）集货场由县知事指定设于县内适当地点以便农民供出，集货场地点之应于保管警备又运输等详加考虑。

（二）在集货场中对农民应施以慰安之措置，如免费旅舍、茶水及留声机等之设备同时可作为宣传场所。

（三）杂粮收买原则上系于集场中在县知事及收买担任者共同责任之下依配给标制直接配给农民，但亦可斟酌情形汇总配给农民代表。

配给比例为每吨50元。

（四）所买杂粮及廉价物资之保管与输送等概由收买担任者负责管理，关于大车及劳务等之备用得由县公署代办。

六、收买价格及廉价物资价格

（一）食粮管理中（办事处）代行机关之收纳基准价格依照统制收买小麦及杂粮价格行之。

（二）在集货场之收买价格分铁道沿线县价格、中间县价格及内地县价格三种（各县位置分如附表），并规定沿线县每百公斤运杂费为15元，中间县为20元，内地县为30元。农民净得价格即由公定价格除去运杂费，如德县小米按公定价格为139元除去运费10元，农民净得129元之例是。

（三）对农民廉价物资价格须按配给价格除加算运杂费缺斤与保险费外，再加原坐5%手续费。

七、赏罚及其他

（一）负收买责任者之官吏对本收买工作如果劳绩卓著应予表彰，其有不正行为或因怠忽将事成绩不良者，则予以免职或处罚（奖惩办法另订之）。

（二）县知事应于每旬末将收买数量及收买状况呈报省长及道尹。

（三）关于收买担任者办理之廉价物资、资金、麻袋及其他手续另定之。

附则

于实施本要纲之际须与皇军密切联络受其强力援助。

山东省收买杂粮各县位置划分表

道名	沿线县		计	中间县			计	内地县				计
东临道	德县　恩县 平原　禹城		4	武城　夏津　清平 高唐　博平　茌平			6	临清　丘县　馆陶　冠县 堂邑　莘县　聊城				7
济南道	齐河　长清 历城　章丘 邹平		5	济东　济阳			2					
兖济道	齐阳　济宁 滋阳　曲阜 邹县　滕县 峄县		7	汶县　嘉祥　金乡 鱼台　泗水			5					
泰安道	泰安　新泰		2	东阿　平阴　肥城 东平　莱芜　蒙阴			6					
青州道	桓台　淄川 临淄　益都 博山　长山		6	寿光　广饶　博兴 高苑　临朐			5					
莱潍道	昌乐　潍县 高密		3	昌邑　平度　安丘 诸城			4	掖县				
武定道				德平　商河　临邑 青城　陵县			5	乐陵　无棣　阳信　沾化 惠民　滨县　利津　蒲台				8
登州道				招远　黄县　牟平 福山　（龙口） 栖霞			5	莱阳　海阳　荣成　蓬莱 文登				5
曹州道				郓城　巨野			2	朝城　阳谷　寿张　濮县 菏泽　定陶　曹县　武城 单县				5
沂水道				郯城			1	莒县　日照　临沂　费县 沂水				5
总计			27				41					35
共十道二 百零三县 一区												

1943 年度山东各道县（兖济道州道除外）杂粮责任供出量表

道别	县别	责任供出量（吨）	备考
登州道	荣成	483	
	文登	1095	
	牟平	3646	
	福山	1963	
	蓬莱	1678	

道别	县别	责任供出量（吨）	备考
	黄县	1540	
	栖霞	1423	
	招远	2206	
	海阳	680	
	莱阳	8815	
	计	23529	
莱潍道	掖县	2484	
	平度	4196	
	昌邑	3723	
	潍县	5865	
	昌乐	2881	
	高密	5835	
	安丘	2668	
	诸城	3294	
	计	30946	
青州道	广饶	1661	
	博兴	1254	
	高苑	534	
	桓台	5227	
	寿光	2518	
	临淄	4848	
	益都	6332	
	长山	4278	
	淄川	3246	
	临朐	2035	
	博山	508	
	计	32441	
泰安道	莱芜	1596	
	新泰	2117	
	肥城	898	
	平阴	786	

道别	县别	责任供出量（吨）	备考
泰安道	东阿	2321	
	蒙阴	1845	
	计	18171	
沂州道	日照	2740	
	莒县	5654	
	沂水	4460	
	费县	1726	
	临沂	8285	
	郯城	5221	
	计	28086	
武定道	无棣	1879	
	乐陵	2117	
	沾化	1485	
	阳信	2552	
	利津	3701	
	滨县	1212	
	惠民	2509	
	德平	1234	
	蒲台	460	
	青城	384	
	商河	1241	
	临邑	1133	
	陵县	756	
	计	20663	
东临道	德县	2201	
	武城		
	禹城	1836	
	高唐	718	
	夏津	549	
	平原	2333	
	恩县		

道别	县别	责任供出量（吨）	备考
东临道	茌平	1617	
	清平	736	
	博平	950	
	临清	—	
	聊城	579	
	堂邑	—	
	丘县	—	
	馆陶	—	
	冠县	—	
	莘县	—	
	计	11521	
济南道	齐东	1266	
	邹平	1541	
	章丘	3148	
	济阳	2250	
	齐河	1438	
	历城	3538	
	长清	1462	
	计	14643	
总　计		18万吨	

（二档）二〇〇五②610

（转录自中央档案馆、中国第二历史档案馆、河北省社会科学院编：《日本侵略华北罪行档案·损失调查》，河北人民出版社2005年版，第365—371页）

（二）文献资料

1、人口伤亡资料

（1）济阳大惨案

济阳县城位于济南东北90里处，东、南两面濒临黄河。1937年有居民3300多人。城郭虽小，但系济南北面门户，故战略位置重要。

1937年10月，日军侵入山东，把济阳城视作侵占济南的前哨阵地。10月16日上午，两架日本飞机沿黄河北岸飞来，向济阳城投下了4颗炸弹。此后，敌机几乎天天来这里侦察骚扰。10月31日，正逢大集，两架敌机飞来，向人群里投了8颗炸弹，当场炸死11人，重伤4人，炸毁民房20多间。赵洪道一家7口有4口被炸死，他12岁的妹妹和4岁的小弟弟，被炸得四肢迸飞，只剩下颅；6个多月的小妹妹在母亲的怀里被炸死，肠子拖在地上，母亲的一条腿被炸飞。

11月13日上午，日军百余辆汽车、装甲车，由惠民经仁风镇沿黄河西岸向济阳扑来。11点左右包围济阳县城，城内中国守军曾作抵抗。下午4点多钟，日军又从商河调来30余辆汽车、装甲车，在西门外左右两侧设伏。围城日军，先后从东、南、北三面攻进城来，将中国政府征集的1800多壮丁和200多逃难百姓逼出西门，赶进其伏击圈，尔后疯狂地用炮轰、用机枪扫，不到半小时，赤手空拳的中国平民2000余人惨遭屠杀。

有一日本军官在指挥攻城时被守军打伤。城陷后，这个家伙为报一枪之恨，向日本兵下达了7天之内杀光全城百姓的命令。从14日开始，日军分为若干股进行搜捕，凡是被搜出的人，不分男女老幼，一律斩尽杀绝。

14日上午，一股日军闯进文庙后街，捕捉了鲁某某的妻子和张某某的妻子，日军将她俩的衣服剥去，先行轮奸，后又拖至西门外，将她们绑在树上，割掉乳房……，两个妇女被折磨了一个多小时才死去。死后，两具赤裸裸的尸体在树上挂了好几天。

这天上午，日军抓到刘善远等四五十个人，用刺刀逼着他们去搬死尸，打扫街道和日军住所。动作稍慢者当时就被砍头。有一老人因听不懂日语，干错了活，当场就被用刺刀捅死。傍晚，日军把这些人一一捆绑起来，押至南门外大堤下，让他们排在一起，迎面支上机关枪。一个日军军官在旁边喊了一声，接着一阵扫射，他们全部被射倒在黄河滩头。刘善远被机枪打伤后佯死未动，夜深逃走，成为这批人中的唯一的幸存者。

一股日军从西门外陆可让家的地窖里搜出他十几岁的两个儿子，日本兵把他们剥光衣服，捆在大门前的枣树上，让狼狗撕咬。两个孩子发出阵阵撕裂人心的尖叫，日军却哈哈大笑。半小时后，两个孩子被咬得血肉模糊、五脏涂地而死。

日军在文庙一次用机枪打死10多人；在南门外大堤下杀害百姓13人；又在马家湾南崖活埋30多人。

一股日军来到南关街，从两头向中间逐门逐户搜查。每到一家，先翻箱倒柜，后放火；见男人就打死，见妇女就奸污。其中一伙日军闯进王庆堂的家，从地洞里搜出3个妇女，将她们的衣服剥光，进行轮奸。然后，日军用刺刀挑开她仁的肚子，又剁下女尸的双脚，用刺刀挑起来，在大街上举着喊："中国女人的脚，顶小！顶小！"在刘振声家的地窖里，日军搜出5个男人、7个妇女，全都杀死。一个日本兵还将一颗血淋淋的人头挂在窗台上。在杨其吉家的地窖里，日军发现有人掩藏，先用机枪扫射，然后又扔进手榴弹，当场炸死5人。任传恩家的地窖里藏着6人，被日军打死3人。王其成全家3口，都被杀死在一个地窖里。有一位李大娘，80多岁了，双目失明，也被日军刺死。

仅14日这一天，南关金星庙附近，就躺下了40多具惨死百姓的尸体。东关被杀害了温连福夫妇、鲁小旦、陈京智、张茂堂、鲁遵林、王荣节、鲁善明、杨承伦、王恩节、韩淑云、董春和、陈明新、张兆松、张合长、张其山、张其太、郭永贞、王延禄、孙延贵等47人。最惨的是，有个叫邓奎洁的，被日军绑在树上，用刺刀一块肉一块肉地往下割，邓疼痛难忍，哭喊呼救，邻居80岁的老汉邓学河闻声拄着拐杖来说情，竟被日军一刀刺死。周连芬的叔叔周景远，被日军捉住用洋刀把身子剁成几块。周连芬的父亲周景奎，被日军砍下头颅。不足10岁的儿童杨存礼，被日军绑在树上，用刺刀挑开肚子，肠子流了一地。马某未出嫁的女儿，被日军轮奸后含恨投井自杀。

日军攻陷济阳城时杀死壮丁、平民2000余人，在侵占济阳城后的7天中（从11月14日到21日）又杀害我同胞402人，重伤19人，奸淫妇女102人，烧毁房屋550余间，整个济阳城变成一片废墟，街上尸骨累累，很久无人掩埋。

济阳县《城关人民公社社史》详细记载了济阳城关人民这次惨遭日本侵略者野蛮屠杀的情况。据当年的幸存者张乐芝老太太和洪乃德、王庆林、张增唐、薛宗福等老人的回忆：张乐芝全家7口人，婆婆、两个妹妹（小姑）、一个弟弟（小叔）都被日军的炸弹炸死，她也被炸伤了胳膊，她公爹和丈夫没有在家，才得以幸存下来。洪乃德的父亲是1937年11月14日被日军抓去的，后来一直没有消息，显然是被害了；他本人当时虽然年幼，也曾被日军捆绑起来，落下了惊吓病，至今未愈。王庆林、薛宗福都谈到：直到1938年，红十字会为超度亡灵、举办宗教仪式时，才查清了这次惨案中的被害人数。

（邢怀三、许友仁、艾传智调查整理）

（转录自方正主编：《日本侵略军在山东的暴行》，山东人民出版社1989年版，第11—14页）

（2）青岛集中营

（一）日伪青岛市劳务管理机构

青岛作为华北的主要港口城市，一直是日本掠夺中国劳工的主要基地。1934年日军御用的劳务机构大东公司组建后，即在青岛设立分公司，将商河路9号作为公司办公地点和劳工集结地。负责人为日本人重藤之丞。它负责发放从青岛乘船进入伪满洲国的劳工签证和"出国"证，垄断了劳工招募和出入伪满的特权。

1937年7月7日卢沟桥事变后，华北相继沦陷，青岛也被日军占领。1938年1月7日，伪满洲劳工协会成立后，在青岛设立出张所，主任为仓田庄五郎，开始时同大东公司分头招募劳工。后大东公司并入伪满洲劳工协会，青岛出张所业务规模扩大，办公地点迁至铁山路85号，其职员除部分杂役为中国人外，均为日本人，继续在青岛及山东各地骗招劳工。华北日伪政权建立后，青岛先后成立了山东劳务福利局、大陆华工公司。1941年7月，伪华北政务委员会组建伪华北劳工协会后，在青岛设立伪华北劳工协会青岛办事处。青岛办事处接收原伪满洲劳工协会青岛出张所的房屋财产和业务职员后，由日本籍和中国籍人员重新组成。办事处长由华北政务委员会实业总署委任伪青岛特别市市长赵琪兼任，赵调任伪华北劳工协会理事长后，由继任市长姚作宾兼任。但中国籍的处长并不到会办公，只是挂名而已，实权实际掌握在日本籍的办事处主任手中。办事处主任，先后由佐佐木、浅川保充任，下设业务科、总务科。业务科下设发证系、调查统计系、防疫系、写真系；总务科下设会计系、医务系。各科、系中，除总务科长1943年曾由伪华北劳工协会理事长赵琪之侄充任外，均由日本人担任。中国职员只负责会计、庶务等，所有劳工招募、办证、发运等主要业务均由日本职员负责。青岛办事处下设潍县、莒县、平度等办事分处，后因招不来劳工，"自由招募"改为"行政供出"。各办事分处无工可招，于1944年撤销。同年6月，成立劳务工作大队。为了向日本输送劳工，"华北劳工协会"青岛办事处还组建了第一、第二劳工训练所，伪青岛市社会局劳工科组建了华工赴日事务所，由驻青岛的桐部队和"华北劳工协会"青岛办事处及青岛市社会局劳工科等共同管理。

（二）青岛第一劳工训练所

为了向日本输送劳工，1944年，在驻青岛日军和日本领事馆及伪华北劳工协会的指使下，伪青岛特别市政府首先在铁山路85号原伪华北劳工协会青岛办事处的旧址上设立了青岛第一劳工训练所，并把原伪华北劳工协会青岛办事处先迁往陵县支路，后迁回商河路9号原大东公司旧址。在铁山路85号训练所改建完工前，等待外送的劳工先集中关押在大港火车站对面的保安客栈旅馆，因该客栈地处三楼，仅有一处通道，劳工无法逃跑，所以成了临时集中营。铁山路85号占地5100平方米，原来院内有建筑面积为566平方米的大库房一幢和数间办公室，出境劳工均到此处办理出境证明，可自由出入。1944年10月，改为第一劳工训练所后，为防止劳工逃跑，日军修筑了3米多高、上架电网的围墙。还设立了审讯室、警卫室、办公室。门口有军队警卫，所外有警察巡逻，管理严密，戒备森严。还将大仓库改建成关押战俘劳工的宿舍，大通间的仓库设三层大铺，供劳工睡觉。平时关押战俘劳工多达2000人以上。

据当时制订的《华北劳工协会青岛劳工训练所组织要领》和《青岛劳工训练所运营细则》揭示，青岛劳工训练所是专门关押和"教化训练"从华北各地训练所输送到日本充当劳工的"训练生"及通过"行政"手段"募集"供出的一般劳工的场所，由青岛日、伪军警司法机关负责警卫。训练所直属伪华北劳工协会青岛办事处，职员由伪华北劳工协会青岛办事处训练班职员组成，人员组成有主任（日籍）1名，班长（日籍）1名，班员（日籍）10名，中国籍11人（内医师一名）。所部设训练、审问、卫生三系。《青岛劳工训练所运营细则》则对劳工训练所的管理运营做了详细规定，从而使劳工训练所成了名副其实的关押、折磨、残害战俘劳工的集中营。

（三）青岛第二劳工训练所

青岛第二劳工训练所是1944年11月设立的。由于华北各地的劳工陆续押往青岛，等待送往日本，铁山路85号第一劳工训练所已人满为患，无法容纳，驻青日军和日本领事馆指令伪青岛特别市政府位于汇泉广场的体育场（又称汇泉体育场）借给伪华北劳工协会青岛办事处作为第二劳工训练所。

汇泉体育场始建于1933年，是当时青岛最大的体育场，看台上可容纳1万余人，看台围墙高6米，看台下有148间专供运动员休息的地下室。早在1942年，日军发动"胶东大扫荡"时，曾将抓来的数千名抗日军民关押在这里，除少数人被青岛各界民众组织的慈善机构营救外，大部分押往伪满当了劳工。改建劳工训练所后，青岛大体育场成了名副其实的集中营。为防战俘劳工逃跑，除在体育场的几个大门设有警卫外，又将地下室的门窗全部用铁棍封住。劳工就睡在里面，如同活地狱。

据日伪文献记载，1944年12月时，汇泉体育馆分别由三个单位管理使役，即"华北劳工协会"青岛办事处、伪青岛市劳工科领导的华工赴日事务所、海州矿工株式会社，关押劳工多达数千人。

（转录自谢忠厚主编：《日本侵略华北罪行史稿》，社会科学文献出版社2005年版，第293—296页）

（3）杨家寨惨案

蒲雨　李法俊

近60个年头了，但是，那令人悲愤的一幕却永远深印在人们的脑海里。

杨家寨，在孝妇河西岸，淄川城北二十来里的地方。有"宝塔"古迹，史称"宝塔镇"。1937年年底，侵华日军大举进攻，占据了淄川城，对淄川人民犯下了滔天罪行。淄川人民对日本侵略者无不同仇敌忾，纷纷起而反抗。淄川城东北三十里外罗家庄地区，有个河东村，出了个会道门组织，名叫"铁板会"，是村民张荣修在1927年建立的。他们练武信神，宣称"功夫练成可以刀枪不入"。平日里，他们为乡里荡污除秽，防匪除暴，深得民心。附近三十几个村庄的青壮年有三分之一的人加入了"铁板会"，"铁板会"一时声威大振。在日军侵华后，"铁板会"汇入了抗日洪流。日军攻占周村时，河东村一带的"铁板会"员配合马尚的"铁板会"员，与日军展开激战，先后两次奔袭侵占周村的日军。

此时的"铁板会"已成为日军的眼中钉、肉中刺。为了维持和巩固其侵占地盘，指使淄川县维持会长高福斋开展所谓"宣抚安民"活动，派遣汉奸张克顺等三人到河东村，招抚"铁板会"，投顺日军。但是，"铁板会"会员抗日意志坚定，当即将3名汉奸扣押。日军恼羞成怒，决定对河东村实行血腥镇压，以迫使"铁板会"就范。

1938年1月30日（农历腊月二十九），日军冈奇率部200多人在汉奸李德水带领下，从淄川城东的洪山奔袭河东村，随军用骆驼运载重机枪、迫击炮，气势汹汹。那天正是除夕，沉浸在节日气氛中的河东村民们，万万没有想到日军会突然到来……

是时，杨家寨的"铁板会"得到消息后，急派胡大民、高辉岳率领"铁板会"会员100人，抬着土炮，扛着土枪，舞着长矛大刀前往增援，到达河东村外的王家林，从背后袭击日寇。这一情况被华坞岭煤井（现在淄川区双沟镇）日商田岛的狗腿子陈树清（马尚人）发现，急急报告田岛，田岛又急转冈奇。冈奇带领日军突袭河东村，发现杨家寨"铁板会"在驰援河东村败退时丢弃的土炮上铸有"宝塔镇"等字样，穷凶极恶的日本侵略者顺势又将矛头指向建有宝塔的杨家寨村。其手段之残忍，令人发指！

1938年2月2日（农历正月初三）寅时，冈奇率领日军部队包围了杨家寨村。一时枪声大作，惊醒的群众梦幻里呼爹唤娘，四处逃散，试图突围。高辉岳、刘清福、高玉继三人想从东门跑出去，被把守东门的日军发现，连发数枪，高辉岳、刘清福当场被打死，高玉继身矮灵活，拐到胡同里才幸免于死。村长殷尚志（字士堂）叫人们拿上土枪、大刀，准备打出去，年龄较大的人认为硬打不行，有的认为年轻力壮的突围出去了，妇女、孩子、老人怎么办？不如死守，或有可救。不一时，淄川县维持会会长高福斋在村外发话："只要大家打开寨门迎接皇军，我保证全村的人安全，绝不杀害一人。"老年人轻信了他的谎言，便开了寨墙大门。门刚打开，日军就蜂涌〔拥〕进村，见人就抓，见跑的就杀，挨家挨户搜查，不分男女老幼，不论探亲的，过路宿店的，全被赶到杨家寨村小南门外一块被人们叫做"抽匣地"的地里。"抽匣地"是一处土场，因村民常年用土，这块地被挖成了中间呈"凹"的形状，东、南、北三面成一人多高的土堰，西靠大道。日军在这块地的周围布防设哨，在西边架起了机枪。手无寸铁的村民，被赶到这块地里后，日军又将青壮年挑选出来押到这块地的北面，将老人、孩子、妇女赶到南边。冈奇叫汉奸开始问话："谁是'铁板会'的人？"村民中没有一个说话的，回答日军和汉奸们的只是愤怒的目光。沉静有时，本村有两个教员，一个叫张庆英（字玉山），一个叫于庆贵（字新山），他俩站出来和日军讲理，坚决不承认有'铁板会'的人。冈奇恼羞成怒，气急败坏，下了毒手，下令用木棍将两名爱国教员劈头盖脸活活打死。其惨状目不忍睹，乡亲们流下了悲愤的眼泪。

日军并未就此罢休，又拉出了于庆云、罗玉信、张清伦、高太君、高玉昌等5人。于庆云看事不好，拔腿就跑，刚跑到村东河崖头就被站岗的日军用枪打死了，其余4人当场被冈奇用木棍活活打死。

冈奇见查不出"铁板会"的人，便凶残地下令机枪手向这些青壮年射击。顿时，100多名无辜的青壮年一排一排地倒在血泊里。射击停止后，杀人红了眼的日军并不就此罢手，又端着上了刺刀的步枪，来到死难者的尸体堆里，用刺刀连穿了3遍。有个叫高学继的中弹未死痛得直叫喊，日军端着刺刀走到他跟前，连穿数刀，他咬牙含恨而死。曾幸免日军子弹的高玉继在这次大屠杀中，因身体矮小被死难的乡亲压到尸体下面，日军用刺刀穿时，他的右肩挨了3刺刀，腰部被穿两刺刀，全身挨了5刺刀，留下了7个窟窿，满身血污。他咬着牙，忍着剧痛，装死趴在血泊中。他侥幸没被穿着要害，后被乡亲救回。高清继的脖子被日军穿了一个大窟窿也幸存下来。在小南门外这块"抽匣地"里，集体被日军屠杀的杨家寨村民就有138名。

日军血洗"抽匣地"后，又风疾火燎地窜进杨家寨村里，挨家挨户放火、抢劫、杀人。一时村里浓烟四起，烈焰腾空，漏赶出村外的村民到处躲藏。日军守住村口，枪杀从烈焰中逃出来的村民。有个叫满康田的村民，起初躲在碾棚柴禾堆里，日军点火后，他逃了出来，被日军发现了，两名日军又凶残地架起他投入熊熊的烈火中。日军走后，他从大火中爬出，虽幸存下来，却焦头烂额，手脚烧成畸形，成了残废。日军这次火烧杨家寨，在村里打死、烧死村民31名。

过午，日军把抢劫的大批牛马猪羊带走了。幸存的村民哭爹唤娘、呼儿叫女地涌向惨案场，涌入他们眼帘的是被害亲人的脑浆四溢、断腿残臂、身首异处、肠子外流……种种悲惨之状，他们哭得肝裂肠断，死去活来。

日军制造的杨家寨惨案，村内村外共惨死169人，有20多户全部死光。全村百十户家，就有80多户的房屋800余间全被烧光。

后来，日军又来到杨家寨几次，对准"宝塔"用炮打了3炮。但是，仅中塔尖，没有打毁。因而，"宝塔"至今依然矗立在杨家寨村中，成了日军血洗杨家寨的铁证。

杨家寨惨案，激起了孝妇河两岸儿女对日本侵略者的深仇大恨。人民群众纷纷起来，在共产党的领导下进行抗日救国运动，誓为死难的亲人报仇雪恨。幸存者高玉继改名换姓参加了抗日游击队，高思继等也参加了抗日游击队。之后，在以共产党员孟金山为首的组织发动下，由贾村的李光祥、彭家村的崔新三、赵家庄的朱茂文、杨家寨的高忠继等13人，在杨家寨村西北的赵家村聚义，组成抗日游击队。后被编为山东人民抗日救国军第14中队，李光祥任队长。在廖容标司令员的指挥下，杨家寨地区的抗日烽火越烧越旺。

（淄博市淄川区政协文史委员会编：《淄川文史资料选辑》第4辑，内部资料1987年印行，第133—139页）

（4）滕县的血与火

1938年3月15日，日军侵入滕县境内，3月17日侵占了滕县县城。就在这几天内，日本侵略军在这里杀害中国平民2259人，奸污妇女224人，烧毁房屋60467间。仅县城东关就有720余人被杀，有的户全家被杀绝。

3月14日拂晓，日军步骑兵约万人，附大炮20门，坦克20辆，在20余架飞机配合下，向中国军队滕县外围阵地开展全线攻击。激战竟日，界河东西线的正面主阵地巍然不动。15日下午5时许，日军避开正面绕道直取滕县城。

滕县城内居民闻讯，扶老携幼纷纷离开家逃难。是日傍晚，逃往城东小吉山和孤山一带的难民，在河湾处与日军搜索部队遭遇，避难人群顿时慌乱。钱守道之母因寻找孩子发出叫喊声，日军当即向避难人群扫射。顷刻间，有72人被杀害。他们的鲜血染红了河水。敌人还不住地向河北岸菜园屋子打枪。当时里面住有22个逃荒要饭的难民，除2人负伤外，其余全部惨死在日军的枪弹之下。

3月16日清晨6时，日军在城东程堂村炮击滕县城。这一天，东关、城中和车站附近，共落炮弹万余发。17日，日军的炮火更加猛烈，除用数十门山炮、野炮轰击外，还有20余架飞机狂轰滥炸。整个县城火光四起，硝烟滚滚。据守在东门的川军全部牺牲。日军闯进东城门后，挨家搜索，见妇女先奸后杀，见男人或当场刀劈或捆绑起来集体枪杀。仅在郑家林、马神庙两地，即集体枪杀我同胞42人。东关大街、沙窝街和善国门街的1400户人家，被烧毁房屋4700多间。郑硕安的父亲躲在地窖里，想出来救火，刚爬出洞口，即被日军枪杀。王某的媳妇过门才3个月，被日军从地窖里拖出来，轮奸后又用刺刀剖腹杀死。有一个18岁少女，盘起辫子装作媳妇，从城里往外逃，迎面碰上日军，遭轮奸后也被破腹而死。春秋阁街妇女王某，遭两个日本兵轮奸后，被邻居陈长明用箔卷起来藏在覆棚上。接着又来了3个日本兵，问陈："花姑娘的哪里？"陈说："这里没有花姑娘。"日军举斧便砍，陈夺路越墙而逃，被日军追上劈死。张大山的母亲和弟弟，吓得跳到井里，日本兵竟向井内投石，将张母的手砸成残废，其弟弟被砸死。这帮日军走后，邻人将张母捞了上来，另一帮日军又到，张母再次跳井，这样折腾了几回，才免于一死。成荫、来荫弟兄俩，见日军追来，跳到井里躲避，结果全被淹死。70多岁的张四夫妇俩，同时被日军刺死。张某的祖母年过70，亦被兽兵轮奸致死。当时北大街和沙窝街遇难的有82人。

东关南大街拳师沙印才，在日军侵占县城时，见一个妇女因躲藏不及，被日本兵缠住不放，他出于义愤冲过去打死了那个日本兵。这时，又窜进来几个日本兵，将沙印才截住，用机枪杀害。

3月17日中午，日军闯进董友启家中，见院内挖有地窖，便从洞口扔进数枚手榴弹。藏在窖内的人们被迫爬出窖来，全遭杀害。

3月18日，日军窜至春秋阁街，抓了六七名居民，用绳子捆在一起，然后押走。当路过卖茶水的刘某门前时，日军见刘妻站门口，兽性大发，竟在光天化日之下将其轮奸。当天中午，躲避在南关天主教堂防空洞内的人们，闻听炮声稀疏，走出地洞观察动静，结果凡外出者均遭日军杀害。与此同时，日军还对藏在东门里外一些商号地洞的平民进行大屠杀。仅德源号、德聚泉酒油坊和恒盛公染坊的地洞里，就有110人遇难。

短短的3天3夜，仅仅滕县城关就有2259名平民百姓惨死在日本侵略军的枪刀之下。

（根据惨案目击者72岁的王瑞林、84岁的董友启、78岁的钱守业和刘绪忍、徐祥荣、王新友、刘德恩、李福海等的回忆和史料整理，宋致元、时乐军执笔）

（转录自方正主编：《日本侵略军在山东的暴行》，山东人民出版社1989年版，第56—58页）

（5）活人祭

1938年农历3月28日（公历4月28日），日本侵略军沿微山湖畔追击川军。邓锡侯部兵败撤退，西靠微山湖、东临津浦路的夏镇遂告陷落。夏镇的德国神甫海登，大肆宣传德日联盟，入教保险，哄骗几千群众进入设在大地主叶家大院内的教堂避难。就在这天傍晚，日军整批进入教堂，奸淫妇女，劫掠财物，被骗群众受尽凌辱。

同一天上午，日军一个军官在运河大堤上手拿望远镜，向湖里瞭望战况时，被隐藏在苇丛中的抗日分子用猎野鸭的土枪击中肚子，受了致命重伤，终于毙命。他手下的几个头目一嘀咕，准备抓姓朱的和姓杨的中国百姓，搞所谓朱（猪）杨（羊）大祭，用来祭奠死掉的上司。

这天下午，几个日本兵端着上了刺刀的枪，砸开几家紧闭着的房门，卸下门板，捣烂衣柜，抬的抬，扛的扛，搬到夏镇街东的大庙小学。然后就把门板、衣柜当木柴，在小学的西墙外架起一个两米多高的柴垛，把那个军官的尸体抬起来，架到熊熊燃烧的木柴跺上烧化。与此同时，一个日本兵砍下了从谢桥菜园里抓来的青年农民朱保玉、杨传龄的头，放在烧化尸体的柴堆前，用这种方式祭奠他们的长官。杨传龄的父亲杨永昌怕儿子夜里冷，拿着棉袄送去，也被日军抓住杀死。被害的杨永昌51岁，杨传龄年仅21岁，朱保玉22岁。

这就是震惊微湖东岸的朱（猪）杨（羊）大祭，是日军占领夏镇后暴行的一例。

下面是杨传龄的弟弟杨传英叙述的他父亲和胞兄被害的详细经过：

1938年农历3月28日，在徐州学生意的我二哥回来看家。二哥是个勤快的老实人，他一回家，就到菜园里去拔草。这时来了个日本兵，先在人群中转了一遭，然后直奔我二哥走去，命令我二哥跟他走。我二哥战战兢兢地跟他走了。接着，这个日本兵又喊走了正在另一块菜园里拾草的朱保玉。

当时，我才十多岁，亲眼看到二哥被日本兵抓走了，心里非常害怕。母亲听说后就吓哭了。我父亲（杨永昌）觉得日本人喊两个青年人去，无非是要他们干点活，不会把他们怎么样，一会就能回来，还劝母亲不必耽心。谁知到了晚上我哥哥还没有回来。父亲也心慌了，又怕二哥冷，就拿了一件棉袄送去。万万没想到，父亲也一去不回。直到第二天，才知道日本人为祭奠他们的一个军官，骗来姓朱、姓杨的中国人，搞所谓朱（猪）杨（羊）大祭。就这样，我21岁的二哥、51岁的父亲，还有年轻的邻人朱保玉，都被日寇活活杀死了。

二哥死后，二嫂改了嫁；奶奶和母亲哀悼亲人不吃不喝，天天哭，瘦得皮包骨，不久就忧愤成疾，相继离开了人世。父母死后，我成了一个失去了人世间温暖的苦孩子，过着饱一顿饥一顿的苦难生活。日寇侵略中国，无故惨杀了我慈爱的父亲和刚结婚不久的二哥，害得我家破人亡。深仇大恨永世难忘。

（李金陵整理）

（转录自方正主编：《日本侵略军在山东的暴行》，山东人民出版社1989年版，第81—83页）

（6）南湖集上血肉横飞

南湖是日照县西部的一个山村，农历逢三逢八为集日。方圆几十里内的农民，都靠这个集市出售自己多余的产品，采购各自需要的工业、手工业产品和其它商品。1938年5月12日（农历四月十三）上午10点钟以后，河滩上早已挤满了赶集的人们。

11点左右，是集上人最多的时候。突然，5架日本飞机从东北方向朝着集市飞来，在集市上空盘旋一周，接着向赶集的人群投下炸弹。顿时，集场上血肉横飞，殷红的鲜血染遍了河滩，横三竖四的尸体摆满了小河的两岸。飞机离去后不久，附近便赶来许多人寻找亲人，呼爹叫娘、喊儿喊女，哭叫声，呻吟声撕人心肺。

不料，正当此时，日本飞机重又返回，并朝着慌乱奔逃的人们又扔下了数十枚炸弹，爆炸引燃了房屋，整个南湖村淹没在一片火海之中。

日机第一次轰炸时，南湖村农民王应城正在家中。飞机飞走以后，他到集上帮助灭火。大火扑灭后，山旺村王公春的妻子到他家找水喝。王应城的妻子正在浇水时，日机又来了，一颗炸弹落在院子里，王应城夫妇二人和王公春的妻子都被炸死。

飞机轰炸时，赵自干的妻子和妹妹连同两个女儿吓得趴在床底下。谁知，一颗炸弹炸塌了他家的草房，并引起了大火。多亏邻人将火扑灭，将姑嫂二人及两个孩子扒出。两个大人被炸的血肉模糊，早已死去。分别为1岁、3岁的两个女孩，虽在妈妈和姑姑身体的掩护下未被烧死，但也已奄奄一息，经抢救才免于一死。至今赵自干的大女儿（赵从集）头上还有当时留下的一块疤痕，不生头发。

许延福的女儿当时只有12岁，当天被炸断了一条腿，疼痛难忍，又无钱医治，可怜的孩子在绝望中服毒自杀。

赵自起的婶母，连同她的两个孩子，都被炸死。这时她已怀孕六七个月了，实际上这颗炸弹炸死了她母子4口。

敌机炸集时，南湖农民时广彬正牵着两头驴在集上卖，一颗炸弹在他附近爆炸，他的右臂被炸断，人虽没被炸死，但造成终生残疾。

南湖被炸损失情况统计：

人口死伤：集上：死468人，伤残者无法统计。庄里死169人，伤残者273人。

财物损失：房屋1292间。衣服：4923件。粮食：14万余斤。牲畜：79头。

（李广华整理）

（转录自方正主编：《日本侵略军在山东的暴行》，山东人民出版社1989年版，第106—109页）

（7）三千民工遇难记

1938年5月中旬，日本侵略军攻陷徐州西北的金乡县城。在进犯该城时，血洗了沿途的王楼、苏楼、大义、孙瓦房等村。杀害了未及逃难的180余名村民。之后，又灭绝人性地屠杀了被中国政府军征来修筑工事的2860余名民工和城内近300名居民，使这座历史悠久的古城变为血海尸山。

1938年春，日军在台儿庄遭到重大打击后，又调集了约8个师团、20万人的兵力，向徐州以西的陇海线迂回，对徐州进行战略包围。5月11日，日军中岛今朝吾率领的第16师团侵入金乡北部胡集一带，遭到第5战区第3集团军一部的有力抵抗。敌16师团遂留一小部日军正面佯攻，其主力改向东南方向进攻。13日下午，敌一部占领金乡县城东的鲁庄集、王楼等村，旋进至城西南5公里的苏楼村，击溃了中国政府军孙桐萱部的一个营，对金乡县城实行包围。布防在城北柳河防线及大义集一带的中国军队向西南撤退，城北日军随即占领大义集，越过柳河，兵临金乡城下。

日军进犯金乡，途中所经村庄皆遭血洗。

13日下午，日军侵占王楼村时，正遇上周楼、于庄、于楼等村逃难的老百姓，其中100余人被日军抓捕，强令为其挖战壕、修工事。黎明前，日军便把他们集中到一个大院子里。一部分人见势头不对，伺机逃跑。余都被日军串捆起来，拉到村南柏树林里用刺刀刺死。被捉村民王大孩，日军说他挖的枪眼太大，向他连刺数刀，又将他绑在柳树上，砍掉双臂，折磨致死。

13日傍晚，日军在苏楼村逮捕村民50余人，其中苏炳铎一家6口当场被杀。另外40余人被押到一个庭院内，逐个搜身，将钞票、银元及贵重物品搜去之后，用刺刀逐个挑腹，有30余人被刺死。

同时，日军在大义村将未及逃脱的19人全部杀害。独身老人刘明余，被日军割下头颅。年过七旬的李洪前，被活活肢解。王永吉被剖腹，肝肠涂地。一个60多岁的老妪和一个15岁的少女，被数十个日军轮奸后又用刺刀挑死。

小代庄农民张永田，手推小车外逃，被日军截住，要他把车上的几只母鸡送到村内。憨厚的张永田万万没有想到，送鸡之后仍被日军惨杀。事隔多日后，人们又发现在小代村油坊屋梁上，有被日军用铁丝吊挂起来的6具尸骸。

孙瓦房村信奉白莲教的人颇多。一部分教徒听信谣传,误以为日军不杀教徒,没有及时逃避,结果被日军屠杀50余人。

5月13日上午10时许,日军炮击金乡县城,将文峰塔顶炸碎,城内秩序紊乱。被围在城内的有近300居民和3000民工。傍晚时分,日军集中炮火攻城。守城部队只有孙桐萱部的一个团。14日凌晨3时许,这个团伤亡很重,余部从城东南角墙洞中潜出南撤,民工仅有100余名跟随出城。拂晓,西门被敌突破,继之全城陷落。部分民工战死在城墙之上,余者有的躲进城墙洞内,有的逃避于民房之中。

日军破城后,进行疯狂屠杀。14日拂晓,一股日军闯进居住在县衙后的李乃申家中,将聚集在这里的刘玉章、许守文等10几人押走。途中,又逮捕苏茂田、李文贵等,并入一列,共21人。日军将他们押至东南城角城墙上一间筒子屋内,按站立先后,一个个喊出来,刀砍之后踢下城去。刘玉章冲出屋门后,乘敌不备,纵身跳下城墙,卧于尸丛之中,未受刀砍。年近八旬的罗化章老人,被日军用棍子打倒,推落城下。不满10岁的孩子李大陆,被用刺刀挑起,扔了下去;其父李树义同时遭难。这次被害的还有李广汉父子、王克芹父子等。凶狠残酷的日本兵,将受害者推下城墙后,接着又投掷20多枚手榴弹。此次遇难的21人中,被埋压在最底层边角的刘玉章、许守文、王克芹3人大难未死,带着满身血迹,从难友尸体下面爬出来逃生。

日军在奎星河前天主教堂中搜出民工、居民和教徒等180余人,全部驱赶到文峰塔附近学校的大厕所内。先用机枪扫射,又投掷了大批手榴弹,众人全部惨死。

日军在金乡县城连续搜杀4天。仅在城西南角的南家后坑边,三次就屠杀民工、居民400多人。高步清一家13口被杀害11口,德茂祥商店被杀了19口。城内的奎星河、迎子坑、眼睛坑、南家后坑等所有大小坑塘内漂满了尸体,鲜血染红了水面。日军离城南犯后,耿荆山、李长发等在城内亲眼目睹:在东关一段城墙上下暴尸300多具,在北门里女子学校二楼上,横躺着30多具少女尸体,一个个披头散发,裸露身躯,其惨状不忍卒睹。

侵略军于5月17日大部南犯。开拔前又纵火烧掉大片民房。

据不完全统计,自5月13日至5月17日,日军在金乡县境内共计屠杀百姓3347名,烧毁民房670余间。

当时在中国共产党地方组织的领导下,正在组织抗日武装的翟子超、耿荆山等,曾经目睹了劫后的惨状。耿荆山在回忆录中写道:"1938年5月1日,日寇进攻金乡县城时，我随县政府撤到徐油坊。守城部队是孙桐萱部下的一个团。这个团在战斗中伤亡很重，有一部分突围出来了。县长王冠一原是第3路军29师87旅的书记官，在聊城时，我和他及29师的副师长荣光兴打过网球。因布防万福河防线的部队以29师为主，故叫王冠一当了县长。王从全县征调了3000民工修筑工事，城陷后，民工全被鬼子杀害在城中。日寇南犯后，我们的金乡义勇队开进了城内。进城后看到，到处都是尸体。奎星河里、护城河里漂满了尸体，水都变红了。"

李长发的回忆录中写道："1938年夏，我随耿荆山、翟子超等同志领导的金乡县人民抗日义勇队，进驻金乡县城。当时日寇刚撤离，我和张文卿同志到城墙上察看，见到墙上墙下到处有战沟及掩蔽洞，沟内洞内有尸体，大多是穿便衣的民工，间或也有穿灰色军装的军人。尸体已腐烂，气味很大。光是东城墙的一段，能看到的就有300多具。"

"我俩顺城北门东边下城墙后，走进一个大院子里，登上了一座两层楼，看到楼板上到处是血迹、花衣服、绣花鞋，还看到30余具被杀害的女尸。看样子都只有十几岁。有的用被子盖着，有的裸露着，血肉模糊，披头散发，目不忍睹。这些女孩子，都是被日军奸污后杀害的。我们回到驻地后，轮流在南门里站岗，发现南门里大街路面有口军布下的长达数米的雷区。"

李庆恩、侯贵春、刘先让、刘明经、张奎英等的回忆，也和耿荆山、李长恩的回忆一致。

许多受害人遗属和幸存者的叙述，更给文献材料以具体的佐证和补充。现选录几段如下：

刘玉章：我今年（1985年）84岁。1938年鬼子打金乡城那天，上午10点多钟，从城北打来的一颗炮弹把文峰塔顶炸飞了，人们开始慌张起来。守城的国民党部队关上了四门，不让百姓外出。可是，县长王冠一却在当天上午逃跑了。当时没有逃出的居民有二三百口，3000名修工事的民工也被围在城里。第二天一早，我和许守文跑到住在县衙后的李乃申家里，当时躲在他家的还有邻居十几人。过不多会，来了20多个鬼子，把我们赶到门外，先押到北门，又把我们往城东南角赶。路上，苏茂田、李文贵、王奎峰等3人，也被鬼子赶到我们当中来。我一查，一共21人。后来，鬼子把我们押到南城墙角上的一座筒子屋内。先挨个搜身，接着又把我们赶回了小屋里，以后从屋西门一个个地往外叫。快要轮到我了，我和身后的许守文一商议，一齐冲到屋外。接着，我猛窜两三步，贴着城墙跳下去。不多会，就听到鬼子往城下扔人。之后，响了一阵爆炸声。我从地下爬起来一看，眼前是许守文和王克芹2人，他们血头血脸，但没有死。后来，我和他俩一块逃了出去。

当时被抓的21人，我记不全了。能想起来的有：李广汉和他的儿子，罗化章和他侄儿罗福银，李树义和他不到10岁的孩子大路，王克芹和他14岁的孩子王大孩及王克芹的弟弟王克田，还有刘延清、徐世镜、王奎峰、苏茂田、李文贵、李乃申和许守文。活下来的只有我们3个。

苏延鸠：我今年（1985年）75岁，金乡县苏楼村人。1938年农历4月14日下午，鬼子在俺庄南把中国政府军的一个营打退了，进庄后就各家挨着抄。当时庄上的群众大多数都逃走了，只有50多人看家未跑，被鬼子抄了出来。苏炳锋兄弟仨和他的3个儿子，全被鬼子捅死在家中。其余40多人，被鬼子带到村西苏延祐的院子里，先逐个"清腰"（搜身）后，分别赶到3间堂屋和两间南屋里，再一个一个拉到院中，用刺刀连捅带挑。我是被赶到南屋的，鬼子从这里向外拉苏宣刚时，他不出去，被捅死在屋里。藏在床底下的苏千信、苏宣耀、苏延河等人，被鬼子刀穿、棍捣，个个捣得头破血流。我躲在墙角未动，没被发现。鬼子撤走后，我出屋一看，满院都是被害人的尸体，一共43口。

另外，俺村苏大孩、苏小根和一个姓周的，他仨当民夫，被鬼子在城里杀害了。

陈玉坤：我今年（1985年）69岁，是金乡西关人。鬼子进攻金乡时，我在城里广济堂药铺学徒。敌人飞机、大炮轰城时，居民和修工事的民工都被守军留在城内，不许出城。后来，一部分人挤开西门，我随这些人逃出。

但是，我并没有逃脱灾难。5月13日下午，鬼子来到我避难的张草庙村。张同祥一家正在吃午饭，被鬼子打死了7口；张会同等3人被打死在场边；村东也有荆大顺等6人被打死。过了不久，大批鬼子就来，把我抓住了，要我去给他们背行装和抢来的包袱。另有8个被抓来的农民，替他们背行装等物。晚饭时，到了苏楼，鬼子在这村杀了许多人。晚饭后，又开到李双楼，把我们都绑起来。约摸过了一个多小时，鬼子把我们之中的7个人杀死，有个姓尹的，是粉巷人，会武术，他赤手空拳打倒一个鬼子，跑脱了。这次没有杀我，可是捆起了手脚。第二天带我到城西关。在这里，鬼子当着我的面轮奸妇女，七八个鬼子轮奸一个中国妇女，还有一个在旁边照像。

这天（14日）下午，我逃回家中。但到下午6点来钟，又被鬼子抓住了。他们在我院子里杀了我叔陈玉彬，把我绑上带到申方举家，刺了我4刀，我就昏死过去。约一个多小时后，我醒过来，爬回家里，藏到床下。又跟来两个鬼子捅了我两刺刀，右耳朵也被豁开了。接着把我拉到院里，临走又砍了3刀。第二天（15日）黎明，我又苏醒了，爬到屋里，躺在屋当门里。八九点钟又来了一伙鬼子，翻腾了一阵，还用刺刀拨拉我的右脚，看我是死的还是活的。我装死没动。谁知鬼子临走还是朝我脸上猛踩一脚，满嘴的牙都被踩掉了，右肋骨也被砸断一根，我第3次昏死过去。当天晌午，虽然醒过来了，但是不能动弹。又过了一天，才慢慢地能动了。直到5月19日才能站起来。

我决心逃命。于是，拄着棍，扶着墙，连走带爬，用了六七个小时才回到张草庙村，到了表舅家，慢慢地养好了伤。

现在我全身仍有11处伤疤，光是头上就有5处。

（李中月整理）

（转录自方正主编：《日本侵略军在山东的暴行》，山东人民出版社1989年版，第114—121页）

（8）"故县惨案"目击记

吴加宾　讲述

陈书桂　整理

1938年，我们滋阳县（今兖州县）人民正处在日本侵略者的铁蹄蹂躏之下。那时我20多岁，在县城西30华里的故县集上，租赁房屋3间，开中药铺。

是年农历4月初7，村民们听说从济南开来一支日本部队，约有一个团，正朝济宁方向进发，离当地已经不远了。沿大道两侧各村的居民，无不惊慌失措。故县村西头就是通向济宁的南北大道，是日军必经之路。得到消息的当天下午，村民们就纷纷扶老携幼，离家逃难。有的逃往外村亲戚、熟人家中，有的就暂时躲避到坡里。几个小时之内，村里除极少数年老体弱跑不动的之外，几乎看不到人。当时，我与该村开杂货铺的田士宾结伴，逃到东边一个叫东庄子的小村躲避。

当日傍晚，日本部队果然来到，并且下道进村，分散于各家空房里宿营。夜间没有听到多大动静。

第二天一早，躲避在离村庄不远的村民就听到村里日军集合声，接着就见日军松松垮垮地开出村外。大家以为大难已过，平安无事了，许多人就陆续回到村里去。我和田士宾在东庄子听说后，正准备回去。可巧这时碰见了故县南头的曹坤山和顿村的栾海洲，他二人也是生意人，见了我俩很亲热。听说家里没出大事，回去早会儿晚会儿没关系，曹、栾二人就邀我俩找地方喝酒压惊。田士宾不会喝酒，又惦记家中铺面，就告辞而去，先行回村。我们三人找了个地方，草草喝了几杯。因毕竟不是消闲的时候，上午9点钟左右，我和曹坤山就辞别了栾海洲，同向故县走去。我俩走至村外，忽然听到村里风声不对，感到不妙，不敢贸然进村，急忙躲进麦地里隐蔽，仔细探听动静。这时，只见村里几处浓烟腾起，早先回村的村民好些又失魂落魄地奔跑出来，一个个忙着隐蔽。我暗中凑过去一打听，才知道村里降下大祸。

原来，日军一早开出村去，就在村西大道上整队点名，发现少了2名士兵，随即派人返回村里吆呼寻找。跑了一遭没有找到，那个惨无人道的日军头目便毫无根据地怀疑是夜间被村民捉去或杀死，非常震怒，豺狼之性大发，疯狂地指挥全队日军折回村里，搜、杀、烧、掠，无所不为！村民们有的逃了出来，有的因被困在村里不能脱身，不知下场如何。

我们很着急，却又无可奈何。眼望着村里浓烟四起，火光冲天，不时传来鼎沸的人声，鸡犬的惊叫，男女老幼凄惨的哭喊，真叫人撕心裂肺，真是呼天天不应，叫地地不灵，大家泪水满面，满腔怒火，恨得咬牙切齿！不知何时这场浩劫才能结束？直到正午，才听到村里日军的集合声，旋见开出村外。我们再也顾不得什么，一个个跳起身，朝村里跑去。

村里日军劫后的情景，令人惨不忍睹。一具具尸体横卧街头，一颗颗头颅被扔在草里、沟里……到处都是悲惨的哭叫，惨痛地呻吟，村民们动手扑火，无情的火苗却不断复燃，吞噬着房屋、草垛，全村浓烟弥漫，充满一片焦糊的气味……

我的老房东王玉珠，因年迈没能外逃，被日军抓住后活活砸死，扔在一个埋萝卜的坑内，又在尸体上压上磨盘。我的铺面已被烧塌，药物、器具也被烧毁大半。

可怜刚才还与我一起被邀喝酒的田士宾，因为惦记铺面早回来一步，竟逢劫难，危急中他跳进地瓜井子里，被日军从上面投火烧死。同一井子内，还有村民贾二孩子（乳名）和既开药铺又当大夫的朱庆林。

我们生意行中开杂货铺的李贵臣，被砍下头来，头被扔在粪坑内；做小买卖的冯兆瑞，被杀死后扔在村东水井旁。还有村民窦宝海，被杀死在街上；窦宝臣被杀死在厕所内，尸身反剪双臂，很明显是遭毒打后被杀；村民曹某（乳名小十）被扔进火里活活烧死；一名叫王玉美的女孩子，只有五六岁，被日军发现后扔在水坑内活活淹死；老人王中德，正值病重躺在床上，被日军用粪铲子铲去了一只耳朵，血流满面，当即昏迷不醒，不久死去；来故县村走亲戚的顿村村民王元会，被日军活活砸死。

村里一家居民院内，有一口水井，从里面打捞出七八具中青年妇女尸体。据当时隐蔽在近旁的幸免者泣诉：他们本来藏在这家的过道之内，一群日军进院后并没有发现她们。因日军捉鸡，一个日军爬上墙头，从上面看到了她们，众强盗拥上来欲施兽行，妇女们走投无路，接连投井殉难。藏在柴草垛里的王××之妻和少女李××被日军发现，遭强行轮奸后，又将她们投入水井内。村民孙业春，被日军抓住推进地瓜井子，又从上面投火焚烧，幸而近处有人暗中窥见，日军走后，立即灭火抢救，才得以脱险。

村子北面的石桥边，躺着五六具无头尸体，经查不是当地人，始终不知他们的家乡与姓名（当时村北十余里处的新驿正逢古会，不知是否外地赶会的）。

日军在村里屠杀抢掠约3小时，杀害无辜群众39人，烧毁房屋100多间，奸污妇女数十名，抢掠、损毁其它财物难以数计。

后来传说，日军在村里失去的两名士兵是满洲人，老家在济宁附近，当夜开小差逃走了。庶民何辜，遭此惨祸？

此事已经过去50多年，可是这段触目惊心的民族血泪史，我仍记忆犹新。帝国主义任意欺凌、杀戮中国人民的岁月早已一去不复返了，但是，当时的悲惨情景是每一个中国人永远牢记的。我们应珍惜今天当家作主的幸福生活，更加热爱社会主义新中国，为祖国的繁荣富强贡献更多的力量。

注：吴加宾，兖州县颜店镇李官四村人。现年（1991年）76岁。早年继上辈开药铺为业，曾参与郑希洪、王伟等组织领导的抗日活动。"故县惨案"后，目标暴露，怕遭日伪抓捕，故离家辗转至安徽阜阳，考入黄埔分校，为第19期学生，1944年毕业后分配在国民党军队内任职。今为黄埔军校校友会会员。

（兖州县政协文史资料委员会编：《兖州文史资料》第5辑，

内部资料1986印行，第110—116页）

（9）惨绝人寰的临沂大屠杀

　　1938年3月初，侵华日军进逼山东临沂边境。驻守临沂的国民党政府军队是第40军庞炳勋部，该部在第59军张自忠部增援下，与进犯临沂的日军展开了近一个月的激战，给敌人以重大杀伤。尔后，张、庞两军相继撤离，临沂遂于4月21日失守。

　　日军侵占临沂城以前，就先后在城北古城村和城西大岭村制造了两起惨案。

　　3月下旬的一天，天刚放亮，日军如狼似虎地闯入古城村。农民王汉友一家4口躲在地瓜窖里，被日军用点燃的秫秸堵住窖口，活活烧死。接着，日军放火烧房，农民王殿思背起被火烧伤的母亲往外逃，没跑多远，母子2人均被日军开枪打死。一个躲在墙角里吓昏了的老太太，也被日军拖到街上点火焚烧；老人惨叫，日军站在一边狂笑。不到一天的时间，古城村就变成一片废墟，断垣残壁，血迹斑斑，全村被杀害62人。逃难的群众在渡祊河时，又被日军抓住数十人，用刺刀逼着脱光衣服向河里跳，谁不跳，上去就是一刺刀。除个别人死里逃生外，多数人惨死在水中，日军却在岸上狂笑。

　　日军窜进大岭村后，更是无恶不作。刘志贤母亲的嘴巴、王富德母亲的乳房被割掉，姜志敏之父及其祖母等27人被枪杀。躲在村西观音庙里的数十名村民，除2人逃脱外，其余45人被日军用机枪打死。全村300多间房屋被烧光，姜志茂、赵洪义、姜志顺、张守信4户被杀绝。

　　与此同时，日军的飞机对城里滥施轰炸，特别在城垣沦陷前的两三天内，轰炸扫射日甚一日，一枚炸弹在城内北大街路南王贞一杂货店的防空洞里爆炸，在洞内避难的男女老少30多人，有的被炸死，有的被闷死，无一幸免。颜家巷郁鸣漪一家，除郁鸣漪外出，当时幸免于难外，其他人全被炸死。郁本人也因悲愤过度当晚自缢身亡。西门里路南开杂货店的李润生之父，被炸死在自己的家中，景况之惨，目不忍睹。张茂申家的堂屋当门，被炸成一个大坑，足有一人深。大西门里天主〔教〕堂内避难的群众，被炸死炸伤300多人，修女尤姑娘被炸得骨肉分离，血肉糊到墙上。

　　日军进城后，在大街小巷密布岗哨，架起机枪，挨户搜查，堵门杀人。日军每到一家，遇人就刺，对中青年妇女先奸后杀；连老人、小孩也不放过。未及走脱的居民,纷纷跑向西门里的天主教堂。可是,德国神甫紧闭大门,万呼不应。走投无路的难民,瞬间聚集起700多人。这时,丧心病狂的日本兵,一面从教堂西面向难民扫射,一面在教堂以东各个路口用机枪堵截,手无寸铁的大片人群纷纷倒下。事后用车拉了好多天,才把这里的尸首清理干净。

日军进城的当天,发现了城内西北坝子3个防空洞及西城墙根躲难的群众。于是,先用机枪扫射,后用刺刀乱捅,480多人全被残害。宁振芳全家10口人,在西北坝子城墙洞里避难时,被日军用刺刀穿死了9口。那时她是一个婴儿,钻在娘怀里吃奶,未被刺着,幸亏街坊陆大爷在事后收尸时发现她还有点气息,才被救出,抱给宁孙氏大娘抚养。

日军屠杀从各家搜查到的人,其手段之残忍无以复加。西门里的太公巷一少女,被日军轮奸后又用刺刀刺死。老营坊巷东一女青年,被敌人轮奸致死。日军从南门里一家杂货店院里的防空洞中搜出20多人,当场全部用刺刀穿死。崔家巷一户的小孩出疹子,门口挂着红布条,日军怕"传染病"点火将小孩活活烧死。日军搜查城隍庙东杨家园时,妇女纷纷跳井自杀,顷刻之间,死尸塞满井筒。茶棚街胡士英家的防空洞较大,藏人很多,日军堵门用机枪扫射,并向洞内扔手榴弹,死者累累。北门里路西一老太太年过70,病卧数月,生命垂危,全家7人围守病床,未及躲避。日军进院后,将在场男子全部刺死,女的被逼着背起病人一同投井。城内居民凡被日军发现者,均惨遭毒手。一次,日军驱赶着30多人,清扫北大寺(今东风制药厂处)。干完活,说叫他们站队点名,结果被日军用机枪点射,全部丧生,尸体被推进大湾内。

全城的幸存者寥寥无几,所受苦难不可言状。有的在地窖内躲藏多日,挣扎活命;有的白天在炉膛内藏身,深夜从城墙水道中爬出。万恶的日本侵略者,在城内疯狂屠杀10余日后还嫌不够,又在火神庙旁和南门里路西,设了两处杀人场,用军犬、刺刀连续惨杀我民众以取乐。王学武的父亲被日军用刀剁成3截;徐廷香之父、吕宝禄等被军犬活活咬死。全城被害居民总计2840人,加上城郊被杀的,共达3000人以上。

日军在进行血腥大屠杀的同时,还纵火毁城。从火神庙以西、僧王庙前玉聚福街东、洗砚池以南,直到石碑坊、杨家巷至刘宅一带,大火一直延续六七天,整个城西南隅化为灰烬。南关老母庙前、阁子内外,房屋全被烧光。至于其他财产的损失,更无法统计。对于日本帝国主义侵入临沂时所犯下的滔天罪行,沈桐华、叶瑶国在《临沂城的失陷》一文中已有记载,中共临沂市委也存有大量有关史料。在"临沂大屠杀事件座谈会"上,许多幸存的受害人和遇难者的遗属,控诉了日军的暴行。下面是他们的发言(摘录)。

刘玉芝:

提起这些事,就恨得俺打哆嗦,难过得光想哭。俺父亲当时52岁,就是被日本鬼子的飞机炸死的。他浑身都炸成了肉汁子,只剩下了一个头。送殡时是配上假身子安葬的。打那以后,我母亲就领着俺姊妹仨出外逃荒。我母亲因为亲人死了,生活又没有着落,整天哭泣,连饿带病,一年以后也死去了。

那次鬼子飞机轰炸,光俺院就炸死了4口人。有个唐大娘,藏在地窖子里,被炸得鼻口窜血而死。还有个卖炭的,他老婆被炸没了影,后来只在院子里扒出一条腿。有个小女孩才1生日,脑瓜子被炸得稀巴烂,一绺头发和血肉粘在一起,糊在了墙上。

李树英(女):

火神庙有个地窖子,鬼子进城时,许多人都往那里跑。正跑着,有一个鬼子兵抓住了郑嬷嬷,要糟蹋她。俺三公爹在旁说了一声"她老了",就被鬼子兵一刺刀捅死。郑嬷嬷被强奸以后,也被刺死了。和俺三公爹一起跑的还有两个邻居,也都被鬼子一刺刀刺死。

靠我的屋山墙,有个叫侯祥的,50多岁,他正在井台上提水,被鬼子一刺刀刺死。

徐老头老两口,一听到天主教堂打钟,就往东边老郑家的地窖子跑。一个炸弹扔下来,两人都被炸没了。事后发现,附近的树上挂着一个小"纂"(妇人的发髻)。

宁振芳(女):

我家在临沂城里书院街老营坊巷。我的养母叫宁孙氏。她在世时常对我说,1938年4月,鬼子进城时,我全家10口人被杀了9口,就剩下我孤零零一人。那时,我才出生48天。鬼子进城后乱烧乱杀,穷人都下乡逃反。俺家乡下没有亲戚,老人又跑不动,全家人就躲进城墙洞子里去。鬼子发现后,把全洞子的人都用刺刀刺死了。俺母亲穿着件大棉袄,挨了3刺刀。我因为身体小,正趴在母亲怀里吃奶,没有被刺着。后来,鬼子撺着街坊陆大爷去掩埋尸首,陆大爷听见我还能哭出来,就撕下我母亲的一件袄大襟,把我包起来,放到筐头里,背到天主教堂里藏了起来。两三个月后,我被在天主教堂里做饭的养母抱去,当成亲闺女把我养大。那时,我满头满脸都是血,我养母给我洗了好几天。我的右眼,就是那时被母亲的热血噗的,至今看不见东西。

王建德:

1938年，日本鬼子进攻临沂城时，我亲眼看见日本飞机扔炸弹，进城后又烧又杀。为了躲难，我母亲领着我和妹妹，还有邻居老常家娘儿俩、老石家15口，一共20口人，藏进北城墙根的地洞里。天傍黑时，被鬼子看见了，朝洞里打了一梭子机枪。因这个洞子是丁字形的，人躲在两边，没被打着。鬼子在外边直叫，老石家的老头会说几句朝鲜语，他领着全家人出去了。他们走出不大一会，我们就听着外边叫喊的人没个人腔。过了好大一会，我家和老常家5口人一起出来，看见老石家一家15口人全被鬼子杀死了。

李玉英（女）：

我家住在临沂城西关书院街北马道。鬼子进城时，有几个鬼子兵突然窜到俺家，把我的公婆和丈夫全拉了出去。我吓得抱着刚满月的孩子钻到床底。我怕孩子哭让鬼子听见，就用奶头塞住孩子的嘴，紧紧地搂在怀里。没想到，把孩子给活活地憋死了。我在床底下趴了一天一夜。第二天，丢下我那可怜的孩子，到邻家找到了郑大娘，抱头痛哭了一场。当时她和我一样，也没亲人了，不想再活下去。于是，我把她叫到俺家，每人喝了一碗盐卤。也许是因为卤水太稀了，只是难受了一阵子，俺俩都没有死成。以后就找了绳子，从西城墙上坠绳出城逃跑。俺叔伯哥哥把我接到娘家岗头村去。从那以后，我得了饿痨病，至今还是一饿了就咳嗽。

孙建芝：

我是临沂城书院街人。每逢想起自己的亲人惨遭鬼子杀害的情景，就难过得浑身发抖。

鬼子进城时，许多人家都跑反走了，我家因老的老，小的小，走不了，就躲到城墙洞里去。一天下午，我和母亲渴极了，就一块出来找水喝，不料被鬼子发现了，跟踪来到城墙洞前。鬼子先是往里面打枪、扔手榴弹，接着又放毒气。我三舅当场被打死了，三舅母被打断了腿。我的棉袄被子弹穿了好几个洞，幸亏没打着皮肉。我大舅、大舅母和表哥实在坚持不住了，就一起爬出去，结果都被鬼子刺死了。当时俺们心想：与其叫鬼子杀死，还不如自己死了好。于是，就一起跑到丁家园跳了井。我姥姥和姐姐先跳进去，都沉下去了；我和母亲是后跳的，因井底填满了跳井的人，所以没淹死。事后，我母亲、二姐和我被救出来，又躲到徐家园地窖里藏了起来。在那里，白天不敢露头，只在半夜里出来找口水喝，找点东西吃，身子瘦得皮包骨头。就这样，俺娘仨在地窖里整整呆了100多天。

（郭仁风、徐庆堂、杜景立整理）

（转录自方正主编：《日本侵略军在山东的暴行》，山东人民出版社1989年版，第73—79页）

（10）敌寇暴行

（1942年12月25日）

本月2日临枣公路相城据点掩护修路挖沟敌寇百余人，向我边缘安庄珍珠庄一带侵扰，大肆抢掠民财。安庄被放火烧去民房10余间。珍珠庄一中年妇女及一未嫁青年妇女被敌奸淫，该中年妇女之阴户被敌用刺刀挑破直至腹部，鲜血淋漓，惨不忍睹。我军×部闻讯赶至后，敌即仓惶退却，我×部当〔即〕派医生予以救治。

本月1日，桃林敌寇抽集附近民夫挖修圩沟，每10家出夫15名，贫苦者男人外出谋生，须由妇女代替。当日有妇女6人，不意触怒敌寇，当被利刀刺死，死后敌又放出洋狗数条乱啃尸体，其家属闻耗前往收尸，敌复怒目相对。在场民夫莫不痛恨心酸，誓雪此仇云。

（《大众日报》1942年12月25日）

（11）三十一个同胞的惨死

（1945年1月23日）
殷少落

去年11月24日(旧历十月初九日)天傍亮，国民党军队赵保元〔原〕部下投敌的李德元，配合鬼子、伪治安军五百余，包围了平南西二区西赵家洼子村。联防主任赵玉奎领导着几个民兵"顶"了一下。民兵赵风茂牺牲了。伙伴的牺牲，更加激起了他们的怒火，然而力量太单薄，只好一面顽强抵抗，一面向后撤退，最后，含着愤怒的退到洞里去。

敌人向洞里端量了半天，无法可施；但最后终于想出"熊"门道：

狠东西竟下了毒手!向洞里点起了火，烟一咕突的向外冒，狠东西单怕烟冒出来不能置人于死地，又盖煞了洞口，烟、火，又加上了毒瓦斯，在洞口烧成了一团。当烟从气眼里冒出来时，狠东西又发现了新秘密，扒开了，又点上了火!

五十多岁的赵金玉，没来得及，给逮住了。

"洞里有多少人?快说!"

"没有!"

拉到洞口，一把推下洞去，火烧着，皮肉发出吱吱的叫声。

老大娘们的心象被刀搅着，眼望着黑烟，在流泪、跺脚，那些狠东西却在旁边拍着手鬼声鬼气的狂笑。

从日头刚冒红点上火，一直烧到过午，敌人走了，洞里还在一阵阵的冒烟!

看吧：死尸从洞里向外拖，一个，两个……一共29个。七十多岁的老头子，十一二岁的小孩，满脸灰，眼瞪着，口张着，那是多么悲惨的一副景象!

赵华兴和他两个儿子、两个十几岁的孙子死在一起，一家摆着5口棺材。

赵连中爷儿两个，明、庆弟兄两个，5家10个死尸!

进，一个18岁的穷孩子，和五十多岁半瞎的老妈过日子，种着1亩3分地，衣服值〔置〕不上，晚上打更，总是披着老妈的破棉袄，天一亮，再脱下来送给妈穿，这次也被惨杀了，一直到埋葬，身上还是那套破得露着皮肉的破衣服。可怜的老妈，哭得死去活来，见了人，总是不住声地哭，"天哪，日子怎么过啊"!

老村长的儿子，赵士（风）林，被勒着脖子吊死在树上，全身刺遍了刺刀伤。

赵连中撇下1个儿媳,赵玉会撇下1个老婆和老妈……数了数,10家断了"根"!

这天下午,全疃140多家人家,22家顶着"灵"。西赵家洼子充满了凄凉、悲哀而又愤怒的哭声;然而,李德元还是不死心,趁着他们顾不得,又来了个"回马枪",下午重回到西赵家洼子,拉去4个牲口……

(《大众报》1945年1月23日,第1版)

（12）日军火烧万家村调查纪要

中共菏泽市委党史资料征集研究委员会

时间：1986年2月28日

地点：菏泽市王浩屯乡万家村

参加人员：

万存礼，男，70岁，万家村群众。

万清法，男，79岁，万家村群众。

李二进，男，76岁，万静的丈夫。

万昆寸，男，59岁，万家村群众。

万广林，男，63岁，万家村群众。

万留法，男，28岁，万家村党支部书记。

访问人：中共菏泽市委党史资料征集研究委员会赵从元、张明先、秦兆勤、朱庆立。

座谈内容：1938年日军火烧万家村的情况。

万留法：今天，菏泽市委党史资料征集研究委员会的几位同志来我们村，了解1938年日本鬼子烧杀咱村的暴行。我们这些年轻人都是听说的，当时实情是啥样，不了解。你们几位老年人比较了解情况，把当时见到的一些情况介绍一下吧。

赵从元：日军是1938年侵占我们菏泽的，就在那年，日军火烧了万家村。当时，在全县都知道烧得很惨很苦。我们菏泽市委党史资料征集研究委员会的几个同志来这里，主要想了解一下当时的情况，请大家实事求是地谈，知道多少说多少。

万存礼：我今年70岁，那年我22岁。日军侵占菏泽城以后，没有驻守几天就向南去了，到古历的六月里，从西南又回来，有一部分，驻在了俺村周围几个庄。象杨帽头（杨庄）、吴城集都驻着日本兵。我们村当时没有鬼子，可男女老少都躲到地里去了。当时，高粱谷子都长高了，大部分群众都躲在庄稼地里了。

李二进：我今年76岁，那年我28岁。我现在想起来，对日本人还满是恨。他们哪里是人，是野兽，是豺狼，没有一点人性！他们到哪里，那里的百姓就遭了殃。他们驻在杨庄、吴城集，杀猪宰羊不算，还乱杀老百姓。我们村的人谁还敢在家，有的群众到较远的亲戚家躲藏起来，多数群众躲到庄稼地里了。6月7日早饭后，有一个日本鬼子挎着枪，骑着一个小毛驴从杨庄出来，沿着到沙山寺去的路走。走到俺庄南，他下了驴，到庄稼地里去找人，东趟一阵，西趟一阵，快趟到万静藏的地方了。万静是我家里（即妻子），我们刚结婚不久，我和她常在万家住。她那年24岁，胆子小，看到鬼子快到跟前了，爬起来就往村里跑。那日本人一看是个青年妇女，嘴呜哇呜哇的也不知说的是什么，他穿着大皮靴也跑不快，在后边就撵。我躲在村边的庄稼地里，一看鬼子撵的是我家里，我就从后边跟了过来，那日本鬼子虽然跑的不快，但我妻子是小脚跑得更慢，到家庙前就让鬼子抓住了。鬼子抓住万静就撕扒她的衣服。我一看鬼子竟这样无耻，就火冒三丈，一个箭步冲了上去，抱住了那鬼子的后腰，连手抱住。他挣扎着，想抽手拿他的腰刀，我死死不放。他无法杀我，我也没法杀他，我俩滚在一起。万静吓傻了，不知如何是好。正好，万清顺、万清山看见了，到家拿了一杆红缨枪，先是用枪杆砸，后来说，你不打死他，他就打死咱。最后，才用红缨枪往身上扎，才把他扎死了。

杀死了日本人，知道惹下了大祸，我们都很害怕，赶快把尸体抬到家庙麦糠堆里盖上了。到天黑又把他抬到红薯窖坑里，推翻了旁边的一个麦秸垛，将尸体盖住。

万广林：万清顺是我爷，他已去世多年了。他活着时，曾说到这件事，就是李二进谈的那样，杀死那个日本兵是我爷杀的。那个日本兵的枪让我爷拿到家放在秫秸垛里面了。

万清法：杀死那个日本兵，当时村里的人不知道，到天黑才知道的。全村人都很害怕，村里只有几个人看家，绝大部分都跑到亲戚家或庄稼地里去了，那里还敢在家睡觉。第二天驻杨庄的日军到附近几个村庄进行搜查，先是逐家挨户的搜查，后是到井里坑里捞，连土堆、粪堆都扒开看，结果还是没有找到。因为那个日本鬼子是从杨庄向东走的，东边正是沙山寺，他们怀疑沙山寺的群众害了日本人，所以，把村里妇女小孩100多口人集合到村西打谷场上。这村的群众谁也不知道杀日本兵的事。气得鬼子大骂，还架起机枪，声言不交出日本兵，全体枪杀。

正在沙山寺的群众被拷打时，有一个日本兵骑着一匹大洋马，手里用枪挑着一个日本兵头盔到沙山寺报告，日本军官才带着队伍到万家村来了。

我当时31岁，正躲在庄稼地里，这些情况看得一清二楚。

万存礼：因为挪动日本鬼子的尸体是夜里进行的，掉了日本兵的钢盔。

李二进：当时天黑，看不见，再加上心里害怕，钢盔掉在家庙里，我们还不知道。

万存礼：就是这个钢盔，给俺村带来了一场大祸。中午时分日本兵包围了万家村。村里有几个看家的人，如：万清海、万清田，他俩都50来岁，一看日本兵包围万家村，知道事情已暴露，越墙向村西跑，刚跑到大坑南崖，就让敌人枪杀了。我爹叫万言宾，那年46岁，让他出去躲一躲，他不肯。当他看到日本兵包围村庄后，想跑也来不及了，没办法，只好藏了起来。日军挨家挨户地搜人，我爹一看敌人搜得很严，趁敌人不注意就往外跑，谁知门口还有鬼子把守，让鬼子抓住了，捆绑起来，押到家庙里。敌人审问时，他踩了敌人一脚，让鬼子把腿砍了下来，还砍了头，扔在点着火的家庙里面。被砍头扔进火里的还有郭春荣、郭档、万清训、万清峨、万登才和姚耿氏。姚耿氏年纪大，没有砍头，活活扔进火里烧死的。她和万登才是扔在堂屋里了。

万清法：我父亲叫万登才，那年70岁，大家都出去了，他不肯走。鬼子进了村，逐门排户的搜，那有搜不出的道理。敌人要抓他，他见逃不出去了，捞起一把抓钩就倒鬼子。他年老力小，不等他倒着日本人，他被日本人抓住了，将他拖到家庙，砍了头扔进火里了。等鬼子走后，我在家庙里扒尸首时，都认不出是谁。除姚耿氏没被砍头，其余全部砍了头扔进火里了。我的一个堂嫂马氏，当年46岁，鬼子抓住了她，要奸污她，她坚决不从。在枣树底下，她被鬼子扒光了衣服，用刺刀从底下（指阴部）挑到肚子。我收尸时，见肠子都流了出来，真惨啊。

万昆寸：日本鬼子烧咱村时，那年我才11岁，还是一个小孩，当时听说马氏被鬼子杀了，我去看了。马氏从上到下被鬼子扒得光光，把肚子挑开了，血流了一大片，肠子流出一大滩，真是惨。

万清法：吴城集的郭档，是到俺村附近来找小孩，让鬼子抓住了。他被鬼子砍了头，扔进火里，要不是他身上带着一串钥匙，还认不出来哩。被害的最年轻的是郭春荣，小名叫二妮。他是地主万清秀的长工，地主家的人都跑了，把他留下看家，被鬼子抓住杀了，死时28岁。

赵从元：请大家谈一谈烧万家的情况吧。

万清法：烧俺庄是古历6月初8下午开始烧的。从烧房的位置上看，先烧的家庙，大概是鬼子杀人烧尸时干的，接着挨家放火，8号烧了一下午一夜，9号又到万家放火。白天夜里都有鬼子把守，群众看见自己的房子着火，又不能救，心里象油煎一样难受。大火冒得很高，隔几里路都能看见。9号夜里又烧了一夜，到10号上午日本鬼子才离村。全村300余间房，只剩下20多间，这20多间房不是没放火，是放火时没被点着，后来其他房子火势旺，他们没法再去点了，才留下了这20多间房子。屋里的东西全部烧光，家具、粮食、衣服，连牛、羊、猪、狗都没剩下一个。现在地里还不断见到黑麦粒，那是后来把烧黑的灰土当肥料送到地里，麦粒虽烧黑了但长时间不烂。现在到地里还可以找到。

万存礼：全村烧得没有什么了，家家都烧成黑墙壁，砖头瓦片到处都是。有的屋里还冒着烟，粮、柴、衣物全部烧光。村里人走的时候什么东西也没有拿，所以，等回村后，家家都放声大哭，全村人流落到街头。

万昆寸：我父亲叫万本书，那年37岁。日本鬼子烧俺村时，他躲到沙山寺。日本鬼子烧了俺村，10号那天，日军要到曹县去，抓住了我父亲，让他带路。我父亲看到日本鬼子烧俺村的残暴，早对他们恨之入骨。我父亲把日军带到东南大沙滩里。这沙滩有几里宽，全是沙土岗，脚一踩下去，陷好深。日军进了沙滩，汽车开不动，马也跑不动，尘土飞扬，人累得喘不过气来。他们见这种情况，才知道上了当。要抓我父亲问罪。我父亲一看情况不妙，沙滩上什么东西也没有，没办法他只好脱下鞋与鬼子撕打。鬼子将他的头砍了下来，我去收尸时发现，他死后还攥着鞋。

（赵从元、张明先、秦兆勤、朱庆立整理）

（中共菏泽地委党史资料征集研究委员会编：《菏泽地区党史资料》第3辑，内部资料1986年印行，第250—255页）

（13）日军在黄城阳一带山区的暴行

1939年3月，黄县县委和黄县抗日政府撤到黄县东南山区，以蓬、黄、栖、招的山地为依托，领导黄县人民的抗日战争。从此，日寇经常到这一带"扫荡"，铁蹄所至，实行残绝人寰的"三光"政策，给人民群众带来了深重的灾难。特别是坐落于蓬、黄、栖群山之中的黄城阳村更是多次遭受日寇铁蹄的蹂躏。

黄城阳村有200多户人家，800多口人。日寇先后到此"扫荡"8次，烧掉房子917间，有的房子3次经火，直接死于日寇屠刀枪口之下的30多人，伤残致死和冻饿惊吓而死的300多人。

1940年"六一"大"扫荡"时，鬼子从6月2号下午进村，在村南山坡上枪杀群众姜厚祥。全村百姓被迫扔下刚拔倒的小麦，跑到山里。一连六七天，鬼子天天拉锯"扫荡"。他们抢走黄城阳村群众家中能够搜索到的一切衣物浮财，宰吃了全村所有的鸡狗鹅鸭。村里被鬼子糟蹋得狼狈不堪。

6月7日上午，鬼子走了，群众纷纷从山里回村，忙着收打小麦。谁知这天中午，四五百鬼子突然合围了村子。姜省刚结婚不久的媳妇向北边山上跑去，被两个鬼子截住，鬼子要污辱她，她拼命反抗，宁死不从，2个鬼子将其衣服剥去，用刺刀从阴部挑到小腹，肠子流了一地。鬼子捉住姜好，把他吊在树上，活活打死；接着又捉到姜宗海、姜宗夏、姜厚良等人，就绑在树上，以他们为刺杀靶，用刺刀捅死。

同日下午和晚上，鬼子在村里给400多间房子点上火，并将群众收获在场院的全部小麦也点上火。夜间，黄城阳村中烟火冲天，山谷里浓烟弥漫。持续的大火，烧坏了场院上的石砧、烧化了群众家中的铜钱，烧焦了村中的树木，烟火中夹杂着血腥味。烧了一天一夜。鬼子这次"扫荡"，空前残酷，群众家中衣物浮财能带走的带走，不能带走的砸坏，不能砸的烧光。村里鸡头鸭尾猪肠狗肚，扔得到处都是。村中百姓有40多人被捉去，押到了栖霞后寨。

9日，鬼子从栖霞后寨过来，在村东边捉住黄城阳村群众姜甫、姜亚、姜厚泰3个老人，将他们打得遍体鳞伤，最后由日寇军官亲手用指挥刀腰斩了。

残酷的1940年"六一"大"扫荡"之后，黄城阳全村群众要吃无吃，要穿无穿，要住无有房子。人们住在山里，到山上找东西吃。秋后，天气逐渐冷了，人们饥寒交迫，接着又闹了一场痢疾，一下子死掉240多口。全村几乎无人不戴孝，家家添新坟。姜宗海家房子被烧，人有的被杀，有的病死，一家5口死绝。姜亚6口之家人芽不剩。

1941年5月12日（古历4月17日）天刚放亮，下乡"扫荡"的鬼子从西山下来，打死黄城阳村群众姜瑞，枪杀政府被服厂一个女同志，将姜树两条腿用棍棒打折，又放火烧掉300多间房子，连家庙都烧了，并说："拔了八路的根，烧了姜姓的祖，叫穷八路和穷小子永世不能翻身！"鬼子走后四五天，住在山里的群众才陆续回来。在日寇这次清乡"扫荡"之后，村里无啼晓之鸡，黄鼠狼也吓得全部搬了家，几年在村里看不见。驴骡牛马听见枪声，也乖乖随着主人往山里转移。夜间小孩啼哭，只要说声"鬼子来了！"哭声立即止息。

1942年冬季鬼子"扫荡"，群众全都跑到山里。鬼子在村里搜到姜厚堂的老母亲，老人七八十岁了，鬼子盛怒之下，将其活活勒死。姜厚堂的小女儿也被鬼子带走。姜厚堂为了活命和另外5户群众一起领着老婆孩子住在山洞里，成为20世纪的"山顶洞人"，直到解放以后，政府才将他们从山里搬回村。在这次"扫荡"中，鬼子还捉到70多岁重病缠身的姜思老汉，用火烧个半死，又拖出去用石头砸烂他的脑袋；在搜山中捉到群众姜信、姜程，鬼子以他们为活靶子练射击取乐。

整个抗战期间，鬼子每次到南部山区"扫荡"，除黄城阳首当其冲外，周围上下刘家、丰仪炉、慕院夼等村庄，被杀群众数百人，拉走牲口上千头，拉去民夫数千人次，烧掉房子数千间，抢走粮食、衣物、浮财不计其数。还有许多妇女被蹂躏强奸。南部山区的群众从1940年到1942年，连续3年的春节都是在山上渡过的。人们过节供奉家谱和灶神爷都挂在地堰上。总之，日寇汉奸铁蹄所至，烧杀掳掠，无所不为。我受难同胞，陷于民不聊生的绝境。

李继涛　整理

（中共龙口市委党史委编：《龙口市党史资料》第3辑，内部资料1990年印行，第187—189页）

（14）日寇轰炸东里店

中共沂源县委党史征委会

1939年夏，日寇攻下武汉后，为巩固后方，便回师北上，重点"扫荡"鲁中地区，对国民党山东省府驻地——沂水东里店（今属沂源）进行狂轰滥炸，东里店霎时沉于血海。

东里店地处沂鲁腹地，北接淄博，南通沂水。村后横亘一座凤凰崮，绵延数里，形成天然屏障。村前，一条沂河蜿蜒东去。这里山势险要，交通方便，是一座经济繁荣的古镇，一条3华里长的东西大街，商店、饭馆比比皆是。沈鸿烈到来之后，在山脚下建楼房、修马路，成了全省政治、经济、文化及农贸中心，人称"小济南"。

同年6月7日（古历4月20日），约10点钟，日寇出动15架飞机，前七后八，由北往南，疯狂扑向东里店。前面的七架排成"人"字形，漫过凤凰崮翅膀一侧楞，炸弹便纷纷扬扬，呼啸而下，犹如焦雷贯耳，东里店东村即刻腾起股股冲天火柱，顿时化为一片火海。

日寇扔下的大半是两三千磅的重型炸弹，大街上一棵5人合抱粗的千年古槐被击中，竟沿树口子"凿"下去了一丈二尺深，地下水"咕嘟咕嘟"往外冒。油坊里一千多斤重的碾砣，随着土石气浪被掀到空中，抛出去近一里路，竟将两个行人砸成肉饼。省府的《大公报》、《国民日报》两处报馆，皆被炸毁，死伤四五十人。沿街密集的电话线杆全被摧折。两侧的"元兴"、"大兴"、"同兴"、"天兴"、"汇丰和"等商店和"三星"，"大同"等饭馆，皆墙倒屋塌，浓烟滚滚。振兴书店的店主、伙计四五人，全被埋到屋里头。美容理发馆中的顾客，连同理发员八九人同被弹片击中，倒毙在椅子上、盆架边、断墙根。

省府的工作人员大都散居于村中，与村民一起挣扎、呼唤、呻吟。省儿童移动剧团的女教师高园，邀她的未婚夫鞠以芝来这里完婚，一对新人洞房花烛之喜，王家秋等好友上门祝贺，十六七名团员忙着去"三星"饭馆包席招待宾客。正忙得不可开交，突然，一颗炸弹在院中炸响，高园、王家秋等5人被炸塌的墙坯砸死了，一位机灵的小团员，尽管钻到了桌子底下，也未保全性命，被活活闷死。院中的孩子死的更惨，缺胳膊少腿，没一个囫囵尸首。

在血与火中，人们纷纷夺路奔逃，村北面因沈鸿烈的省府设岗布哨，无法靠近，只好蹿出巷口，漫过街心，由南门撤向了河滩。这里地势开阔，没遮没拦，加之顺着飞机飞行的方向，从炸弹底下往外钻，因而招致了更大的伤亡。

5分钟过去了，日寇头7架飞机刚刚飞走，后8架又跟了上来，炸弹、燃烧弹冰雹似的纷纷坠落，硝烟火浪席卷着逃难的人群。翟作志被气浪冲击到半空，倒栽下来，头撞进胸腔里；田信眼见得一颗炸弹落了下来，慌忙抱住了一棵柳树，想不到脑袋和树干一起被弹片削了下来；省府的朱副官捂着受伤的肚子，跌跌撞撞行进，一松手，肠子淌了一地；杨守廷拖着一条腿仍艰难地爬行；翟以本被炸去一条胳膊仍爬起来奔跑；杨希志被埋进沙石中仍然顽强的呼救。翟作传被一颗燃烧弹打中，顿时，身上成了一个火团，他起身一合撒，衣裳已化作灰烬，纷纷抖落下来。而身上沾着硫磺液的地方，仍滴着黄油，"吱吱"的燃烧。他好不容易摸出小南门，竟一头拱到麦穰垛上，腾腾烈焰再次将他裹住，他周身被烧得焦黄，两只手已烧得拳拳着，伸不开了。直到咽气，他只重复着一句话："烧死了，烧死了！"

10分钟，短短的10分钟，东里店东村成了一片废墟。浓重的烟云，仿佛要压塌兀立的石崮，阻断奔流的河水，大火3天3夜未熄。

飞贼去后，幸存的人们纷纷扰来，人声呼唤着找寻亲人。佃户张彦亮，不顾封住村头巷口的大火，硬往里闯。他家大门口朝西，正冲翟家巷，当他看到家里起火时，心忽地提到了嗓子眼，他和妻子一早就下坡割麦子，妻子惦念3个孩子，赶了回来。他透过烟火看清楚了，就在大门过道口，妻子被倒塌的土坯挤到北边的西屋山墙上，烧落了架的脊檩顶着她的胸膛，烈火裹住了她的上身，土坯钳住了她的双手，两个大孩子刚冒出头顶。张彦亮提起水桶，泼灭了火，妻子脖子以下已烧成了黑窟窿。他慌忙抓住胳膊往外拽，谁知皮肉全拧了下来。幸亏邻里赶来，和他一起扒开滚烫的土坯，妻子拎着孩子的两只手竟掰不开，小一点的孩子堵到前头，抱紧了她的两腿，脸憋成了紫茄子，脚边还有一个破碎的饭罐……看到这一惨景，张彦亮大声疾呼，"日本鬼子，你叫我活不成了"手攥泥瓦片，泪如泉涌，晕倒在地。就在这地方，人们又扒出了翟所常一家3口和省府干校的一名学员。

就在翟家巷，翟作荣一家8口炸死了5口，能找得到的，只不过一嘟噜一嘟噜的血肉，稍囫囵点的，是贴到两人高的屋山墙上的一个头皮，发髻已崩散，从夹杂的一绺白发上，认出是翟作荣的老婆。用铁锨抢下来后，连同他儿子大星等5人的残体，竟填不满一小瓷盆。翟作荣护住瓷盆不让埋，简直疼疯了。

谢元的老伴是80多岁的孤寡老人，活活烧死在屋子里，尸骨无人收。3天后，有人拨拉她的骨灰时，未烧尽的肠胃还冒着火星。被活活烧死的还有宋院福之母等五六人。

张凤祥的弟弟，翟作民的老婆孩子四五人竟被炸得难寻踪影，即使留有零星残体，也很快腐臭生蛆，难以辨认。

何兴彪到处找他娘，第3天，才在南门外麦场边的一个水汪里捡到一只手，手上戴着一个铁顶针，这才知道他娘遭了难。又从树枝上挂着的一个食包（胃）中发现里头红通通的，他知道娘早饭吃的谷子掺秫秫葶子煎饼，这才七凑八凑合地将母亲安葬了。

何加成背着5岁的何传庆，到处寻找妻子的尸体。从上河崖到下河滩，在不肯消退的硝烟中，只听到一片哭叫声，对面却看不到人影。他低着头，颠起脚，专拣没弹片的地方和没血汪的高处走，一不小心，就被锯齿般的弹片扎伤，孩子看见死尸就害怕，闭起眼睛，在背上哭喊："爸爸，我找俺娘，你快叫俺娘给我奶奶呀！"就这样，一直哭嚷了3天。何加成眼皮也哭成了"铃铛"。忽然他发现了一条腿，那脚是小半放脚，穿的那只茶色的袜子，正是他前些天买的。接着，又在附近发现了半截身子，肚皮已挂到了断裂的树干上，一绺肠子扎煞着，腹部露出胎儿。在同一现场的何兴本的姐姐证实，从她辫子上捋下过一个眼珠子，确定是何传庆的娘。何加成擦干了眼泪，对孩子说："庆儿，这就是你娘！"孩子扑到尸体上，一把攥住那绺肠子，哭着说："娘，俺要吃奶……"

6月10日，人们还没有来得及将亲人的尸体全部辨清埋葬，"扫荡"的鬼子又扑向了东里店，一架飞机随着俯冲下来，扔下了10颗燃烧弹，将东里店西村也烧成了一片焦土。"小济南"4000多间房子化为灰烬，唯一剩下的是两座省府大楼，也让沈鸿烈泼上煤油焚烧了。这次惨案有300多人被炸死，仅1000多户人家的东里店，就有84口被炸的当场丧命，而受伤后因无钱医治而死亡的就更多了，翟所常等七八户人家竟被炸绝了后代。繁华的"小济南"一时成了悲歌遍野、狐兔横行的地方。

凤凰崮皱起了双眉，沂河水溢满了血泪，山在怒吼，水在咆哮，东里店人民以血与火写下了对日寇的控诉。

（中共沂源县委党史资料征集委员会编：《沂源党史资料》第1辑，
内部资料1986年印行，第159—165页）

（15）日本在济南的毒化政策与特务活动

萧国华

早在七七事变以前，日本在山东就利用其外交上的特权来进行制毒、贩毒活动。七七事变以后，日本侵略军占领了我国大片领土，这种活动就更加猖獗，甚至把这种毒化政策作为它的国策来大力推行，一些制毒、贩毒机关成了它的"国策机关"。在日军侵占济南的8年间，四乡广植鸦片，烟花照天；市内毒窟林立，烟鬼遍地。济南各日特机关不但直接参与制毒、运毒、售毒，而且借此来进行特务活动，戕害人民，莫此为甚。现特根据我们所掌握的资料并走访了一些亲历其事的人们，将上述情况综述于后。

一、通过鼓励种植鸦片，开设烟馆，以开展特务活动

日军入侵济南后，即鼓励在济南南乡金绣川、银绣川一带种植鸦片。日本特务还借去南乡购买烟土之机刺探我解放区情报，并大量收买烟贩子作特务，以开展情报工作。

日本占领时期，不但鼓励种植鸦片，而且在市区普设烟馆，到1939年全市开设的烟馆就有140余家。济南的大烟馆大部是由日本特务开设的，有的烟馆虽不是日本特务直接开设的，也是特务给撑腰当靠山。这些烟馆有的就是特务活动的巢穴，如春华膏店，是日本济南宪兵队本部翻译何源田（日本人）在济南馆驿街西口开设的。他利用这个地方搜集情报、捕人办案、私设公堂、审案取贿，是有名的特务烟馆。又如新新膏店，地处经三路新新池内，该处澡塘、旅馆、饭馆、膏店四者合在一个楼内，是日本宪兵特务的聚集处。新新池经理刘紫云就是个大恶霸兼日本特务。经营新新膏店的是大特务俞树芬的两个弟弟。日本特务、伪警官等经常出没该处，如日宪管原（曹长）、川崎弘（伍长）、吉田（伍长）、渡边（伍长）、大岛（军曹）及特务翻译等经常在这里搜集情报，逮捕嫌疑犯及我地下工作人员。1940年特务崔亚东曾在该处寄押过被捕的中共新泰县委的戴伯仁等3同志一夜，翌晨交给日本宪兵武山英一进行审讯。在新新膏店还逮捕了在该店寄宿的国民党军团长王家驹；武山特务王瑞琪就是通过义聚兴膏店（劝业场内）经理崔某查获韩复榘财政厅长王向荣的一架电影机。此外还有大观园内的洞天福膏店、龙云阁膏店、华裕膏店、满华膏店、一品香膏店、豫生东

膏店及利兴膏店（筐市街）、元兴膏店（魏家庄）、小洞天膏店（在迎仙桥）、卧云阁膏店（在筐市街）、延寿膏店（在纬八路）、小有天膏店（在新东门里）、凤苓膏店（在三里庄）、武臣膏店（在小纬北路长发旅馆内）、华昌膏店（在经七路）、东茂恒膏店（在美蓉巷内）、笠记膏店（在小王府内）、富诚信膏店（在纬四路）、老延年楼膏店（在南关）、岱北膏店（在府东大街）、振记膏店（在纬一路经三路济安里）等，比较有名的烟馆都是特务、日本翻译所开，有的是特务撑腰，武山、寺田、渡边部的大特务孙铭远也在旧军门巷开设烟馆。这些遍布全市的毒窟，都是搜集军事情报的据点、眼线，有的经理、女招待就是特务。

更有甚者，在特务支持和包庇下，济南日本人开设的各大西药房以出售戒烟"圣药"为名，出售烈性毒品海洛因（即白面）、吗啡。因海洛因、吗啡体积小，吸食及注射都较鸦片方便，吸食或注射后毒性发散快速、强烈，所以流毒更广。当时日商药房如吉祥公司、川岸药房、安原药房、中村药房等零售兼批发，中国奸商所办的西药房如张聋子药房、福禄寿大药房、万利西药房、东亚药房等等很多药房也都零售或批发。毒品贩子大都是日本特务、日本浪人。此外还有日本浪人、朝鲜流氓开设的毒窟，他们在日本毒化政策庇护下肆无忌惮地大量销售烈性毒品，进行特务活动。他们的聚集处是北岗子、道德街、大观园、魏家庄、通惠街、升平街、三里庄、五里沟、纬八路、西市场等地。

二、通过大量的贩毒、运毒获取暴利，以豢养爪牙，筹集特务活动经费

日特、日商不仅通过贩毒、运毒、开设烟馆来进行特务活动，而且借以牟取暴利，做为豢养、训练特务的经费。鸦片的种植由伪山东省财政厅专设的"查禁烟苗委员会"来控制，每到种植鸦片季节，这些"委员"分赴各县进行查禁，名为查禁，实则维护、默许，进而敲诈勒索，以索取贿金自肥。

贩运毒品是直接在日特机关控制下公开进行的。"禁烟局"是在高喊"寓禁于征"的口号下设置的，日本侵略者曾公开宣布要在若干年以后逐渐减少以至消灭烟毒，但实际上"禁烟局"是日军进行毒化政策的执行者，不是"禁"烟局，而是"贩"烟局。它通过"土药公公"直接控制着"土药店"和"土膏店"的统购统销，按月定数额配售烟土、烟灯、烟枪。一切土药店、膏店的账目统一规定，定期检查，表面看是查禁，实际上是为了有计划推广，捞取税金。"土药店"是专门贩售生鸦片的商店，从内蒙大量运到济南及山东各地，私人贩运的更多。特务、奸商则公开贩运，如烟土大王孟玉崑勾结特务、朝鲜浪人与铁路伪职员公开大批贩运。而烈性毒品海洛因、吗啡则直接从日军军部运输，通过日本西药商店向外贩卖。"土膏店"，又称"戒烟社"，专门零售鸦片熟膏并设铺开

灯,即所谓"烟馆",日伪对这种烟馆则抽取重税。而特务直接开设的烟馆更是向"禁烟局"购买"官价"配给烟土,大发其财。如大观园的洞天福膏店是日本宪兵头目寺田豢养的特务杨洪顺所开,武山为其屡向"禁烟局"索取"官价"配给烟土,所牟暴利供武山、寺田做特务活动经费。

三、日特的所谓"拒毒运动"

日本侵略者为了掩饰推行毒化政策罪行,扮演了许多所谓"拒毒运动"的把戏。它规定每年6月3日(是林则徐禁烧英帝国主义鸦片的日子)为拒毒纪念日。每到这一天由伪新民会出场,开大会、广播、贴标语和漫画,以表示日军禁毒的"决心"。而领头搞这个运动的伪新民会山东总会顾问日特西崎敏夫与汉奸事务部长张筱珊却都是嗜烟如命的大烟鬼。西崎敏夫在"七七"前就是一个在中国以贩毒鸦片为职业的日本特务。

1944年正是烟毒蔓延最广的时期,汪伪政府受日帝指使策动所有日占区的青年学生进行了一次所谓"拒毒运动"。在北平、南京、济南等城市,日伪借着学生反毒反日的热情,煽动学生上街游行,并捣毁烟馆。如济南在1944年6月3日的这一天,上午8点有9个中等学校的3000多名学生召开大会并上街游行,高喊"反对鸦片公卖"的口号,砸了600多家烟馆,焚烧了大量鸦片、烟枪。而负责维持"秩序"的伪警,事先得到指令,"学生有任何行动都不准制止"。直到下午才由日本宪兵特务出头"干涉",虚张声势的追查责任。事后日特、伪政府又让这些烟馆重新开业。这就是日特为掩盖其毒化政策而扮演的种种丑剧。

(中国人民政治协商会议山东省济南市委员会文史资料委员会编:
《济南日特机关罪行录》,济南出版社1990年版,第77—81页)

（16）血染清水泊

寿光清水泊，位于小清河下游。这里有一望无际的芦苇荡，具有开展平原游击战的天然地理条件。抗日战争时期，清水泊是清河平原上一块重要的抗日根据地。

1942年6月9日（农历4月26日），日军集中了第6混成旅团全部及青岛、潍县、惠民的日、伪军，共计5000余人，骑兵300余人，汽车100余辆，装甲车3辆，采取"长途奔袭，5路合击"的战术，扑向清水泊地区。在清水泊部分村庄屠杀了200多名抗日人民，抓走了100多名青壮年，送到抚顺煤矿下井，其中不少人从此杳无音信。

1942年10月，日军策划了一次更大规模的"扫荡"。敌人从青岛、益都、临朐、广饶、潍县、利津等地，纠集了7000多人的兵力，东自侯镇，西自益、寿、临、广边区，南自寿光城，北自小清河岸，采取"拉网合围"、"纵横扫荡"、"梳篦清剿"的战术，对清水泊地区形成了大包围。

10月14日，日军逼近清水泊地区，所到之处，见人就杀。在杨庄村，街上躺满了被害的群众，一条胡同里，就被日本兵用刺刀挑死了7人。在宫台、营子村，日军大发兽性，竟在光天化日下，将青年妇女剥光衣服，肆意摧残后，又逐个杀掉。

15日早晨，日军从四面向清水泊中心地区合围而来。由于当时八路军主力大都已到外线作战，少数部队、后方人员和伤病员及当地群众被迫转移到芦苇荡中隐蔽。

八路军指战员为了保护人民群众和伤病员，不怕牺牲，浴血奋战，但终因敌众我寡，我人员伤亡惨重。在寇家坞村北的一个土窖内，被日军杀害的八路军伤病员和农民群众即有数十人。尸体堆积，厚达7层。

被日军驱赶到芦苇荡里的数百名农民群众，站在齐腰的水里，行动困难。日军对着芦苇荡开了炮，并用机枪扫射。在密如雨点的机枪扫射和炮弹轰击下，大片大片的芦苇被打断，连飞鸟也有被打死的，大批群众惨遭杀伤。日军又下水搜索屠杀。牛头镇村有几十人惨死在芦苇荡中。杨庄50多岁的杨福祥，身上挨了7刺刀。在这次"扫荡"中，八路军有200多名战士和伤病员阵亡，400多名农民群众惨遭杀害。清水泊周围村庄到处是新坟，真是"无人不戴孝，处处有哭声！"

（杨金宝整理）

（转录自方正主编：《日本侵略军在山东的暴行》，山东人民出版社1989年版，第219—221页）

（17）马石山惨案

　　马石山位于乳山县马石店乡境内，主峰海拔467米，地势险要，整个马石山区是胶东地区重要的抗日根据地。1942年11月，日本驻华北派遣军最高司令官冈村宁次，纠集了青岛、烟台、莱阳等地之敌2万余人，在其亲自部署和指挥下，对胶东抗日根据地进行了前所未有的冬季大"扫荡"，并制造了惨绝人寰的"马石山惨案"。

　　1942年11月17日，日、伪军由青岛、高密分乘汽车数百辆，沿烟青路、烟潍路向莱阳、栖霞、福山等地大量增兵。21日，莱阳、栖霞、福山之敌全部出动，在投降派赵保原、秦毓堂等部的配合下，以2万兵力合围以牙山、马石山为中心的抗日根据地。在飞机、军舰的配合下，日、伪军以密集的队形拉网合围，并采取梳篦战术：白天无山不搜，无村不梳，连荒庵野寺、小土地庙也不漏过；晚上，野地宿营，在各个要道、山口拉上铁蒺藜，挂上铃铛，每隔三五十步燃火一堆，敌人得意地夸口说："只要进入合围圈内，天上飞的小鸟要挨3枪，地上跑的兔子要戳3刀，共产党八路军插翅难逃。"到23日，敌人开始收网于马石山地区，被围在圈内的群众达数千人，还有部分地方干部、八路军的伤病员以及少数与大部队失掉联系的战士。

　　23日，日军对被围在圈里的抗日军民大施淫威。在马石山东北方向的大院村南山上，陈京普一家8口和邻居1人藏在一个山洞里，日军发现后即刻向洞里发射燃烧弹，8人被烧死，只有陈京普1人烧伤幸存。在金斗顶采石坑里，藏有我同胞60多人，被日军杀死50多人，仅崖后一个村就有18人被杀。该村姚瑞俭乘敌不备，滚下悬崖，被敌人打中两枪而死里逃生。东尚山村刘京发被日军抓住，向他要粮、要人，他坚定地回答："不知道！"日军朝他胸部、腹部连刺数刀，后经抢救才幸免一死。沟刘家民兵郑崇太，遇上搜山的日军，敌人朝他脖子砍了一刀，他当即昏死过去，后又苏醒复生。他俩身上至今刀伤犹在。在东尚山的南沟上，八路军一伤员被日军抓住后，在地上燃火一堆，两个敌兵分别抬着头、脚烧燎其腹部和胸部，将其活活烧死。在西尚山村，日军把一个八路军战士按在烟囱上，在锅下烧火，把他活活呛死。招民庄村70多岁的老人许德义，被日军用草苫卷起，从下部点上火，一直烧至头顶。在金斗顶采石坑外，日军将9名群众拴成一排，从前面对胸射击，当场死亡7人。在大龙口村，敌人抓到70多岁的老人宫殿庆，把老人横架在锅台上用火烧烤，后来拉到村南河滩烧死。马石店乡南乔村姜谦习的妻子遭日军枪杀后,她不满3岁的幼女瑞凤还在母亲怀里吃奶,12岁的长女和6岁的次女哭着叫"妈妈回家"。日军连一个癫痫病人也不放过。下石棚村王丕成,在马石山前犯了癫痫病,被日军用石头活活砸死。

这次"扫荡",日军奸污妇女、杀人取乐,手段之野蛮残忍,令人发指。下石棚村王维先的妻子已怀孕8个月,被抓住后,硬逼着她骑光腚毛驴,一路上摔下多次,敌人竟以此嬉戏。上石棚村19岁的妇女干部王秀卿被日军抓住,任意凌辱后,用刺刀向她的前胸乱刺致死。下石棚村农民王元祥被日军抓住后,在他的头上挑了两刀,以试刀的利钝。西诸往村王振桂被日军抓住,先割掉他的一只耳朵,又用刀砍死。西诸往村王振贤,被日军用木棒打昏后,又用绳子勒住脖子在地上乱拖。

这次"扫荡",马石山周围村庄的房子,遭到了空前的破坏。各村被烧房屋都在半数以上。马石山西的草庵村,全部房屋被烧光。23日夜,部分日军在下石棚宿营,全村的禽畜被吃的精光,家具全遭破坏。各村被抢走和糟蹋的粮食无法统计。据幸存人讲,这次"扫荡",村村遭劫,户户蒙难,马石山上尸骨遍野。据有关史料记载,此次"扫荡",仅在马石山周围就惨杀我军民503人。

在日军"扫荡"时,我英雄的抗日军民同敌人展开了英勇斗争。驻在马石山附近的党政军机关和兵工厂、医院等,都巧妙地破网转移出去。被围在马石山上的数千名群众,在八路军小部队的带领掩护下,也大部分突围出去,避免了更大的损失。这里特别值得记述的是唐次、王殿元等18烈士的事迹。唐次是胶东行署公安局三科副科长,王殿元是行署公安局警卫营的教导员。此次"扫荡"开始后,公安局警卫营化整为零,分散活动。唐次、王殿元两同志带领其中的一个排,被敌包围在马石山上。在敌人最后"收网"前的夜间,唐、王两同志和全排同志连续保护、引导七批被围群众突出重围;在救出第七批群众后,天已拂晓,行动被敌人发觉,于是开始了激烈的战斗。从早晨打到中午,许多同志牺牲了,活着的同志也打没了子弹。最后,这些同志砸毁了枪支,高呼"打倒日本帝国主义"、"中国共产党万岁"跳崖牺牲。

1943年1月25日,胶东行政主任公署为在马石山惨案中殉难的英勇军民树碑纪念。1970年10月,乳山县人民政府在马石山修建了烈士陵园,把马石山战斗遗址列为县级重点文物保护单位,让人民永远记住日寇在马石山区犯下的罪行,缅怀为人民英勇牺牲的先烈。

(丛龙喜、孙同海、周志强、刑育敏、刘万波、刘兰、宫明华调查整理)

(转录自方正主编:《日本侵略军在山东的暴行》,山东人民出版社1989年版,第232—235页)

（18）人间地狱——济南"新华院"

济南"新华院"是侵华日军驻济部队于1943年3月在济南市官扎营街西北角建立的。这是一座奴役和虐杀中国战俘的人间地狱。它附属于日军"济南军法会议"（即军事法庭），负责监禁被俘、被捕的抗日军民和爱国志士，强制他们从事各种奴役性劳动，以多种虐杀手段进行残酷迫害，并从中挑选年轻力壮者押至我国东北和日本国内充当劳工。

济南"新华院"由驻济日军第12军（1944年后为第43军）参谋部直接掌管。院内设有办公室、经理室、辅佐官室、警卫队、"兴亚建设队"和总队部等机构。总队部以下设参事室、审问科、警备队、训练队、工场队、农场队、抽血队和卫生班、病号房等，分别执行对战俘的审讯、劳役、看押和虐杀。日军收买了一批被俘国民党军官和汉奸，担任各小单位的头目，并充当打手。还专门训练了一群狼狗，用以惩罚被认为有"越轨"行为的战俘。

济南"新华院"戒备森严。周围挖有近2米深的水壕，架设多层铁蒺藜，围墙上装着电网，四角筑有岗楼，院中间建有高约三丈的瞭望台，日军昼夜严密监视。

济南"新华院"常年关押被俘被捕者达两三千名以上。凡被押到这里来的人，都要先抽200CC血后再进行预审。预审的刑罚约十几种，主要有殴打、水刑、火刑、吊刑等。殴打，就是用竹刀、木刀、皮鞭等抽打全身；水刑，就是反复往嘴里灌凉水、辣椒水；火刑，就是用蜡烛、线香和烧红的火箸、烙铁等烧灼器官和皮肉；吊刑，就是用绳索捆绑手脚或手指，悬梁殴打。用刑中，很多人被夺去了生命。经过预审，被认定为重要分子的，送济南军法会议复审判刑后再押回服苦役；被认定为普通战俘的，则编入"训练队"，经过几个月的奴役教育和"训练"之后，再根据其表现和年龄、身体状况，分别强迫从事各种奴役性劳动或押解我国东北和日本本土充当劳工。

在"新华院"里，被俘被捕者过着非人的生活。他们每天要从事十几个小时的繁重体力劳动，而吃的却是几个掺了沙的高粱饼和腐烂的胡萝卜叶，偶尔吃顿小米饭，也是发了霉和虫蛀过的，喝的是污浊的生水。长期的饥饿和疲劳折磨，使他们瘦得皮包骨头，形似骷髅。他们的住处阴暗潮湿，堆满污垢，几十人、甚至上百人挤在一间通房内，空气污浊。他们身上穿的，多是从死者身上扒下来的破衣烂衫，夏不遮体，冬不御寒，且终年不得更换，虱子、跳蚤成团。

他们大多没有鞋穿，常年赤着脚干活，很多人在严冬被冻烂双脚，有的甚至活活冻死在冰天雪地里。1944年除夕之夜，竟冻死60多人。

平日里，他们经常遭受日本法西斯暴徒的任意折磨和摧残。日军规定了数不清的戒律，来限制战俘们的活动。如劳动时不准四处张望、大小便要报告、在室内不准抬头等，违者就要受到打手板、罚跪、棒打等处治。对所谓"表现不好"或有"越轨"行为的，即施以酷刑。轻者剥光衣服爬烟囱，头顶石头绕场转，由日本兵抓着生殖器绕场示众等；重者关禁闭或用狼狗咬，甚至挖眼、割耳、活埋、扒皮。1944年6月，部分被俘人员因计划越狱被叛徒告密，为首的3人当即被剥光衣服捆在旗杆上，先遭日军刀刺和开水烫，后被狼狗撕得骨肉剥离。还有一次，日军将意图逃跑的20余名男女战俘，全部剥光衣服，捆在木桩上，男的用刺刀零刀割死，女的则先让狼狗咬其阴部，后剖腹杀害。济南市万盛街的几名工人被抓到"新华院"后，受尽了酷刑和凌辱。他们被控为在外出干活时逃跑。日军用铁丝把他们的手心穿透，吊在树上痛打，又剥光衣服，押到无影山下，让他们自己挖好坑，最后被日军刺死，扔在坑里。设置在"新华院"大门口的禁闭室，是一个专门刺杀战俘的机构。凡是被警备队执勤人员指控为有"越轨"行为的战俘，送进禁闭室后，即捆在特制的木桩上，作为日军刺杀训练的"靶子"，活活刺死。

"新华院"的病号房和卫生班，是日军以特殊手段虐杀战俘的场所，被人们称为"鬼门关"。凡被送进病号房的人，就几乎等于判处了死刑。因为病人在这里既得不到医治、又不得温饱，往往很快就被折磨致死。长桓（长山、桓台各一部组成的一个县）四区区中队队长焦凤鸣、指导员韩玉哲等无数抗日志士，就是这样被折磨致死的。所谓卫生班，实际上是日军设置的细菌、毒药试验所和抽血虐杀战俘的场地。日军除对初进"新华院"的战俘抽血外，还对编入"抽血队"的战俘定期抽血，致使很多人由强变弱，由弱致死。济南"防疫给水部"培植出来的细菌，先要拿到这里在战俘们身上进行"效力试验"。对那些在社会上有一定影响的被俘人员和爱国志士，日军不便公开处置，便假借治病为名，向其体内注射细菌或毒药而加以暗害。所注射的细菌有伤寒、霍乱、赤痢和副伤寒、百日咳等，毒药主要有升汞水、高锰酸钾、石炭酸等。仅在1943年，日军就用细菌和毒药残害被捕被俘人员100余名。

"新华院"设置的病号"隔离间"，里面阴暗潮湿，空气污浊，瘟疫蔓延，巨鼠成群，很多重病号在这里被老鼠咬去耳朵、鼻子、眼珠、嘴唇、手指、脚趾……当他们被病魔、饥饿、鼠害折磨得奄奄一息时，先被扔进停尸房，后用拉尸车抛至无影山下。有些病号被装进拉尸车时，还在呻吟着："我没有死，不要扔掉我……"有的被抛到山下后，仍发出凄惨的叫声。起初，每天向外拉尸体一两车（每车8具），后来逐渐增至每天三四车、五六车，多时十几车。不久，山崖下就成了白骨堆。从"新华院"以西至堤口庄以东、黄家屯庄以南一带的数里内，到处可见累累尸骨，有些坑穴内积存的下腭骨、牙齿、四肢骨等竟达一尺多厚。附近居民根据这种情况曾编了如下歌谣："新华院，新华院，它是阳间的阎王殿。谁要到了这里面，既抽血，又剜眼，有时还叫狼狗餐，病了只有死，想治是枉然。十人进去一不出，要想活命真比登天还要难！"

1945年8月，日本宣布无条件投降以后，山东国民党当局接管了"新华院"，并于同年11月予以解散。据有关材料，国民党有关当局曾宣布，从1943年3月到1945年8月，"新华院"先后关押抗日军民和爱国人士约35000余人，除国民党山东当局接管的2000余名外，被酷刑和劳役折磨致死15000余人，被抽血致死者100余人，被注射毒药、细菌致死者各数百人，被押送到我国东北和日本国内充当劳工者万余人。另据被俘人员等揭露，上述统计并不完全，实际上仅在1943年5月至1944年8月的短短15个月内，被囚死在这里的抗日军民和爱国人士就有17000余名。

被人们称为人间地狱的济南"新华院"的全部历史，就是日本法西斯暴徒奴役和虐杀中国战俘及善良群众的罪恶史。铁证如山，这是任何人也赖不掉的！

（转录自刘凯等主编：《日军侵略山东罪证实录》，山东文艺出版社2005年版，第278—282页）

（19）水牢

　　1943年10月4日拂晓，日军突然窜到曹县西北的抗日根据地，包围了刘岗及附近几个村庄，把千余名群众驱赶到刘岗西门外的场院上。八路军冀鲁豫5分区后勤股长秦兴体，因指挥群众备战，未及离开刘岗，也夹在群众中间。在场院四周敌人架起了机枪，人群周围布满了荷枪实弹的日、伪军。一个日军翻译向群众叫喊："只要你们说出谁是共产党，谁是八路军，八路军的粮食和物资藏在哪里，天大的事我一人承当。要是不说，马上枪毙！"群众不语。敌人拉出两名青年逼问，这两名青年因异口同声地回答"不知道"而立即被枪杀。敌人又拉出一个叫杨二孬的青年，吊在树上拷打，杨忍着剧痛，坚定地回答："不知道！"敌人就用刺刀又刮又刺，把他活活折磨死。敌人指着3个青年的尸体威胁群众说："如果不说，这就是样子！"千余名群众怒视敌人，仍默默不语。敌人又拉出30多名群众，绳捆索绑，用枪托子乱砸。

　　下午2时许，敌人把群众从西门赶到东门里的大水坑里。翌日，又把群众赶入东门外的寨壕里，寨壕水深3尺。敌人规定，不论个头高低，肩膀一律不准露出水面，否则就用砖头砸。人们坐不能坐，站不能站，只好弯着腰活受罪。时值晚秋，壕水冰冷，有几个年老体弱者不久便栽倒在水里。敌人又在这"水牢"旁设置了10多张刑床，拉出4个青年，捆在刑床上，往肚子里灌泥水，灌满了再用杠子压。一个名叫侯秋寒的青年，被压断肠子，当场咽了气。接着，侯秋思和孙雨运两人又被拉出去活埋了。剩下的一个青年，也被敌人用狗咬、鞭打、刀刺，折磨得死去活来。但敌人无论怎样滥施淫威，终未得到任何东西。日军指挥官恼羞成怒，猛地举起指挥刀，嗥叫一声，日军、汉奸立刻刀出鞘，弹上膛，眼看一场大屠杀就要开始，"水牢"里的群众危在瞬间。这时秦兴体同志毅然站起，高声说道："我就是八路军！他们都是老百姓。"他走出"水牢"，昂首挺立在敌人面前。敌人要秦兴体说出八路军的物资放在哪里，秦昂首不语。敌酋命令几个汉奸把秦绑起来，头朝下，往水里按，尔后又把他绑在刑床上用皮鞭抽打，并把硫酸洒在他身上。秦兴体身上被硫酸烧起无数血泡，但他始终不屈，大骂敌人。日本兵提来一桶辣椒水，用刺刀撬开秦的嘴，往肚子里灌，然后又狠命地用杠子压，血水从秦的口、鼻、眼睛、耳朵里喷出，他昏了过去。几个日本兵用冷水将秦泼醒，吊在树上，用两把燃烧着的线香燎他的腋窝。

群众忍无可忍，纷纷站起来要和敌人拼命。敌人的机枪响了，当即有十几名群众惨死在水里。秦兴体目睹群众惨遭屠杀，大骂敌人。日本兵用火把烧他的肚子，但他仍坚贞不屈，骂声不止。直到日军将刺刀捅进他的腹部……

这次"水牢"事件，日军共惨杀八路军干部和群众73人。

（根据刘岗"水牢"幸存者刘勋云等回忆，李庆和整理）

（转录自方正主编：《日本侵略军在山东的暴行》，山东人民出版社1989年版，第248—250页）

（20）济南日军"星俱乐部"

日军占领济南后即在市内设立了慰安所不下十数所，"星俱乐部"是其中较有名的一所慰安所。这是一个主要供下士官、士兵使用的慰安所。日本人本多胜一、长沼节夫在《天皇的军队——"衣"师团侵华罪行录》中记述了当时"星俱乐部"的情况："对于夜幕下的兵士来说，济南市最令人神往的地方是'六太〔大〕马路纬六路'这个地段。那里有个叫'星俱乐部'的慰安所，当时有100名以上的中国女性在那里成为皇军性欲的牺牲品。穿过'星俱乐部'的入口，是一个圆形厅堂，以厅堂为中心，呈放射形排列三铺席（3张单人床）大小的房间。楼上也是这样。房间入口没门，只有屏风挡着。院子里还有别的房子也是妓院。兵士们要找自己熟悉的女人，就得买下写着题目名字的木牌。价钱非常便宜，只有四五角钱，不过是一碗葱油豆腐的钱。1945年当时，兵长的月薪是四五十元。'星俱乐部'厅堂总是聚集很多人，各房间门口经常可以看到皇军排队等待入内的情景。"

另据日军陆军中佐广濑三郎的交代，证实了上述记载。1944年4月上旬，日军陆军第12军出动进行"河南作战"，军司令部下令由他接手负责监督军用后方设施中的"军人会馆"、"星俱乐部"、"樱花饭店"等设施的经营业务。"星俱乐部"实际是日军官兵专用的慰安所，慰安所的经营者是济南市中国妓馆同业总会的会长，慰安所的楼房是日军占领济南后从中国人手中强占的一座建筑物，经过内部装修之后才开业的。慰安所的粮食、烟酒、日用品都是由日军供应的。医疗也是由日军的医院负责的。这里的中国慰安妇有30多人，都是17～20岁的年轻妇女，被迫成为日本侵略军的泄欲工具。每名慰安妇一天要接客20～30人，无论心灵还是身体均遭到严重的摧残，有的由于疾病缠身而悲惨地死去。除了日常"接待"外，这些慰安妇还要随时准备应付到日军前线"慰安"的任务。1944年6月到河南作战的第12军司令部曾命令将慰安妇送到前线去，经广濑与济南的朝鲜人饭店同业总会联系，派出了30名朝鲜慰安妇到河南郑州附近的前线，这些妇女在前线"服务"了大约3个月。从本多胜一等的记载和广濑三郎的交代可以看出，济南"星俱乐部"是一所条件相当完备的日军慰安所。值得注意的是，日军是将慰安所作为军用设施看待，可见慰安所已成为日军军队系统的一个组成部分。

（转录自谢忠厚主编：《日本侵略华北罪行史稿》，社会科学文献
出版社2005年版，第389—391页）

（21）出狗殡

1939年5月，日军一个小队在安丘县担山村东安设了据点，杀人放火，无恶不作。小队长麻田的狼狗经常噬咬百姓，百姓恨之入骨。1944年夏的一个晚上，群众用毒饵将狼狗药死，麻田如丧考妣，气急败坏地发誓要为狗报仇。于是他责令四乡镇联合办事处主任捉拿"凶手"，未遂，便策划在据点院内"出狗殡"。他们用木板钉了一口"棺材"，将狗"收殓"，并在操场旗杆旁垒了"墓穴"，为狗写了碑文，强令四乡镇长和附近庄长头扎白布参加"葬礼"，向死狗俯首"默哀"，还抓来一伙喇叭匠吹吹打打。死狗入土后，麻田又强令筑起坟堆，并在坟前竖一木牌，上书"皇军之犬，岳飞之墓"，侮辱中国人民。

（安丘县地方史志编纂委员会编：《安丘县志》，山东人民出版社1992年版，第644—645页）

（22）山东的"无人区"

在敌人汉奸残酷的"三光"政策下，在山东制造了广大的"无人区"，如鲁中的"临□□"是全山东有名的"无人区"。仅仅3年的工夫，就把临□南部百数十个村庄送进了历史少有的饥饿死亡的大灾荒里，周围数□平方公里几乎完全断绝了烟火。据统计，九山、米山两区130个村庄3年前原有居民37357人，至去年春天死亡和逃亡的已达28876人，剩下在家的只有老弱残疾和倚势凌人的保甲长之流，总共不过8485人。如许家峪350口人，逃得只剩9口人，其中一个瞎子，一个跛子和几个走不动的妇孺。

土地更是普遍荒芜了，米山区29700亩官宴地，到去年春天就荒了24777亩，剩下的4000多亩虽然勉强种上了，但接着人民大批逃了荒，没有锄，不打粮食，也等于荒了一样。

人民大量的逃荒死亡和土地大量的荒芜，满山遍野、大街小巷都长了荒蒿，村子黑白天也不见一个人，少数在家的也躺在床上，饿病得不能动弹。屋顶上长期不见冒烟，村子已经完完全全的空了，连一只猫一只狗都没有。夜晚什么声音也没有，只听见狼的嚎叫，它跑到村里贪馋吃着死人的尸体，吃完了不够就偷捕活小孩吃。仅麻坞庄，3年以来，哪一年都有被狼吃掉2个至3个小孩，村庄成了豺狼最好的窠穴……

（《解放日报》1944年11月19日）

（转录自中央档案馆、中国第二历史档案馆、河北省社会科学院编：《日本侵略华北罪行档案·无人区》，河北人民出版社2005年版，第203页）

（23）张家楼大屠杀

1945年农历2月18日（公历3月31日）黎明，日军、伪军3700多人（内日军120多人）对鲁西平原的茌平县张家楼村发动了突然袭击。仅两个小时，就杀害村民333人，杀伤271人，劫走264人（其中8人被运往日本，从事奴隶式劳动，1人死于日本，另7人在日本投降后回国），烧毁民房2723间，抢走耕牛86头、大车48辆，其他财物不计其数。

这起惨案，是日军派驻伪茌平县公署的顾问井上和伪茌平县县长李岐山共谋并亲自指挥的一次血腥大屠杀。

1944年的农历7月间，张家楼人民不堪日伪的暴虐统治，成立起了有300名青壮年参加的抗日民兵联防队，购置了105支钢枪，维修了原有的土枪、土炮，筑起了寨墙，加强了其他防御措施。从此，张家楼不再向日、伪军交粮、交钱，也不给他们出差。

驻广平据点的伪独立营营长李广禄、伪茌平二区区长田金忠，多次向伪县长李岐山告张家楼的"状"。李岐山对张家楼不向他们缴纳粮款，也早已怀恨在心。从1944年冬季到这次惨案发生前两天，驻茌平的日、伪曾4次"扫荡"、围攻过张家楼。但每次进攻，不是扑空、就是丢下几具尸体狼狈逃窜。经过日本顾问井上和李岐山密谋，1945年农历2月18日清晨4时许，驻聊城、临清的日军3个小队、伪军两个团，配备大炮1门、重机枪1挺、轻机枪5挺、掷弹筒5个，加上茌平的日、伪军共3700多人，由井上、李岐山带领，包围了张家楼。

上午8时，日军连放了3炮，把北门东边的寨墙打了个大窟窿，部分日、伪军随即蜂拥入村。紧接着，四面的敌人也攻占寨墙，用机枪、大炮等组成密集火力网，向村内猛烈轰击。张家楼群众虽拼死抵抗，但终因力量悬殊，被迫分散撤离。一批青壮年（30余人），顺南门地道刚刚逃出洞口，被日军的机枪截住，一阵扫射，全部倒在血泊中。随后又有几批群众从地道向外逃，先后被日军杀害64人。在离地道不远的小场院里，日军杀害村民51人。据守在东门的一批青年，在日军进寨后，有的未及时撤离，被当场杀害。王长营等人躲在南寨墙洞里，被日军发现后，用手榴弹炸死。另有7名村民，在从寨墙垛口往下滑时，遭日军枪杀。西排（当时张家楼全村分为西、中、东3个"排"）23名男女老幼，最初从西门、南门向外逃，见两寨门被敌人封锁，又折向村内，被日军惨杀在街道上和胡同里。小顺的祖母和姑母，刚从家里跑出大门，就被日军枪弹击中。其祖母被打死，其姑母倒在地上呻吟翻滚，接着又被日军刺死。

9时许，日、伪军逐巷逐院搜索杀害村民。王家顺全家14口人，他父亲、叔父、曾祖母、祖母和姑母被日军杀死在南寨外和大街上。敌人闯进他家后，又逼问其母："八路的有？"其母说："我家没有。"话音未落，日军猛一枪托，将家顺母子打倒在地。日军继续逼问，其母仍说没有。日军端起刺刀，直向她的脊梁穿去，当即死亡。日军临走前，放火烧了他家的13间房屋，牵走牛、驴各1头。年仅13岁的小徐三，在院里被日、伪军抓住，问他："八路军哪去了？"徐三说："没见过八路。"敌人连问数次徐三没有改口，敌人上前猛刺两刀，将他杀害。张同功被敌人炮弹炸伤了左腿，昏倒在一猪圈旁。他苏醒后，爬至附近院内找水喝时被日军发现，死于乱刀之下。吴连章躲在一个荒园的破屋角内，日军发现后，招呼他出来。吴连章转身便跑，日军边打枪边追，当跑到一偏僻处再想躲藏时，不料被另一伙日、伪军迎面截住。吴连章闪身跳入一口土井内，日军立刻投进一颗手榴弹，吴被炸伤。日军令一伪军找来两把大三齿，将吴连章钩上井来，拷打逼供。吴连章被打得全身是伤，处处冒血，疼得在地上翻滚，日军又用刺刀将他挑死。日军向躲在井内的宋天增嚎叫："快快的上来，优待优待。"宋不听招呼。日军把燃着的秫秸投入井内，宋天增被烟熏火燎而死。

34岁的汪绪英领着儿子往外跑，在南门里碰上敌人。她让儿子快些向外跑，但是孩子刚走几步，即被日军用刺刀捅死。汪绪英啼哭着往村里逃，刚跑到路南，与往外逃的张克连的媳妇和徐奉春的妹妹小银相遇，便劝她俩不要向外逃。正在这时，几个日本兵从南边朝她们追来，汪绪英带她两人急忙跳入一水井内。日军近前一看，见她们头露在水面，便叫伪军往井里扔石头，结果，张克连的妻子被砸死，汪绪英头部受了重伤。

上午10点钟，日、伪军押着张家楼260多名村民，带着掠夺到的大批财物，撤回茌平城。在两个小时内，张楼村被这些强盗们屠杀、杀伤和抓走了868人！

（姜军洲调查整理）

（转录自方正主编：《日本侵略军在山东的暴行》，山东人民出版社1989年版，第280—283页）

（24）刘连仁在北海道的苦难遭遇

刘连仁是高密市井沟镇草泊村人。在抗日战争后期，被日军抓去当劳工。他不堪虐待，逃往深山。从1945年7月到1958年2月，12年半，受尽千辛万苦，过着与人世隔绝的生活。1958年4月15日，经华侨和日本五团体援救回国。从刘连仁的身上，可以看到，我国劳动人民过去是怎样受着国内外反动派的迫害，他们具有怎样的克服困难的斗争精神和毅力。更可以看到，在中国共产党的领导下，我国人民受欺侮的时代永远过去了。

被掳当苦工

1944年9月2日，正是农民忙着种麦子的时候。草泊西村的吴家，备了酒席酬谢帮助料理丧事的乡邻，刘连仁也被邀去。在路上，突然被汉奸队抓了劳工。汉奸队先把他弄到枣行，后解送高密城。和他一起被抓的共80余人，都押在一个合作社里。他们在这里两次集体逃跑未成，有一些人在鬼子的枪弹下，被打死打伤了。接着这批劳工被运到青岛，在伪"劳工协会"关了六七天，没饭吃，没衣穿，又病死了一些人。后来，日本人给换上了军装，照了相，逼着盖了手印。一行800多同胞，被当成"俘虏兵"，在大港码头装入运货的船舱，劫往日本。

航行6天，到门司下了船。这批劳工被分为两部，和刘连仁一起的200余人，坐了两天火车，4小时轮船，到了北海道的函馆。从函馆再上火车，经过一天半宿，到了明治矿业公司昭和矿业所。

一路上，大家饥寒交迫，折磨得骨瘦如柴。日本人叫他们是"死亡队伍"。这名字里，包含了多少中国人民的痛苦和血泪啊！

10月的北海道，已经是冰天雪地，连树木也冻裂了。大雪积成山丘，压塌屋顶，刘连仁他们还是穿着在青岛发的一身单军装。上屋打扫雪的时候，日本人还怕磨损了这套衣服，必须换上一套更破旧的，并穿着水鞋工作。风夹着雪刮得人透不过气来，手指麻木了，腿脚冻僵了，连血液也几乎结了冰。

200人每天只发一袋子半面，没法做饭，只好掺些野草、果渣、橡子面甚至木屑，煮成稀糊。每人喝上一碗，连点暖气也放不出来，就算是一顿饭。

下矿干活了。黑暗的矿洞里，没有光明，没有安全设备，空气脏臭。数不尽的棍子，支撑着摇摇欲坠的矿顶。几十丈深，几十里长，神话里所说的18层地狱，也不过如此吧！日本人说的倒好，"每天工作8小时"，其实是给你规定了产量，不完成这个产量，轻则挨打受冻，重则生命难保。要完成这个产量，干16个小时也算幸运了。日本监工扬手是皮鞭，抬腿是马靴，不管你体弱生病，经常被打得皮开肉绽，鲜血直流。

日本的小矿井，条件太差了。煤块坠落下来，砸得矿工臂折腿断。煤屑腐蚀着伤口，筋肉腐烂，流脓淌水，没人给治疗，更不准假休养。多少人，因伤致残。如果矿井里渗水或撑柱失去作用，就会造成崩塌。有时会弄出火来造成火灭。劳工们不知有多少被砸死、闷死或烧死在这里。有时，刘连仁被叫去挖死尸，挖出来的脸涨得发紫，龇着牙，眼球都突出来，看了使人寒心。这都是我们的同胞啊！

这种生活谁能忍受，谁不想念自己的亲人和祖国。反抗吧，人少力单，手无寸铁，不能成事。要活下去，只有逃跑。反正是死，宁肯跑出去呼吸几口新鲜空气，冻死或饿死，也不能在这里被日本鬼子折磨死。只有逃出去，才有回到祖国与父母、妻子团圆的希望。刘连仁下定了决心，即使被抓回去杀了，也要逃跑。

逃出地狱

1945年的六七月里，好不容易盼得化了雪。刘连仁趁一个月黑天，从厕所的坑道里逃出。到这个地步，也顾不得脏净了。他摸到小河边，听见有人正在洗澡，操一口山东音。巧得很，碰上4个山东老乡，也是才跑出的。于是5个人一起，开始了异国的流亡生活。往哪里去呢？朝西北走，据说这方向有通往祖国东三省的旱路（这是因为他们缺乏地理知识）。哪里是西北方向呢？深入到连绵起伏的大山之中，早使他们迷了方向。但是他们凭着大树上绿苔的多少及太阳的出没，到底辨明了哪里是西北方。5个人攀山越岭，避着日本人，找寻通往祖国的道路。

在荒山野林里拿什么充饥呢？有种野生植物象韭菜，嚼起来很辣，但不苦不涩，有点菜味；还碰见一种象白菜的东西，也能吃。他们给这些食品定名为野韭菜、山白菜。就是靠着这些野菜，他们朝朝暮暮向前奔走。

饥不择食，吃野菜，刚开始还撑得下来。不几天，大家毫无力气，不但虚弱，而且浮肿，有的还泄肚子。他们必须再找到别的东西充饥，于是便想到了山里长的蘑菇。蘑菇有的有毒，但无毒的比野韭菜、山白菜好吃的多。他们只好小心的试着吃，先放在嘴里品品不涩不苦再往下咽。这样，有一天刘连仁还是中了毒。他心里翻腾了好一阵，吐出一滩黄水，舌头肿起来，不能动弹，还泄了几天肚子，好歹没被毒死。后来他们又添食竹芽子、葡萄嫩枝。他们一步步地坚持着往西北挪。亲娘啊！祖国啊！您的儿子，既然逃出了地狱，路途再远，生活再苦，也要找到您。

实在想弄点粮食吃了，也真得该弄点粮食吃了。看见山上日本人种的庄稼，开着诱人的小白花。在第13天上，5个人被饥饿逼下山来。才到山脚下，忽然听到竹林沙沙作响，竹枝动处，有人影靠近。坏了！被日本人发现了。二十几个日本人，形成一个包围圈。形势紧迫，只得猛冲。刘连仁喊了个"快跑"！便一马当先，冲了出去。跑了一程，回头看看难友，只剩下两个跟在后头。显然那两个被人抓走了。想起这两位患难兄弟，又要遭受苦难，3人禁不住抱头恸哭起来。

冲出来就要活下去；活下去就得回祖国。他们琢磨，能通到东三省的路在哪里呢？日本是个岛国，怎么走了十几天，还看不到海呢？不管怎样，还是往西北走吧。他们白天在山里走，夜里下山找吃的。后来发现开白花的是地豆，这毕竟是人吃的东西，下了肚舒服多了。3人逐渐恢复了元气，走路也有精神了。

几天以后，走到了陆地的尽头。面前是一片汪洋，波涛汹涌，远处海天相接，日本当真是个岛国。同伴们禁不住有些心灰意冷了。祖国啊！你究竟在哪里？无可奈何，刘连仁只得动员大家，仍往前走。他们傍着海边，沿着山丘，继续前进。后来发现，海边有冒着白烟的火车，这自然是有铁路了。他们想：日本有铁路通往朝鲜，到了朝鲜再往北不就是东三省吗？走，沿着铁路往前走！于是3人决定，白天躲在山里，晚上出来沿着铁路往北走。

有一次，正走着，碰到铁路上的人，只隔几步远，跑也来不及。那人问话，刘连仁含含糊糊地对付了一阵。幸亏天气潮，那人没擦着火柴点上灯，算躲了过去。又有一次，3个人在山上休息，碰上了狗熊，跑是跑不掉的，只好躺下装死。人家说，"狗熊只吃活人，不吃死人"，又侥幸免遭残害。远离祖国，举目无亲，真是朝不保夕，困窘万状。祖国啊！何时能回到你的怀抱，让你的人民伸伸腰，喘口气呢？走啊！走啊！已经2个月了，眼前还是波浪滔天，一望无际的大海。这岂不是绕着海转起圈来了。这下子可以断定日本确是个岛国了。由西北踏遍了半个北海道，没有向祖国靠近一步。亲人啊！团圆之日，又在何时。北海道的鬼天气，诚心与人作对。6月里才化完了雪，9月里又下了起来。下雪了，可不能走了，落下了脚印，少不了引人来找，再遭到毒手。只有在山里找个洞子躲起来，过了冬天，再想法子，漂海也得回国。他们好容易找了个破铁镐，用这唯一的工具，打了个山洞。又弄了几趟吃的东西，主要是地豆，还有日本人晒的鱼干子。洞子打好，粮食也准备下。接着鹅毛般的大雪就封锁了他们下山的道路。于是3人蜷曲在洞里，开始过冬。太冷了，只好用从田里拣来的纸袋子和榆树皮，拧成绳子，缠在腿上御寒。弄得粮食不多，还得省着吃。到了实在支持不了的时候，一个人吃个地豆或几片鱼干垫垫饥。后来，大雪封住了洞口，透不过明来，扒了十几尺深，才扒出个口子来。大风顺着洞口刮进来，身上象刀割的一样，简直要把皮撕裂似的。封一次，扒一次，提心吊胆地熬过了第一个穴居的冬天。

盼得第二年化雪，已经在洞里呆了半年多。乍一出来，个个面色苍白，两腿麻木，见光流泪，浑身酸痛，已经不会走了。他们用手揉搓着两腿，象小孩学步的样子，扶着树木，重新学走。练习好久，才慢慢恢复走动。

能走路还得想法子回祖国，3人决定漂海。6月的一个月夜，正刮着东南风，落叶往西北飞舞。3人搞到一支小船，张起帆下了海，往西北漂了一会儿，又往回漂。真是急死人，琢磨半天才明白，原来是东南风刮在山谷里又折回来。三番五次总是漂不出去，眼看天亮，只好回来。漂海是失败了。后来碰到一个渔民，看样子还善良，就央求这个渔民渡他们过海，这当然不行。不但遭到拒绝，还引来了日本人搜山。3个人在山里躲了五六天，估计搜山的可能撤退，想下山找点吃的，谁知正碰上了日本人。两个同伴被抓走。刘连仁想，5个同胞一起逃出了虎口，如今只剩下自己一个人，觉得没有活路了。于是遥望祖国，拜了家里的亲人，狠了狠心，挽起草绳，搭上了树枝……谁知这条草绳日久腐烂，刘连仁身躯高大，一上吊，绳子绱断，摔了下来。自尽未成，跌得浑身疼痛。躺了些时，挣扎起来，坐在石头上又想：我刘连仁自幼没作过亏心事，被日本人抓了劳工，吃尽苦头，活到如今，原不该死。越想越认为不能死，要活下去！

深山苦度

奔波一年多，刘连仁知道要回国一时是办不到。但困难再多，也得想法克服。从前，在蓬莱干活时见过八路军，那是真正抗日保国爱人民的队伍，一定能打败日本。这是刘连仁的一线希望。他要活下来，看到祖国的胜利。

冬天又来了，还得打洞过冬。这次打洞，接受了去年的经验，地点选在两个山头中间的一块平地上，免得被雪埋住。洞口朝上，留3个角门透气透明。谁知因为地势低平，到了化雪的时候，水灌到了洞里，蹲没法蹲，食物也给淹了。他只得跑到洞外，冻了很长的时间才熬过这个冬天。经一事，长一智，第3年冬打的洞，就好些了。从这以后，每年打洞，都能安全过冬。

虽然是穴居野处，也得想法弄锅、弄火，吃熟食。他费了一年的工夫，弄了一个小火炉和一把质量不错的铁壶，这就是他的锅灶了。炉和壶成了刘连仁的同伴，帮他生活下来。从矿里带出来的一身衣裳，那能穿多久。幸好有一次他竟找到了衣服、雨伞和雨布，还有两管针，衣、鞋破了可以缝补缝补。

在第6年上，又找到一件美式军用皮大衣，既当衣服，又当被子。就这样一春复一春，一冬复一冬，过着辛酸的生活。

有一次，一个采栗子的女人在山上遇见了他，吓得鬼嚎一声，逃跑了。她怎么吓成这个样子！刘连仁边想边走到小河边一照，哎呀！自己也吓了一跳。原来长期没剃头，乱头蓬松，不成人样。从此，他用镰刀割掉自己的头发和胡子。后来居然弄到一把剃头的刀子和一面小镜，可以对着镜子剃头刮脸了！指甲长了也用刀子割。只是洗澡不好办，白天水不太凉，怕被人看见，晚上没人了，水又凉得下不去，这问题一直没法子解决。

长年的观察，他明白日本的劳动人民也是很苦的。有一年天旱，北海道的地皮都干裂了，庄稼枯死了。日本的农妇抱着孩子对着旱田啼哭。这里都这么不肯下雨，都闹旱灾。刘连仁牵挂着家乡旱得怕更厉害，母亲、妻子、弟弟怎么活下去呢？这一年他生活得自然更苦。共同的命运使他很能体谅日本人民。每次下山弄食物时，总是这里弄点，那里弄点，免得影响人家的生活。有一天，在找到的一件衣服里发现了一些日本钞票。他想将来胜利回国时，得把钱还人家。后来他把这笔钱留给一个日本福利团体了。

刘连仁孤苦零丁熬着岁月。没有人说话，只是自己的一颗心在跳动。雨布、火炉、铁壶虽然形影不离，但都是些没有生命的东西。只好把山里的飞禽小兽当成朋友。虽然多年没开过荤，可是小野兽既然不伤害人，怎能忍心伤害它呢？

1957年的秋天，刘连仁被抓到日本已经13个年头，困处深山也12年了。他无时不在思念祖国的亲人，一心盼望返回家乡和亲人团聚，希望在蓬莱县见到的那种军队——八路军强大起来，打败日本帝国主义，把自己从苦海中救出来。

重返故乡

刘连仁准备第13次过冬的时候，打好了洞，筹集了食物。忽然在一架打稻机旁，找到了半袋大米，一桶火油。真是好运气，恐怕这是十几年来最舒服的一个冬天了。他省吃俭用，直到来年一月还有米和油。因为这年烧火较多，洞上很厚的积雪，给热气化出碗口大的一个空隙，可以窥见青天，并听到外边的动静。一天洞外发生嚓嚓之音，似有人来。一位日本猎人发现了洞口，但没有看到洞里的人。刘连仁再也不能呆在洞里了，只好冒着严寒，逃了出去。受了多年的摧残，加上在雪地里一冻，他竟然不能走动了。发现洞口的猎人夸田清治第二次带来了十多个人，随着足迹，找到了刘连仁。至此，这位无辜的华人，才结束了穴居野处的生活。

刘连仁初被发现，日本政府为了逃脱责任，竟说他是非法入境，身份不明，要进行提审，盘查他的"在留资格"。但日本的正直人民和全世界爱好和平正义的人们，不容许岸信介政府刁难。很快，在日华侨和日本的友好团体，援救刘连仁的运动开展起来了。他们为刘连仁查明了"身份"，确是日本军国主义从中国掳去的劳工，使岸信介政府找不到迫害刘连仁的借口。

这时，广大的日本人民及爱好和平的团体，甚至一些真诚悔罪的战犯，都对刘连仁表示关切和同情。全日本形成了强有力的舆论，支持华侨和日本五团体援救刘连仁的活动。在一位日本姑娘的照顾下，刘连仁很快医好了关节的疼痛和脚上的冻伤。

1958年4月15日，刘连仁回到了阔别14年的祖国，从塘沽上岸，经过天津、济南，一直到高密草泊。刘连仁与妻儿、乡亲团聚了，还见到了当年从矿上一起逃出的难友。可惜老娘没有盼回儿子就去世了。刘连仁痛定思痛，悲喜交集。

刘连仁一踏上自己的国土就到处遇到热烈的人群、友谊的援助和盛大的欢迎会。从省、市首长到群众，都象亲兄弟一样的关怀自己。每次都是人还没有到达，礼物早已捎来；用具、衣服，件件齐全。家里的房屋、锅灶、碗盆也早已准备齐了。刘连仁看到祖国再不是14年前的软弱，故乡也不是14年前的贫困，乡亲们正在热火朝天地建设社会主义。看看现在，想想过去，他激动得流下了眼泪。

刘连仁刚下山的时候，没有想到祖国已经起了翻天覆地的变化。在一些侨胞的启发下，他初步懂得为什么日本的警察不敢绑他打他了，为什么日本的一些军队头目也来赔礼道歉了，为什么在日本到处有人支持他。回国后，他看到了祖国一片欣欣向荣的景象，翻了身的同胞过着美满的生活。他进一步明白这就是在共产党和毛主席的领导下，祖国强大了。他逢人便讲："我刘连仁做梦也没想到会从地狱一下子走进乐园！我刘连仁对国家既没有功也没有劳，只是个普通的老百姓……过去地主和日本人拿着不当人，现在到处受到关心尊敬……我一定当一名好的农业社员，和大家一起建设社会主义，来报答共产党、毛主席、人民政府和全国同胞的关怀。"

（李储坤、张志孝整理）

（转录自中央档案馆、中国第二历史档案馆、河北省社会科学院编：《日本侵略华北罪行档案·奴役劳工》，河北人民出版社2005年版，第240—249页）

（25）日军在华北设置慰安所的罪证

日军占领山东后，在全省各地都设立了慰安所。省府济南的慰安所不下几十所，纬六路在整个抗日战争时期成为有名的"花街"。抗争在《群魔乱舞的济南》一文中描述了当时日军慰安所的情况："群魔乱舞的济南，有几条广阔的大街，昼夜一样喧嚣，那里有咖啡馆、妓女馆，这区域是不让中国人到的，每个门前拥坐十数个花枝招展的神女，专供寇兵兽欲的发泄，这种神女听说比从前增加了三四个。"青岛市在日军占领后也设立了许多慰安所，仅在日军第16师团一部驻地附近就有3个慰安所，慰安妇有60人，其中朝鲜妇女40人，中国人和日本人各10人。每天慰安所前排着长队，以致每个士兵的"慰安"时间限定为5分钟。一个老兵回忆他们经常光顾的青岛一所日军慰安所的情况："那是一处像医院般的大房子，一条走廊横在中间，左右都遮着门帘，里面是窄小的床，大约50张吧，女人们横卧在上面。士兵们排列在门帘前，有的门帘上印有红色的标记，表明里面的女人有病。"在胶济铁路沿线的坊子，日军也设立了慰安所，其建筑呈L型。其他如曲阜、淄州、高密、德州，以及蒙阴、博山等凡是有日军驻扎的地方，都有慰安所的设置。驻山东日军第59师团第111大队，每个小队都配有一名兼做饭、洗衣等杂活的慰安妇随军行动，在战场上也不例外。

（转录自谢忠厚主编：《日本侵略华北罪行史稿》，社会科学文献出版社2005年版，第384—385页）

2、财产损失资料

（1）日本的产业开发计划

　　1937年7月日本发动全面侵华战争以后，在占领区内执行"以战养战"的侵略政策，建立起相当完整的殖民地经济体系，大肆掠夺各种经济资源，给沦陷区人民带来了无穷的灾难。

　　日本的经济掠夺是伴随着军事进攻的战略部署展开的。日本侵略军突破长城防线、发动华北事变后，为充实军备、进一步发动全面侵华战争，于1935年12月在日本政府扶植和"南满铁道株式会社"的援助下，成立了掠夺华北资源的国策总机关——兴中公司。该公司不仅是"满铁"的延伸，而且是华北开发公司的前身。其本部设于大连，在天津、济南、上海、广东及日本东京、大阪均有办事处。兴中公司以天津为中心，以华北为主要活动地盘，在盐业、矿业、电业、棉花等方面进行经济渗透和扩张。随着这些经济侵略的逐步深入，兴中公司于1937年6月制定了《对华经济工作五年计划》，以确保日本军需资源为重点，开发煤、铁、棉花、盐等生产，并投资电业、铁路、港口，为就地加工或运输出口提供方便。此时日本侵略者已"认定山东和伪满洲国有所关联，把山东看做所谓'中日满联盟经济'的一环"，开发山东优势资源。该计划中准备在青岛设立炼焦厂，以博山优质煤为原料，年产焦炭147000吨，全部运往日本和大连。

　　芦沟桥事变爆发后，日本侵略军采取"速战速决"的军事战略，企图迅速打败中国。与此相适应，日本在占领区内进行洗劫式经济掠夺，主要方式是：一为直接没收；一为"军管"，即以军事占领方式夺取之，改为军队管理的企业；一为霸占，即对华商所属各企业以日本同类部门企业强行吞并。1937年底，日本政府讨论审订了开发华北经济的所谓"积极方针"，其概要为如下三点：（1）对于铁路、港口、煤矿、铁矿、盐业、通信、电力等重要事业，设立特种统制公司，组织投资开发工作；（2）其他开发事业，如棉花、羊毛、纺织等在一定计划之下，准许日商自由投资，并承认华商加入；（3）"满铁"和兴中公司的投资开发活动作为过渡办法，应尽量利用其资金和技术。同时，日本政府还决定成立一个以企划院为中心并由驻屯军及关东军参加的"华北开发委员会"。随着战事日趋激烈及占领区由北向南的扩大，日本华北派遣军于1938年3月26日成立了"日华经济协议会"，审议华北经济"开发的最高方针，以及决定通货、金融、商工业、贸易各部门的紧急政策。所有政策经该会审议后，交由中日各机关协同执行，为要更有效达到这一目的，并令伪组织成立实业部从旁协助。"

1938年10月，日本攻占广州、武汉后，无力再扩大攻势，其"速战速决"的方针受挫。为实现"以战养战"的目的，弥补资源、军费的不足，日本提出"开发重于封锁、建设重于破坏"的口号，将直接掠夺调整为恢复各种产业的经济开发。为此，日本政府与三井、三菱、住友等财阀于是年11月成立了"华北开发株式会社"，作为经营统制事业的"国策会社"。随后，日本以建立日满华集团经济为目标，提出发展华北工矿业的三原则，即：提高日满华总生产力，物资供需须适当合理，调整日满华的国际收支。并且，为贯彻上述原则，华北开发株式会社在综合以前华北开发计划的基础上，制定1938年至1942年华北开发五年计划，所需资金总额达14.23亿元，主要开发交通、钢铁、煤炭、电力、制盐等事业，掠夺日本急需的军备资源。1939年6月，日本企划院批准的华北开发方案中，将华北各种产业分为"统制事业"和"自由事业"。与战争关系密切的产业，如煤炭、钢铁、盐、电力、通讯、交通、港口等为"统制事业"，由华北开发株式会社及所属子公司负责开发经营，并享有日本政府给予的资本及经营特权；对于一般的普通产业，如纺织、面粉、丝织、水产、火柴等为"自由事业"，在日本政府允许的范围内，由日本民间资本和华资"合办"经营。山东的煤、铁、盐被视为重点获取物资，其行业实行统制，以强化投资扩大生产。

在日本的开发计划中，华北包括山东处于日满华经济圈内供给原料的地位。这是由于日本尚能从美、英等国进口军需物品和原料，以及华北敌后战事不断所致。1941年12月太平洋战争爆发后，日本掀起"大东亚热"，将华北经济不仅作为日满华的重要一环，而且视为"大东亚共荣圈"的一环，其开发速度和规模纳入日趋激烈的战争轨道。同时，日本外援断绝，东南亚国家资源开发和运输的困难，使华北各种产业的开发更据重要地位。华北开发株式会社基于"大东亚建设方策"制定了大东亚经济建设15年计划，实行期自1942年至1956年，每5年为一期，共分3期。每期华北及山东所分担的重要产业及其生产目标均占有相当的比例。例如，煤的生产计划定为年产6亿吨，而山东则为3亿吨，占1/2。这个计划充分表明了日本长期统治东亚地区的梦想，在15年的时间内，最初的

5年是预定日本能完全战胜同盟国,因此这第一个5年是战时的建设,后来的10年是平时经济建设。并且,还梦想着15年后,以日本为核心的大东亚帝国能够保持世界的王座地位。

在上述一系列经济侵略的计划之中,日本对山东经济地位的认识随着战局的变化(特别是太平洋战争爆发后)愈来愈予以重视,所分担的重要产业和生产目标不断有所增加。松崎雄二郎曾供认:"从日本看来,山东省的重要性,就在它的广大地域在地理上具有适宜的条件,富有煤、铁及其他种种地下资源,还有农业畜产也很旺盛,并且这些资源和特产物运往海港极其便利,只须使用较少的经费资材,即可对于现局给予很大的寄与了。试把新东亚地图展开,以青岛为中心,划个600公里半径的圆圈,那末,西就拥抱河北平原,达到太行山脉东麓、平汉铁路线附近,北就经由北平、天津的路线,把辽东半岛收在圈内,东就出到朝鲜西海岸,以至仁川、京城、木浦,南就连络上海、南京的路线,背靠中原,成为海则为渤海、黄海所环绕,陆则为辽东、朝鲜两半岛所包围的形势,于是可以明白一件事实,就是山东位居通过所谓'中日满'的东西南北两线路之中央了。"基于这种认识,日本朝野曾一致极力主张,对于"大东亚新秩序"的一大据点的山东重点开发,即以青岛港为门户,着力开发青岛地区、淄博地区和济南地区(包括新泰、大汶口一带)。这种主张在太平洋战争爆发后天津港日趋受到封锁的情况下就更加甚嚣尘上了。

日本经过对山东多年的资本渗透,特别是战前对山东资源的非法调查,其经济开发计划的项目和规模日趋扩大,并且逐步定型,主要包括以下几个方面:

铁道开发计划。日本为实现以青岛港为主要出口基地掠夺山东及华北资源的战略计划,曾决计解决胶济铁路运输能力(年运输能力350万吨左右)和修建延长线的问题。一是改胶济铁路单轨为双轨,使该路年运输能力提高到800万吨以上;一是修筑济南至彰德铁路,增加西进延长线;一是修筑高密至兰封铁路,窥视山东、河北、河南等地丰富的资源;一是修筑高密至徐州铁路,开发鲁南资源,吸收中兴煤矿所产煤炭,吸取陇海铁路交流物资;一是修筑烟台至潍县铁路,加强烟台、青岛两港联系;一是修筑潍县至天津铁路,建立华北铁路网络。

青岛港扩张计划。日本曾设想在胶济铁路运输能力提高和延长线修建后,将青岛港的吞吐能力增加到2000万吨,因而制定了在防波堤外增筑新港计划,吞吐能力为1000万吨。

煤炭开发计划。日本根据省内用煤和输出省外及日本的比例，抗战后期计划山东年产煤炭量为300万至450万吨，即胶济路（淄川、博山、坊子）约233万吨，汶新路（华丰、赤柴、新泰）约88万吨，中兴煤矿约130万吨。

农业增产计划。驻山东的日本陆军特务机关编订了"山东省农产物紧急增产方策"，准备通过凿井、种子消毒、增施肥料、改良种子、培训技术员、开垦荒地、设置省县委员会等措施，在沦陷区各地分四期谋求小麦、高粱、玉米、甘薯、谷子、大豆、棉花、烟草、花生的增产，以保证华北兵站基地的军事需求。

青丰运河开凿计划。为掠运山西煤炭从青岛出口和建立水道运输网络，日本曾设想开凿青岛至丰乐镇水道。该水道分为两段，一段为青济运河，即将小清河水流从博兴附近经广饶、寿光、昌邑等地导入东西新运河，再东下在亭口集附近与北胶河相连，循旧胶莱运河疏入胶州湾；一段为丰济运河，即将发源于太行山脉的漳河，在山西经牙里集附近导入卫河，并使其至临清与南北大运河合流，经高唐、齐河等地与青济运河贯通。

工业发展计划。抗战以来，日本经济侵略主要表现为资源的掠夺，但随着日本军事战线的延长，特别是敌后抗日军民的英勇反抗，使其陷于战争困境之中。于是，日本奉行"适地适产主义"和"重点开发主义"，在山东确立发展以铁、煤、盐为中心原料的加工工业，改资源输出为成品、半成品输出。例如，制铁业以金岭镇的铁矿砂和淄川、博山的粘结煤为原料，由日本制铁会社、日本钢管会社、华北开发会社共同出资，在现地建立制铁所，并在青岛设立钢管厂。制铝业以张店附近矾土页岩作为原料，设立轻金属工厂，制成半成品供给日本及伪满洲国。制碱业以山东各地盐为原料建立化学工厂进行加工。

上述计划是日本将山东作为殖民地的经济掠夺计划。为实现其计划，日本不断增加对山东的投资，并建立起殖民地经济体系。到1938年底，日本对青岛的工业投资总额达到2.3亿元，比战前投资总额翻了近一番，占全市工业资本总额的95%以上。济南143家资本总额为18292750元的各类工厂企业中，日资和"中日合办"的18家，占12.6%，资金额达12133200元，占66.3%；华厂123家，占86%，资金6128560元，仅占33.54%。1943年，青岛市日资和"中日合办"企业的资本额达5.6亿元，生产总额6.7亿元，分别占当年全市工业总资本的88.9%、生产总额的83.8%。同年，山东其他地区日资和"中日合办"企业资本总额为1.3亿元，占全省工业总资本的68%；生产总额达1.7亿元，占同期全省工业生产总额的53%。

（转录自刘大可等主编：《日本侵略山东史》，山东人民出版社
1991年版，第230—235页）

（2）青岛物价统计（1936～1945）

单位：元

年份	面粉 （袋）	玉米 （斤）	小麦 （斤）	花生油 （斤）	细布 （匹）	棉纱 （匹）	火柴 （箱）	猪肉 （斤）
1936	3.9	0.0364	0.0626	0.25	9.17	247.3	7.25	0.2
1937	4.7	0.04	0.084	0.22	11.35	269.3	10	0.2
1938	5.3	0.0515	0.044	0.20	12.397	299	12.7	0.3
1939	7.66	0.1243	0.15	0.67	22	726	18	0.46
1940	15.21	0.165	0.31	0.67	37.05	1200	27.3	0.9
1941	21.33	0.2141	0.445	0.8	45.4	1510	29.8	1.2
1942	26	0.542	0.465	1.75	48.3	1920	28.8	2
1943	32	1.25	1.45	3	—	—	41.9	7.06
1944	154	3.38	6.2	25	20833	—	148	30
1945	7000	155	171	111.33	—	—	78500	1000

资料来源：中国人民银行青岛分行编《青岛金融史料选编》上卷第2册，
1991，第1054页。

（转录自庄维民、刘大可著：《日本工商资本与近代山东》，社会科学
文献出版社2005年版，第509页）

（3）1936 年与 1946 年山东农业生产比较表

类别	年份	1936 年	1946 年
小麦	种植面积	51730	43391
	产量	71021	57733
	产额	137	133
籼粳稻	种值面积	194	1135
	产量	211	1063
	产额	109	92
糯稻	种植面积	193	——
	产量	290	——
	产额	150	——
玉米	种植面积	8205	8567
	产量	14838	14478
	产额	181	169
大麦	种植面积	4817	2652
	产量	7071	4190
	产额	147	158
燕麦	种植面积	94	581
	产量	118	447
	产额	126	77
高粱	种植面积	16701	16318
	产量	42514	34105
	产额	255	209
谷子	种植面积	15992	19683
	产量	39644	39563
	产额	247	201
糜子	种植面积	2770	——
	产量	4984	——
	产额	180	——

年份 类别		1936 年	1946 年
甘薯	种植面积	3795	3570
	产量	49724	43982
	产额	1311	1232
豌豆	种植面积	1851	2244
	产量	2186	2940
	产额	118	131
蚕豆	种植面积	216	714
	产量	185	600
	产额	86	84
大豆	种植面积	20072	—
	产量	35441	23865
	产额	176	—
花生	种植面积	4407	—
	产量	13232	7809
	产额	300	—
芝麻	种植面积	2104	—
	产量	2198	465
	产额	105	—
油菜籽	种植面积	552	—
	产量	566	1422
	产额	103	—
棉花	种植面积	5659	2707
	产量	2295	623
	产额	37	23

资源来源：根据许道夫编《中国近代农业生产及贸易统计资料》整理。

（转录自刘大可等主编：《日本侵略山东史》，山东人民出版社

1991年版，第272—274页）

（4）青岛及山东各口岸对日原盐输出统计（1937～1945年）

单位：吨

年份	日本进口总量	青岛	山东	合计
1937	1472417	72687		72687
1938	1752521	205918		205918
1939	1860010	85637	8965	94602
1940	1724751	118042	30377	148419
1941	1505524	231736	57914	289650
1942	1533343	272234	28814	301048
1943	1410190	257720	4317	262037
1944	941883	162146	2950	165096
1945	461824	131727	2120	133847

资料来源：南开大学经济研究所经济史研究室编《中国近代盐务史资料选辑》第3卷，南开大学出版社，1991，第86页。山东一栏内包括威海、石岛、金口等口岸。

（转录自庄维民、刘大可著：《日本工商资本与近代山东》，社会科学文献出版社2005年版，第600页）

（5）1938年至1942年青岛港重要原货出口统计表

年份 货种		1938年	1939年	1940年	1941年	1942年
花生	公担 国币	17,431 215,059	42,749 646,678	5,938 267,289	— —	— —
花生仁	公担 国币	195,778 3,510,363	304,460 7,195,175	257,843 11,376,804	461,708 30,364,813	290,505 26,399,940
花生油	公担 国币	116,440 4,186,711	242,766 11,084,908	98,395 19,170,953	104,861 13,337,939	45,505 7,789,275
豆油	公担 国币	2 52	— —	128 12,960	— —	— 130
棉花	公担 国币	86,929 5,876,466	15,896 1,281,748	8,263 626,738	5,065 449,368	9,809 1,711,407
各种 子仁	公担 国币	17,668 256,485	14,116 332,376	28,484 1,221,087	1,157 72,701	301 20,977
各种 鲜果	公担 国币	1,130 11,877	156 2,483	31 544	2,076 71,844	5 140
鱼介 海产	公担 国币	— 175,431	— 321,485	171,923	42,748	136,142
草帽辫	公担 国币	1,659 105,090	950 71,942	4,963 801,983	5,131 740,994	5,703 648,572
茧绸	公担 国币	— —	0.4 215	— —	— —	— —
烟叶 烟丝	公担 国币	83,562 5,044,062	44,454 4,141,011	1,166 69,986	7,726 1,997,637	1,551 691,002
发网	罗 国币	115 300	4,066 7,682	5,747 10,420	700 2,100	— —

（转录自刘大可等主编：《日本侵略山东史》，山东人民出版社1991年版，第268页）

（6）1938年至1942年烟台港重要原货出口统计表

年份 货种		1938 年	1939 年	1940 年	1941 年	1942 年
花生仁	公担 国币	46,873 934,914	49,156 1,142,077	52,329 3,142,292	27,863 1,949,770	— —
带壳 花生	公担 国币	119,722 1,797,807	99,450 1,732,005	— —	24,122 1,275,984	— —
草帽辫	公担 国币	146 27,080	2,115 748,211	4,064 1,329,213	1,843 431,044	— —
粉丝通 心粉	公担 国币	18,180 753,576	1,420 81,074	544 45,920	1,160 197,300	480 86,400
植物 产品	— 国币	— 352,142	— 196,172	— 352,894	— 377,824	— 214,119
发网	罗 国币	595,748 1,363,041	803,904 2,135,664	372,337 1,423,102	262,814 1,133,345	20,945 143,014
镂空 花边	国币	1,564,900	905,734	666,584	183,922	—
茧绸	公斤 国币	227,477 2,081,055	41,391 420,908	3,356 85,886	3,356 32,086	— —
挑花品	国币	1,290,105	1,260,932	3,016,034	2,614,788	275
鱼介 海产	国币	130,913	266,043	246,023	216,777	189,682

（转录自刘大可等主编：《日本侵略山东史》，山东人民出版社1991年版，第269页）

（7）1938年至1942年龙口港重要原货出口统计表

货种	年份	1938年	1939年	1940年	1941年	1942年
花生	公担	390	—	—	—	—
	国币	3,520	—	—	—	—
花生仁	公担	503	—	—	—	—
	国币	7,084	—	—	—	—
花生油	公担	24,672	1,085	—	—	—
	国币	736,761	32,551	—	—	—
粉丝 空心粉	公担	—	870	—	600	360
	国币	—	39330	—	78000	58800
药材	公担	—	—	—	—	—
	国币	2796	657	1030	1026	—
神香	公担	1,145	2,014	1347	—	—
	国币	27,056	56900	61414	—	—
草帽辫	公担	38	—	26	—	—
	国币	3,980	—	2,648	—	—
鲜果	公担	254	260	1,840	—	—
	国币	949	4,730	20,841	—	—
各种 子仁	公担	111	—	—	—	—
	国币	5,364	—	—	—	—

（转录自刘大可等主编：《日本侵略山东史》，山东人民出版社1991年版，第270页）

（8）1938 年至 1942 年威海卫港重要原货出口统计表

货种	年份	1938 年	1939 年	1940 年	1941 年	1942 年
花生	公担	16,266	6,394	—	—	—
	国币	196,736	97,362	—	—	—
花生仁	公担	71,231	73,222	91,450	29,841	8,809
	国币	1,071,322	1,403,118	5,126,894	1,654,208	873,777
花生油	公担	82	—	—	209	—
	国币	2,775	—	—	22,715	—
各种海产品	国币	29,316	55,608	49,427	16,960	42882
各种子仁	公担	51	7	21	7	—
	国币	1,529	716	9,256	1,561	—
各种菜类	公担	171	23	67	—	—
	国币	567	219	1,008	—	—
药材	国币	3,996	1,965	—	—	—

（转录自刘大可等主编：《日本侵略山东史》，山东人民出版社1991年版，第271页）

（9）1938年至1942年伪省财政总收支表

项目 \ 年份数额（元）	1938	1939	1940	1941	1942
收入	570269.02	6037163.75	1105万	16205311	2390万
支出	3780988.24	9942098.52	1417万	17405311	2510万
赤字	321万	390万	312万	120万	120万
中央协款			299万	120万	120万

说明：① 此表据1938年至1942年山东省公署工作报告之财政概况列出。其收入情形复杂，除田赋杂税等经常收入外，还有临时收入，支出亦有经常与临时之分，此处取总收支数。1943年后收支情形无详细完整资料，故未列入。

② 1938年到1939年"中央协款"不详，约为赤字数。有的年份，部分"中央协款"亦被列入总收入内。

（转录自吕伟俊主编：《民国山东史》，山东人民出版社1995年版，第830页）

（10）日本工业资本在青岛工业中所占比例（1939年）

单位：千元

行业	全省总数	青岛工厂数			青岛工业资本		
		日商	华商	合计	总资本	日资	比重(%)
纺织业	13	10	—	10	2222000	2222000	100.0
机械器具	28	10	8	18	2524	2370	94.3
金属加工	8	1	3	5	178	25	14.0
火柴	33	4	7	11	1827	1178	64.5
染料	9	1	2	4	830	600	73.1
烛皂 *	9	2	8	10	168	150	85.7
皮革加工	10	2	5	7	147	100	68.0
窑业	不详	2	11	13	690	550	79.7
玻璃	7	—	2	2	900	—	—
橡胶	7	4	2	6	1262	1182	93.6
面粉加工	16	1	6	7	1605	1000	62.3
淀粉加工	2	2	—	2	100	100	100.0
骨粉加工	3	2		3	150	50	33.3
啤酒	2	1	—	1	1500	1500	100.0
饮料	7	1	4	6	1224	900	73.5
榨油	不详	1	8	9	1284	1000	77.1
制盐	2	—	1	1	3200	—	—
蛋品加工	11	1	2	6	2100	100	4.7
卷烟	11	2	1	4	2570	550	21.4
木材加工	13	4	8	13	1839	1320	71.8

资料来源：〔日〕青岛日本商工会议所：《经济时报》第13号，1939年3月，第79—80页。

说明：纺织业为总公司资本，火柴业有中日合办1家，部分行业中有英、美、德等国8家企业。*省内工厂数小于青岛工厂数，疑有误。

（转录自庄维民、刘大可著：《日本工商资本与近代山东》，社会科学文献出版社2005年版，第556—557页）

（11）1939年至1940年伪政权统治区各种作物种植面积及产量表

种类	年份	种植面积(官亩)	产量（市担）	备注
小麦	1939	23309341	19883543	76县、2市呈报
	1940	39266495	20719031	
大麦	1939	717115	936937	29县呈报
	1940	877892	670317	
高粱	1939	11099120	12212335	73县、2市呈报
	1940	13977624	15007251	
粟	1939	10798478	10689721	73县、2市呈报
	1940	13152445	19540005	
玉米	1939	6103778	5747801	57县、1市呈报
	1940	7944162	10557883	
大豆	1939	15493365	9562146	74县、2市呈报
	1940	21768146	20655575	
花生	1939	1748581	3640875	51县、1市呈报
	1940	2500013	4200714	
棉花	1939	2820013	1763946	47县呈报
	1940	2205653	1835143	

资源来源：据《山东省公署二十七八年工作报告》（1938—1939年）、《山东省公署二十九年工作报告》（1940年）建设部分整理。

（转录自吕伟俊主编：《民国山东史》，山东人民出版社1995年版，第839页）

（12）1939 至 1945 年山东主要煤矿产量

单位：吨

年	1939	1940	1941	1942	1943	1944	1945
中兴	1473551	1939821	2399674	2470534	2225000	1930000	1929123
华宝	21903	44458	143230	216550	55200		
华丰	29414	58244	166234	275400	103600		
淄川	552000	912000	1325400	1424900	1301836	1325532	401290
南定		18394	140442	103247	20654		
坊子	55499	73729	111787	105685	270000	278000	210000
博东	33668	158850	212820	249730	256570	253610	71245
悦升	356000	386000	405069	584090	575827	599117	41823
兴大		106640	35885				
利大	8641	78000	78200	119000			
旭华	9300	127125	154200	121000			
官庄	72458	121375	101550	30000			
合计	2612434	3917996	5345246	5736021	4808687	4386259	2653481

资料来源：根据张玉法主编《民国山东通志·矿业志》第1320～1321页统计表整理而得。该统计表未包括黑山、博山、章丘、新泰、莱芜等地小煤矿生产数。

（转录自庄维民、刘大可著：《日本工商资本与近代山东》，社会科学文献出版社2005年版，第592页）

（13）1940 年胶济铁路全年货物运输种类、数量统计表

单位：吨

种类	发送	到达
营业品	1934703.2	2032846
矿产品	1019725	1197790.7
（煤）	991629.1	1170124.7
林产品	112107.4	66048.9
农产品	121965.9	17228.8
畜产品	9980.6	14236.3
水产品	54833.8	14387.9
工业品	13552.7	179226.2
杂　品	405537.8	343877.2
总　计	2207735.8	2230136.6

资料来源：《胶济铁路史》，山东人民出版社1961年版，第134—135页。

（转录自刘大可等主编：《日本侵略山东史》，山东人民出版社1991年版，第256页）

（14）中资企业被日本军管理、收买、合办一览表

企业名称	军管理日期	收买日期	合办日期	备　注
成大纱厂 （鲁丰纱厂）	1938.1	1942		东洋纺织株式会社受托经营,曾更名为军管理山东第一工厂
仁丰纱厂	1938.1			钟渊公司受托经营,曾更名为军管理山东第二工厂,后强迫合办
成通纱厂	1938.3			丰田纺织公司受托经营,曾更名为军管理山东第三工厂
华新纱厂	1938.1	1938.4		国光纺织公司收买,更名为国光纺第二工厂
青岛茂昌蛋品公司	1938.1		1940.3	与三井合办,改称东亚蛋业公司
成记面粉厂	1938.1	1938.3	1941.7	日清制粉公司受托经营,曾更名为军管理山东第四工场
成丰面粉厂	1938.1		1941.7	东亚制粉公司受托经营,曾更名为军管理山东第十工场
丰年面粉厂	1938.1		1941.7	东亚制粉公司受托经营,曾更名为军管理山东第十一工场
宝丰面粉厂	1938.1		1941.7	东亚制粉公司受托经营,曾更名为军管理山东第十二工场
恒兴面粉厂		1938.8		东亚制粉公司收买,更名为东亚制粉第一工场
中兴面粉厂		1938.8		东亚制粉公司收买,更名为东亚制粉第二工场
济宁面粉厂	1938.4		1941.7	东亚制粉公司受托经营,曾更名为军管理山东第八工场
济南华兴造纸厂	1938		1939.11	与日本东洋制纸公司合办
东源火柴厂洪泰火柴厂			1938.8 1938.8	两厂与日商鲁兴火柴厂实行合并,改称齐鲁合同火柴公司
华北火柴公司			1938.8	日商青岛燐寸、山东火柴、华祥燐寸强行入股,持股比例占55%
山东烟草公司		1940		华北烟草公司收买
东裕隆、鲁安、铭昌烟厂		1940		三家烟厂均设在济南,东亚烟草株式会社以3.5万元低价收买
青岛山东烟厂青岛崂山烟厂				被日本烟草株式会社强行吞并

企业名称	军管理日期	收买日期	合办日期	备注
和顺染织厂			1939.3	
利民染厂			1939.12	
德和永染厂			1940.3	
阳本印染厂			1938	
信丰印染公司			1939.9	与明治纺织、井上商事公司合办
中国染料厂		1939.5		维新化学工艺社以10万元收买
同泰胶皮工厂			1939.6	与日商牛岛洋行合办
山东胶皮工厂		1940.11		东洋纺织公司收买
冀鲁针厂	1938.1	1938.12		
新城兵工厂	1938.1	1938		日本火药制造公司受托经营,曾更名为新中华火药工厂
利生铁工厂			1938.5	丰田织机公司以14万元收买,改为丰田式铁工厂
青岛铁道工厂	1938.1			1939年华北车辆公司管理经营
青岛海军工厂	1938.1	1938.3		由浦贺船渠株式会社兼并经营
济南机车工厂	1938.1			1939年改为华北交通公司济南铁路工厂
华丰机器厂			1938.12	更名为华丰机器公司
兴华造胰厂			1940	日商以20万元收买,改组为第一制药株式会社
济南电灯公司	1938.1		1938.7	兴中公司、东邦电力公司与济南市公署合办,改称济鲁电气公司
烟台生明电灯公司	1938.3		1938.6	与兴中公司合办,改称芝罘电业公司
黄县龙黄电灯公司	1938.8			1939年3月芝罘电业公司接管
潍县民丰电气公司	1938.2			1938年11月改组为鲁东潍县电力公司
溥益粮厂	1938			东亚兴业公司管理经营
华北酒精公司			1939.8	与青岛酒精公司合办
中国打包公司	1938.1			1938年4月兴中公司受托经营,更名为华北棉花公司济南工场
致敬水泥厂	1938.1			盘城水泥公司受托经营,曾更名为军管理山东第九工场
永裕盐业公司	1938.1			日资山东盐业公司受托经营
山东窑业试验场			1939.9	与名古屋玻璃公司合办

企业名称	军管理日期	收买日期	合办日期	备　注
中兴煤矿	1938.3		1943.2	1938 年三井矿山公司受托经营
华丰煤矿	1938.1			1938 年三菱矿业公司受托经营
华宝煤矿	1938.1			1938 年三菱矿业公司受托经营
博山民营煤矿	1938.1		1939～1941	1939～1941 年悦升、博大、利大、东大、福大、兴大等民营煤矿先后与山东矿业公司实行合办

资料来源：据多田部队本部调查班《北支主要工场调查表》（1939年）、满铁调查部《北支那工场实态调查报告书》（济南之部，1939年）（青岛之部，1940年）（芝罘之部，1940年）、松崎雄二郎《北支经济开发论：山东省の再认识》（1940年）、冈伊太郎（山东よ邦人の现势）（1943年12月）、〔日〕济南工业编制联合会《济南工业概况》（1944年11月）、兴亚院青岛出张所《青岛工场要览》（1939年）、山东问题研究会《山东开发の现况及其将来》（1940年）、青岛日本商工会议所《经济时报》《所报》等资料整理。

（转录自庄维民、刘大可著：《日本工商资本与近代山东》，社会科学文献出版社2005年版，第553—555页）

（15）山东日占区农作物耕种面积、产量统计

种类	种值面积（官亩）		产量（市担）		1939 年
	1939 年	1940 年	1939 年	1940 年	
小麦	23309341	39266495	19883543	20719031	78 县市
大麦	717115	877892	936937	670317	29 县
高粱	11099120	13977624	12212335	15007251	75 县市
粟	10798478	13152445	10689721	19540005	75 县市
玉米	6103778	7944162	5747801	10557883	58 县市
大豆	15493365	21768146	9562146	20655575	76 县市
花生	1748581	2500013	3640875	4200714	52 县市
棉花	2820013	2205653	1763946	1835143	47 县

资料来源：据山东省公署：《山东省公署二十七八年工作报告》、《山东省公署二十九年工作报告》建设部分整理而成，1940年无县市呈报数，统计数也有不实之处。

（转录自庄维民、刘大可著：《日本工商资本与近代山东》，社会科学文献出版社2005年版，第532页）

（16）敌寇在山东敌占区内的经济掠夺

成 兵

一

敌寇在山东境内的经济掠夺，是敌寇从"三期治强"到"四期治强"阴谋中的最重要的活动，而且在华北各地当中，山东又是敌寇进行经济掠夺最毒辣、最有历史的地区。

现在在全山东省境的敌占区中，所有各种重要的物资和出产，都已有敌寇设立了专门的统治机关，来计划和进行整批的全部的掠夺。例如石油有"华北石油协会济南出贩所"；棉花布匹纤维品有"华北纤维组合济南支部"；木材有"济南木材商组合"，烟草有"济南地方烟草批发配给组合"，火柴及其原料有"中华全国火柴联合社济南支社"；盐有"山东盐务管理局"；砂糖有"济南砂糖配给组合"；纸有"济南地区纸商组合"等等，所有这些"组合""会社"等等，全是在敌伪"山东省物资对策委员会"指挥下，进行掠夺山东富源，剥夺山东人民脂膏，并向我抗日军民实行经济封锁与进攻的各级指挥部。

二

敌寇在山东实行经济掠夺，自去年开始，它更想出了许多新的掠夺办法，而其中之一，便是所谓"重点主义"的实施。所谓"重点主义"，即是针对某一在出产上最占重要位置的地区，集中一切力量（包括军事的控制，政治的统治与毒化，经济的组织力与开发力等等）实行吞并与掠夺，如丰产玻璃和煤的博山，即是敌寇宪兵最多、毒化最深、统治最严的一个地方，在那里，敌寇正用了一切力量，要把它造成敌寇"治强"运动中的"模范县"，此外如青岛、济南、潍县、张店、枣庄以及小清河沿岸等地，也是敌寇活动最烈的地区。

"封锁线"与"遮断线"是敌人军事与经济结合着的控制与掠夺的设施。他是协助敌寇统治物资，并对我实行封锁的重要武器；现在，博山的敌人正在修筑着"鲁南遮断线"与"矿区封锁线"，鲁南枣庄一带也在开始修筑中。

三

合作社制度成为敌寇实行"配给制度"的另一种工具,现在全山东敌占区各地全已有了这一组织,它负着统制"配给"各地一切日用品(包括食粮在内)的实□,民众粮食□须经过一定机关的批准(如特务机关等),领到规定的一定数目的许多证,然后才能到"合作社"去购买。例如鲁南枣庄、临城一带的"合作社",是以乡为单位组织的,它所规定的买卖数目(以五口之家计算)是每月盐三斤,煤油三斤半,火柴三盒等等。又如青岛的"合作社"所统制,"配给"的物品,按敌"地方物资对策委员会"之规定,则包括机器(自行车等在内)、皮革及其制成品、橡胶制品、棉花、火柴、医药品、工业品、米、麦及其他食粮如砂糖、烟草、脂肪油、酒等等,几乎所有人民的必须品,都已包括在内。因此"合作社"成了敌寇深入民间统制一切货物的一个最毒辣的一种组织,也是卡着中国人民喉颈最紧□的一只魔手。

自去年十一月开始,鲁南的敌寇开始宣传要实行"食粮全部配给制",即是说,要所有敌占区民众都把全部粮食交与敌寇,然后再由敌寇按老少分给。这一个办法在东北早已经实施,目前在山东省内虽还没有全部实行,但在最近的将来必然要实行起来,因此在整个敌占区广大中国人民中,现在正在闹着严重的恐慌,与不调合的对敌的仇恨。

很显然,敌寇全面实行"配给制"的结果,必然造成了敌占区的无数颗抗日炸弹爆发的一个直接的导火线,因为中国的人民是不能听任敌寇实行蹂躏的了。今天新浦和□浦的鬼子兵,已经尝到我在敌占区的同胞的反抗铁掌的滋味了,而这还只仅仅是一个开始,敌占区人民对敌的斗争,必然跟着民族仇恨的深化而发展着,同时各地的抗日民主政权,正针对敌人的阴谋,胜利的斗争着,八路军和根据地的群众武装,不断的向敌人的封锁来袭击,在敌人自以为"模范县"的博山,在我不断的袭击□□□□,"遮断线"和"封锁线"将要变□□□□,而敌占区同胞之走向抗日民主□□□,□来的,已不乏其人了。

(《大众日报》1942年3月16日,第2版)

（17）临东敌占区一个村庄的调查

张　华

　　××村位于临沂城东南四五十里，全村六十五户人家，二百六十口人，均务农为业，没有地主，共有地一千五百亩，折合土粮地二一五亩（每七亩地折合土粮地一亩），一九四〇年春以前，全村仅有两户讨饭，其余均能维持生活，一九四〇年春敌在该村附近黄庙、林家宅、李家湖、马石河四村安据点后，全村人民即陷于水深火热之境。马石河的敌伪警备队，三天两次来要壮丁，要钱粮，调戏妇女，殴打老弱，无所不为，该村村长李某，在任半年，挨打八次，罚款四百元，全庄除小孩外都挨过打。

　　自今年一月至五月底，该村全部负担统计如下：第一，现款：①招待费，共招待敌伪六十二次，支款三千元（吃的面不在内），另送伪常备队聂教练一百五十元，一次因招待不周罚款四百元，总共支款三五五〇元。②子弹、军装鞋袜费共抽六次，平均每亩土粮地负担六十三元，全村共缴一三五四五元。③官差费，除经常零星公差外，大批出差共八次（其中修青驼寺围墙一次，修马石河碉堡一次，随敌军"扫荡"鲁南抱犊山区推车子一次），共九十六天，支出差费二七七四元。④训练壮丁费，壮丁半月轮训一次，现全村壮丁均已轮遍，每人各缴保险费三元（否则即被抽走）。此费连同雇送三个伪军及缴钢枪五支，共支一八七八元。⑤新币（伪币）换旧币（法币）费，全保十庄共缴旧币二十四万元，本庄两次共缴二八八八元（原定换回金票现已不提了）。⑥配给制的剥削，正月及五月，按七角一斤发给本村盐三六〇斤，支价二五二元（领的盐后在集上卖五十七元入了公费）。二月初四日，按每斤十元发给本村油二斤，支价二十元（因是汽油，不能吃，也变卖入了公费）。三月十二日按每条二十六元发给本村烟卷二条，支价五十二元（招待敌军用了）。二月初六日按每斤一元四角，发给本村棉花种十七斤，支价二十三元八角（领到后因不能种，现在尚丢在村公所）。四月初五日按每包七元，发给本村枪药十二包，支价八十四元（枪药是青灰假造，打不响白丢了）。第二，粮食。（1）月子粮：每月拿一次，每亩土粮拿高粱一斤，麦十二两，五次共缴三七六斤。（2）季子粮，按季拿粮，今年麦收后每亩土粮拿三十五斤，共缴七五二五斤。（3）其他：马石河伪常备队王事务长以私人名义借去粮食一三五斤，聂教练借去一二〇斤，招待用粮两千斤，训练壮丁吃粮二一〇斤，二月初三日土匪徐兰声要粮二一〇斤。以上五个月共支现款二万五千零六十六元零八角，共支粮食一万零五百七十六斤，平均每户五个月中负担现款三百八十五元六角，负担粮食一百六十三斤。在敌伪如此严重剥削下，全村人民生活已发生很大变化，以前全村仅有两家讨饭的，现已增至八家，以前有七家可以勉强维持生活的，现已被迫离乡背井，逃至我根据地××村来谋生，以前村中仅有三人在本庄作雇工，现已有十五人逃到我根据地来作雇工，全村土地以廉价卖出八十五亩（卖地者三家富农，五家中农，八家贫农），人民生活程度大为降低，据一位富农谈，家有四十五亩地六口人，农忙时雇短工，以前生活很好，平常未吃过粗粮，现在多吃大麦和穄子了，往日每逢年节不下三升面五斤肉，今年过年时仅推了一升面，买二斤肉，二十八日早晨一顿偷着吃了，至于过节则连面也不能吃了。

（《大众日报》1942年10月1日，第4版）

（18）记一个郯城伪村长的口述

宋 英

我与这位满脸黑瘦的伪村长刘××接见的时候，他很热情，开口第一句便说："我是一个老资格的伪村长哪！"他满怀的怨气，好似找到了诉苦人一样，接着一件一件滔滔的谈下去了。

"自从民国二十九年七月那一天，'皇军'在离俺庄×里的邻村安了据点，从此俺便没有过一天的好日子，我被迫当村长不几天，临沂城要我去受训练，当时可把我吓坏了，花了五百多块钱，雇了一个替工，谁想'皇军'又说我'勾通八路军'，判了罪，狠狠的苦揍了我一顿，这是我干伪村长后第一次尝到'皇军'给我的滋味。

今年春天，小麦刚上场，临沂的宪兵队、小林部队、小池部队、伪县政府，又是石河大队、警备队、联庄会、乡公所，一张跟一张好似冰雹一般的要粮条子来了，他们吓唬我：'办慢了，割掉你的脑袋！'但是这件事还未及办完，那样又来了，半年的警备队要钱二千八百五十六元，联庄会一个月的办公费二十八元，自卫队薪饷、伪乡公所用费、皇军的慰劳金共计一千五百四十元（七八月份的），还有碎铜破铁三百三十斤等等，对于这些催款的人，若有一点儿招待不周，那些不认亲朋的爷们，就扬起棒子打在你的屁股上。

敲诈的事情，更不消说，在六月里宪兵队捏造说我给八路军存公粮，罚小麦二千七百斤，新民会说'配给食盐'骗去了二百九十五元，其他零打碎敲，更是数不清。

此后皇军又拔了俺三个联庄会员，拔了俺庄里一个多月的修路民夫，统计半年来不完全的负担数目字，这个仅有二十顷地的小庄，每亩地（小亩），已经摊派到五十多斤给养、二十余元款项，何况今秋敌人又要了三千斤高粱，即倾家荡产也不能应付了，因此大户光了，小户净了，二十余家的穷汉早饿跑了。

'皇军'所叫喊的'王道乐土'，还不是抽老百姓的筋，剥老百姓的皮，把老百姓制死算了么？"

（《大众日报》1942年10月11日，第4版）

（19）从一个"爱护村"想象整个敌占区

（调查材料）

陈　超

　　××庄是距涛雒和□子的敌伪据点不到十里路的一个"爱护村"，全村二六五户，二千七百多人，共有地一千五百多亩（计银子一百两），是纪凤区一个最大最富而地主最多的庄村。

　　全庄有地主六家，有地九百亩，其余，四十亩地的有一家，二十亩到三十亩的有四家，十亩到二十亩的有十家，余均为十亩以下的贫苦者。

　　战前家家都有饭吃，即在一九四〇年前，各户的生活尚无大变化，年年不够吃的只有五六家，一九四一年十一月伪"和平军"占领□子后，各户的生活，就起了激剧的变化：今春不够吃的有一半的户数，十家之中有九家掺吃地瓜藤子，完全吃地瓜藤子的有一半以上吃到二个月至四个月之久，只有极少数的几家地主与富农可以例外，但他们也家家卖地十亩、二十亩不等；六家地主从今春起因敌勒索过重而出卖土地，已共达一百七十多亩，此外，因无法过活而全家下关东的，也有十余家。

　　全庄两年前有七十多亩的树林，大都是三四扎粗，丈余高的杨树、柳树和松树，从今春到现在，已被敌伪毁坏者达百分之八十五（一半伐去筑碉堡，一半伐去运往青岛），现在仅仅剩下一扎粗的小树了。

　　全庄铁刺条被敌伪收去的共达二千五百斤，现在如果那家再有的话，即算是"犯法"的事情。

　　过去是每月缴纳涛雒伪乡公所：米面一千斤，伪中队小米一千斤，并送全年藏粮六千斤，缴纳□子伪军麦季粮，大小米三千五百斤，麦子六千斤。可是伪"和平军"七月间又在距□子八里路的凤凰山安设据点后，对××庄的勒索更加凶恶了，一个月之中，全庄负担总数竟达十万一千九百九十二元零八角。其中最多的一天送纳为一万零七百七十二元四角五分，最少的一天送纳为三百五十元九角，全月平均，每天送纳为三千三百九十九元七角，请看××庄一天的流水账，就不难想见敌伪对该"爱护村"的"爱护"是如何的"无微不至"了：

　　七月八日。

付凤凰山据点：面一七〇斤洋五九五元；猪肉洋六三·八元；洋烟两条半，洋一二三元；鸡蛋四四个洋一〇·五元；青菜洋六八元；草鞋十双洋九元，酒五斤四两洋四九元，洋碱四方洋十四元，酱油三斤洋六元，大烟泡三十个洋六〇元，旱烟洋二六元，洋布洋十六元，牙刷一把洋二元，西瓜一挑洋三十元，草苫子八床洋一六元，墨一锭洋二元，茶叶四两洋六元，杭连纸十五张洋一〇·五元，煎饼二〇斤洋五〇元，马铃芋洋五元，棉被三床洋三六〇元，夹被二床洋一六〇元，酱茄子等洋五·四元。

付涛雒据点：生油十五斤洋一二五元，麦子一二四四斤洋二八一三·八元，大米五〇斤洋一七五元，建筑摊款一〇五〇元。

付口子据点：借款六〇〇元；面二一四斤洋七四九元，麦子七一〇斤洋一五六二元，干柴八百斤洋八〇元，生油二斤洋五元。

付壮丁费一一〇元。

付公用洋八·八元。

一天之内勒索花样三十四种，共计洋九千零三十七元八角。每天要有四个人专门跑腿，敌伪把这个"爱护村"差不多当做了"供给部"。每月平均：每两银子要摊一千二百多元；每户要摊三百八十五元，每人要摊三十七元强。

只由此经济上的榨取看来，所谓"爱护村"的人民是怎样生活着，也不难想象了。

（《大众日报》1942年11月23日，第4版）

（20）临淄麻王村的实际调查

敌人残酷剥削敌占区民众的事实，曾经连续公布了很多，现在再拿临淄麻王村一个村的实际情况来谈一谈吧。郭×是一家很穷的人家，只有二钱银子，从旧历九月到十月十五日共缴了一百五十元。这其中他还有许多没有摊着，如敌人要砖，三亩地以上的每亩拿二个，秫秸四亩地以上的每亩拿两个，豆子每亩三斤、干草二亩以上的每亩三斤，麸子每两银子十斤，没有麸子要豆子，每两银拿谷子十斗，合小米一百八十斤，外拿伪币八元。

这个村子共四十七两银子，敌人挖沟就摊了七十五米达，都要挖六米宽五米深，自旧历九月初五开工，到十月十二日才完工。因为这条沟底下有流沙，沟挖完了敌人又留下五个人作当头，准备帮工。这次挖沟，该村男子从十四岁到六十岁的都被敌人征去，全村共出了八十名。晚上还不准回家，给养完全由本村五亩地以上的人家负担。有的雇人挖，管着饭每天五元，包工一天十二元，包月工的每月三百元，总计一米达沟最少须费一百五十元，有的多到四百元。有些老百姓这样说："贵贱不给敌人挖沟挣钱了。"

这村花钱雇了两个自卫团员，共用了一亩地和一百五十元。

敌人强迫村民加入"合作社"。今年四月，加入"合作社"的，敌人每官亩贷伪币八元，允许收下麦子来按市价还麦子，到收下麦子来后，敌人把过去的八元贷款硬要还一斗麦子，当时麦子的市价是每斗四十二元。

村里每月须给苇子河据点拿灯油费九十元。该村在事变前共有四十五头牲口，现在只有二十七头牲口了，事变前有六个雇工，现在仅有四个雇工了。最近几个月，敌人又杀了该村三个人，牵去五头牲口。事变前村里有两个小铺，现在一家逃跑了，其余的一家，在这一年当中被敌伪敲诈了三次。从今年一月到现在，被敌人绑去了八个人，罚洋七千一百元。现在敌人又在该村进行秘密自首，用上名字不填自首书的阴谋来欺骗老百姓。

从这个村的实际情况中，可以看到敌人压榨情况了。

（《群众报》1942年12月19日，第1版）

（21）抗战时期我在济南伪商会的经历与见闻

苗兰亭　口述　　王昭建　录记

一

一九三七年日寇侵略军在芦沟桥启衅（七七事变）攻下北京、天津之后，继续沿津浦铁路南犯，不久即接近山东境界国民党第三路军韩复榘的防地。韩复榘根本无抗战之心，他不仅不积极备战，反而与日本住济南总领事西田等人勾结，要求日寇绕道济南南下，以求个人率其部队继续磐据山东。日寇也早已窥其内心，也希望不战而得济南，减少兵力的损失，因此便极力促韩投降，已经沿津浦路南犯之日军，也为此减慢了进速。当时以蒋介石为首的国民党反动派，仍然坚持"攘外必先安内"的反共反动政策，仍然一心对共，根本就没打算坚决抗击日寇侵略，同时也无抗战信心，因而一直不肯调其嫡系队伍北上抗日，唯恐自损主力。但"七七"事变后，全国人民纷纷要求抗日，并斥责他们的不抵抗主义，如不一战，难免遗骂千古，因此又不得不装出一副抗战的样子，借以愚弄视听。于是乃派韩复榘之老上司冯玉祥，以军事委员会副委员长兼第六战区司令长官的身份，驻德州以北桑园车站，指挥津浦线正面的战事。蒋介石所以派冯玉祥北上，意在委责于冯，因为他怕韩复榘不听别人指挥，而利用冯则可能达到便于指挥韩的目的。不料韩复榘仍不听冯玉祥的指挥，甚至公然不许国民党中央的军队过境。冯玉祥对此也一筹莫展，因而他所率领的在黄河北岸的军队，没经过任何认真的战斗，即行溃退。敌军逼近黄河北岸后，韩复榘仍不备战，犹尚隔河观望，随时准备南逃。此时日寇一方面加紧对韩诱降；用飞机向韩复榘的第三路军总指挥部空投竹筒，下书诱降，或偶然在不重要的地段投掷几颗小型炸弹，示意恫吓；另一方面又于同年十二月下旬，在济南以东强渡黄河，继而又渡过小清河，对济南取包围态势。同月二十六日下午，日寇又逼近距济南仅有二十余华里的历城县王舍人庄。此时韩部第二十二师谷良民已率部南逃，韩复榘本人及其他部队见济南不保，也循津浦路正面及济南南面山地，沿公路向泰安溃退。临行之前，除将可携带的物资财产、金银细软装运一空而外，还让他的亲信韩某，将其历年所查获的鸦片烟土一千余包（十万余两），以高价强派济南的各大商号和有钱的大烟鬼。这是韩复榘在济南最后搜刮民财的一着。此外他还将城内省政府、民政厅、财政厅、教育厅、建设厅、济南市政府等行政机关和他的"裕鲁当"（官营的当店）、以及"裕鲁分当"，一律点火焚烧。被他纵火焚烧的，还有商埠的棉布打包厂、各粮行仓库、胶济、津浦两个车站的货场等堆积物资的地方。当夜，济南市民只闻黄河北岸南击的隐隐炮响，绝无一声南岸还击的炮声，更听不到任何枪声。见到的只是城内、商埠的几处浓烟烈火。第二天（一九三七年十二月二十七日）上午九时后，日寇便进占了济南，当时，寇兵们骑在马上顾盼自若，缓步前进，那种如入无人之境的得意神气，实在令人发指。

二

一九三七年十二月二十六日夜韩复榘的部队全部撤出济南，由他们放火焚烧的济南城里各政府机关、商埠各大仓库货场，一直烧到二十七日上午。在日寇铁蹄尚未踏进市街的短暂时间，市内秩序十分混乱，商埠日侨被封的商店（济南沦陷前，日寇离济，其侨民财产经韩复榘封闭保管）、正在着火的仓库，均遭抢劫一空，在这种情况下，济南道院卍字会等资产阶级的假慈善机关，和商会的部分人员，为了保持他们自己的生命财产和妻妾子女的个人安全，便出面"维持秩序"。首先由所谓道院的母院和省院与卍字会，研究商讨迎接日寇，"慰劳皇军"的办法。道院为首的是其统长（院长）、清末"遗老"何素朴，卍字会为首的是济南市律师公会会长张星五。并由张星五派其万字会救护队长朱朴如，乘张自用之小汽车（车顶、车窗、车身周围都插有卍字会有红卍字标志的旗子）通知全市"商民代表"人物，立即到经二路普利门集合，迎接日寇进城。这些甘当汉奸的所谓"代表人物"有：何素朴带着道院和佛教会的一帮人；张星五带着卍字会的一帮人；商会有王子丰、韩纯一、李伯成、傅雨亭、张冠三等人。日寇到时，他们夹道鞠躬，状极不堪。日寇司令原野进住经二路大陆银行新厦（现经二路电力工业厅地址）后，即以大陆新厦作为日军司令部，不久又相继扩展到山东邮政管理局的大楼。日寇特务机关长中野进住津浦大楼。前住济南日本总领事西田及当任领事有野，还住经三路日本领事馆故址。其他如后来担任伪省公署财政厅顾问的志村、教育厅顾问丰田、民政厅顾问滨田、汽车交通株式会社经理河野统一、以及济南银行嘱托松井、正金银行（日本国家的中央银行）嘱托兼日侨住济南商会会头（会长）中尾、牛棉公司嘱托广濑、山东电业公司经理横山等，撤离济南未久也都随军重返济南。事变前他们在济南还只能秘密的进行间谍活动，此时便凶相毕露了。

当时，日寇虽已进驻济南，而主要部队多已南下，尾追韩复榘南逃的大队，留驻济南的敌军为数极少，不足以维持济南地面治安，街面上依然慌慌不定，少数人仍在砸抢银行仓库和车站货场等。直到第三天（十二月二十九日），日寇方派兵出动检查。事变前在济南开代当（小型当铺）卖洋货、卖海洛英、吗啡、鸦片烟的日本浪人，随寇返回济南后，也都有所恃而无恐地随同日寇军队肆意检查。所有中国人从各货场仓库拿走的东西，均命扛到日本浪人及日商家中。

此时，一般商户，多半都不开门营业，一则怕人抢劫，二则怕日寇强行取用不付价款。街上仅有卖山楂、柿饼、羊枣、糖块者。日本寇兵嗜甜如命，然吃了并不给钱，仅说："心交心交的有"（日语请客的意思）。其后小商小贩也都裹足不前，不敢摆摊了。

日寇爱吃零嘴，尤其酷嗜食糖，进占济南后，因为各食品商店均关门停止营业，便首先砸了泰康食品公司和上海食物公司，继而又砸一般的点心铺。被砸的商户纷纷找商会，请求保障；砸人的也找商会，责承供应。商会方面因会长辛铸九不愿为虎作伥，避居济南东郊洪家楼天主堂，坚不露面，仅有理事傅雨亭、张冠三、韩纯一、李伯成、刘子成等五人出面应付。并找出澡塘业公会会长魏寿山与日寇随军作特务和宣传工作的所谓宣抚班班长阿部，在济南市商会成立联合供应站，按日侨日军的需要，供应大米、调料、肉食、鱼虾、蔬菜等，并由魏寿山负责，各行各业分担货源。日兵日侨取货记账，不付现钱。未及半月，日商便相继开业，原来都是小商小贩的日本商人，此时也强行侵占邻佑的房舍，把从中国人手中敲诈来的物资陈列出来，一跃成为巨商。至此，所有日侨、日军需用物资，统由他们供应，不再假手中国商人，所谓供应站也被立即取消。于是日商们强买善沽，大发其中国的国难财了。

日寇宣抚班的业务此时也改为专事宣传活动。他们首先罗集部分没有民族气节的青年，授以简单的日语，并命他们在各处设日语班，宣传日寇侵华政策与所谓日中共存共荣，麻醉毒化中国人的思想，收集群众的抗日行动和反日言论，向日寇军部供给情报，作日寇侵华的帮凶。他们先在济南城内、火车站、公园附近各重要街头，设点宣传，并"放赈"、撒糖，让群众争领，让儿童抢食，其实"放赈"之米是用碗底量，所撒之糖，亦只寥寥数块，其意只在愚弄群众，欺骗幼童，有知之辈，均相戒不前。继之又在千佛山下运动场，召集青年学生宣传其"大东亚战争之神圣"，旨在迷惑视听，麻醉青年，此次魏寿山等辈汉奸，也穿着白衣裳，手执口哨，尾随阿部之后，那副如丧家之犬的奴才象，观者无不嗤之以鼻。

日寇在济南经常侵入民宅，以检查为名，侮辱妇女，魏寿山等辈为了献媚日寇，又与阿部在经二路济南市商会对门设房间、摆大菜、觅妓女，一供日寇玩乐，一供日寇泄欲，并美其名曰招待皇军。月余后又在经二路小纬六路路北设"皇军招待所"，由纬八路中国娼妓轮流值勤，名为慰劳，实即供敌奸淫。真是国耻之甚，莫过于此，罪恶之大，亦莫过于魏寿山等汉奸矣。

三

济南沦陷之后，日寇仍效"五三"惨案故技，组织汉奸成立地方治安维持会。但在初期，汉奸们有的裹足不前，有的瞻前顾后，有的求之不得，有的吃肉嫌腥，所以酝酿多日方才成立。维持会下设秘书处、警察局、民政科、财政科、教育科、建设科。名义不是政府，实际上代行政府职权。安福系军阀、亲日派汉奸马良为维持会的会长，远在济南沦陷之前就与日寇有勾结之朱桂山为副会长，张星五为秘书长，晋子寿为民政科长，郝书暄为教育科长，李诗涛为财政科长，以何素朴推荐之赵君弼为警察局长。在维持会之外，还另设评议会，以张宗昌旧属之第四军军长方永昌及济南电灯公司创办人庄式如等，为评议员。这一批久已失意的军阀、政客，此时都沐猴而冠起来了。维持会本身听命于日本军部的特务机关，受特务机关长中野的指挥，警察局则兼服济南地区警备司令矢野少佐及日本宪兵队的指挥。其办事机构的分工如下：秘书长掌握会内行政；民政科搞区、坊、保的组织；教育科恢复学校，召集教师办教员训练班，搞日语速成学校；建设科搞城市"建设"和工业管理；财政科搞捐税、筹款、搜刮民财；警察局则设岗巡逻、办户口、搞清查，尽力为日寇镇压人民。然而维持会的一切经费开支，特别是警察的工资和伙食费用，日寇却概不拨付。维持会长马良为了解决经费开支问题，首先向济南市商民开刀，指定商会每月供应警察伙食费面粉二千袋。由警察局长赵君弼直接向商会当局索取。该时济南商会的事务，大部由张冠三、傅雨亭、李伯成、韩纯一、刘子成等五人主持；但他们也都不愿或不肯分担这个担子，于是又委责于当时身为面粉业同业公会会长的苗兰亭。苗兰亭便根据成丰、成记、惠丰、丰年、宝丰、华庆、茂新等七家面粉商的磨子的多少照成分担。其中茂新厂因停机已久，而负责无人，就按月由成记代垫面粉二百包。这是我（即苗兰亭，下同）开始在商会中被人重视以及后来被推为商会会长的一个宿因。

四

一九三七年十二月二十九日，日本特务机关长中野亲自到济南市商会，召集七户面粉厂，三户棉纺纱厂厂主"开会"，到会的计有：成记面粉厂苗兰亭、成丰面粉厂苗星垣、惠丰面粉厂张印三、华庆面粉厂赵静愚、宝丰面粉厂李锡三、丰年面粉厂孙墨村、成通纱厂苗海南、成大纱厂苗兰亭、仁丰纱厂马伯声等十余人，中野在会上宣布：分批对各厂实施军管理，并着日本企业"三菱"、"三井"等洋行带人前往各厂，先行查封，接收账目、房产、设备、原料、成品、现金。同时有寇军随往，立即占据。

第一个被劫收实施军管理的厂子就是成大纱厂，劫收的时间就是中野召集开会的当天（一九三七年十二月二十九日），接收人是日商东洋纺的丹羽庆三。日寇军队进厂之后，立即宣布为"军管理鲁丰纱厂"。其所以改叫"鲁丰纱厂"，一方面是因为远在"七七"事变之前，日商"东洋纺"曾在成大附近凤凰山私购地皮三百余亩，准备建立纱厂，事经苗杏村告密，韩复榘迫使退地，因而与成大结怨；另一方面，成大纱厂前身是鲁丰纱厂，当时的董事长靳云鹏（北洋军阀时期之国务总理），于京津沦陷之后，在天津曾向敌伪机关控诉苗杏村假韩复榘的关系霸占鲁丰纱厂，并当即在天津与日商东洋纺签订了"中日合办鲁丰纱厂"的合同。因此成大一被日寇接管，便被改叫鲁丰。

继成大实行军管理以后，一九三八年二月九日，成通纱厂也实行了军管理，由日商丰田纱厂代管人山田负责接收。山田进厂之后，立即将原来的经理、副经理、全体职员迫使离厂。五月间，成丰面粉厂、成记面粉厂也被宣布为军管理。成丰由日商三大企业之一的三井洋行接收，所有职员全部被驱逐出厂。成记面粉厂由日商三大企业之一的三菱洋行系统下的日东株式会社接收，留用了部分职员。于此同时三井又接收了宝丰和丰年两厂。仁丰纱厂也在此时被日寇接管。华庆面粉厂和惠丰面粉厂则查封之后，一切冻结，当时并未指定何人接收，一直到日伪维持会结束、伪省长公署成立，汉奸张亚东当上了伪山东省会警务厅长，日寇渡边继中野之后出任特务机关长之后，两厂的厂主始以十五万元的贿赂分别买通了日本特务机关长渡边和财政厅顾问志村，将两厂启封发归自营。

五

济南市商会原任会长辛铸九自日寇入济，即避居济南东郊之洪家楼天主教堂，最初无人知晓。于是汉奸维持会会长马良，便指定棉业的张冠三召集各行各业开会，另行推举商会负责人。日伪方面因与张冠三接触较多，也愿意于张。棉布业本身为了维持本行业的利益，也竭力推他出来负责。但张冠三顾虑当时每月必须供应的警饷面粉二千余包自己无法筹措，为求避免承担这副既沉重而又长期的重担，于是他便与棉布业及其它有关的行业先行私下密商，到商会开会之日，竟异口同声地公推我为济南市商会会长。当时我自己的成大纱厂和成记面粉厂均先后被日寇收归军管，受创已深，又加宪兵队翻译杨志祥吹风恐吓，已成惊弓之鸟。但又想设法维护自己的家业财产，而充当会长则有可能达到这个目的，于是便顺水推舟，半推半就地答应下来，开始走上附逆的道路，终至成为身败名裂的历史罪人。

既已附了逆，而且有了一定的地位、职责、任务，在人事上与日寇、汉奸们的交结往还当然也就逐渐频繁，关系也就逐渐复杂起来。真是一旦置身其中，犹如入鲍鱼之肆，久而不闻其臭了。其初还是羞羞答答，觉着为日寇办事不光彩，时间一长，就愈陷愈深，根本不能自拔了。在行为上，也不仅限于维护自己的家业财产了（护身有符，汉奸们敌特们的敲诈勒索、辱骂、威吓是摆脱开了，但高级敌伪分子的索贿、压迫还是相当沉重的）。

既已身为商会会长，就不能不兼那些与商会有关的兼职；不能不受日伪军政当局的利用；不能不来搞经济侵略和对工商业倾轧的一切勾当。

日寇搞过中日经济恳谈会，名为平等互惠经济合作，实则完全在日本控制之下，尽其对我国经济侵略之能事。所谓恳谈只不过是披上一层协商的外衣，让日本帝国主义者对我们中国的经济侵略成为合法化的东西罢了。我身为商会会长，中日经济恳谈会山东省会会长的职务，当然由我兼任。有一年（具体时间失记），中日经济恳谈会总会会长邹泉荪由北京来济，召开山东省各县市经济恳谈分会会长会议。我省人民和工商业者，在日伪统治压榨之下，已经是经济破产、物资枯竭，曾幻想在这次会议上，能多少解决点类如放宽物资限制，多少增加一点煤油、食糖的供应等问题。会开得倒象一个会，汉奸们在会上也讲得冠冕堂皇，但一提到日本特务机关，却都一口回绝。这就完全暴露了所谓恳谈会欺骗中国人民的本质，说穿了，所谓恳谈会只不过是一伙说人话不办人事的日寇、汉奸借以愚弄视听的招牌而已，根本不是为商民办事的。而我们这一群所谓中日经济恳谈会的高级人员、汉奸头目们，却在伪华北政务委员会建设总署督办王荫泰的带领下，两次到日本本土参观。日寇安排我们访问了东京、大阪等工业城市，大大宣扬了他们日本帝国主义资本经济的"优越性"。在日本各地我们还参加了不少招待宴会，甚至招妓侑酒陪宿。两次旅行从去到来，所有路费（甚至游览宿娼的花销）统由日本国库开支，作为主子对奴才的犒劳，那样做不谓不厚。

国土沦陷八年中间，我在政治上为敌寇作了大量的宣传工作，不懈地在日伪的布置之下,在各种会议上、在报刊杂志上、在广播电台上、在群众集会上,为日寇当传话筒,宣扬"中日亲善",夸张"共存共荣",成了日寇的得力宣传工具。在经济上,我以商会的组织力量,维护了日寇的物资封锁和掠夺政策。组织"采运社"为敌搜刮祖国人民的粮食;实行商品限价,为敌稳定市场;动员工商业者献铁献铜献白金,为敌补充武器原料……等等。最使人痛心的,是一九四五年日寇与伪警察局以查暴利为名,逮捕济南市的工商业者二百余人,非刑拷打,罚款二千九百余万元。后来他们也自感实在掩盖不了世人的耳目,才厚颜无耻地说成是"商民献金",并且开会授以日本首相东条英机"赠"发的一张"感谢状",真是令人啼笑皆非。

以上所述我在伪商会会长任内的这些丧权辱国的罪恶行为,在今天回想起来真是对不起国家,对不起人民,惭愧痛心,悔恨不已。

六

到一九三八年四月,日寇又由济南沿津浦路向南占领了我国大片领土,山东大部地区(包括济南在内)沦陷,并成为敌人后防。尔时日寇虽然十分嚣张,并在继续向南向西推进,但他的兵力终究有限,为了减少后顾之忧,单只依靠汉奸维持会是不行的,于是便以各地维持会的一套汉奸为基础,着手组织汉奸政权,首先在济南成立了山东省公署和济南市公署,继而又在各专区和县成立道尹公署和县公署(日寇组织汉奸政权最初不叫政府而呼之日×××公署,主要是为了区别于共产党所领导的人民政府和国民党的各级反动政府,迄汪精卫政权在南落草,公署始改叫政府),推行所谓地方行政。参加各级汉奸政权的,仍然是各地土豪劣绅、旧时军阀余孽、失意政客之流。

伪省署第一任省长是马良。他是旧北洋军阀时期安福系的人,曾在济南当过第四十七混成旅旅长兼济南镇守使,还当过边防军第二师师长,五四运动时期还曾有过镇压学生运动的罪恶历史,是老牌的亲日派。省公署秘书长是张星五,民政厅长是晋延年,财政厅长是唐仰杜,警务厅长是张亚东,建设厅长是庄维屏,教育厅长是郝书暄。济南市公署第一任市长是朱桂山,警察局长是赵君弼,财政局长是杜慈航,建设局长是王次伯,教育局长是巩全亭,秘书处主任是李幼屏,畜产管理处长是赵申吾。在省之下设有道尹公署,全省共分十个道(相当专区)以方永昌为青州道尹,成逸安为鲁北道尹,朱泮藻为济宁道尹,王子枫为沂州道尹,赵君弼为鲁南道尹,王永苍为东临道尹,张化南为登州道尹,常之英为莱潍道尹,刘景尧为武定道尹,杜中为泰安道尹。这些所谓省长、厅长、道尹、市长、局长也者，都是沐猴而冠的傀儡人物。其实，省、厅、道、市、县，各有各的日本"顾问"、"专员"，实际掌握政权。如省长公署有前日本驻济南总领事西田为顾问，民政厅有滨田顾问，财政厅有志村顾问，教育厅有丰田神尚顾问，警务厅有黑田顾问等等。各机关之汉奸官吏则只不过是狐假虎威为日寇的侵略效劳而已。

在伪道、县政权建成以后，日寇便着手积极建立伪军，省成立伪"山东省保安司令部"，司令例由省长兼任，另设副司令一人，专负实际责任。各道设"××道保安总队"，县设"××县保安大队"。道以道尹兼总队长，另设副总队长负实际责任，县以县长兼大队长，另设副大队长负实际责任。各级司令部，总队、大队也均由日本顾问掌握实权。那些所谓副司令、副总队长、大队副等，也多半是旧时军官、土豪劣绅、土匪盗贼之流。诸如张宗昌的宪兵司令王琦、鲁西北的著匪王化之、冯寿彭、鲁南巨寇刘本功等，都当上了副司令、副总队长、大队副、伪县长等职。他们一朝权在手，便把令来行，一个个都是镇压抗日人民的凶手，如王琦当上伪山东省警备总队司令后，穿上呢子军装，带上中将领章，拼凑了一辆半新不旧的汽车，在济南市面上驰来奔去，一天到晚出中国衙门，进日本衙门，吃花酒、打茶围（即嫖娼）、搓麻将、吸鸦片，无所不为，毫无一点中国人味。他除了用武力镇压抗日人民外，还成立一个"一心龙华圣教会"的迷信宗教组织，在济南的北坛地方，投资建房，大摆道场架乩扶乩，帮助日寇欺骗愚弄群众，瓦解人民的抗日斗志。日寇亦以其能利用反动迷信集结一些土豪劣绅、反动落后分子，因而也大力支持。然而真正的革命人民和有识之士，无不望而生厌，皆引以为耻，群相趋而避之。他所联络的只不过是一帮伪军、政官吏、地痞、土棍，甚至龟孙娼户之流。其中主要人物有：伪山东省会警察署长王达、伪区联会会长魏寿山、伪坊联会会长张绍甫、伪坊长贾敦礼、姜履安，以及一向在纬八路开设妓院的杜鹤轩等人。由于他们臭味相投，并结为异姓兄弟，号称"十虎"。真是物以类聚。

七

沦陷后的济南商民，不仅天天遭受日寇的直接蹂躏，而且还要承受汉奸特务们的敲诈勒索，稍有不周不敬之处，他们便会勾结日本宪兵队、宣抚班和其它特务机关，以莫须有的罪名将人抓走，直至被他们弄的人财两伤或家破人亡。

成大纱厂地处济南北郊，在韩复榘主鲁时期，因为治安不好，曾通过济南地方当局有关部门购买长枪四十支，作为护厂武器，并且办理了备案手续。"七七"事变之后，日寇侵进济南之前，厂方怕因枪惹出不应有的麻烦，因此全部扔到厂内的水井中，济南沦陷后，厂方又向伪警察局办理了登记，以为再没有什么问题了，不料日本宪兵队特务却又借此大敲竹杠起来。

　　由天津随日寇侵略军一起南下的日本宪兵队特务杨志祥（天津人）到济南之后不久，认为我有钱可敲，就纵人向我放风说："苗家对于日军不利，问题很多，其他一些绅商也有不利日军之处，所有有关人员，都将被依次抓捕，苗兰亭首居要冲……"当时我闻此风心甚慌恐，终日提心吊胆，但又一时摸不着底细，不知怎样应付，因此只好等着挨。过了一个时间他见我没有孝敬的表示，于是便以成大丢在井里的四十支步枪为起因，兴师问罪起来。一日，宪兵队，宣抚班一齐到成大厂进行检查，扬言除井中四十支步枪而外，还有其它枪支，他们一方面把厂内职工集中在一起，进行野蛮的拷打，一方面敲墙、刨地。事实上墙内、地下并无枪支，检查结果当然也就一无所有。但他们并不因此善罢甘休，痛打了厂内职工之后，又将护厂队长赵玉璞等八人逮往宪兵队关押。不过他们的目的并不是捕人，而是要钱，因此接着又派人马找成大总理苗杏村算账，尔时苗杏村正在德华医院治病，经育生医院院长杨育生的老婆（日本人），代为婉言交涉，请求以苗杏村之侄苗兰亭代表负责。宪兵队便又立即电告市商会（此时我已是会长），让我在第二天早上十点到宪兵队去。我知道宪兵队的官司不好打，是进去容易出来难的地方，当听到宪兵队找我，又听到与成大事情有关，知道不花几个钱是不行的，好在我是个资本家，有钱，于是便立即拿出一万元现款，托张冠三、晋子寿等代为设法疏通，真是有钱能买鬼推磨，一万元钱居然平安度过了这一难关，而且不仅我本人没有在宪兵队受刑受苦，甚至连同前被他们捕去的护厂队长赵玉璞等八人，也一并放了出来。这是我第一次吃宪兵队官司的简单经过。其后诸如此类的事，还有很多很多，不再一一详记。

八

　　如前所述，当日寇劫收济南各纱厂和面粉厂的时候，华庆面粉厂和惠丰面粉厂只是查封冻结，并没指定谁接谁管，一直搁置到一九三八年四月、日本特务机关长中野离职、渡边前来接任的时候，华庆厂的股东张采辰才通过张亚东的关系，以十万元巨款买通渡边，将华庆厂发还。张亚东，系山东汶上县人，过去曾当过山东省省议员和滨县县长，北伐之后，避居东北，是一个多年失意的政客。东北沦陷之后，他结识了日本军人渡边。追渡边调任山东特务机关长，张以山东人的身份随同渡边来济，担任伪山东省警务厅厅长兼山东省会警察局长，当时在日寇特务机关长渡边面前说一不二，红的透紫，有夺唐仰杜山东省长之志。渡边对张也大力支持，于是他无事不管。其旧友有鲁南王子丰、鲁北张苇斋二人，亦皆旧时议员，失意政客，北伐以后，留居济南搞盐务，搞贸易，是为济南官僚资本家。于此张亚东重回山东之际，旧友重逢，官商结合，同是东山再起的旧时官僚，臭味相投，过从甚密。华庆面粉厂大股东之一的兴源福财东张采辰，乃假王子丰、张苇斋的关系，与张亚东相交结。复通过张亚东的关系与日寇特务机关长渡边建立了关系。

　　当时，日寇接管之各面粉厂，统在日本军部统辖之下。统购专卖，大收垄断之利。华庆面粉厂经理赵静愚与股东张采辰等，不甘寂寞，向往暴利，因而设法联系。通过张亚东的关系给日寇特务机关长渡边行贿伪钞十万元，立将华庆面粉厂启封，交还业主赵静愚自行经营。虽收购小麦出售面粉统与其它军管理的厂子同价和同样分配任务，但一般军管的面粉厂子如成记、成丰、丰年等所获利润是由军部分配，华商资本家所得了了，最多的时候不过百分之二十，而且受有各种束缚限制。独华庆一厂，后来居上，购销营利与其它厂同。除缴纳税营业税外，不向军部贡献，即便有时献点金，被敲一点竹杠，但都为数有限，于是大获其利。

　　惠丰面粉厂是与华庆同时被查封而未开磨的厂子。华庆启封后，由于获利丰厚，引得惠丰厂主（主要股东）张印三流涎三尺，但苦无张亚东这样一位说项掮客，贿赂无从进行。后经多方钻营苦求，终于找到了一个与教育厅顾问丰田神尚有关的济南砖瓦业组合长高少卿，高通过丰田神尚又找到财政厅顾问志村，以伪钞五万元之贿款，要求志村以财政厅顾问的身份，请求特务机关援华庆启封发还之例，将惠丰也发还自营。志村得到五万元贿赂后，便同渡边交涉，并一天一催，两天一问，大抱不平，渡边心虚也不便坚持，于是惠丰面粉厂也继华庆之后发归自营，一切购销获和自然也与华庆一样。这两家厂开机虽晚，获利却丰，而其他面粉厂商，只有望洋兴叹，徒羡其财运之大而已。

九

　　在商会而外，日寇还成立有各行各业的组合。类如卷烟组合、绸布组合、面粉组合、煤炭组合、棉业组合、砖瓦组合等。他们对内对外的营业统由组合控制。所有组合完全听命和效忠日本军部，专事控制物资，调配和分配货物。组合又分一部组合二部组合，诸如采购运销，货物分配，统须组合据情审核，报经军部批准方能执行。组合长和组合理事，有掌握和垄断其本业的实际权力，组合长必为巨商，本身拥有大量资本，在日寇面前保证忠实而有信用，在本行业中能吃得开，拿得住，所以当时为组合长者本身都大获垄断之利，都能掌握本行所有商户之命运，所有厂商业户之开业歇业、增资减资、扩大或缩小营业范围、划定购销地点、配给商品数量，无不唯组合之命是听。所有组合之实权有过于商会，在日寇方面之信任，亦远远超过商会，成为日寇对我们国家经济侵略的直接爪牙。所有组合户都能根据本身之资本额、营业额，按时从组合取得相当数量的商品，而且可以任意调剂价格，亦可不在当地销售，私自外流，不必多事经营，即可获得暴利。日寇虽知此种情况，也公开放纵。

　　至一九四三年，因我人民解放军控制了山东的广大地区，日寇搜刮物资受到极大限制，在经济上继政治军事上的节节失败，逐渐捉襟见肘，不仅资源上出现了恐慌现象，即军费方面也显露出窘态。于是便加紧对济南的经济控制和压榨民财的工作。首先在省会警察局成立了经济科，第一任经济科长李某，因达不到日寇的要求而去职。第二任科长王墉（山东长山县人）由于手腕毒辣厉害，治得济南商人全都望之生畏，因而极得日寇欢心。他在四三年的五六月间，首先以查暴利为名逮捕了济南市卷烟专卖组合的组合长、回民穆幼堂，同业公会会长袁铁岩，以及该业所有在组合的各商户经理人。

　　卷烟一业，因烟厂有数，而且都属军管理，进货极有规律，而其销路，则极为广泛，一直供不应求。由于货物出手快，易于进行投机，因而也渔利最大。于是查暴利的时候，这一行业当然也就首当其冲。当时伪山东省会警察局经济科长，在日本宪兵队的支持下，夤夜出动，将该业组合长穆幼堂，同业公会会长袁铁岩等全部卷烟专卖组合户一次逮捕，无一漏网，均分别关禁在伪警察署和日本宪兵队中。这一来，这群刚刚发过一批横财，昨日还是日本宠儿，倾即银铛入狱的奸商们，却给警察局经济科、特务科、侦缉队和日本宪兵队的特务翻译们带来了一笔好生意。宪兵队、警察局上上下下，本来与各组合商都有勾搭，一向呼兄唤弟，经常在一起拍日本人的马屁，大吃、大喝、大嫖、大赌，不干好事。但当奸商们下狱后，他们也就翻脸不认人，无不借机敲诈，要钱要货。奸商的家属们与翻译、特务、警察官员们一向熟悉，那能不知宪兵队、警察局的厉害，现在官司摊在自己头上，当然顾不了金银财物，于是尽其所能的塞把求情。好在他（她）们平时都有来往，懂得汉奸们的脾胃，勾搭起来既直接而又得体，因此奸商在狱中除了受些惊吓花些钱而外，生活方面并没受到什么苦痛，虽在狱中，吃的喝的都是好的，甚至鸦片烟灯也照常点燃，耽误不了过大烟瘾。只是为翻译、特务、警官老爷们送了一些贿赂而已。

宪兵队、警察署一方面将人捕起来，一方面煞有介事地彻查各商的暴利，同时也进行所谓审讯，使其自认暴利。好在钱花到了，审讯的结果是"所认"暴利，与"实际"相符，各愿退补。于是按户大小，十万八万的、三万四万的、一一认账，落好供签了押，由济南市商会前往将人保释出来。

卷烟业属于专卖性质，暴利确是不小，他们虽然花钱行贿皮肉没有受苦，但承担责任将他们保释的还是商会。平时他们虽不把商会放在眼里，一旦出事，还需要商会为他们说话，因此，他们被保释出来之后，除对商会表示感激外，还将卷烟业组合所有纬五路商业研究会的房子和所囤积的一批价值一百多万元的西药，统统捐赠给商会，准备开一个"市民医院"。可惜，市民医院没能开成，日寇投降后，国民党来济接收的时候，竟把这批药变价，作了供应接收大员们的开销。

继查卷烟业的暴利之后，日寇看到事情办得很顺利，于是就变本加厉地对全市所有行业开刀，实行了所谓全面"检查暴利"，疯狂地进行了一次规模更大的大逮捕。

这次逮捕，是日本宪兵队、伪警察署经济、特务两科、和侦缉队联合行动，在同一个时间，出动摩托进行搜捕。这次逮捕的面很广，仅被宪兵队逮捕的就有花行复成信、粮行福聚成、恒聚成、恒聚成北记、颜料行裕兴颜料庄和花店街所有的颜料商户、布行聚庆长等一百多户的经理人，伪警察署逮捕的比这还多，汉奸、特务们一方面对被捕商户非刑拷打（鞭子抽、绳子拉、灌凉水）强逼他们承认暴利，一方面在各店进行查账。直到外面查完账，里边事主也认了供，才逐渐释放。一般的只扣押十几天乃至一个多月，但也有一些业户的经理人和会计人员，如粮行恒聚成经理许翰青、曲星九，棉布业的王玉岩、丘连三，颜料业的辛蔚之等，扣押时间则较久，他们不仅在宪兵队、警察署受了一些折磨，甚至还经过军法会审，有的还被解往北京或日本进行审理。审理结果有的被判刑二年，有的被判刑三年，迄日寇投降方才出狱。

这次查暴利共查出所谓"暴利"三千二百余万元。这个钱数，最初无人知晓，原来因为事情作得太不合理，完全是日寇军方在华经济支绌，穷急生疯的无理措施，在舆论上无法掩饰，日寇首相东条英机方不得不缅颜颁发"感谢状"一纸，美其名曰济南商界的"献金"，在我们到北京去敬领所谓"感谢状"时，方从"感谢状"上看到那个三千二百万元的数字。日寇的所谓"查暴利"已经使大批商户受到大量损失，而丧心病狂的汉奸们，却还要在已经饱受日寇摧残的商民身上再剥一层皮。当被捕商人已经被判定案，并即将开释的时候（商会和商户均不摸底细），涉足此案的伪政府人员如教育厅长朱经古、济南市社会局长王伯平等即向商会方面吹风说，他们"可以设法营救被捕商人立即出狱"。各被捕商户皆知自己的人在宪兵队受刑吃苦，那还顾得钱财，一听有门路可走，无不见缝就钻，而且求之不得。于是商会和各摊事的商户及被捕人员的家属互相商议，几经筹措，由成丰面粉厂、福聚长、恒聚成北记、复成信花行以及慎昌等户先行垫款七十万元伪币，当晚由许翰青送交伪济南市社会局局长王伯平，第二天被捕商人果然被释放出来。当时曾与王伯平、宪兵队拉关系、说案子、送款项的人们，还自炫神通，颇自居功。但事后才发觉这是被人敲了一记竹杠，其实不花这七十万元冤枉钱，被捕的人们照样也还是可以出狱的。

"查暴利"的结果除将吐出暴利三千二百万元的伪钞，上解日本军部，补充了日本侵华的军费，换取了日本首相东条英机的那张"感谢状"而外，所有在济没收的二万三千余匹棉布和四十多件棉纱，则由棉纱协会交济南市商会一部组合（济南西关筐市街、花店街、估衣市街等棉纱布商和城里、商埠的隆祥、瑞蚨祥等祥字号）处理。处理办法是：按户口（济南市市民），以公定价格（即配给售价，比私价低数倍）每人配售衣料一件，分别在钱业公会、旧商会等地设门市部出售，配售所余，又将棉纱织成袜子，按照户口每人售予一双至二双（由瑞蚨祥经理单福五、隆祥经理谢某经办）。所得价款统交棉纱协会，仍是上缴日寇军部，充作侵华战费。

十

日寇投降，国民党反动军队尚未进城之前，国民党部分"地下工作人员"，即已在济与商会进行联系。尔时我这个日伪商会会长，忧喜交加。喜的是日寇终于投降，八年沦陷期中，我虽身为商会会长，不同于一般群众任凭敌人辱骂蹂躏，虽也坐汽车，摆排场，没耽误了发国难财，但那种任人摆布，为敌作着丧权辱国的勾当确在良心上不能自安。日本鬼子投降了，个人的身体和财产又得以安全保存，当然欢喜；但自己曾经附敌，曾经为敌在经济上作了八年帮凶，而且在政治上也跟着喊了八年"皇军万岁"和"东亚共荣"，尤其是作过日本的宣传工具，也曾亲口骂过蒋介石。于是又忧虑交加，害怕和耽心不知国民党对我这个汉奸将作如何处置，个人的生命财产是否还能保全得住。一忧一喜，内心十分混乱。但转念一想充当日伪商会会长虽说是附敌有罪，而却不同于省长、市长之流的大汉奸，纵然问罪也不过是钱上吃亏，只要自己不惜金钱的破费，对国民党多作一些供给支应，多作一些拥护欢迎的表现，也许可以幸免于祸的。于是我在商会又转而为国民党反动政府服务了一个阶段。

日寇投降来的非常突然，大大出于在山东的国民党地方部队想象之外。尔时伪山东省政府主席何思源，尚在山东寿光县境张景月匪部的防地，赶奔济南不及，于是便指示他的所谓地下工作人员（其实也多半是汉奸），一方面联络敌伪实力，一方面设法阻止共产党解放军占领省会。在军事上他以朱经古（日伪教育厅长，何思源的曹州同乡）为桥梁，联系日寇住济部队，让日本兵守住济南阻止共军进驻，拒绝共军接收；在政治上以中统、军统在济人员与日伪山东省省长杨毓珣、济南道尹宋介、济南市长程镕等，让他们"维持"地方秩序；在财贸金融方面，则责成商会着各商店照常营业，并支援国民党入济匪军的供应。当时他们的军队在共产党占领的解放区中，寸步难行，一时进不得济南，只有少数政工人员和张景月、翟毓蔚等所部游击队化装潜入人员，在济南乱哄哄，这些人员虽是当时的"胜利者"，但仍要依靠驻济日寇部队的保护。在日寇面前仍然毫无一点民族气节，但到了伪商会则不同了，从作中山装料子服、买皮鞋、要钢笔，一直到吃吃喝喝，无不向商会伸手。而商会方面最初为了争取脱掉汉奸皮，也乐得唯国民党新贵们的所好尽量逢迎。但这样的人们继形势的发展越来越多，吃的口味越来越高，穿的越来越会讲究，钱的数目也越要越多。而商会的经济来源却与日俱竭，逐渐就陷于疲于奔命难于应付了。

及至翟毓蔚的部队由章丘日军护接进城、国民党第十二区专员公署与日伪济南道署合流在东流水赈务会大楼成立了济南警备司令部、张景月的部队进入济南在饮虎池辰光阁成立了山东省警备司令部、何思源的伪省政府迁回济南之后，需要支应的头绪就更多了。他们要吃的，要穿的，要军粮的，要马草的，要炮台烟白兰地的，要桌椅木器的，要沙发罗汉床的，因人而异不一而足。最初他们对商会还客气，后来便逐渐嫌这嫌那，并且开口骂汉奸了。没等李延年的大队到来，商会供应力竭便不能满足他们的要求了。

在这一阶段我是与国民党当局打交道的，白天黑夜出入于他们的省、市政府和十一战区副长官（李延年）司令部，虽然疲于奔命，但也心甘情愿。直到当年的十二月三日，在我为国民党支应服务一百多天之后，我才以汉奸罪被他们扣押判刑。不过国民党反动派惩治汉奸卖国贼，是极不彻底的，我就得到了他们的特别关怀，为扣押我，从省主席何思源到省会警察局长林凤楼，都非常客气的找我谈话，而且都没有说出扣押二字，及至我被扣押，警察局长还命刑警队为我开小灶伙食，住队长的宿舍，仍然优礼有加。直至解送第十一战区副长官部调查室（军统的特务机关）最后转送法院，经过审讯，才判处有期徒刑十年（关了不到三年，随着济南市的解放，人民政府便以宽大为怀将我释放了）。

（政协山东省委员会文史资料研究委员会编：《文史资料选辑》第4辑，山东人民出版社1982年版，第86—108页）

（22）博山县商会在日伪时期的活动
李养之

1937年12月博山沦陷后，原来的会会会长张焕宸退居幕后，推出我这个马前卒子充当了8年的代理会长。现将自己亲身经历的史实回忆如下。

一、博山县商会的成立与演变

晚清时期，博山地区传统的煤矿、玻璃、陶瓷工业和围绕这三大行业发展起来的商业资本已具相当规模。其中较大行业有了自己的行会组织，但还缺乏统管这些行会的机构。当时有个进士出身的石金声，当过劝业道、黄河道道台，在地方上声势显赫，当时盛传"姓石一半，强起捐监"，极言石家有势力。石金声同族石冠英，武庠生，干过湖南省桃园县把总，卸任回家后，经营福兴栈炭店。因为石家有势力，他也有些身份，可以走动官府，参与地方政事，就成为炭行的代表人物。石冠英看到济南等地已有商会组织的建立，为提高自己的地位，扩大商民的发言权，应付当时所谓"一官二井三商"的不利于商人的局面，同悦来公司总经理杨子材（外地人）倡议成立博山县商会。这个倡议符合其他行业的共同需要，县官也很赞同，遂在光绪三十二年四月成立了博山县商会，由各行业公推董事20人，石冠英任会长，杨子材任副会长。这时的商会，包括除矿业外的所有行业，成了地方上的一大财源。商会因此举足轻重，商会会长成了一县里头面人物。商会对所属商号发有木板印制的执照挂在门头上，标明该号为商会业户，见官可以不下跪。商号维护商会，除按时交纳会费外，还顺从地接受临时摊派各行业并为商会会长石冠英集股成立了会金银行，使他坐享其利。吴大洲治死石金声后，石冠英失去了靠山，在任会长13年后，到民国9年（1920年）卸任。接着会金银行也行改组，变银行为银号，增股为6万元，由张焕宸当县官时的幕宾、潍县举人王来青（同时又是大成煤矿协理）接任总理。

石金声死后，地方上有张、徐两派势力崛起，一派是进士出身，当过河北省肥乡县、昌黎县县知事的乡绅张焕宸；一派是省议会秘书长、北京政府参议员徐兰生（贿选了一票，得8000元）。他们两派联合，在县知事的支持下，借口石冠英阻挠轻便铁路的修建，由徐派王勋第一名，张焕宸第二名，联合了十数人要告石冠英，经张派人物王来青从中说合，石冠英答应下台了事。石下台后，张焕宸不便出面任会长，遂操纵各行业推选福泉酒店（张焕宸是房东）经理钱杏阜任商会会长。1921年改组为11行业，即炉、窑、炭、杂货、银钱、鱼、酒、布、皮毛、药、铁业等。不久，张焕宸以代表德庆和杂货店的名义，并伙同另一股地方势力的代表、博山二区区长、炭业公会会长梁锡三，分别出任了商会会长和副会长。张焕宸上任后，徐、张两派矛盾突出了，徐派靠上县官张肇瑞，企图借官场势力撵张下台，张派骂徐为贪官污吏，徐派骂张为土豪劣绅。后来张焕宸纠集地方士绅与工商界代表50余人到省里告状，告张肇瑞贪赃枉法。这一状告准了，省里当着告状人宣布，要撤张肇瑞的职。告状的一伙回博山后，四处张扬，还扎了一个瘸腿的纸人（张肇瑞瘸腿）挂在县衙外迎壁墙上，两边贴着张焕宸拟的对联，上联"肇瑞招匪类"下联"洗清洗不清"。待到张肇瑞撤职出衙时，张派把纸人和对联当众焚烧，如行丧吊，甚至哭儿叫孙，极尽侮谩诟骂之能事。从此张焕宸声势大振，地方士绅与工商界捧为"黄罗伞"。

张焕宸立足已稳，值阎锡山部委任梁锡三为游击司令不久，被韩复榘派来的县长缴了原博山保卫团的械，梁锡三出走了。1933年8月，张焕宸依据南京政府颁布的《商会法》，把董事制改为委员制，并增加了运输、矿业两个同业公会（矿业公会名义上参加商会，实际上独立于商会之外），排斥了梁锡三的副会长，换成了清一色的张派班底，由13个同业公会选出执行委员15人，监察委员7人，候补执委3人。由执委中选常委5人，主席1人。主席（习惯叫会长）由张焕宸连任。5名常委：一是张焕宸同族张皆平（学界，后经几个财主少爷钱鼎周、孙宝楠等集资成立公记银号，张皆平任经理）；二是张派杂货业巨商李训庭；三是张焕宸亲信王来青；四是顺从张焕宸的炭业公会会长张风亭；五是张派乡绅、福源酒店经理赵善甫。商会职员也大都与张焕宸沾亲带故。张任会长时间最长，本人高高在上，坐等上门拜谒，处事由代表人出面跑腿，先是夏侯洪如，后为张皆平。在经济上，除商会月支、受礼等项外，1929年各行业又集股10万银元为张焕宸成立了博来银号，挂名总理，按年分得红利。张每年实分2,400多银元。沦陷期间股东不分红了，张焕宸按月支取一至二百元所谓"糕点费"。

旧商会的活动，一是向各行业公会收取定期会费和临时摊派；二是协助地方政府搜刮民财，摊派营业税等苛捐杂税，正税上交，副税自肥，帮助税官们共分赃款，三是接官应召，送往迎来，商会设有"支应局"（即以后的招待处），照应过路军队，每逢三节向官府送礼，勾结官场势力；四是发行"钱票"（纸币）的商号承保盖章，调解工商业户之间的债务纠纷；五是银钱业设有交易所，每天早晨决定银元与铜元的兑换率，叫作"关上行市"；六是参与地方政治，以及地方上所谓"慈善"事业的摊敛。商会可谓百事管，同时又是一棵摇钱树；商会会长钱势皆有，大有油水，地方权贵所以都在觊觎争夺，其原因就在这里。

二、博山县治安维持会

1937年12月，日军侵占博山前，国民党博山驻军谷良民师以焦土抗战进行讹诈。工商业户特别是煤矿业生怕在日本人未到之前先遭受毁灭之灾，只得忍痛筹款。大成煤矿当晚就从矿井内取出埋藏的大宗银元和中、交票（中国银行、交通银行）送到商会，经商会以"开拔费"的名义送与谷部，与此同时，县长王荫桂早已携带家属细软逃之夭夭，博山形成了既无驻军又无官府的势力空间。地方士绅几番到张焕宸家计议，筹组"治安维持会"来接管权力。轻便铁路经理李又溪、丁良臣，瑞阜、瑞兴银号经理郑子宾等，乃大汉奸、悦升煤矿总经理丁敬臣的党羽，权欲熏心，跃跃欲试。他们在青岛早已有叫李又溪干维持会长的密谋策划，所以在张焕宸家开会时，李又溪自告奋勇当维持会长，又怕没有地方势力的支持不好办，于是拉上了商会常务董事张皆平出任维持会副会长。张焕宸既不愿自己出面，又不愿失去控制，所以就同意了这样的暂时安排。

1937年12月下旬，日军冈骑部队沿胶济铁路张博支线大昆仑站至西河煤矿的运煤铁路先到达西河丁敬臣的悦升煤矿暂住，李又溪、丁良臣、郑子宾等便以博山维持会的名义前往西河迎接。12月30日凌晨，由这帮汉奸引路，日军从容开进博山城，城里的老百姓纷纷向四乡奔逃。维持会的一伙走狗，卑躬屈节，为侵略军安排住地，供应肉蛋蔬菜等食品。就在当天晚上，日军枪杀了到"谦益祥"大粮栈抢吃的300多名饥民。制造了惨绝人寰的"北关大血案"。

日军进驻博山后，三五成群，沿大街小巷砸门找"花姑娘"，一两天内，城里有数名妇女遭其蹂躏。维持会的汉奸们害怕这厄运降临到自己的妻女身上，赶紧雇了一帮妓女，由乌龟头崔某管理，在城里的一个地方"慰劳皇军"。未逃走的妇女，为免遭伤害，有的用胶布粘在鼻子上，表示有花柳病；有的剪去长发，女扮男装。就这样，人称男美子的商会常务王退之，还被兽军赶着撕裤子。一时商店关门，工厂停工，老百姓闭门锁户，十室九空。

1938年1月3日，汉奸们急匆匆地粉墨登场，公开打出博山县治安维持会的招牌，代行伪博山县公署的职权。会长李又溪（又名李复祺），副会长张皆平。重要成员有郑子宾、丁良臣。秘书长赵瑜堂（矿业公会律师，丁派人物），警务科长刘京岩（东北人，会说日语，亡命徒），交际处长施笑风（福源煤矿经理，安清道义会头目，外地人，后当日军翻译），财务科长李星阶（丁派人物，外地人，利和煤矿经理、矿业公会副会长、日产销公司董事），工商科长张风亭（炭业工会会长、商会常务董事，外地人），建设科长刘子明（沦陷前博山矿务局长，外地人），另一建设科长为当地人蒋瑞麟（后任伪县公署建设科长），总务科长李钧甫（原在轻便铁路挂名支薪，地头蛇人物）。维持会在原县公署内住。李又溪、张皆平等不断到张焕宸家议事，凡是关系商会的事，必须张焕宸点头才能行得通。

维持会成立后，代替日军镇压人民的反抗斗争，使日军用极少兵力维持占领地区，腾出更多兵力继续侵略。他们搜刮民财以资敌用，首先从大资本家孙宝森开刀。维持会派政务警把孙抓去，下了大狱，交上4万银元才放出来。资本家程玉坤以及矿商大户、银号大户、窑货商大户等怕同样吃亏，都顺从地交了款，一般商号也要交两三千。我家那时还没有商号，冲着张焕宸的面子，要我父李伯清交了2,000元（我代理会长前）。听说他们计划勒索10万元，实际上敲诈10万以上，而入账的仅有6万多元，其余则入了维持会汉奸们的腰包。维持会绑架"财神票"后，又以没有货币流通为借口，征得张焕宸同意，以商会名义印发了2万元"临时流通券"归维持会使用。这项流通券终究归商会负担，后来分两次兑现收回。1938年5月，附近的抗日游击队一度收复博山城，枪毙了维持会警务科长刘京岩，还杀了一个以北京来的和尚（据说是个日本特务）。游击队惩治汉奸特务的行动，大灭了这伙民族败类的威风。后来维持会由县公署住地迁到赵家后门一户炭店内，靠近宪兵队，依靠其"主子"保命。

维持会成立不到一年，1938年底改组为伪县公署，李又溪成为第一任伪县长。不久，伪省公署就派曲化如接替李又溪。曲化如干到1944年，调任潍县伪县长。博山一伙走狗给曲化如送行时，矿业公会副会长程少鲁碰头大哭，如丧考妣，出尽了洋相。老百姓说"这是走了他后老子"。也有的说程少鲁是戏班出身，"做啥象啥"。

三、日伪时期的博山县商会

八路军和游击队几番对维持会的严厉惩罚，震慑了这伙汉奸走狗。八路军博山县长张敬焘致信警告其父张皆平："再当汉奸，拿头来见！"吓得张皆平赶急溜往青岛，不敢再干维持会了。在维持会难以维持的情况下，1938年8月，日军驻博守备队长张焕宸家促其恢复商会组织，张焕宸毕恭毕敬满口答应，立即召集各行业负责人20余人在他家开会。在"大势已去，谁来了给谁为民"的遁词掩盖下磋商了伪商会的组成问题。当时博山工商界的上层人物，有的逃往青岛；有的寻找借口不出头了，如丁淦浦、赵善甫、韩福庭、王来青等；有的当了日本产销公司董事，如俞子京、朱耀如、程少鲁、赵仲如等；与日本帝国主义早有勾结的官僚大矿商庄树庭、丁敬臣之类，则认贼作父，自甘前驱；有的则坚决地站在人民一边，积极参加抗日活动。张焕宸老奸巨猾，既舍不得丢掉会长之权，又不想落个汉奸骂名。日寇要他恢复商会，他曾对我说"皆平该回来"。本意是要张皆平代理会长，临时屈就于我，是不得已而为之。他假惺惺地说："看来我是脱不下来，我不能出去，我顶着名，你去干吧。"张焕宸是我的姑夫，平日是我家的靠山，他自然也拿我这个妻侄当亲信。那时候我年轻自信，经过张焕宸的一番夸奖和鼓励，很想试试身手。于是我也不顾后果如何，就高兴地应承下来。在上述会议上，张焕宸提出了由我出头代表他干，当然各行业负责人都表示同意，当时还决定由积极为敌效力的矿业公会副会长程少鲁，运输业公会会长战明符，炭业公会会长王退之，杂货业公会会长张云亭组成了常务委员会。程、战二人负责对外，张、王二人负责内务，协助我处理商会一切事务。商会财权，掌握在张云亭手中。仍由老职员赵咸亭、赵春农、张仰如分任庶务、会计、文书之职，新添王荣斋、丁有善跑外。

伪商会的班子组成之后，我代表商会开始了活动，卑躬屈膝，讨好日伪，来往应酬，酒席不断。遇上矿业公会、运输公会等献媚敌伪，每次必要我参加，几乎每天出进聚乐村饭庄。开始我还三天两天一趟张焕宸家，日子久了，去的也少了。外边都叫我李会长，我也以正式会长自居，同张见面，也有点身价，与前不同了。外人说我架子大了，脾气大了，特别是交上宪兵队、警备队之后，谁要看不起我，我就给他点颜色看看。东方煤矿俞子京，在青岛通过张皆平的引线，要买永和煤矿梁弼卿的股份。我听到张皆平、俞子京来博山住在太尉庙后东方煤矿营业部，没同我打招呼，我跑到东方营业部进行干预，使这伙人很僵。他们向我解释，我说："先不能立合同，里边还有问题。"把手一挥，我就走了。接着他们托程少鲁向我赔情，我还坚持"博山人的财产，先让博山人要。"结果把他们的交易给砸了，我收买了梁弼卿的股份。虽然如此，我仍然是张焕宸手中的傀儡。张焕宸始终有两根线牵着我：一是我弟李又津，二是张焕宸的贴心人张云亭。张焕宸为了拉住张云亭，将张姓祖传的珍贵文物交张云亭保存，以示信任。商会内部的实权，也叫张云亭掌握。张焕宸用钱，由张云亭送上门。我到商会，张云亭盯着我；晚上回家，又津盯着我。在外面，看来是我作主，实际上是又津作主，我犟不过他。张云亭与我有不同意见，往往通过又津压我。张云亭、李又津断不了同张焕宸密谋。我结交宪兵队翻译赵允台后，常同赵一起去张焕宸家，名义上是赵去拜望，实际上也是给点压力，要他把商会财权放松一点。先前给日军送礼时都由张云亭陪我一同去，甚至到赵允台家秘密给宪兵队送礼张云亭也一同去，防我有克扣。后来张云亭见我有时烦气，即不跟着去了。他们并且向我讨好，效法给张焕宸集资成立博来银号的办法，由各商号集股成立了义丰银号，叫我任总理，又津任经理。各股实商号煤矿等都到义丰无息存款，供义丰多出放贷款，名赚钱。又津已是博来银号经理，为了便于掌握，义丰即设在博来旁院。隆昌煤矿矿主张竹侪为拉上我越界采掘黑山日营矿区，就通过张焕宸要我担任了隆昌煤矿经理，张竹侪任总理，张焕宸的孙子张志永顶名协理，营业部也设在博来银号旁院。隆昌经理之职，实际上也是又津代行，此外我家还有与人合资的义昌德窑货庄、济南义兴茶庄、偏坡地釉厂等，也是又津掌握。所以社会上流传"程王丁丁孙，不如一个李又津。"（程玉坤、王庭光、丁淦浦、丁星五、孙宝森为博山有名的财主）我乘国家危亡之际，依仗敌伪势力，到处捞摸，商民冷嘲热讽，虽然指名李又津，实际上指的是我。

伪商会成立后，伪县长曲化如曾有让大汉奸丁敬臣一派人物李星阶主持伪商会的企图，这实质上是外来势力排斥地方势力的权力争夺。"七·七"事变前，以同兴煤矿总理庄树庭、悦升煤矿总理丁敬臣等为代表的外来势力把持矿公会，一直独立于张焕宸把持的商会之外。事变后，庄、丁靠上日本人，成为铁杆汉奸。庄任伪山东省建设厅长，丁成为日本产销公司常务理事、悦升煤矿董事长、伪矿业公会会长。丁派人物李又溪并担任了博山县维持会长。庄、丁等还想趁机将商会一起抓到手中。1943年伪县长曲化如找我谈话，要改选商会，征求我的意见，要让庄丁派人物、博山维持会财务科长、伪矿业公会副会长、利大合办矿经理李星阶干商会会长。我立即报告张焕宸。张在其家召开了各行业负责人会，说明此事，商议对策，除矿业分会未参加外，一致都说不能换。会后到处放风，表示抵制，也没有正式答复伪县长。改选商会之说，自行消灭。

日本投降后，国民党派土匪王连仲当博山县长。王连仲到张焕宸家拜访时，我也在场。张焕宸表白他的"清高"时说："8年期间，我没有出门。"王连仲当场吹捧他有"气节"。而我这个替死鬼却无地自容。此时此刻，我才恍然大悟，张焕宸玩的原来是这套把戏！

四、博山县商会在日伪时期的主要活动

伪商会虽然在维护工商业苟安求存方面也做了些糊弄日本人的事，但它是

在日本人支持下存在的，全部活动是适应侵略者需要的，所以说它是日本帝国主义的侵略工具和帮凶。主要活动有以下几项：

1. 接办"招待处"。

在军阀混战年代，博山地方上就有以商会为主成立的"支应局"，后改称"招待处"。招待过路军队，供应粮草军需，安排军队驻地和军官住房等，用款由商民分摊。七七事变前协商分摊的比例是"商三民四矿二特别一"，即商会三成，城区居民四成，矿业公会二成，轻便铁路一成。历史上几次较大规模的招待有：吴大洲的护国军，张宗昌的孙宝传、王翰铭军，阎锡山的西北军，韩复榘的谷良民军，沦陷后潘树勋伪军等。其他小股过境者就无可计数了。至于当时接应官长，酒筵迎送，行贿送礼，都是找商会开支，招待频繁，几无宁日。1938年8月，经张焕宸同意，博山县维持会招待处交于商会接办，由我负总责。第一区长宋永符，矿业公会副会长李星阶、程少鲁担任助理，杂货业公会会长张云庭、炭业公会会长王退之、炉料业公会会长吴聘三担任内务监理，由职员郝岱东、王荣斋、王友典、丁友善做具体招待工作，还有两名工友担任外勤。招待处设于大街南首商会院内。

日伪时期招待处的主要任务：一是采购供应日伪军、警、宪及日本居留民会的蔬菜肉蛋等副食品，天天购送；二是为日伪军、警、宪、特、翻译、顾问、队长等家属安置公馆住房；三是日伪之间相互馈赠，甚至生活用品均由招待处开支，日伪宴请商会人员，也由招待处负担；四是为伪县府警察局在押的所谓犯人送监饭，每顿两个高粱窝窝头；五是轮番宴请宪兵队、产销公司、伪政府、伪军警等日伪人员。8年时间，招待处为供应日伪不知摊派了多少钱。商人与老百姓迫于淫威，叫拿多少就得拿多少，谁敢不从。分担招待花费的比数是：商会七成，区镇三成。以后区镇摊不下去了，全由商会摊派。至于在送礼、宴请、采购供应中，主办者乘机中饱，雁过拔毛，自不消说了。

招待处虽然卑躬屈膝，效忠日伪，但稍有不周，即祸事临头。一次日伪出发"扫荡"，要招待处派人往八陡运物资。招待处现找民夫需要时间，伪县长曲化如恶性发作，将招待处职员郝岱东打了40军棍。一个老年人，怎禁得如此毒打，郝卧床数月不能行动。土匪队、"剿共军"潘树勋部来博驻防，住在北亭子吕祖庙内。潘到商会拜客，我去回拜，庙户程道江照应茶水之际，突然一声枪响，程惨叫一声，其大腿上中了一颗过梁子弹，吓得我钻到潘酋身后。潘说是走了火，实际是"杀鸡吓猴"，如有慢待，以程为例。经招待处出钱，把庙户抬到医院治疗，幸未丧命。

2.布置工厂商店恢复经营,支持建立伪政权。

维持会成立后,配合日军宣抚班召集各行业负责人,迫使工厂开工、商店开门,并要各煤矿负责人具结,保护矿山设备,筹备开工,如不开工,即行没收。在日伪逼迫下,商店只好半开半掩,晚开门,早收市,不少经理藏起来,让职员中亲信出面照应。商会建立后,张焕宸要我同几名常务委员一同去见日军守备队长,表示"效忠皇军",敌酋要我等"工厂大大的开工,商店大大的开门"。回来后我们赶紧召集各行业负责人会,为日帝宣传了一番"中日提携"的论调,劝告工商业者安心经营,我还威胁他们说:"大家若是同意我当会长,就敞开门,正式营业,出什么事找我,不然我也不能干,有事你们去找日本人。"各行业主任回去都开了本行业的会,下了门板开了工。随后维持会变成了伪县公署,相继成立了伪警察局。惯匪伊可春一伙从前属游击队吴鼎章部,后投降日军,编为警备大队,商会俱努力支持,不予慢待,伊匪部进城后,住在神头大庙。全部给养加炊事用具。都由商会招待处供给。尔后找房子、修房子、安置住处,所有花费,无一不是出在商民身上。伪县公署刚成立时的经费,全由商会招待处筹备。后来伪县公署的经济来源,除征收土地税外,更多的是按工商业户装出装入的货物,收取火车捐。不仅如此,日军在家庙胡同家庙中设置的一个个站不起身的木笼监牢,也是由商会出工建起来、用来关押中国人的。逢年过节,征得张焕宸同意,还要向敌伪献媚、送节礼,初时每次送伪县长1,000元、伪警备队大队长1,000元,伪警察局长500元,以后逐渐加码。送宪兵队的礼,比伪县长多,通过翻译赵允台交,并另有赵允台一份。各商号除负担商会摊派外,还要负担镇保公所的摊敛,给附近的伪军警下级送礼。伪保长等也借故勒索,层层盘剥。矿业公会除负担商会送礼外,还要再给伪县长等送厚礼,为的是矿上出了事故好仗势压人。1943年伪警察局长王文泗借成立消防队为名,要商会筹款,打算从中捞摸。凑巧,商会存有沦陷前胶济铁路寄存的救火车和消防工具可以借用,但王文泗坚持要摊款买新的,矿业公会勾结日本势力,借口产销公司不同意,王文泗才不得已答应使用旧器材,成立了消防队。该队只有20人,班长赵振环,副班长徐文炳,地点在报恩寺小学,经费由商会筹备。消防队成立后,救过几次小火灾,伪警察局却乘机敲诈,勒索酬劳金。

3.结交日本宪兵队作靠山,扩大伪商会的活动余地。

在日伪军、政、宪、特的多头指派下,又加其相互之间勾心斗角,矛盾重重,伪商会有时也是难以应付。运输业公会会长战明符,那时特别活跃。他因"安清道义会"的关系,早就认识了宪兵队的翻译、朝鲜人赵允台,由此靠上宪兵队。

通过战的引线，我也巴结上了赵允台。我和赵、战三人并结为"盟兄弟"。通过赵又很快巴结上宪兵队长、伍长等，我经常出入宪兵队，因此伪县公署、伪警备队、伪警察局的汉奸们，不得不稍有顾忌，我也觉得腰板硬了点。如伪警察局长王文泗与"三本"中队长崔冠英为捧其干儿、优伶许翰英，要商会向各商号派戏票，由于赵允台的撑腰，我顶着未办，王文泗恼羞成怒，放风要派人于黑夜对我行凶，有赵壮胆，我也未怕。但是"盟兄弟"也要送钱，送金货、皮货。我曾联合至友为赵允台出资买马车承运货物赚钱，每逢有相托之事或通过赵向敌酋说项，都要送礼。我与赵接触，多在晚上，地点在家庙胡同矿业公会小屋或大成煤矿营业部楼上。两人无话不说，如敌人派系斗争如何应付，要查封哪家五金行，赵所知道的都能透露。除了不能疏通的所谓重犯之外，一些沾风捕影和旨在敲诈勒索的被害者，受工商业户或亲朋所托，都能向赵摸底与计议花钱保释，曾经保出了一些人。

我在结交宪兵队和为工商业户、亲友说项中，所用的钱都是商会和关系人的，我个人也从中得到不少好处。吃请之外，还接受了不少礼品，有金首饰，也有食品等。传说谦积恒号向我家进"金茶壶"是没有的事，该号曾送我重礼是实情。

4.成立商会及同业公会"新民分会"。

日军侵占博山后有随军宣抚班进行奴化宣传，搞特务活动。北京伪政权成立后，相继成立了各级新民分会，博山也成立了"博山县新民总会"，宣抚班撤销，合并于新民会。伪县长曲化如兼任博山县新民总会会长，日人三木、菊池、狩野先后担任顾问。该总会成立后，伪县长召集我与程少鲁等人谈话，一方面宣传什么"中日亲善"、"大东亚共荣圈"、"王道乐土"，以及反共谰言，一方面强调经济封锁，搜集经济情报，如商号家有与解放区发生贸易联系者，即以"资敌论处"。要我等向工商业户宣传，并成立商会及各同业公会新民分会。同时在乡、镇、保、甲也成立分会，医院、学校甚至妓院中也要成立分会。我同程少鲁立即召开了各同业公会主任会，宣布成立了商会及各同业公会新民分会。商会新民分会会长由我与程兼任，各同业公会新民分会会长由各同业公会主任兼任。当时宪兵、特务、伪警察查老币查货物出境，搞得乌烟瘴气，商会一再警告各商号，一旦查住，商会没有办法。博山新民总会成立后，我同程少鲁去参加了几次会，我靠上宪兵队后，就不去新民会了。但程少鲁还是常去巴结，因为他靠伪县长靠鬼子顾问，如同我靠宪兵队一样，惟求亲近，深恐疏远。

5.成立"煤炭购买所"。

日本帝国主义统治煤炭产销的机构是山东矿业与产销公司，凡属民营矿产煤，全部由产销公司统治。博山陶瓷玻璃业所用的煤炭，一向由各大山煤矿供应。1940年，日帝由于侵略战争的需要，用煤紧张，山东产销公司对优质煤加强控制，停止地销。日本翻译、福源煤矿经理施笑风，宣抚班特务、宝业煤矿经理康子敬看到有机可乘，即勾结产销公司博山支店石下清，策划筹建出售小山煤的机构。博山炉窑两行能源断绝，跑到商会告急，商会也感到事态严重，一则劣质煤不宜炉窑烧用，二则如施、康诡计得逞，他们必然借机操纵，使煤价上涨。张焕宸也说，无论如何不能让他两人得手。我约同矿业公会副会长、产销公司董事李星阶、程少鲁与产销公司反复交涉，说明如果炉窑停工，后果不堪设想，最后达成协议，炉窑仍用大山煤，民用改为小山煤，由商会成立"煤炭购买所"，按月编造煤窑用煤计划，向产销公司批购，批到哪个矿，由用煤户直接去购运。产销公司多数批到大成煤矿，大成答应按批购数可以多购一点，基本满足了炉窑生产的需要。

6.办理出境货物"通行证"。

日帝实行经济封锁，禁止向根据地运送商品，博山城区的杂货业、布业、渔业、铁业、烟酒业、药业等商号，失掉了农村这个广大市场，收入大减。商会摊派，直接成了问题。据此理由，我找上赵允台，通过赵向宪兵队交涉，送了礼，结果答应由商会出具证明，除西药外，可以少量放行。商会刻制了"博山县商会"的印章，印制了"本城×××为正式商号，山售××货物，请验照放行"的凭证，持之可以公开出境。证明由商号填写，商会盖章。一担货物开上几种大路货，掩盖着下边的药品等物，也就混过去了。拿个执照，无非是应付鬼子罢了。

7.成立"感化院"，毒化人民。

日本侵略者实行烧光、杀光、抢光的"三光"政策，推行强化治安，博山四、五两区和博莱边界一带屡遭浩劫，但人民的抗日烈火，越烧越旺，对被捕群众，敌人也采取了软硬兼施的手段，对未被杀害的人，企图通过所谓"感化"，瓦解其斗志。1940年8月，宪兵队联络员盐炳同伪县长计谋，拟由博山"安清道义会"头子施笑风主办"感化院"，由商会出经费。通知商会后，张焕宸不同意商会出钱而由施笑风办。我几次找赵允台，要其向敌酋交涉，最后宪兵队同意由商会出钱由商会办。办成后，张焕宸任"感化院"院长，我代理。"感化院"组成人员，有伪县长推荐的当过日军宣抚官的李鸣泉（任体育教练），张焕宸推荐的史会仙（又名史芝房，任文书），具体负责院里工作。警卫由伪警察局消防队派伪兵轮流值班、财务管理由窑业公会会长石靖明、炉业公会会长吴聘三负责。宪兵队决定被"感化"人员的留院时间为2至3个月，因人不同，由我到宪兵队去领。"感化"期满，发给结业证，取保回家。"感化"内容千篇一律，什么"建设大东亚共荣圈"、"东亚新秩序"、"中日亲善"以及反共滥调等，由伪县公署教育科长王柏桓、"安清道义会"施笑风，伪民教馆长刘燕谟、商会常务程少鲁、战明符等一帮汉奸走狗轮流放毒，有时博山道院院长马季平还去讲什么"普渡众生"。这种讲话，每天一次，另外每天还有两次体操。"感化院"还把这些假话编印成《忏悔录》、《觉悟说》，由伪县长曲化如、伪商会会长张焕宸题词、写序言，装印成册，结业时每人发一份，并作为下一期"感化"教材。第一次交该院70余人，其中有小脚妇女3人，由我领着从赵家后门到北亭子路上跑了一个，经同史会仙商议，瞒着此事。第二次，第三次领的人数就少了。自1940年8月到1941年7月，计被毒化100余人，因经费难筹而停办。

8.出资办学校。

在博山，只有几处残缺不全的小学，任凭伪政权摆布，有好多失学儿童不得上学。伪商会一伙常务委员，一方面为了个人子弟学文化，另一方面为了减轻罪责，沽名钓誉，自办了一处中学，合办了两处完小，扩大了一处完小。这些中小学的教育是在伪政府汉奸文化统治下进行的，对学生灌输一些奴化教育的内容，起了毒化学生思想的作用。

1939年夏的一天，我乘黄包车逛大庙，南神头有几位老年人说："神头村这么些孩子没处念书，李会长也不给想个办法。"就在这几位老乡亲的抬举下，纯粹为了沽名钓誉，征得张焕宸同意，我找到该村日营发电厂的日军打着"中日亲善"的旗号，要该厂出资兴办学校，条件是电厂职工的儿童优先入学。日军慨然应允，但议定与商会合办，校址设在大庙内"三公祠"，设备由电厂负责，经费双方各半。这一次为占用"三公祠"，商会出钱修庙、塑神，共用4,000余元，办成一处6个班的完小，校长岳公明。小学办成后，张焕宸出名，史会仙拟稿，在"卧奶奶"神像旁立了一个为日营电厂"歌功颂德"的石碑，博山解放后才砸了。

七七事变前，博山有"洗凡中学一处，事变后即停课，不少学生参加抗日斗争去了。沦陷时期，工商界某些大户倡议恢复这所中学，为工商界子弟上中学提供方便。经过常委会研究，征得张焕宸同意，报伪省府备案，在南亭子办起了范泉中学，成立了以工商界为主的董事会，我任董事长。初次招生50人，发展到3个班，校长是地方士绅王亚民（后任伪镇长）史会仙帮办。该校办到日帝投降为止。"

9.成立"流浪儿童收容所"和"残废栖流所"。

日伪时期的博山，一方面是酒楼戏院，烟馆妓院，醉生梦死，灯红酒绿；一方面是城乡疲敝，饿殍遍地。1943年是博山大歉年，加上敌人五次强化治安，造成无数饥民，一到荒春，草根树皮，剥食一空，有些饥民，卖儿鬻女，逃荒要饭，常有人饿死路旁。伪警察所对到城里逃荒乞食者一律赶出城外，对城里的流浪儿童，要商会设法收容。商会在北亭子西院设立了一处"流浪儿童收容所"，商会拿钱并派人管理，收容儿童120余人，以后减为60余人，每天两次窝窝头，路远的住下，路近的晚上回家。冬季还置备了一部分棉衣分发。收容所只办了6个月，因经费拮据，余下十几个儿童，遣散回家，收容所停办。被赶往城外的乞食者，有些住在神头大庙和红门庙内，有些仍露宿街头。大庙与红门庙为经常住军处，商会深恐来了军队无法安置住地，各商号也感到乞丐盈门，很不便当，因此商会利用柳林泉下轻便铁路弃置不用的原来办公用房，略加修整，成立了一个"残废栖流所"，收容栖民游丐。他们白天四处行乞，晚上归此住宿。翌年除残废与无家可归者外，均陆续回乡。

以上是博山沦陷8年期间伪商会的几项主要活动。

8年来，我代理博山县伪商会会长，做了些对不住人民的事。1945年8月博山第一次解放时，人民政府宽大为怀，要我仍任商会会长，宣传党的工商业政策，使工商业户照常营业。在解放军转移时，政府为我安排去处，要我跟着转移，无奈我中毒太深，竟躲起来未走。后来，我又先后潜逃到重庆、青岛、武汉。1953年我回到博山投案自首，获得宽大，未受处分，并参加了劳动生产。

（李安怡整理　博山区政协供稿）

（政协山东省委员会文史资料研究委员会编：《文史资料选辑》第25辑，山东人民出版社1988年版，第120—138页）

（23）日伪军在鲁西南罪恶种种

温大明

一、日、伪在山东的军政概况

我从一九三八年十月至一九四五年六月，先后在山东禹城县伪警务局当股长，在平原县当伪警察分所长，在鲁南沂州道公署当科员和伪警备队当副官处长，最后又在鲁西曹州道公署当保安队指挥部的科长。我在这一时期，和当时的伪职人员以及与日军有关机关常有来往，因此知道一些日伪军祸害山东人民的情况，现把我亲身经历的事情记述于后。

一九三七年底日军侵入济南后，先委任马良为济南市地方维持会会长，继而委任为伪山东省省长。

当时日军将山东省划为四个道区：以国民党山东盐运使王露洪为鲁北道尹，驻鲁北德县；以旧东北军张宗昌部伪军长方永昌为鲁南道尹，驻鲁南临沂县；以伪师长朱泮藻为鲁西道尹，驻济宁县；以张化南为鲁东道尹，驻烟台市。各道公署的组织分为民政、财政、建设、教育、警务五个科，另外还设秘书、宣传、情报、视察四个室；各县公署设有秘书室和财政、教育、民政三个科，另外有警务局、县征收处、县保卫团等机构。当时的警务局长和所有的伪警官仍佩带国民党青天白日帽徽和领章，以便掩人耳目。在警务局内部，有警务、保安、司法、特务四个股。警务，专管伪警训练和人事调配；保安，专管训练保甲，清查户口，发放良民证以及各行业登记等司法专管审讯案件和扣押犯人于看守所；特务，专管思想侦察，搜索情报，协助日本宪兵队办案。另外每个区都设有警察分所。县城四门设有检查所，协同日本宪兵把守城门，检查出入行人。当时伪警官的权力超过伪县长的权力，因此他直接受日本宪兵队的领导，有时伪县长对他也不敢过问。

在伪山东省公署领导下的直属机关有：济南市公署，当时的市长朱桂山，曹州菏泽县人。省会警察局（后改为省会警察署），当时的警察局长是程镕，山东济宁县人（后升省警务厅长）。武装方面有一个省保卫团部（后改为省警备总队部），团长是王琦，号景涵，山东济宁县人，曾充张作霖时期的北京宪兵司令。各道尹都兼任该道保卫团长，另设副团长专负训练指挥之责。所有伪警官都是旧有人员，并未更换。

在铁蹄之下的伪政权，其口号是"以鲁治鲁"，就是让山东人办山东事，以便招抚土匪，麻痹人心，为日本帝国主义效劳。当时马良发出告山东民众的布告上有"虽有皇军入境，依然故国河山，让山东人办山东事，打倒蒋政权"之荒唐无耻谬论。鲁北道尹王露洪在一九三九年冬对禹城县公署伪职人员训话中说"焦土抗战，焦的是中国土，抵抗皇军，死的是中国人。本王道精神，实现光明乐土，抱新民主义，努力新政完成"的亡国奴论调。禹城县长王九思每在讲话中都说"要亲日爱民"，并狂吠"不亲日，日本到处烧杀，谁来挽救这个危局？只有和日本合作，才能保民安全"等奴颜婢膝的谰言。日军初入山东省，每到各县都以警备司令名义发出"安民"布告，说"皇军仗义，万里兴师，代为打倒蒋政权，支援新中国，没有领土之野心，实出亲邻之善意，望各界人等拥护新政权，共同建设东亚新秩序"等等谎语。一九三九年初，日军踢开马良，委任积极为他效力的唐仰杜为省长。唐原任山东省财政厅长，和日本驻济南的西田总领事相识，原籍邹县，是山东回族中落名的大官僚，善于言谈，随机应变，常作诗歌颂日本的德政。他有个小老婆，人称交际花，颇为日军济南陆军特务机关长杜边渡和省顾问西出耕一所欣赏。每逢唐请日本高级官僚喝酒时，都让他小老婆陪酒。

唐仰杜上台后，发表人事异动，委亲日留学生俞康德为秘书长，原财政厅科长李秉镕为财政厅长，张星五为民政厅长（山东滕县大地主），庄维屏为建设厅长（山东沂水县大地主），郝书暄为教育厅长，此时的警务厅长是程镕兼省会警察署长，为五大厅长中最突出的人物。他富有资财，在济南市开设一座东亚春大饭庄，专门应酬日伪要人。凡是日本人和日本宪兵队、伪治安军、伪道尹、县长等请客皆假座该庄。程镕统辖全省伪警察，刮的民财比任何人都多，以人民之财供敌人享受。对于科长、局长、县长的训练，则设有山东省行政人员训练所，其教育长为曹若山。对于警察的训练还设有甲种警察教练所，所长由省长兼，另设教务主任具体负责。对于团队的训练，设有保卫团干部训练所，主任是张庸，别号竹生，东北人，东北讲武堂毕业。在伪省公署还专有为敌参谋设计的参事室，拟计划、立章则。为了笼络人心，加强统治，还把各县土豪劣绅和退职的高级官僚封为省府参议，月支车马费以事笼络。

日军方面一九三九年至一九四二年的山东省日本陆军特务机关长是河野悦次郎少将，他原任驻济南日军土桥司令官的参谋长。土桥是中将级官衔，乃日军山东省最高指挥官。河野是以现役军人身份来统治山东省伪政权的。日军侵占山东八年，曾四易特务机关长。一九三九年初任山东省的特务机关长杜边渡中佐，是从东北关东军调来的，外号称"小墨索里尼"，中国通，后调北京日本兴亚院。继杜边之后是河野，后调回日本大阪府任守备司令。继河野的是大桥大佐（日本陆军大学教官，曾充任张宗昌时期军事顾问），末尾的特务机关长是加藤大佐，原任河北省冀南道"邯郸陆军连络部长"（人称机关长，自称日本陆军大学优秀军官），为华北特务机关长中之精干者。一九四四年我在邯郸通过冀南道公署川夺定雄顾问介绍，赴过他的一次宴会。山东省日伪政权将要垮台前夕，他被调到山东来，企图重整旗鼓，结果无济于事，枉自徒劳。当时的山东省陆军特务机关长办公处驻在济南市南关，内部全是日人，非常严密。特务机关长以下设有若干出张所，如济宁和青州都有分设的特务机关出张所（人称机关长），其内部组织有副机关长和若干辅佐官，分警务部、治安部、经济部、物资配给部、调查班等等。另外他们也有时委托中国会日语的汉奸为"军嘱托"（是日本用语，就是特务机关长不能去办的事，嘱托中国人去代他办）。这个"嘱托"只能负担外出调查了解某种事的工作，但不能参加特务机关的内部会议。那时凡属伪县长以上的人员更调任免和省厅长的任免，均须征求该机关同意后方为有效。各县团队作战武器配备以及子弹领发也由该机关决定。所有省府、道署、县署三级日本顾问的派遣与调动，也归该机关长掌握。它既管派出的日本顾问，又管伪政权省长、道尹和县长。在伪组织开会时，都是宣布特务机关长的训词（他是代表日本军的方针，对伪政权作指示）；另外还有华北政务委员会训词作为指导省政的方针。在表面上伪省公署归"华北政务委员会"领导，但仅限于书面空文，实际特务机关是直接监督省政的上级衙门。

当时伪山东省公署的顾问是西田耕一，民政厅顾问是滨田义丸（他曾充东北金阳县的参事官）。这两个家伙熟悉山东情形，并能做汉文诗词，满口中国普通话。教育厅的顾问是松田，建设厅是太本，财政厅是丰田，警务厅被敌人把持得很紧，既设警务专员来监督厅长，又有日本宪兵队小野少佐为顾问，并有日本特务机关警务科长黑田作指导。举凡委用科、局和所长，一律得通过专员顾问等三人批准，方为有效。

日本宪兵队在济南驻有一个大队部，大队长是赤藤中佐，其大队部驻济南商埠大观园。另外还有济南市的日本宪兵队长，首任叫葛西畸少佐、后任有少野少佐、前田少佐等。各道区都设有分遣队，如山东沂州道分遣队长叫须田少尉，曹州道分遣队长叫寺本少尉，济宁、德州、潍县、枣庄各重要城镇则驻有中尉队长；至于各县则由宪兵上、中士任队长，均参加伪县政会议。其队部组织有警务科、灭共科、特高科、经济和情报科，均由宪兵军曹任科长，另外设有若干便衣队，也称工作队。山东省的宪兵大队归北京日本宪兵司令田谷中将指挥。宪兵号称天皇亲兵，其权威超过日本陆军特务和机关长，他能受天皇使命直接监督所有日本军官的工作，并可随时向日本天皇奏报。

北京中国宪兵司令部司令邵文凯，派遣驻济南的中国宪兵第二大队长是黄绍泉中校，其大队部驻济南城内佛山街。黄有两个中队长，各带五十名宪兵，一个是杨显华少校，驻济南城内郝家胡同，一个是高晋山少校，驻济南商埠。此二人均是东北人，在一九二五年与我在奉天宪兵教练处同过学。凡是日本宪兵外出办案都由中国宪兵协助，并由伪警察署特高科作向导。中日宪兵队长经常联名出示"地方治安"的布告。另外，华北治安总署督办齐燮元还派有一个集团司令马文起驻济南与日军配合外出扫荡。

日本军方面当时在济南驻有十二军饭田中将，在鲁北德州驻有麦仓少将旅团，在兖州驻有井出师团，在鲁南莒县驻有鬼九旅团，青州（益都）驻有尾高师团，鲁东地区驻有木村师团，青岛、烟台均驻有海军陆战队。在一九三九年，敌寇在山东正规军有十二万之多。当时鲁南临沂县驻有丰田大佐，沂水县驻有竹林中佐，曹州（菏泽）驻有伊滕中佐，鲁北禹城驻有田村祯中佐和一刹中佐，凡是重要车站和城市，都驻有一个联队的兵力，而这个联队长还是管辖三个至五个县地区的警备司令官。如禹城的一刹部队长，他直辖禹城、平原、高唐、清平、茌平五个县的日本部队，并担负这五个县的治安责任，伪县长的更换任免，悉由他决定。

二、日军在山东采取以鲁治鲁的统治措施

日本军侵占山东后，提出"以鲁人办鲁事"的骗人口号，到处招收土匪，搜罗恶霸大地主和退职大官僚及有枪杆的土著团阀等为其当县长，借这些人之手来镇压山东人民，抗拒八路军。日军称大地主、大匪首为地方"实力者"，放纵他们为非作歹，杀害人民。而这些汉奸县长、区长、自卫团长等则为敌人维持社会秩序，保护运输通道，残害人民，破坏革命力量，为日军吞并中国大效犬马之劳。平原伪县长马承良，曾任过伪满洲国辽阳县参事官，通过省民政厅顾问滨田义丸的介绍，在一九四二年当上了伪平原县长。那时平原县的六个区长，都是本地土著恶霸，各有一部分武装，没有他们为日军效力，仅凭平原城内二十八个城本侵略军，连守城也不够，何言其他。这些伪区长，如三区的谢化武、四区的张圣泽、六区的刘区长和辛万和团主任，常假招待日军保卫乡土之名，任意向农民

派款，勒索粮、草、猪、鸡，供其享用，稍不如意就草菅人命。六区的团主任辛万和，住张大隆庄，就不断活埋人。

一九三九年，王九思（东北黑山县人）通过济南伪警务厅山田一隆顾问介绍，获得禹城伪县长之职。他歪点子特多，和区长认干亲、拜把子，通过地方恶霸收敛民财。第四区区长张明涛，架肉票所得都有他的好处。第五区区长程荆璞为鲁北一带著名大匪首，有四个老婆，手下有千余武装，手下的都吸毒品，人称他鸦片大王，他什么坏事都做。王九思与他换帖，与之分肥。郓城县长刘建勋，约有万人的武装，并有制造枪弹的修配厂，濮县伪县长王文宪，菏泽伪保安大队长李森庭都是助敌扰民，罪恶累累。曾充北洋军阀政府国会议员的张光璧（号天然，山东济宁县人），也组织了"一贯道"为日军鼓吹大东亚战争，皇军武运长久，"扶乩"说：日本当兴，皇图永固，帝道遐昌，太阳旗照耀天下放光，等等，为敌张目，迷惑群众，深得日寇的赞赏，因而"一贯道"到处林立，充当日军侵华的宣传工具，并利用道徒刺探情报，危害人民。

日伪军和警特组织也直接向乡村农民要给养、索款、抓兵拉夫，祸害人民。禹城县车站附近驻守的日军田村祯部队，一次即抓去农民三百多人，为其修整营房三月之久。这些被抓的中国百姓，有的由于干重活，口粮少，吃不饱，连饿带累死在工地上，有的由于给敌人出力心里不服气，发出怨恨之声，被敌诬为思想不良而被处死。一九四一年冬，驻临沂的广田部队抓民夫几百名，在县南黄山顶上建碉堡，拆毁民房几千间，黄山附近二十六个村庄遭受了空前的灾难。驻在据点里的日军，都在其营房外围搭木寨、挖深沟、筑高墙，防御抗日军民的攻击，因此到处伐树，据点周围的树都被日军伐光了。禹城县日军的三个据点，一个在车站，一个在三区辛庄，一个在七区辛寨，周围的树都被一扫而光。在日军抓夫时，伪军则借机向农民敲诈勒索，为免征民夫而出的钱，都进了他们的腰包。

敌人各据点间的军用电线不断被抗日军民割断，日军所占城镇间的公路，常被抗日军民挖沟破坏，日军便对附近村民施行拘押和拷打。一九四〇年冬，日军坦克车路过临沂半程村时，有三辆坦克落于陷坑，死亡日军十余人，当时公路两旁村庄农民逃避一空，日寇抓不着人泄愤，便把村里的房子点火烧了。

为了向日军讨好，许多较大县城的伪县长还设有招待皇军的供应处，有的县还规定每个月一个乡送日军十口肥猪，一千鸡蛋，一百小鸡，一条牛。可是供应处都对农民加倍勒索，还向农民要小麦、花生油等物，逼得老百姓无法应付。更有甚者，曹州供应处还给日军安置了一个"皇军慰安所"，伪军大队长李森廷从乡村抓来妇女押入"慰安所"供日军侮辱。烟台市长耿乃西（后任是邵中枢），龙口特种警察署长王旭，也都设有这种"慰安所"。

庞大的伪警察组织，省设伪警务厅，县设伪警察所，其罪恶更甚。平原县伪警察所的剿共班有十个人，归特务系长李廷尉领导，经常随日军下乡为敌人刺探情报，考查农民有无"反日亲共"行为。他们说谁家"通八路"，便加以逮捕。经保长从中说情，花几石麦子才可了事。临沂县警察所的灭共清乡队更为厉害。队长叫刘伯符，临沂人，经常随日本宪兵队下乡，到处抓人，敲诈勒索。各县的经济警察队是专门侦察监督商号，封锁粮食进入解放区。如见往解放区运粮者，粮没收，人逮捕。一九四二年夏天我在平原当经济警察长时，当地商会会长朱印川和各行业负责人都请我的客，每逢上济南，他们都给我几百元零花钱。我家的大米、白面都由平原商会供给，卖肉的小商供我肉吃，花生行供我油吃，布商供穿的，糕点铺随便吃，我那时是：只要抬抬手，家中吃穿啥都有。他们不仅应酬我个人，我的部下巡官警长、经济警士，商会一一照应，那时我们这些干伪警察的，就是依仗剥削敲诈来生活。

日伪时期各县保安队和各区自卫团的士兵，多为地痞流氓无业游民。只要下乡，他们就抢东西，牵牲畜，公开抢掠，养家肥己。一九四四年王九思在曹州道尹任内的伪保安团四个营兵力，第一营长赵兴汉，第二营长杨旭廷，第三营长张乃良，特务营长王世荣。他们每逢外出，多半由我跟随指挥，实际他们一到郊外，我也就指挥不了了。日本指挥官放纵说："小小的发财可以，大大的发财不行。"他们到乡村后，翻箱倒柜，见有好物，无不抢劫一空。有一次他们到巨野县大田集，抢了合作社的棉花、土布十三小车，由于分赃不均，动起武来，打死了两个伪班长。那时的伪保安团队配合日军外出抢粮，见向四郊逃避的老百姓，就开枪射击。一九四五年四月，菏泽县伪大队长李森廷带队到城南八里的张堂抢粮，农民一见伪军即向村外逃跑，他曾一连开枪打死无辜农民三人，深得日军的欢心。

日本军和日本宪兵队与日本各级顾问所用的通译（人称翻译官），为虎作伥，残杀中国同胞，其罪恶一言难尽。一句话就能杀人，但也能救人。如果你贿赂买通他，他在讲话中能把死犯的死刑变成无罪。否则，他给你乱翻乱扣，致触日军之怒，生命立即不保。日本临沂宪兵队的翻译、朝鲜人洪保生和金天佐，对于日宪兵捕去的无辜良民，在日本军曹审讯下，他们一说是良民，宪兵就放走，他们一说是通八路，日宪兵就杀害。义堂一个农民以通八路被捕，卖了五亩地，贿赂了洪翻译官，结果，只扣押一宿就安全而归。另外堰头一个农民，因无钱贿赂翻译官,结果被处死。沂州道顾问川本定雄的翻译官杨慕唐,他是河北乐亭县人,每天随川本乘车外出,凡抓住中国人,是杀是放,都看他是怎么翻译的。他吸食毒品,每次须用半两多,谁送给他毒品,他就说谁是好人,如果不送,便说不是良民,就遭日军杀害。伪县公署捕来的农民也是川本审讯,由他当翻译。临沂县在一九三九年至一九四二年中被日军杀害的无辜百姓达千人以上,多半死在翻译杨慕唐手里。那时,翻译、特务、宪兵的便衣、巡警,称为四大灾害,把老百姓给毁了。

日军在侵占山东八年中,三易伪省长,始而马良,继而唐仰杜,最后任命杨毓珣;三易陆军特务机关长,始而为杜边渡,继而为河野悦次郎少将,最后为加藤大佐;三易最高指挥官,始而为饭田中将,中间是土桥一次中将,末尾是西川中将。他们残害山东人民的花招施尽,但他们妄图征服山东人民的野心,最后落得一个彻底失败。

(政协山东省委员会文史资料研究委员会编:《文史资料选辑》第20辑,山东人民出版社1986年版,第195—203页)

（三）口述资料

1、战犯供述

（1）侦讯角唱韵的总结意见书

角唱韵，男，现年37岁，1919年6月29日生于日本福冈县八女郡口冢町大字羽犬冢东新町575番地2号，家庭务农，个人入伍前从事农业，文化程度高等小学校高等科2年毕业，被捕时任前日军59师团53旅团司令部副官部庶务系及军事机密文书下士官、曹长职。

1938年12月10日入伍，1939年4月17日侵入我中国，先后被编入独立混成第10旅团独立步兵第44大队第2中队、59师团第53旅团司令部副官部，充担机枪射手兼弹药手、新兵教育助教、小队连〔联〕络下士官、中队兵器系下士官、旅团司令部教育部教育系下士官、济南市防空警备系下士官、旅团司令部经理室经理员、旅团司令部副官部庶务系及军事机密文书下士官等职务，最后阶级曹长。盘踞在我国河北省保定市及山东省济南市、宁阳、滕县、滋阳、兖州、新泰、蒙阴、聊城、东昌、德县、桓台、张店等地区经常进行侵略活动，直至1945年7月中旬开出我国止。同年8月23日在朝鲜兴南被捕获。

经侦讯结果，根据该犯供认和同犯的检举，证实该犯在侵略我国领土期间所犯罪行如下：

一、屠杀我抗日武装人员及和平居民罪

该犯于1939年10月至1945年5月间，在我国山东省宁阳、蒙阴、聊城、丘县、馆陶等5县地区进行侵略活动中，以刺杀、虐杀、烧杀、射杀等惨〔残〕酷的手段杀害我抗日武装被俘人员6名，作为新兵部下刺杀练习。同时，在上述时间、地点进行侵略活动中亲自屠杀我抗日武装人员14名、和平居民2名，命令部下屠杀我抗日武装人员47名、和平居民15名。其中最残酷者，如1941年6月上旬，在蒙阴县西北方7公里附近某村庄侵略行动中，该犯命令部下逮捕我和平居民2名，进行灌凉水等酷刑拷问，搜查我军的武器，当时该犯命令分队员3名对我和平居民进行灌凉水，灌满肚子涨起来后再用脚把水踩出来，以这种最残无人性的手段反复进行了7次，约有40分钟，活活的把我和平居民酷刑致死。

该犯在上述时间、地点进行侵略活动中，以斩杀、射杀、炮击、飞机轰炸等手段参与集体屠杀我抗日武装人员95名、和平人民4名。其次该犯向大、中队进行连〔联〕络传达命令活动，各大中队集体屠杀我抗日武装人员783名、和平居民400名。

二、破坏房屋及掠夺我人民财物罪

该犯在上述时间地点进行侵略活动中，亲自与直接命令其部下破坏我国人民房子220座，焚烧望楼1座。该犯并亲自与命令部下大肆进行掠夺我国人民的食粮3096公斤、猪60口、衣服约800件，以及其他物资甚多。

三、酷使我国人民劳役及奸侮妇女罪

该犯在侵略我国领土期间，亲自与命令其部下逮捕、强制征用我国平民进行酷使，被酷使者计达348名，约有1423个劳动日。该犯并奸侮〔污〕我国妇女14名，其中有朝鲜妇女6名。

上述罪恶事实，该犯供认不讳，并经查对证实无误。罪情重大，手段残酷，本应惩以严刑。惟鉴该犯经过4年的管制，对罪恶有所认识，提议从轻处理。

1954年10月9日于抚顺

（中档）119—2—600—1—3

（转录自中央档案馆、中国第二历史档案馆、河北省社会科学院编：《日本侵略华北罪行档案·战犯供述》，河北人民出版社2005年版，第222—223页）

（2）侦讯加藤喜久夫的总结意见书

加藤喜久夫，男，现年36岁，1919年3月13日生于日本神奈川县津久井郡牧野8869番地，家庭成分农民，个人出身纺织机修理工，1932年3月由牧野村寻常高等小学毕业，入伍前曾在八王子市平冈町绢织品制造业及东京都立川町飞机公司从事修理工、装配工工作。1940年1月10日入伍，同年1月29日侵入中国，在日帝侵华派遣军59师团53旅团司令部历充通信二等兵、一等兵、上等兵、兵长、伍长、电信所长、分队长、军曹指挥小队长、曹长、通信下士官等职，盘踞在我国山东济南、泰安、石家庄、德县张店镇、狙莱〔徂徕〕山、肥城、峄县、枣庄、滹沱河、高密、诸城、沂水、新泰、蒙阴、范县、东昌、辛〔莘〕县、桓台、利津、博山、莒县、日照、广饶、博兴、莱芜、蒲台、洪山、历城等地，时常出动进行侵略活动。1945年7月随队移往朝鲜，同年8月22日于朝鲜咸镜南道兴南市被捕。

经侦讯结果，该犯供认及查对证实其自侵入我国领土期间所犯罪行如下：

一、屠杀我军民

1940年5月至1945年7月，该犯在我国山东省泰安狙莱〔徂徕〕山地区、肥【城】县、峄县朱沟、石家庄、历城东西十六里河、濮阳、沂水马站、鲁中地区、莒县、广饶县石村镇、蒲台、博山朱家庄、蒙阴、大汶口等地区屠杀我军民及被俘人员577名。其中平时该犯以刑讯、酷使、毒打屠杀我和平居民5名，命令部下刺死、打死我和平居民2名；受命参加集体放毒杀害我被俘人员6名；亲自射杀我抗日武装人员1名，刺杀我被俘人员1名，命令部下射杀我抗日武装人员1名。在战时，该犯参加集体射杀我和平居民25名，参与屠杀我抗日武装人员536名，其中该犯亲自屠杀9名，命令部下屠杀10名，参加集体屠杀517名。其性质极为残暴者如：1941年12月31日，该犯在我山东省历城县东西十六里河附近一村中，为搜查失踪的日帝〔本〕士兵2名，奉命与其部下逮捕我和平居民2人，该犯亲自以棍棒殴打进行刑讯日帝〔本〕兵的去向，因未获得任何情报，该犯亲自并令其部下将我和平居民2人活活打死。

又1945年5月下旬，于山东省泰安县的大汶口附近，在"秀岭一号作战"侵略行动中，该犯系53旅团司令部通信班指挥小队长曹长，与44大队向狙莱〔徂徕）山山腰进攻时，其继续指使部下酷使被情报员福本拷打后的我和平居民1名搬运60公斤通信器材，走至狙莱〔徂徕〕山山腰该和平居民昏倒了，该犯认为是装病，乃将我被毒打酷使劳累过度的和平居民踢死了。

二、放火及破坏我民房

该犯在上述时间、地点，为消灭我军根据地烧毁及破坏我民房430所，其中该犯亲自放火烧毁我民房20所，命令部下烧毁及破坏28所，参加集体烧毁及破坏382所。

三、侮辱妇女

该犯供认，自侵入我国领土以来，在石家庄、滹沱河、沂水、范县、蒲台、桓台、张店镇、历城、济南、德县等地之县城及村庄，强入民宅，以武力威胁强奸我无辜妇女6名，侮辱21名。

四、酷使劳役及掠夺中国人民之物资

该犯供认自侵入我国，为搬运无线器材，建筑用洋灰、砂子，粮秣等，任意毒打酷使我和平居民698名，累计劳动日为3540天。其性质尤为惨无人道者如：1942年2月下旬及1944年9月上旬，该犯在山东省鲁中地区沂水县，先后为搬运重量之粮秣，用棍棒、枪殴打被酷使者不分昼夜强制行军，因过度劳累与饥寒交迫，将我和平居民酷使至半死状态者达4人。

此外该犯亲自掠夺手表1只，亲自或命令部下掠夺电线5吨多，电柱190根，粮秣550公斤，马料410余公斤，银元100枚，肉类300余公斤，干草620余公斤，薪柴570余公斤，以及其他物资。

五、以活人试验毒瓦斯

该犯供认自1941年6月中旬至1942年5月之间，在我河北省石家庄、山东省泰安县大众桥附近、泰安车站前、兵营内等地，先后以活人试验催泪性、喷嚏性瓦斯，奉命或任意放毒4次，对现场附近居民及被监禁之和平居民之健康受到严重威胁。如1942年5月中旬，该犯于山东省泰安县车站附近兵营内，该犯系被教育的伍长，曾对倒背手绑着而监禁在营内土房的3名我和平居民，试验了催泪性瓦斯，该犯将土房门窗关上以后，把3根赤棒点着置于土房内，致我被难3名同胞遭受眼睛红肿、流清鼻涕，一时呼吸甚为困难。

上述罪恶事实，该犯匀供认不讳，复经查对证实无误。查该犯所犯之各种罪行，实属严重，本应严惩，但鉴于该犯已被我管制4年，且对罪恶有所认识，提议从轻处理。

1954年10月29日于抚顺

（中档）119—2—807—1—3

（转录自中央档案馆、中国第二历史档案馆、河北省社会科学院编：《日本侵略华北罪行档案·战犯供述》，河北人民出版社2005年版，第276—278页）

（3）侦讯田村贞直的总结意见书

田村贞直，别名田村桢绍，男，前日本陆军59师团54旅团独立步兵110大队机关枪中队长、中尉。现年36岁，1919年1月25日出生于日本山梨县西山梨郡千代田村大字平濑1798番地，11年文化程度，家庭务农，个人未入伍前为政府职员。

该犯于1940年1月于日本被征入伍，同月侵入我国东北，于黑龙江省神武屯步兵49联队第2机关枪中队受新兵训练，同年5月回国，曾毕业于盛冈陆军预备士官学校。1942年5月第二次侵入我国山东省泰安县、先后曾盘踞于我国山东省莱芜县吐丝口镇、章丘县城、德县城等地，历任前日军59师团54旅团110大队机关枪小队长、代理机关枪中队长、机关枪中队长、德县盘踞队长、铁道警务段指导官、"矢崎讨伐队"副官等职，最后升为中尉。1945年7月上旬随部开往朝鲜，同年8月23日于朝鲜咸镜业道咸兴市被苏军俘获。

经侦讯结果，由同犯检举并经调查证实，该犯在侵略我国期间所犯罪行如下：

一、杀害抗日武装人员

该犯在侵入我国山东省期间，历任机关枪小队长、中队长等职，命令与指挥部下参加数十次作战，共杀害我抗日武装人员1322人，其中由该犯亲自指挥命令部下而杀害381人，命令或指挥部下协助杀害891人，基于该犯参与策划而杀害了5口人。此外该犯还曾参与追捕我抗日军170人。例如1942年10月命令部下参加进攻泰安县吉山庄的作战，集体杀害我八路军194人，10月下旬指挥部下参加"鲁中、鲁南作战"，集体杀害我抗日军113人及农民14人。1944年9月于陵县王林店指挥部下杀害我八路军战士20人，同年11月基于该犯之参与策划鼓动而杀害起义抗日之战士40人。

二、屠杀我和平居民

该犯在盘踞地及历次作战中，更惨无人道地直接或间接命令指挥部下，集体屠杀我和平居民共278人，其中该犯亲自命令、指挥部下屠杀103人，命令或指挥部下协同杀害125人，基于该犯参与策划而杀害了50人。例如1942年7月中旬命令部下向山东省九顶山麓某村庄发射窒息性毒气弹3发，毒死及炸死老幼妇女15人。同年8月下旬于莱芜县嘉庄西方,指挥部下将一名过路之农民作为机枪射击练习的目标而射死。1943年9月下旬在阳谷县盛家命令部下将12名农民活活刺死在苞米地里。同年12月中旬命令部下逮捕了南明庄男女居民20人,用机枪集体杀死。1945年5月下旬,进攻日照县马耳山,为了训练新兵及锻炼部下胆量,下令将4名无辜农民活活刺死。

三、焚毁与破坏我和平村镇

该犯在侵略我国的历次作战中,总共策划及命令烧毁我和平居民之住房约300户及兵工厂3栋,其中由于该犯参与策划并派部下协助集体烧毁民房210户,直接命令烧毁□户,命令部下协同烧毁八九户。例如1944年3月,基于该犯参与策划并派部下参加,一次即烧毁我莱芜县茶屋口附近之民房150户。此外该犯在历次"扫荡"中还曾命令部下破坏民房约507户,集体破坏25户。

四、奴役我和平居民

该犯于侵入我国期间,曾强制酷使我和平居民3329人,总人数达281755人,其中由该犯亲自下命令酷使的总人数为11635人。

五、掠夺我国人畜财产

该犯在侵入我国的历次作战中,曾命令部下掠夺驴子14头、谷物20吨、衣服400套、白布20匹,参与集体掠夺驴子150头、牛50头,基于该犯参与策划而掠夺棉花22吨,此外该犯曾担任过110大队掠夺大队长,率领部下专事掠夺粮食、牲畜、蔬菜等物,数量很多,无法一一统计。

六、奸淫妇女

该犯在侵入中国期间,为发泄其兽欲,曾奸淫被日寇诱扣监禁之中国及朝鲜妇女共12人。

该犯对以上罪行供认不讳,并经同犯检举,查对证实无误。根据该犯上述罪行,罪情严重,本应给予应得之惩处,但考虑该犯已在我国被管制4年,在管制期间尚能坦白认罪,并表示愿意悔罪,所以提议给予从轻处理。

1954年10月29日于抚顺

(中档)119—2—812—1—3

(转录自中央档案馆、中国第二历史档案馆、河北省社会科学院编:《日本侵略华北罪行档案·战犯供述》,河北人民出版社2005年版,第297—299页)

（4）侦讯芳信雅之的总结意见书

前日本陆军59师团迫击炮大尉队长芳信雅之，现年38岁，日本广岛县人，1916年12月2日出生，小资产阶级家庭，职员出身，文化程度13年。

该犯自1934年于广岛工业学校毕业后在广岛市太田土木改修事务所工作，1938年1月被征入伍，1939年8月随日军独立混成第10旅团（以）炮兵中队小队长身份侵入我国山东省泰安县，后升少尉。1940年10月调任该旅团炮兵本队兵器委员，1941年4月到济南市警备队任警备系军官，同年8月升中尉。1942年5月任59师团情报系主任，1944年8月升大尉，并兼任师团临时挺身队长。1945年3月调任师团迫击炮队长，同年7月随军移驻朝鲜咸镜南道富坪，1945年8月28日在兴南市缘丘被苏军逮捕。

经侦讯结果，该犯侵入我国任职期间所犯罪如下：

一、亲自指挥部下搜集我军民情报

该犯自1942年5月至1945年1月止，任师团情报主任期间，为了镇压我抗日爱国运动，加强日帝对我沦陷区的法西斯统治，曾亲自拟定"师团收集情报规定与方法"，指示直辖情报机关利用红枪会、青帮、宗教反动组织及逮捕我军民进行讯问等手段，收集我山东省地区抗日武装与有抗日爱国思想伪军的数额、布防、装备、编制、活动规律及活动情况、群众动向、爱国组织等，并从宪兵队、陆军联络部、对共调查班、特务情报部济南支部、特别警备队等特务机关，搜集我国军事、政治等各种情报达18000余次，提供师团司令部拟定屠杀我军民重要决策资料，其中该犯曾亲自参与、计划对我"冀南"、"冀鲁豫"、"鲁中"、"渤海"等地区的抗日军队10余次作战。除了收集我军情报外，并提供"封锁"、"扫荡"我抗日根据地具体意见，致使我抗日武装人员被杀害2420人，伤15人，被俘2780人，掠夺步枪220支，轻机枪6挺，并逮捕有抗日爱国思想伪军1900人，杀害"伪军"165人、和平居民160人，抢劫步枪1500支，烧毁民房80余户，掠夺粮食2500吨、牛600头，使我国人民生命财产遭受重大危害。

二、亲自指挥部下屠杀、逮捕拷问我抗日武装人员与和平居民

该犯任济南市警备队警备系军官和兼任师团挺身队长时，在我山东省渤海地区，与济南市郊进行"讨伐"等作战期间，曾指挥命令部下杀害我抗日武装

人员109名、爱国人士5名，同时为掠夺我军民武器和收集情报，逮捕我和平居民32名，施以严刑拷问致死11名，其余释放。其次该犯为了对挺身队进【行】壮胆刺杀教育，以我被俘抗日武装人员5名、和平居民11名为"试验品"，命令部下刺死。其手段惨酷毒辣，举世罕见。

三、指挥部下参与侵略作战，屠杀我国军民并施放瓦斯弹

该犯侵入我国后，自1939年9月至1940年11月任炮兵小队长期间，在我山东省地区参与6次侵略作战中，为掩护步兵向我进攻，曾指挥部下以榴弹和瓦斯弹摧毁我军阵地，集体杀害我抗日武装人员686人、和平居民50名，炸毁民房33间，其中该犯奉命指挥部下在微山湖击沉抗日军队40人乘的船1只，人员全部淹死，同时在上述战斗中指挥部下杀害我避难的无辜和平居民2人。

四、阴谋破坏卫河堤防，淹没我抗日根据地

1943年9月，59师团企图趁卫河水涨之际，决堤覆灭我临清、武城、馆陶西部抗日根据地的阴谋计划，该犯曾亲自前往上述地区进行调查，收集我军民情报及卫河沿岸地形，并参与决堤地点的选择，提供师团实施这一罪行决策重要资料，致使上述地区我50个和平村庄和360平方公里农作物被淹没，迫使我25000名和平居民流离失所，无家可归，处于死亡境地。

五、参加军法会审，非法杀害我爱国人民

该犯于1941年11月、1942年2月在济南市任警备队警备系军官时，以所谓"审判员"的身份，参与敌12军对我桓台、长山、泰安等地区的抗日爱国者28人"军法会审"，以所谓"违犯"日军占领地统治法的罪名，将我11名无辜的和平人民判处死刑，惨遭杀害，其余17名分别处5年至15年徒刑，藉此镇压我国人民的正义行动以达日本帝国长期统治我国之目的。

六、放火、破坏、掠夺我国人民资财与奴役和平居民

该犯任挺身队和迫击炮队长时，在我济南、渤海等地区进行侵略活动中曾先后命令部下烧毁民房130间，破坏房子380间和农作物153000平方米，并胁迫我和平居民900余人进行苦役。为供给军需支持侵略战争，掠夺米面5400公斤，肉类3000公斤，蔬菜4800公斤，柴17吨，被服600套，棉鞋800双，马8匹，步枪15支，使我国人民财产遭受危害。

1954年11月10日于抚顺

（中档）119—2—869—1—3

（转录自中央档案馆、中国第二历史档案馆、河北省社会科学院编：《日本侵略华北罪行档案·战犯供述》，河北人民出版社2005年版，第314—316页）

（5）伪山东省政府顾问园田庆幸的口供（摘录）

1955年3月15日于山东省济南市

问：那时"扫荡"作战俘虏来的我抗日军民，处刑的交由何单位去执行？

答：将俘虏来的人交于〔予〕济南军法会议。现在我谈一下济南军法会议。

济南军法会议是在山东地区日本帝国主义军队的正式的军事法庭，而且是最高最后的一审制的审判机关。不用说是日帝的审判，完全是以天皇的名义来实施，就是军法会议在这一点上也是更严格，是完全绝对的，一点也不准许抗辩。除只有无条件服从以外，没有别的道路。所以军法会议就是在日本当初一采用"天皇制，国民皆兵制"的当时起就是绝对的至上的"统治镇压日本人民的机构"。

济南军法会议当然是具有这样原则的本质的机能，审判处分触犯军法的日本帝国主义军人、军属和一般侨民，但是对中国实行侵略作战中的当时，从客观条件上审判日本人是极少数。事实上是用全机能集中在镇压统治中国人民，引导日本帝国主义的侵略战争走向胜利的。换句话说，就是济南军法会议是以日本帝国主义"天皇"的名义，正式公开的夺取爱国抗日人民的生命或者陷于监狱苦役的深渊中，是绝对最高的镇压虐杀中国人民的机构。

……

问：俘虏来的我抗日军民都是关押在什么地方？

答：全部送到新华院监禁。……日帝军美其名为"劳动改造的集中营"作欺骗宣传，可是实际上是对爱国抗日中国人民最高至上的"镇压虐杀机关"，附属于济南军法会议虐待和虐杀布满恐怖的陆军监狱。由各地部队、宪兵送来的"俘虏"、"犯人"先收容监禁在该院，先进行区别整理及预审审问。根据军司令部的命令，送至军法会议，但在此预审审问过程中加以殴打、水刑、火刑、吊打等的过于残酷的拷问。夺取好多生命。

……

问：今天上午你已经将驻扎在山东的军队和机关谈过。现在你再继续将59师团及长岛勤、上坂胜等盘踞在山东的历史情况谈一下。

答：是，继续将他们盘踞在山东的情况暴露出来：59师团与长岛勤是当时在山东的日帝国军中的主力军，他们都（对）中国人民所犯的重大罪行实在是很大。

现在谨将我在当时连络部月报上看到的和在各连络部长会议上所听到的汇报，或者是由看见道县顾问月报和在道县顾问会议席上所听到的报告内，现在将我还记忆着的他们所犯的罪行，现在在中国人民面前暴露出来。但是这个暴露出来的和他们所犯的莫大罪行相比起来真是不及九牛一毛。也只不过是极微小的……

1943年2月中旬，细川59师团长，根据上述"仁"的扫荡作战的命令，指挥隶下长岛、吉川两旅团参加以鲁中地区沂州道管辖内沂水县、莱芜、蒙阴等地区为中心，所实施的扫荡作战。但经过这战斗期间给予中国人民的危害是在战斗中射杀八路军政人员及抗日人民1500多名，逮捕800名（长岛旅团500多名，吉川旅团300多名）。

逮捕人员650多名（长岛旅团410名，吉川旅团240多名）个个都由当地部队在当地杀害了。其中有200名在审问过程中受到殴打（用竹刀、木刀、皮鞭等抽打，全身出血，气绝身死）、水刑（强迫经口内灌水灌死过去再吐出来，这样反复数次）、火刑（用火筷子烫全身，或用蜡烛的火烧致命的地方，使其气绝身死）、吊刑（捆绑手脚或手指吊在棚顶上殴打）等的残酷的拷问，结果被拷问杀害。其他450多名作为判处死刑者，拷问后作为将校练习"砍头"或作为训练新兵刺杀的实验牺牲品给虐杀了。

逮捕人员剩余的150多名，其中有长岛旅团90多名，吉川旅团60多名，将这送往济南监禁在新华院，在1943年4月送到"仁"部队军法会议个个判处如下：

拷问杀害40多名（八路军政人员35名左右，抗日人民5名）。这些在审判过程中受到殴打、水刑、火刑、吊打等的残酷地拷问结果是被杀害了。

死刑约75名（八路军政人员69名，抗日人民约6名），在长岛部队将校指挥下，搭乘载重汽车在附近示威游行后带到白马山一带琵琶山下执行死刑。

徒刑35名（八路军政人员约16名，抗日人民19名），个个判处无期、有期徒刑后，再次回新华院监禁服苦役。

长岛旅团长与师团长共同参与"仁"扫荡作战计划，指挥隶下各部队参加这扫荡作战。在此次作战中，除战斗射杀八路军政人员及抗日人民800多名以外，还逮捕约500名。八路军政人员是370多名，抗日人民130多名，给予中国人民很大的危害。

逮捕人员中410多名在当地杀害了，其中120名，个个在当地部队的审问过程中经过殴打、水刑、火刑、吊打等的残酷地拷问，结果是被拷问杀害了。其他判处死刑者290多名，经过拷问后作为将校练习"砍头"或作为训练新兵刺杀的实验牺牲品给虐杀了。

逮捕人员中剩下的90多名（八路军政人员70名，抗日人民20多名），根据长岛勤旅团长的命令，送往济南，先监禁在新华院。1943年4月送到"仁"部队的军法会议，判决如下：

拷问杀害：25名，八路军政人员约22名，抗日人民3名，拷问杀害的情况与前边师团的时候是一样。

△死刑45名，八路军政人员42名，抗日人民3名，死刑执行的情况是和师团的时候是同样的。

徒刑20多名，八路军政人员6名，抗日人民14名多，徒刑服役情况与师团处理时是同样的。

以上是在"仁"扫荡作战中，他们的罪行暴露完了。

问：还有别的罪行吗？

答：有！以下继续暴露在1945年2月实施的"秀岭"扫荡作战中他们的罪行。59师团长细川忠康中将于1945年2月初作为"秀岭"部队军司令官，根据自己策谋"秀岭"扫荡作战的命令，1945年2月中旬在鲁中地区沂州道管辖内沂水县、临沂、莱芜、蒙阴一带指挥隶下长岛、吉川（同年2月末吉川战死后由上坂少将任旅团长成为上坂旅团），实施扫荡作战。

在此次作战期间内除去战斗射杀八路军政人员及抗日人民1600多名外，逮捕了1000多名（长岛旅团600多名，上坂旅团400多名），给予中国人民很大危害。

逮捕人员中约870名左右都要各个当地部队在当地给杀害了，其中有300多名在审间过程中加以殴打、水刑、火刑、吊打等的残酷的拷问，结果给杀害了。其他570名是拷问后判处死刑者，是作为将校练习"砍头"或者是训练新兵"刺杀"的实验牺牲品给虐杀了。

逮捕人员中剩下的130名，根据细川师团长的命令，将这些人送往济南，先监禁在新华院后，1945年4月送到"秀岭"部队军法会议个个判决处分如下：

拷问杀害30名（八路军政人员23名，抗日人民7名左右），都在审间过程中受到殴打、水刑、火刑、吊打等的残酷地拷问，结果杀害了。

死刑是70名（八路军政人员65名，抗日人民5名），在长岛部队将校的指挥死刑执行队的警戒下，搭乘汽车在附近示威游行后，带住白马山一带琵琶山下执行死刑。

徒刑30名（八路军政人员12名，抗日人民18名），个个判处有期无期的徒刑后，又重新送回新华院监禁，服残酷的监狱苦役。

长岛旅团长参与了该作战计划策定。根据1945年2月中旬该作战的命令指挥隶下各部队参加了这扫荡作战。

在此次作战期间内，除战斗射杀八路军政人员及抗日人民900多名，逮捕了600名（八路军政人员410名，抗日人民190名多），给予中国人民很大危害。

在此次逮捕人员内有520名在当地给杀害了，但其中有200多名（八路军政人员130名，抗日人民是70多名），个个都在当地部队审问过程中受到殴打、水刑、火刑、吊打等残酷地拷问，结果是杀害了。其他320多名（八路军政人员约220名，抗日人民100名）判处死刑，作为当地部队将校练习"砍头"或对新兵训练"刺杀"的实验牺牲品给虐杀了。

长岛将剩下的俘虏80多名（八路军政人员60名，抗日人民20多名）送往济南，先监禁在新华院，经过区别整理后，1945年4月送到"秀岭"部队军法会议，判别决处分如下：

拷问杀害20名（八路军政人员15名，抗日人民5名），杀害情况与前边师团时是一样。

△死刑40名（八路军政人员37名，抗日人民3名），执行情况与前边师的情况是同样。

徒刑20名（八路军政人员8名，抗日人民12名多），与前边师团执行徒刑情况是同样。

上坂旅团长在1945年2月末，吉川旅团长在这次作战中战死之后，同年3月初就任后任旅团长，指挥隶下部队参加这次作战。

在此作战期间内，战斗射杀八路军政人员及抗日人民700名外，逮捕了400多名，给予中国很大的危害。

在这次逮捕人员中，在当地部队内杀害了350多名，其中130名（抗日人民50名，八路军政人员80名）都在当地部队审问过程中受到殴打、水刑、火刑、吊打等的残酷拷问，结果被杀害了。其他200名（八路军政人员150名，抗日人民约70名）作为死刑判决者，作为当地部队将校练习"砍头"或作为训练新兵刺杀的实验牺牲品给虐杀了。

上坂旅团长将剩下的50名"俘虏"（八路军政人员40多名，抗日人民10名）送往济南，先监禁在新华院后，在1945年4月送到"秀岭"部队的军法会议，判

决处分如下:

拷问杀害10多名（八路军政人员8名，抗日人民2名）杀害情况与前师团时是一样。

死刑30名（八路军政人员28员，抗日人民2名），死刑执行情况与前师团是同样。

徒刑10名，八路军政人员4名，抗日人民6名，徒刑执行情况与前师团时是一样。

问：以上你们所谈的59师团和长岛旅团的罪行都是事实吗？

答：是，完全是事实。

问：根据你所知道的还有其他的罪行吗？

答：有，还有其他掠夺，放火，强奸等的具体罪行。

问：关于这些罪行今后还允许你用书面写出。他们的罪行，今天就谈到这里，你回去吧。

以上口供，经翻译用日语向我宣读过与我供述无误。

园田庆幸（签字）

原件存济南市公安局

（转录自方正主编：《日本侵略军在山东的暴行》，山东人民出版社1989年版，第314—320页）

（6）济南防疫给水部中尉军医竹内丰（刘宝森）的口供

据该犯供录：

于1943年8月16日～31日在济南防疫给水部工作时，为了进行研究细菌战，用特殊设备制造出大量的肠伤寒、副伤寒菌，供飞机撒播使用。为了实地试验他亲制细菌的效力，曾向济南宪兵队先后要来我军俘虏共11名进行了活体解剖实验。具体罪行如下：

（一）特殊设备。当时有高2米宽1米的孵卵器4个，病原检验器2个，高1米宽2米的干热灭菌器3个，中型普通灭菌器2个，S.K式的消毒器1个，显微镜（1.8倍的）3具，野战蒸馏锅1具，解剖器机1具及其他培养器材等……

（二）制造的细菌及输出的方法与数量：用上述特殊设备分制肠伤寒、副伤寒菌两种。在1943年8月上旬、中旬、下旬之间，由北京北支那方面军参谋部先后派飞机到济南载运3次。从机场到防疫给水部是用汽车搬运，3次共运去玻璃制的圆桶15桶（直径40cm×50cm）。除此以外，尚余正在制中的细菌约有一桶或一桶半（直径40cm×50cm）。

（三）用俘虏进行活体解剖实验。为了实验亲制细菌的效力，曾向当地宪兵队先后要来我俘虏共11名，用肠伤寒、副伤寒菌约1至2CC注射到俘虏的锁骨与乳房之间的皮下，使其发病后用绳绑在解剖台上，施行全身麻醉，进行解剖，看肠的溃疡期与结痂期来研究菌力。此后又用电话向宪兵队联络，即开来汽车将尸体装在汽车上拉到郊外。用此方法于1943年8月16、19、21、24、27、30、31日间，同在防疫给水部内共进行了7次，共惨杀我俘虏11名。

（原件存济南市公安局）

（转录自方正主编：《日本侵略军在山东的暴行》，山东人民出版社1989年版，第320—321页）

（7）久保谷幸作的笔供（摘录）

放火的罪行

（一）1941年6月上旬，当独立混成10旅团新泰县地区侵略作战时，于山东省新泰县城东方20公里的太平，我是独立步兵42大队3中队1小队1分队长兵长，在大队长吉野松五郎中佐指挥下，400名的兵力以包围攻击上述村庄的八路军为目的而侵入，但八路军已撤退，因此依据42大队长吉野松五郎中佐的命令，3中队为放火班，我将村庄东侧的农民住房10户放火，同时42大队将太平村庄的全部民房共60户放火烧毁。

证人：时川新八郎

（二）1942年10月上旬，第59师团53旅团42大队侵略马头镇作战时，于山东省丘县马头镇，我是4中队1小队4分队长伍长，在4中队长矢谷中尉指挥下，以80名的兵力，以包围攻击马头镇的八路军为目的，由马头镇的东方进行侵入，但八路军已撤退，因此依据42大队长五十君直彦的命令，42大队本【部】为放火班对马头镇放火。4中队在马头镇的东头对东方担当警戒时，我指挥分队员3名将5户农民住房放火，同时42大队将马头镇全部民房300户放火烧毁了。

证人：柿沼龙吉

（三）1940年6月中旬，当独立混成10旅团在禹城县、高唐县、清河县3县县境地区进行侵略作战时，于山东省高唐县柳子王庄，我是独立步兵42大队3中队指挥班传令二等兵，在大队长吉野松五郎中佐指挥下与抗日军400名进行战斗，侵入该村庄后，根据大队长吉野中佐的命令，大队本部为放火班，将柳子王庄当中的1户抗日军兵舍放火时，我在柳子王庄的东头警戒着掠夺来的武器及附近，协助了放火烧毁抗日军兵舍。

（四）1942年7月上旬，第59师团"衣剿共一号作战"时，于山东省馆陶县南馆陶南方6公里的某村庄，我是步兵53旅团42大队4中队2小队3分队长伍长，在中队长矢谷中尉指挥下，与80名士兵共同于上述地点和42大队主力合并，根据大队长五十君直彦中佐的命令，在上述地点的某村庄对农民住房5户放火时，我在村庄南侧担当警戒，而协助了某中队的放火烧毁了农民住房5户。

放火统计表

时间	地点	亲自放火	集体放火	合计	备注
1940 年 6 月中旬	高唐县柳子王庄		1 户	1 户	
1941 年 6 月上旬	新泰县太平	10 户	50 户	60 户	
1942 年 7 月上旬	馆陶县南馆陶南方		5 户	5 户	
1942 年 10 月上旬	丘县马头镇	5 户	295 户	300 户	
合计		15 户	351 户	366 户	

强奸的罪行

（一）1942年8月中旬，于山东省丘县城内我是59师团步兵53旅团独立步兵42大队4中队2小队3分队长伍长，我闯入在丘县城内伪县公署后面的农民住家里，强奸了一名20岁的中国妇女。

（二）1944年8月中旬，于山东省广饶县石村镇盘踞地，我是59师团步兵53旅团独立步兵42大队4中队石村镇盘踞队长军曹，我□日本人的包工者从广饶县城内领到石村镇盘踞队带来一名30岁的农民妇女，我与石村镇盘踞队士兵12名进行了轮奸。

（三）1944年9月，于山东省临淄县辛店，我是59师团步兵53旅团独立步兵42大队4中队补充兵教育助教军曹，我闯入辛店中央附近的农民住家里强奸了一名30岁的农民妇女。

（四）1942年6月至1943年4月，于山东省丘县城内，我是59师团步兵53旅团独立步兵42大队4中队2小队3分队长伍长，我对在上述地点被监禁的一名25岁的朝鲜妇女进行了5回强奸。

（五）1944年6月至1945年2月，于山东省广饶县城内，我是59师团步兵53旅团独立步兵42大队2小队1分队长军曹，我对在上述地点被监禁的1名20岁的朝鲜妇女进行了6回强奸。

强奸统计表

时间	地点	件数	被害者
1942 年 8 月	于丘县城内	1 件，1 名	农民妇女
1944 年 8 月	于广饶县石村镇	1 件，1 名	农民妇女
1944 年 9 月	于临淄县辛庄	1 件，1 名	农民妇女
1942 年 8 月	于丘县城内	5 件，1 名	朝鲜妇女
1944 年 7 月	于广饶城内	6 件，1 名	朝鲜妇女
计		14 件，5 名	

逮捕的罪行

（一）1940年6月中旬，当独立混成10旅团在高唐县、禹城县、清河县3县境地区进行侵略作战时，于山东省高唐县柳子王庄，我是独立步兵42大队3中队指挥班传令二等兵，在大队长吉野松五郎中佐的指挥下，500名士兵在柳子王庄与抗日军400名进行交战，侵入柳子王庄，于该村东头附近的民房里逮捕了抗日军战士，与掠夺兵器的同时进行监视，由柳子王庄东门进来了某中队员6名，对我监视的抗日军俘虏，拿着旁边的棍棒及铁锹照其头部进行了殴打。当时我预防该俘虏逃跑，拿着枪刺对着他，因而使该抗日军战士头部被打有长3公分、深1公分的砍伤4处，并使其出了大量的血，后送交到大队本部。

证人：加藤昌司

（二）1943年10月上旬，当十八秋鲁西侵略作战时，于山东省范县地区，我是步兵54旅团独立步兵42大队4中队1小队1分队长军曹，□□中队长鹿野中尉的指挥下在□大间隔散开向范县地区前进时，根据鹿岛中尉的"由20岁至40岁左右的和平农民必须逮捕"的命令，我指挥分队员逮捕了10名和平农民，同时4中队也逮捕了50名，都送交大队本部去了。

证人：加藤昌司

1954年

（中档）119—2—171—1—5

（转录自中央档案馆、中国第二历史档案馆、河北省社会科学院编：《日本侵略华北罪行档案·战犯供述》，河北人民出版社2005年版，第178—181页）

（8）野口作次郎的口供（摘录）

问：你何时在何地侵入中国？

答：1942年2月7日侵入山东省济南市，编入独立混成第10旅团独立步兵第41大队本部。

问：请你说明你在日军中的服务经过？

答：1942年2月7日编入独立混成第10旅团41大队本部，至5月受新兵教育，4月转属59师团53旅团独立步兵第41大队1中队，7月1日升级一等兵，1943年2月1日升级上等兵，10月1日升级兵长，被命下士官勤务。1945年4月1日进级伍长，7月23日随军到朝鲜，8月28日于朝鲜咸镜南道被苏联红军解除武装，当时任分队长伍长。

问：你侵入中国后盘踞过什么地方？

答：在山东省济南市、齐河、长清、平原、德县、桓台、博山等县及河北省之南皮县盘踞过。

问：你侵入中国参加执行过几次所谓"扫荡"和"讨伐"的作战呢？

答：一共参加过大小战斗7次。

问：你参加过哪些战役呢？

答：我参加过1942年7月上中旬的"剿共作战"，1943年9月上中旬的"十八秋鲁西作战"和1944年3月上中旬的"十九春山东作战"等战役。

问：你把你1942年在战场上犯的杀人罪行讲一下？

答：1942年我一共参加过3次作战：5月间在山东省齐河县张保屯附近北方6公里的地方和八路军作战2次，我们第1中队共打死八路军25名，我是二等兵掷弹筒手，亲自打死其中之10名。9月间从长清县野鹊乔由第一中队分屯队长少尉桦泽指挥的侵略行动中，听说某村有八路军宿营即命令我们队的4个掷弹筒开炮8发，打死八路军战士14名、居民6名，我自己打死其中的4个战士和3个居民。

问：除战场上杀人外，你在平时还犯有哪些杀人罪行？

答：1942年4月在山东省齐河县东门外，初年兵教官霜田哲二为了训练新兵刺杀胆量，指挥刺杀被俘的八路军战士1名，我也参加了。这次刺杀是由7个新兵进行的。6月间历城县汽车公司汽车被八路军盗去,霜田哲二命令夺还,在齐河西方5公里的某村,在上等兵分队长的命令下,为了搜索汽车我逮捕了1个和平居民把他吊在树上拷问,下面用着火的高粱秸烧了4次才把他给烧死了。7月间在茌平县"扫荡"时,被铃木上等兵逮捕监禁、逃跑的1个和平人民被我追上把他用刺刀刺死。9月间在长清县野鹊乔附近的田地里,以向八路军密报野鹊乔的情况为藉口在军官梅田寅太指挥下逮捕了1个和平居民,梅田命令要他坦白,我是分屯队一等兵,执行此一任务对这个农民进行了殴打拷问,以他不说为理由,我使用刺刀把他刺死。11月下旬在野鹊乔为了修澡堂抓了1个瓦匠,藉口他偷了袜子,我用木头棒子打他的肩腰等部,将他的肩骨打断,因内出血死亡。

问:1943年你参加过几次战斗,在各次战斗中你犯过哪些杀人罪行?

答:1943年共参加过3次作战:第一次是8月中旬,在山东省平原县津浦线上林庄信号所东北6公里的某村庄和八路军的游击队作战,5小时炸死和打死游击队员30名,我用炮弹和泄火手榴弹打死其中13名。在战斗结束之后,晚上有60余岁之两个老妇人想去逃难,我以他们到别处去通消息为理由亲手刺死1名,相距不远被相乐上等兵刺死1名。9月间在山东梁水镇(是堂邑地方)进行"十八秋鲁西作战"和齐子修抗日部队作战时,我以第1中队3分队长上等兵的身份命令部下封锁退路,追击时集体打死战士6名。同一期间,在41大队代理大队长宫本静人的指挥下于堂邑县避家庄和齐子修部作战,当时打死抗日战士650人,和平居民50人,其中我命令部下用掷弹筒集体打死战士30名,刺死受伤战士4名,我亲自用炮炸死抗日战士4名,刺死受伤战士1名和1个青年妇女。

问:你在上面供认堂邑县避家庄战斗打死抗日部队的数字是怎样来的,正确吗?

答:听情报说齐子修部有2000人,作战时看到有1000多人左右,共打了有2小时,战场面积估计约有2万平方米,掠得武器步枪400支、轻机枪20支、手枪60支、电台1架,以此推算。同时我看见过农民死尸就有30名,战斗结束后听中队长山本直武说这次一共打死有700多人。

问:1944年至1945年你在哪里犯过杀人罪行?采用的什么手段?

答:1944年我参加了"十九春山东作战",3月间在邹平县田镇附近某村庄,黎明进攻抗日部队,我以第1中队3小队3分队长的资格指挥部下包围进攻,打死抗日战士10名、农民2名,同一时期在大队长藤田宏大佐指挥下于邹平县田镇附近另一村庄进行作战时打死了战士20名,俘虏了11名,其中我亲自直接打死3名。这11名被俘战士后来听说送到山东省清〔青〕城县被3中队杀害了。2月,在山东省平原县我和情报伍长久保纲男为了搜集情报殴打了1名中国农民，并以灌凉水的手段进行了拷问，后来为了训练新兵的胆量我以示范把他刺死了，又由6名新兵进行了演习。同一期间，我以1中队值星下士官勤务命令卫兵把1个以通八路军"嫌疑"被监禁逃跑的中国人民打死。3月间在山东省博山县进行"扫荡"时，于某山洞中搜出3名像是母女逃难的中国妇女，我自己为了得知隐藏兵器和粮食的地方把这1名40岁上下的中国妇女之衣服扒掉，用皮带对她抽打直至红肿，更将她推倒命令部下按住，我穿着皮鞋跳到她的阴户上有10余次，尽管她流着血又踩了几足把她残杀了。对于其他1名大约13岁及1名大约15岁的少女命令部下用同样的手段把她们杀害了。同一时期在邹平县田镇附近某村"扫荡"时，我是1中队3小队3分队长，看见一家门口有1个未来得及躲避的农民，我用掷弹筒把他头上打了一下后把他按倒，用刺刀刺死了。

问：当你杀害这不能懂事的初生婴儿、无能为力的老少妇女、手无寸铁的和平居民及失去武器之俘虏和伤兵时，你懂的这是不人道吗？

答：当时我也这样想过，但是站在敌对立场上视中国人民为敌就把他们杀害了。

问：你把你到中国来以后参与逮捕和平居民的罪行讲一讲？

答：我参加过2次：1942年10月间我在山东省长清县潘家店盘踞时，在41大队长中佐津田佃的命令下，以八路军嫌疑者为罪名逮捕了20至25岁上下的青年男子100名，其中我直接逮捕了5名，监禁在营仓内，让济南出差的宪兵进行拷问，后来听说经过济南送到伪满洲国去了。在河北省南皮县还有一次，在屠杀罪行里已经供过了。

问：你在那里犯过毒打中国人民的罪行？

答：1942年9月，我是桦泽小队一等兵，在山东省之长清县野鹊乔西南56公里的地方某村庄里，奉分队长上等兵横坂留吉的命令把一个村长抓来，以拒绝由该村供给筑城材料和强制征用劳动者为理由将其衣服扒去，用皮鞭殴打全身出血赤肿，迫使他承认供给筑城材料和每日供给劳工100【人】为止。1943年9月间，在山东省堂邑县梁水镇附近某村庄，为了搜索隐藏武器，我奉山本直武中尉的命令，指挥部下在该地逮捕了1名40岁上下的男子和1名60岁左右的妇女，把他们衣服扒去，用细竹鞭打他们直至出血红肿，也没有说出什么，便用刺刀威胁他们说："如果真不知道兵器隐藏地点，那么你们俩现在就给我交媾，不然就杀你们。"就这样强迫他俩交媾，对其进行了污辱。1944年2月和10月在山东省平原县盘踞时，中队长山本直武把马家务和廓庙的5个人以拒绝供给物资和每日

503

报告村中情况为理由，把他们监禁起来，我以卫兵司令的身份监视了他们一星期，并用小麻绳倒绑住手，不让大小便，整天坐在地上，后来才放了。在博山县八陡镇将两农民用同样的手段拷问和为难，过一昼夜后才放了。

问：你在中国强奸过多少妇女？

答：1943年9月至1944年4月，在山东省临清、德县、平原、博山、桓台等县盘踞时，用恐吓手段亲自强奸过1名中国妇女，下令部下强奸2名，同时还奸污过被诱骗监禁的中国和朝鲜妇女。

问：你把在桓台盘踞时犯的罪行讲一讲？

答：1944年3月在山东省桓台盘踞时，用恐吓手段强奸了1名有60岁的妇女，还强奸了25岁左右的1名。4月间强奸了18岁至40岁上下的妇女各1名。

问：你把你奴役和殴打中国人民的罪讲一讲？

答：1942年8月，59师团53旅团第41大队在山东省长清县野鹊乔、五营子、潘家店之间修筑公路，强抓了中国和平人民有2万人次（以劳动日计算）。在我负责监督的时候，以他们"不好好干活"为藉口、用竹鞭打了130名。9月间为了在野鹊乔筑城，强制了和平人民8000人次，我负责监督做劳工者有500名，我以他们"不干活"打了有200名左右。1943年9月"十八秋鲁西作战"中，在山东省之临清、馆陶、堂邑、博平等地区，在代理大队长宫本静人中尉指挥下，为了运送粮秣强制了中国人民3000人次达20天，这时我为了背落伍者的弹药，酷使了35名，我打了5名，后至临清释放。1944年3月"十九春的山东作战"中，于博山、桓台、邹平及清〔青〕城等处，在大队长大佐藤田宏的指挥下，为了搬运弹药、粮秣酷使了中国和平人民150名，共20余天，为了运送弹药和掠夺之物资我用了60人，并因为走的慢还打过他们，到张店释放了。另外，在博山神头镇为烧澡堂和洗衣服还酷使了一个13岁的小孩。

问：你在津浦线上当装甲列车兵时还犯过什么罪行？

答：1943年还参与用野炮轰击过和平村镇3次，都是夜间受59师团53旅团41大队第1中队装甲列车小队长梅朵春吉指挥下进行的。第一次是1月间的一个夜里，进行非常警戒运行在东光车站和连镇车站之间；第二次是2月间的夜里，执行警戒运行任务在南霞口车站南方；第3次也是3月里一个半夜时候，也是执行非常警戒运行任务时在冯河潘车站东北。这3次均是在中途得知情报，停车按地图测定方位开炮射击的，各放3发，我直接参加了搬炮栓和装炮弹的炮击。被害的情况想来是严重的，但究竟怎样不知道。

问：你把你破坏房屋的罪行谈一谈？

答：1943年9月，41大队1中队要在山东省长清县野鹊乔修筑盘踞地，破坏了民房3所，庙1座，我受军曹大河原猛的指挥直接破坏的。1943年9月"十八秋鲁西作战"时，在堂邑之避家庄和梁水镇由于作战和炮击、筑阵地破坏了民房30所，我在1中队3小队3分队上等兵职务内服分哨勤务时，为建筑阵地破坏了7所民房。1944年"十九春山东作战"在博山、桓台、邹平及清〔青〕城等县宿营时，为了构筑阵地破坏了民房23所，我以1中队3小队3分队长的身份为了构筑阵地破坏了7所民房。

问：你对你的罪行还有什么补充吗？

答：我补一点大的掠夺罪行，就是在"十八秋作战"和"十九春山东作战"还参与掠夺了食盐500公斤、小米500公斤，还有零碎物资。

1954年9月15日于抚顺

（中档）119—2—343—1—4

（转录自中央档案馆、中国第二历史档案馆、河北省社会科学院编：《日本侵略华北罪行档案·战犯供述》，河北人民出版社2005年版，第182—189页）

（9）星野源之助的口供（摘录）

问：你在侵略中国期间，除杀人罪行外还犯有哪些罪行？

答：还有强奸罪行。

问：具体的谈谈？

答：1944年5月初旬，我在山东省平原县马腰务盘踞期间，随同110大队第3中队长守屋辉久中尉指挥的中队，在"扫荡"马腰务西南方7公里某村庄时，于午后休息时侵入一民宅，用刺刀威胁强奸了1名中国妇女。

另外，我在侵略中国期间，盘踞于山东省章丘、长清、平原等地区时，共强奸了"慰安妇"中国妇女10名和朝鲜妇女7名。

问：你在侵略中国期间奴役过中国人民吗？

答：我在侵略中国期间，在山东省莱芜、蒙阴、临邑、平原等地区盘踞时，曾参加集体奴役了中国和平居民333名从事搬运弹药、粮食等劳役，劳役期间最长者有14天，最短者有1天，333人总计劳役了1964天。其中我奉命亲自奴役了9名中国和平居民，共做了23天劳工。其中，如1944年8月下旬，第3中队在山东省临邑县北方7公里某村庄"讨伐"八路军作战行动中，我奉命奴役了3名中国和平农民搬运弹药3天，共奴役了他们9个劳动日。

问：你还犯有哪些罪行？

答：1944年1月，110大队森有中队在济阳县张家岭附近的20公里的某村庄，掠夺中国地方武装步枪50支、手枪5支。当时我参加了这次解除武装，在山上架设有机枪。另外，听说大队在该地附近也解除武装步枪约150支。

问：你在莱芜县还犯有什么罪行？

答：1942年7月上旬，54旅团预备队诸角中队到莱芜县西方7公里的某村庄，将中国红枪会的兵器工厂的工具装推车掠夺走了。因据说这个兵器工具厂给八路军修理武器。我当时在预备队的机枪中队，参加了这次行动。

又1943年1月10日，110大队第2中队冈田利万大尉带领部下到莱芜县吐系口镇东北方15公里某村庄搜查武器时，将该村村长拷问、殴打、灌冷水，追问他八路军武器工厂在什么地方，当时我奉命参加了拷问。

问：把你在平原县的罪行谈谈。

答：1944年7月，110大队长在马腰务附近掠夺小麦作战中，共掠夺小麦105大车，每车装有840麻袋，每袋有90公斤，共75600公斤。当时我是押运。

又于同年11月中旬，110大队在平原县城附近掠夺棉花作战中，共掠夺棉花105车，每车装有10袋，共1050袋，每袋约重15公斤，共计有15750公斤。掠夺后我押运送回部队。

问：除了以上谈的外，你还有哪些主要掠夺罪行？

答：1942年10月中旬，110大队长冈田带领部下在河南省夏邑县城附近掠夺了中国人民小麦20大车，每车约有2吨，共40吨，给住在□□的1名日本居民。今天我想到这个日本人是个资本家，当时他随同部队一起去掠夺。当时我担任对八路军的警戒。

1954年9月23日于抚顺

（中档）119—2—652—1—4

（转录自中央档案馆、中国第二历史档案馆、河北省社会科学院编：《日本侵略华北罪行档案·战犯供述》，河北人民出版社2005年版，第234—235页）

（10）秋田松吉的口供（摘录）

问：把你在独立混成第10旅团服役时在山东省峄县枣庄盘踞期间的罪行谈谈？

答：1939年4月20日，我在山东省峄县枣庄城内，在炭坑受独立混成第10旅团第43大队的新兵教育时，3中队教官□井中尉命令我们30名新兵，把由43大队本部带来的3名中国和平农民作集体刺杀练习，其中我亲自刺杀了1名。1939年5月中旬，43大队参加12军新蒙作战中，第3中队在山东省蒙阴县某村共射死八路军30名，当时我是一等兵步枪手，奉中队长宫川中尉的命令射死2名八路军。

1939年7月，43大队第3中队长宫川中尉指挥部下120名，在峄县枣庄西方20公里侵略八路军行动中，和山顶上50名八路军作战时，小队长日下中尉命令2分队用掷弹筒射击炸死八路军8名。同时第3中队代理中队长□井中尉指挥日军70名，在枣庄东方侵略八路军行动中，和50名八路军作战约1小时，共射死15名八路军，其中我亲自射死了2名。又同期间，我同第3中队给养班长小野伍长等7名，到枣庄附近义山口驻扎的部队去办理伙食薪金等事情，返回时遇到一中国人，觉得他穿的衣服和农民不同，小野伍长命令我检查他，检查时他就跑了，于是用枪把他射死，检查出衣服内有1支手枪，我们就拿走了。

问：除以上谈的外，你在峄县独立混成第10旅团服役期间还犯有其他的杀人罪行吗？

答：1939年9月，43大队第3中队长宫川中尉指挥部下60名，在枣庄北方10公里地方"讨伐"八路军时，攻击山顶上约30名左右的八路军作战中，共射死了10名八路军，其中我射死了2名。1939年10月初旬，43大队长田村中佐带领部下300名，在枣庄西北方约35公里的山岳地区"讨伐"八路军行动中，和约100名的八路军作战时，以山炮、掷弹筒、机枪等炸死、射死了八路军15名，当时我也参加了这次战斗。

1940年2月间，43大队第3中队长宫川中尉带领部下80名，在枣庄城南方30公里马庄村附近的某村庄"讨伐"八路军时，基于43大队长菊地中佐的指示命令："此地是八路军的重要根据地，须烧毁掉。"全中队共烧毁该村150户居民的房屋，其中在荒军曹的指挥下，我侵往中国居民家中，把一约60岁的农民推到屋内，屋内坑上还睡有一约2岁的婴孩，然后把门关起来，放火把该屋烧掉，连同那个老头、小孩一起烧死。同期间，宫川中尉又带领部下 60 名，在枣庄城南方约35公里某处"讨伐"八路军行动中，当时我和5名同僚担当尖兵，在行军中发现前方有八路军移动，我用掷弹筒射击炸死了八路军3名。

问：你再具体谈谈烧死那个中国农民老头和婴孩的事情，是你自己要这样作的吗？同时在这次大的焚烧中还烧死有其他中国和平居民吗？

答：当时荒军曹只命令我烧那户居民的房屋，当我看到那个中国农民老头后，就把他推到屋内一起用火烧死了。除此外没有听说还烧死有其他的中国居民。

问：既然如此，你烧房时为什么要烧死这个中国老农民和婴孩呢？你的思想是怎样活动的？

答：对这件事情我要完全负责。因当时我为了能"进级"快，所以要这样做来立功。

问：你在独立混成第10旅【团】服役期间，除以上供述外还有哪些杀人罪行？

答：1940年5月下旬，43大队第3中队南曹范分遣队长山根信次伍长带领部下15名，在章丘县南曹范侵略八路军作战中，射死八路军3名，其中我射死了1名。又在1940年9月中旬，山根信次伍长带领日军10名、伪军70名，在南曹范东方5个村庄进行"讨伐"八路军行动中，在南曹范东方20公里山中某村庄与30名八路军作战时，共射死八路军5名，其中我亲自射死了1名。

问：你在独立混成第10旅团服役期间，除杀人外还犯有什么罪行？

答：1939年4月前后，43大队3中队长宫川中尉指挥部下80名在峄县枣庄西方约25公里的某村"讨伐"八路军时，宫川中队长命令惠比寿一等兵将该村村长逮捕来，威胁说："若不把村内隐蔽八路军的武器拿出来，就放火烧村。"但该村长仍说没有，于是就命令全中队把该村庄40多户的中国居民房屋全部放火烧掉，其中我奉3分队长森伍长的命令，放火烧掉1户中国居民的房屋。1940年□月下旬，43大队第3中队在枣庄齐村盘踞时，第3中队分遣队长森伍长以和八路军有联络为理由，将该村庄一中国农民逮捕后，森伍长命令我和齐村分遣队步哨一等兵以木棒殴打该农民，拷问八路军的情报。

又1939年8月间，43大队在枣庄盘踞时，得知枣庄北方约12公里的某村庄有八路军的"情报"，第3中队第1小队长日下中尉带领日军30名，到该村庄对左侧山顶的八路军进行攻击，后日下中尉命令向八路军放射了3枚瓦斯弹，其中我放了1枚。

问：你们施放毒瓦斯后，八路军中毒的有多少人？

答：我想射瓦斯弹后，八路军是有损失的，但具体受些什么损失我确实不知道，当时没看见，以后也没听别人讲过。

问：把你在独立混成第10旅团服役期间犯的罪行继续讲下去？

答：1939年4月初旬，在枣庄城内盘踞时，我和43大队第3中队分哨长井桁上等兵等共5名，在南城门站岗放哨时，于夜间8时前后，我将1名从分哨所前走路的中国妇女用刺刀威胁拉进分哨所内，我和井桁上等兵等5名对该妇女进行了轮奸。又一次，于4月下旬，我和3中队某一等兵在枣庄南城内放哨时，我以强奸为目的侵入到南门北方约100公尺的一中国居民家中，以刺刀威胁强奸了1名中国妇女。另外一次，于4月20日前后，我和分哨长井桁上等兵等5名在枣庄南城门放哨站岗时，我和井桁上等兵以强奸为目的，侵入到南城门西北方约70公尺的某中国居民家中，以刺刀威胁轮奸了1名中国妇女。

又自1940年2月至1941年5月，43大队第3中队山东省章丘县南曹范分遣队长山根信次伍长以下15名，在南曹范盘踞期间，我任该队一等兵步哨，山根伍长通过伪村公所强制带来5名中国妇女做"慰安妇"，我们15人对该5名中国妇女进行了1年零5个月时间的淫污。又自1941年5月至1942年6月下旬，43大队第3中队章丘县西彩石分遣队长中野濑军曹以下15名，在西彩石盘踞期间，中野濑军曹通过伪区公所强制带来2名中国妇女，送到分遣队作"慰安妇"，当时我在分遣队任步哨一等兵（后进级为上等兵），我们15人对该2名中国妇女进行了1年零1个月时间的淫污。

问：再谈谈你在59师团服役期间的罪行？

答：1942年8月上旬，59师团53旅团第43大队第3中队在山东省章丘普集火车站盘踞时，中队长田原少尉得到有30名八路军将在夜间从车站西方约20公尺的地点越过铁路的情报，便命令部下20名在该地点埋伏。于当夜在田原少尉的指挥下，对欲越铁路线的八路军进行射击，我射死了1名八路军。

1942年4月下旬，59师团53旅团第43大队第3中队章丘彩石分遣队长中野濑军曹在西彩石盘踞时，带领部下10名和伪军30名攻击西彩石西文约20公里的40名八路军战斗中，共射死八路军11名，其中我射死了4名。并且在战斗中还俘虏了1名八路军，带回盘踞地。为了知道八路军的情报，中野濑命令我和堀中川一等兵用灌水进行拷问，但该八路军俘虏没有说出八路军的情报，于是中野濑军曹命令我用刺刀把他刺死了。

问：你在59师团服役期间除杀人外还犯有什么罪行？

答：1942年7月，我在53旅团43大队第3中队章丘西彩石分遣队任上等兵时，在值班放哨时，曾和同僚中川一等兵侵入一中国居民家中，以刺刀威胁轮奸1名中国妇女。

问：你在180师团服役期间有什么罪行？

答：1945年6月中旬至1945年8月15日，我在180师团司令部经理部服役时，在伪满晖春密光盘踞期间，曾参加经理部集体强制中国和平农民10名搬运粮食。

问：你在侵略中国期间，除以上供述外还犯有哪些罪行？

答：1939年5月中旬，独立混成第10旅团第43大队第3中队在山东省蒙阴县一带参加12军侵略八路军的新蒙作战中，共强迫奴役了13名中国农民送粮食、弹药，其中我亲自强迫奴役了3名。1940年6月初旬至7月下旬，43大队第3中队在章丘县南曹范盘踞时，为了构筑工事，通过伪村公所强征50名中国和平农民进行了2个月的劳役。

另外于1939年4月至1940年2月，我在峄县枣庄盘踞期间，曾亲自掠夺中国人民1匹驴，并在枣庄附近奉小队长藤田少尉的命令，参加集体掠夺当地中国人民的小麦面450公斤。又自1940年2月至1941年8月，我在章丘县西彩石附近盘踞期间，曾奉独立混成第10旅团第43大队第3中队长宫川中尉的命令，参加集体掠夺中国人民2匹驴。

1954年10月5日

（中档）119—2—655—1—5

（转录自中央档案馆、中国第二历史档案馆、河北省社会科学院编：《日本侵略华北罪行档案·战犯供述》，河北人民出版社2005年版，第239—243页）

（11）横仓满的口供（摘录）

问：你于何时第二次侵入中国？侵入后参加了什么作战？

答：我是1942年5月末第二次侵入中国山东，侵入后即参加"第一次莱新蒙作战"。

问：你参加"第一次莱新蒙作战"犯了什么罪行呢？

答：1942年6月中旬，我参加石桥大队在莱芜县颜庄附近的侵略行动，在颜庄附近的山里，我命令部下用炮弹两发，打死八路军警戒兵1名。

问：你讲讲以后你盘踞在莱芜县雪野店及西搜石村期间犯了什么罪行？

答：1942年7月至11月上旬，我担任大队炮分队长，随中队盘踞在雪野店。8月中旬，第5中队附小林准尉在侵入雪野店东方的15公里的西搜石村时，用军刀砍死农民1名，当时我指挥部下担任警戒。8月下旬，在丸山中尉命令下，指挥部下向西搜石村发射炮弹5发，烧毁该村房屋6间。同期，在山口村西山麓发现八路军，根据丸山中尉的命令，指挥部下发射炮弹4发，炸死八路军3名。9月中旬，我在雪野店盘踞队，为了调查1名抗日爱国者的身份及搜集情报，将他吊在木椿上，火烧拷问，受虐打而死。9月，参与中队进攻西搜石村的作战，发现十数名八路军由西搜石村向南搜石村转移，根据丸山中尉的命令，指挥部下发炮3发，炸死八路军战士1名。同期，中队与八路军在雪野店东南方约1公里的高地附近作战，我指挥部下发炮5发，掩护中队退却，炸死八路军战士2名。

11月上旬某夜，在西搜石村与寺岛曹长闯入一民家，轮奸了1名35岁左右的中国妇女。11月中旬，在西搜石村闯入民家，强奸了1名35岁左右的妇女。

问：你讲讲1943年8月以后你盘踞在章丘期间所犯的罪行。

答：1943年9月中旬，我担任第110大队步兵炮小队第1分队长，参加"五四旅团三教堂作战"，大队在济阳县三教堂附近某村与八路军交战，当时我根据小队长樱井少尉的命令，指挥分队员发炮7发，命中该村北端之望楼，烧死八路军战士8人及和平农民3人。9月下旬，我参加"十二军鲁西作战"，大队在阳谷县西南方约20公里盛家与八路军作战，机枪中队射死八路军战士7人、和平农民4人，刺死和平农民12人，掠夺步枪12支，当时我指挥部下在村东担任警戒。11月上旬，在中队长白井誉次郎中尉的指挥下，约150人在章丘县虎门附近与八路军

800至1000人交战,杀害八路军战士19人,当时我指挥部下发炮3发,炸死八路军约10人。11月下旬,樱井少尉带领补充兵在章丘县城外二荒山练习刺突,刺杀了3名八路军俘虏,当时我是中队附、兵器系下士官,为这次刺杀进行了准备。

问:你讲讲盘踞在德县车站期间所犯的罪行。

答:1944年3月至4月,我担任大队炮小队第1分队长,参加旅团侵攻莱芜县的作战。4月上旬,大队约350人在植野少佐的指挥下,在莱芜县何庄南方约15公里某山麓与八路军约200名交战,打死八路军5人。同期,大队在何庄南方约15公里某村与八路军约300名交战,当时我指挥部下向该村发射炮弹2发,估计炸死该村和平农民8人。同期,在莱芜县渔湾庄休息期间,大队副官手冢中尉交给我两名抗日爱国者,我命令分队员一等兵安岗与作刺杀了1名,我自己亲自刺杀了1名。同期,在茶叶口村附近某村,大队长命令各中队放火烧毁了民房约150间,当时我指挥部下在村西担任警戒。

问:以后你盘踞在禹城县期间犯了什么罪行?

答:1945年4月中旬,大队步兵炮中队长白井中尉在禹城县南方约20公里的某村,逮捕了一名40岁左右的抗日爱国者带到盘踞队,当时我在盘踞队担任中队翻译,为了搜集情报,将该爱国者缚在梯子上,进行灌水拷问,并用粗木棒殴打,将其虐死。

问:你参加"秀岭一号作战"犯了什么罪行?

答:1945年4月下旬至5月下旬,在这次作战中,我担任大队行李班长,大队共打死了23人,其中有八路军19人、和平农民4名。

问:以后你盘踞在长清县崮山犯了什么罪行?

答:1945年6月上旬,中队长白井中尉等于崮山东南方约15公里处某村逮捕1名23岁妇女,由我进行讯问,结果向白井中尉报告说放走了,其实我将这妇女留在崮山伪办公处,强奸3次,第3天才放走的。

问:你侵入中国期间,除了强奸妇女之外,还有奸淫过被诱扣监禁的妇女的事情吗?

答:侵入中国期间曾奸淫过中国妇女17人、朝鲜妇女13人。

问:你在侵入中国期间,共强制酷使了多少和平人民?

答:我在侵入中国期间共强制酷使过和平居民的总人数为49614人。其中自己执行的有1138人,下命令执行的776人,集体执行的有47500人。在酷使时经常殴打辱骂。

问:讲讲你在侵入中国期间掠夺人民财产、破坏人民房屋的情况?

答：在我侵略中国期间，个人及命令部下掠夺粮食、猪、鸡、蔬菜衣服很多，无法一一统计。1943年10月上旬，曾在范县、阳谷县地区集体掠夺粮食100吨。1945年5月下旬，在诸城、高密集体掠夺牛50头，驴子150头。受命用炮击毁民房12间，下命将民房作为营房而加以破坏者190栋，集体破坏民房70间，共272间。

1954年10月5日于抚顺

（中档）119—2—1003—1—4

（转录自中央档案馆、中国第二历史档案馆、河北省社会科学院编：《日本侵略华北罪行档案·战犯供述》，河北人民出版社2005年版，第346—348页）

（12）难波博的口供（摘录）

问：你什么时候侵入中国，什么时候盘踞什么地方，任什么职务？

答：1941年9月上旬我侵入中国，在德县一星期后就到山东禹城县独立步兵第42大队3中队任小队长，12月被派到济南第12军干部教育队受教育，1942年1月中旬回中队，2月初在德县大队本部任新兵教官，3个月后到山东省丘县任警备小队长，7个月后到济南任济南警备小队长，1941年11月升少尉。1942年8月到泰安县59师团司令部任预备队小队长，1942年11月到1943年1月末任济南俘虏收容所长，同年2月转53旅团，任济南警备防空工作，7月初旬司令部移到德县，8月任情报主任，同年9〔月〕升为中尉。1944年3月司令部移到张店，任情报系主任及作战系主任，1945年4月上旬，转59师团司令部任后方参谋助手、"秀岭作战"参谋助手，7月初旬因59师团要移动到朝鲜去，所以我作为59师团先遣队先到朝鲜咸兴直到"八一五"止。1945年8月16、17日升为大尉，23日左右在兴上里被苏军逮捕。

问：你在侵略中国期间犯了什么罪，你具体的讲一讲？

答：我犯的罪行有：虐待、杀害俘虏及和平人民，参与侵略作战的阴谋计划及搜集情报提供为侵略作战的资料，亲自参与及指挥侵略作战，放火烧毁民房，掠夺居民财产等罪行。

问：现在你先把虐待杀害俘虏的罪行讲一讲？

答：1942年11月末，我担任济南俘虏收容所长。最初在收容所里关押的俘虏约有900名，其中最多的是八路军，还有100名以上的农民及一部分抗日军人员。我们把这些人员关押在济南8个美国的石油仓库里，让俘虏睡在地上，只给一条破毯子和一些干草；到冬天仍是穿着破烂的夏衣，没给冬衣，也不给柴火取暖；每天只给两次小米饭，每次一人能分到的是约3两小米饭和卤白菜，没有开水喝，只让俘虏喝生冷井水，卫生设备和医疗设备可以说没有。由于这样的虐待，这些俘虏普遍生虱子，病者增多，回归热也流传起来。因此病人愈来愈多，而我们只是看着这些俘虏的病人死去，死后由济南市公署用俘虏用的破毯子包去埋掉，也未通知家属，这些虐待而患病死亡的俘虏约十七八名。到1943年1月间，在俘虏收容所里流行着回归热病时，我接到第12军司令部的命令："把重患者挑选去杀掉……"我想能够多杀掉几个可以防止传染，因此我欺骗所里的中国医生说："把俘虏中之病者挑选出来准备送到医院去。"于是挑选了80名俘虏由司令部小岩井部队杀掉了。我听说在小岩井部队里是强制这些俘虏站在坑前，进行齐射，没有射死的也被踢进坑里活埋了。

问：把俘虏当作新兵教育而进行刺杀方面你做了些什么？

答：我在师团司令部担任作战参谋助手时，师团长藤田茂曾指示以俘虏来进行新兵教育效果才好，当时我曾跟随师团长参谋去视察部队教育等。而在第111大队进行新兵教育，刺杀了约40多俘虏及农民。109大队及45大队在张夏各刺了1名俘虏，第41大队在莱阳县杀害了12名俘虏。这些是我参与杀害的。

问：你亲自杀害了几名俘虏？

答：我自己没有亲自杀过，只是在1944年7月间我作为旅团情报主任跟随旅团长去视察时，在沂水县马店看到第43大队的士兵在练习刺杀1名俘虏，我看他们刺得不好，我就跑到前面去喊："前进！前进！刺！"的口令，结果把1名俘虏刺杀了。

问：关于虐待俘虏问题还有什么？

答：另外还把农民也当作俘虏关押，到俘虏收容所解散时才释放的还有五六十名农民。我任职期间还送过两次俘虏到伪满去做苦工，每次约150人，二次约300人。这些人都是我挑选后送到碳矿及伪满的秘密军事阵地做苦工，后来听说被杀掉了。其中有一部分，听说是送到石井细菌部队当实验品杀掉了。在济南时我曾把约100名俘虏送到货物厂去做苦工，我当时命令警卫："如果他们企图要逃跑可以射杀！"而在某次奴役中，说有2名俘虏企图逃跑被射杀了。

问：杀害的80名俘虏你是依什么挑选的？

答：杀害的80名俘虏是我当时告诉所里的医生把所有病者都挑选出来，这是我指示的。

问：这说明你在管理俘虏时，把健康的人虐待致病，就将病者处死，而没病的就挑选去作劳工，是否是这样？

答：结果是这样的，在我任俘虏收容所长时是这样做了。

问：在上述的俘虏问题上你负什么责任？

答：我自己的责任是关押俘虏时不让俘虏吃饱、喝冷井水、冬天穿夏衣等方法进行虐待俘虏，有病不给治以致病者很多，并且挑选俘虏病号杀害，派卫兵打死逃跑的两名俘虏及参与以俘虏为教育新兵刺杀等一切责任。

问：你亲自杀害过多少中国人？

答：我在侵略作战中曾经杀过七八名。

问：你把这详情讲一讲？

答：1942年7月间于山东省丘县北边2公里的某村庄里，我在丘县警备小队长指挥部进行侵略行动时，我指挥着2个掷弹筒手，就在这次侵略作战中，我发现七八名八路军战士，我把他们射杀了。

问：你怎么知道是你射杀的？

答：我用步枪在距离20米左右的地方进行射击，我见他们倒下去的。

问：现在你接着讲参加侵略作战的罪行？

答：1941年10月我担任小队长参加"博西作战"时，俘虏了七八名中共军战士，其中有2名伤兵，妨碍小队的行动，因此我命令部下把这2人射杀了，其余的人都送到大队本部去了。同年11月末，在恩县西边与抗日军萧建久部队作战中，我担任第3中队小队长指挥着30名部下，曾射杀抗日军人员约20名，并射杀了1名军使，缴获步枪约20支。在1942年7月丘县北边，我任丘县警备小队长时，曾与中共军交战射杀了10名八路军人员，缴获步枪约10支。

1945年5月份起一个月期间，我担任59师团战斗司令所作战系工作，参加了所谓"秀岭作战"辅佐师团作战参谋进行作战。这次战斗计第42大队在北石桥附近，射杀中共军约60名。第45大队在蒙阴一带射杀中共军约10名。后来第43大队又在渤海地区射杀中共军约200名。下面我讲有关情报方面的事。

问：你先讲一下你是采取什么样手段、方法去搜集情报的？

答：我搜集情况的手段方法有使用密探的，当时在旅团下面使用着约200名密探，我在旅团司令部里也使用着一个叫"王工作队"的密探工作队去收集。还有用各中队向盘踞地周围村庄的村长进行威胁，强制村长一天送一个情报；在主要城市里设分哨实行盘查，对外地来赶集的商人、农民进行刑讯；从俘虏及居民中搜集。还有使用伪军、伪县公署、伪警察送情报；与宪兵、领事馆警察等交换情报。就是以上这些。

问：你讲一下搜集了些什么情报，结果如何？

答：1943年8月我担任53旅团情报主任时，我提供情报与辅佐旅团长指导梁水镇作战，结果使我第41大队杀害了抗日军约300名，缴获轻机枪5挺，步枪约200支，手枪30支，通信机2部，马约10匹，自行车约20辆。在1944年6月"吴化文部队求援作战"中，于博山县南边不动山附近，刺死中共军战士约6名，掠夺步枪5支。同年6月任情报主任时，以搜集的情报，旅团长命令我担任临时"讨伐大队"对抗日军杨相生部队进行攻击。这次我亲自制订了作战计划，指挥约

180名日军及1000名伪军，结果射杀杨相生部队人员1名，俘虏了约200名，缴获步枪约200支，轻机枪约6挺。1944年7月下旬我任旅团情报主任时，参加"十九夏山东作战"辅佐旅团长的作战指挥，结果43大队在沂水县葛庄的战斗中射杀中共军约100名。同年8月我又参加"夺回□县城作战"，于博平县司家营与中共军交战，我亲自指挥重机枪分队射杀中共军战士约20名，掠夺步枪约20支。同年11月在"渤海作战"时，我依据电波探知器等所得到的情报，辅佐旅团指挥作战，使第43大队在博兴东北地区射杀了渤海军事区中共军约300名。又使芳信挺进队射杀约25名中共军。这次侵略作战掠夺步枪约有300支。1944年独立步兵第44大队在堂邑县的西边亦杀害了中共军约250名，其中有专员1名。该队还举办了"步枪5000支战果"的庆祝会。按当时情况，最少也要杀1000多左右。

问：这5000支步枪是一次的侵略作战所掠夺的吗？

答：是该大队从1942年8月至1944年7、8月间作战中缴获的。

问：由于收集情报杀害了多少和平居民？

答：1945年5月中旬第111大队在坦埠附近逮捕了1名居民刑讯后砍死了。同时在109大队也为了收集情报对1名老太婆进行拷问，并用烧火烤等刑讯，结果烧死在莒县东边之马耳山。

问：你还参加过什么阴谋行动？

答：1944年5月，解除了杨〔阳〕信县部队约500名的武装。我提了这一阴谋计划基础的情报，并参加了旅团长的计划及打电【报】给独立步兵43大队与伪军刘佩忱部队实施了。1944年8月北京宪兵队司令部侦缉班长谷川队侦悉，南定张店宪兵工作队与八路军有关系要求旅团协助，旅团长即命令我带了50名日军去协助解除该宪兵队的武装，这些人由宪兵带去，武器我带走了。计逮捕了人员10名由宪兵队带回关押。

1943年11月我任旅团情报主任时，为了对曹振东部队进行"讨伐"，我出差到第43大队去指导德平县中队收集情报，并亲自使用该中队的特务进行收集。后来我奉命配属于第43大队，辅佐监督大队长进行作战，结果俘虏了曹振东部队约300人，缴获轻机枪6挺，掷弹筒四五个，步枪、手枪约200支。

1944年6月间我曾使用伪军王砚田部队收集情报，我根据所收集的情报，亲自制订了"讨伐"计划，指挥约1000名伪军俘虏了约200名抗日军。这是我执行日本帝国主义之"以中国人打中国人"的侵略政策所犯的罪行。

1943年8月我担任旅团情报系工作时，曾出差到莘县城约10天，当时我使用了第42大队第4中队的情报人员并派出密探收集了朝城与范县地区中共军的兵力及后方等情况。这个情报的一部分后来作为师团范县地区作战资料，结果掠夺了小米约500吨、牛300头。

问：上面所讲的情况你是怎么知道的？

答：有些是我亲自做的，还有的是我看到的及部下报告的。

问：关于破坏卫河你做了什么事？

答：我参加了这个阴谋计划，选择了破坏地点等事。

问：现在你讲一下这个前后的情况？

答：1943年8月末，山东省卫河涨水时制订了防止石德、津浦铁路被冲毁及毁灭八路军根据地之"一举两得"的阴谋计划。我以旅团情报主任身份参与了这个阴谋计划，并选择了掘毁卫河地点为馆陶至临清中间的弯曲点。经旅团长认可后我向第44大队通电，下达了实施掘堤的命令，结果使馆陶县北部，曲周县、丘县一部分，临清县河西地区，威县、清河县之一部分受到灾难，受害面积约900平方公里，受害居民约45万人，由于水灾被淹死的，因决堤而流行霍乱病致死的以及被水围困而饿死的约有22500名。第44大队除决溃上述地点外，又将临清大桥附近的卫河堤决溃，结果受害面积约达960平方公里，受害居民约有70万人，其中由于水灾而死亡的居民约30000人。这个数字是事后由第44大队去调查的，我也乘飞机去视察过。

问：因决堤后，居民中流传的霍乱病是怎么造成的？

答：我到这里来以后，听说是当时日军用飞机散布而流传起来的。

问：你现在讲一讲放火烧毁民房的罪行？

答：在1944年6月我辅佐旅团长指导"救援吴化文部队"的作战中，部下部队在鲁中地区大张庄烧毁了约50户民房的1个村庄。同年11月的"渤海作战"中，第43大队烧毁了约50户房屋。第109大队在利津县辛庄烧毁了约10户民房。这些是为了在作战中照明而放火烧毁的。1945年5月中旬"秀岭作战"时，我传了师团长及作战参谋之"必须扫荡覆灭依汶庄八路军根据地"的命令，这次烧毁了约100户当地居民的房屋。我知道的就是以上这些。

问：你把掠夺中国人民财产的罪行讲一讲？

答：在1943年8至1945年5月，我任小队长、情报主任、作战主任、师团作战参谋助手时，于山东省东临道鲁中地区、渤海地区、冀南地区等地，参与和亲自指挥部下先后共掠夺的粮食8927吨，菜8295吨，肉6821吨，盐146吨，燃料32535吨，油178吨，糖178吨。以上这些数字是依据当时日本军最低供给数字来计算的。

问：你讲一讲奴役中国人民的罪行？

答：在1941年9月至1945年6月于广饶、禹城、丘县等地及秀岭作战时，我任小队长、作战主任、参谋助手，奴役中国人民修筑军事工事及搬运弹药、粮食，由于我拟定计划而部下酷使了21320人次，我亲自参加酷使了174000人次，这些人在日军的刺刀威胁与打骂下强迫使用了。

问：你为了毁灭罪证烧毁过文件档案吗？

答：是有，我曾把师团参谋部的所有秘密文件书类全部烧毁了。

问：把你烧毁的文件内容和你所负的责任讲一下？

答：在日本投降后，大约在八月十五六日，我们知道苏军要来了，为了毁灭日本军的罪证，我根据作战参谋村上的命令，在咸南高等女校校院挖了一个坑把文件烧了，共烧3天。我当时在现场亲自指挥烧毁的，文件的内容计有战斗详报、地址、情报记录、情报规定、情报勤务规定、暗号书等。我记得除了留下副官的功绩名簿和人事名簿两册外其他全部烧毁了。

1954年12月27日于抚顺

（中档）119—2—1058—1—4

（转录自中央档案馆、中国第二历史档案馆、河北省社会科学院编：《日本侵略华北罪行档案·战犯供述》，河北人民出版社2005年版，第381—389页）

（13）渡边雅夫罪行材料（摘录）

姓名：渡边雅夫
年龄：35岁
籍贯：日本京都市
部别：59师团
职别：准尉

（一）

时间：1938年

地点：沂水县

罪行：该犯住沂水城时，称为渡边司令，部下为渡边部队约有3000人。该犯自1937年4月27日盘据沂水县，至1940年2月为止。于1938年初，"扫荡"沂水一区围村附近村庄，在前后马荒村、前后宴家铺一带杀死群众3人，抢去牛驴12头，大锅50口，粮食10800斤，烧毁房子3000余间。

同年，在沂水六区大杜庄安据点，该犯打死群众4人，破坏酒店一处，抢去粮食226800余斤，牛驴5头，酒3000余斤，油4500余斤，花生15000余斤，衣服1200件，抢去群众自卫匣枪1支，大枪4支，子弹2000余发，烧毁房子40余间。

材料来源：山东省署1951年调查材料

（二）

时间：1939年至1940年

地点：山东省沂水县

罪行：1939年4月22日，该犯率敌"扫荡"十六区唐庄、马庄等30余村，杀死群众28人，抓壮丁8人，送往东北。打伤4人，强奸妇女4人，另有18岁的闺女被敌轮奸后致死，抢去牛驴499头，羊2196只，粮食共253770斤，被子195床，衣服10545件，猪8320口〔头〕，鸡2555只，布6250尺，烧房子2365间，砸毁大锅2450口。

1939年，该犯令其部下谷田带敌去十四区王庄安据点，打死群众10人，烧毁房子3000余间，其它损失无算，1940年敌又"扫荡"王庄一带，抓去南庄等4村壮丁52人，送往东北，抢去耕牛18头，烧毁房子840间，并烧死人7名。

1940年10月初10，"扫荡"十六区曹宅、河南、唐庄等30余村，残杀群众14人，毒打致残废者2人，抢去牛驴187头，羊18880只，粮食35540斤，衣服1641件，猪1372口，鸡956只，布6000尺，丝12块，烟叶2435斤，抢去和砸毁大锅660口，烧房461间。

材料来源：山东省署1951年调查材料

（三）

时间：1939年

地点：山东沂水县

罪行：1939年2月初7日，拂晓，该犯率敌猛袭沂水十区关坡乡上下峪村，将该两村居民，集中包围，用机枪和炮火猛烈射击，当场打死群众56人（男47人，女9人），伤9人（男8人，女1人），打死牛驴5头，粮食衣服全部抢去，房子烧至将尽。

同年"扫荡"八区夏家楼北庄等村，打死群众3人，抢去布1260尺，衣服3365件，牛驴32头，猪32口〔头〕，粮食4250斤，烧毁砸坏农具496件。

材料来源：山东省署1951的补充调查材料

（四）

时间：不详

地点：山东牟平

罪行：该犯驻牟平城时，对我军民特别残忍，曾抓我八路军工作人员囚入地下室，用洋狗撕咬，或施以灌凉水火油等非人性的酷刑拷问。以这种办法致死者，不计其数，并作情报工作，我八路军同志到他手里无不遭残害。

材料来源：山东省署调查材料

（五）

时间：1942年

地点：山东峄城县

罪行：1942年驻峄城时，该犯曾带队出发到该县四古邵一带，捕我农民8名，内有古邵村2名，到峄县城北关，全部用刺刀刺死。

材料来源：山东省署1951年调查材料

（六）

时间：1938年2月至1940年

地点：山东省昌乐县

罪行：1938年2月至1940年，该犯在昌乐县十、十一、十二，3个区，唐部、高崖、平原3个据点，在村上勇二的指挥下，与中西平六清剿我游击队，并在平原村一带奸淫烧杀，无所不为，百姓损失惨重，被杀148名，妇女被杀者17名，烧房子1085间，拉牲口288头，强奸妇女180名。

1938年2月至1939年10月，该犯在昌乐县第四区卞下乡，卞下街南寨村少埠前驻扎时，1938年6月，遇有寿光县2个商人，骑着车子，因天晚路过鬼子据点，被鬼子查住，说是密探，为日寇刺死，将尸体扔在据点外。这样被杀的，据王全森看到的就有6人，同年三月初六，渡犯亲带鬼子一小队，到南郝街出发，不到天明就围困该村，强奸妇女6名，烧房子62间，杀死牛1头，驴1头，共杀人6名。

材料来源：山东省署1951年调查材料

（山东省档案馆馆藏档案，档案号A016—02—0026）

（14）藤田茂罪行材料（摘录）

姓名：藤田茂
年龄：63岁
籍贯：日本广岛市
部别：59师团
职别：师团长

（一）

时间：1945年5月

地点：山东沂源县（按即南麻，在悦庄西——材料整理者注）

罪行：该犯于1945年5月，又"扫荡"我沂源，在文坦、青龙、大泉、历山等地区杀死群众4272人，10余户群众被杀根绝，因受惊而死者142人，被打伤者1087人，被抓去的青年不知下落者250名，牵去耕牛2049头，驴子2189头，骡马93头，烧毁房子12862间，在大泉地区与我鲁中2团作战，我军被打死80名，民兵2名，打伤我军32名。

材料来源：山东省署1951年调查材料

（二）

时间：1941年春

地点：山东省莱芜、新泰

罪行：曾于1941年春，以2个旅【团】的兵力，向我解放区莱芜青泥沟、闫庄、章八卯、新泰、龙廷、土门等地，进行大规模"扫荡"（一部由博山出发至莱芜，一部由新泰出发），由新泰向东及东北方向的部队，系52旅团岩本部队，在这次战役中到处烧杀，我和平居民的牲畜、鸡鸭全被吃光，只岩本部队就俘我游击队员及群众200余名，年老的受苦致死者不计其数，青年均送济南集中营或发至东北、日本等地当劳工，当场打死我八路军游击队员民兵及群众60余名，强奸妇女无数，施行放火烧光，如烧黄北（莱芜以东地区）等。

材料来源：山东省署1951年之调查材料

（三）

时间：

地点：山东渤海

罪行：在侵占山东渤海，以"言说有谬误思想"为借口，捕我居民40余人，多被杀害。

材料来源：山东省署1951年调查材料

（四）

时间：1945年5月

地点：山东省

罪行：1945年5月藤田茂下令所属各部队的给养应由居民无代价的供应，为此指定有专门抢夺老百姓的粮食和财产的部队。

材料来源：苏联审讯后做成之摘要译件

（五）

时间：1942年

地点：山东省沂源县，鲁村、张庄、安平等地区。

罪行：该犯于1942年"扫荡"我沂源县鲁村，张庄，安平等地区，并在张庄与我军5支队作战，杀死群众497名，群众被打者267名，牵去耕牛364头，驴子462头，骡马55头，烧毁房子7110间。

材料来源：山东省署1951年之调查材料

（六）

时间：1939年6月至12月

地点：山东

罪行：该犯任道尹公署红部司令官时，于1939年6月至12月在山东惠民五支刘村，下命令放火烧毁该村，该村共120余户，被放火烧80余户，其中有30余户全部财产被烧光，全村被烧房屋1860间，同年又去该村放火1次，该村刘如来的娘与妹被烧死，烧死刘洪平的牛，另还有1人被烧死，抢去牛2头，猪鸡粮食等东西。

材料来源：山东省署1951年之调查材料

（七）

时间：1943年3月至1944年间

地点：山东地区

罪行：1943年3月至1944年间令其部队在山东地区，强迫我和平居民出民夫，于铁路沿线挖断绝沟及修筑围墙、碉堡。

材料来源：山东省署1951年调查材料

（山东省档案馆馆藏档案，档案号A016—02—0026）

（15）长岛勤罪行材料（摘录）

姓名：长岛勤

年龄：64岁

籍贯：日本埼玉县北埼玉郡

部别：步兵第54旅团

职别：【旅】团长　陆军少将

（一）

时间：

地点：山东省莱芜

犯罪事实：据山东省检署1951年调查补充材料：长岛勤曾通过伪莱芜县政府向县民征大麦、高粮，作为马粮，前后两次约征200石左右。

（二）

时间：1938年

地点：山东兖州

犯罪事实：据山东省检署1951年调查补充材料：1938年59师团徒〔从〕兖州出发"扫荡"时，牵牛2头，杀死老百姓3名，抓去民夫2名，后被打死。在兖州西北谢马亭村强奸妇女5名，烧房子25间，牵牛25头。

（三）

时间：1940年

地点：山东省肥城牟家庄

犯罪事实：据山东省检署1951年调查被材料：1940年59师团"扫荡"肥城牟家庄时，将该村2个妇女，老的被刺伤，少的被强奸后，用刺刀刺进阴户而死。

（四）

时间：1941年冬

地点：莱芜七区一带

犯罪事实：据山东省检署1951年调查补充材料之附注：莱芜在1941年冬季，北部七区一带曾遭日寇大规模的"扫荡"1次，人民的铁器如锅、犁、锹、剪子等都被抢一空，牛马牲畜拉去无数，曾被抓走数百壮丁运至伪满及日本内地作劳工。

（五）

时间：1942年夏秋间

地点：莱芜八区大王庄一带

犯罪事实：据山东省检署1951年调查材料：1942年夏秋间，在莱芜八区大王庄一带，该犯率领部队和红枪会讨伐此地区，并在该地区建起防御工事，致民房物资损失奇重。

继大王庄讨伐之后，该犯即向九区猪石槽一带"扫荡"，在该村附近的山上、山下，建立了很大的防御工事，侵占民房，砍伐树木；每次都有宪兵队随同行动，到处奸淫烧杀、抢掠、拷打居民，破坏我八路军的组织以收集情报等，无所不为。

（六）

时间：1942年春至1943年

地点：泰安徂徕山（泰安东南）

犯罪事实：据山东省检察署1951年调查：1942年春至1943年间，该犯令其驻泰安之奥中联队4000余人配合伪保安队、日本宪兵队等封锁我徂徕山抗日根据地（即蚕食徂徕山），企图消灭我人民抗日力量，长期地统治该地。在各处设立据点，修筑防地，包围我泰安人民政府及游击队，并威胁我地方干部7000多名自首登记，俘我八路军队员约50余名，施行灌凉水、洋狗咬种种毒刑后，送往集中营或加以杀害。

（七）

时间：1942～1945

地点：山东省

犯罪事实：据该犯自供：第54旅团在济南时担任日本在华远征军铁路交通线的警卫，"扫荡"过警卫区内被击破的中国军队及抗日游击队，逮捕过反抗日本帝国主义侵略的爱国民众。

54旅团自1942~1945年期间，俘虏中国游击队员和士兵达800人。

（八）

时间：1942年秋

地点：山东莱芜五区三山村和响水湾及六区与博山交界一带

犯罪事实：1942年秋，在莱芜五区三山一带，该犯率领部队讨伐此地区。在三山村内建起大规模的防御堡垒，侵占村民的房屋，砍伐村民的树木很多，其部下3个日兵，轮奸村内妇女1名。又在莱芜五区的响水湾一带讨伐，并在该区拆毁1所大房，建立起堡垒工事，又随同宪兵队拷打村民，搜索财物。又在莱芜六区博山交界一带与博山日军联合行动，打通博莱两县的青石关交通，建起防御工事，拆毁民房物料很多，并对村民实行刑杀，其数难计。

（九）

时间：1942年冬

地点：莱芜新甫山区

犯罪事实：1942年冬，于莱芜新甫山区，分两路进行"扫荡"，北为藤田大队，南为板本大队，随其"扫荡"的有莱芜伪保安队、伪警察所、封建会门、日寇宪兵队等。逮捕居民（不分老幼）充当苦力，拷打刑杀，不计其数，搜索居民粮食、牲畜牛马猪羊等，并扒房砍树，供其烤火与筑堡垒之用，更残酷地摧毁我各个地方的抗日组织。

（十）

时间：1943年2月

地点：莱芜新泰地区

犯罪事实：1943年2月，在莱芜新泰地区，分别在两伪县府内主持开庆功大会。命令各所在伪区公所动员山区内曾参加过八路军工作的壮丁到县开会。当时两县到会者有1000人左右，该犯说要拥护"新政府"，要和日本"皇军"合作。又在莱芜二区陶家陈村命令其一部分队伍会同伪县保安队日寇指导官长谷川及伪大队副赵洗尘联合围攻陶家陈村，激战半日，村民有的死伤，有的弹绝。长谷川遂命赵洗尘将抗战首领说服诱降,予以关押,最后长岛勤指示由宪兵队提出,据称已送济南宪兵队枪杀。

又在莱芜三区八里沟一带,于新甫山区"扫荡"前作一次讨伐,建起防御堡垒1处,村民供给民夫物料很多,并诱杀当地抗战人士(八路军系统)李姓,又在八里沟村外,掠占矿区煤约二三十吨,分给日宪兵队及敌伪烧用。

(十一)

时间:1943年5月

地点:济南西北40公里一带。

犯罪事实:据该犯自供:1943年5月,该犯遵照59师团长的命令,参加了消灭出现于济南西北40公里一带的齐子修(译音)的游击队,作战结果:该队被解除武装,以齐子修为首的500人被俘,其中大部分人被放回家,而齐子修同200名游击队员被禁于济南战俘收容所。

(十二)

时间:1943年7、8月间

地点:济南市

犯罪事实:1943年7、8月间,该犯自调任济南警备司令后,督促该市伪市政府的警察署增修防御沟壕,耗费民力财力甚大。同时兼任济南防空司令,严促该市各伪机关团体、学校及商民执行防空演习,购买防空器材,挖掘防空壕洞,使民财人力遭受极大损失。

(十三)

时间:1943年11月

地点:山东省

犯罪事实:据该犯自供:1943年11月该犯指挥两个大队(110、111)及步兵53旅团的44大队参加了第12军(司令官喜多大将)所实施的旧黄河口方面的作战。作战期间约2周。

"扫荡"地区:山东利津东北约20公里的黄河右岸,继续沿黄河右岸地区向海岸方向前进,作战结果,遗弃尸体20名,俘虏10名,击沉小船2个,毁灭兵舍1所,兵器修理工厂1个,被服工厂1个,印刷厂1个,缴获重迫击炮2门,步枪200枝左右,未完成的地雷200个,炸药10KG,及许多未完成的纸币。

（十四）

时间：1944年3月

地点：泰安以北地区

犯罪事实：1944年3月该犯令其驻泰安之奥中联队及日本宪兵队、汉奸队等3000多人，向我泰安以北地区进行"扫荡"，俘我八路军队员及青年群众50多名（下落不详），并在大河峪放火烧了20多间民房，当时有该部队的田中队长令其机枪射手高桥（名不详）（田中队长可能是110大队的田中英雄），向我赶集的2个挑担子百姓射击，当场死1名，伤1名，各村的鸡猪全被吃光，共强奸妇女的数目不易计算。

（十五）

时间：1944年8月

地点：山东省

犯罪事实：据该犯自供：1944年8月指挥2个大队（109、111）参加59师团长（细川中将）在蒙阴东北方山地及黄海沿岸地方的作战（南京伪军参加约1000名），企图击破以蒙阴东方约30公里及垛庄东北方山地附近为根据地的八路军，和以莒县为根据地的八路军，并搜查在安东卫附近有无美军机场。作战期间约2周。该犯率领部队沿汶河地区东进，一部分对我活跃于垛庄以北的八路军进行"扫荡"，后又由蒙阴通往临沂路上的青〔驼〕寺转进，再由青〔驼〕寺分成3个纵队，东经汤头镇，继续东进，沿途对我抗日部队进行"扫荡"，并围袭十字路一带之八路军，又令54旅团第111大队率领着伪军"扫荡"坪上北部大山中的八路军。后54旅团又至安东卫及其南方海岸村庄，在附近一带搜索美军飞机场，并"扫荡"了所在的村庄山林等。

（十六）

时间：1945年5月

地点：山东省新泰、蒙阴、沂水、诸城

犯罪事实：1945年5月，住新泰城时曾"扫荡"蒙阴大崮区，破坏八路军兵工厂1处（造地雷、手榴弹工厂），同时到蒙阴县第八区和沂水县的四区"扫荡"时，抓捕男女壮年18汽车，经新泰城拉到满洲去强迫做煤矿劳工，并率领部下到诸城县"扫荡"时抢拉居民，牛、羊，数目很多。（据证人萧光福）

（山东省档案馆馆藏档案，档案号A016—02—0026）

（16）熊仓幸藏罪行材料（摘录）

姓名：熊仓幸藏
年龄：30岁
籍贯：日本
部别：59师团司令部警卫分队长
职别：分队长

（一）

时间：1944年1月

地点：山东省□□（临清）市

罪行：该犯自供："1944年1月在□□（临清——译音）市，第一次我参加了学习讨伐作战，在讨伐时我是分队长，我并教练自己的分队白刃战。在讨伐时我的小队长木村行一带来了1个中国人，他告诉我该中国人是八路军间谍，可以利用他如同活靶练习白刃战，当时我收下了该中国人，并命令本分队自己的兵士，将该中国人的手和肚子捆在树上，我命令了本分队的1个士兵刺杀该中国人，可是他没能作，因他还是1个新兵，我就拿起步枪首先用刺刀一直刺在该中国人的心上，给士兵作了样子，如何用刺刀刺活靶，以后士兵们就刺了被我所刺的那个中国人，就这样学习了白刃战，在分队内我部下有11个兵士，他们都用该中国人练习了白刃战，之后把该中国人埋在地下。"

材料来源：摘自苏联审讯材料

（二）

时间：1944年6月

地点：山东省□□（临沂——译音）市附近

罪行：该犯自供："1944年6月在山东省临沂市附近，当我在该大队第5中队时参加了3天的讨伐战，捉住了3个中国人，根据中队长中村的命令，被我刺死3个中的1个，其余2个押送到何处不知道。在此次战斗中我是兵士，抢夺了居民的食物。"

材料来源：摘自苏联审讯材料

（山东省档案馆馆藏档案，档案号A016—02—0026）

（17）高桥正锐罪行材料（摘录）

姓名：高桥正锐

年龄：34岁

籍贯：日本新潟县东首木郡

部别：59师团工兵大队

职别：中队文书

（一）

时间：1942—1945年

地点：山东地区

罪行：该犯自供曾"扫荡"我山东地区，与我八路军作战。在每次"扫荡"中，都有烧毁村庄，抢掠居民财物，强奸妇女，搜捕我军士兵及居民中的青年，将捕去的我军士兵用灌凉水和棒子打等严刑拷问，将青年送伪满国去作劳工。

材料来源：苏联审讯材料

（二）

时间：1941年

地点：泰安

罪行：1941年初到泰安修建据点，在扒大洼毁去民房1200余间，锯大树1000余株。曾捕一路过的夫妇，将男的打死，并掠其财物，把女的衣服脱光赶走（可能是强奸轮奸后赶走的）。在同年的6月到李家峪村安据点时，锯去仇相山、仇常久、宋左光等10余户的大树120余株，逮去鸡200多只，破坏井1眼，又破坏仇常宝洋瓦500余，抢去仇玉茂、宋左功、宋经梓，齐淑章等6人的牛6头。

材料来源：山东省人民检察署调查材料（1951）

（三）

时间：

地点：邳县等地

罪行：该犯在化安集用刺刀杀死于春恒的妻子，在辛庄与池子村用指挥刀杀死汪日光和杨浜2人，在古山天道用枪打死4个推山车的，又在驻邳县时杀过3个群众，强奸过4个妇女（2个被奸死），烧房20余间。

材料来源：山东省署调查材料（1951）

（四）

时间：1938年

地点：郭里集等地

罪行：1938年在滕县枣庄，该犯出发到郭里集杀群众8名，烧房子35间，杀牲畜10头。二次又到郭里集杀群众9人，烧房子15间，杀牲畜13头，强奸妇女9人。三次又出发到郭里集杀群众4人，烧房子8间，杀牲畜20头，强奸妇女7人。

材料来源：山东省署调查材料（1951）

（五）

时间：1940年11月22日

地点：滂沂庄

罪行：1940年11月22日夜到滂沂庄袭击我区公所，16同志全捕去，并捕去群众22人，带到青驼后当时将我区农会长卢善〔敬〕杀死，其他送临沂转东北为劳工。

材料来源：山东省署调查材料（1951）

（六）

时间：1941年

地点：青驼等地

罪行：1941年10月该犯同其部下出发掠夺群众牛驴587头，麦子无数。11月"扫荡"小河捕去工作人员2人，群众2人，带到青驼刑罚后（除刘朝训赎回）将其余3人绑在操场架上，该犯亲睹用枪刺死。到崖子一带"扫荡"时亲自打死盆泉庄村长。

材料来源：山东省署调查材料

（山东省档案馆馆藏档案，档案号A016—02—0026）

（18）石垣林之助罪行材料（摘录）

姓名：石垣林之助
年龄：32岁
籍贯：日本东京市荒川区
部别：59师团53旅团
　　　41大队1中队
职别：兵长

（一）

时间：1942及1945年

地点：山东

罪行：该犯自供："曾参加过2次对我八路军的'扫荡'作战。

第一次　1942年2月到3月16日在□□（近水）地带进行'扫荡'，在小队长□□（山本高）的指挥下，在该'扫荡'中捉了我战俘16名。该犯奉小队长的命令用刺刀刺死1名我八路军俘虏，并奉上官的命令掠夺我和平居民猪、牛、鸡、青菜及衣服，该犯又参加了放火，烧毁1个村庄和殴打我和平居民的暴行。

第二次　1945年5月到6月于□□蒙阴地带进行'扫荡'时，中队长是中尉□□（真白）。该犯曾掠夺了和平居民的猪、牛、鸡、衣服、粮食、青菜等财物，并殴打了我和平居民4～5名，对我战俘也殴打了3名。"

材料来源：苏联审讯材料

（二）

时间：1939年

地点：沂水县，刘家店、界湖等地

罪行：1939年该犯率敌队去沂水县刘家店安据点，以后又率敌到沂水县界湖、依汶、孙隆等村"扫荡"，捕去了我干部学校2个同志，当时即被惨杀。该犯又亲手杀害我青年部群众30余人，并烧毁了3个村房屋600余间，抢去粮食6万余斤，其他的更难以计算。

材料来源：山东省人民档案署调查补充材料

（山东档案馆馆藏档案，档案号A016—02—0028）

（19）宫田正次罪行材料（摘录）

姓名：宫田正次
年龄：1920年生
籍贯：
部别：59师团53旅团
　　　42大队第4中队
职别：兵长

（一）

时间：1941年3月

地点：山东省吴上村

罪行：该犯自供在吴上村（□□），按中尉上方里策命令，训练新兵，以我被俘之两个共产党员作白刃战练习，该犯参加了这一次练习。

该犯自供在42大队服役时，曾参加15次对我居民的讨伐作战。在讨伐中，该犯杀死了我被俘士兵及抢掠我居民财物。

如1942年6月在□□（效阔）讨伐中，俘我居民60人，其中有13个人被该中队枪杀，该犯亲手杀死2名，其余被送走。该犯并参加了对我居民的抢掠。

1942年8月至9月在□□省讨伐时，该犯杀我被俘战士2名。

1942年10月在□□（田莫□——译）讨伐中，杀我被俘战士3名。

1943年7月至8月，在□□村讨伐时，杀我八路军战士3名，并在抢掠中殴打了我居民3人。

该犯自供第4中队共刺杀我被俘战士22人。

材料来源：苏联审讯材料

（山东省档案馆馆藏档案，档案号A016—02—0029）

（20）狞谷英男罪行材料（摘录）

姓名：狞谷英男
年龄：32岁
籍贯：日本东京市
部别：59师团42大队
职别：伍长

（一）

时间：1942年8月

地点：山东

罪行：该犯给□□计副官及大队长做马夫时，随大队去山东距□□城35公里的□□村讨伐时，看见一名25岁的和平居民在街上行走，42大队长五十君康彦大佐命令该犯捕扣该和平居民，丁是，五十君大佐并没有什么，即该居民剥下衣服在其背上用粉笔划了1个圈，即令该犯带到事前挖置的坑前跪下，该犯即在该居民背上刺杀，并得到大队长夸奖刺得好等罪行。

材料来源：苏联审讯材料

（二）

时间：1943年

地点：山东

罪行：该犯自供在1943年2月在讨伐作战中，42大队在夜间包围了山东□□（汉阳）时，于作战先后捕我5个士兵，其中1个被该犯送给大队长五十君大佐审问，后令该犯带到田地里用刺刀刺杀了。

同年4月于山东□□村（新店村）讨伐时该犯抓捕1个我八路军战士，该犯和中国中尉2人将我八路军战士带到村中绑在树上审讯，并用木棒殴打，后被该犯用刺刀刺杀该战士的胸部，刺死了。

同时又在该村（新店村）该犯走到居民房子里，强奸了我一个20多岁的善良女子。

材料来源：苏联审讯材料

（山东省档案馆馆藏档案，档案号A016—02—0029）

（21）角唱韵罪行材料（摘录）

姓名：角唱韵
年龄：34岁
籍贯：日本福冈县八女郡
部别：59师团44大队
　　　检查科副科长
职别：曹长

（一）

时间：

地点：莱芜、济南、泰安等各地

罪行：该犯自称：在莱芜、济南、泰安各地共参加了约有50余次讨伐作战。

该犯在华北期间焚毁过□□市附近的村庄及参加过对捕获的八路军战士和平居民的残忍野蛮审讯。如1941年8、9月时候，在山东蒙阴附近讨伐时，在休息当中，扣捕我一个中国公民，而该犯为了告诉士兵怎样刺活靶，便把这个我被捕的公民刺死了。

1941年9月该犯分队驻蒙阴时，有人（当时的中国伪警察）给该犯送来了6名我国公民，该犯指挥下把我6名公民在刚挖就的坑前枪杀死了。

1942年8月该犯分队在讨伐作战中捕我1名受伤的游击队员，该犯就当着士兵面前用刺刀杀死了。

1939年该犯当普通兵时参加泰安附近讨伐中在2中队长有森健治命令下烧毁附近的村庄。

除此之外该犯还在战斗中抢劫居民，抢去食粮、鸡、鸡蛋、猪等财物。

材料来源：苏联审讯材料

　　　　　（山东省档案馆馆藏档案，档案号A016—02—0030）

（22）山田三郎罪行材料（摘录）

姓名：山田三郎
年龄：32岁
籍贯：日本千叶县
部别：59师团54旅团45大队
　　　1中队1小队
职别：兵长

（一）

时间：1941～1945年

地点：山东省

犯罪事实：据该犯供称：1943年至1945年共参加了5次对八路军抗日游击队和中国居民的"扫荡"，计30余次战斗。1944年他们的中队长在□□村抓去40个中国人，其中20人受刑讯，把抓去的中国人绑起来，倒吊在树上，用火烧脚，这样反复地刑讯逼供，在该村当时烧死2个中国人，该次刑讯中山田为凶手之一。

同年该犯等又在山东省□□村拷打了10个被其俘虏的中国人，在□□村抓走10名老百姓，其中7名受到了拷打，该犯曾亲自将1个老百姓的手和脚绑在树上，并往脚上倒上汽油用火烧了2次，最后□□村被他们烧毁了，此外还烧了□□村。

1945年他们中队在□□等村拷打被俘的中国人，该犯都曾亲自参加，1945年6月该犯在□□地区将一中国居民倒吊起来，拷打了3～4次。

在讨伐期中，该犯除参加殴打居民、烧毁居民房屋外，并曾抢夺居民的食品、钱和贵重物品。

（二）

时间：1941年

地点：山东省枣庄郭里集

罪行：山东省检察院1951年调查材料：该犯驻泰西部，靠泰安县莱芜县"扫荡"时一贯到莱芜县,该犯在莱芜县抓来我和平居民很多,抢来财产物资及贵物品无法计算,该犯罪恶大部分在莱芜县。

1941年往枣庄时,出发到郭里集,杀群众13人,烧房子35间,杀牲畜7头,奸淫妇女4人。

(山东省档案馆馆藏档案,档案号A016—02—0033)

（23）坂尾富藏罪行材料（摘录）

姓名：坂尾富藏
年龄：32
籍贯：日本千叶县铫子城
部别：59师团54旅团
　　　45大队第4中队
职别：分队长军曹

（一）

时间：1941年4月

地点：山东省□□村

犯罪事实：该犯口供："我在45大队第4中队时，是在1941年4月，在□□村附近进行征伐战结束后，在军事练习时，依45大队第4中队长甘野等中尉的命令，我刺杀了1个游击队员，刺杀游击队员是在山东省□□村，在寺院的（教会的）广场上进行的，当时30个日本青年士兵参加，目的是培植他们和中国游击队在战斗中的军事战斗精神。"

材料来源：苏联1949年3月24日审讯记录译件。

（二）

时间：1941年4月

地点：□□（可能是泰安）城北50公里地方

罪行：该犯口供："1941年4月大约在□□（可能是泰安）城北50公里地方，我依第45大队第4中队甘野中尉的命令，两下刺杀了1个中国游击队员，严格惩罚中国游击队员的办法是刺杀。"

材料来源：苏联1949年3月24日审讯记录译件。

（三）

时间：1941年11月

地点：山东省□□（泰安）城北部。

犯罪事实：该犯口供："在1941年11月于征讨中，在山东省□□（泰安）城北部，我拘留了5名中国游击队员，他们全经过了审问，在审问他们时我也参加了。在审问当中，我利害地殴打了他们，但有3个游击队员没供出武器放在那里，审问以后这3个游击队员被我杀害，其中2个被我刺死，另一个被我枪杀，剩下的2个游击队员被送往45大队本部。我证实他们是游击队员的原因是我在拘留他们的地方，听见枪声，但在审问中，他们并未承认他们属于游击队。"

材料来源：苏联1949年3月24日审讯记录译件。

（四）

时间：1942年5月底

地点：离□□村3公里的野外

犯罪事实：该犯口供："1942年5月底，我曾用由45大队禁闭室运来的中国人教练新兵进行刺枪战术，大约在离□□村3公里的野外，为了实际练习刺枪战术，在第45大队第4中队里3个分队参加下刺杀了3个中国人，参加此次用刺枪残杀中国人的有第1分队的秋木一郎（译）、桂原〈数〉属（译），第2分队的伍长岩田冈一郎（译），第3分队的贺屋马秋道（译）兵长。"

材料来源：苏联1949年3月24日审讯记录译件。

（五）

时间：1943年8月

地点：□□村

犯罪事实：该犯口供："在1943年8月于□□村依虾原御寒中尉的命令，我和第4中队的3个分队进行用活中国人的刺枪战术练习，此次有1个在□□村禁闭室中的中国人被刺杀。"

材料来源：苏联1949年3月24日审讯记录译件。

（六）

时间：1945年1—3月

地点：山东省

犯罪事实：该犯口供："从1945年1月我参加了征讨，地点是在山东省，我在那时指挥45大队第4中队第2小队，参加此次征讨是由1945年1月至3月，我的分

· 545 ·

队在期间俘虏了6名游击队员,其中的1个被我枪杀,其余的5个被送到第45大队本部,不论那次征讨我都进行了掠夺中国和平居民。"

材料来源:1949年3月24日苏联审讯记录译件。

(山东省档案馆馆藏档案,档案号A016—02—0033)

（24）田中虎男罪行材料（摘录）

姓名：田中虎男
年龄：1924年生
籍贯：佐贺县佐贺郡
部别：59师团54旅团
　　　111大队4中队
职别：士兵

（一）

时间：1945年

地点：山东

罪行：该犯在111大队4中队时，曾参加以我战俘做白刃战演习，在山东省建节街（□□）村飞机场上，共8次演习在伍长谷木平雄□□领导下，从1945年4～6月末这一阶段，共刺杀我153名俘虏，该犯对我俘虏曾进行剜目、砍头等残酷行为。

该犯曾于1945年4月20日，4月28日，5月18日3次在山东省本木村（□□）、青石村（□□）、张先店（□□）各地参加该中队向我居民投掷瓦斯手榴弹，共杀死我和平居民30人。

此外，该犯又参加分队2次向我居民用机枪扫射，即1945年6月20日左右向□□及□□2村居民进行，共杀我居民20人。

材料来原：苏联审讯材料，该犯口供译件。

（二）

时间：1944年4月4日

地点：陶庄

罪行：查看山东省人民检察署1951调查材料第48页。

（三）

时间：1945年5～6月

地点：

罪行：根据该犯于苏联以旁证人资格，为59师团长藤田茂中将证明罪行时供称：

我还记得在学习白刃战这一阶段，从1945年4月起到1945年6月末，我们这一组一共刺了153个中国俘虏，在1945年4月我和其他战士一共是23个人进行了白刃战的演习，为此给我们13名中国俘虏……每个战士刺了13回。

1945年4月30日，在同一广场我们学习刺杀，共刺死了20个战俘。

1945年4月17日刺了16个人。

1945年5月10日刺死15个人。

1945年5月27日刺死20个人。

1945年7月27日刺死26人。

1945年7月30日刺死30人。

（山东省档案馆馆藏档案，档案号A016—02—0034）

（25）林茂美的口供

（1954年10月7日）

问：你从41大队医务室转到什么机关，任何职务，是什么阶级？

答：1942年12月，我由41大队转到59师团防疫给水班，任检查助手及书记，阶级是卫生曹长。

问：防疫给水班有多少人员，分哪些部门？

答：防疫给水班有上尉班长1名，班副1名，下士官2名，卫生兵25名，共29名。防疫给水班内设事务室、药室、水质检查室、细菌室、培养器制造室。

问：防疫给水班的任务是什么？你担任哪个部门的工作？

答：防疫给水班表面上是防疫和检查水质，实际上是培养和散布细菌来杀害中国抗日军及和平居民。我在细菌室担任化验和培养细菌的任务。

问：你们都培养哪几种细菌，培养都经过哪些程序，在你任职期间共培养了多少细菌？

答：我们培养的细菌主要是霍乱菌、伤寒菌、赤痢菌、结核菌等，有时还培养流行性及脑膜炎菌。培养细菌时，是把原菌和细菌培养基装入孵卵器内，温度37度，霍乱菌经过24小时即可培养成功。我们在防疫给水班时，共培养80玻璃管、霍乱菌30管、结核菌10管、赤痢菌10管、伤寒菌30管，另外还培养了脑膜炎菌5管、流行时疹菌5管。

问：你所谈之原菌是从什么地方来的？每玻璃管能容纳多少细菌？它的杀伤力有多大？

答：我上边所谈的原菌是从山东济南同仁会防疫所拿来的。每玻璃管能容纳细菌1至2CC。它的杀伤力，拿霍乱菌来说，每一玻璃管细菌能杀害100人左右。

问：山东济南同仁会防疫所是一个什么机关？

答：同仁会防疫所，表面是慈善卫生救济机关，实际上是日本帝国主义以它为幌子来侵略中国的机关。

问：59师团防疫给水班由哪里领导？与731石井部队有什么关系？

答：由59师团军医部领导。石井部队是关东军细菌部队，与我们没有直接关系。与石井细菌部队同样的细菌部队设在北京，叫华北防疫给水部，属于华北派遣军司令部，管下各军叫给水支部，师的叫给水班。

问：你们的防疫给水班名称对外公开吗？

答：师团长为保守秘密，曾下过命令，不让暴露给水班的名称，对外叫2350冈田部队。

问：你在什么地方学过培养细菌？

答：1937年12月到1938年5月，我在日本福冈久留米陆军医院受卫生下士官教育，学习过细菌的培养和保管。1940年12月32师团野战医院学习1个月，内有1个科目是关于细菌方面的。1943年6月，到北京防疫给水部（设在协和医院内）学习1个星期。

问：你们培养的细菌都在什么地方散布过，结果怎样？

答：59师团防疫给水班，于1943年8月至9月间，在山东省馆陶、南馆陶、临清等地散布过1次霍乱菌。当时散布在卫河，再把河堤决开，使水流入各地，以便迅速蔓延。我参加了这次散布。细菌是由我交给44大队军医中尉柿添忍，再派人散布的。散布细菌以后，仅我们所在地区我所知道的，就有25291名和平居民死亡。总的伤亡数字我不知道，因为当时是非常秘密的。

问：你们这次散布细菌的目的是什么？

答：目的是要大量杀害中国抗日军和和平居民，并试验霍乱菌的效力，以便准备对苏作战时使用。

问：除上述你供的以外，还用什么方法进行过细菌试验？

答：1943年2月，山东省泰安县发生天花，当时给水班派3个人去，给两名患天花的注射了伤寒菌，2天以后这2名被注射的妇女都死了。

另外，为了检验细菌，于1943年7月，到泰安县小学校，强制从30名小学生及20名和平居民耳朵上，每人抽了约2克的血。又于同年8月，侵入泰安县万德村，进行检查大便试验，指挥部下侵入各户，不论男女，强制将便管插入肛门，进行直接采便，被强制采便的约300名。

（中档）119—2—619—1—4

（转录自中央档案馆、中国第二历史档案馆、河北省社会科学院编：《日本侵略华北罪行档案·细菌战》，河北人民出版社2005年版，第46—48页）

（26）矢崎贤三的笔供

（1954）

一、决溃卫河堤防

1943年8月下旬到9月中旬，独立步兵第44大队在山东省鲁西区盘踞中，广濑利善大队长根据田坂八十八旅团长的命令，将连日降雨因而泛滥的卫河西北岸的堤防决溃，而使污浊的浑水灌注于解放区内，对解放区军的夏季攻势予以封锁。同时并将霍乱菌撒在卫河里边，利用泛滥的洪水扩展蔓延。而且在此阴谋屠杀解放区中国农民的暴行下，又变本加厉地命令盘踞在馆陶县南馆陶的第3中队长福田武志，将南馆陶北方约距5公里的堤防也给决溃；还命令盘踞在馆陶县馆陶的莲尾又一第2中队长决溃了临清县尖冢镇附近卫河北岸的堤防。同时于9月中旬又指使盘踞在临清县临清的第5中队和机枪中队各出一小队约60名兵力窜犯临清大桥，大队长亲自指挥第5中队长中村隆次、机枪中队长久保川助作、小队长小岛隆男和4名士兵，用铁锹将临清大桥附近卫河北岸的堤防破坏，掘成宽50公分、深50公分、长5米的决口。决堤后，由于泛滥洪水的冲撞，又将150米长的一段堤防决溃。因此，滔滔的洪水就奔向解放区流进来了。这样造成的结果，在南馆陶附近150平方公里，从临清县尖冢镇附近的河北省威县、清河县一带225余平方公里，从临清县临清到武城县、故城县、德县、景县一带500余平方公里，总计875余平方公里的土地被洪水淹没，约30万吨粮谷和87500公顷的耕田被洪水吞蚀，4000多户中国民房被水冲毁。总之，因散布蔓延霍乱菌而患病死亡及因饥饿和水灾共杀害了37500名中国和平居民。

我（59师团53旅团独立步兵第44大队步兵炮中队附军官、下士官见习士官）于9月中旬当上述临清大桥附近决溃之际，按照大队值班司令中野登的命令，视察卫河泛滥的情况，而将大桥附近由于涨水濒于决堤的危境等情况报告给广濑利善大队长，结果大队长命令第5中队及机枪中队出犯去执行决堤。而且，我并于决堤一星期后，根据大队长的命令，赴决堤现场进行巡察调查，而将临清大桥被水冲走1/3及约150米的堤防又决溃等情况报给大队长。我除〔掉〕如此辅佐其进行阴谋活动外，且当机枪中队出犯之际，命令中队军械系下士官将铁锹、十字形镐等用具供给他们，这样又成助纣为虐。

二、蔓延霍乱实施"讨伐"

　　53旅团作战中进行新兵教育"讨伐"。1943年9月上旬约一星期。独立步兵第44大队在广濑利善大队长指挥下，于山东省临清县、馆陶县、堂邑县一带，实施53旅团作战，除寻找该地区的解放军及抗日国民党军予以攻击外，并当日本侵略军散布了霍乱菌因而在中国和平农民中间蔓延猖獗之际，而以驱使患霍乱病者也去避难掺杂在农民之中，而使霍乱更加蔓延为目的，进行了侵略"讨伐"活动。结果，至下期作战（从9月下旬至10月上旬进行大队"讨伐"）时期，使霍乱蔓延各村，达到无霍乱病的村庄是绝无仅有的。我（59师团53旅团独立步兵第44大队步兵炮中队联队炮小队长见习士官）按照中野登中队长的命令，指挥35名部下参加上述之"讨伐"，在山东省临清县、馆陶县、堂邑县，进行"讨伐"活动，在堂邑县某村攻击约100名抗日国民党军，结果集体将12名抗日国民党军予以枪杀和炸死，同时并使上述地区之患霍乱病的中国人民搬走而图谋使霍乱病菌益形猖獗。

　　为准备霍乱细菌战而进行教育，并为蔓延霍乱而进行大队"讨伐"。1943年9月中旬至下旬约两星期内，独立步兵第44大队在山东鲁西区盘踞中，实施霍乱防疫期进行训练：在霍乱蔓延地带如何实施"讨伐"及讲解霍乱防疫之对策，如此做好了下期作战的准备工作。

　　1. 从9月中旬到下旬之间，军防疫给水部济南支部黑川军医中尉以下15名及59师团防疫给水班林曹长以下5名，出差在临清和馆陶进行大队内的检便及研究防疫对策，同时并进行中国人民检便工作及调查患霍乱病和蔓延的情况。

　　2. 9月20日。田坂八十八53旅团长及59师团军医部长铃木中佐赴临清进行巡视防疫情况，同时铃木军医中佐并亲自指挥士兵起出大队内的粪尿予以埋没，此外还召集大队全员施以教育、讲解石井式滤水器的操纵，静水锭的使用法，及关于霍乱等问题。

　　3. 在这个期间内，除掉〔向〕各中队军官向士兵教育讲解有关传染病的事情外，柿添忍军医及卫生下士官并到各队施以有关霍乱的教育。

　　我（59师团53旅团独立步兵第44大队步兵炮中队小队长、见习士官）在上述防疫期中，对防疫给水班的调查检便工作予以协助，并于起粪时指挥部下将中队的粪尿全部搬到队外埋掉，而且还讲解石井式滤水器的使用法及有关霍乱病的常识，而作下期作战的准备工作。

　　独立步兵第44大队为蔓延霍乱进行"讨伐"。1943年9月下旬到10月上旬之间，独立步兵第44大队于山东省聊城县、堂邑县、冠县、馆陶县、临清县，为蔓延霍乱实行了"讨伐"，使患霍乱的病人去避难挪到中国人民一块儿，从而使霍乱病功能延扩大，来杀害中国人民，并调查散布霍乱菌地带的蔓延情况。同时还训练了在散了霍乱菌地带的侵略军队。

我（59师团53旅团独立步兵第44大队步兵炮中队联队长见习士官）按照中野登中队长的命令，指挥3名部下参加"讨伐"，1天行军16到20公里路，阴谋使和平农民患霍乱的人去避难，由于挪动到中国人民中间使蔓延益形猖獗。当时大队军医柿添忍穿着便衣与尖兵一同行动，调查霍乱蔓延情况。当向师团军医部呈报材料时，保护其行动，令其进行活动，并积极地予以协助，如在堂邑某村发现1名患霍乱病的人，当即直接告诉柿添忍而使他呈报了材料。我当本次"讨伐"开始之际，经过柿添忍军医而接到广濑利善大队长下达的注意事项如下：

第一，如发现患霍乱病的时候，当即报告给军医或卫生下士官，但不得接近他。

第二，所有食物务须经100多度的开水煮后再吃，绝对不许吃中国人民做的东西或生物，吃饭后必须吃数个梅干。

第三，饮水务须用滤水器出来的水，或喝滴下的净水或喝100多度沸腾的开水。

第四，各分队分队长要负责挖坑做便所，出发前务必用土埋好。

第五，如发生身体不好的人，要当即报告给直属长官。

除向中队士兵传达这些指示外，同时指使各小队携带石井式滤水器以供应饮水，并命令分队携带4把挖便所用的铁锹，还命令卫生兵携带卫生囊，并将试验纸分配给队长，命令分队长负责实行监督，而且亲自实施上述之训练事项，进行有关散布霍乱菌地带的士兵教育，如此做了霍乱细菌战的准备工作。

"十八秋鲁西作战"中为蔓延霍乱"讨伐"。1943年10月上旬到中旬之间，59师团于山东省鲁西地区进行"十八秋鲁西作战"中，将日本军在该地区内撒了霍乱菌因而患病的中国人民令其搬走，进一步使菌蔓延于中国居民中。同时并进行掠夺了约1万多袋小麦（60公斤），棉花42500袋以上，以及约800头牛等物资。

我（59师团53旅团独立步兵第44大队步兵炮中队小队长见习士官）于本"讨伐"中，指使在前期"讨伐"时训练好的30名部下参加这次"讨伐"而犯了上述之罪行。

结果，由于上述3个时期的"讨伐"行动，使撒在中国人民中的霍乱菌蔓延到鲁西地区一带（临清、丘县、馆陶、冠县、堂邑、辛县、朝城、观城、濮县、寿张、阳谷、聊城、茌平、博平、清平、夏津、高唐等县），从1943年8月下旬到10月下旬之间，用霍乱菌杀害了227500名中国和平农民，我直接指挥部下实施了这个杀人的阴谋。

（中档）119—2—516—1—5

（转录自中央档案馆、中国第二历史档案馆、河北省社会科学院编：《日本侵略华北罪行档案·细菌战》，河北人民出版社2005年版，第261—265页）

2、证人证言 [1]

（1）河东惨案见证人王世云、知情人王克刚的证言

我叫王世云，男，今年78岁，淄川区罗村镇河东村人（身份证号：37030228112□□□□）。

1938年1月30日，日本侵略者早晨4时左右包围了河东村，制造了"河东惨案"。河东村共死亡276人。日军在我村一个油坊后边，打死了15名。有一个妇女有身孕，被日军用刺刀豁开肚子，把胎儿挑出肚外，真是惨不忍睹。我叔叔（王克宜）被敌人杀死。损失的粮食、衣物等不计其数。日军的指挥部就在莲花庵上。当天连外村一共死了300多人，烧了2000多间房，以上是我亲眼所见。

我叫王克刚，男，今年66岁，淄川区罗村镇河东村人。

七七事变后，日军在我村制造了河东惨案，当时是1938年1月30日，日军见人就杀，见房就烧，从清晨开始一直屠杀了整整一天。当时全村不到2000人，剩余的人很少。

我岳父叫高××（名字忘了）在惨案中被杀。42户人家被杀绝。

以上是我听老人讲述记住的。

证人：王世云（手印）

证人：王克刚（手印）

2006年12月1日

（原件存淄博市淄川区档案馆）

---

[1] 证人证言部分，凡涉及当事人身份证号，皆隐去后四位数，以"□□□□"代替。特此说明。

（2）李士俊、李士军、李传宾的证言

日本鬼子在1938年春天进村后，在本村的东北湖，把霍重友的曾祖母（老太太）打死（当时老人近70岁），付保玉的二哥付二坡，跟孙业红干，被打死在马兰南坝子村，当时近30岁。付保良的奶奶付氏（80岁）跑返时没跑，住在地窖内，被淹死。栗太宾（40岁左右）在台儿庄北大门外踩上了日本人的地雷，被当场炸死。最严重的是日本人在井里下了毒药。全村喝了井水后，都拉黑屎，全村的老人、儿童近百人全部死亡，只剩下几十个身强力壮的村民，不到120人。褚老头当时在60岁时被杀害的（褚□宇的老爷），栗法芝在北汪崖（50岁左右）被打死（后人栗思美）。

证人：李士俊（手印），男，1924年1月出生，山东省枣庄市台儿庄区邳庄镇旗杆村，身份证号：37040519240126□□□□；

李士军（手印），男，1930年11月出生，山东省枣庄市台儿庄区邳庄镇旗杆村，身份证号：37040519301112□□□□；

李传宾，男，1923年7月出生，山东省枣庄市台儿庄区邳庄镇旗杆村，身份证号：37040519230719□□□□；

李士革（手印）、李传信（手印）、荆文昌（手印）、王玉成、侯玉宽、樊海民（手印）、侯敬启（手印）、李士义（手印）、李传静（手印）

调查人：赵克玉、李居国、李延友

调查单位：邳庄镇调查组

2006年11月20日

（原件存中共枣庄市台儿庄区委党史研究室）

（3）毛子埠村惨案见证人李绍元、赵有海的证言

1936年，我村地主赵永观与村民李坤、李德法一家，因土地陈报，地塍插界的事，产生矛盾，两家结下怨仇。

1938年5月7日半夜，李德法勾结并带领驻兰〔蓝〕村火车站的日军阿部队的一个小分队来到我村，包围了赵永观一家，赵永观一家与日军相互开枪，当场打死打伤3个日军，日军败退。

1938年5月8日拂晓，日军从胶县、城阳、南泉、蓝村调集了大批人马，包围了我村。日军见人就杀，见房就烧。烧杀7个多小时。共杀害、烧死伤亡180人，其中我村村民140人，还有40名外村人在我村干活的（不知姓名）。损失房屋740间，树木4000棵，禽畜1960只，粮食15.2吨，服饰156宗，生产工具175套，生活用品460宗，小学1所，村公所1栋。以上情况完全属实。

证人：李绍元（手印），1923年5月30日生，住即墨市七级镇毛子埠村，村民。

记录：王孝功

2006年12月19日

1936年，我村地主赵永观与村民李坤、李德法一家因土地陈报地塍插界的事，产生矛盾，两家结下怨仇。

1938年5月7日半夜，李德法勾结并带领驻兰〔蓝〕村火车站的日军阿部队的一个小分队来到我村，包围了赵永观家。赵永观家与日军相互开枪，当场打死打伤3个日军，日军败退。

1938年5月8日拂晓，日军从胶县、城阳、南泉、蓝村调集了大批人马，包围了我村，日军见人就杀，见房就烧，烧杀7个多小时，共杀害烧死伤亡180余人，其中我村民140余人，还有40人是外村人，都是给我村干活的（不知姓名）。损失房屋740间，树木4000棵，禽畜1960只，粮食15.2吨，服装156宗，生产工具175套，生活用品460宗，小学1所，村公所1栋，以上情况完全属实。

证人：赵有海（手印），1934年2月14日生，住即墨市七级镇毛子埠村，村民。

2006年12月19日

（原件存即墨市档案馆）

（4）日军火烧胡楼村见证人胡辅业的证言

我叫胡辅业，今年76岁，家住成武县党集乡胡楼村。

1938年的古历四月十七日，日本鬼子到俺庄上来，当时我10多岁。大部队走完后，剩了2人，在我村又打鸡还抢啥，随后进了春田家，抢〔强〕奸他的两个闺女。他看不下去，忍不下去，就找个榔头一下子闷死一个，另一个鬼子一看就跑了，给部队一说，忽一下子就都过来了，见人就杀，见人就穿，穿死的，打死的都有，房子烧了100多间，奸淫烧杀，烧房子。老年人都没跑，当时年轻人四五十岁都跑了，没跑的七八十岁的老年人就被推到烧着的屋子里烧死几个，有二引海他爷爷爷两个，引富的父亲。春田把砸死的日本鬼子拉到离他家不到100米远的井里，而后就跑了。日本人少了一个人，他们就来找，让胡引铎的二爷爷胡大刘下井去捞人，捞上日本人尸体后（以前的井是砖井，井沿四周都是用石头铺的），日本人把石头一掀，就把大刘砸死在井里了。胡春田跑到村西头坟地里，被鬼子看见了，一看他满脸是血，知道是他打死的日本人，就把他的两个肩膀用刺刀穿透，又穿上铁丝，把人挂在树上，先将头砍掉，又片了胳膊和腿，把身子又给片了，扔了出去。凡是在家里，在庄头里，从麦地里趟出来的，当时小麦能吃麦仁子了，抓到一个就鼓捣死一个，不是用刺刀扎死，就是用枪打死。东头也死了几个，名字记不准了，有一个老婆姓啥记不清了，是公坷的母亲，还有一个叫胡公睦的（50多岁）想反抗，被日本人刺死了。还有最残〔惨〕的就是胡辅伟的姑姑，当时已出嫁结婚了，在我村住娘家，抱着一个几个月的小孩没跑，被日本人发现后，将小孩夺过来，用脚踩着小孩的一条腿，用手抓着另一条腿劈死了，把胡辅伟的二姑也给刺死了。说到财产就不好说了，房子都烧啦，引海家和公睦家那几片房子都烧光了。

证人：胡辅业（手印）

2006年12月

（原件存成武县档案馆）

（5）郭富年、郭静波的证言

　　抗战期间，皂户王村一个外号叫托七的人在4支队当兵。1938年农历六月十九日下午，托七在我们村后的高粱地里打了到流饭桥村去的日本鬼子几枪，没打着，几个骑马的日本兵掉头回到潍县城里。当日傍晚，日军乘一辆卡车，来到我们村后，在潍博公路上停下（今安顺路），日本鬼子进村后杀人放火，我们村当晚被刺死和打死10人，其中被日军刺死的有：郭春裕之子郭新华19岁，谭明山之母谭陈氏52岁，谭世信的六伯父谭老六56岁，及三伯母谭氏60岁，郭梦庆的妻子郭氏61岁，被日本鬼子刺死在家中，郭世龙的妻子郭氏62岁，被刺死，于瑞照50岁，及母亲70岁也被刺死在家中，于瑞士15岁，在给日军开门时被刺死。谭巴的母亲谭王氏52岁，被日本鬼子开枪打死在村南坡的黍子地里。另外，于书士的父亲于延林42岁，被日军刺成重伤，谭同春的母亲谭氏50岁，也被日本鬼子刺伤。

　　证人：郭富年（手印），男，1928年2月18日出生，山东省潍坊市潍城区东七
　　　　　甲张村，身份证号：37070228021832□□□□；
　　　　　郭静波（手印），男，1930年11月14日出生，山东省潍坊市潍城区东七
　　　　　甲张村，身份证号：37070219301114□□□□；
　　　　　于学士（手印）、于瑞之（手印）

调查人：韩华德　元占辉　李丽
调查单位：潍城经济开发区课题调查取证组（盖章）
2006年11月27日
（原件存潍坊市潍城区档案馆）

（6）粮坊惨案见证人沈秉铃、沈秉宇的证言

抗战时期沈秉铃之父沈君垚，在曹县大隅首南路西（现在的魏氏名吃）开一湧长粮坊。日本鬼子第二次进曹县是1938年，农历十月初五下午从西南柳河集方向过来的，见人就开枪，老百姓四处躲避。沈君垚准备把家人都送走，衣服、被褥、日用品等捆了7个大包袱，还没走出门去。下午五六点钟，就被日本鬼子堵家里了。当时还有伙计李志贵和新婚妻子，汲龙云，在大隅首卖锅子肉的杜家叔侄爷俩跑到湧长粮坊也被堵住了，还有十几个郭庄寨、褚庙寨、河南临七几个地方的粮贩也被堵在粮坊内。沈秉铃之母，当时30岁，沈秉铃8岁，妹妹5岁，弟弟1岁多。日本鬼子大约有十几人堵住粮坊大门，架上机枪，叫人站队，队还没站好，日本鬼子就开枪扫射，当场打死12个，一个重伤后来也死了。日本鬼子一开枪，人员乱跑。李志贵、汲龙云2个伙计，杜家爷俩，8个粮贩，沈君垚等13个先后被打死。第二天沈秉铃才知道其父亲沈君垚被日本鬼子打死了。当时日本鬼子开过枪后，又跑到粮坊内往北屋扔了一个手榴弹，往西屋扔了一个手榴弹以后就走了。当时沈秉铃之母领着沈秉铃，其妹妹和弟弟以及李志贵的新媳妇，躲在了东屋，门用一个秫秸箔堵着，日本鬼子没进去，沈秉铃之母怕沈秉铃弟弟哭，叫李志贵媳妇用奶头堵住他的嘴。日本鬼子走了以后，四五个受伤的粮贩回来找掌柜的（沈×）没找着，第二天天明找着了尸体，抬到粮坊北屋里，汲龙云被抬到西屋了。第二天日本鬼子又叫老百姓把被他们打死的人的尸体拉到罗祖庙（原体育场，现在的中信综合市场）埋到坑里，大约有三四十个人，光湧长粮坊就拉过去11个，另外的是其他地方打死的拉过去的。沈秉铃父亲沈君垚准备逃难的7个大包袱和粮坊的流动资金大约有一两万元大洋等财产全部被洗劫一空。当时2个铜板买1个烧饼。

证人：沈秉宇，男，1931年5月12日出生，山东省菏泽市曹县南关体育场路39
号，身份证号：372922310512□□□□（签章）；

沈秉铃，男，1933年9月20日出生，山东省菏泽市曹县南门里沈家胡同
6号，身份证号：372922330920□□□□（签章）。

调查人：孙继海（手印）、刘兴群（手印）

调查单位：南关居委会

2006年11月19日

（原件存中共曹县县委党史研究室）

（7）拌倒井惨案见证人郑兴泉、武士英的证言

  阴历1938年十一月十七日清早，日本侵略军的一个中队，从县城出发"扫荡"，路经拌倒井村，当时正值村民吃饭的时间。鬼子开着4辆汽车来到了村西，架起几门大炮就对村庄进行了狂轰乱〔滥〕炸，村子成了一片火海。树木柴草全部烧光，后来鬼子进村进行"扫荡"，他们对手无寸铁的群众疯狂残杀，逐户搜查，逢人即杀。郑兴泉老人一家5口人，祖母，父、母、哥哥均被杀害，其祖母肚子被敌人打穿2处，当时死亡。本人当时未被鬼子发觉幸免。杨修森的母亲当时吓得躲到床底下也不得幸免，被鬼子拉出来枪杀。两个嫂子，侄子一家4口全被杀死。郑云坤老人的五奶奶被日本人用刺刀把肠子挑出来，疼得满院乱滚，最后惨死。李守田之妻，刚结婚几天，鬼子除抢走她的衣服后，又奸污了她，后隔几天死亡。跑走的村民也吓得不敢进村。这次事件全村被杀死19人，日军所到之处，尸横遍地，惨不忍睹。

  证人：郑兴泉（手印），男，1936年10月5日出生，山东省泰安市东平县毛庄村人，身份证号码：3709233610050□□□□；

    武士英（手印），女，1923年5月13日出生，山东省泰安市东平县毛庄村人。

调查人：武树杰、郑兴伟、叶鹏飞

调查单位：毛庄村

2006年11月6日

（原件存中共东平县委党史研究室）

（8）义和庄惨案见证人刘树伦的证言

1939年4月11日，日本鬼子对义和庄"扫荡"时，对老百姓进行了大屠杀。当时我家住在现在的义和庄东南村湾北崖。早饭以后，小河梁家、王集处枪声、炮声响成一片，看到一队队鬼子押着一串一串的人从小河、王集处向义和庄走来，吓得我和父亲藏在里间屋的囤里。我爬在粮食囤顶上，从窗户中，看到鬼子兵在我门口前边湾坑中杀人。鬼子走后，四外庄的人，哭着喊着来寻人，找尸，我领着一帮找尸的来到湾坑处，从湾坑里扒出了3具尸体。当时我记得俺邻居家韩老头（梁山人）雇了两个青年又从围子墙边的几个地窝子中扒出了39具尸体，摆了四五大溜，供人认领。韩老头还买上酒、买上纸，点上香、摆上菜供养着这些死者。我还记得，当时去认领一个死尸交给那两青年1元钱，没有钱的对韩老头磕一个头把尸领走就行。在东南村小街上，一个外地卖粘粥的被杀在粘粥棚里。

证人：刘树伦（手印），男，1919年6月出生，山东省东营市河口街道办事处三合村，身份证号：37050319200228□□□□。

调查人：吕洪新、王洪拉

2006年11月6日

（原件存东营市河口区档案馆）

（9）葛石店惨案见证人张明泉、牛玉申的证言

1939年6月8日，日军闯进葛石村，陈元祥、陈元江两人被日军刺死后扔到井里。王庄太被日军打了一枪，当时没死，他跳进井里，日军随即向井里掀石头，将其砸死。

张洪丙在街碰上日军，当即被捆上推到地瓜窖子旁，日军朝其胸口刺了两刀，然后推进窖子。张落到窖子底后，又被日军朝背后打了两枪。当时王玉银等人就藏在窖子里，日军走后，将张洪丙救起，从此张洪丙落下终生残疾。

一天内，日军共杀害30人，伤11人，奸污妇女30余人。其中一名小买〔卖〕铺的张氏妇女被3个鬼子强奸，两腿被撕烂。

证人：张明泉，男，1919年12月24日出生，山东省泰安市宁阳县葛石镇葛石村；

牛玉申，男，1919年12月29日出生，山东省泰安市宁阳县葛石镇葛石店村；

张兆瑞（手印）、郭丙振（手印）、吴士雨（手印）、张明金（手印）、张洪明（手印）、张明奎（手印）、张会文。

调查人：张兆敏

调查单位：泰安市宁阳县（盖章）

2006年11月9日

（原件存中共宁阳县委党史研究室）

（10）孤石河惨案见证人高振德、王喜友的证言

我是高振德，1940年正月初六，大约10点到11点钟，那年过年大雪。我在西山打兔子，看见从刁家村出来一帮人，前面七八个老百姓用掀〔锹〕清道上的雪，后面十几个抗〔扛〕枪的兵。我爬在草丛中，扫雪的是刁家村的人，我问他们"这是干什么"，他们头也不抬，只顾向前掀雪，有的站不稳滑滚到沟里，这是〔时〕后面上来十几个说话叽哩呱啦的人，是日本鬼子。这时突然听到东面"叭叭"两声枪响，紧接着十几个鬼子爬在地堰上向东面海边开枪，我站在他的后面，看到东海边一个人往南跑，被鬼子打倒，他倒后又站起来跑，又被打倒，死了。接着日本鬼子也不管扫雪的人，追到村东的房屋边，又用机枪向海边的货船扫射。有两个村民是台上村的，叔侄两个听到枪响从村里跑出来向南跑，被鬼子发现。两名鬼子追过去，他侄子被鬼子用枪从后脑打中，叔叔被鬼子用刺刀从前胸挑开，之后鬼子们就包围了停在孤石处的几条船。我从山上下来，看到他们叔侄俩都死了，血染了一大片雪地，我开始害怕。跑回家看家中没有人，便出去找，在雪堆中找到我弟高振文，都被冻的不能走了。当天被鬼子刺杀三十几个人，〔死〕了十几个人。当晚日本鬼子住在丰台顶村。

证人：高振德（手印），男，1922年8月24日出生，山东省威海市乳山县乳山寨镇

孤石河村，身份证号码：3706302208245□□□□；

王喜友（盖章），男，1917年12月4日出生，山东省威海市乳山县乳山寨镇

孤石河村，身份证号码：3706301712045□□□□。

调查人：孙福东、于书刚

调查单位：乳山寨镇政府

2006年11月10日

（原件存乳山市档案馆）

（11）刘集惨案见证人刘安仁的证言

我叫刘安仁，今年80岁，身体健康，身份证号码：37052319271210□□□□，广饶县大王镇刘集村人。我经历过1941年日军"扫荡"刘集村，造成90多人死亡的"刘集惨案"事件。因为我年事已高，想将经历的这段往事记录下来，并请公证人员作证。

那年1940年冬天，进入腊月后村里的人们都在为过年忙个不停。腊月廿一是好日子，娶亲的特别多。腊月廿晚上我去帮邻居娶亲，一晚上没睡。半夜时候，听到村里狗咬，听说县政府和我们的部队住进了我们村。凌晨下起了小雪，我们抬着轿子娶亲走到西门，看到西沟里有人影晃动，站岗的哨兵说"干什么的呢"，对方"啪"的一枪，有人说："鬼子围了村了"，我们慌忙跑回村里。看到有部队集合向外突围，从前街东寨门向南冲。日军早就在东门外的坟盘处埋伏了五六挺机枪，部队一冲过去就被打死七八个。这时部队继续冲，日军用机枪扫射，共打死七八十人。部队退回村后，有的向南冲出，有的向北冲出，有的藏在村内。这天下午，日军又将十几个村民押到西李村，用刺刀杀死。这次血洗之劫，部队的干部、战士牺牲79人，村民死亡20人，村里房屋多处被烧。

这就是我所知道的刘集惨案的一些情况。

证人：刘安仁（手印）

2007年1月8日

（原件存中共广饶县委党史研究室）

（12）日军投放毒瓦斯事件见证人张立山、李华桂的证言

　　我是莱西市马连庄镇西军寨村人，名叫张立三〔山〕，今年85岁。1921年5月18日生。亲身经历了日本鬼子进攻我村。那年我十五六岁。记得那天赶店（河头店集），日本鬼子就从那里过来的。村里赶集的人看见了。不久，日本鬼子来到了村南。12点多钟，派来2个探子，骑马进村看情况。其中一个被八路军打死，另一个跑回去说村里有八路军。鬼子便开始进攻。因有围墙，鬼子到下午3点多钟没有攻下来，就放了"臭弹"。我爷爷被呛得直咳嗽，喝水就好点。后来就用布浸尿捂嘴，趴在地上。我妈抱着妹妹，妹妹被毒得直哭，后来放在地上不哭了。鬼子打到炼灰（傍晚）了，爷爷带我跳墙向外跑，鬼子见一老一小就放我们出去了。第二天回来看到村西边的湾里死了一片鸭子，有200多只。当时我们村170多户，250多人，家家户户都受了"臭弹"的毒。日本鬼子还烧了房子、草垛，杀了2个人。其中一个是李士红的奶奶，她出来求鬼子别放火，被捅死了；另一个是张永发的大妈，她在邻居家，因怕自己家被烧、抢，就想出来看看，结果一出门就让鬼子打死了。

　　证人：张立山（手印）　　身份证号：37022519210518□□□□

　　记录整理：李英才（手印）

2006年12月26日

　　我叫李华桂，是莱西市马连庄镇西军寨村人。1940年日本鬼子进攻我们村时放了"臭弹"。当时我刚八九岁，没在村里，是后来进村看到和听说的。"臭弹"放在我屋西头，烧了7间房子，其中3间是我家的。听说放"臭弹"后，人喘不上气来，都趴在地上，用尿浸布后捂着嘴。日本鬼子在我家南院的炮楼边、村东边还打死了几个八路军，用刺刀杀了两个婆娘。我回村后，看到村西的湾里漂着一层鹅鸭，都是毒死的，牲口也死了几头。后来，村里的人这个有病，那个有病，但不知道那是让"臭弹"毒的。

　　证人：李华桂（手印）　　身份证号：37022519281007□□□□

　　记录整理：李英才（手印）

2006年12月26日

（原件存中共莱西市委党史研究室）

（13）南峪元旦惨案见证人董维、任益广等人的证言

我叫董维，今年89岁，抗战期间，日军在莱芜制造十多起重大惨案时，我在汶南区当区长，后来又参加过这些惨案的调查、核实工作。因此对这些案件的情况比较了解。

南峪村属常庄乡，现属苗山镇，全村有160多户人家。1939年春我八路军在这里设立了兵工厂。自兵工厂驻南峪村的3年中（1943年迁往蒙阴），万恶的日军竟对该村烧、杀、抢、掠达13次之多。其中1941年元旦这次惨案给南峪人民造成了巨大的灾难。这天敌人是想袭击我兵工厂，只因我军得到情报，转移了驻地。当敌人袭击我兵工厂扑空后，便狗急跳墙，他们把村民集中起来，用枪杀、刀捅、火烧，先后杀害村民11名（崮山村3人，南峪村7人，常庄1人），捕走120多人（其中7名妇女）。这些人除30多人在路上逃脱外，有30多人在张店被折磨死，20多人死在济南，4人死在北平，最后仅回来6名妇女和4名男子，其余全部失踪。

证人：董维　身份证号：37091919180217□□□□

2006年12月1日

南峪元旦惨案发生在1941年元旦，那时，我们才十几岁，经历了这场惨案。1941年元旦拂晓，日、伪军包围了我村。因我村原来驻着泰山专署机关和八路军兵工厂（鬼子来时，兵工厂已转移）。敌人捕空后，就对村民下了毒手，抓了大约二三百村民，赶到村东一个河滩上，审问谁是共产党员，兵工厂在哪里？因无人回答，鬼子就开始打村民。李法林（支书）在路上把随身带的文件撕毁，被鬼子先砍下手，后刺死。李翠林之妻带着3个孩子躲在望鲁山一个山洞子里，也被鬼子刺死。然后鬼子将其3个孩子带走。李汉林去给鬼子打水，被鬼子刺死在村内一井边（因说他有大麻风）。鬼子放火烧了400多间房子，李玉税、李玉俊、刘圣田等被大火烧死。鬼子不仅在南峪村肇事，而且又到常庄、下周、崮山、黄崖、瓦乐等村放火杀人，在下周村，烧了200多间房，在崮山村，烧了800多间，打四〔死〕了姜四老人，杀了孙凯道。鬼子这次"扫荡"，共杀了11人，其中，我村6人，崮山村3人，常庄1人。抓走了120人，后来这些人有的死，有的当劳工，回来

· 568 ·

的不多。

证人：任益广（手印），男，1931年5月17日出生，山东省莱芜市莱城区苗山镇
　　　南峪村，身份证号码：3709193105174□□□□；
　　　李怀林（手印），男，1939年9月29日出生，山东省莱芜市莱城区苗山镇
　　　南峪村，身份证号码：3709193909294□□□□；
　　　刘春轩（手印），男，1932年12月22日出生，山东省莱芜市莱城区苗山镇
　　　南峪村，身份证号码：3709193212224□□□□；
　　　唐连祥（手印）。

2006年12月5日
（原件存中共莱芜市莱城区委党史研究室）

（14）杨家惨案见证人满洪升、赵清太的证言

我叫满洪升，今年78岁，平度市大田镇杨家村人，建国后曾长期担任村党支部书记。

1941年农历三月，平度县抗日民主政府调全县60多名教师在俺村集训，县政府也同时住在俺村。农历3月20日凌晨，掖县小庙后据点的日、伪军突然将俺村东、西、北三面包围，在村后土埠上架起了好几挺机枪，开始惨杀教师和村民。事后才知道，小庙后据点的日、伪军头天晚上出动时，强令俺村刘玉卿的舅子，是掖县下徐家人，夜间领路到了杨家。

枪声一响，教师和县政府工作人员纷纷向外突围，罗竹风县长与部分教师顺村中河沟向东冲了出去，但也有不少人受伤或被杀害。想从南山逃生的受到很大损失，因为日、伪军架在村后土埠上的机枪距南山不足200米，机枪对准向南山突围的人群猛烈扫射。当时我13岁，从我家窗上向南山看得很清楚，除俺村满喜风等少数人趁黑越过山顶逃生外，不少人被打死在南山上，不少教师又被猛烈的火力压回村中。当时我看到有一个女的还没到山顶便中弹倒下，另一位男的已奔至山顶，看到这情况，又返回想去拉这个女的，这位女同志还向男的摆手，意思是不让他回来救她，但那男的还是返回来，结果也中弹倒下。事后我才知道，是教育科长郁山回来救妻子黎芳，结果双双牺牲。枪声一停，日、伪军又到南山检查，发现有活着的再用刺刀刺死或用枪打死。日、伪军撤离后，俺村满喜风在村后日军架设机枪的土埠上，光日军打完的子弹壳就拣了一提篮。

接着日军就在村内搜查并烧房子。共有9间房子被烧光，其中杨远祥家正屋3间，杨昆祥正屋3间，满喜进家3间西厢房。还在村中点燃了堆在刘玉论家场院里的松柴垛。把躲藏在满宝家东屋的北董家村教师董高占与俺村村民满洪远绑在一起，先用枪打伤后又推进大火中活活烧死。村民杨振德被鬼子用刀把头快要砍下来，头已搭拉在前怀里，又把满洪泮用枪打伤，随后也把他两人推进大火里烧死。4人的尸体最后被大火烧焦，已难辨认。可巧俺村满洪铎在房子正挨着刘玉论家场院，满洪铎正好躲在自家猪栏里，透过猪栏花墙孔看得明白，这才将4人尸体分清。

接着鬼子又将在村中捉到的30多名教师与俺村8名村民，捆绑着押到南山

前一小梯田里用机枪射杀，其中我父亲满喜宽也被捉。在这小梯田里有20多名教师和4名村民被杀害。有些没死的，鬼子再用刺刀刺死。俺杨家村就有满音、满智、满喜清、杨顺祥4人被杀，我父亲满喜宽及村民刘振兴、杨洪举、杨宝善听到枪声应声倒下，从尸体堆里侥幸逃生。其中杨洪举、杨宝善父子中弹负伤。事后我父亲把我带到现场亲自讲述了日、伪军罪行。日、伪军把教师押到这东西长的小梯田里，四周站满了日、伪军，日军的机枪架在小梯田东头一突起的石鼓子南侧隆起的土堆上，朝着无辜的教师开枪。幸亏小梯田北侧东端有一向南隆起的石头，把子弹一映，救了不少教师。子弹把石头打得一片弹窝，发白一片。

鬼子撤离杨家时，又捉住了县政府的乔俊卿和俺村的满喜贵。满喜贵因以前扣废炮弹时爆炸，炸掉了个手指头，鬼子硬说他是八路军。乔俊卿是乔家村人，身体魁梧，鬼子说他是当官的。日军把他俩人的双手用铁丝拧住押回小庙后据点。后来，乔俊卿设法逃回，而满喜贵在遭受酷刑后，又被鬼子的几条狼狗活活咬死。当时俺村满喜玉正在掖县扛长活，在小庙后修据点干零活，他亲自看到满喜贵被狼狗咬死。后满喜贵的妻子改嫁。俺村被杀的其他人的妻子也先后改嫁。

鬼子进村搜查时，躲藏在集体宿舍的教师被搜出押到刑场，而藏在农户家中的个别教师有些没被搜出而逃脱。当时俺家就住着3个男教师和1个女教师，俺家用囤把他们扣在墙角里，我母亲还找出自己的大棉袄给这个女教师穿身上，扮做我母亲的女儿，就这样把他们救了出来。杨家惨案已经65年了，日军的暴行永远也不会忘记。

证人：满洪升（手印），78岁，中共党员，大田镇杨家村人

2006年11月15日

我叫赵清太，今年85岁，崔召镇卢家村人。中共党员。抗日战争时就参加了教育工作。建国后因孩子多，家庭负担重，于1955年2月经批准同意离开教育岗位回家务农，曾长期在村里担任会计工作。1941年春我在杨家参加教师集训时就亲自经历了惨案的全过程。

当时教师有近70人参加学习，随平度县抗日民主政府、县大队的四五十人一起驻杨家村。头一天就得到情报说平度和掖县的鬼子要出动，还没有来得及转移，结果于1941年农历三月二十日拂晓就被掖县小庙后的日、伪军包围了。当时战争环境，夜间大家都是穿着衣服睡觉，一旦有情况马上就跑。罗竹风县长大声说："教师队上不怕死的跟我走！"带领教师迅速向外冲，当时约有30多个教

师跟着他向外突围。我当时背着教育科长郁山的8个月的儿子一起向外冲，也和郁山夫妇跑散了，郁山和妻子黎芳在突围时牺牲了。我背着郁山的儿子郁丰跟随罗县长跑了出来，我们一直跑到杨家村西南一个高山上，这才得一喘息。当时人们都跑散了，跟在罗县长身边的也就十四五个人，其中教师四五人。日、伪军在村里烧杀以后，大约到了上午八九点钟又把抓到的教师和群众押到杨家村前一块小地里。当时我们在西南山顶上看着，罗县长问我："在地里是些什么人？"我回答是我们的教师。接着就听到日军的机枪响声把这些手无寸铁的教师和村民一起枪杀。我知道这次被日军杀害的教师有29人，另有被杀的教育科长郁山和妻子黎芳，所以这次遇害的仅教师就有31人，其他遇害的我不太清楚。汉军寨村一姓王的教师，名字想不起来了，被打死。他同村的教师李锡帛、前涧村教师高洋明有幸脱险。而纸坊村教师郭书先，字子明，还有酒馆村杨发祥被打死的教师尸体压住后侥幸脱险。

在这次惨案中，不少教师脱险与杨家村的群众想法保护也是起了很大作用的。南董家村教师姜学敏跑进一个孤老婆家说："我是教师，快救救我！"那位孤老婆马上让他上炕躺着，在身上盖上棉被，在门上挂块红布，说他长伤寒病，传染人。就这样把他救出来了。

我和教育科长郁山关系很好，我18岁时就参加了胶东抗日军政大学的学习班，当时郁山给我当老师。我19岁那年成立了平度县民主政府，郁山当了教育科长。在此前选县长时我19岁，数我年轻，选我这年轻的去参加选县长，在石桥村用松枝建了个临时舞台，当时县长候选人已经定了，我也不认识是谁，县长候选人每人身后放个碗，上边分豆给俺，你想选谁就在谁身后的碗里放个豆，谁的碗里豆多，谁当选，结果罗竹风当选县长。

县政府成立后，我就参加教师培训班，曾在杏庙、邦子、巴豆子等村学习，因鬼子经常出动偷袭，所以学习班也随时转移。因为我年轻，学习也比较好，郁山科长也很看重我，依靠我。因是当时环境所需，他的老家及真实姓名不对外讲，人们只知道他叫郁山，当时他曾对我讲了他的底细，当时只有3个人知道。他的老家是文登城东方家，他姓方，叫方郁山，对外只写"郁山"，兄弟4人，他排行老四，还对我说如到文登，就到他家去看看。他的妻子是掖县西由人。他们的儿子起名"郁丰"。年前农历七月二十二日出生在葛家。

就因为郁山科长是我的老师又是我的领导，他信得过我，所以当杨家教师学习班被日军包围时，在这危急关头，他俩把孩子交给我，两人用毯子把孩子绑在我身上，当时郁丰哭叫不停。我并未辜负他俩的期望和嘱托，总算把孩子救出来了，但他俩却被日军惨杀了，还有我们一起学习的那么多教师一起遇害，心里极为悲痛难过，尤其是我亲自看到他们遇害的现场，心里真是有一种说不出来的滋味。

　　当郁山夫妇牺牲后，他们刚刚8个月的儿子郁丰成了孤儿，我极为难过。当时我姑姑家是梨沟村，当时还无子，我想把郁丰给我姑姑抚养。后罗竹风县长不同意，罗县长说这孩子要由组织安排，后来便把郁丰交给乔家村乔乐农当时任区委书记抚养。以上便是我所知道的杨家惨案全过程。

证人：赵清太（手印）

2006年11月15日

（原件存中共平度市委党史研究室）

（15）下马戈庄惨案见证人徐淑英、张庆香的证言

我叫徐淑英，今年86岁，平度市崔〔召〕镇下马戈庄村人。我18岁嫁到下马戈庄村的时候，日本鬼子已经打过来了，他们杀人放火，无恶不作。我们这些平民百姓真叫日本鬼子吓破了胆，一听说鬼子来了就赶紧跑，心里害怕很少睡个囫囵觉，现在一想起早年那些事，心里还是挺难受的。

我记得1941年7月中旬，好像是13号，快到晌午了，听到村外枪响，有人喊鬼子来了，我们就赶紧向外跑，青壮年老爷们跑得快的，都奔北山去了，有些人干脆躲在家里关上门，不敢动弹。我们这一些老人、妇女很多被鬼子伪军（汉奸）抓回来，他们把我们强迫赶进张学兴的5间房子里，大部分是妇女、老人和小孩，只有少数几个男的，屋里总共能有20多个人。我怀里抱着8个月大的女儿，排行老四，名叫琐衣，我记得当时还有张明常他娘抱着他也在那个屋里，其他人记不清了。鬼子关上门后，有两个人跑了出去，后来听说张明花跑了，张明文从墙上掉下来，被鬼子捅死，肠子都出来了。鬼子汉奸们这回干脆都把门窗堵上，从窗棂子缝里塞进一个细长的冒着烟的东西，我闻着有股子臭味，不一会儿大家伙都咳嗽起来，还流鼻涕，头晕恶心，几乎站不住了。我的闺女当时就口吐白沫了。也记不清多长时间，大约20分钟到半个钟头，听说鬼子汉奸走了，我们大家伙一齐使劲冲了出来，有的当场晕倒，有的晃晃荡荡地回家。我好不容易走回家，头也痛，眼也花，恶心难受，回家后赶紧给闺女喂了点水，但她都吐了出来。晚上又开始拉肚子，后半夜就死了。可怜我闺女才8个月大就死得这么惨。我还知道鬼子汉奸把一些人扔进井里，死的人有张明初他娘和妹妹，张明功的妹妹，还有张明佼，后来舀〔淘〕井的时候，血水一直淌到村北土地庙。

证人：徐淑英（手印）

记录：夏英平、范晓文（手印）

2006年11月11日

我叫张庆香，今年80岁，平度市崔〔召〕镇下马戈庄村人。我是一名伤残退伍军人，1947年参加革命，1958年回乡。对当年抗战时期发生在我们村的下马戈庄惨案，我有一些记忆，当年我15岁。

记得当时是在7月的中旬,一天上午傍晌天,驻马场的日军和一些伪军汉奸到下马戈庄村"扫荡",他们抓住一些跑不迭的人,关进张学兴的屋里放了瓦斯毒气,有逃跑的人被日军打死,张明文被刺刀捅死,肠子都被掏出来了。于家铁匠被打死在猪圈里。鬼子还把一些老百姓强行推进井里,把一些铁匠家什往井里砸,死了不少人,其中一人是我们自家门上的张永严的老婆,五六十岁,名字记不清。在鬼子往井里推人的过程中,有一个叫董明学的,身体比较壮,他站在井边一下子甩开了两名日伪兵,拔腿就跑。鬼子开了一枪没有打中他,他就跑了。还听人说,在鬼子施放毒气的时候,有的村民用尿后的毛巾捂嘴解毒。

证人:张庆香(手印)

记录:夏英平　范晓文(手印)

2006年11月22日

(原件存中共平度市委党史研究室)

（16）小刘庄惨案见证人刘相森、刘长法的证言

　　我叫刘相森，今年74岁，身体健康，身份证号：37052319321105□□□□，原小刘庄人，1945年8月小刘庄并入现在的广饶镇东十里堡村。我经历过1941年日军残害小刘庄，造成10人死亡的"小刘庄惨案"。因为我年事已高，想将经历的这段往事记录下来，并请公证人员作证。

　　因广饶城至稻庄公路和日军的电线杆，在城东小刘庄至三角湾一段被破坏，1941年11月2日（农历的9月14日），晚上11点钟左右，日军特务队偷袭小刘庄，进村后，冒充"八路军"的名义，骗说"带上工具，今夜继续割电线"。我和我哥当时正在场院看场，我姑也在场，我姑拦住我们说："你们别去了，不是个好事。"我家有个锯，交给来的村民后，我们没有出去。不久，听到街上有人喊被绑起来了，我吓得不得了，赶快躲藏起来，后来知道刘桂、刘春、刘臻、刘香、刘长庆、刘长贵、刘生堂和刘伦堂8名村民被抓走。这些人被押往广饶城，农历九月十五（11月3日）上午，被日军割头杀害，同时被害的还有外庄的2人。农历九月十六，驻广饶城的日军，又窜到小刘庄挨户搜查。搜查中发现了双目失明的刘长贵之母和从段河村来给岳父看门的刘西庆等3人，他们未躲及就被抓起来暴打，刘长贵母亲被砸断腰。鬼子在小刘庄折腾了一上午，临走还在庄东头放了火。刘长贵之母，不久离开人世。刘臻和刘春兄弟2人被日军砍头后，他母亲因伤心，不久也去世。

　　8名村民被害后，家人连尸体也得不到，凑上钱托关系找人，在事后第6天才将遗体找到运回，当时状况惨不忍睹，他们衣服被撕烂，浑身被打伤、咬伤，身首异处，8个遗体头颅用麻袋装回辨认。

　　小刘庄这起惨案，全村9户人家，有4户家破人亡。

　　这就是我所知道的小刘庄惨案的情况。

证人：刘相森（手印）

2007年1月10日

　　我叫刘长法，今年90岁，身体健康，身份证号码37052319171002□□□□，原小刘庄人，1945年8月小刘庄并入现在的广饶镇东十里堡村。我经历过1941年

日军残害小刘庄,造成10人死亡的"小刘庄惨案"。因为我年事已高,想将经历的这段往事记录下来,并请公证人员作证。

因广饶城至稻庄公路和日军的电线杆,在城东小刘庄至三角湾一段被破坏,1941年11月2日(农历的九月十四),晚上11点钟左右,日军特务队偷袭小刘庄,进村后冒充"八路军"的名义,骗说"带上工具,今夜继续割电线"。我的父亲刘桂被人叫出,临走时他嘱咐我说:"你不要出去,我们去割电线杆。"我父亲出去不久,我听到街上有人喊绑起来了,我觉着事情不对,后来知道有8名村民被抓走,除我父亲刘桂外,还有刘春、刘臻、刘香、刘长庆、刘长贵、刘生堂和刘伦堂。这些人被押往广饶城,农历九月十五(11月3日)上午,被日军割头杀害,同时被害的还有外庄的2人。农历九月十六,驻广饶城的日军,又窜到小刘庄挨户搜查。搜查中发现了双目失明的刘长贵之母和从段河村来给岳父看门的刘西庆等3人,他们未躲及就被抓起来暴打,刘长贵母亲被砸断腰。鬼子在小刘庄折腾了一上午,临走还在庄东头放了火。刘长贵之母,不久离开人世。刘臻和刘春兄弟2人被日军砍头后,他母亲因伤心,不久也去世。

8名村民被害后,家人连尸体也得不到,凑上钱托关系找人,在事后第6天才将遗体找到运回,当时状况惨不忍睹,他们衣服被撕烂,浑身被打伤、咬伤,身首异处,8个遗体头颅用麻袋装回辨认。

小刘庄这起惨案,全村9户人家,有4户家破人亡。我的父亲也不幸在这次事件中遇难,每年的这一天,去坟地上坟的时候,就想起日本侵略者的野蛮暴行和罪恶行径。

这就是我所知道的小刘庄惨案的情况。

证人:刘长法(手印)

2007年1月10日

(原件存中共广饶县委党史研究室)

（17）北觉孙家村机枪点名惨案见证人孙桂美、孙长庚的证言

1941年古历十月二十七日，莱州市北觉孙家村惨遭机枪点名惨案。

1941年古历十月二十五日，朱桥据点鬼子来北觉孙家村"扫荡"，发现了村民做的军鞋、棉裤、棉靴子等（给八路军做的）。当场将孙廷恩、孙恩同、孙会绪、孙林祥、盛春荣5人捉走。带回朱桥据点，孙廷恩、孙恩同在途中被杀害，其他两人在古历十月二十六日杀害，盛春荣兴〔幸〕免。当时将妇女识字班名册搜走。古历十月二十六日，据点鬼子叫北觉孙家村送5000元（中国联合准备银行），送钱放人，但钱没送到，引发十月二十七日的机枪点名。机枪点名发生在古历十月二十七日上午，地点在孙家村关帝庙（现村中间）门口，当时全村老少基本都到齐，点名时，鬼子先念妇女十〔识〕字班名册，然后机枪扫射，当场死亡13人，伤10人。扫射后鬼子立即撤走。

证人：孙桂美（手印），女，1929年11月11日出生，山东省莱州市北觉孙家村，
身份证号：37062529111122□□□□；

孙长庚（手印），男，1930年1月4日出生，山东省莱州市北觉孙家村，
身份证号：37062519300104□□□□；

孙锡昌（手印）、孙宝聚（手印）。

调查人：张俊香

调查单位：北觉孙家村

2006年11月10日

（原件存中共莱州市委党史研究室）

（18）广饶县小码头惨案见证人王松书的证言

我叫王松书，今年80岁，身体健康，身份证号码：37052319270612□□□□。大码头乡小码头村人，小码头村现已分成码前、码后两个行政村，我现住在小码头前村。我经历过1941年日军"扫荡"小码头村，造成74人死亡的"小码头惨案"。因为我年事已高，想将经历的这段往事记录下来，并请公证人员作证。

1941年农历十一月初五，日、伪军偷偷包围了小码头村，从村西南角开始，将还没来得及逃出的人，用刺刀逼着赶到村北门里路西的场院里，然后在四周架起机枪，对准了手无寸铁的老百姓，开始了大屠杀。从日军刀下死里逃生的王六书和王中玲听说，日军要村民交出共产党、八路军，见村民都不说话，便拉出73岁的王安修，用刀砍向脖子，王安修当场死亡。杀人不眨眼的日军，又从人群中拉出30多名老百姓，二话没说便向他们刀砍枪刺。王六书也被拉出逼问后被敌人用刺刀穿透肚子，拖到死人堆里（日军走后，王六书苏醒过来被人扶回家）。此时，老百姓的尸体遍地，血流成河，惨不忍睹。日军的屠刀卷刃了，手腕累酸了，他们又施出了更毒辣的手段，声称"是好人的都到屋里去"，把40多人骗进屋里，然后把机枪对准门窗，在屋子四周堆上柴草点上火。霎时，浓烟烈火，吞噬草屋。有几个顶开屋笆往外冲，也被打死，40多人就这样被活活烧死。

日、伪军这次"扫荡"，从拂晓到上午9点左右，三四个小时杀害无辜老百姓74人。死难的乡亲中，有80多岁的老人，也有两三岁的小孩。

这就是我知道"小码头惨案"的有关情况。

证人：王松书（手印）

2007年1月9日

（原件存中共广饶县委党史研究室）

（19）日军捕捉劳工见证人孙殿仙、孙殿珠的证言

1942年2月10日下午，300多名日本鬼子把俺村包围了。进村后把家家户户的青壮年都赶到村中大槐树下，我们俩才10多岁也被他们赶来。我们一看高台上架着一挺机枪，周围有许多鬼子兵端枪把守，鬼子官嘟噜一阵，翻译就说"皇军说，今天叫你们到东北去当劳工，工钱大大的有，生活好好的，你们愿不愿去？"大家都低着头不放声。鬼子军官一看恼羞成怒，立即命令鬼子兵："把他们统统的捆绑起来！"接着喽啰们"忽"的一下围上来，他们把早已准备好的绳子放开，打上扣，一根绳子帮〔绑〕七八个人，有的人不让绑，他们啪啪就是几枪把子。我们亲眼看到抓起来的有：孙文民、孙廷宽、孙廷川、孙廷权、王德春、孙廷团、孙殿库、孙殿元、孙廷连、孙廷吉、林国朴、林树臻、林树章、林有宝、林树勋、孙廷宝、孙廷法、刘贵本、孙殿言、刘吉西、刘吉东、林刘氏（女）、林有贵、孙殿云、孙殿清、孙殿生、孙殿峰、孙廷春、刘明田、孙文光、孙廷义、孙殿寿、林有举、孙廷昌，还有外地两个打铁的师傅……总共捉了60多人。接着有鬼子兵端枪押着，全都关进孙文玉家的房子里，锁上门后，门口还有鬼子兵端着枪站岗。

我们两个因为是小孩，所以没抓我们。第二天就把抓的60多人全带走了。后来把他们运到牡丹江横达河子修铁路，劳工们在这里受尽了折磨，林有举，孙廷义等都惨死在这里，而今被捉去当劳工生还的仅有3人，他们是91岁的林国朴，86岁的林有贵，82岁的刘吉西。

证人：孙殿仙、孙殿珠，山东省栖霞市庙后镇骂阵口村

2006年12月1日

（原件存中共栖霞市委党史研究室）

（20）被抓劳工幸存者林有贵的证言

我叫林有贵，今年86岁，是山东省栖霞市庙后镇骂阵口村的农民。我们本来是一个圆圆满满的小家庭，万恶的日本鬼子来"扫荡"，把我和大哥抓去东北修铁路，哥哥被害死，十几岁的弟弟在家无法生活只得外出扛活，妈妈四处讨饭，是日本帝国主义害的我们家破人亡，妻离子散。我们一家可被日本鬼子害惨了。

1942年2月10日，这天300多日本鬼子在俺村大田沟（山名）与八路军作战，他们惨败之后，恼羞成怒，退到俺村，进村后挨家逐户把青壮年全赶到村中的大槐树底下，叫我们到东北去修铁路，我们不答应，他们就把我们捆绑起来，一根绳子拴七八个人。我和我大哥林有举都被抓去。经过几天的步行、乘车、坐船，把我们运到牡丹江横达河子修铁路的工地。在这里过着非人的生活，吃的是猪狗食，出的是牛马力，住的是破窝棚，受的是驴鳖气。我们130多人挤在一个窝棚里，周围架的铁丝网，门口有鬼子兵站岗，天刚一亮就起床，一直干到天黑。每人一担筐，一担土石就是100多斤，一趟接着一趟的挑，鬼子兵手持长木棒站在路旁监视。你走慢了打，挑的少了打，你跌倒了他们还是打，我们个个被打的头破血流，泪流满面，还是得忍着冤痛继续挑。我们吃的是带火油味的陈高粱，喝的是河沟里的臭水，大家被折磨的有时一天死去六七个人。我大哥林有举头天还好好的，可是第二天早晨起来一看，不知什么原因已经死了。人一死就被抬出去扔到河套里，第二天就被野兽撕巴吃了。我偷偷的扒个坑，含着眼泪把我大哥掩埋了。

劳工们死亡的一天多似一天。有的劳工便偷着外跑，但被他们捉回一个就枪毙一个。我们想在这干也是死，跑不出去抓回来也是死，跑，万一逃出去可能还有一线生路的希望。一天夜里，我们组织了7个人，手持铁棍木棒往外逃跑，有幸没被鬼子发现，这才逃出了虎口。我们这个窝棚130多人，不足半年就死去60多个。

我们一路乞讨，一路打工挣点路费，一直半年多才历尽艰险辗转回到了家乡。回家一看，家里空无一人，原来我们兄弟俩被鬼子抓去当劳工以后，家里的日子更无法维持了。十几岁的弟弟只得给人去扛活挣口饭吃。妈妈也只好外出乞讨为生。当妈妈得知大儿子被鬼子折磨致死之后，老悲愤交加，老泪纵横，破口大骂，日本鬼子这群人面兽心的畜牲，骂他们行恶到头必有恶报，一定不得好死。我们母女〔子〕俩抱在一起，痛哭一场。

　　我们一个完好的家庭，就这样被万恶的日本帝国主义害得家破人亡，妻离子散，惨不堪言，象我们这样的家庭被日寇残害的何止千千万万呢，这深仇大恨，我们何年何月能够忘怀，这笔血债我们一定要让日本帝国主义用血来偿还！

　　证人：林有贵，山东省栖霞市庙后镇骂阵口村

记录整理：孙殿仙

2006年12月1日

（原件存中共栖霞市委党史研究室）

（21）夏垓惨案见证人夏广魁、夏广交的证言

　　1942年农历三月，国民党军队高树勋部第19团由北向南撤至鄄南金堤附近。日军（具体番号不详）于15日傍晚向该团发起攻击，一小部滞留在郑营夏垓村。日军在夏垓滞留了一天，犯了下滔天罪行。鬼子进村后，大肆屠杀牲畜家禽，除让大部队带走外，剩下日军支锅生灶，啥好吃啥，放着柴草不烧，专门卸门板，砸家具烧锅。当天，全村牲畜家禽被"扫荡"一空。日军为满足兽欲，到处搜寻年轻妇女。村民夏广礼之母没跑出去，被鬼子抓住强奸后，连衣服也不给穿，光着身子游街两三个小时。虽未被杀死，后得了精神分裂症，不久抑郁而死。夏广才之母年轻跑得快，日军没有抓住，被开枪射死。夏占书祖母和夏广平祖母躲在夏占书家的平房内，被追年轻妇女的鬼子发现。鬼子向2位老人要人，2位老人说了不知道，鬼子便向老人发威，把2位老人活活打死。夏崇伦之母在鬼子进村时，已经躲了起来，后发现自家的房子被点着，便要救火，结果被鬼子"当啷"一枪打死在大门前。外来打铁的铁匠兄弟俩，被鬼子抓住后绑在树上，两铁匠大呼救命。夏占山的爷爷夏景荣年事已高，听到后前来相救，不但没有救下人，连他一块也被绑了起来。鬼子端着刺刀在每人身上刺了六七刀，3人当场毙命。鬼子还劈下夏景荣的一条臂膀。夏春秋之父夏攀恩没有跑出去，躲在自家牛槽底，被牵牛的鬼子发现，用刺刀活活刺死。田荣喜之二奶奶和姑奶从前院向隔着一条东西大街的后院跑的时候，被鬼子当场打死在大街上。夏春法之祖父从王庄回村，被鬼子打死在村北麦地里。日军在夏垓驻留了一天，共杀害村民22人，打伤7人，妇女被奸污20多人，毁坏房屋309间，抢走粮食8700多公斤，大牲畜189头，家禽1400余只。

　　证人：夏广魁（手印），男，1931年10月13日出生，山东省鄄城县郑营乡夏垓
　　　　村，身份证号：37292919311013□□□□；
　　　　夏广交（手印），男，1933年1月8日出生，山东省鄄城县郑营乡夏垓村，
　　　　身份证号：37292919330108□□□□

　　　　　　　　　　　　　　　　调查记录：王书军（手印）、刘春佩（手印）
　　　　　　　　　　　　　　　　　　　　　　　　　　　　2006年12月5日
　　　　　　　　　　　　　　　　　（原件存中共鄄城县委党史研究室）

（22）日高惨案见证人彭怀仁、王经顺等人的证言

1942年4月底5月初，日本鬼子进入彭庙村，驻留4天，共杀害村民23人，其中60多岁的村民彭朝仲躲在自己的红薯窖内，日军发现后，点火堵住窖口，彭朝仲被熏死在窖内；彭太新干活时，稍有怠慢，便被日军抽出战刀砍掉了头颅，尸体被倒埋在彭家的大门旁；躲在村南麦田里的彭武氏等，拖儿带女，饥渴难忍，打算试探着回家。她们刚走出麦田，便被几个日本鬼子发现，随即开枪向她们射击。当场打死9人，其中有不满周岁的婴儿。80多岁的彭朝之、彭朝举两兄弟从村外回来，一进村就被日本鬼子抓住，扔进红薯窖内；这时，西彭庙村的杨玉堂等5人路过此地，也被日军推进红薯窖，并投放干柴点上火，将7人烧死在窖内。

日军占领彭庙村4天中，共烧毁房屋40多间，炸毁房屋35间，抢掠粮食近8000公斤，畜禽被宰杀光，烧毁大批树木，抢走银元500余块。

证人：彭怀仁（手印），男，1920年12月21日出生，鄄城县吉山镇彭庙村，
身份证号码：37292920122112□□□□；

王经顺（手印），男，1928年5月20日出生，鄄城县吉山镇彭庙村，
身份证号码：37292919280520□□□□

调查记录：付勇（手印）、刘春佩（手印）

2006年12月1日

1942年4月底5月初，日军占领冯胡同村，共杀死村民14人。其中有77岁的老妇和刚满周岁的女婴。日本鬼子闯进村民陈洪亮家中，将陈洪亮和躲在他家中的陈大诺杀死，并将陈大诺妻子的乳房和肚子挑开，把陈洪亮刚满周岁的小孙女穿在刺刀上，挑起来在院子里耍了一阵，然后扔到了墙角。陈家老少被害4口。村长陈洪洲和一些村民躲在红薯窖内，被日子〔本〕鬼子发现后开枪射死。

日军进入冯胡同后，烧、杀、抢掠无恶不作，共烧毁房屋100多间，抢走粮食7000余公斤，其它生活用品，服饰不计其数。

证人：陈金着（手印），男，1924年12月13日出生，鄄城县吉山镇冯胡同村，
身份证号码：3729292412131□□□□；

张福广（手印），男，1933年7月28日出生，鄄城县吉山镇冯胡同村，身份证号码：3729293307281□□□□

调查记录：付勇（手印）、刘春佩（手印）

2006年12月1日

（原件存中共鄄城县委党史研究室）

（23）曲西贞、杨培烈的证言

1943年农历三月十八日，日军来村"扫荡"，在本村强奸、轮奸妇女数名。在东沙窝日军数十人将22岁的陈黄氏轮奸，致使她昏迷2天后才苏醒。在东假庙，日军数十人将24岁的陈刑〔邢〕氏轮奸，捆在椅子上一丝不挂。同时被日军轮奸的有杨张氏，30岁，褚张氏20岁，杨隋氏30岁等十几人，杨耿氏正在生小孩，日军闯入房内，当时惊吓而死。

证人：曲西贞（手印），男，1929年11月17日出生，山东省东营市东营区牛庄镇湾杨村，身份证号：37050219291117□□□□；
杨培烈（手印），男，1927年10月15日出生，山东省东营市东营区牛庄镇湾杨村，身份证号：37050219271015□□□□；
杨吉成（手印）、杨金成（手印）、张树友（手印）、陈茂林（手印）、杨金柱（手印）、〔杨春〕（手印）

调查：张希福（手印）　杨吉成（手印）

调查单位：湾杨村委会

2006年11月16日

（原件存中共东营市东营区委党史研究室）

（24）西洼子惨案见证人赵善林、赵修贤的证言

我叫赵善林，今年81岁，山东平度市麻兰镇西洼子村人。

1944年阴历十月初八，我当时是本村"青抗线"队员，在村北围墙处站岗。从远处过来大队人马，我们一开始认为是柳行据点的伪治安军又来抢粮食，就问他们："哪一部分的？"对方回答："南海司令部的。"我们又说："你们过来一个。"我们队员中有个叫赵中茂的，因他爹刚去世不久，戴孝在身，穿了条白裤子，被对方一枪击中。我们马上进行还击。从对方枪声中我们才知道他们是日本鬼子的部队，马上叫通讯员一边报告本村民兵队长赵玉奎，一边组织撤退。赵中茂被我们架着撤退时，已经跑不动了，他解下枪支和弹药袋递给我们，自己留下了1颗手榴弹，并叫我们先走。这时敌人已经迫近了。我们刚走出不远，赵中茂就拉响手榴弹壮烈牺牲了。我当时下了村北的一口地瓜井中，其他民兵下到其他井中，这时敌人也发现了我们藏身的村南的一口井子，团团围住，开始喊话让我们投降。见我们没有回应，开始点燃草苫子向井里扔，井子里水光闪闪，浓烟滚滚。我们有的将棉被浸湿堵住小洞口，有的用衣服堵住口和鼻子。敌人又用绳子拴着一个人想放下井子来劝我们投降。刚下到一半时，听见我们拉枪栓的声音，被吓得直吆喝，又上去了。一会他们扔下毒气弹来，烟雾顺着地面四处蔓延。井子里的人呛得受不了，就从井子里向外爬。赵玉奎刚爬出井口就昏过去了，过了一会儿，他醒过来，一看四周全是敌人，就向村西围墙跑去，刚跑出二三十米远，就被鬼子开枪击中，当场牺牲。赵洪林一出洞口就被敌人抓住了，把他绑在1棵树上用刺刀直捅，捅完后又把他拖到村南那口井子边上推了下去，只听赵洪林"哎哟"了一声，当场也死亡。

敌人从早晨一直折腾到中午才开始走，我们这些活着的赶紧组织救人，结果一共死了33人，其中我们本村31人，麻兰街1人，中洼子村1人。我们村赵华行一家5口遇难，情景真是凄惨。

以上就是西洼子惨案的过程。

证人：赵善林（手印）

2006年11月

我叫赵修贤，今年74岁，山东平度市麻兰镇西洼子村人。

我记得那是1944年农历10月初8早晨，村北响起了枪声，我们一开始认为是柳行据点的治安军来抢粮食，后来才知道是日本鬼子，就赶紧下到贮存地瓜的井子中。敌人包围住村庄后，向发现的井子里先放水，劝我们投降。后来见劝降不成，就开始向井子内放毒气。毒气散开后，大家纷纷用毛巾堵鼻子、口，还把棉被浸湿后堵住洞口。一直到了晌天，敌人才撤走。

这次惨案一共死了33人，现在想起来，还是那么悲惨。我们村有的一家死了2口，有的死了3口，最多的是赵华行一家，一共死了5口人，门口摆满了尸体。村里人排着队发丧、上庙，人人都是流泪。日本鬼子的残暴和犯下的罪行，我一辈子也忘不了。

证人：赵修贤（手印）

2006年11月

（原件存中共平度市委党史研究室）

（25）安子张惨案见证人张景德、商树训等的证言

名称：安子张惨案

时间：1944年冬

地点：东营区史口镇安子张村

工作人员：我们是区抗战课题调查工作委员会的工作人员，请各位老同志回忆一下当年安子张惨案发生时的情景，好吗？

见证人：张景德、张继荣：我记得是1944年11月18号（农历十月三日）早上，300多鬼子、汉奸来到史口，那时候地下工作者走了，鬼子扑了空很恼得慌，就冲安子张来了。驻俺村的第2联防大队的武装干部刘捷军和战士宋子平带着张方奎、张升得、张安智、张维生几个人，在吕家前、安子张后南北道和东西道的岔八口，离着鬼子200来米的时候，开枪把骑马的鬼子打了下来，马惊了，鬼子也一下子炸了窝，张安智把马逮住了，村里的老百姓也跑了。

鬼子把没跑了的老人、妇女、儿童赶到张维明家的院子里，问谁是八路的亲属。没说的，就每个人在头上打了3棍子，打了又问，没说的又打。鬼子一看没说的，就把张连泽、张帮英、张帮松吊起来，用刺刀穿死了张连泽和张帮英，狗日的鬼子还把一个小名叫"修"的12岁男孩劈成了两半，又把张帮松拖到村南砍了头，让汉奸把其他的人关了起来。

村里有个叫"钢蛋"的，他奶奶被鬼子用刺刀在胸前划了五六刀，差点死了。

张继荣和我（张继荣，那时10岁）被鬼子发现后，灌辣椒水、灌豆油，都差点死了。

开杂货铺的张学顺被鬼子捆起来打了一顿，多亏铺子里有酒，鬼子贪喝，才保住了命。

村里到处是鬼子、汉奸，有的捉鸡，有的牵牛牵驴，有的杀猪宰羊，有的直接从牛腚上割肉，狗日的丧尽天良的鬼子吃完后糟蹋人，往锅里拉屎，还把草垛点上火，到了第二天，才带着抢的粮食、衣服和钱走了。

工作人员：其余几位老人能描述一下你们所了解的情况吗？

见证人：张月光、张祖德：听老人说，当时安子张周围的村都封锁了，鬼子

来抓八路军和当时的地下工作者,什么也没有抓到,恼了,就抓了老百姓,逼问八路军和地下工作者在哪里?没有说的。急了,就开始乱杀人,烧房子,杀了很多人。

工作人员:日军"扫荡"以后,有没有遗留下什么物品?比如:日军的枪支、刑具之类的物品?

见证人:商树训:没有。由于时间太长了,当时留下的也都被遗弃了。

工作人员:你们说一下当时咱们村的人员伤亡和财产损失情况吧?

见证人:张月光、张祖德:在这次事件中,共造成人员伤亡8人,其中死亡4人,伤残4人。烧毁房屋30间;毁坏良田10亩;衣服、被褥2000余件;粮食20000斤;树木200株;牲畜2头;生产工具50件;生活用品60件;小车2辆。

证人:张景德(手印)、商树训(手印)、张继荣(手印)、

张月光(手印)、张祖德(手印)

2006年11月16日

(原件存中共东营市东营区委党史研究室)

（26）南厚滋沟惨案见证人林裕昆、林裕敏的证言

证人：林裕昆，男，1924年7月1日出生，现住山东省烟台市福山区高疃镇（原东厅乡）南厚滋沟村，身份证编号：37061119240701□□□□

打日本鬼子时我组织村民采用埋地雷等方法打击鬼子，鬼子于1945年农历二月十八日组织300多人来我村"扫荡"报复，烧杀掠抢，无恶不作，其中烧毁房屋360多间，抢粮食2000多斤，抢衣物等2000多件，抢走猪、鸭、鹅等数不过来，抢走自行车3辆，并惨无人道强奸妇女5人，其中有我妻子王玉兰，被强奸后大出血，于当年三月十六日上吊自尽了，肚子里怀得孩子也都死了。我姐林裕凤被强奸后得惊痨，第二年春也死了，刘淑梅姊妹2人都被强奸，刘淑梅的大腿还被捅了一刀，栾学勤的母亲大腿上也被捅了一刀，被强奸后精神失常，数年后死亡。

这些都是我亲身经历的，我家深受其害，我永远忘不掉，我清楚，能作证。

证人：林裕昆（手印）
2006年12月7日

证人：林裕敏，男，1918年8月12日出生，现住山东省烟台市福山区高疃镇（原东厅乡）南厚滋沟村，身份证编号：37061119180812□□□□

当时我们村经常组织村民采取埋地埋等方法打击鬼子，鬼子为了报复我村，于1945年农历二月十八日组织300多名鬼子来我村"扫荡"，进行了烧杀掠抢，其中放火烧毁房屋360多间，抢粮食2000多斤，抢衣服、被褥等物2000多件，抢走猪、鸭、鹅等不计其数，抢走自行车3辆。并进行惨无人道的强奸妇女5人。其中王玉兰（林裕昆妻）被强奸后大出血于当年三月十六日上吊自尽，腹中胎儿也死亡了。林裕凤（林裕昆的姐）被强奸后得惊痨于第二年春天死亡。刘淑梅和刘淑梅的姐均被强奸，当时她们姊妹才十七八岁，刘淑梅大腿上还被捅了一刀，栾学勤的母亲大腿上也被捅了一刀，被强奸后精神失常，数年后死亡。

当时我在村当民兵，是亲身经历的，我清楚，能作证。

证人：林裕敏（手印）
2006年12月7日
（原件存中共烟台市福山区委党史研究室）

3、司法公证材料

（1）凤凰店惨案司法公证材料

公证书

（2007）陵证民字013号

申请人：刘富晨，男，1950年4月26日出生，现住山东省陵县陵城镇凤凰街，身份证号码为：37142119500426□□□□。

公证事项：保全刘富晨的证人证言

申请人刘富晨为使父亲刘凤山生前所讲述的日本侵略者在陵县凤凰店街犯下滔天罪行的证据长期保留下来，使下一代牢记历史曾蒙受的耻辱，珍惜今天幸福生活的不易，于2007年元月23日向我处提出证据保全公证。

根据《中华人民共和国公证法》、《公证程序规则》的规定，本公证员与公证员助理赵玉华、拍摄人王开生（男，1970年4月20日出生，身份证号码：3724211970042□□□□）于2007年元月23日16时15分至18时10分，在陵县公证处对证人刘富晨就1937年10月至11月日本侵略者在陵县凤凰店街一带欠下300余人的血债一事进行询问，并制作了《证人证言》1份共5页，同时对刘富晨的上述证言进行了录像，得到录像磁带1盘，由本公证员当场封存，并由刘富晨及拍摄人王开生在封存处签名确认。

兹证明证人刘富晨在上述谈话过程中意思表示真实。与本公证书相粘连的《证人证言》（共5页）的复印件与原件内容相符，刘富晨对原件全文内容进行了陈述，其在原件上的签名属实；现保存我处的录像带1盘为现场拍【摄】。

附件：1.《证人证言》的复印件1份共5页

中华人民共和国山东省陵县公证处

公证员：郑霞

2007年1月24日（盖章）

证人证言

我叫刘富晨，今年57岁，现任陵城镇凤凰建筑公司经理。

小时候常听父亲（刘凤山）说起当年日本兵在俺凤凰店街杀人、放火祸害老百姓的事。到现在一提起来就叫人气愤。

听父亲说：那是1937年10月22日（农历九月十九日），日本飞机飞到凤凰店街丢下几颗炸弹飞走了，随后，坦克车队开进街里乱撞。第二天上午，大批日本兵开进俺村，全村乱成一团了。下午，日本兵在凤凰店抓住了冯文秀等人给他们带路，向俺村南的马腰务进犯。刚黑天时，冯文秀和马腰务的二三十名群众想借日本兵烤鸡鸭的机会逃跑，结果被日本兵发现，随后，一阵乱枪将他们全部打倒在村北的地里、道沟里。

当日深夜里，国民党曹福林部的便衣队偷袭了在凤凰店的日本兵，双方都有死伤，便衣队乘黑夜退走。日本兵气急败坏，就对俺凤凰店街的村民实行了为期3天的大屠杀。

24日，这一天是凤凰店遭难最惨的一天。

马庆成十六七岁的姑娘在胡同里刚一露面，被日军用枪打死。

王志东的母亲在家中抱着不满一周岁的王志东，无处躲藏，几个日本兵冲上前用枪托子朝她头部和身上乱砸，脑浆、鲜血流出体外，死在地上。

曹庆芬的妻子抱着刚满周岁的孩子顺湾边跑，几个日本兵在后边追，曹庆芬的妻子跌倒在地上，孩子摔进湾里，小孩在水里扑腾几下，就沉到了湾底淹死了。

陈会胜全家4口人都藏在柴禾垛里，几个日本兵见屋里没有人，就用刺刀朝柴禾垛里乱捅。陈会胜的姑娘被刺中叫了一声，日本兵发现柴垛里有人，就把柴垛点着，陈会胜全家活活被烧死。还有李树海一家也藏在秫秸垛里，不敢有一点响声，小妹妹憋的哭起来，为保住全家性命，李树海的母亲双手捂住孩子的嘴，由于捂的太紧，孩子被活活憋死。

傍晚，几十个日本兵抓来的村民被赶到村东的湾旁和猪圈边，日军官开始训话。村民王刚岭连惊带吓哆嗦起来，一个日本兵抓住王刚岭的脖子将他拖出来，举刀朝王刚岭砍去。王刚岭的老婆扑了上去，3个孩子也拖住父亲的腿，几个日本兵一涌而上，王刚岭全家5口被乱刀砍死。曹树同的母亲站在人群前头，双手捂着脸，眼流泪不敢看。一个日军用刺刀朝老人胸口刺去，老人倒在地上，又被踢到湾里。紧接着王兴邦、杨仁、王方贵的父亲被砍了头，王六子父子俩，王狗子夫妻俩，屠凤岐父子俩，董河清父子俩，王复年、杨五静子等也遭杀害。

屠水河的爷爷、二爷爷被刺刀穿透胸背挑到湾里。曹汝芬的女孩刚满两周岁，吓得直哭，一个日本兵从母亲怀里夺过孩子，倒提双腿丢进火里烧死。

裴文祥被捅了7刀，昏死后被日军踢到猪圈里，因未中要害，苏醒后爬到附近大吕家亲戚家，最后，居然又活了过来。

日军在屠杀时，蔡墨清背着父亲溜出了村，日军发现有人逃走，举枪射击，父子俩同时死亡。

光24日这一天，日军在凤凰店屠杀老百姓30多人。

26日，日军对凤凰店再次屠杀。

刘富成及刘宝田70多岁的老母亲，被日军搜出后，用铁丝在身上捆了七八道，然后丢到湾里，两人在水中没有挣扎就沉入水底。

曹庆智的奶奶72岁了，日军也没放过她，用刺刀朝她刺了3刀，又朝她身上开了一枪，最后死亡。这一天，同时被搜出的有高富升，卞和尚（外号）、袁胡子、冯开山、蔡松义等人。他们有的被枪杀，有的被丢进水里淹死。

27日，日军攻打郑家寨败回来就住在凤凰店，大约1个月时间，老百姓都躲在野外，连冻带饿熬不下去了，有些人壮着胆回家拿点衣服和食物。人们刚进村，日军就把群众包围起来，架上机枪对人群扫射，一下子躺下100多个尸体，另六七十人朝村西北跑去，又一阵机枪扫射，近70人倒在地上。

日军不光杀人，放火，还糟蹋妇女，有一个姓郭的外村姑娘，被几十个日军糟蹋20多天。

日本兵在凤凰店时，过路群众和邻村群众也都遭了殃。有20多个流亡学生路过凤凰店时被日本兵打死。高庆祥因没给日本兵带路，头被砍下来。小高家村有7名群众被砍死，尸体被踢进猪圈里。一个叫高丙寻群众被绑在树上，日军把他的肚子豁开，当场死亡。之后，日军又放火烧房。

赵家油坊一个姑娘被日军发现，日军追赶上去，有3个小伙子看见后，想来解救，日本兵就把他们绑到村东活埋。

听说日军在凤凰店住了一个多月，共杀死群众300多人，烧房子1000多间。

血与火记下了日军在凤凰店街的滔天罪行。我们要不忘国耻，勤奋工作，使国家早日富强，才不挨打，不受辱。

刘富晨（手印）

2007年1月1日

（原件存中共陵县县委党史研究室）

（2）郎林惨案司法公证材料

公证书

（2007）滨城证民字第144号

申请人：中共滨州市滨城区委党史资料征集研究委员会

负责人：梅长海　　职务：副主任

关系人：林怀亭，男，汉族，1927年10月20日出生，现住：滨城区尚集乡林坊村，身份证号码：3723012710204□□□□。

林怀芳，男，汉族，1931年11月21日出生，现住：滨城区尚集乡林坊村，身份证号码：3723013111214□□□□。

公证事项：保全证据

申请人中共滨州市滨城区委党史资料征集研究委员会的负责人梅长海于2007年1月12日来到我处，申请对经历过1937年底日本鬼子制造的郎林惨案的有关老人的证言及郎林惨案发生地的有关情况进行保全证据。

根据《中华人民共和国公证法》、《公证程序规则》的规定，本公证员与公证员王虎及申请人的负责人梅长海于2007年1月12日上午来到滨城区尚集乡林坊村，对林怀亭、林怀芳两位老人就1937年发生的郎林惨案的有关情况进行询问，本公证员现场制作《调查笔录》1份3页，公证员王虎对整个谈话过程及惨案发生地进行了全程录像。

兹证明与本公证书相粘连的《调查笔录》的复印件与原件内容相符，原件上林怀亭、林怀芳及公证人员的签名均属实；【与】本公证书所相粘连的光盘一张为王虎所拍摄录像带转刻而成，与现场实际情况相符。

附：1.《调查笔录》复印件1份共3页

　　2.光盘1张。

中华人民共和国山东省滨州市滨城区公证处

公证员：王建忠

2007年2月2日（盖章）

调查笔录

时间：2007年1月12日上午

地点：滨城区尚集乡林坊村

调查人：王建忠　滨城区公证处公证员

　　　　王　虎　滨城区公证处公证员

被调查人：林怀亭，男，汉族，1927年10月20日出生，现住滨城区尚集乡林坊村，身份证号码：3723012710204□□□□。

林怀芳，男，汉族，1931年11月21日出生，现住滨城区尚集乡林坊村，身份证号码：3723013111214□□□□

问：我们是滨城区公证处的公证员，现在应中共滨城区委党史资料征集研究委员会的申请，向你了解1937年底发生的郎林惨案的有关情况，希望你能实事求是地回答，明白？

答：我明白，一定如实地说。

问：请讲一下当时的具体情况，好吗？

林怀亭答：1937年阴历十月份，为了防止惠城的日本鬼子打滨县城，国军刘耀庭的部队把徒骇河上的石桥炸了。鬼子来了两汽车，下车后看桥，见桥被炸了，这时埋伏的刘耀庭的队伍把开汽车的鬼子打死不少，剩下的鬼子开汽车跑回去了。过了几天日本鬼子有100多人开着汽车、装甲车又回来了，刘耀庭的队伍就和鬼子打上了，大部分国军都牺牲了。十月初十，鬼子从上河转过来了，上咱村里来了。咱村有老坟，老百姓在这里逃，鬼子就打，在这里打死的不少。

林怀芳答：鬼子打死很多人就进了村。

问：被日本鬼子打死的那些人，都叫什么名字？

林怀芳答：鬼子杀的那些人，想着的有：林成森、一个妇女、林克义、林成存，林克祥，双喜，唐马，钢头子，林克选，林克胜，林怀森、林怀忠，林怀印、林怀恩，林克顺，林怀新、林怀志，老胜，林成宝，林成普，林登天，林万田，林泮登，林怀山，林怀孔，大妮子，林成骄，林善记，林善登，一共40多人，不是41人，就是42人。鬼子进庄后，见人就杀，不管男女老幼，又死了20多人，刘耀庭的队伍跑了，死人有好几段，烧了200多间房子。

问：鬼子进村烧了多少间房子？回忆一下再说。

林怀芳：东面、南面，林克营一个院，林善增一个院，林盼功也是一个院，林怀孝一个院，林成玉一个院，林怀俊一个院，林怀仁一个院，林怀忠一个院，林成坤一个院，林成怀的院没烧净，林成月烧了半截，林怀山烧了一个园子，林怀栋家烧了，姓潘的烧了，林成新烧了一个院，林泮记，林善生，林丰田，林怀芳的家也烧了，大约200多间房子。

林怀芳答：鬼子的一个据点在这个地方，四周一圈沟，沟上有吊桥。那个村就是郎中河村，日本鬼子从那里向这边打，林坊村有一个围子，刘耀庭的队伍在这里和鬼子斜对岸地打，老百姓在这里逃跑，死了很多。刘耀庭有两个排和鬼子打。

林怀亭：鬼子在西边转过来，这里有老坟，俺村的人向老坟里跑，打死了很多人。刘耀庭的队伍30多人都死在这里，俺村里死了40多人。

问：老坟在哪里？

林怀芳答：老坟在这里，日本鬼子的机枪就架在老坟那里，向这里打，机枪架在3棵树那里，打着林善记，他爬回家，死在炕上。光死在这里就有10多个人。刘耀庭的队伍剩下五六个人，在这里跑了。

问：好，今天就了解到这里，谢谢大爷，以后我们再谈。

林怀亭（手印）、林怀芳（手印）、王建忠、王虎

2007年1月12日（盖章）

（原件存中共滨州市滨城区委党史资料征集研究委员会）

（3）鹊山惨案司法公证材料

公证书

（2007）济天桥证民字第561号

申请人：中共济南市天桥区党史征集研究委员会办公室

住址：济南市天桥区堤口路门牌53号

负责人：李光平

委托代理人：史衍平、张桂霞

公证事项：保全证据

申请人办理抗战课题研究于2007年1月23日向我处申请《保全证据》公证。

根据《中华人民共和国公证法》的规定，本公证员与公证员解继起及申请人的委托代理人史衍平、张桂霞于2007年1月23日到济南市天桥区泺口街道办事处鹊山北社区居民委员会办公室，对《鹊山惨案抗战时期鹊山北村人员伤亡和财产损失调查记录》的证人陈述进行现场核实，本公证员并现场制作了一份《现场记录》。

兹证明与本公证书相粘连的《现场记录》和《鹊山惨案抗战时期鹊山北村人员伤亡和财产损失调查记录》记载的内容为证人纪庆云（男，1933年11月28日出生，现住济南市郊区鹊山西村142号，身份证编号：3701113311282□□□□）、陈光明（男，1933年5月4日出生，现住济南市郊区鹊山西村161号，身份证编号：3701113305042□□□□）、王子荣（男，1931年12月21日出生，现住济南市郊区鹊山西村147号，身份证编号：3701113112212□□□□）、张富训（男，1931年12月7日出生，现住济南市郊区鹊山西村107号，身份证编号：370111311207291）、张治香（女，1931年7月1日出生，现住济南市郊区鹊山西村169号，身份证编号：3701113107012□□□□）、郑方臣（男，1926年12月28日出生，现住济南市郊区鹊山西村132号，身份证编号：3701112612282□□□□）、尹承彦（男，1930年11月17日出生，现住济南市郊区鹊山西村124号，身份证编号：3701113011172□□□□）、陈天如（男，1929年3月27日出生，现住济南市郊区鹊山西村140号，身份证编号：3701112903272□□□□）、王荣辉（男，1934年3月31日出生，现住济南市郊区鹊山西村135号，身份证编号：3701113403312□□□□）、苏春英（女，1930年7月24日出生，现住济南市郊区鹊山西村228号，身份证编号：3701113007242□□□□）、韩秀英（女，1934年4月9日出生，现住济南市郊区鹊山西村175号，身份证编号：3701113404092□□□□）、赵凤兰（女，1931年9月28日出生，现住济南市郊区鹊山西村184号，身份证编号：3701113109282□□□□）、郑方田（男，1931年10月26日出生，现住济南市郊区鹊山西村3区520号，身份证编号：3701111931102629□□□□）、陈光元（男，1949年3月26日出生，现住济南市天桥区鹊山西村3区540号，身份证编号：37011119490326□□□□）、秦秀才（男，1942年7月27日出生，现住济南市天桥区鹊山西村3区587号，身份证编号：37011119420727□□□□）、张承运（男，1943年12月6日出生，现住济南市天桥区鹊山西村3区566号，身份证编号：37010419431206□□□□）亲口所述，其手印均为本人所捺属实。现场参加人员周世萍、解继起、史衍平、张桂霞、孙洪章、孙传玲在《现场记录》上的签名均属实。

中华人民共和国山东省济南市天桥区公证处

公证员：周世萍

2007年1月26日（盖章）

抗战时期鹊山北村人员伤亡和财产损失调查记录

农历十月十三日，是鹊山惨案的纪念日。鹊山北社区健在的居民纪庆云、陈光明、王子荣、张付训等13名70岁以上的老人和陈光元等3名60岁以上的被害人的后人，以铁的证词诉说着那段悲惨的历史。

老泪纵横、哽哽咽咽，回忆着……

1937年农历十月十三日下午，天气很冷，湾里的水结了冰渣子。原国民党韩复榘的护桥部队手枪旅的巡逻队，象往日一样沿黄河大堤向北巡逻，当走到铁路与大堤交叉处，与沿大堤南下的日军先头部队相遇，双方打了起来。手枪旅的士兵，身配"三大件"即"大刀、长枪、盒子炮（手枪）"，进行了激烈顽强的抵抗，日军吃了亏。另一股沿铁路南下的日军相继赶来增援。而国民党为防止日军过黄河南下济南，命令炸毁铁路大桥，手枪旅即〔既〕没有了援兵，又没有了退路，在鹊山北头，铁路二号桥处与日军拼了命，手枪旅士兵死伤惨重。他们边打边退，退到山北头的碉堡里（山北村民陈爱福房子的上头）。后来顶不住了，脱掉军服扔到堡外的山水沟里，化装成百姓向西南逃去。4点多钟，日军占领了鹊山。有三四百日本兵爬上白〔北〕山欢呼胜利。也就在此时灾难落在了山北村的头上。日军怀疑手枪旅的士兵混在村民之中，就对村民开始了烧杀……

　　鬼子进村后到处抓人，搞的鸡飞狗跳，烧杀抢掠，村民逃的逃，藏的藏。有的在乱跑中被鬼子开枪打死，有的在家被捅死，有的跳了庙湾。陈光元的爷爷陈加祥30岁，大爷爷陈加祯33岁，准备和家人早吃晚饭后逃难。这时，鬼子闯进了家门，没等家里人反应过来，就被鬼子用刺刀给惨杀了，爷爷死时手里还抓着筷子。阚凤庚等13人藏到原国民党碉堡的弹药库里（旧址仍在），被鬼子发现都给捅死了。郑玉思（郑学鹏的爷爷），被捅出了肠子，捂着肚子跑到苏春英（8岁）家里。苏的父亲用面粉为他捂上，他没回到家就死在街上了。苏同、卢贵田、董福声、王士丰等30余人藏到王世玉家下面的防空洞里，也无一幸勉〔免〕。还有一家3口，男的约27岁，女的约二十四五岁，小男孩约7岁左右，藏在地窨子里的洞里，给闷死了。张家顺的大爷张承宽和张家祥的父亲小名小木子，藏到小木子家的地窨子里，天黑后小木子出来看情况，被鬼子看见开枪打死了，小木子父亲喊"打死人了"。鬼子过来又把窨子里的张承宽给捅死了（张承宽是赵凤兰的大伯哥，张家顺的大爷），当时他们都才20多岁，张家祥才1岁多。张付训的姐姐（二叔的孩子）叫张家兰，小名胖妮子，14岁，由南屋向北屋里给奶奶（张刘氏，70岁左右）送面粉去，奶奶出门迎接，鬼子在南墙头上向姐姐开了枪，子弹从姐姐的后面右肩打进去，从前面穿出，正好又打进奶奶的胸口上，奶奶当场死去。二婶用面粉捂住枪眼姐姐才活了下来，就是本村村民李凤海的母亲，很多村民都见过那疤痕。张付训的爷爷在向小木子家地窨子里跑的时候，被鬼子开枪打伤了右脚趾。父亲张承昌40岁，大哥张大小、江子20岁，都是种地的，被日军哄到陈爱福和他家西墙之间山水沟的大坑里，在那里的还有陈爱福的父亲，陈宝寿的哥哥，李振山爷俩等24名，都是20至40岁之间的青壮年种地农民。鬼子用小麻绳拴住每人的胳膊连起来，两边拴在柱子上，逼他们跪在地上，傍晚鬼子用刺刀由上而下的捅死了他们，血顺着山水沟流进湾里。陈光明的父亲陈乃华25岁，在济南学卖买〈买卖〉，听说鬼子快了，回家看看，没想到他和哥哥陈乃贵28岁，还有王子荣的父亲王福恒27岁，纪庆云的大爷纪恩鸿38岁，徐振山兄弟俩，还有王兆祥、张承忠，陈宝禄的哥哥，张家国的父亲张承会（韩秀英的丈夫）等40岁以下近50名男人，被哄逼到纪家店（纪庆云家当时开的旅店），4人一组捆绑起来，傍晚被日军用刺刀一串一串地捅死了，大部当场死了，少数人抱着前面人一块倒下，王光禄、张承会就被捅伤没死了，半夜里从死人堆里爬出来。纪恩鸿捅伤了左臂逃过一劫。后来又被日军抓华工到东北，解放后才回来。他们的伤村里年龄大一些的人都见过。在纪家店爬出来的人有的死在了门口，有的死在了街上。陈光明的父亲爬进自己家的院里，家里没有人，流血过多死了，大爷没有到门口，在家的屋后山水沟里就死了。王洪恩的父亲王宪停十六七人被鬼子绑了捅死在街上（庙湾南边，鹊山惨案纪念碑处）。王宪停死的最惨，当时被日军误认为是群众自卫队首领，用铁丝穿过脖子骨，绑在树上，日军排着队用刺刀捅了17刀。一名15岁的男孩，不忍鬼子欺负母亲，打骂鬼子，被鬼子捆在张付训家的槐树上活活捅死了。（这棵槐树被家里人视为不吉利，砍了，后来又长了棵小槐树。现在仍在）。到处杀人的鲜血顺山水沟流进了庙湾，染红了湾水，惨不忍睹。

　　鬼子在枪杀和抓走男人的同时，将妇女和孩子也哄到了陈爱福家的3间南屋里。陈光明、弟弟陈光亮和母亲，王子荣及2个姐姐和母亲，陈光文的母亲，王兆禄的妻子和孩子等五六十人挤在3间屋里，没哄进来的妇女和孩子有的被杀了，有的跳了井、跳了湾，有少数藏了起来，半夜逃到北乡亲戚家去了。大姑娘、小媳妇用黑泥抹了脸，也有被家里大人藏到夹皮墙里的。陈光元的爷爷和大爷爷被杀后，奶奶领着十几岁的父亲（陈乃亮）和姑姑跳了庙湾，在湾里扶着高粱秸趟到对岸逃到大刘家村。王子兰的母亲抱着孩子，张奎文的婶子（刚结婚18岁），抱着2岁的小姑子跳湾死了。还有妇女跳井时摔断了腿。被关在陈爱福南屋的妇女孩子们，到了下半夜，村里的枪声、哭声和惨叫声渐渐小了很多，但他们越来越害怕。通过门缝看见院子里堆满了秫秸、柴火、桌子、凳子、箱子、柜子、木板、木料和能烧的农具、生活用品等，开始认为他们是抢来取暖，后来预感到鬼子要放火烧人了，这时大人孩子开始哭闹起来，不哭的孩子也被大人故意掐哭，给鬼子比划着说"小孩饿了，要吃东西，小孩妈要回家给小孩喂奶"等等，最后鬼子把人都给放了出来。从陈爱福家出来，向西一拐就是大庙湾，当时水深二三米，她们出来吓傻了眼，看到满村子是火，到处是死人，家里的男人们都不见了，寻思没有了活路，纷纷带着孩子跳了庙湾，情景极其悲惨。王子荣的母亲带着他和姐姐回到家发现父亲被捅死了。母亲简单地把父亲埋在台子下面，领着他和姐姐逃到了八里杨庄，一月后才把父亲埋到自家地里。二婶子回到家后看到二叔被鬼子捅了，觉得无法活了，就把8岁的大姐、6岁的二姐扔进了湾里，然后自己一头扎进湾底里死了。两个姐姐穿的较厚，都爬上了岸没死了。纪庆云的母亲纪陈氏33岁，领着9岁的姐姐"大妮子"，抱着2岁的妹子"四妮子"，跳进庙湾没上来都淹死了。陈光明的母亲陈孙氏，领着他和弟弟还有两个姑姑陈乃青、陈乃×跳湾后没死，在湾边的猪栏里藏到天亮，爬出来逃到北乡褚李家村亲戚家里。当天跳湾的不下30口人，死了得一半之多，有的家庭已没有了后人。陈光元的家是陈家木匠铺，主要是生产经营棺材，当时挺富裕，场院里存放着50多立方木材，有15间房子，那天下午都被鬼子烧了个精光，家里的人死的死，逃的逃，只剩下大奶奶一人守在烧的还没有坍塌下来的东屋半间里屋没走。整个村子里没走的也不过几个上了年纪的老人。

村里也有不少逃出来的人，尹承彦的全家住在扁鹊墓这边，大人们听到北边枪声后就领着全家人逃走了，先到南范庄，后逃到西孙耿、表白寺，一年多才回来的。曹延岭跟着父亲逃到了北乡。也有在路上遇到鬼子被害的，张承运的叔辈大父〔爷〕张鸣铙和全家人躲过鬼子烧杀后，逃往西北乡，走到铁路七号桥时，被鬼子开枪打死了。王荣辉随父亲逃到南山的山沟里。原住邹县太平村的郑方臣、郑方田兄弟俩。在1938年12月25日鬼子进了村，李多兰的父亲李发明被日军杀害，和他一块遇害的人很多记不清名字了。郑方臣的父亲被日军抓华工到奉田〔天〕做苦工，他随母亲逃离家乡。家住王尔镇的杨海被鬼子抓去在铁路干活，鬼子为了取乐，活活地把他压死了。

鬼子进山北村后，吓的几家饭店、旅馆的客人和伙计藏的藏，逃的逃，没逃走的也被抓到纪家店给捅了。秦家店里的秦二掌柜（秦秀财的二爷爷）被进家牵牛的鬼子捅在后腰一刀，还捅了一个伙计，捅的够劲，还有住他家店里的几个客人都给捅了，具体几个人记不清了。

老人们断断续续，激动地回忆着……

"我们那时候都还小，大的也就十四五岁，小的五六岁，要是早上二三十年问这事，年龄大的都说的比较清楚，有些事是亲眼见到的，有些事是听老人对我们讲的，还有些是过去做忆苦思甜报告讲时记下来的。"

过去鹊山北和鹊山南是一村，约有600多口人，庙湾向南这带是三八集，街面上有几家店铺和买卖。有名的有纪家店，于家店，石家店，秦家店，张家小店，陈家药店，陈家木匠铺，张家杂货铺，王家点心铺，还有一所洋学堂（英国人办的）。这条街是通往泺口渡口去济南的必由之路，又有香火很好的"万山寺"，所以街面比较繁华。日军来了就全变样了，抢了秦家店，烧了木匠铺和张家杂货铺，血染了纪家店，封了药店，砸了石店和于店，关了张家小店，从三八集往北火海一片，王家点心铺烧了个片甲不留（后来国民党又烧了一次，解放后划为贫农）。陈光明、陈光元、王子荣、纪庆云、张付训、张奎文等50多户，200多间房子全烧毁，因为当时鹊山大富户、商户基本居住在这一带，所以烧毁的东西比较多。张承运家的粮食有谷子、玉米、豆子、麦子、和面粉等4000多斤（当时他家田地最多），时价是1.8元大洋，换洋面（44斤）一袋。纪家店、秦家店、于家店、石家店都是做饭店生意的，粮食不少，估计被鬼子烧掉和抢去的各种粮食和草料不能少于20万斤，同时烧毁的还有花轮大车30余辆（包括驻店商人的），木轮小车40余辆，桌子、椅子、凳子500多件，大型农具犁、耙等50多套，生活用品用具600多宗。家具，被褥等300多套（件），抢杀的牛、马、骡、驴、猪、羊、鸡、鸭、鹅等动物670余头〔只〕。回族周玉岭家的羊一次损失70多只。烧毁木料等50多立方。因当时日军驻扎在鹊山，自1937年至1945年，田地几乎荒芜。

距今历史已经过去69年，而今鹊山北村的后辈们又不约而同的去给祖辈们祭祖上坟了。有的跪在自家坟前，有的跪在鹊山惨案的纪念碑前，焚纸烧香，仿佛又听到日军的嚣叫声和村民被杀的惨叫声，1937年农历十月十三日，是一个让一代人【又】一代人永远不会忘记的日子，人们永远铭记着日本侵略军残害136名鹊山父老乡亲，永远铭记着日本侵略者的这笔血债。

鹊山北村抗战时期被害人名单

秦二掌柜（秦秀财二爷爷）	伤
张鸣挠〔铙〕	亡
王兆禄	伤
王兆祥	亡
张承会	伤
张承忠	亡
王兆禄妻	亡
张承贵	亡
张承昌	亡
张刘氏	亡
张家兰	伤
张大江（大小）	亡
张家祥父（小木子）	亡
张富训五爷	伤
陈乃华	亡
陈乃贵	亡
陈爱福父	亡
陈宝寿哥	亡
李振山	亡

李振山儿	亡
陈宝禄哥	亡
陈加祯	亡
陈加祥	亡
王福恒	亡
张奎文婶	亡
张奎文姑姑	亡
纪陈氏	亡
纪大妮	亡
纪四妮	亡
纪恩鸿	伤
陈大贵爷	亡
徐振山	亡
徐振山弟	亡
王宪停	亡
张富训奶奶	亡
王子兰母	亡
王子兰哥	亡
苏同	亡
卢贵田	亡
王士丰	亡
陈宝禄	亡
阚凤庚	亡
郑玉恩	亡

抗战时期鹊山北村人员伤亡和财产损失证人名单

姓名	身份证号码	手印
纪庆云（手印）		
王荣辉	3701111934033129□□□□	（手印）
陈光明	3701111933050429□□□□	（手印）
苏春英	3701111930072429□□□□	（手印）
王子荣	3701111931122129□□□□	（手印）

韩秀英　　　3701111934040929 ☐☐☐☐　　　（手印）
张付训　　　3701111931120729 ☐☐☐☐　　　（手印）
赵凤兰　　　3701111931092829 ☐☐☐☐　　　（手印）
张治香　　　3701111931070129 ☐☐☐☐　　　（手印）
郑方田　　　3701111931102629 ☐☐☐☐　　　（手印）
郑芳臣　　　3701111926122829 ☐☐☐☐　　　（手印）
陈光元　　　3701111949032629 ☐☐☐☐　　　（手印）
尹承彦　　　3701111930111729 ☐☐☐☐　　　（手印）
秦秀财（手印）
陈天如　　　3701111929032729 ☐☐☐☐　　　（手印）
张承运　　　3701041943120629 ☐☐☐☐　　　（手印）

调查员：孙洪章

现场记录（略）

（原件存中共济南市天桥区委党史研究室）

（4）北沙河惨案司法公证材料

公证书

（2007）滕证民字第807号

申请人：王伟，男，1970年4月28日出生，现住：滕州市荆河街道办事处郭彭庄街23号，公民身份证号：37048119700428□□□□。

关系人：王子云，男，1929年7月12日出生，居民身份证号：3704212907161□□□□，现住：滕州市界河镇北沙河村。

公证事项：

保全证人证言

申请人于2006年12月25日向本处申请对关系人王子云等人的证言保全证据。

根据《中华人民共和国公证法》、《公证程序规则》的规定，本处公证人员胡建、孙润溥于2007年1月6日10时30分至12时5分，在滕州市界河镇北沙河村，就申请人的父、祖等亲属1938年3月15日在北沙河村被日本军队伤害、杀害有关问题及其背景情况向关系人进行询问核实。公证员孙润溥制作《询问记录》1份共6页。

在公证员监督、指引下，王兵（居民身份证号：37048119721213□□□□）在现场对公证人员向关系人询问核实的行为进行录像纪录，录像结束时录像带由公证人员带离保管。

兹证明与本公证书相粘连的《询问记录》的复印件内容与原件相符，关系人看着原件听公证员朗读原件全文，其在原件上捺手印均属实；王兵在现场制作的录像资料转刻成光盘1张，数份，其中1份在本处档案室保存。

附件：《询问记录》复印件1份共6页。

中华人民共和国山东省滕州市公证处

公证员：孙润溥

2007年1月10日（盖章）

询问笔录

2007年1月6日，上午（10时30分），公证人员孙润溥、胡建在山东省滕州市界河镇北沙河村张清海家与王子云交谈如下：

问：我们是滕州市公证处公证人员，请看下我的执业证（出示）。受人申请，向你核实有关情况，你作为证人有如实作证义务，如有不实，你承担责任，理解吗？

答：我理解。

问：你的个人情况

答：我叫王子云，男，汉族，1929年7月16日出生，祖居这个村，文盲。

问：你经历过那场北沙河惨案。

答：经历过，当时我12岁（虚岁），就在我们这村发生的。

问：这个《调查记录》是怎么形成的。

答：有湖北来的2个妇女，任士淦校长，都找过我，我说的，他（她）们整理的。

问：我读，你听着，这上面有记录的不符合你意思的，咱们马上纠正。

答：行。

（公证员，朗读，核实了。）

如果你认为这个《调查记录》符合你意思了，就请签字或按手印。改完之后，这都是我所说的，能证实的。我不会签名，我按手印。

调查记录

您能说说你村的历史吗？

当时我们村有4大家，姓罗的、姓侯的、姓胡的、姓高的，就这四个大姓有120户，再加上我们姓王的十来户，姓唐的、姓张的几户总共有140来户，800多人。当时全村有房屋390间，最好的房子就是德国人修建的一座教堂，后来在"四人帮"的时候让他们（村民们）给拆了。村里当时还有一个小卖铺，是姓张的开的。在我们村西头有一个大坑，叫王家坑，就是现在我村罗来国书记家门口的那个大坑，南边也有一个王家坑，因为靠近大沙河，地势低洼，那个坑里常年都有水。

您能说说当时相关的情况吗？（就是你村周围的情况）

俺村向北没500米路就是南张庄村，当时他们村有300多人，东边不到一里路就是京沪铁路，当时叫津浦铁路，过去被称为九省通衢的南北大官道，就从俺村中间穿过。村南大沙河那边是龙阳镇的张庄，距离俺村没有二里路。

您能说说北沙河惨案发生时的情景吗？

那是在1938年农历二月十四日，天刚亮，听到枪声，全村老少都特别害怕，感到大祸就要临头。人们纷纷向大沙河南边跑，就剩下一部分胆大的和走不动的老人、妇女、孩子。在日本鬼子来之前，为防日本人的飞机轰炸，俺村都有挖的防空洞，有的凑坑崖，有的凑枯井或地瓜窑挖。我听到枪声，就和大娘一起抱着妹妹藏到我们在王家坑西沿挖的地道里。那天一大早，日寇一个连的先头部队（后面是汽车、坦克）到北沙河村西北。当时为了抗日，国民党的部队在我们村外挖了深半人宽不到1米的大沟，架了铁丝网，所以日本鬼子的坦克就没法前进。日本鬼子就端着刺刀到我们村来找人填沟，罗士宾、常宝平当时没有躲藏，以为鬼子来到只不过是要吃要喝，总得讲理。谁知鬼子见了他俩就是一阵拳打脚踢，不叫他们说半句话，并威逼他俩去修公路。他们一人拿了一个抓钩子，一人拿了个破铁锨糊弄鬼子。鬼子一看，这根本不是修公路的工具，就开枪把他们打死在沟里。后来日本人砍了几棵树连树枝一块填到沟里才把坦克开了进来。

当时我和大娘还有罗家的一个二老爷一家总共5个人躲在地洞里，恐怕鬼子发现，吓得我们气也不敢喘。清楚地听见鬼子们皮鞋'咯咯'声向罗家二老爷家走来。到二老爷家就到处乱翻、找人，屋里屋外折腾得不像样子，没找到。刚出门，鬼子发现了地洞，于是瞪着眼、龇着牙，咿哩哇啦乱叫唤。看着没人出来，他们就向地洞里打枪，把姓罗的二老爷逼到洞外用枪打死，后来我大娘抱着妹妹和我本家的婶子忍不住出去了，出去后我就听见她们几声惨叫就没动静了，就没有再回来。后来日本鬼子用机枪向洞里扫射，把罗家的那个大叔也打死了，当时因为我们挖的那个洞就像辘轳把似的带拐弯的，再加上我心里害怕，藏到洞里的最里边，就没叫日本鬼子发现。当时我也不知道过了多长时间，也实在是害怕极了，就跑到洞外头去了。到了洞外头把我吓呆了，我看见罗家的二老爷脸朝下在洞口趴着，俺大娘的肠子露出来一大截，我妹妹的头被砍去半个，当时死了满满的一坑人，有跪着的，有回脸朝上的。我也不敢细看，顺着大街向南去找我爷（父亲）去，在南边的王家坑边我看见我爷躺在那里被日本鬼子打死了。

后来我听大人说日本鬼子把王德香、王延标一家人除了王延际之外都打死了。我还听说张秀喜和他爷爷、奶奶一起被日本人给烧死了。

鬼子杀了这么多人，还不甘心。第二天又来放火。日本鬼子第二天进村后，村民们都吓跑了，全村没剩个人。日本鬼子见找不到人，见房子就烧，真是无恶不作。除了张庆林家在村东头路南开店，及德国建的天主教堂没烧外，其余所有房屋都被日本鬼子烧了，光剩下被烟熏黑了的屋框子。有的比较难着的房屋和树木，几天后还星星点点冒烟着火。鬼子并在放火烧村的同时，还抢东西。

您还记得当时遇难者的特征吗？比如说穿的什么衣服了等等。

我记得罗家二老爷身上穿着蓝色的袍子，头上带着毡帽；我大娘穿的是黑色的粗布棉袄；二姊子穿的是黑色的大襟袄，我爷上身穿的是一件黑色的棉袍子，扎的腰，其他的我就记不起来了。

村子被烧的损失情况？给村民带来什么影响？

我后来听说就在那天全村遭杀害的有50多户，83人；在农历3月15、16日村里的人来收尸时，很多人把自己亲人的尸体就埋在村北的大壕沟里，还有埋在萝卜窑、路旁的坑里，这些万恶的日本人真是该杀。

就那一天全村烧毁房屋240间，还得多；抢走猪、羊、家禽不计其数杀吃了。当时正值春天，粮食被烧、被抢之后大家只有吃麦苗子，过几天就吃洋槐芽等。

王子云（手印）

2007年1月6日

公证书

（2007）滕证民字第808号

申请人：王伟，男，1970年4月28日出生，现住：滕州市荆河街道办事处郭彭庄街23号，公民身份证号：37048119700428□□□□。

关系人：张清海，男，1927年11月24日出生，居民身份证号：370421271124□□□□，现住：滕州市界河镇北沙河村。

公证事项：保全证人证言

申请人于2006年12月25日向本处申请对关系人张清海等人的证言保全证据。

根据《中华人民共和国公证法》、《公证程序规则》的规定，本处公证人员胡建、孙润溥于2007年1月6日14时15分至14时56分，在滕州市界河镇北沙河村，就申请人的父、祖等亲属1938年3月15日在北沙河村被日本军队伤害、杀害有关问题及其背景情况向关系人进行询问核实。公证员孙润溥制作《询问记录》一份共5页。

在公证员监督、指引下，王兵（居民身份证号：37048119721213□□□□）在现场对公证人员向关系人询问核实的行为进行录像纪录，录像结束时录像带由公证人员带离保管。

兹证明与本公证书相粘连的《询问记录》的复印件内容与原件相符，关系人看着原件听公证员朗读原件全文，其在原件上捺手印均属实；王兵在现场制作的录像资料转刻成光盘1张，数份，其中1份在本处档案室保存。

附件：《询问记录》复印件1份共5页。

中华人民共和国山东省滕州市公证处

公证员：孙润溥

2007年1月10日（盖章）

询问记录

2007年1月6日下午（14时15分开始），公证人员孙润溥、胡建在滕州市界河镇北沙河村张清海家，与张清海交谈如下：

问：我们是滕州市公证处的公证人员，请看我们执业证件（出示孙润博执业证）。受人申请，我们向你核实抗战时期你们村"北沙河惨案"有关情况。你作为证人，应如实作证，实事求是，是什么情况就说什么，如有不实之词你承担责任，理解吗？

答：理解。

问：你的个人情况

答：我叫张清海，男，1927年11月24日出生，生来就住在这个北沙河村，汉族，没上过学，没加入什么党派。

问：你经历过"北沙河惨案"。

答：我们家在惨案的头一天就和奶奶、老爷、父亲，哥哥等人先逃到龙阳镇下司堂村了。过了3天我们回到村里，见到的现场，村民对了对，共死了83人。

问：我读读这个《调查记录》，你听到哪里不符合你能证明的地方，就口改正过来。〔朗读修改〕

答：行，这些是我说的，都是事实，我是有么说么。

问：你能签字，还是按手印。

答：我只会按手印。

张清海（手印）

2007年1月6日14时56分

调查记录

1. 老人家你能介绍一下1938年日本人到咱们村的具体情况吗？

好的。当时，日本军在20里铺村的酒馆喝完酒，开着坦克车顺着当时的大

610

官道向南来，来到咱村时道路被截，路面被挖了很深的沟，他们的坦克车过不来。他们就到村子里抓了五六个人来填沟。日本军闲〔嫌〕干活干的不好，就砍了很多树木，让村民全都用木头来填。填完后，把他们全都杀了。其中，就有罗士宾，其他的人名也记不很清。

2．老人家，您继续说一下日本人在咱们村进行了哪些惨无人道的大屠杀？

记忆太深了，这辈子也忘不了呀！日本人第一次进咱村，因为道路被截，影响他们的行程，村子里的墙上都画着日本人的头像和写着一些抗日标语。他们便入村进行了惨无人道的大屠杀，见人就杀，见东西就抢，见屋就烧。

当时，村里北面有个坑，从坑里向北挖了两个地洞。洞里躲藏了很多村民。有姓罗的、姓常的、姓王的。日本人在洞口吼叫，上来一个打死一个。其中王辣的妻子在洞里听到日本人喊"太君！太君！"，就从洞里向上爬，刚上来一半，活活的被日本人打死。姓罗的3口人在洞里没上来，直到日本人走后才上来躲过一劫。当时有两家全被杀绝，常家被害的有常宝太、常宝明。

西头张金元和他母亲，同时在家里被日本人打死，后来在邻居帮助下埋到了院子里的萝卜窖里。直到现在他们的坟还在他家的墙西边。

罗斗一家4口，一个闺女一个儿子，罗斗做个小生意经营炒花生，日子过的还不错。日本人到他家后，把他们一家人全都杀了，而且把房屋也烧成灰了。

俺对门王延标，他父母、奶奶、哥哥、妹妹一家5口人全部被害。他的母亲被日本人大开膛惨不忍睹。当时王延标（现已去逝）被扔到坑里，他那个时候小，从坑里爬出来，躲藏到自家床底下，仅靠几个煎饼和生鸡蛋维持了3天。当时，他在床底下日本人的所做作〈所〉为，他都一清二楚，包括他家牛被偷，他也知道。3天后，村里来人帮着埋葬他父母、奶奶、哥哥、妹妹，这个时候他才敢出来。

这是第一次来到北沙河村犯下的滔天罪行。后来，再来就抢东西、逮个鸡、抢个猪、羊等。那个时候村里也没有多少人在家，都藏了起来。

张清海（手印）

（原件存中共滕州市委党史研究室）

（5）大季村惨案司法公证材料

公证书

（2007）邹城证民字第183号

申请人：张茂科，男，1926年8月10日出生，现住山东省邹城市石墙镇大季村，公民身份证号码：37082519260810□□□□。

公证事项：保全张茂科的陈述

申请人张茂科为保全有关日军在山东省邹城市（原邹县）石墙镇血洗大季村残害其本人及家人和其他村民的事实情况的需要，于2007年2月6日向我处申请对申请人的陈述进行保全证据公证。

根据《中华人民共和国公证法》和《公证程序规则》的规定，本公证员和公证员周启锋、公证员助理黄现军于2007年2月6日10时50分至11时25分，在山东省邹城市石墙镇人民政府会议室对申请人张茂科有关日军在山东省邹城市（原邹县）石墙镇血洗大季村残害其本人及家人和其他村民一事的陈述进行了保全证据，由记录人孙昭华（男，1962年11月26日出生，现住山东省邹城市宏达路459号3号楼2单元401室，公民身份证号码：37082519621126□□□□）当场对申请人的陈述进行了记录，制作了《陈述》1份共2页。11时36分至11时42分，拍照人及摄像人对申请人身上的伤残痕迹进行了拍照及摄像。申请人的陈述过程及伤残痕迹均由拍照人时建明（男，1957年8月11日出生，现住山东省邹城市东门里大街129号8号楼2单元402室，公民身份号码：37082519570811□□□□）现场所拍照片五张；摄像人员张洪涛（男，1978年3月28日出生，现住山东省邹城市石墙镇宏基圆路1717号，公民身份号码：37082519780328□□□□）现场录像。

兹证明与本公证书相粘连的《陈述》（1份共2页）的复印件与原件内容相符，原件上所记录的内容为申请人张茂科亲口所述，并经其本人确认，张茂科在《陈述》上的指印属实（名字由孙昭华代签）；与本公证书相粘连的《现场照片》为时建明现场拍照，照片底片保存于我处；与本公证书相粘连的VCD光盘1张为张洪涛摄像后制作，录像母带保存于我处。

附：1.《陈述》的复印件1份共2页；

2．现场照片5张。

3．VCD光盘1张。

山东省邹城市公证处

公证员：蒋庆刚

2007年2月7日（盖章）

陈述

时间：2007年2月6日

地点：山东邹城市石墙镇政府会议室

陈述人：张茂科，男，1926年8月10日出生，身份证号：37082519260810□□□□，现住石墙镇大季村。

记录人：孙昭华

我叫张茂科，今年81岁，住石墙镇大季村，今天我将1938年3月14日，农历二月十三日，日军来大季村烧杀抢掠，残杀村民及我家人的罪恶事实控诉如下。由于我不识字，特请孙昭华同志代笔。1938年农历二月十三日，日军在邹西地区"扫荡"，上午日军越过麻山口，来到大季村，进村后，日军不分老弱妇婴，见人就杀。当时被日军用枪打死的有张丙进、张丙进的妻子，张桂成，还有张桂梅76岁的母亲和刚满6岁的孙女等人。当时，我家就有我祖母李氏、父亲张桂秀、伯父张桂元、大哥张长德及只有5岁的妹妹，也遭到日军的残杀，其状残不忍睹。当时我看到日军杀人后很害怕，就往家里跑，日军在后边一边追赶一边用枪打，我身上先后有多处被日军用枪打伤，我跑到屋门口时，被门槛绊倒，日军用刀砍我，使我5个左脚趾头不同程度的受伤。当时有逃避日本人的谢氏3口人及张茂坤的妻姐2口人也被日军杀死在俺家院子里。日军走后，当时的惨状我村的张桂春也亲眼目睹。以上我所陈述句句属实、真切。如有不实，我愿承担法律责任。

陈述：张茂科（孙昭华代笔）（手印）

记录：孙昭华

在场人员：时建明、周启锋、蒋庆刚

2007年2月6日

（原件存中共邹城市委党史研究室）

（6）田庄惨案司法公证材料

公证书

（2006年）济历城证民字第1536号

申请人：济南市历城区港沟镇田庄村民委员会，住址：济南市历城区港沟镇田庄村。

法定代表人：杨文义，职务：主任。

关系人：杨世端，男，1923的3月31日出生，现住济南市历城区港沟镇田庄。

公证事项：保全杨世端的证人证言。

申请人济南市历城区港沟镇田庄村民委员会为保全"田庄惨案"的事实经过，于2007年2月7日向我处申请对证人杨世端的证言进行保全证据。

根据我国法律的有关规定，本公证员与公证员助理李峰于2007年2月7日，在济南历城区港沟镇政府对证人杨世端就"田庄惨案"一事进行了询问，并制作了《证人谈话笔录》1份共2页，同时对证人杨世端的上述陈述过程进行了录像和拍照，得到录像磁带1盘，及照片7张。

兹证明证人杨世端在上述谈话过程中意思表示真实。与本公证书相粘连的《证人谈话笔录》（共2页）的复印件与原件内容相符，其在原件上的签名、按手印属实。现场取得录像带1盘及照片7张。

附件：一、《证人谈话笔录》的复印件共2页。

二、现场拍摄的照片

中华人民共和国山东省济南市历城区公证处

公证员：任春林

2007年2月8日（盖章）

证人谈话笔录

时间：2007年2月7日

地点：济南市历城区港沟镇政府

询问人：任春林

记录人：李峰

问：说一下你的姓名，出生日期，住址？

答：杨世端（男）1923年3月31日出生，现住济南市历城区港沟镇田庄。

问：今天，根据田庄村民委员会的申请，我们要对你就田庄惨案一事作一下询问并保全证据，请配合一下好吗？

答：好的。

问：请出示你的身份证明？

答：好的。

问：我们要复印你的身份证明存档？

答：可以。

问：根据法律规定和诚实守信原则，你应向公证机关和公证员如实陈述，如因你自身原因有不实陈述，导致公证书不能使用或错误，责任由你自己承担，你是否明白？

答：明白。

问：告知你办理保全证言的法律意义是保全证人在公证处说的话。但只进行形式保全。因证言虚假所导致的责任，由证人自己承担。你明白吗？

答：明白。

问：你是自愿做证人吗，有无受欺诈或胁迫？

答：是自愿的，没受欺诈和胁迫。

问：我们通过何种方式保全呢？是由我们作记录，还是你另行书写证言，还是通过照相、录像的方式？

答：你们记录并录像、照相吧。

问：你现在身体怎么样，头脑是否清楚？

答：我现在身体还可以，脑子清楚。

问：请你现在开始说你所经历的事好吗，请尽量详细一些？

答：好的。是在1938年农历三月初五早上天刚亮的时候，一声枪响，日本人从三面围上来，包围了我们村。然后把全村村民赶到村西边的场院里。在场院里让我们把枪交上去。当时我在现场。在场院里日本人就用枪打死了4个人，还用刺刀捅死了一个。当时全村一共有56人遇害了，烧毁房屋1500多间。

问：请详细说一下受害人的情况及人数？

答：当时我记住名字的受害人有杨万勇、杨万明、杨福祥、杨鸭子（小名）、刘修森被日军枪毙，杨万璐被日军用刺刀捅死了。最后清点总共有56人遇害。

问：请详细说一下财产损失的具体情况？

答：全村的房子都被烧光了，还有大量的牲畜、家具也被烧没了。具体的数目也无法统计。

问：你还有要补充的吗？

答：没有。

问：你以上所说是真实的吗？

答：是真实的。

问：以前有关部门是否做过调查，你对他们说的和今天上面所说的一致吗？

答：做过。我说的都是一致的。

问：你明白你若有虚假陈述所要承担的法律后果吗？

答：明白。

问：以上谈话，已经做了笔录，请你阅读、审核，如无异议，请你在每页笔录上签名、按手印。

答：（证明人阅笔录）没有异议。

上述内容均属实、本人已过目。

被询问人签名：杨世端（手印）

公证书

（2006）济历城证民字第1537号

申请人：济南市历城区港沟镇田庄村民委员会，住址：济南市历城区港沟镇
　　　　田庄村。

法定代表人：杨文义，职务：主任。

关系人：杨世美，男，1931年10月4日出生，现住济南市历城区港沟镇田庄
　　　　380号。

公证事项：保全杨世美的证人证言。

申请人济南市历城区港沟镇田庄村民委员会为保全"田庄惨案"的事实经过，于2007年2月7日向我处申请对证人杨世美的证言进行保全证据。

根据我国法律的有关规定，本公证员与公证员助理李峰于2007年2月7日，在济南市历城区港沟镇政府对证人杨世美就"田庄惨案"一事进行了询问，并制作了《证人谈话笔录》一份共2页，同时对证人杨世美的上述陈述过程进行了录像和拍照，得到录像磁带一盘，及照片6张。

兹证明证人杨世美在上述谈话过程中意思表示真实。与本公证书相粘连的《证人谈话笔录》（共2页）的复印件与原件内容相符，其在原件上的签名、按手印属实。现场取得录像带1盘及照片6张。

附件：一、《证人谈话笔录》的复印件共2页。

二、现场拍摄的照片

中华人民共和国山东省济南市历城区公证处

公证员：任春林

2007年2月8日（盖章）

证人谈话笔录

时间：2007年2月7日

地点：济南市历城区港沟镇政府

询问人：任春林

记录人：李峰

问：说一下你的姓名，出生日期，住址？

答：杨世美（男）1931年10月4日出生，现住济南市历城区港沟镇田庄380号。

问：今天，根据田庄村民委员会的申请，我们要对你就田庄惨案一事作一下询问并保全证据，请配合一下好吗？

答：好的。

问：请出示你的身份证明？

答：好的。

问：根据法律规定和诚实守信原则，你应向公证机关和公证员如实陈述，如因你自身原因有不实陈述，导致公证书不能使用或错误，责任由你自己承担，你是否明白？

答：明白。

问：告知你办理保全证言的法律意义是保全证人在公证处说的话。但只进行形式保全。因证言虚假所导致的责任，由证人自己承担。你明白吗？

答：明白。

问：你是自愿做证明人的吗，有无受欺诈或胁迫？

答：是自愿的，没受欺诈和胁迫。

问：我们通过何种方式保全呢？是由我们作记录，还是你另行书写证言，还是通过照相、录像的方式？

答：你们记录并照相、录像吧。

问：你现在身体怎么样，头脑是否清楚？

答：我现在身体还可以，脑子清楚。

问：请你现在开始说你所经历的事好吗，请尽量详细一些？

答：好的。是在1938年三月初五早上刚明天的时候，日本人包围了我们村。一开始是先向村里放炮放枪，放完后就进村了。然后抓了些村民，让他们喊话，把村民喊出来后，就把村民赶到村里的一个场院。在场院里杀死了5个人，这5个人是先被日本人毒打了之后才被杀的。当时我在现场。日本人杀人最多的是在村外。因为有些人一听放枪放炮就往外跑，所以日本人杀了不少。我记的有6个人在村外藏着，被日本人抓住，用大刀砍死了5个，还有一个被砍伤了，跑掉了。这个跑掉的人叫马兴泉，他一直活到了建国后，还去各地作过报告。我还记得我们村有个女的叫刘修宝，被日本人强奸后杀害的。当时抬她尸体的时候全身一丝不挂。还有些被烧死的人，我记得张永圣的奶奶就是被烧死的。

问：请详细说一下受害人人数及姓名？

答：我记得当时死亡的、还有些因为受伤没治好后来死的，总共有六七十个人。我记得名字的有杨万璐、李石头（小名）、杨玖祥、徐光武、张天禄、刘修宝（女）、杨万泉、杨世泰、张志泉、李胜石、杨万勇。这些都是住我家附近的人，都是青壮年。杨万勇死的特别惨，被日本人打出眼珠来了，眼珠子在眼眶外面挂着，后来又被枪杀了。

问：请详细说一下财产损失具体情况？

答：房子、牲畜、家具都被烧光、烧死了。粮食也被烧没了，烧了好长时间。因为日本人杀人杀的，村民都跑了，害怕不敢回来救火的。

问：你还有要补充的吗？

答：没有。

问：你以上所说是真实的吗？

答：是真实的。

问：以前有关部门是否做过调查，你对他们说的和今天上面所说的一致吗？

答：做过。我说的都是一致的。

问：你明白你若有虚假陈述所要承担的法律后果吗？

答：明白。

问：以上谈话，已经做了笔录，请你阅读、审核，如无异议，请你在每页笔录上签名、按手印。

答：我不认识字，你给读一下吧？

问：好的（公证员读谈话笔录）。有无不同意见？

答：（证人听笔录）没有不同意见，我签自己的名字。

上述内容均属实、本人已听。

被询问人签名：杨世美（手印）

（原件存中共济南市历城区委党史研究室）

（7）大崂惨案司法公证材料

公证书

（2007）青崂证经字第36号

申请人：王学惠，男，1924年8月2日出生，现住青岛市崂山区北宅街道大崂社区，身份证号码：37022119240802□□□□；

董文贤，男，1925年11月21日出生，现住青岛市崂山区北宅街道大崂社区，身份证号码：37022119251121□□□□；

王治淑，男，1926年11月10日出生，现住青岛市崂山区北宅街道大崂社区，身份证号码：37022126111020□□□□。

公证事项：保全证人证言

申请人王学惠、董文贤和王治淑3人均经历过抗日战争，见证了侵华日军在青岛崂山区北宅街道大崂村的纵火和杀人暴行，为保全侵华日军在抗日战争中对大崂村人民造成的人口伤亡和财产损失证据，于2007年1月15日向本处申请对其证言进行保全公证。

根据《中华人民共和国公证法》和《公证程序规则》的规定，经审查认为，申请人具有法律规定的相应的民事行为能力。本公证员和公证员杜崇安、青岛市崂山区政府工作人员王明谊、付莉，摄像人员王峰磊于2007年1月15日上午10时来到位于青岛市崂山区北宅街道的大崂社区居民委员会二楼办公室，告知了申请人王学惠、董文贤和王治淑相关的权利和义务后，王学惠、董文贤和王治淑分别讲述了各自所知晓的1938年农历3月14日日军在青岛市崂山区北宅街道大崂村制造的3·14纵火和杀人惨案的过程，本公证员分别制作了《证言（询问记录）》3份5页，并向申请人王学惠、董文贤和王治淑宣读《证言（询问记录）》后，由王学惠、董文贤和王治淑分别对各自的《证言（询问记录）》以签字并按手印的方式予以确认。整个过程由摄像人员王峰磊进行了拍照和摄像。

兹证明与本公证书相粘连的《证言（询问记录）》的复印件与原件内容相符。原件上汪蕙、杜崇安、王明谊、付莉、王峰磊的签名和申请人王学惠、董文贤和王治淑的签名、按指印均属实；本公证书所附照片3张、光盘均为现场拍摄，照片底片保存于我处。

附：1.《证言（询问记录）》复印件5页

2.照片3张。

山东省青岛市崂山区公证处

公证员：汪惠

2007年1月29日（盖章）

证言（询问记录）

时间：2007年1月15日上午10时

地点：青岛市崂山区北宅街道大崂村委办公楼2楼办公室

被询问人：王学惠

问：今天我们（公证处）来是为了保全你知道的日军在大崂村暴行证言，你作为经历过的人，应当如实陈述你所知道的情况，不能夸大或缩小事实，对你的证言负责，是否明白？

答：明白。

问：你的姓名？出生日期？住址？1938年时的住址？

答：我叫王学惠，1924年生人，现住北宅大崂村132号，1938年我虚岁15岁，就住在现在的大崂村。

问：1938年3·14惨案，是你听说的？还是亲眼所见？

答：都是我亲身遭遇的，当时（大火使）我家烧的什么都没有了。

问：请你回忆一下3·14惨案发生时的情形？

答：（1938年农历）三月十四日正逢华阴集。一般的人都忙着赶集，当天来了日本人，一听都很害怕，跑的跑、藏的藏。后来听大人讲，是因为当时村里一个饭店有2个游击队（员）在吃饭，（他们）不是共产党的游击队，是当地人（组成）的游击队，（他们）听说日本人来了，就跑到村南山顶上朝着日本人开了几枪，日本鬼子（听到枪声）就停下了，开始散开搜索。鬼子进村后就从村西头（开始）放火，当天的西南风格外大，七八级是有了，村里就着起来了。当时（烧的）最严重的是我家和邻居董立文家（就是董文思家），我家里的家产、养的猪也烧了，人都吓跑了；邻居董文思的弟弟（不满周岁）被烧死了，他家里一头骡子牵在坡上也被日本人打死了。对于大火（烧毁的房屋）当年有个统计：烧了112间。接着日本人开始搜索、杀人，有两个赶集的老头叫王文玉和王学峰，走到村西头的墙边坐着（躲藏），被日本人用刺刀刺死了，死后还保持着坐姿；有个叫董立有作木工的，听说日本人来了，就回乌衣巷村（的家里），在大茔地里被（日本人）

的枪打死了；还有王德俊在北山干活，听说日本人来了就往家里跑，发现家里着火了又往外跑，在村南被日本人枪杀了；我还有个爷爷王永阴在村南地里被日本人用刺刀刺死了，死得很惨的，把地里滚得不象样；还有一个路过的（家住）王哥庄的木匠，是在北头村干活的，在墙跟下避着，也被一枪打死了。日本人"扫荡"了一天，村里就受了这么大的害，日本人走了多日以后，（村里）人都不敢回家，怕日本人再来。这就是我知道的情况，（这么多年过去了）有些忘记的，可以请别人再说说。

问：木匠的姓名？

答：我不知道，他是王哥庄人，在北头村干活，无法知道他的姓名。

问：上面你所讲的（情形）是你听说的？还是亲眼所见的？

答：谁能亲眼看到，如果当时你看到了，你还能活着？都是事后看到的现场。（在村南头死的）王德俊的死后现场我去过，见到了尸体，其他都是我听说的。村里被日本人放火（烧了）是我亲眼所见。

问：当时这些暴行是日本人干的？还是伪军干的？

答：是日本人干的，当时没有伪军。

问：以上记录是否属实。

答：都属实。

王学惠（手印）、王明谊、杜崇安、汪蕙、付莉、王峰磊

证言（询问笔录）

时间：2007年1月15日上午10时20分

地点：青岛市崂山区北宅街道大崂村委办公楼2楼办公室

被询问人：董文贤

问：今天我们（公证处）来是为了保全你知道的日军在大崂村暴行证言，你作为经历过的人，应当如实陈述你所知道的情况，不能夸大或缩小事实，对你的证言负责，是否明白？

答：明白。

问：你的姓名？出生日期？住址？1938年的住址？

答：我叫董文贤，今年虚岁82，现住北宅大崂村118号，1938年"3·14"惨案时我13周岁，就住在现在的大崂村。

问：你当时就住在现在（住）的房子吗？

答：是的，我家的房子200多年了。

问：请你回忆一下3·14惨案发生时的情形？

答：农历1938年三月十四日正逢华阴集。当时听大人讲有游击队，（高克凯、付世伦、陆贵恩）3人在大崂村一个小铺里喝酒，听说日本人来了就跑到村南山上放了三四枪（土枪）。当时我在街上玩，听大人喊日本人来了，就赶快躲起来。接着日本人就进村。王德俊（约二三十岁）在北山干活，见家里着火了就往家跑，到家一看（火大）进不了家门，又往村南跑，跑到村南没地方跑了，就避在墙角，被日本人刺伤了，伤他时我没看见。我当时小就跑出来看，我见到他时他还歪在墙边，两个大腿被（刺刀）豁开了大口了，呃喝了两声就死了，估计是被（日本人的）枪从口里打进去死的；我向南跑，又看见王永阴（约50岁）被日本人的刺刀刺伤了在地上滚；再往前走又看见墙角上还蹲着一个人，就是王哥庄木匠，枪子象是从头顶上打进去的，连动都没动就死了。我就看见这3个人（的死）。我当时听大人讲，还有一个董信友（小名，即董立友）在北山干活的，被（日本人）打死了；王文玉和王学峰两个老头赶集在村西头被日本人抓起来，让他们在旁边蹲着，走的时候（日本人）把他们杀了，不知道是用枪还是手榴弹。

问：谈谈（日本人）放火的情况？

答：日本人进村后，开始放火，见人杀人，不论大小，（火）从村西南头开始（放），当时西南风差不多有八九级，（火）顺着村西头很快蔓延开了，烧（毁）房子130间，最严重的是我家和王学惠家，我家着的什么也没有了。

问：你再说说董文贤家董文思之弟被烧死的情况？

答：当时董文思的弟弟太小（婴儿），我大娘（即婴儿母亲）说别抱着（跑），会引来日本人，所以将孩子放在（家里）东厢房的炕上，大人都躲出去了。后来房子烧着了，孩子身上除了房顶掉下来的一块土砖砸在身上的部位外，其他地方都烧没了。我家的10间房和牲口都烧完了，有2个〔棵〕很大的树也烧了，家里着的什么也没有了。

问：当时这些暴行是日本人干的？还是伪军干的？

答：日本人干的，当时北宅没有伪军。

问：以上记录是否属实？

答：属实。

董文贤（手印）、汪蕙、杜崇安、王明谊、付莉、王峰磊

证言（询问记录）（略）

（原件存中共青岛市崂山区委党史研究室）

（8）老和尚寺惨案司法公证材料

公证书

（2006）枣薛证民字第313号

申请人：中国共产党枣庄市薛城区委员会党史研究室

负责人：和衍和，职务：主任。

关系人：周永义，男，1928年5月17日出生，居民身份证编号：37040319280517□□□□，现住：山东省枣庄市薛城区张范镇小屯村。

赵崇山，男，1928年5月15日出生，居民身份证编号：37040319280515□□□□，现住：山东省枣庄市薛城区张范镇小屯村。

公证事项：保全证据

申请人中国共产党枣庄市薛城区委员会党史研究室为搜集抗战时期薛城区人口伤亡和财产损失的有关资料，特向我处申请对关系人调查取证的行为和内容进行保全证据。

根据《中华人民共和国公证法》的有关规定，本公证员与公证人员褚峰及申请人中国共产党枣庄市薛城区委员会党史研究室的工作人员褚洪浩、王兴民于2006年12月20日在张范镇小屯村（老和尚寺自然村），对关系人周永义、赵崇山就老和尚寺惨案的有关情况进行了询问，并制作了调查笔录2份共2页，同时对上述取证行为进行了录像，得光碟1盘。

兹证明关系人周永义、赵崇山在上述谈话过程中意思表示真实，本公证书所附的调查笔录的复印件与原件内容相符，二关系人在原件的按手印属实。

附：调查笔录2份共2页

照片4张

光碟1盘

中华人民共和国山东省枣庄市薛城区公证处

公证员：姜新稳

2006年12月27日（盖章）

薛城区抗战时期人口伤亡和财产损失调查笔录

时间：1938年3月份

地点：张范镇老和尚寺村

内容：在1938年春天，老和尚寺村（现张范镇小屯村）来了许多外地避难的群众，有几千人乃至上万人，全村到处都是避难的百姓。日军从飞机上扔下六七颗炸弹，其中也有燃烧弹，炸死、烧死的人很多，本村的有刘继怀的姐姐。死亡的共有五六百人，伤了不到1000人，烧了房屋有50多间，牲畜基本上被炸死、烧死。

周永义（手印）

2006年12月20日

调查：褚洪浩

调查单位：薛城区抗战调查工作委员会、

薛城区委党史研究室

记录：王兴民

薛城区抗战时期人口伤亡和财产损失调查笔录

时间：1938年春天

地点：张范镇老和尚寺

内容：因日军侵入枣庄地区，四面八方的老百姓都逃向张范镇的老和尚寺村（现小屯村），大约有几千人之多，日军的飞机前往永安马场轰炸国民党的军队，因国民党的军队早已撤走，后飞到老和尚寺上空，看到到处都是人群，便丢下了6颗炸弹，当场炸死了很多人，死亡的有三四百人，受伤的有几百人。本村死得〔的〕有刘继怀的姐姐，别得都不知道。死伤的基本上都是外村来逃难的，大多都不知道姓名。当时的情景很惨，炸死的外地人没有人收尸，就由村民组织人员抬到村东南的方向埋了。

本人签名：赵崇山（手印）

2006年12月20日

调查：褚洪浩

调查单位：薛城区抗战调查工作委员会、

薛城区委党史研究室

记录：王兴民

（原件存中共枣庄市薛城区委党史研究室）

（9）南湖惨案司法公证材料

公证书

（2007）日二证民字第82号

申请人：日照市东港区南湖镇南湖一村村民委员会，住所地：山东省日照市东港区南湖镇南湖一村。

法定代表人：赵从月

关系人：赵自根，男，1932年4月2日，居民身份证编号：37280219320402□□□□，现住山东省日照市东港区南湖镇南湖一村。

吕相平，男，1931年9月26日，居民身份证编号：37280219310926□□□□，现住山东省日照市东港区南湖镇南湖一村。

郭见丰，男，1920年10月10日，居民身份证编号：37110219201010□□□□，现住山东省日照市东港区南湖镇南湖一村。

申请人日照市东港区南湖镇南湖一村村民委员会为保存日本飞机轰炸该村的证据，于2007年1月31日向我处申请对证人赵自根、吕相平、郭见丰等3人的证言进行保全证据。

根据我国法律规定，本公证员与公证员刘春雁于2007年1月31日10时至11时，在山东省日照市东港区南湖镇南湖一村村民委员会对证人赵自根、吕相平、郭见丰就日本飞机轰炸南湖一事进行了询问，并制作了《公证处接谈笔录》共6页，同时对证人赵自根、吕相平、郭见丰的上述证言进行了录像，根据录像带制作了DVD光盘1张。

兹证明证人赵自根、吕相平、郭见丰在上述谈话过程中意思表示真实。证人赵自根、吕相平、郭见丰在与本公证书相粘连的《公证处接谈笔录》上的签名和所捺指纹均属实；随本公证书所附DVD光盘内容为现场所拍摄。

附件：1.《公证处接谈笔录》共6页；

2. DVD光盘1张。

中华人民共和国山东省日照市第二公证处

公证员：刘文

2007年2月5日（盖章）

公证处接谈笔录

接谈时间：2007年1月31日10时至11时

接谈地点：日照市东港区南湖镇南湖一村村民委员会

公证员：刘文、刘春雁　　　　　记录人员：刘文

被询问人姓名：赵自根，男，出生日期：1932年4月2日，

居民身份证编号：37280219320402□□□□

住址：日照市东港区南湖镇南湖一村

问：申请办理何项公证？

答：申请办理证人证言公证事项。

问：办理此项公证的目的和用途？

答：用于保全证据。

问：你能否如实陈述与本公证事项有关的情况，并对所陈述的情况承担法律责任？

答：我保证如实陈述与本公证事项有关的内容，如有任何不实，我将承担一切相应法律后果。

问：请你谈谈当时日本飞机轰炸南湖的有关情况？

答：我当时7岁，1938年农历四月十三，是南湖集，我的父母在南湖集上开面锅做生意。我和我的嫂嫂赵安氏，我的姐姐和侄女赵从吉姐妹在家里。上午11点多钟，我在门口玩，忽然看见西北方向来了5架飞机。嫂嫂赵安氏和姐姐把两个侄女搂在怀里藏在床底下，我跑到大集上找父母去了。日本飞机投下的炸弹落在我家的院子附近爆炸。我家7间房子被烧了，我当时在大集上。飞机轰炸完之后，邻居把我的两个侄女从火里救了出来。我的嫂嫂赵安氏和姐姐当场被炸死，两个侄女也受了伤。

问：你还有什么需要补充说明的？

答：没有了。

问：请你核对笔录内容？

答：好。

问：对笔录有无修改补充意见？

答：没有了。

问：如对本笔录无异议，请在笔录上签字。

答：好。

被询问人：赵自根（手印）

公证处接谈笔录

接谈时间：2007年1月31日10时至11时

接谈地点：日照市东港区南湖镇南湖一村村民委员会

公证员：刘文、刘春雁　　　　　　记录人员：刘文

被询问人姓名：吕相平，男，出生日期：1931年9月26日，

居民身份证编号：37280219310926□□□□

住址：日照市东港区南湖镇南湖一村

问：申请办理何项公证？

答：申请办理证人证言公证事项。

问：办理此项公证的目的和用途？

答：用于保全证据。

问：你能否如实陈述与本公证事项有关的情况，并对所陈述的情况承担法律责任？

答：我保证如实陈述与本公证事项有关的内容，如有任何不实，我将承担一切相应法律后果。

问：请你谈谈当时日本飞机轰炸南湖的相关情况？

答：我当时8岁，我是跟着父母来南湖逃荒的。1938年农历四月十三，当时我父母在南湖集上卖豆腐，我跟着玩。10点多钟父母卖完回家，我的兄弟在家，我在回家的路上玩，看见西北方向来了5架飞机，围着上方扔炸弹，整个南湖集上尽是烟，炸弹在身边爆炸。大约一个时辰，扔完炸弹之后又用机枪扫射。大集上死伤的人很多，活着的人四处逃窜。我当时在南湖集上，飞机轰炸时我看到一个做买卖的老人叫赵玉席被炸死。我们南湖一村被炸死8个人。当时在集上当场被炸死的有380多人，伤的人更多。

问：你还有什么需要补充说明的？

答：没有了。

问：请你核对笔录内容？

答：好。

问：对笔录有无修改补充意见？

答：没有了。

问：如对本笔录无异议，请在笔录上签字或捺手印。

答：好。

被询问人：吕相平（手印）

公证处接谈笔录

接谈时间：2007年1月31日10时至11时

接谈地点：日照市东港区南湖镇南湖一村村民委员会

公证员：刘文、刘春雁　　　　记录人员：刘文

被询问人姓名：郭见丰，男，出生日期：1920年10月10日，

居民身份证编号：37110219201010□□□□

住址：日照市东港区南湖镇南湖一村

问：申请办理何项公证？

答：申请办理证人证言公证事项。

问：办理此项公证的目的和用途？

答：用于保全证据。

问：你能否如实陈述与本公证事项有关的情况，并对所陈述的情况承担法律责任？

答：我保证如实陈述与本公证事项有关的内容，如有任何不实，我将承担一切相应法律后果。

问：请你谈谈当时日本飞机轰炸南湖的相关情况？

答：1938年农历四月十三，当时我在南湖集上做买卖，我和赵名方挨着，赵名方卖面条，有一个姓胡的在我北边烧面锅。从西北来了5架飞机。姓胡的吆喝快跑，我和赵名方一起快跑到河沿上，炸弹在身边爆炸，赵名方在河沿东侧被炸死，我在西侧没有被炸死。河东边有郭文挺的妈妈被炸死，我和父母逃到东岭上，飞机又返回轰炸。当时被炸死的有郭文章、郭文周、郭见公、郭公元的爷爷奶奶等还有不知道名字的在集上被炸死了。

问：你还有什么需要补充说明的？

答：没有了。

问：请你核对笔录内容。

答：好。

问：对笔录有无修改补充意见？

答：没有了。

问：如对本笔录无异议，请在笔录上签字或捺手印。

答：好。

被询问人：郭见丰（手印）

（原件存中共日照市东港区委党史研究室）

（10）大丁庄惨案司法公证材料

公证书

（2007）菏牡丹证民字第95号

申请人：马殿敬，男，1926年3月28日出生，身份证编号：3729012603286□□□□，
住址：山东省菏泽市杜庄乡丁庄村。

公证事项：保全证人证言

申请人马殿敬于2007年5月16日向我处申请对当年日军制造的大丁庄血案事实进行保全证人证言公证。

根据《中华人民共和国公证法》的规定，本公证员与公证员李海珠、摄像人季强于2007年5月16日上午来到菏泽市牡丹区万福办事处大丁庄行政村村民委员会，公证员对证人马殿敬就1938年大丁庄血案一事进行了询问，公证员李海珠制作了《大丁庄血案证人证言》1份共2页，同时摄像人季强对现场进行了录像，当时，见证人马送军、马新科在场。现场录像刻制成了内容相同的光盘两张。

兹证明证人马殿敬具有法律规定的民事行为能力，在上述谈话过程中意思表示真实。与本公证书相粘连的《大丁庄血案证人证言》的复印件与原件内容相符，原件上证人马殿敬的手印及摄像人季强、见证人马送军、马新科的签名、手印均属实。申请人保存的光盘内容与公证处存档的光盘内容相同。

附件：1.《大丁庄血案证人证言》复印件1份2页

中华人民共和国山东省菏泽市牡丹区公证处

公证员：曹文生

2007年5月28日（盖章）

证人证言

时间：2007年5月16日上午

地点：牡丹区万福办事处大丁庄村委会

参加人员：

证人：马殿敬

见证人：马新科、马送军

摄像：季强

公证员：曹文生、李海珠

我叫马殿敬，今年81岁，住在万福办事处杜庄乡丁庄村。1938年大丁庄发生的血案，是我亲自经历的事实，我当时12岁。

事情发生在1938年的4月24日的傍黑，日军从刘寨顺着小河一路打着枪来到这里，天亮打进大丁庄。当时国民党的部队驻在这里，修工事，拉弹药。日军到来后，先把弹药车给打着了，得有10辆大车，后来国民党一个连的兵力都死了。日军在村里见人就杀，见东西就抢。本村丁延顺的姐姐想出去和日本人拼命，被她弟弟及爹娘拉住，她的爹娘都被杀死在家中。一个叫二黑的也被打死在自己家中。丁梁被打死在本村西南地里。日军到丁庄后街，把一个在丁庄帮工的外地人打死；马留长是个医生被捆走杀害。遇到马敬雨、马殿训爷俩为护其子敬雨的妻子，爷俩都被杀，看疮的医生马殿成也被杀，还有一个叫二升的，我应该叫他大爷，他也被扎死，马顺礼的弟弟也被扎死。这些人都是被堵在家中被害的。当时村西南学校里的校董马凌江被杀。外村赵庄的何斤斗也被打死了，马振帮他堂兄弟和大爷及哥哥3人都被杀。北院就是现在学校北面（学校还是原址）的马殿张都快出村了，被日军用刺刀砍下去，就剩一喉咙系连着。他撑着爬到家就死了。二赵的媳妇被抓，他的三儿子一阻拦，被一刺刀刺死了，二赵见儿子死了，还没喊出声来，被日军一枪打死了。马惠被3人用刺刀刺死。马殿广的媳妇的乳房被日军用刺刀挑了，马殿广喊了一声又被一枪打伤。日军在快天亮时跑到了我家，秦海的6人，姓丁的4人，我家5口人，都藏在我家。他们把我父亲拉出来，用刺刀刺死，把我拉出来，把头往墙上撞。这次全村死了29人，还有外来人员更多。全村有4家，马□家、马留长家、马殿训家、马振帮的大爷家都没有人了。以上这些都是我亲眼见到的，都是日军杀害我们中国人的事实。

马殿敬（手印）

（原件存中共菏泽市牡丹区委党史研究室）

（11）东里店惨案司法公证材料

公证书

申请人：

山东省沂源县东里镇东村村民委员会，住所地：山东省沂源县东里镇东村。

法定代表人：赵厚平，男，1964年7月25日出生，现住山东省沂源县东里镇东村，身份证编号：37282819640725□□□□，职务：村民委员会主任。

公证事项：保全行为

申请人于2006年12月26日向本处申请对证人翟所江（男，1928年10月24日出生，身份证编号：37282819281024□□□□，现住山东省沂源县东里镇东村）陈述"日军轰炸东里店"的情况进行证据保全。

根据《中华人民共和国公证法》及《公证程序规则》的规定，本处指派本公证员陈志梅、公证员任相锋及公证员助理李德珍具体承办此项公证。2006年12月26日申请人山东省沂源县东里镇东村村民委员会的法定代表人赵厚平及陈述记录人杨洪法（男，身份证编号：37032372030□□□□）、证人翟所江、录像人袭富成（男，身份证编号：370323801126□□□□）来到沂源县公证处，申请人向本处提供了证人的门诊检查证明。本公证员对"日军轰炸东里店"的证人翟所江告知了如实作证的权利和义务及相应的法律意义和法律后果。证人翟所江对"日军轰炸东里店"的情况进行了陈述，由记录人杨洪法对其陈述进行了记录。记录人杨洪法将陈述记录对其宣读，证人翟所江确认无误后在其陈述记录上捺指印。证人翟所江对其陈述作了《声明书》1份，由本公证员对其宣读，翟所江确认无误后在其《声明书》上捺指印。上述过程申请人的法定代表人赵厚平在场，公证员任相锋现场制作《工作记录》1份，录像人袭富成对整个过程进行了全程录像并制作了光盘。

依据上述事实，兹证明与本公证书相粘连的《翟所江陈述日军轰炸东里店情况记录》1份共1页、《声明书》1份共1页及《工作记录》1份共2页的复印件与原件相符；《翟所江陈述日军轰炸东里店情况记录》原件上证人翟所江的捺指印、在场人赵厚平的签名捺指印、记录人杨洪法的签名捺指印及录像人袭富成的签名捺指印均属实;《声明书》原件上证人翟所江的捺指印属实;《工作记录》原件上证人翟所江的捺指印、在场人赵厚平的签名捺指印、记录人杨洪法的签名捺指印及录像人袭富成的签名捺指印均属实;所附光盘1张由录像人袭富成制作并在包装袋封口处签名、捺指印确认。《翟所江陈述日军轰炸东里店情况记录》原件、《声明书》原件、《工作记录》原件均存于山东省沂源县公证处,录像带1盘(与证人杨希荣共用1盘录像带)存于沂源县委党史办公室。

附件:

1.《翟所江陈述日军轰炸东里店情况记录》复印件1份共1页。

2.《声明书》复印件1份共1页。

3.《工作记录》复印件1份共2页。

4.光盘1张。

中华人民共和国山东省沂源县公证处

公证员:陈志梅

2006年12月29日(盖章)

翟所江陈述日军轰炸东里店情况记录

时间:2006年12月26日上午12点30分至13点04分,天气:阴,大雾

地点:沂源县公证处

记录人:杨洪法

陈述人:翟所江

我叫翟所江,男,汉族,现年80岁,我是山东省淄博市沂源县东里镇东村人,现居住东村。1939年民国二十八年,古历四月二十日,上午9点半左右先来了日军7架飞机,后又来了日军8架飞机。当时一片混乱,当时一颗炸弹把一棵大槐树炸倒,当时炸死埋到地里的人很多,翟作荣一家5口人被炸死,这是我亲眼看见的。张彦亮家4口人被炸死,妻子被活活烧死。过了两三天,日本鬼子入驻东里店,东里人东奔西逃,当时东里店被日军炸死了300多人,其中本村被日军炸死80多人。

13点04分结束

陈述人:翟所江(手印)

在场人:赵厚平(手印)

记录人:杨洪法(手印)

摄　　像:袭富成(手印)

声明书（略）

工作记录

时间：2006年12月26日12：30～13：04　　天气：阴有雾

地点：沂源县公证处

参加人：沂源县东里镇东村村民委员会赵厚平、杨洪法，沂源县公证处陈志梅、李德珍、任相锋

陈述人：沂源县东里镇东村翟所江

陈述记录人：沂源县东里镇东村杨洪法

记录人：沂源县公证处任相锋

2006年12月26日沂源县东里镇东村村民委员会向本处申请对该村村民翟所江（男，1928年10月24日出生）陈述1939年四月（阴历）日军轰炸东里店事件进行了证据保全公证，具体承办此项公证是公证人员陈志梅、李德珍、任相锋。

2006年12月26日12时30分，申请人沂源县东里镇东村村民委员会的负责人赵厚平和杨洪法及陈述人翟所江来到沂源县公证处。陈述人翟所江对1939年4月20日（阴历，民国二十八年）日军轰炸东里店事件进行了陈述，对翟所江的陈述由该村的陈述记录人杨洪法予以记录。公证员陈志梅详细询问了陈述人翟所江的基本情况、精神状态并详细告知了陈述人翟所江如实作证的权利义务，并制作了接谈笔录一份，公证员陈志梅将接谈笔录向陈述人翟所江进行宣读后，翟所江确认接谈笔录无误、无修改的地方，由陈述记录人杨洪法代翟所江签名后由翟所江捺手印确认无误。陈述人翟所江陈述：陈述人声称其为沂源县东里镇东村人，1939年四月二十日日军轰炸东里店，开始是7架，后来又是8架，共15架飞机轰炸东里店村，炸毁了很多房屋、树木，东里镇东村炸死了80多口人，翟作荣（音）一家5口人当时被炸死，一个姓张的一家4口人被炸死。轰炸过后两三天日军就进驻了东里店村，对该村的村民进行了活活的折腾。这次轰炸一共炸死了300多人，大部分人员都不知姓名。陈述人翟所江声明其上述陈述均为事实，是其自身亲历的。陈述记录人杨洪法对陈述人翟所江陈述的上述内容作了如实记录，陈述人翟所江对上述陈述内容作出声明，并保证陈述内容真实无误，符合历史事实并在声明上捺手印。摄像人袭富成对以上过程进行全程录像，陈述记录人杨洪法对陈述人翟所江的陈述记录向陈述人翟所江宣读，翟所江确认记录无误后捺手印确认。

保全结束（13：04）

陈述人：翟所江（手印）

公证人员：陈志梅、李德珍

参加人：杨洪法（手印）、赵厚平（手印）

摄像人：袭富成（手印）

记录人：任相锋

2006年12月26日

公证书

（2006）沂源证民字第291号

申请人：

山东省沂源县东里镇东村村民委员会，住所地：山东省沂源县东里镇东村。

法定代表人：赵厚平，男，1964年7月25日出生，现住山东省沂源县东里镇东村，身份证编号：37282819640725□□□□，职务：村民委员会主任。

公证事项：保全行为

申请人于2006年12月26日向本处申请对证人杨希荣（男，1926年12月14日出生，身份证编号：37282826121□□□□，现住山东省沂源县东里镇东村）陈述"日军轰炸东里店"的情况进行证据保全。

根据《中华人民共和国公证法》及《公证程序规则》的规定，本处指派本公证员陈志梅、公证员任相锋及公证员助理李德珍具体承办此项公证。2006年12月26日申请人山东省沂源县东里镇东村村民委员会的法定代表人赵厚平及陈述记录人杨洪法（男，身份证编号：37032372030□□□□）、证人杨希荣、录像人袭富成（男，身份证编号：370323801126□□□□）来到沂源县公证处，申请人向本处提供了证人的门诊检查证明。本公证员对"日军轰炸东里店"的证人杨希荣告知了如实作证的权利和义务及相应的法律意义和法律后果。证人杨希荣对"日军轰炸东里店"的情况进行了陈述，由记录人杨洪法对其陈述进行了记录。记录人杨洪法将陈述记录对其宣读，证人杨希荣确认无误后在其陈述记录上捺指印。证人杨希荣对其陈述作了《声明书》1份，由本公证员对其宣读，杨希荣确认无误后在其《声明书》上捺指印。上述过程申请人的法定代表人赵厚平在场，公证员任相锋现场制作《工作记录》1份，录像人袭富成对整个过程进行了全程录像并制作了光盘。

依据上述事实，兹证明与本公证书相粘连的《杨希荣陈述日军轰炸东里店情况记录》1份共1页、《声明书》1份共1页及《工作记录》1份共2页的复印件与原件相符；《杨希荣陈述日军轰炸东里店情况记录》原件上证人杨希荣的捺指印、在场人赵厚平的签名捺指印、记录人杨洪法的签名捺指印及录像人袭富成的签名捺指印均属实；《声明书》原件上证人杨希荣的捺指印属实；《工作记录》原件上证人杨希荣的捺指印、在场人赵厚平的签名捺指印、记录人杨洪法的签名捺指印及录像人袭富成的签名捺指印均属实；所附光盘1张由录像人袭富成制作并在包装袋封口处签名、捺指印确认。《杨希荣陈述日军轰炸东里店情况记录》原件、《声明书》原件、《工作记录》原件均存于山东省沂源县公证处，录像带1盘（与证人翟所江共用1盘录像带）存于沂源县委党史办公室。

附件：

1.《杨希荣陈述日军轰炸东里店情况记录》复印件1份共1页。

2.《声明书》复印件1份共1页。

3.《工作记录》复印件1份共2页。

4. 光盘1张。

中华人民共和国山东省沂源县公证处

公证员：陈志梅

2006年12月29日（盖章）

杨希荣陈述日军轰炸东里店情况记录

时间：2006年12月26号上午11点26分至12点28分　天气：阴，大雾

地点：沂源县公证处

记录人：杨洪法

陈述人：杨希荣

我叫杨希荣，男，汉族，现年82岁，我是沂源县东里镇东村人，现居住东村。1939年四月二十日（民国二十八年）上午10点，日军15架飞机轰炸了东里店，日军飞机扔了燃烧弹，东里店一片火海，我奶奶等被炸死，翟作荣家5口人被炸死，翟作标被炸死，翟作传被燃烧弹烧死。当时300多人被炸死，当时童子军20多人被炸死，当时一片混乱，爹娘找儿女，儿女找爹娘，状况惨不忍睹。这是事实，是我亲身经历的，亲眼见的。还有张明亮他娘也被炸死。

12点28分结束

陈述人：杨希荣（手印）

在场人：赵厚平（手印）

记录人：杨洪法（手印）

摄　像：袁富成（手印）

声明书、工作记录（略）

（原件存中共沂源县委党史研究室）

（12）苗楼惨案司法公证材料

公证书

（2007）定证民字第08号

申请人：苗发卷，男，1925年5月13日出生，现住山东定陶冉堌镇苗楼行政村，公民身份证号：3729232505132□□□□。

苗发金，男，1930年2月20日出生，山东省定陶县冉堌镇苗楼行政村。

公证事项：保全证人证言

申请人苗发卷、苗发金于2007年1月24日向本处申请对其《证人证言》进行保全证据。

根据《中华人民共和国公证法》、《公证程序规则》的有关规定，本公证员与公证员王义勇于2007年1月24日14时20分至15时25分，在冉堌镇后苗楼苗发卷家，申请人就日军进攻定陶县冉堌镇苗楼村所犯下的罪行进行了口述，代笔人张静作了记录，并制作了《证人证言》1份共6页。同时摄像人马庆对申请人的上述证言进行了录像，刻制了光盘，并由摄像人签名予以确认。

兹证明申请人苗发卷、苗发金在上述谈话过程中意思表示真实。与本公证书相粘连的《证人证言》1份共4页的打印件与原件内容相符。代笔人向证人宣读了原件全文，在证据原件及打印件上的签名、指印属实，现保存于我处的光盘所记载的内容为申请人亲口所述。《证人证言》原件保存于本处。

附：《证人证言》1份共4页。

中华人民共和国山东省定陶县公证处

公证员：李清宾

2007年1月24日（盖章）

证人证言

证人：苗发卷　男　1925年5月13日出生，现住定陶县冉堌镇苗楼行政村

　　　苗发金　男　1930年2月20日出生，现住定陶县冉堌镇苗楼行政村

苗发卷，惨案的亲历者，今年82岁。口述：当时，俺苗楼寨共有不到1000人。村四周都有围子（围墙），围子上有栏杆，村里有6个炮台，中间2个，东西两

头4个角4个。炮台上都有土炮，一个土炮得有200多斤，药都在后面屋里，一篓子一篓子的。东西各有1个拐弯的大门，东门我们用石磙堵上啦，后来，我们出东门是从豁子上出去。围子外有一圈壕（沟）。头天（1940年十月二十六日，阴历）日本人来收走我村杆子（红缨枪）二三十支，咱打他了。一说明天日本人还来，男女老少都逃走了。1940年十月二十七日（阴历），我记得很准，当时，麦子一揸高啦，我都18岁（虚岁）啦，结罢婚啦，我父亲也是那一天没的。天明6点多开始进攻苗楼，曹县古营集东门里鬼子的1个司令部和1个团伪军（团长朱圣灵），包括四边各庄上的汉奸，张桥还有个汉奸队长呐，约摸有1000余人，开着2辆汽车，从村东、南、西方向进攻。当时，周庄、康庄、王路口等村的红枪会员守东北，我村的守西南面。开始红枪会有炮药，用土炮打了几炮，树枝都往下掉。俺用枪打，我扛个机枪，打了10来发子弹，枪筒子发热，烫的没法拿。鬼子从外圈一点一点往里进攻。我用个杆子挑个袄试试，鬼子的枪一下打袄上了。鬼子一看有人，用机枪劈头盖脸的，鬼子开始平拥，我们开始撤退，想守个院子打，人太多，作不下，不好守。挑了个院，把个门，光个膀子，拿个大刀片打、砍，鬼子的人很多，平排拥，已经攻破寨墙和西门。（后来听说是唐李庄的唐保人给日本人报的信，说庄里没枪，只有枪头子，进吧，没事。）我们红枪会和群众就出东门撤退。鬼子南北两挺转盘机枪对着打，梭子很长，一梭子都有几百发，象撒花似的，地下乱冒烟，红枪会员跑着歪着，我和二喳呼一起跑，没经验，子弹擦着身子飞，这一看不行，得卧倒，瞅空起来跑。我和二喳呼先卧倒，鬼子换梭子时，我拍拍二喳呼的脚后跟，他没动，一看，死了。一出东门，你得躲空走，要不都得踩着人了。我跑到东地，碰见苗继乾叔了，他拿个枪，正宗湖北造，是头天夺的那个枪。他被打肩膀上了，血从袖筒子里往下淌，他说："小，你能背着我不。"我那时才10啦多岁，强把他背到碑记地里。一看，北地里来了几匹马，两匹红的，一匹白的，一匹黑的。苗继乾拿了个枪，叫我把药按到枪里边，他趴那儿，伤胳膊放底下，好胳膊放上边，凑那个架子，往墓子上一躺，鬼子离50米远左右，瞄准，一枪打下马来，趴那了。我想去拿枪，苗继乾说不中，要装死都毁了。他是个老鳖混子，有经验。一会，那个人爬起来骑上马象箭头一样，4个人跑了，没敢劫俺俩。我把苗继乾出溜到地窖子里。就上阁庄了。见了阁老八，他是红枪会的头，我说："你们为什么不接队？苗楼的屋子都叫点完啦"阁老八说："你别骂了，咱这都去。"他吹哨集合了三四十棵枪上苗楼，我带队，离寨里半里地时，一看，鬼子汉奸攻上来了，俺都退，俺打了一排枪，打着汽车轮子上了。鬼子机枪一磨头，又毁了咱10来个人。咱的人不敢进，退了。我一个滚，打半里地,跑到张桥,躲到一个姐家的床上。后来,鬼子进院光顾抓鸡、牵羊、牵牲口,也没进屋。后来我回寨里了。我父亲在西头也被打着头了,他躺在地下,两个胳膊一边夹了两个杆子(红缨枪),他60多岁了,还给鬼子拼来。我去请先生(医生),先生给点药,不来,给他磕头也不来,我父亲死了。后来过二年三年,因为这,记这个日子记得准。我回寨里时,在东门,看见苯老七(苗继怀,30多岁)被绑到树上,叫日本人用刺刀给挑了,他不是红枪会员。后来听说,日本人进寨后,放话说大人小孩一个不留。鬼子一看没人,就一个一个把躺在地上的人翻过来看,怕有装死的。日本人把刘臣(18岁)翻过来一看没死,又用刺刀挑了,也把广军给挑了,后来救活了,到现在身上还有疤拉。这一回,大约摸死的人得有300人左右,那时候,谁还顾的上点数啊,反正很大一大片。俺庄上死的人得有60多个,还有挂彩的,那屋的叫日本人都给点了,得有300间左右,400多间,靠大街两边的都点着完了,离街远点的好点,那反正大面上的都着完了,也都没人救火,屋里烧掉的粮食不知道有多些。1个多月后,进庄那味还不能闻。冯大姐烧的最苦,杂货店都烧完了。叫日本人连汉奸抢走的牛骡那大牲口得有200多头,猪羊都抬走完了,得有四五百只,还有大车,粮食也没数。那时候,家家都有牛、羊,俺庄上喂牛的多,种地主10多亩地的都喂着牛,有的一家都有四五头。

苗发金,惨案的亲历者,今年77岁。口述:那时候我小,才12岁(虚岁),跟着大人跑到代庄。那时俺庄上的红枪会拿着红杆子、三节鞭、大刀片子,天天晚上跳。有的武术好的,拿着大刀。砍膀头子上几下也没事。那回叫日本人点着的屋子得有300间左右。那时候,贫农中农家家都有牛。我知道的,抢走俺庄上的太平车有6辆。

口述证人:苗发金(手印)、苗发卷(手印)

代笔人:张静

2007年1月24日

(原件存中共定陶县委党史研究室)

（13）渊子崖惨案司法公证材料

公证书

（2007）莒南证民字第95号

申请人：林庆栋，男，1931年2月11日出生，身份证号码：3728243102116□□□□，现住山东省莒南县板泉镇渊子崖村。

公证事项：保全林庆栋的陈述

申请人林庆栋于2007年3月23日向我处申请对1941年日军攻打莒南县板泉镇渊子崖村一事的陈述进行保全证据。

根据《中华人民共和国公证法》的规定，本公证员与公证员徐艳霞于2007年3月23日11时来到莒南县板泉镇渊子崖村，在该村村民委员会办公室由记录人员纪献光（男，1973年10月30日出生，身份证号码：371327197310306□□□□）对申请人林庆栋的陈述进行了记录，并制作了《林庆栋的陈述》1份共5页，拍摄人员葛成利（男，1981年3月3日出生，身份证号码：371327198103036□□□□）对申请人林庆栋的陈述进行了现场录像。

兹证明与本公证书相粘连的《林庆栋的陈述》（共5页）的复印件与原件内容相符，原件上所记载的内容为申请人林庆栋亲口所述，并经本人阅示，林庆栋在该陈述记录上的签名、捺指印属实。现保存于我处的VCD光盘1张的内容为现场所拍摄的录像磁带转刻。

附件：《林庆栋的陈述》复印件1份共5页。

中华人民共和国山东省莒南县公证处

公证员：陈庆华

2007年3月23日（盖章）

林庆栋的陈述

时间：2007年3月23日11时45分至12点30分

地点：山东省莒南县板泉镇渊子崖村委办公室

陈述人：林庆栋，男，1931年2月11日出生，现住山东省莒南且板泉镇渊子崖村。

记录人：纪献光，男，1973年10月30日出生，现住山东省莒南县板泉镇西于湖村。

在场人员：林凡启，山东省莒南县板泉镇渊子崖村民

林守平，山东省莒南县板泉镇渊子崖村民

陈述内容：我叫林庆栋，那是1941年十一月初二（阴历），当时渊子崖是解放区，鬼子经常来"扫荡"。沭河西岸小梁家驻有汉奸队，经常向周边村要粮、要款。渊子崖村四周建有圩墙，汉奸向渊子崖村要，当时我们村凭借圩墙坚固，就拒绝给汉奸粮款。在十一月一日那天将小梁家的汉奸打跑，十一月初二（阴历）小梁家汉奸队把鬼子引来，报复我们渊子崖村。鬼子当时是到沂蒙山区"扫荡"，对解放区实行铁壁合围的。鬼子在沂蒙山区"扫荡"结束回新浦，路经我们村。初一那天，驻小梁家，石拉渊的汉奸对日本鬼子谎称我们村驻有八路军，十二月二十日（阴历）那天正好逢刘庄集，鬼子从刘庄直奔我们村。鬼子一到我们村，先是对着西北角现在纪念碑这个地方开了炮，密集得像下雨一般，一炮打到林氏家庙里，一炮落在一个河塘里哑了火，一炮打在圩墙上，但圩墙并没有打塌，只崩出了几个小坑坑。敌人炮击一通后，见炸不开圩墙，便向村东北角进攻。当时我们村围墙上有6个门，墙内靠墙打上了架子，放上门板，门板上放洋炮、石块等。那时，我11岁，村长号召大人小孩齐参战，我和凡坡运石块到北门，战斗持续了一上午，鬼子很难攻破圩墙。午后，鬼子把东北角圩墙的缺口攻破，攻到小圩子跟前，村长林凡义手里拎着一个大刀片，要求村民都上圩墙打仗。俺三歌〈哥〉说，打死一个够本，打死2个有利。老百姓用粪篓、石块等把缺口堵死，鬼子在东北角圩墙附近反复冲杀，大约二三点，鬼子把炮弹往圩墙里面放炮，鬼子把小圩子又打开了缺口，林九兰人称林老七，他抱着一口铡刀，躲在缺口边，在缺口处一连砍死了7个鬼子，后被鬼子用刺刀刺穿了胸部后死去。鬼子冲进圩子后，把炮撤到了圩墙西部，鬼子进村后，不敢走大街，专走小巷，老百姓就跟他们打起了巷战。鬼子走到哪里，就在哪里放火烧杀。听大人说，鬼子用了一种火枪，把子弹打到草房上，草房立时起火，当时，整个村庄成为了一片火海。在西南角西南门附近，有32个村民，被2个鬼子架着（2个鬼子架着一个村民），用枪专打后心，打死一个就扔到一个猪栏里，有29人被打死。剩余的3人，鬼子撤退时，一人被打死在土龙头村，另2个被带到新浦，后被1个在新浦鬼子据点里烧火的人赎出逃回了家。东南角还有个大草园，在那个地方被鬼子杀死了30多人。除了用刺刀刺杀，就用火烧，其中有3位村民被他们烧得面目全非，活活烧死。鬼子撤走后的第二天早晨，我和俺三嫂子到街上去看，只见街上到

处都是死人，当时被鬼子打死、烧死的小孩有10多个，妇女也有10多个。鬼子撤走是在下午近黄昏的时候，板泉区委书记刘新一，区长冯干三领着区中队在三义口赶来，在村东岭，被鬼子的马队围到里边，经过一番战斗后，全部牺牲。至傍晚，天下起了小雨，深怕主力部队前来包抄的日本兵向东南方向撤退，鬼子临撤离渊子崖时，带走了渊子崖村的粮食、衣物等，渊子崖的五子炮也被他们用驴拉走了。鬼子攻打渊子崖村，我们有147人被打死，房屋823间被炸塌，毁坏树木1000多棵，大牲口90多头，家禽1000多只，粮食10000多公斤，还有衣物1000多套，生产工具等全部被破坏，损失40000多银元，这些损失当时是由滨海军区统计出的。1944年春，滨海专署在村北建起了一座纪念塔，陈士榘、谢辉、王子虹等一些大官在塔上都题了词。建国后，临沂华东烈士陵园纪念堂有渊子崖战斗的浮雕，介绍了渊子崖的事迹。已经讲完了，我陈述的内容为我亲眼所见。记录的内容与我说的也完全一致。

陈述：林庆栋（手印）

记录：纪献光（手印）

在场人员：林凡启（手印）、林守平（手印）

（原件存中共莒南县委党史研究室）

（14）云凤乡惨案司法公证材料

公证书

（2006）莱城证民字第 1054 号

申请人：吕安一，男，1925年2月16日出生，身份证号码：3712021925021□□□□，现住址：莱芜市莱城区牛泉镇蔺家庄村。

公证事项：保全证据。

申请人吕安一于2006年12月18日向我处申请，对其2006年11月30日出具的《蔺家庄村吕安一对云凤乡惨案的回忆证言》进行保全证据。

根据《中华人民共和国公证法》的规定，本公证员与公证员助理何衍富及录像人王超（男，1973年3月10日出生，身份证号码：37091173031024□□□□，现住址：莱芜市莱城区政府宿舍）于2006年12月18日下午来到莱芜市莱城区牛泉镇蔺家庄村吕安一家中，对吕安一于2006年11月30日出具的《蔺家庄村吕安一对云凤乡惨案的回忆证言》的内容及其签名、捺指印进行了核实，吕安一认可在所出具的回忆证言上签名、捺指印。公证员助理何衍富制作了《公证处接谈笔录》1份共2页，吕安一当场核对笔录认为无误后，签名、捺指印确认。整个过程由录像人王超进行了录制，取得录像带1盒。

兹证明吕安一具有法律规定的民事行为能力，与本公证书相粘连的《公证处接谈笔录》1份共2页的复印件与原件内容相符，吕安一在原件上的签名、捺指印属实。录像带一盒保存于我处。

附：1.《蔺家庄村吕安一对云凤乡惨案的回忆证言》1份共1页；

2.《公证处接谈笔录》1份共2页。

中华人民共和国山东省莱芜市莱城区公证处
公证员：亓宝金
2006年12月20日（盖章）

蔺家庄村吕安一对云凤乡惨案的回忆证言

吕安一，男，生于1925年2月16日，蔺家庄人，身份证号：3712021925021□□□□。

我叫吕安一，蔺家庄村人，今年82岁。云凤乡惨案发生在1942年农历七月十八日，共有8个村遭难，共死了100多人，还伤了不少人。光俺村就死了14人，我母亲就是被鬼子的炸弹炸死的。这天早上，鬼子包围了俺村，进村见人就杀，见东西就拿，到处放枪炮，村民吓的到处乱跑，跑晚了的、跑不动的都被鬼子赶走并且打死。我和母亲跑在西上坡上时，忽然被一发炮弹打中母亲脚下，当时，她老人家的头就被炸开了，任凭我大声哭喊，她躺在地上一动也没动。鬼子走后，俺家里才办理了丧事。云凤乡惨案不仅给我家庭带来了深重灾难，也给全乡好多家庭带来了灾难。时间虽然过去了60多年，但我对那段历史仍历历在目。

吕安一（手印）

2006年11月30日

公证接谈笔录（略）

公证书

（2006）莱城证民字第1055号

　　申请人：牛其才，男，１９２０年７月16日出生，身份证号码：37120219200716□□□□，现住址：莱芜市莱城区牛泉镇绿凡崖村。

　　公证事项：保全证据。

　　申请人牛其才于2006年12月18日向我处申请，对其2006年11月30日出具的《绿凡崖村牛其才对云凤乡惨案的回忆证言》进行保全证据。

　　根据《中华人民共和国公证法》的规定，本公证员与公证员助理何衍富及录像人王超（男，1973年3月10日出生，身份证号码：3709117303102□□□□，现住址：莱芜市莱城区政府宿舍）于2006年12月18日下午来到莱芜市莱城区牛泉镇绿凡崖村牛其才家中，对牛其才于2006年11月30日出具的《绿凡崖村牛其才对云凤乡惨案的回忆证言》的内容及其签名、捺指印进行了核实，牛其才认可在所出具的回忆证言上签名、捺指印。公证员助理何衍富制作了《公证处接谈笔录》1份共2页，牛其才当场核对笔录认为无误后，签名、捺指印确认。整个过程由录像人王超进行了录制，取得录像带1盒。

　　兹证明牛其才具有法律规定的民事行为能力，与本公证书相粘连的《公证处接谈笔录》1份共2页的复印件与原件内容相符，牛其才在原件上的签名、捺指印属实。录像带1盒保存于我处。

　　附：1.《绿凡崖村牛其才对云凤乡惨案的回忆证言》1份共1页；

2.《公证处接谈笔录》1份共2页。

中华人民共和国山东省莱芜市莱城区公证处

公证员：亓宝金

2006年12月20日（盖章）

绿凡崖村牛其才对云凤乡惨案的回忆证言

牛其才，男，生于1920年7月16日，绿凡崖村人，身份证号：37120219200716□□□□。

我叫牛其才，今年87岁，是牛泉镇绿凡崖村人。云凤乡惨案发生起〔时〕，我才23岁，亲眼目睹了那场惨景。1942年农历7月18日，多路日军包围了云凤乡的多个村庄，进行大"扫荡"。这天天还不亮，我就听见"轰轰"的枪炮声，知道鬼子来了，从炕上起来就往外跑，跑到大街上，到处是敌人，鬼子见人就放枪，威逼群众说出八路在哪里？谁跑就杀谁！鬼子在我们村共杀了4个人，其中，张明瑞被杀死在炕上，周长富被机枪打死，张亓氏被敌人刺死，还有一名妇女刚生了孩子不几天，被鬼子轮奸致死。鬼子走后，村民才陆续回家，听说李条庄、东凤阳、西凤阳、庞家庄、孙家庄、张家庄、蔺家庄也都遭鬼子残害，也都死了不少人。据后来人们合计，全乡共死了100多人，伤的无数，非常悲惨。

牛其才（手印）

2006年11月30日

公证处接谈笔录（略）

（原件存中共莱芜市莱城区委党史研究室）

（15）崂山惨案司法公证材料

公证书

申请人：董以田，男，1926年1月26日出生，中华人民共和国居民身份证住址：山东省荣成市崂山街道办事处柳家庄村，中华人民共和国居民身份证编号：3706332601268□□□□。

公证事项：保全董以田的陈述

申请人董以田于2007年2月4日向我处申请对其本人有关1942年阴历10月29日，日军在柳家庄村杀人放火一事的陈述进行证据保全。

根据《中华人民共和国公证法》及《公证程序规则》的规定，本公证员与公证员刘冰、拍摄人员张洪波（男，1970年6月1日出生，中华人民共和国居民身份证编号：370633700601□□□□）于2007年2月4日9时23分至10时32分，在山东省荣成市崂山街道办事处柳家庄村村民委员会办公室，对申请人董以田的陈述进行了记录，并现场录像、拍照。得到录像磁带1盘，照片3张；由公证员王洪义现场制作《谈话记录》1份共3页。

兹证明与本公证书相粘连的《谈话记录》的复印件（共3页）与原件内容相符，原件上所记载的内容为申请人董以田亲口所述，并经其本人阅示，董以田在该记录上的签名、手印均属实。与本公证书相粘连的照片共3张及依申请人董以田的申请现保存于山东省中共荣成市委党史资料征集研究委员会的录像磁带1盘为张洪波现场所拍摄。

附件：1.《谈话记录》复印件1份共3页；

　　　2.照片共3张。

中华人民共和国山东省荣成市公证处

公证员：王洪义

2007年2月5日（签章）

谈话记录

时间：2007年2月4日9时23分至10时32分

地点：山东省荣成市崂山街道办事处柳家庄村村委办公室

公证人员：刘　冰，单位：山东省荣成市公证处

　　　　　王洪义，单位：山东省荣成市公证处

记录人员：王洪义，单位：山东省荣成市公证处

摄像人：张洪波，男，身份证号码：370633700601□□□□

谈话内容：

问：我们是山东省荣成市公证处公证员刘冰、王洪义，请问你的姓名、出生年月、现住址、身份证号码？

答：我叫董以田，1926年1月26日出生，现住荣成市崂山街道办事处柳家庄村，身份证号码：370633260126811。

问：你原住所地在哪里？

答：我从小到大一直住在柳家庄村。

问：请你说明你申请公证处保全的陈述的内容？

答：我要陈述的是1942年日军在我村杀人放火的情况。

问：你所陈述的情况是否是你亲身经历或亲眼所见？当时你多大年龄？

答：这些事是我亲自经历的，当时我年岁18岁。

问：请你详细说明陈述的内容好吗？

答：1942年阴历十月二十九日，日本鬼子伪军"扫荡"来到我们村。我当时看到日本鬼子进村后，想躲起来没来得及就被日本鬼子赶到村东的空地上。日本鬼子从人群中把王作贤拖出来，逼问谁是八路？村长是谁？粮食和军用物资都藏在哪里？他说不知道。日本鬼子就把他从高处拽着胳膊往下摔，这样来回摔了四五次，摔得王作贤满脸鲜血。刘玉山被日本鬼子从家里抓出来，逼问八路军在哪里？村长是谁？粮食、枪支都藏在哪里？刘玉山说不知道。日本鬼子就向他嘴里灌咸菜水，然后用脚踩他的肚子。同时，我还看到日本鬼子在东沟东面的一个泥洞中把王振福、王振林拖出来，十几个人用枪托打，用脚踢他们两人，还看到刘义洪也被日本鬼子毒打。他们被日本鬼子折磨得很惨。晚上，日本鬼子就住在柳家庄，将全村房子的门窗都摘下来烧了，家具、衣服也都被烧了。

问：上述这些受害人当时都多大年纪？性别？

答：王作贤、刘玉山都有50多岁，刘义洪靠50岁，王振福当时是21岁，王振林是19岁，他们都是男的。

问：还有其他需要说明的吗？

答：没有了。

问：你能保证以上陈述的情况均真实，并愿为此承担一切法律责任？

答：我保证都是真实的。

问：以上谈话由公证员王洪义作了记录，请你看看与你所述是否一致？

答：一样的。

问：如无异议，请你在每页记录上签名、按手印好吗？

答：没有异议。

陈述人签名：董以田（手印）

公证书

（2007）荣证民字第173号

申请人：王连海，男，1926年10月22日出生，中华人民共和国居民身份证住址：山东省荣成市崂山街道办事处柳家庄村，中华人民共和国居民身份证编号：37063326102□□□□。

公证事项：保全王连海的陈述

申请人王连海于2007年2月4日向我处申请对其本人有关1942年阴历10月29日，日军在柳家庄村杀人一事的陈述进行证据保全。

根据《中华人民共和国公证法》及《公证程序规则》的规定，本公证员与公证员刘冰、拍摄人员张洪波（男，1970年6月1日出生，中华人民共和国居民身份证编号：370633700601□□□□）于2007年2月4日10时40分至11时50分，在山东省荣成市崂山街道办事处柳家庄村村民委员会办公室，对申请人王连海的陈述进行了记录，并现场录像、拍照。得到录像磁带1盘，照片3张；公证员王洪义现场制作《谈话记录》1份共2页。

兹证明与本公证书相粘连的《谈话记录》的复印件（共2页）与原件内容相符，原件上所记载的内容为申请人王连海亲口所述，并经其本人阅示，王连海在该记录上的签名、手印均属实。与本公证书相粘连的照片共3张及依申请人王连海的申请现保存于山东省中共荣成市委党史资料征集研究委员会的录像磁带1盘为摄像人张洪波现场所拍摄。

附件：1.《谈话记录》复印件1份共2页；

2. 照片共3张。

中华人民共和国山东省荣成市公证处

公证员：王洪义

2007年2月5日（盖章）

谈话记录

时间：2007年2月4日10时40分至11时50分

地点：山东省荣成市崂山街道办事处柳家庄村村委办公室

公证人员：刘　冰，单位：山东省荣成市公证处

　　　　　王洪义，单位：山东省荣成市公证处

记录人员：王洪义，单位：山东省荣成市公证处

摄像人：张洪波，男，身份证号码：370633700601□□□□

谈话内容：

问：我们是山东省荣成市公证处公证员刘冰、王洪义，请问你的姓名、出生年月、现住址、身份证号码？

答：我叫王连海，1926年10月22日出生，现住荣成市崂山街道办事处柳家庄村，身份证号码：37063326102□□□□。

问：你原住所地在哪里？

答：我一直就住在柳家庄村。

问：请你说明你申请公证处保全的陈述的内容？

答：我要陈述的是1942年，日本鬼子"扫荡"，在我村东海崖杀人的情况。

问：你所陈述的情况是否是你亲身经历或亲眼所见？当时你多大年龄？

答：这些事是我亲眼所见的，没有半点马虎，我当时年岁17岁。

问：请你详细说明陈述的内容好吗？

答：1942年阴历十月二十九日靠中午，日本鬼子和伪军"扫荡"来到我们村。当时很多人被日本鬼子赶到海崖边，我看到王刚在海崖沟里藏着，日本鬼子向他藏的方向走去，王刚从沟里向外跑。一个日本鬼子向他放了3枪，另一个鬼子向他放了一枪，我看见王刚倒下。等日本鬼子走后，我看到王刚胸口一片血迹，人已死亡。当场和我一起看到的还有很多人，当时我们称王刚是王文书。这之后，我们被日本鬼子赶到毕家屯村，看到日本鬼子逼问胶东女子中学的2名女学生，追问八路的下落。两人回答说没有八路，接着遭到日本鬼子用皮鞭殴打和扛起来摔，两人打得满脸是血。

问：上述这几个受害人当时都是多大年纪？

答：王刚当时有35岁左右，那两名女学生大约24岁左右。

问：还有其他需要说明的吗？

答：没有了。

问：你能保证以上陈述的情况均真实，并愿为此承担一切责任？

答：我保证都是真实的。

问：以上谈话由王洪义作了笔录，请你看看与你陈述的是否一致？如无异议，请你在每页记录上签名、按手印好吗？

答：都一致，无异议。

陈述人签名（或按手印）：王连海（手印）

（原件存中共荣成市委党史研究室）

（16）日本花冈劳工司法公证材料

公证书

（2006）新证民字第565号

申请人：李绍海，男，1922年10月13日出生，身份证号码：3709202210130□□□□，现住山东省新泰市市府宿舍。

公证事项：保全李绍海的陈述

申请人李绍海因保存历史资料的需要，于2006年12月5日向我处申请对其本人有关被捕往日本做劳工一事的陈述进行保全证据。

根据《中华人民共和国公证法》的规定，本公证员与公证员滕伟于2006年12月6日，在新泰市干休所李绍海家对申请人李绍海的陈述进行了记录和现场录像，并制作《询问笔录》1份共4页，得到录像光碟1张。

兹证明与本公证书相粘连的《询问笔录》（共4页）的复印件与原件内容相符。原件上所记载的内容为申请人李绍海亲口所述，并经其本人阅示，其在该记录上的签名、指印属实，现保存于我处的录像光碟1张为现场拍摄。

附件：《询问笔录》的复印件共4页。

中华人民共和国山东省新泰市公证处
公证员：杨展
2006年12月30日（盖章）

询问笔录

公证员滕伟于2006年12月6日在新泰市市委干休所对日本花冈劳工事项进行询问，由杨展担任记录。

问：姓名、性别、出生日期、住址、工作单位、职务。

答：我叫李绍海，男，1922年10月13日出生，现住新泰市府宿舍。

问：我们是新泰市公证处的公证人员，和市委党史办的同志来向你了解有关日本劳工的情况，请你如实陈述好吗？

答：好的。我是1945年农历的正月十一收到情报，我们4个人转移到东峪，有区长和通讯员还有一名姓亓的同志，我和姓亓的在一家姓王的百姓家住的。

3点多被枪炮声惊醒了。鬼子已经进了院子。翻墙也没跑成，就被捕了。当时共捉了我们50多人，最后挑了我们十几个人，有张继泉、李贵兴等人。当时我们的军队鲁中6团包围了鬼子，打死了他们的小队长。但鬼子趁我们部队吃饭时从光明河逃到了大协，又从大协来到了今天的禹村矿，把我们一共28个人押到了一个厕所里，有楼德、东营的、新泰的、南峪的，我还能记得24个人的名字。关押了我们之后，也不给我们吃，也不给喝，也不放风，当时给我们偷着送饭的是给日本人做饭的那个中国人。渴了就喝自己的尿，后来是附近的村里托人给我们送饭，我们在里边关了30多天，有个年龄大的楼德的，因为撑不住死了，有个横山的小伙子，疯。后来鬼子不让村民送饭了，我们就是吃身上棉袄的棉花。有天下着小雨的时候，鬼子把我们押到火车上，是我们26个人。第二天到了泰安县监狱，24个人进了监狱，另两个人身体不好就放回来了。我当时还算大个，带着手铐脚镣，吃的是粱米汤，放风时我托看守给家里人送了封信。关了几天后，把我们又押到济南，到了济南老站，关到了一个叫美服公司的仓库，很大，关了我们一共有1000多人。在这个仓库关了一个星期，大约在2月底，3月初要押我们到青岛，这时我们知道是要到日本做劳工。到了青岛是晚上，叫大港，全是鬼子，青岛烟厂的对面，又在那里住了十几天，给吃但是没水喝。从济南走时是600人，连跑加死的就不够了，是日本鹿岛建筑株式会社来船接劳工。在船上呆了21天，在船上条件更艰苦，吃生小米，喝半酒盅淡水，到3月底到了日本，叫下关明四港。让我们消毒洗澡后，又上了火车到日本东京。阳历5月4日到日本大关。我们步行到中山疗。一共有20多里路，住在一个烂木头扎的宿舍楼，也不挡风也不遮雨，面积很小，每个人发了两身破衣服，也不给腰带，吃的是橡子面，而且还吃不饱。把我们编了班队，我是8小队，劳工也分8种，有大工，到前线干活，清工在家里打扫卫生，大工吃的多，清工吃的少，大工每天一早集合，4个人一组到工地干活。由于吃的不好，干起活来也只能是硬撑的。有很多人撑不住，被日本人认为是磨洋工，被活活打死。日本人说，公开说，工程完了就让你们都死。他们没有一天不打人，而且让劳工打劳工，劳工大队长也是中国人，是国民党的被俘战士，但是也不帮我们。我们劳工分3批去的，一共是986人。在日本死了有400多人，穿的是衣不遮体，头发披肩，也不给洗澡。饿的不行了，劳工中有叫张华的，开始发动暴动，组成了敢死队，杀死了4个日本鬼子，劳工们跑到山上迷失了方向，又是晚上又有雾，十几个人，二十几个人一伙在山上到处都是。第2天又把我们都捉回来，押到了大关市的一个广场上全部让跪着，3天没给吃喝，3天死了130多人，第3天下午开始核对人数，我负责中文，章丘的一个会日语的核对的日文。日本人宣布投降是8月15，公开是9月份。暴动后我们的活也轻了，伙食也有了点好转。到二十三四号，日本人的监工也没有了，我们也就自动解散了。随之我就病了，高烧的不醒人事，10月底第1批回国。我的老乡去看我时，我也不知道，我苏醒后还有点晕，又转到秋田医院。一直住到农历腊月21，第二批回国时，是从日本长崎走的，到长崎时那里什么也没有了，在长崎住的是美国帐蓬。在长崎住了三四天，腊月24左右上的船，到青岛是正月初6，是国民党的部队在驻防。国民党对我们也不好，所以我们决定回家，走了十几天才到了家，是旧历18到了家。回来了后我又到学校教书，大体上是这个样子。

问：请核对以上笔录后签字。

被询问人：李绍海（手印）

（原件存中共新泰市委党史研究室）

（17）小岳戈庄惨案司法公证材料

公证书

（2006）诸证民字第550号

申请人：李启标，男，1929年11月25日出生，现住山东省诸城市程戈庄镇前岳戈庄村。

公证事项：保全证人证言。

申请人李启标称其亲身经历了1945年日军、伪军在原小岳戈庄村（现山东省诸城市程戈庄镇前岳戈庄村、后岳戈庄村）制造的惨案，为保存该历史事件的相关情况，于2006年12月12日向我处申请对其证言进行保全证据。

根据《中华人民共和国公证法》、《公证程序规则》的规定，本处公证员张晓梅、王立智与拍摄人员薛召来、李海涛、证言记录人王明良应申请人李启标的邀请于2006年12月13日一同来到山东省诸城市程戈庄镇前岳戈庄村村民委员会办公室，公证员在告知申请人李启标相关的权利和义务后，由公证员张晓梅对申请人李启标就日军、伪军1945年在原小岳戈庄村所制造惨案的有关情况进行了询问，申请人李启标对整个事件过程进行了陈述，证言记录人王明良通过整理、记录现场制作了《证人证言》1份共1页；李启标陈述结束后，证言记录人王明良将制作的《证人证言》以向申请人李启标宣读的方式由李启标进行了核对，李启标确认无误后在证言记录人王明良制作的《证人证言》上盖章、按手印；拍摄人员薛召来对整个过程进行了录像，李海涛进行了拍照，公证员王立智现场制作了《现场工作记录》1份共1页。

兹证明申请人李启标在上述谈话过程中意思表示真实。与本公证书相粘连的《证人证言》的复印件1份共1页与原件内容相符，原件上李启标的印鉴及右手食指指印和证言记录人王明良的签名均属实；与本公证书相粘连的《现场工作记录》的复印件与原件内容相符，原件上李启标的印鉴及右手食指指印和拍摄人员薛召来、李海涛、证言记录人王明良及公证员张晓梅、王立智的签名均属实；与本公证书相粘连的照片共4张为拍摄人员李海涛现场拍摄，与现场实际情况相符；拍摄人员薛召来现场拍摄所取得的录像带1盘密封后保存于诸城市档案局，与现场实际情况相符。

附: 1.《证人证言》复印件1份共1页。

2.《现场工作记录》复印件1份共1页。

3.照片共4张。

中华人民共和国山东省诸城市公证处

公证员：张晓梅

2006年12月13日（盖章）

证人证言

陈述人：李启标，男，78虚岁，现住诸城市程戈庄镇前岳戈庄村。

时间：2006年12月13日上午

地点：诸城市程戈庄镇前岳戈庄村村委会办公室

记录人：王明良

1945年阴历5月24日清晨，听说来了鬼子，都带着铜锅子。当时的自卫队要和鬼子打游击，就领着往东门走，正好和围上来的鬼子碰上了，被鬼子一阵机枪打的退了回来。庄里的人都没跑出去，被鬼子围住了。

鬼子是从庄东门攻进来的，碰着人就杀，庄东一面的人几乎全被杀害了，一大部分人都是在围墙上，被鬼子的大炮炸死炸伤的。

我看见最惨的是在南祠堂被杀的人，当时的自卫队长刁洪文也被鬼子抓住了，被鬼子刺了一刺刀，大队长又大骂汉奸，被鬼子用刺刀刺死了。在祠堂里共有43个人，都是被鬼子用刺刀刺死的。有一个叫李合的，当时没死，后来也死了。我的二叔家的一个弟弟叫弯胳膊，是被鬼子用刺刀豁了肚子死的。祠堂里面还有好几个十五六岁男孩也被杀了。

我的大哥李启金是在庄西北的一个湾里被杀害的，和他一块被杀的还有7个人，我大哥李启金的脖子被刺刀割烂了，那些人有的是被刺刀刺死的，有的是被棍子打死的。

全村当时有600来口人，被鬼子杀了286口，大部分都是三四十岁的青壮年，还有八九户已经死绝了，具体人名已经记不清了。我家的1个大爷，1个叔叔，3个哥哥，1个弟弟、1个侄子和3个侄女共10口人都被鬼子杀害了，3个侄女当时才七八岁，是在我家的胡同里被杀的。当时因为我父亲也被鬼子刺伤了，我得照顾他，死了的人还是我的舅舅等人帮着埋的。

陈述：李启标（手印）

记录：王明良

现场工作记录（略）

公证书

（2006）诸证民字第551号

申请人：李仲勋，男，1929年9月16日出生，现住山东省诸城市程戈庄镇后岳戈庄村1号。

公证事项：保全证人证言。

申请人李仲勋称其亲身经历了1945年日军、伪军在原小岳戈庄村（现山东省诸城市程戈庄镇前岳戈庄村、后岳戈庄村）制造的惨案，为保存该历史事件的相关情况，于2006年12月12日向我处申请对其证言进行保全证据。

根据《中华人民共和国公证法》、《公证程序规则》的规定，本处公证员张晓梅、王立智与拍摄人员薛召来、李海涛、证言记录人王明良应申请人李仲勋的邀请于2006年12月13日一同来到山东省诸城市程戈庄镇前岳戈庄村村民委员会办公室，公证员在告知申请人李仲勋相关的权利和义务后，由公证员张晓梅对申请人李仲勋就日军、伪军1945年在原小岳戈庄村所制造惨案的有关情况进行了询问，申请人李仲勋对整个事件过程进行了陈述，证言记录人王明良通过整理、记录现场制作了《证人证言》1份共2页；李仲勋陈述结束后，证言记录人王明良将制作的《证人证言》以向申请人李仲勋宣读的方式由李仲勋进行了核对，李仲勋确认无误后在证言记录人王明良制作的《证人证言》上盖章、按手印；拍摄人员薛召来对整个过程进行了录像，李海涛进行了拍照、公证员王立智现场制作了《现场工作记录》1份共1页。

兹证明申请人李仲勋在上述谈话过程中意思表示真实。与本公证书相粘连的《证人证言》的复印件1份共2页与原件内容相符，原件上李仲勋的印鉴及右手食指指印和证言记录人王明良的签名均属实；与本公证书相粘连的《现场工作记录》的复印件与原件内容相符，原件上李仲勋的印鉴及右手食指指印和拍摄人员薛召来、李海涛、证言记录人王明良及公证员张晓梅、王立智的签名均属实；与本公证书相粘连的照片共3张为拍摄人员李海涛现场拍摄，与现场实际情况相符；拍摄人员薛召来现场拍摄所取得的录像带1盘密封后保存于诸城市档案局，与现场实际情况相符。

附：1.《证人证言》复印件1份共2页。

2.《现场工作记录》复印件1份共1页。

3.照片共3张。

证人证言

陈述人：李仲勋，男，78虚岁，现住诸城市程戈庄镇后岳戈庄村。

时间：2006年12月13日下午

地点：诸城市程戈庄镇前岳戈庄村村委会办公室

记录人：王明良。

1945年阴历五月二十四日早上3点到4点左右，当时我住在庄的东门外，有6家住在一起，其中一家正办喜事。早上早起发现庄外有一个湾里面已经满是鬼子，庄外林地里也满是鬼子，就传信给我们，约着一块走。当时的区中队长王经武，他喊全庄人一块站围子，保护国家财产，当时有八路军10多万斤粮草存在我们这里。大家就一块站在墙围子上，看见鬼子在庄外的沟里甘黄一片，全是鬼子。大家就一起往外扔手雷，炸死了七八个鬼子。鬼子攻了3次，死伤一二十个鬼子，一个鬼子小队长头被炸碎了，也没攻进来。到八九点的时候，鬼子拉来了大炮，还用机枪往墙上打，大家在墙上站不住了，鬼子两炮把东围墙打倒了大约30米，当时在墙上有好几个人也被炸死了，剩下的人往后撤，路上我的爷爷也被炸死了，大腿上的肉都被打飞了。我趴在爷爷身上哭着，我那几个哥哥又往回走，被攻进来的鬼子截着抓住了，我也被鬼子抓住了，我哥哥和六哥被鬼子背靠着背绑着用刺刀刺死了。我被鬼子带着要我指出八路军的干部和领导人，后来被鬼子带到了庄南的一个大湾里，当时湾里已经被抓来了大约200来人，两面一头架着一挺机枪，看来准备用机枪打。这时区队长王经武站了出来，说他是共产党的干部，别人都是好老百姓。鬼子就把机枪撤了，把里面的青壮年都留下，把青年妇女留下给他们做饭，其他人都放了回去。

我又被带到了南祠堂边，那里面已经抓来了不少人，鬼子用刺刀刺死了不少人，鬼子让我去搜那些人身上的钱和值钱的东西，又把那些被刺死的人抬出来。后来又和鬼子抬鬼子的尸体，当时有李坤亭、林光宗、雾露毛、区长王经武等8个人，被鬼子押到了诸城。把那些鬼子的尸体抬下来后，就把我们关起来了，王经武区长和另外两个人被关到了另一个地方。鬼子吃了饭后，有个汉奸用马鞭子打了我3马鞭子，打得我拉了一裤子，鬼子让我出去抖干净。我正蹲在外面北墙跟下一个阳沟，突然有一个十四五岁的男孩从外面钻了进来，他看见了我，问我是谁，就领我从这里钻出去。我出去后，又想回来救那些人，我回来把和我关在一个屋里的那4个人带了出去。我又回去找王队长，找了一圈也没找到，我们5个人只好一起回了家。回庄后大约有四五点钟，我奶奶还在灶王爷像前跪着求灶王爷保平安。我和奶奶抱头哭，我才知道我的嫂子被鬼子糟蹋了，哥哥被鬼子杀了，嫂子现在回了娘家。

那天我家一共死了5口，伤了1口，爷爷被炸死了，二大爷在南祠堂被刺刀杀了，亲哥和六哥被绑在一块刺死了，二哥也死了，四哥的腿断了。办喜事的李元庆那家6口人只剩下他的一个孙女子，旁人都死了。

全村当时有700来口人，被鬼子杀害了280来口，后庄有70户，200来口人，死了18个人。当时鬼子来了大约有700来人，张步云伪军2师大约有两三千人。

陈述：李仲勋（手印）

记录：王明良

现场工作记录（略）

（原件存中共诸城市委党史研究室）

（18）泊里惨案司法公证材料

公证书

（2007）胶南证经字第31号

申请人：胶南市泊里镇人民政府。法定代表人：石炳红，男，1963年2月2日出生，公民身份证号码：37022319630202□□□□，现任泊里镇人民政府镇长职务。委托代理人：庄美欣，女，1967年8月25日出生，现住山东省胶南市宝山镇政府宿舍，身份证编号：370223670825004，现任泊里镇人民政府社会事务办公室主任。

关系人（证人）：贾忠英，女，1930年2月13日出生，现住山东省胶南市泊里镇河南村12号，公民身份号码：37022319300213□□□□。

吴德印，男，1925年2月28日出生，现住山东省胶南市泊里镇河南村55号，公民身份号码：37022319250228□□□□。

王桂林，男，1932年1月2日出生，现住山东省胶南市泊里镇邱家村135号，公民身份号码：37022319320102□□□□。

刘德录，男，1925年4月22日出生，现住山东省胶南市泊里镇邱家村152号，公民身份号码：37022319250422□□□□。

董西华，男，1932年1月7日出生，现住山东省胶南市泊里镇马家庄347号，公民身份号码：37022319320107□□□□。

安茂臻，男，1927年8月18日出生，现住山东省胶南市泊里镇马家庄145号，公民身份号码：37022319270818□□□□。

周进绪，男，1932年12月11日出生，现住山东省胶南市泊里镇河西村34号，公民身份号码：37022319321211□□□□。

赵林普，男，1929年8月21日出生，现住山东省胶南市泊里镇河西村，身份证编号：37022329082□□□□。

公证事项：保全证人证言

申请人的委托代理人庄美欣于2007年1月5日来到我处称，1945年5月至6月期间，时任日伪滨海警备军司令之职的李贤斋等，在泊里地区进行了大逮捕和大屠杀，先后杀害中国共产党员和群众300多名，造成了"泊里惨案"。在最近开展的胶南市泊里镇抗日战争时期特别是在"泊里惨案"中人口伤亡和财产损失调查工作中，当地一些亲身经历或亲身所见者、知情人自愿进行举证。为进一步搞好该项调查工作，泊里镇人民政府决定对提供侵华日军及其伪军暴行事实的上述关系人（证人）进行调查，并申请公证处对有关证人证言办理保全证据公证。

根据《中华人民共和国公证法》的规定，受胶南市公证处的指派，本公证员与公证辅助人员刘玉开于2007年1月8日，随同泊里镇人民政府的工作人员庄美欣、徐洪勤（男，1959年8月20日出生，现住山东省胶南市泊里镇教委宿舍，公民身份号码：37022319590820□□□□）、董仁娟（女，1983年8月19日出生，现住山东省胶南市泊里镇海泊路11号，公民身份号码：37028419830819□□□□）来到上述证人所在的村庄，徐洪勤、董仁娟就有关情况先后向8位证人进行了询问调查，并现场取得调查记录8份（见附件一至附件八）；庄美欣、刘玉开对上述调查证人过程、证人作证过程及公证员保全证据过程进行了拍照和录像，取得照片23张和录像带5盘。本公证员对各位关系人和调查人员的身份进行了核实，没有发现各关系人不具有法律规定的民事行为能力，并告知了各位关系人作为证人的有关权利义务；各位关系人均自述举证行为是其真实意愿、所作陈述真实，并分别在调查记录上签名（或捺右手食指印）予以确认。

兹证明与本公证书相粘连的附件一至附件八（复印件）与原件内容相符，原件上调查人徐洪勤、董仁娟、记录人董仁娟的签名均属实，原件现保存于我处；附件一原件上吴德印捺右手食指印均属实；附件二原件上贾忠英捺右手食指印均属实；附件三原件上赵林普捺右手食指印均属实；附件四原件上周进绪签名、捺右手食指印均属实；附件五原件上安茂臻签名、捺右手食指印均属实；附件六原件上董西华签名、捺右手食指印均属实；附件七原件上刘德录签名、捺右手食指印均属实；附件八原件上王桂林签名、捺右手食指印均属实。本公证书所附的光盘3张（附件九），系由现场适时录像取得的录像带刻制而成，内容与调查和公证现场情况相符，现场取得的录像带5盘由申请人保存。本公证书所附的照片23张（附照片说明，见附件十），系由现场适时拍摄所得，内容与调查和公证现场情况相符。现场取得的录像带5盘保存于我处。本公证书所附的身份证复印件8张与8位关系人所持的各自身份证原件内容相符。

附件：

一、《抗战时期人口伤亡和财产损失情况调查表》复印件3张

二、《抗战时期人口伤亡和财产损失情况调查表》复印件1张

三、《抗战时期人口伤亡和财产损失情况调查》复印件2张

四、《抗战时期人口伤亡和财产损失情况调查》复印件1张

五、《抗战时期人口伤亡和财产损失情况调查》复印件1张

六、《抗战时期人口伤亡和财产损失情况调查》复印件2张

七、《抗战时期人口伤亡和财产损失情况调查》复印件2张

八、《抗战时期人口伤亡和财产损失情况调查》复印件2张

九、光盘3张

十、照片23张

十一、各位关系人身份证复印件8张

山东省胶南市公证处

公证员：田平基

2007年1月18日（盖章）

附件一：

抗战时期人口伤亡和财产损失情况调查表

调查对象：胶南市泊里镇河南村吴德印

调查时间：2007年1月8日上午

调查地点：河南村村委

调查人：董仁娟、徐洪勤

记录人：董仁娟

问：请问你什么文化程度，请你回忆一下抗战时期日军在我村【的烧杀情况】？

答：我是泊里镇河南村吴德印，今年82岁，1930年2月生人。我经过日本鬼子来打泊里，亲眼看到、亲耳听到的，这次打泊里伤亡人数：潘光进家的在家里被枪打死。杜会介往外跑，跑到戴国家门前，被枪打死。第3个是周兰田他娘，她往外跑到赵德山门前被打断腿。唐三也被打死。外号叫油灰，在今医院处被日鬼子用刺刀穿死。一汉奸排级干部死了，贾忠英姥爷被日军用石头砸死。烧的房子，我知道的有，张继友家3间，吴大友家5间，全被烧光，再加西厢共8间。日军口袋都装着小炮弹，扔到房上，很快就会着火。往北放的火我就不知道了。

问：你藏在哪？

答：我跑到三合村。

问：这是哪一年？

答：大概是10月，我想想，我那年18岁。

问：你村那次一共死了多少人？

答：杜会介、周兰田、潘光进家的、唐三、"油灰"（外号），共有6个人，还有李甫合三叔也被日军打死。

问：你怎么知道的这些事？

答：周兰田家当时没死，躲在黍秸丛里，还流血，潘光进家死时我看到了，在他家门槛上死的。

问：汉奸第一次来时是什么时候？

答：那年我16岁，在魏家村逃难。

问：当时这些汉奸也有据点、炮楼吗？有几个？

答：于家官庄一个、旺山一个，咱这南门外有炮楼。

问：当时他们这些人占地了吗？

答：他们在西南炮台修了一个据点，东南炮台一个据点儿。

问：你把1945年咱泊里惨案大体讲一下。

答：在南门外开战，李贤斋开的，一共打死18人，差不多12点左右。

问：几月份？

答：春天，大概三四月份，下午去的西门外，17个人被打死，全是地下党。家里有人的，出去找，还有很多活埋的。我那时在外学徒，挑水时看到有鞋子，狗都能扒出来。尸体，18个人和那次17个人都是汉奸打死的，枪打的。

问：活埋的大概有多少？

答：我不知道。只是家里有人的找尸体，有的人没找到。

问：枪毙时你在场吗？

答：当时汉奸是以开会的名义把一些人召集起来，打死的都是老百姓，却说人家是地下党。当时放枪时，我在家听着的。

问：刚才已经给您念了一遍，如果没有异议，没有补充，摁个手印可以吗？

答：好，没有其他的了，我都听了。

吴德印指印

附件二（略）

附件三：

抗战时期人口伤亡和财产损失情况调查

调查对象：胶南市泊里镇河西村　　赵林普

调查时间：2007年1月8日上午11：00～11：20

调查地点：泊里镇河西村308号

调查人：董仁娟、徐洪勤

记录人：董仁娟

问：你叫什么名字？今年多大年纪？上过学没有？

答：赵林普，78岁，1929年8月21日生人，没上学。

问：请你回忆一下1945年春把你看到的汉奸在泊里干过哪些坏事？杀过多少人？

答：1945年李贤斋时，冷相臣、冷宏三、邵发五、周杰泰、冷建第被嫌疑地下党被杀死，冷子合女儿被被送到家，冷玉人之女被嫌疑送到家勒死，贾树营之子也被怀疑地下党被杀，在东门外，被枪杀共20来人。

问：当时汉奸对这些人采取过折磨手段吗？有哪些？

答：在东门外，20人，西门外都杀过，知道，枪声听到了。

问：这些人有烧过房子吗？

答：日军鬼子烧过房子。

问：1945年日本人还干过什么事。

答：主要是李贤斋，有多个据点，旺山、于家官庄、贡口共3个。

问：修据点东西都是怎么来的？

答：都是从户家抢窗户等。

问：据点怎么修建的？

答：都是老百姓出工，修壕沟、碉堡等。

问：修壕沟、碉堡出过多少劳力？

答：到朱家河、河西等抓人，我也是去挖过，不去不行，那时17岁，病了还得父亲替。我听你念了，没有其他的了。我可以带你们去现场指认。

赵林普右手食指印（指印）

附件四：

抗战时期人口伤亡和财产损失情况调查

调查对象：胶南市泊里镇河西村　周进绪

调查时间：2007年1月8日上午11：40～12：15

调查地点：河西村周进绪家中 河西村34号

调查人：董仁娟、徐洪勤

记录人：董仁娟

问：你叫什么名字？今年多大年纪？上过学没有？

答：周进绪，1932年生人，75岁，上过夜校，算小学。

问：1945年泊里惨案汉奸在泊里干过哪些坏事？你把你知道的过程说一下。

答：1945年4月泊里惨案杀了32人，冷相臣儿（叫冷建第）、女、本人及两个侄女被害，冷玉人之女被勒死，冷彦初之妹和冷相臣之女被活埋。大屠杀阶段，河西冷相臣、冷建第、周杰千、邵发五在西河沿枪毙，均是被怀疑，没有证据。河东、河南也有被杀的。我那时十二三岁，这是我亲眼看的。李贤斋6支队1队队长，王德三是1团团长。6支队共产党交际科科长常驻青岛的被枪杀，冷建第参办过两城青年教育培训班，肖家法也有一个支部。

问：他们还干过什么坏事？

答：我记不清楚了。我听你念了，没有其他的了。

周进绪右手食指印

附件五：

抗战时期人口伤亡和财产损失情况调查

调查对象：胶南市泊里镇马家庄村

     安茂臻

调查时间：2007年1月8日下午3：44～4：15

调查地点：马家庄村民委员会

调查人：董仁娟、徐洪勤

记录人：董仁娟

问：你叫什么名字？今年多大年纪？上过学没有？

答：安茂臻，80岁，1927年8月生人，上过夜校。

问：请你说一下1945年泊里惨案汉奸在泊里干过哪些坏事？你把你知道的说一下，好吗？

答：1945年头次被抓的是杜吉农，第二次是杜锡五、杜孝先、尹泊玉（副保长）、张锡功（保长），王福堂在区公所被抓。天天要粮，月月要粮，所收成几乎全部交伪军。第一次被枪毙的：王福堂、杜孝先、杜锡九、张锡功。第二次被枪毙的是：王松五、杜锡五、杜雨、尹泊玉被汉奸埋在东寺庙河里（今蒋家庄后河），杜吉农最后一次被枪毙，还有3个群众谢相宏、尹照富、尹照清被抓到监狱，解放后才放出。

问：你所了解的就这些吗？泊里多少人被害死？

答：就这些，就这一茬，共80来人被害死。

问：我给你念一遍，你仔细听一下，有没有异议或要补充的，如果没有，摁个手印可以吗？

答：没有补充了，我听明白了。

安茂臻

（安茂臻右手食指印）

附件六（略）
附件七（略）
附件八（略）

（原件存中共胶南市委党史研究室）

三、大事记

1937 年

8月13日　即墨县丰城镇里栲栳村4艘大型木帆船"金长生"号、"金长兴"号、"杨永昇"号和"金福寿"号在黄浦江被侵华日军炮火炸毁，船体连同货物沉入江中。

8月　日照市东港区涛雒镇栈子口20条船运货去上海，停泊在吴淞口，为阻挡日军沿长江西进，炸沉于长江吴淞口。

10月5日　日军侵入德县城南许庄村，逼迫村民交出受伤的2名中国士兵未遂，将该村梁福山等10名村民拉至村西道沟枪杀。随后，日军又将宋国庆、王老实等53名无辜百姓屠杀。连同因经受不住亲人被杀的打击而自杀的村民在内，共死亡72人。

10月12日　中午，日军两架飞机炸毁禹城火车站客车3节，死300余人，伤200余人。

10月14日　日军侵占禹城县北黎济寨村后，在1个月的时间里，奸污妇女30余人，打伤百姓400余人，烧毁房屋400余间，抢劫被褥衣服2000余件、粮食10万余公斤、牲畜300余头，毁枣树1000余棵。

同日　上午，日军3架飞机飞抵恩县城上空，在西门里处连投炸弹10余枚，群众死伤50余人，炸毁民房40余间。下午，又有日机1架在恩县城内投下炸弹2枚，炸死儿童1名。

10月23日　由德县向济南进犯的日军一部，在陵县陵城镇凤凰店村杀害无辜村民108人；在邻村小高家、李车户、赵油坊村杀害群众及过路学生200余人；烧毁房屋1200余间。

10月27日　26日，日军4人侵入平原县梅家口、官道孙一带，奸污妇女2人。梅家口群众愤怒之下，打死日军3人，逃跑1名。27日，日军200余人分3路对平原县梅家口、官道孙、曲六店3个村进行报复,杀害高信、张金池、冯义、管成汇、张金玉等87人,重伤15人,烧毁房屋350余间。

10月　日军侵入禹城县王寺村、前王、张庄等村,用机枪扫射、枪杀村民53人。

同月　齐河县华集村附近几十个村庄、上万群众,在"抗日打东洋"的口号下,鸣锣为号,以大刀、红缨枪、棍棒、铡刀为武器,将进犯华集村的日军300余人包围。农民华卓廷奋勇当先,冲入敌阵,用红缨枪将日军机枪手刺死。经过激战,打死日军10余人,迫其撤退,群众伤亡100余人。

11月8日　日军侵入临邑县境,在临邑张家寨乡杀害群众850余人,仅在小王家村东大湾中,用机枪一次杀害48人。

11月13日　日军乘100余辆汽车、装甲车向济阳城扑来。下午4点,日军又从商河调来30多辆汽车、装甲车。傍晚,日军攻破东门,守城军民从西门突围遭日军伏兵机枪扫射,2000余人被杀害,济阳城失陷。日军侵占县城后,连续7个昼夜屠杀手无寸铁的平民百姓,刘金德、刘金相、王安贵的父亲、王安全的父亲、张庆云等400余名无辜群众被杀,100余名妇女遭奸淫,550余间房屋被焚烧。

11月14日　日军板源、渡边、佐木等头目率600名士兵进犯临邑城,烧毁房屋50余间,打死、打伤百姓100余人。

11月15日　日军侵占历城县马家区鹊华镇梅花山村、鹊山北村、鹊山南村、鹊山东村,杀害村民96人,重伤50余人。

11月19日　日军飞机3架飞至平原县马腰务村上空,对正在赶集的数千名百姓投下10枚炸弹,炸死、炸伤群众50余人,毁房20余间。

11月26日　25日,日军途经临邑县牛角店村抢掠抓人时,一村民将日军2支枪丢在枯井中,并放跑一匹战马。26日,日军将村子团团包围,进行报复性大屠杀,全村有80余人被打死、打伤。

11月29日　驻济阳县新市的3名日军闯进韩家村杨佐文(木匠)家,发现杨的妻子和儿媳,欲行无礼,被杨佐文用锛劈死两名。傍晚,100余名日军包围韩家村,见人就杀,又放火烧韩家村。韩家村及其附近的魏家、盛家、后寨村等五六个村的群众都慌忙逃奔,一齐涌向土马河拐弯处的吕家河崖村。日军发现后,兵分3路,包围吕家河崖村。群众又纷纷奔向河堤,日军沿堤砍杀,霎时间堤岸上尸横遍地。10多名青壮年跳入冰冷刺骨的河水中逃命,有的淹死,有的被日军开枪打死,只有2名幸存。20多名妇女不忍怀中的婴儿被日军残杀,含泪将孩子扔进河中。日军在河堤堵截追杀之后,又放火烧掉吕家河崖村。残杀过后,日军将10余名村民带回新市，有的挖去双眼，有的割去鼻子、耳朵，有的割烂嘴角，用铁丝穿在一起，游街示众，然后一起扔进河里淹死。这次惨案中，日军烧毁房屋380余间，杀害群众100余人。

11月30日　日军入侵冠县。在段辛庄，杀害村民段方颜、段李氏、段宋氏3人，烧死段方莱、段薛氏；在万善乡宋村，枪杀村民宋明训、宋学春、宋学仙、宋学艳等5人；烧毁房屋500余间，烧死大牲畜50余头，粮食和生活用品几乎全部被烧毁或抢光。

12月10日　日军对朝城县城进行轰炸，炸死村民于庆营、杨马盯、牛学章的姐姐、谢牛等100多人，炸毁房屋60多间。

12月12日　日、伪军在聊城县郑家李海西村、前景屯村，强征508人为劳工。

同日　日军土肥原师团先头部队1000余人追击从卢沟桥南撤的国民党军第29军保安旅（亦称手枪旅），在观城北面的小王庄遭到保安旅某团3营1个连的伏击。日军遭到伏击，黑夜不敢进城，驻进观城周围的远庙、桥下、三里庄、焦村、岳坊等村庄，对未逃出的群众进行疯狂屠杀。13日上午10时，日军攻入观城，在观城四街杀害群众62人，街头巷尾尸首横卧、血流遍地。下午5时左右，日军逼出藏在洞内的70余人，分别用长绳拴住左臂，连成数串，押往城南6里的郭连庄。日军数十把刺刀在人群中乱捅乱砍，群众横七竖八地倒在血泊中。13日下午，观城沦陷。村民李留成、白六及其儿子、郭连齐、吕迷路等156人遇难，大量房屋被烧毁。

同日　日军由惠民县进犯滨县，韩复榘所属刘耀亭部派小队长朱世勤进驻徒骇河东南岸林家坊村阻击日军，朱世勤小队51名士兵，除3人逃跑、4人突围生还外，其余全部阵亡。随后，日军在滨城区堡集镇郎中河村、尚集乡林家坊村制造"郎林惨案"，残杀群众林登天、林万天、林怀孔、林光坡、林承焦等70余人，烧毁民房500余间。

同日　驻惠民城和驻滨县郎中河日军数百人，乘坦克、汽车，由伪军劳香臣、王少之等人引路，拂晓时悄悄包围阳信城。日军在城西设下埋伏，在城东佯攻。城内的救国军等大部向城西突围，误入日军伏击圈，300多人被打死。日军在北园子村北，与共产党员李援带领的抗日游击队相遇，日军一指挥官被打死，游击队亦死伤30多人，李援负伤，率部转移。黎明，日军冲进北园子村搜捕群众32人，有的被当场杀死，多数被押至村西北角裴家湾边杀死。日军此次侵占阳信城，共杀害抗日军民400余人。

12月19日　驻齐河县胡官屯镇郑官庄日军围攻齐河县焦庙镇华集村红枪会。当地红枪会会员和群众数百人受伤，华集等村的华约廷、华学相、华立曰、华希清、华希珠等40多人被日军枪杀。

12月23日　日军渡黄河，侵入邹平、齐东县境。从梯子坝过黄河的日军，先在邹平县台子镇小官道村杀死11名村民，把藏在地窖里的3名村民用煤油烧死。随后来到大官道村，将来不及撤走的章丘籍民工53人用刺刀捅、洋刀砍，全部杀死，大官道村的16名村民也一块被杀死。

12月26日　上午9时左右，日军飞机集中轰炸大汶口。张协臣、赵存海、卢方德之母等134人被炸死、炸伤。天增医院、同聚兴货栈、玉皇庙与大量民房等被炸毁。

12月27日　日军2架飞机飞抵沂水县高桥镇沐水集上空，向赶集的人群投下4枚炸弹。李春校、姚伟、王玉、陈永春、杨会学等70多人被炸死，王正、朱瑞堂等百余人被炸伤，炸毁树木1210余棵、庄稼200余亩，炸坏生产工具800余件、禽畜850只（头）、房屋300间、其他物品若干。

12月28日　日军包围鲁中洪山煤矿整个村庄，翌日残杀群众297人（大都是矿工），烧房300余间。

12月29日　日军第12军特务机关长中野亲自到济南商会，召集成通、仁丰两个纱厂和成记、成丰、丰年、宝丰、惠丰、华庆6个面粉厂等10余家厂主开会，宣布分批对各厂实施"军事管理"，相继侵占这些企业。同时被侵占的还有济南电灯公司、电话公司、致敬洋灰公司、山东打包公司、溥益制糖厂和兴华造纸厂等。济南的主要大型企业被日军"军事管理"之后，均委托给日商的各个会社经营。当时在济的"三菱""三井"等洋行，派人到各厂先行查封，接收账目、房产、设备、原料、产品、现金。此后又以防止所谓"不逞之徒"的破坏为借口，接管省内一些主要的大型工厂，范围遍及面粉、纺织、毛纺、火药、制酸、制糖、火柴、水泥、冶炼、机器、翻砂、造纸、制革、精盐、印刷、烟草等行业。

12月31日　日军占领博山县城后，疯狂抢夺各类生活及战略物资，居民生活极度困难，大量人员被饿死、冻死，走投无路，便冲抢囤积粮食的"谦益祥"公司，日军向饥民开枪，当场打死多人，随后又将未能逃走的饥民全部抓到河东山顶，用机枪杀死。惨案共造成79人死亡、30人受伤。

12月　1名日军在临邑县岳店村强奸妇女时，当场被村民打死。第二天，日军对该村进行报复性烧杀，群众死伤数人，全村500多户民房全部烧光，1000余名群众无家可归。

本年　　日军"扫荡"清平县康庄镇侯寨子村,将200户村民房屋600间和室内财产全部烧光。

1938 年

1月1日　　日军侵入肥城县城,放火焚烧县府、书院、学校和民房数百间。2日,日军离开肥城县城,沿济(南)兖(州)公路南侵。沿途安临站、安驾庄一线均遭日军洗劫,数十人被杀害,近1000间房屋被烧毁,大量的牲畜、家禽、粮食、家具被抢劫。

1月4日　　日军侵占泰安"华丰合记煤矿公司",强迫公司与日方合营,并改名为"兴中公司华丰分公司"。日军侵占"华丰合记煤矿公司"后,开始进行其血腥统治。据不完全统计,日军侵占华丰煤矿近8年间,采取掠夺式开采、多井口出煤的方法,共掠走煤炭200余万吨,矿工丧生1万多名,平均每产200吨煤,就留下一具中国矿工的尸体。

1月7日　　日、伪军在邹平县礼参村一次就枪杀平民190人。

1月11日　　日军侵占济宁城,在城内烧杀抢掠,屠杀平民1170多人。

同日　　2架日机轰炸诸城岳沟集,当场炸死魏汝花、鹿桂臣等24人,另有62名村民受伤。

1月15日　　日军200余人侵犯禹城伦镇,伦镇、朱庄的红枪会以"关公坛"的名义奋起反击,打死日军6名,103名会员殉难。

1月中旬　　张店马尚、涯庄一带铁板会2000余人在李玉镜率领下攻打侵占周村的日军,打死、打伤日军数名,铁板会牺牲100余人。

1月24日　　日军占领蒙阴县垛庄,纵火烧村,除"燕翼堂"的八卦宅和几间远离村庄的菜园小屋外,其余约6000间民房、店铺、作坊等全部被烧光,南油坊的大豆、豆饼、豆油等燃烧了数天。期间,日军使用狼狗咬、刺刀穿、枪击、火烧等手段残害无辜百姓30余人。

1月28日　　驻守大汶口的日军第10师团滨野中队100余人"扫荡"至泰安市东良庄。村民在小学教员赵清溪带领下顽强抵抗。天黑时日军攻破寨门,冲进村内烧杀掳掠。村民死亡64人,伤10人。日军烧毁房屋650余间,烧、抢粮食9000余公斤、家禽200只、农具80余件、树木1000余棵。

1月29日　　日军侵占高唐县南镇,枪杀南镇村民郭佩德、郭景家、郭景东、王贵生、郭金连等83人,加上在南镇的外乡人,惨遭杀害的达100余人,其中60

岁以上的老人近30人、儿童1人。烧毁民房数十间,抢走牲口120余头、衣服30余件。

1月30日　日军中队长冈奇率驻洪山日军及矿警队共200余人于凌晨4点左右偷袭淄川县河东村,在村内大肆烧杀。村民张全修、张文儒、王维忠、王克宜、王世贵等308人被杀死,张大修、张才修、郭长富、张玉相、王维武等30余人被打伤致残。其中,42户人家被杀绝,80余人因尸骨烧焦无法辨认。烧毁房屋2000余间,大牲畜死亡200余头,畜禽死亡500多头(只),粮食、衣物、生产工具等财产损失若干。31日,日军冈奇部队又到淄川县牟家庄、罗家庄一带袭扰示威,村民王树廷、王玉章、张立安、王茂厚、王树森等32人被杀死。

同日　日、伪军侵入益都县6区连坡村,杀害村民梁起云、梁起山、梁有义、梁玉、梁来学等17人,烧毁房屋550余间,抢走粮食5万余公斤、牲畜50余头、禽类1000余只。

1月　日军侵占淄博矿区后,宣布博山地方煤矿归东和公司统制,淄川地方煤矿归鲁大公司统制。宁阳县禹村与华丰两煤矿也被日军掠夺。

同月　日军侵入泰安市岱岳区满庄镇南留村,烧毁房屋1700余间,烧、抢粮食13万余公斤。

同月　日军在新泰市东都村设立据点,掠夺各种物资,特别是煤炭资源。抢占东都村土地750亩,毁林伐树3000余棵。占据西都村土地300—400亩,抓村民400人左右修碉堡、战壕,历时1年多。

2月2日　日军冈奇部队包围淄川县杨家寨村,在村内挨家挨户杀人、抢劫、放火。村民殷尚志、殷尚俭、罗玉信、罗玉本、乔立成等169人被杀死或烧死,满康田、高玉继、高清继、于承连等21人受伤。全村800余间房屋被烧毁,损失粮食1.5万余公斤、树木1000余棵、牲畜100余头、生产工具300余件。

同日　日军为在诸城县皇华镇龙家庄子村盖炮楼,强行占地25亩,烧毁房屋300余间,砍树木2万余棵;抢、杀牲畜、家禽400余头(只),烧毁粮食8万公斤、其他生活用品若干,造成400多人无家可归,同时强迫村民出劳工达2300多人次。

同日　日军坂垣师团侵入昌邑县城,枪杀城郭居民徐洪敖、徐洪伦、尹相臣、姜其方、张宏书等40余人。日机炸毁"同茂永""同茂栈""广隆斋"3家商号、饭店,"永兴昌""祥记""怀德堂"等商号的钱物被抢劫一空。共烧毁店铺及民房100余间。

2月3日　驻周村日军纠集张店等地的日、伪军300多人,突然包围淄川县大尚村，制造了亡40多人、伤10余人、烧毁房屋600余间的"大尚惨案"。

同日　日军"扫荡"长白山区，烧毁邹平朱家庄、西庵、任家峪等村民房3284间，杀害村民20余人。

2月4日　日军冈奇部队100余人借口淄川县龙口村有铁板会会员，包围龙口村，打死村民韩发贵、司纪伦、刘二成、司纪华、司志山等54人，打伤10人。

同日　日军由周村、邹平调集三四百人，进攻长山县8区三官庙。山东人民抗日救国军第5军奋起迎击三倍于己的日军，打退日军十几次猛烈的进攻。为报复，日军在长山8区秦家沟用机枪将躲在山洞里的群众70余人全部屠杀。

2月5日　日军飞机2架、军舰3艘对日照市东港区石臼所、日照城狂轰滥炸，炸死村民19人，烧毁民房525间，炸毁商铺3家，烧毁粮食1.8万余公斤。

2月9日　日军烧毁邹县峰山镇两下店村民房500多间，杀害群众13人。

2月11日　夜，驻淄博日军包围于家、中埠、冶里3个村，共残杀村民263人，重伤62人。

2月12日　拂晓，日军坂垣师团自潍县城东犯，第一次侵入昌邑城。次日，烧房100余间，残杀群众130余人。

2月13日　日军10余人乘汽车去崮山，经长清县大彦村时，肆意凌辱红枪会教师邢士明。联庄会员义愤填膺，用镢、锨、木棒抗击日军。混战中打死3名日军，村民死伤10余人。连续两日，数百名日军闯入大彦村，残杀村民100余人，仅前大彦一村有王玉河、赵广玉、赵广臣、赵广运、赵小四等93名村民死亡，李传银、赵新甫、张世汉、王玉俭、王庆祥等19名村民重伤。

同日　日军100余人对汶上县城烧杀抢掠，孙子俭的母亲、王桂明、高英林、杜焕新、李全芝等73人被杀害。有18户人家被杀绝，360余间房屋化为灰烬，抢劫并烧毁粮食1.5万余公斤。

2月15日　日军因在曲阜县小雪镇小雪村、东乜村一带遭到伏击，进行报复。在小雪村烧毁村民房屋1000余间，杀害村民孙秀山等3人，打伤徐安帮。在东乜村，炸伤孟凡臣，炸死孟凡臣的奶奶、刘银、大行3人，村民孟宪零、孟庆宝被杀害。

2月16日　日军1000余人侵入济宁县前陈村、后薛村、元田村、张坊村、天宝寺村。村民陈凤立、陈凤云、陈凤兰、陈张氏、陈可元等28人被日军枪杀在前陈村。田振东、朱志生、田永奎、田广礼等19人在元田村被杀害。田广忠、田瑞明、田瑞强、田金娥、田凡歌等10余人被打成重伤。

2月17日　日军在益都县3区金家楼村枪杀金玉山、李明山、金传胜、高京

四、张邓氏等19人，放火烧了半个村子。同日，在大田庄村将青壮年集合在村西沟处用机枪扫射，打死褚纪福、褚纪升、韩长义、褚朋万、褚朋珠等42人，并放火烧了整个村庄。

2月18日　日军侵入莒县招贤村，枪杀无辜居民72人，1500多间房屋及财产被烧，30多名妇女被侮辱。

2月22日　日军进攻莒县城，在城外杀死城阳镇大湖村村民张彬、张护吉、王富春、马大友、王松等48人，烧毁房屋500多间。23日，日军攻下莒城，杀死百姓466人。

2月23日　日军对枣庄中兴煤矿公司实行军事管制，任命日本人大桥次郎为煤矿矿长。至1945年，日军掠夺枣庄煤炭1333.321万吨，其中440.6万吨被运往日本。

2月24日　驻扎在泰安城和大汶口火车站的日、伪军出动五六百人，到达祖徕山前的山阳村烧杀掳掠。共杀死王保仁之父、王保证之母、张庆才之祖父、程焕德之母、张二牛之母等村民72人，打伤程焕德之婶、张永征、李代河之祖父等13人。

同日　日军中川部队侵入嘉祥县新挑河乡双庙村、河东村、河西村，杀害傅长富、傅继珠、刘庆恩、刘庆雷、阮怀平等60人，烧毁房屋130余间、门窗300扇，杀死牲畜160余头，抢粮1.1万余公斤。

2月25日　日军"扫荡"诸城县胜水村，烧毁房屋1100余间、粮食24万多公斤，烧死、抢夺牲畜40多头。

2月　日军到潍县郭家官庄村"扫荡"，村民牟成、王希阳、牟作更、钱盛、郎玄氏等6人外逃到村西头墓地时被日军杀害，房屋600余间被烧毁。

同月　日军扩建沧口飞机场，强买青岛市四沧区达翁村、东南山村、曲哥庄村52户村民土地160余亩。11月，又强买东南山村、达翁村、曲哥庄村及太清宫、神清宫、长寿庵的土地960余亩，强拆达翁村50户村民房屋409间，迁移坟墓50座、节烈碑两座、酒坊一处。

同月　日军和国民党军队在临沂城南沙埠村东发生激烈战斗，日军用刺刀和机枪杀害无辜村民47人，烧毁房屋600间，树木全都被烧焦，粮食被烧尽。

3月1日　一队日军追捕一名八路军战士至廉颇村内未果，残杀该村村民19人，并烧毁房屋550余间，抢走牲畜50多头、鸡1000余只。

3月4日至11日　日军在诸城县皇华镇皇华店村连续报复洗劫，烧毁房屋705间，杀害群众12人，打伤5人。

3月5日　凌晨3点，近100名日军和100多名伪军在日军队长小林指挥下，从济南市历城郭店据点向田庄袭击。日军从东、西、北三面冲进村里，将煤油泼上房屋，放火焚烧，许多来不及出门的人葬身火海。在姓魏的一家门口，日军一连刺死2人。又把600多人集中到村东场院里，周围点起火。村长杨万禄走到小林面前讲理，当场被刺刀刺死，后又刺死9人。日军割下死者的头威胁村民，并对妇女百般凌辱，一名孕妇被刺死，一名24岁的姑娘被七八名日军轮奸后扯着双腿劈死。在这次骇人听闻的"三五"惨案中，村民被杀56人，重伤22人，被绑走5人，烧毁房屋1515间，烧死大牲畜46头。

3月8日　侵入沂水城的日军得知国民党沂水县保安大队躲在城西上、下峪子村后，即进行偷袭。保安大队得到情报后偷偷转移，日军向村中发射炮弹，用机枪扫射向外逃跑的群众，最后抓住30余人集中枪杀。徐志征、徐志金、徐志宽、徐扫胡、孔现锋等150人被杀害，110人被打伤。

3月9日至16日　日军机械化部队由青岛出动，连续5次到莱阳县境骚扰，杀死群众88人，烧房数百间。

3月10日　驻青岛日军50余人"扫荡"即墨县灵山镇集旺疃村、刘家旺疃村，村民刘开泰、刘洋业、解家全、孙中顺、王思高等7人被枪杀；刘开正、刘成、刘开寿的母亲和奶奶4人被烧死；王吉洋等3人被打伤；烧毁房屋656间，损失大牲畜114头，毁坏粮食、农具、生活用品、家禽、家畜等若干，造成1000余村民无家可归。

同日　日军"扫荡"新泰县平家庄，烧房屋1200间，伐树500棵，抢粮2万斤、畜禽500头(只)、生产工具600件、生活用品2600宗。日军"扫荡"葛沟桥村，烧房屋1500间，抢走粮食1250公斤、树木400棵、禽畜889只（头）、生产工具800件、生活用品300件、服饰400件。

同日　日伪"联合准备银行"在北平营业，先后在天津、唐山、烟台、青岛、济南、太原等地设立分支机构，发行"联银券"，代替中国货币，与日元"等价"。华北金融纳入日元集团后，日本统治者强迫华商银行参加股份，以控制中国的经济命脉。1942年，"联银券"在济南分行流通总额为2亿余元，1945年即为6亿余元，增加了4亿余元，货币贬值，物价上涨，酿成沦陷区严重的经济危机。

3月13日　日军烧毁益都县6区孙家村房屋500余间，刺死村民纪崔氏。

3月14日　台儿庄大战前夕，日军探知国民党军队于学忠部驻扎在枣庄市市中区永安乡马场后，派2架飞机前来轰炸。此时，于学忠部已经撤离，四五千名百姓避难在距马场不远的枣庄市薛城区张范镇老和尚寺村。日军投下炸弹后，炸死无辜群众600余人，炸伤1000余人，炸毁房屋50多间，死伤牲畜200多头，造成该村几年无人居住。

　　同日　日军和国民党军在枣庄市市中区郭里集发生激战，村民死亡50余人，房屋全部被烧毁。

　　同日　日军侵入枣庄市台儿庄区泥沟镇张山头村，杀死、烧死百姓31人，伤20多人，焚烧房屋40余间。

　　3月15日　日军因进攻滕县城在界河镇北沙河村受阻，屠杀村民83人。其中王延标一家7口在后坑北崖被害，罗斗一家、王光河一家被杀绝。烧毁房屋240余间、牲畜10余头、农具10余套；砍伐树木80余棵，抢走猪、羊等若干。

　　同日　日军侵入滕县境内，3月17日侵占滕县县城。就在这几天内，日军杀害中国平民2259人，奸污妇女224人，烧毁房屋60467间。仅县城东关就有720余人被杀，有的户全家被杀绝。

　　同日　邹县城前大集，上午11点，日军3架飞机自西南滕县东郭飞至城前一带，向集市中心投弹轰炸并用机枪扫射达半小时之久，炸死炸伤或机枪打死打伤赶集群众和商人400余人。炸毁民房20余间，炸死炸伤猪、牛等牲畜200余头。多数市场摊点被炸毁，整个集市一片狼藉。

　　3月16日　日军在滕县城郊乡东寺院村，枪杀村民耿德仁、耿德善、耿德昌之妻、郑邦之等84人，烧毁房屋40余间。

　　同日　日军与国民党军第40军第38师激战，国民党军伤亡2000余人。在激战中，日机到临沂城西南方面进行轰炸，毁民房1000余间，伤亡居民1000余人。

　　3月17日　日军进攻莱阳县渭田、双山、宫家城等村，烧毁房屋800多间，枪杀村民23名。

　　同日　日军窜至滕州市东关春秋阁街，抓住六七名群众，用绳子捆在一起押走，轮奸卖茶水的刘某妻。当天中午，躲避在南关天主教堂防空洞内的群众听到炮声稀疏，便走出防空洞观察动静，外出者均惨遭日军杀害。与此同时，日军在东门里和东门外南北大街十几家商号和店铺的防空洞内进行大屠杀。仅徐家的德源号、李家的德聚泉酒店、油坊和恒盛公染坊的防空洞里，就有110人遇难。

　　同日　日军侵占枣庄市薛城区临城街道北临城，杀害王向连兄弟2人、冯茂友、沈修文、曹化亭等6人，奸杀妇女1人，强奸妇女3人，打伤1人。随后，日军闯进古井村，奸污妇女11人，打死王业山、王德亮及儿子、大楼子、王德清妻子等15人，打伤数十人。

3月18日　日军侵占莱阳县东山村，杀害村民7人，火烧民房522间、公房21间，家畜家禽几乎被杀光，抢掠财物无数。

3月21日　日军进犯益都县5区核桃园村，村民郑世奎、崔学文、崔传道被日军开枪击中，造成终生残疾，烧毁民房760多间。

3月22日　日军步兵1000余人，在12辆坦克的配合下侵入枣庄市市中区郭里集，杀害6个村庄村民78人，奸淫妇女37人，烧毁房屋840余间，抢走、烧毁粮食8.5万余公斤，抢夺衣物5000余件。

同日　由于鲁东游击队7支队2大队攻打潍县虾蟆屯火车站，100多名日军到潍县后车留庄村报复，刺死1名青年，打死郝儒芳70多岁的奶奶和李文进，烧毁房屋960间，抢走牲畜100余头、鸡鸭1000余只。

3月24日　驻昌邑城日、伪军进犯昌邑县第6区石埠村，开枪扫射向东南门外转移的村民，打死翟克俭、翟振度、翟乃元等53人，伤者无数。

3月26日　日军在枣庄市薛城区临城街道办事处张桥村打死村民张连诺等7人，将1名妇女强奸后杀死，村民秦献美被日军狼狗活活咬死。放火烧毁全村120多户580多间房屋。

同日　日军在临朐县辛寨镇唐立店子、马存沟、南岳庄、大岳庄等村"扫荡"，杀死村民李孟贤、张希胜等18人，烧毁房屋1500余间、学校1所，抢走和烧毁粮食、家畜、家禽及生产生活用品若干。

3月27日　日军对泰安市高新区北集坡镇庵上村进行报复，杀害村民张振敖、关联僧、李学忠、关清运、管清泉等19人，烧毁房屋2000余间、树木2万余棵，烧死、抢走牛马驴骡200余头（匹）、猪羊1800余头（只）、家禽1万余只、粮食3万余公斤，生产生活用具全部被烧毁。

3月27日至30日　日军三次到潍县检疃村"扫荡"，打死村民张庆和、徐世贤、韩名春、韩名宽4人，烧死韩小妹（聋哑），烧毁房屋500余间。

3月28日　日军近100人奔袭泗水县柘沟李家村。据不完全统计，在柘沟一带，半天时间就杀死村民41人，伤13人。其中，李家村死21人，伤11人；朱家村死3人，伤2人；柘沟河东和东南角死13人。此后，又血洗柘沟五、七村，杀死村民4人。

3月29日　日军"扫荡"临朐县辛寨镇双山村，枪杀、刺死村民王者玉、王者卫、王西宝的祖父、王德良的父亲、王西增等6人，烧毁房屋500多间。

3月30日 300多名日军途经枣庄市薛城区邹坞镇西北村时，对村民进行野蛮屠杀。5名躲藏在村西南菜园的枯井里和32名躲藏在井西边园屋子里的村民，被日军发现后全部杀害；胡忍被日军搜出后吊在树上用洋刀杀害；村民聂茂忠及其子聂转运被日军砍头剖腹；6岁的黄大孩被刀劈。日军共杀害无辜村民83人，杀绝12户人家，其中杀害老人55人、妇女和儿童5人。80%的房屋被烧毁，财物被洗劫一空。

3月下旬 日军侵入临沂城北进行"扫荡"。在古城村，村民王汉友一家4口躲在地瓜窖里，日军烧秫秆堵住洞口，将其全家烧死。农民王殿思母子2人被日军开枪打死。一个躲在墙角里吓昏的老太太，被日军拖到街上点火焚烧。数十名群众渡河逃难，被日军抓住，逼他们跳河，不跳者乱枪打死，除个别人死里逃生外，大部分惨死在水中。全村共被杀62人，有112户流落他乡、逃荒要饭，有6户被迫卖儿卖女。在临沂城西北郊的大岭村，日军先将该村包围，然后向村内打了几十发炮弹。接着冲进村内，逢人就杀，见东西就抢。姜志敏的父亲和祖母等27人被日军枪杀，尸横遍地，惨不忍睹；不少妇女被日军强奸。刘志贤的母亲嘴巴被割掉，王富德的母亲乳房被割掉，躲在村西观音堂里的47名村民被日军架起机枪扫射，除1人幸免外全部被打死。这一天，全村被杀死70多人。姜志茂、赵洪义、姜志顺、张守信4户被杀绝，全村300多间房屋被烧光。

3月下旬 日军抓走田庄村民崔璞等六七十人为其搞运输。当军用物资送到指定地点后，日军将他们捆绑到台儿庄以西10余里的一条壕沟里用机枪扫射，除崔璞躺在血泊中装死侥幸逃脱外，60多人全部被杀。

3月 日军进犯峄县小屯村，村民几乎全部逃散。孙肖化和孙旺之妻由于行动不便没逃走，被日军杀害；村民孙傻友被日军抓走后失踪。全村房屋近300间、树木100余棵被烧，抢走畜禽1200余头（只）、粮食1万余公斤、服饰2000余套。日军离开后，村民因饮用被污染的井水或受惊吓在短期内先后有75人病死。

同月 日军"扫荡"枣庄市台儿庄区泥沟镇红西村，烧掉房屋500余间、粮食6.5万多公斤、生产生活用品不计其数，抢走牲畜50多头、家禽1000余只、树木2000多棵。

同月 日军侵入潍县北王村烧毁房屋800余间，烧光粮食、农具。

同月 日军占领临城后，将大炮架在临城西柏山上，向夏镇轰击。同时还向在昭阳湖中大捐村附近湖面上避难民船开炮轰击，炸死、炸伤避难群众100多人。

春 日军"扫荡"邹平县临池镇北山村，烧毁房屋800余间，抢伐树木1500余棵，抢走鸡、羊、猪1800余头（只）、粮食2000余公斤、服饰800件、生产用具350余件、银元2000块、花生及油类550余公斤。

4月4日 日军到淄川县龙口村放火烧村，打死、打伤群众10余人，其中村民孙迎芬、孙维坤、牛恒太、胡以千的奶奶4人被枪杀。全村被烧毁房屋2300间，烧死大牲畜200多头，3000多人无家可归。

4月5日 日、伪军200余人包围历城县港沟田庄村，杀害杨九祥、杨万会、杨万璐、杨万明、杨富祥等44名百姓，焚毁房屋1800余间，烧死大牲畜46头，毁坏家具4500余件、生产工具2500余件、树木1600多棵、衣服5000余件、粮食2500余公斤。

同日 日军一部400余人进犯临沂罗庄区罗庄街道朱陈村，两架飞机掷下炸弹和燃烧弹，村民王立德家堂屋被炸，其祖母被压在屋下身亡。下午4时许，日军自村北进村，有数名村民被枪杀在村北鱼梁沟小桥子一带。至4月20日，日军进占朱陈共计17昼夜，村内房屋全部被烧光，牲畜被杀光，树木被砍光，财物被洗劫一空。144名村民惨遭杀害。

4月6日 日军在潍县西曹庄村烧死孙思财的母亲，烧伤30余人（大部分是老人和孩子）；烧毁房屋1200间、树木3000余棵、粮食3万余公斤、服饰4000余件、生产工具和生活用品5000余件，抢、杀禽畜2450余只（头）。

4月7日 日军"扫荡"峄县小南庄村，杀死村民孙茂宜、孙大哑、孙氏、董氏和孙晋礼之兄5人，烧毁房屋500余间。

4月11日 日军侦察到峄县马山套村有抗日人员活动，到该村进行报复。烧死村民杨灵千、杨孙氏，烧伤郑杨氏，烧毁房屋500多间，烧死畜禽2000余头（只），烧掉粮食2万余公斤、家具近1000件、服饰1000余件，毁坏土地1000余亩。

同日 日军"扫荡"邹平上回、下回、东西峪、由家河滩一带，烧毁房屋4254间，残杀群众6人。

4月12日 日军"扫荡"峄县太平庄村，枪杀刘四、刘五、赵大脚、陈乐、孟现廷等12名村民，烧掉全村80%的房屋。日军撤离后，村民因饮用被污染的井水或受到惊吓在短期内先后有116人病死。

4月13日 日军在峄县西王庄乡于官庄村制造了"于官庄惨案"，70余名无辜村民被杀害，250余间房屋被焚毁，财产损失严重。

4月15日 日军一部从枣庄官桥出发到夏镇，将沿途的皇殿岗、骆庄、陶庄、渊子崖等19个村庄109名无辜群众杀害。其中儿童4人、妇女11人、老人66人、青壮年28人。一路上奸污妇女23人,烧毁房屋1657间。将柴楼、渊子崖、渠庄、陈庄、孟仓、陶庄6个村庄全被烧光。

4月19日　日军包围淄博市张店区湖田镇辛安店村,除大肆抢掠财物外,又从村西南角点火,共烧毁民房631间,全村70%以上的农户受损失,89户村民无家可归。

同日　日军至潍县平旺、仇庄一带"扫荡",枪杀、烧死村民葛延辉、王兰章、张瑞年、张振荣等17人,打伤2人,烧毁房屋1400余间。

4月21日　日、伪军500余人窜至莱芜县北白座村,将全村199户人家1000多间房屋、1万余公斤粮食和大多数衣物、家具等财产烧毁,还烧死耕牛4头、驴2头、猪180头。

同日　日军占领临沂城以后,国民党第五战区庞炳勋部第40军1000余人,沿沂河南撤,到郯城西南三捷庄一带时,与追击的日军展开激战,当地群众奋力支援庞军。国民党军第92师、49师、28师等也于陇海路运河站下车,支援40军,在郯城丁沟等地与日军遭遇,至5月19日战斗结束。40军除军长庞炳勋率一个排(40余人)突围外,其余1000余官兵殉国。百姓死难100余人,村中房屋、树木荡然无存。

4月23日　日军至潍县赵家村"扫荡",杀死赵大川、赵怀善、赵大教、赵大海、赵大顺等23人,赵大典、赵世昌、赵怀海、赵世成等10人受伤。烧毁房屋900余间、树木180余棵、粮食350余公斤、生产生活用品1000余件,炸死禽畜60余只(头)。

4月24日　驻坊子日军400余人包围潍县东曹庄村,烧掉房屋557间、树木62棵、粮食15万余公斤、烤烟3000余公斤,毁坏衣物、家具、农具若干。

4月25日　100多名日军分乘4辆汽车,从青岛直扑平度县公婆庙、孙家口、前双丘等村。日军使用射杀、枪挑、轰炸、火烧、强奸等手段,共造成6个村庄108人罹难,70多人受伤,800多间房屋被烧毁。

同日　驻临沂日军数百人,乘汽车20余辆进犯莒南县十字路,包围西门。日军进城后打死、烧死和烧伤居民数十人,烧毁房屋3600多间。

4月26日　日军进犯郯城县新村乡黄村,刺死黄启祥、黄道修、黄可安、黄丁氏、黄张氏等15人,烧毁树木550棵,抢走禽畜550只(头)、粮食5000公斤,烧毁生产工具350件、生活用品800件。

4月28日　凌晨,日军出动200余人进行"扫荡",放火焚烧张店区南定镇南定、漫泗河、小董、南店、前南定5个村庄。烧死、杀死村民8人，打伤10余人；烧毁房屋2000余间、牲畜1000余头、树木1500棵、粮食20万余公斤，烧毁日用品一宗。

同日　日军近100人奔袭泗水县柘沟村，当来到柘沟村东南的李家村时，驻该地的国民党军李延寿部打了几枪后撤走。日军冲进村内，杀死村民张衍荣、颜承业、颜景林、颜廷代、颜景旺等41人，伤13人。

4月下旬　日军"扫荡"枣庄市台儿庄区邳庄镇涛沟桥村，1000多间房屋被烧，5000多公斤粮食、1000余件衣物、2000余件农具和生活用品、100多棵树被抢光、烧光。

4月下旬　枣庄市台儿庄区泥沟镇姚庄村村民姚立波、姚孙氏被日军杀害；全村人逃难回来，喝下日军投毒的井水，60多人死亡，其中儿童40余人。

4月下旬　枣庄市台儿庄区邳庄镇旗杆村村民逃难回家后，喝下日军投毒的井水，全村老人、儿童有近百人死亡。

4月下旬　枣庄市台儿庄区邳庄镇张楼村村民逃难回家后，喝下日军投毒的井水，有近80人死亡，仅韩守锋一家就有9人死亡。

4月下旬　日军"扫荡"枣庄市台儿庄区邳庄镇燕井村，烧毁120多间房屋、2.5万余公斤粮食、300多棵树、1000余件生产生活用品，抢走60多头（匹）大牲口、500多只家禽，并枪杀村民吴洪春、吴元善父子俩。逃难回来后，全村200多人遭受瘟疫，死亡数十人。

4月下旬　日军"扫荡"枣庄市台儿庄区邳庄镇黄林村，全村110余间房屋、1万多公斤粮食、270余件衣物、6辆运输车、1400余件生产生活用品、800余头（只）畜禽全部被抢、被烧，550余亩土地被损坏。逃难回村后，由于饮用日军投毒的井水，村民马刘氏、于大孩、于二孩、于三孩、于四孩等70多人中毒死亡，100多人染病。

4月　日军攻陷临沂城，在沦陷前两三天，日军飞机每天都对城里狂轰滥炸，其中一枚炸弹投到北大街路南王贞一的杂货店防空洞里，洞内避难的30多口老小全被炸死。西门里天主教堂内的避难群众，有300多人被炸死、炸伤。日军进城后，对青年妇女先奸后杀，西门里太公巷、老营坊巷东各有一女青年被日军轮奸后又用刺刀刺死。西门里天主教堂外聚集700多个走投无路的难民，疯狂的日军从各个路口向手无寸铁的人们用机枪扫射，后用刺刀乱捅，难民一片片倒在血泊中。在城内西北坝子3个防空洞内及西城墙根发现躲难群众后，日军进行疯狂屠杀，有480多平民被害。全城被害居民总计2840余人。日军在血腥屠杀的同时，还到处纵火。现在的书院居委一带，大火延续六七天，整个村庄化为灰烬，被毁坏、砸烂的财产无法统计。随后日军相继"扫荡"临沂城小岭村、南道村、杜家朱许村、八里屯村、前十村、角沂村、北沙村等7个村落。在小岭村，周守仁之父母、周振铎之叔、四木匠及其妻儿等27名村民逃避到大庙里，被日军枪杀，无一幸免，损失房屋246间、树木500棵、禽畜410只(头)、粮食4.5万公斤等；在南道村，赵振江之曾祖母、赵丕发、李玉阶之母等5人被日军杀害，毁坏房屋300间，烧毁树木60棵，掠夺粮食1500公斤；在杜家朱许村，许多村民外逃，剩下几个不愿走的，因不愿替日军干事，被赶到村南湖枪杀，其中董洪德父亲、杜维喜、杜维喜的弟弟3人被用刺刀杀死，烧坏房屋108间、服饰800件、生产工具300件、粮食5万公斤、禽畜810只（头）、树木780棵；在八里屯村，枪杀位老板、邢大、高老大、傅二、李氏等21人，烧、抢房屋200余间、楼房12座、大车10辆、树木70余棵、家禽900只等；在前十村，村民彭树榴夫妻逃到红石棚处被日军杀害，丁保真在麦场被枪杀，彭小占被日军强奸后吓死，彭腻歪和王氏在家中因病不能跑被活活烧死，彭树俭被日军拉夫时捆绑扔入水中淹死，烧毁房屋约1000间、树木2000余棵，各种粮食损失约4万公斤等；在角沂村，日军将村民刁开松及其3个儿子全部杀害，刘张氏、王氏被烧死，刘姜氏被烧成重伤加之惊吓，半年后死亡，姜怀云、姜怀美受战火惊吓带病而死，村民马大、马德勋、王景祥3人被枪杀，毁坏房屋745间，树木损失467棵；在北沙村，村民李宝仁、小汗、李宝聚、杨氏、李克善等19人遇难。

同月　日军在侵占临沂城之后，对临沂城化沂庄村和埠北头村进行"扫荡"。在化沂庄村，枪杀、刺死村民杜王氏、徐四、杜庆生、李二等9人（其中2名妇女），其中李二被枪杀后又用火烧，其状惨不忍睹，村内700余人逃难，房屋全部被烧光；在埠北头村，枪杀村民张文典、孙王贵等5人，烧毁房屋500余间，砍伐树木800余棵，抢去鸡鸭等牲畜300多只(头)。

同月　自本月至1945年7月，日军多次扩建德县飞机场，占用土地2.1万余亩，仅初次扩建即抓劳工3000多人，多时达五六千人，费用从百姓中摊敛，失地农民多数流离失所，四处逃难。

同月　日军途经峄县黄庄村时，放火烧毁全村房屋500余间、粮食2000余公斤、树木1000余棵、畜禽500余头（只）、服饰400余件、生产工具400余件、生活用品800余件。

同月　日军在峄县文堆村杀害韩夫堂、华明臣等4人，抓走2人，同时在井中投毒，导致100余人先后死亡。日军还放火烧毁全村房屋200余间、树木200

余棵、生活用品1000余件、粮食400余公斤，烧死畜禽100余头（只）。

同月　日军进犯郯城县花园乡南涝沟北村，枪杀刘俊山、张氏、杨岭、相二孩、王老大5人，活埋张氏，烧毁土地200亩、房屋500间、树木5000棵，抢走禽畜500只(头)、服饰500件、生产工具100件、生活用品200件。

同月　抗日军队驻在新泰市谷堆、王家庄等村，半夜到西韩家庄破坏汶新公路多处，拂晓日机轰炸霄岚、小西谷堆等村，烧毁房屋700余间及全部财产，枪杀查建柱、查建礼、史庆中3人，查国都之妻被烧死。

5月1日　清晨，日军600余人攻进滕州市大市庄村，杀害徐洪国、李洪杰、马祥宝、孙彦英（女）、吕守花（女）等28人，烧死徐振会、王洪祥、魏永刚、魏永固、胡士国等21人，打伤、烧伤无辜百姓100余人。日军烧毁房屋400余间、粮食近5万公斤、牲畜200余头、树木2000余棵、学校1处、庙1处，烧毁和抢走其他大量生活物品。

同日　日军飞机轰炸扫射牟平县占昌口村，村妇张氏及张氏之子和两妹一弟5人被炸死，于氏受伤，有150户约700间房屋被炸毁，烧毁木材300余方、粮食10余万公斤，房内家具、服饰、生产生活工具均被焚毁。

同日　驻大汶口日军200余人，南渡汶河，闯入宁阳七区尹家寨村进行"扫荡"。日军把尹序衣老人打伤后扔进火里烧死，将蔡氏老太太活活烧死，将尹承卢年仅6岁的弟弟打死，将尹祖英的母亲枪杀。日军烧毁房屋640间、粮食数万斤。

5月6日　驻济宁日军300余人分乘5艘汽船沿湖中运河向南侵犯，行至昭阳湖北部马口村时遭阻击。恼羞成怒的日军疯狂报复微山县留庄镇马口村，全村2000余间民房全被烧光，一些没来得及逃走的村民，不是被杀死，就是被扔到火里烧死，几乎无一幸免。第二年，日军在马口村附近盖起炮楼，一年之内7次火烧马口，先后有70多名无辜百姓惨死在日军的屠刀之下。

5月7日至8日　盘踞即墨县蓝村的一小队日军，因前一天骚扰毛子埠村遭到抵抗，纠集驻胶县城阳、南泉、蓝村的日军报复该村，杀害村民180多人，其中本村134人，这其中有44名青壮年男子是被驱赶到两间场园屋里，四周堆放高粱秸，浇上油点燃，外面架起机枪，除3人冲出外，其余41人被活活烧死，有4户人家被杀绝，伤残10余人，烧毁民房700多间，烧死耕牛20多头，其他物资损失不计其数。

5月10日　日军集结1.5万余人的兵力，在飞机、坦克的掩护下侵犯郓城。县城失守后，日军残杀无辜村民，董店村被杀48人，八里河村被杀75人，张李庄被杀22人。抢走财物十几大车。

5月11日　驻济宁日军，在嘉祥县纸坊镇的汤山与代店两村之间遭国民党军第3集团军第55军第74师的伏击，退至武翟山村，遂对该村无辜群众进行报复性屠杀，一个只有100余户500多口人的村庄，就有盖庆合、耿本义、赵广志、张传书、杨张氏等112人被残杀，死者既有七八十岁的老人，也有10多岁的儿童，该村青壮年男人几乎被杀光。全村农具物资大部被毁，363间房屋被烧。

同日　日军先后出动11架飞机对泗水县尧山口进行轮番轰炸。8时左右，日、伪军300余人又冲进尧山村放火烧房，直到下午两点撤走。炸死和杀害刘丙辰的祖母、杨德明的长子、孙满堂、李广胜等8人，致伤1人；除一座奶奶庙和个别几处房子外，房屋全部变为废墟，粮食、衣物化为灰烬，1000余头（只）牛羊被烧死，400多户村民无家可归。

同日　日军在沂水城烧杀抢掠，共计600余户2500余间民房和120余户经商门面被烧得片瓦无存。居民王德祥被打死，逃难的袁大姐被日军子弹穿透棉袄惊吓致死。广盛酱园、聚丰号、振华泰面粉厂、田德忠酱园、泰成酒店、油坊等县城最大的商号全部被焚。

同日　一架日军飞机连续投掷3枚重磅炸弹，轰炸金乡县鸡黍集骡马古会，炸死孙志堂、周永业、王殿奎、靳凤尊等117人，炸伤174人，炸毁（塌）房屋42间。

5月12日　日军出动飞机5架，轮番轰炸日照县南湖集，炸死群众637人，伤残273人；损失房屋1292间、粮食7万公斤、衣物近5000件，炸死牲畜79头。

同日　日军第14师团酒井支队在鄄城县旧城镇武西庄驻扎21天，烧杀抢奸无所不为，共杀害武西庄村民苏养善、杨祖兆、杨祖毅、陈百良、高百树等26人，伤32人，奸污妇女31人，破坏土地900亩，烧毁房屋670间，损毁树木1500棵，抢掠畜禽1200头（匹、只）、粮食23万公斤、服饰和生活用品2400件（套）、生产工具3000件。

5月13日　傍晚，日军以坦克开道、飞机扫射，向菏泽大丁庄国民党守军猛扑过来。菏泽军民英勇阻击，日军正面攻击未成，绕到村西南兵力薄弱处冲进村内，在此阻击的军民300余人牺牲，日军攻破防线，占领大丁庄。杀死村民马凌江、马锦宇、二葛修、马殿为、马振忠等32人，打伤马殿广等12人，奸淫妇女42人，烧毁房屋100余间、小麦800余亩、树林50余亩。

5月13日至17日　日军第16师团侵犯金乡县，14日晨县城陷落。日军在县城及周围村庄连续进行4天大屠杀，制造了"金乡惨案"。其杀人手段残忍，连古稀老人、怀中婴儿也不放过，共屠杀苏炳铎、李洪前、荆大顺、李大路、王大孩等3347人，烧（炸）毁民房670余间。

5月14日　日军占领菏泽城。日军进城后沿街烧杀，奸淫掳掠，西当典街侯作山家9人、侯隅首西街吴玉灿家4人、双井街贾当河家3人全遭日军杀害。宋隅守东北坑18人被杀，宋家胡同8人被杀，现龙厅社区22人被杀，伤2人。济东药房连同其他商号10多间门面，被日军付之一炬。日军在菏泽城停留10天，被杀者达2000余人。居民的家具、衣物等财产损失惨重。

5月15日至25日　日军土肥原第14师团侵占鲁西南地区，烧杀抢掠10余天，杀死村民1500余人，强奸妇女数百人。

5月16日　驻枣庄日军发现有人在龙头公路上截击军车，就出动100余人对枣庄市市中区龙头村村民残酷报复。将南、北、东三龙头村在家看门守护的17位老人驱赶到村外，全部用刺刀刺死，同时放火烧了3个村的全部房屋，共计1100余间。

同日　日军侵占鱼台县城，杀害无辜群众200多人，烧毁大片房屋，抢掠大量财物。

5月17日　日军侵入鱼台县罗屯乡隋海村，烧杀奸淫，激起群众的满腔怒火，打死日本兵1名。日军大发淫威，把没有逃脱的群众驱赶在一起，当场杀害隋善宝、隋文三等55人，重伤2人。

同日　伪军烧毁威海市柳林村民房750多间、江家寨村民房500多间。

5月中旬　南侵日军路经定陶县仿山乡十里铺村，村民三农鸡（绰号）被活活烧死，程曹氏被枪杀，杨守成、大久被枪伤，大黄、季广仁、杨允真、赵文现、赵文奎等25人被抓走，赵氏、王氏等10名妇女被侮辱，另有10人失踪未归；日军路经定陶县半堤乡郝堌屯村，赵于理、陈雨田、张洪次、陈知训、王永钦等16名村民被枪杀，烧毁房屋73间。

5月22日　日军进犯郯城县庙山镇大埠二村，枪杀李怀启，奸杀郑王氏，炸死秦学柱、秦学柱之妻、秦学柱之外孙女3人，吓病付承可，烧毁房屋950间、树木1100棵，抢走禽畜3180只(头)、粮食8万公斤，烧毁服饰1000余件、生产工具和生活用品等2570余件。

5月23日　日军侵占沂水县沂水镇武家洼村，村民徐四、武维栋、武春潮爷爷、武文友爷爷4人在村南麻地被日军杀害。日军烧毁房屋1500间、树木3万棵，抢去粮食5万公斤、禽畜2600只(头)、服饰3万余件。

同日　驻禹城日军纠集张庄火车站日军包围禹城县辛店集市，用机枪扫射，杀害赶集商贩、群众于金海、唐洪田、潘文贵、刘兰田、李殿武等124人，绑走教师3名。

5月27日　日军侵占新泰市中洛沟村，烧毁房屋500间，用刺刀挑死村民1人，打伤1人。

5月30日　莒南县刘家庄正逢集，上午10点钟，青岛日军空军1架飞机从东北方飞来，对准人多的地方用机枪扫射，并扔下两颗炸弹，赶集人躲避，许多人被挤死或挤倒踏死。日军见寨门口人多，又疯狂用机枪来回扫射，霎时，刘家庄西门外就躺下90多具尸体。刘家庄大集西边是一个大河，水深1米多，许多人跳水逃命，日军机枪扫射。日军共炸死、射死民众300余人。

5月31日　日军竹下部队约300人从烟台出发，进占牟平城。将全城4000余名老百姓全部驱赶至县城西南郊的空地上，强迫其跪倒在地，周围架起机枪，威吓、抽打、挑杀部分民众。此次进犯，日军在城内共屠杀谭吉开、常永运、王兰英、王守江、姜德文等百姓140多人，抓走30多人，其中男人经审讯拷打后被发往东北充当劳工，女人被奸污后卖给娼妓院。日军还烧毁城西沙子、马格庄一带村庄房屋1000余间。

5月　博山县白塔镇白塔村南铁路桥被抗日游击队破坏，摇车（交通工具）被炸毁。日军疯狂地对该村进行报复，680多间房屋被烧毁。村民马俊生（哑巴）被打死，村长姜连奎被强行抓走，后被日军的狼狗活活咬死，扔到博山某处枯井内。

同月　日军进犯郯城县李庄镇李庄二村，炸死彭友兰、张洪刚、张洪刚的二叔、张洪刚的三叔、姚克勋5人，枪杀施华柱、周凤山，破坏土地10亩，烧毁房屋740间，砍伐树木1000棵，抢走禽畜2000只(头)、粮食5000公斤，烧毁服饰、生产工具、生活用品等900余件，炸毁炮楼1座、大门1个。

6月3日　日军"扫荡"莘县河店镇赵炳海村，抢走小麦4万公斤，烧毁民房600余间。

6月5日　驻周村、张店日、伪军出动袭击邹平县长山城后，在长山镇城北2里的前洼村杀害群众58人，烧毁房屋30余间。

6月10日　日军进攻郓城县郓城镇八里河村，打死、打伤徐化南、徐福善等80余名村民，炸坏房屋800多间、树木2000多棵、庄稼2000余亩，抢走粮食1万多公斤、禽畜1000多只（头）。

6月16日　日军"扫荡"青岛市郊南屋石村，杀害村民刘丕林等5人，烧毁93户村民房屋660余间、果树500余棵、家具308件，掠夺各种粮食13万公斤，杀驴

1头。

6月17日　日军将滕县城郊乡贺庄村村民索子德、索继水、冬至、狗妮、王西园5人杀死，将索继承等人打伤，死伤人数达65人。

6月24日　日军在章丘县彩石区南、北宅科村与国民党地方抗日武装交战。村民大妮子、张东贵之弟、王京富之妻、孙光荣、李腾才之妹等20余人在村内惨遭杀害；村民李宗兰左肩中弹两处受伤，抗日支队队长王福祥、代洪庆等20余名战士血洒战场。烧毁房屋500余间，家具、农具、衣物全被烧光。

6月26日　日、伪军600余人包围驻淄川县黄家峪村的国民党冀鲁边区抗日游击纵队第九梯队赵子忠部和该村"红枪会"组织。村民万洪伦、黄孙氏、周贻祥、周长兰、黄庆吉等124人被杀死，赵子忠部副司令牛化民、赵子忠之子赵临芳、参谋长程先贞等120人牺牲，另有69人受伤，其中包括村民孙希水、孙志祥、孙希河、黄兴台、孙振亭等49人。全村房屋652间被烧毁，大牲畜54头被烧死。

6月27日　日军300余人对汶上县康驿镇水店一带进行"扫荡"，村民张夫奎、张夫曾、张夫良3人被枪杀，张夫刚、张向银、张有理、张段氏4人被枪击重伤，抢走牲畜150余头、家禽600余只，焚烧房屋137间。其中，张家庙被烧、抢粮食2.1万余公斤，不足700人的水店村有500多人无家可归，50余人失踪。

6月　日军约一个团的兵力由峄县县城出发下乡"扫荡"，途经峄县石泉村，闯入百姓家中，抢夺粮食、蔬菜、水果、鸡等用来做饭，有6名妇女先后遭日军强奸。在日军离开后，200多人感染痢疾，40余人死亡。

7月1日　日军飞机轰炸牟平县莱山镇西村、初家镇孙家滩村和午台，炸死西村李富海、李富全等5名村民，炸伤孙风亭堂姐孙氏，炸毁李世仁、孙顶言8间房屋；炸死孙家滩村张连英、孙张氏，炸毁房屋100余间；在午台大集，炸死曹永清、曹积中等64人，炸伤张树美、杨道轩等60余人。

7月10日　日军进犯巨野县麒麟镇薛扶集村，杀死村民孙来柱、吴宏山等83人，烧毁民房84间、粮食6500余公斤及牲畜财产一宗。

7月18日　日军飞机在诸城县2区前营马大集投放炸弹4枚，炸死郭金荣、王保管、徐文烈、王大尖、王查查等40多人，炸伤20多人。

7月　日军成立"济南宪兵分队"，初驻经四小纬二路后迁经一纬二路。除调往凤凰、淄源两公馆者外，共有人员91人。主要活动是搜集抗日军队情报，破坏共产党地下组织和爱国抗日团体。据不完全统计，共抓捕共产党地下工作人员和抗日人员220余名，其中被杀害者达96人。

同月　日军在峄县石布村烧毁房屋520余间、粮食约6.5万公斤、畜禽约

1690头（只），挖交通沟毁坏耕地约11亩。

    同月   日军第12军在济南经六路大纬六路设立北支那防疫给水部济南支部。济南支部直属华北派遣军防疫给水本部领导，下设庶务室、卫生材料班、计划班、给水凿井班、防疫班、生菌制造班、经现室、准备室、理化研究室、灭菌试验室、防疫队等，共160人。该部对内称"北支那防疫给水部济南派遣支部"，又名"日本陆军防疫处"，对外称"1875部队"。59师团下辖济南给水班，对外称"2350部队"。济南派遣支部的任务是研制病毒细菌，培养霍乱菌、伤寒菌、结核菌、流行性脑膜炎菌、鼠疫菌、疾病菌等用以杀伤中国军民。该部把鼠疫等各种病菌注射到中国战俘身上，然后进行活体解剖观察整个发展过程。这支部队平均每3个月进行一次人体实验，每次要杀死100多名俘虏，一年要杀死400到500名战俘。据当时该部中文翻译官韩国人崔亨振后来回忆，他在该部服役期间，就有1000多战俘先被注入试验细菌，后遭解剖杀害。

    8月15日   日军"扫荡"临朐县龙岗镇龙岗村，将数百名逃难群众围在村南的沙滩上，用机枪扫射，打死75人，伤40多人。

    8月17日   济南日军为报复抗日武装破袭津浦铁路，纠集60余人包围禹城县东唐庄，将83名村民用3挺机枪扫射，杨昌、杨海、郑长法、杨胡、杨锡文等80人被打死。随后日军又放火烧毁30户民房。

    8月19日   日军在济南实行"自卫防御"，令市内各坊每日出夫2000余名，限9月5日以前在商埠西南及城东面挑挖成6000米长壕沟，并命将济南外城及商埠外缘500米内所有高秆庄稼，即日一律刈除。

    8月28日   长清县伪县长张延年向日军报告称长清县第1区水泉峪村有八路军驻扎。日军出动100余人，携带钢炮2门、机枪13挺以及汽油等进入水泉峪村，残杀村民尹呈祥、孔兆荣、席教明、席教司、席圣雨等64人，重伤3人。另有47户207间民房被烧，损失粮食12万公斤、牲畜30余头，其他财物损失不计其数。

    8月   一股日军侵入诸城县吴家村，烧毁房屋600多间。

    同月   日、伪军洗劫诸城县皇华镇皇华店村，烧毁房屋1305间，砍伐树木5000棵，烧毁、抢走粮食30万公斤，抢走衣服2000件，毁坏生产用具1000余件。

    同月   日军火烧沂南县葛沟镇黄家屯村，全村房屋550余间及生产生活用品全被烧光。

    同月   日军进入郓城县郓城镇罗庄村，烧房屋522间，毁坏树木100棵、粮食500公斤、衣服25件。

同月 日军在沂水县沙沟镇对崮峪村杀害李富元、李富元之子和李安新长子、次子、三子等40人，打伤李寿合、李士春等5人，抓走李秀春、李秀等5人，下落不明。抢去禽畜2900余只（头）、生活用品200件，烧毁、抢去粮食1.5万公斤，烧大门板200扇。

9月10日 日军包围了商河县田孟乡马家集村，杀害村民宋恒文、董付泉、董付明、坤子、董大忠等72人，烧毁房屋275间。

9月14日 夜晚，驻张店、金岭日军约300人，沿东西两路包围卫固镇。翌日晨，日军进村后纵火烧村，共烧毁民房1500余间，受害者达300余户，45户倾家荡产，3人在大火中丧生，2人被日军打死，2人受重伤。

9月15日 日军斋藤部队及伪军白书谱、周东华等部约500人、汽车28辆，由烟台逐村焚烧，一直烧到牟平城，牟平城内一片火海，几十名老人、产妇及婴儿被活活烧死。9月20日，日军再次进入牟平城，牟平中学、图书馆和文庙、魁星楼、文昌阁等著名古代建筑被彻底烧毁；县政府、商会、城内小学等也被烧毁大部。日伪两次焚烧牟平城，共烧毁房屋2894间，占原有房屋的23%。

9月22日 日军到博山县源泉镇"扫荡"，烧毁源泉北村民房1000余间、树木160棵、小麦400公斤、谷子550公斤、服饰55件、生产工具170件、桌椅110张、被褥120套。

9月23日 日军在夏津县城烧毁群众房屋300余间、大堂房子500余间、店铺400余间。

9月24日 夜，日军在淄博市花山一带袭击国民政府华北游击纵队第13支队第12梯队，八路军3支队特务团2营3连、独立营、13中队迅即增援。激战中，梯队司令员胡凤林阵亡，八路军救援部队阵亡5人，周围村民死亡53人、伤60余人。

9月26日 日、伪军烧毁威海市羊亭区王家夼村及附近村庄民房800余间，烧死1名老人。

9月28日 日军"扫荡"平度县南村镇亭兰村，烧毁房屋500间。

9月 日军从西河进入博山县白塔镇东万山村"扫荡"，从北山街马文岳家场院屋开始点火，烧毁房屋531间，畜禽、衣服、粮食等多被烧毁。

秋 日军"扫荡"微山县韩庄镇葛店村，放火将全村房屋约520间烧光。

秋 日军染指新裕煤矿公司。1940年夺走全部产权，更名为"日本三菱株式会社新泰炭矿公司"。至1945年，共掠夺煤炭30万余吨。日军投降时把矿井毁掉。

10月3日　驻张店日军包围淄川县佛村。驻该村的留守部队及县党群机关人员在突围时，县妇救会主任舒和、历城县特务连连长赵同文、会计赵同行等40余人牺牲。日军还杀害村民王振声、吕殿德、郭维厚、徐长祯、徐小刚等49人，另有吕存云、吕新康、李刘氏、李树奇、孙士纪5人受伤。全村被烧毁房屋560间，抢走大牲畜283头，被掠夺的鸡、鸭、粮食、衣物不计其数。

10月8日　日军"扫荡"滕县东沙河镇磨坑村，抢走粮食近2.5万公斤，以及牛、驴30余头；砍伐树木近200棵，烧坏房屋500余间。由于日军疯狂抢夺，间接造成21人死亡，直接导致149人无家可归。

10月9日　陵县姜褚家据点的日军到临邑县盘河街"扫荡"，烧毁房屋800余间，烧光的有20多户。

10月10日　日、伪军100余人进入滕县柴胡店镇郭沟村，打死村民王清学，打伤徐继安、徐志千等11人，烧房近700间，大火烧了四五天，村内房屋、柴草、粮食、家具全部烧为灰烬。

10月16日　日军沿德（县）恩（县）公路南下，包围武城县四女寺。四女寺街的义勇军2营200余人与日军激战，除少数冲出重围外，大部阵亡。日军占领四女寺后，杀死村民顾云龙、顾金盛、张玉成、王进喜等80余人，外地客商2人；强奸妇女2人，多人受伤；烧毁房屋60余间、店铺3处，抢劫钱币1.2万元、家禽1000余只。

10月30日　驻昌乐县日军村上部队，在该县马宋集镇、古城村等地"扫荡"，杀害群众73人，烧房675间。

10月31日　日、伪军在商河马集村烧毁民房270多间，残杀村民72名。

10月　日军进犯蒙阴县垛庄镇桑园村，杀害村民杨美、老婆（外号）、王兆来长子3人，打伤杨友、杨顺、王兴义、王全祥4人，烧光全村房屋近600间，抢掠全村所有的粮食、畜禽。

同月　日商青岛九大纱厂部分开工，1939年4月全面运转。并以196万元强行购买华新纱厂机器设备并入日商仓敷纺（即宝莱纱厂），垄断山东青岛纺织业。

同月　日军控制的山东矿业公司以"合办"名义吞并淄博利大、博大、福大、东大、兴大等民营煤矿。

10月至11月　驻新泰日军在南站村、北站村、迎丰庄村、大栗峪村一带"扫荡"，杀害迎丰庄村吴太山、吴学胜，抓走迎丰庄村吴兆凤、杨存明、吴学德、杨顺英4人，下落不明。烧毁迎丰庄村、南站村、北站村房屋770间，抢去粮食8万公斤、牛20头、鸡400只。

11月6日　山东省农民抗日自卫总团（简称农抗团）第2期培训班360多名学员正在临沂市苍山县老屯村上课，突遭日军200余人包围，学员边打边撤进王伯英家佛堂，被日军包围，捕获36人，全部枪杀。这次惨案中，共有72人被杀害。

11月11日　济南日军乘汽车40辆、坦克20辆，从赵官镇分路将牛角店包围，围攻原范筑先所属4支队。日军先从对岸开炮，傍晚，牛角店北门、东门被攻破，南门被烧毁。日军攻入后，大肆烧杀，死伤群众70余人，烧毁房屋大半，4支队有440余人牺牲。

11月12日　日军进犯曹县城，在涌长粮坊进行机枪扫射，南关居民沈君垚及其妻子汲龙云，杜姓叔侄2人，来自郭庄寨、褚苗寨、河南临邑等地方的8个粮贩当场死亡，并有四五人受重伤。胡占元等5人在南边护城堤上被枪杀，胡宝和受重伤。沈义凡在曹县衙门（今县政府）前的饭馆被日军枪杀。当天，共有57人惨遭杀害，次日被一同埋在南关罗祖庙后的一个大坑里。另外，粮坊北屋被炸毁，沈君垚的衣物、日用品等7个大包袱及粮坊流动资金一两万元大洋被洗劫一空。

11月14日　日军第114师团秋山旅团千叶联队进攻聊城县，15日下午，聊城失陷，范筑先将军及共产党员张郁光、姚第鸿等700余名守城将士殉国。日军进城后，杀害老百姓500余人。

11月18日　日军进攻临清，向驻守范八里庄的范筑先部第16支队武术连发动进攻，并向旷野里的群众开枪扫射，打死武术连战士和群众100多人。

11月19日　日军20余人从京杭大运河临清县孟口一带，乘坐抢劫的船只去大营，途经尖冢时，当地民团团长姜铺臣率30余人赶至卫河边，开枪向船上日军射击，击毙日军16人，其他日军跳水逃跑。19日，日军对尖冢进行报复，屠杀手无寸铁的群众367人，其中6户被杀绝，重伤7人。烧毁民房2000余间。

11月20日　日军路过清平县金郝庄乡金郝庄村时，杀死群众100多人。

11月27日　这天是昌乐县营丘镇阿陀村山会。坊子据点日军100多名乘8辆汽车进犯，打死阿陀村及附近村庄前来赶山会的村民王利仁、张继成、潘胖海、田道恒、张华子等8人。民团用抬枪还击，郑介伦、初云生、张培忠3人战死，张子德被打伤下身。次日早晨，初云沛等7人下围墙夺枪，不幸被发觉，刘兴然、初云沛中枪而死。12月4日，日、伪军又对阿陀村进行疯狂报复，打死、烧死阿陀村民宋维治、吴延文、赵绰然、初云升、王世英等19人，杀死刘家宅科等附近村庄的村民4人，初景贵妻被严重烧伤，烧毁房屋860间。

11月　日军用机枪扫射夏津县岳集、仓上等村的黄沙会会员，致使会员伤亡近百人。

同月　日军在巨野县2区丁官屯"扫荡"，杀害群众50余人，烧毁房屋53间。

12月　峄县左庄村村民四妮、任洪恩、隋长胜之父、张元堂之兄、孙井春之妻5人被日军杀害，张善庚被日军抓走后下落不明，烧毁房屋10余间，抢走牲畜2头，有70余人因腹泻病死。

冬　日军在诸城县百尺河镇王家朱村西北角将新婚妇女徐金花轮奸，致其终生不孕。烧毁房屋600余间，殃及全村230户。

冬　日军进新泰市榆山村"扫荡"，烧死赵化臣曾祖母、孙景水，打死石成保、陈秀俊、胡士泮、陈继文4人，烧毁房屋1218间，抢走耕牛40头、猪80头、羊100只、家具1800件、农具300件、衣物1万件、鸡鸭450只、树木500棵、粮食6000公斤。

本年　日军侵占青岛后，先后将青岛四方工厂改为"华北车辆株式会社青岛工厂"，海军工厂改为"浦贺船渠株式会社青岛工厂"，并将修船厂作为其分厂。同时，将利生、义昌信、胶东、冀鲁等20余家较大的民营铁工厂，先后以强占、强买或强迫合作等手段进行吞并和控制。其他100余家工厂被迫关厂。利生铁工厂被强行收买后，改称"丰田式铁工厂"，停产机床，改产军火。当时唯一的民营轧钢企业"义昌信铁工厂"，被日本人仅用87箱"红锡包"香烟强行收买，改名为"大和铁工厂"。胶东铁工厂被掠后改名为"东亚重工业株式会社"。

本年　日军"扫荡"蒙阴县8区董家庄村，刺死村民谢代绪、苏乃春，炸死国民党军第51军80余人；炸毁房屋500余间，粮食被抢光，财产损失严重。

本年　从白彦一带贩运黄梨的运输车队70余辆车100余人途经滕县界河镇北沙河村时，被日军拦截，100多人全部被杀害，其中有滕县东郭镇陶庄村村民任金标、任海、任河、孟广臣、丁战等8人。

本年　日军进犯滕县城关镇南门里，打死百姓80多人，烧毁房屋不计其数。

本年　抗日游击队在潍县北平旺村附近伏击日军军车，击毙日军3名，1名逃跑。第二天，日军到廿里堡村报复，枪杀村民2人，烧死一人，烧毁民房700余间，村中树木、禽畜、粮食、衣物及生产工具、生活用品全部烧毁。

本年　日军在邹县城设立"三菱"洋行,大肆掠夺邹县境内的花生米,每年大约掠夺900万公斤。

本年　日军从莒县南下至夏庄镇唐家湖村,遭到八路军阻击后入村,用枪打死村民唐允,用刺刀砍死唐芳老婆,放火5天,烧毁民房550间,牲畜300余头被炸死、杀死,伐树2500棵。

本年　日军进攻临沂城后,在堰西村把村民当成枪靶子射杀,造成李洪喜、李纪夫、闫大嘴、田乍乍、张从叔等6人死亡。另有70人被日军毒死,姓名不详。村内房屋、树木、粮食、牲畜等全部被烧光、抢光;日军在乾庄村村前杀害杨久合、张二紧,烧毁房屋300余间;在代庄村,杀害胡尊友、麦成修、李春田、李露田之母、麦景芳等6人,烧毁房屋360间、树木2000棵,掠夺禽畜800只(头);在刘朱里村,村民周妈妈被日军强奸后自尽,李某、魏某的老婆被日军杀害,一人失踪,共烧房屋100余处;在小义堂村,杀害石成明之祖父、石运礼之祖父、石赞友之父、郭宝申之祖父等5人;在圈里村,杀害村民张月桂、陈大、李奶奶、王印第4人,房屋、树木等皆被烧光、砍光。

本年　日军进犯郯城县新村乡新村一村,杀死赵先成、高井德、禚付松、禚广域、禚连高母亲等14人,烧光庄稼3000亩,烧毁房屋1000间、树木2万棵,抢走禽畜2000只(头),烧毁大量其他物品。

本年　日、伪军在潍县设立禁烟局,公开种植罂粟、贩卖鸦片,毒害中国人。日伪在潍县批准的批发烟土店有4家,当时公开的膏店有12家,还有私烟馆10余家散居各街巷。

1939 年

1月7日至15日　日、伪军先后两次"扫荡"即墨县里、外栲栳村,两村70%住户遭抢劫,粮食、财物被掠夺一空。里栲栳村"福利生"号、"杨永顺"号2艘大型木帆船被烧毁。几天后,日、伪军又到栲栳港拖走大型商船4艘,烧毁外栲栳村"金永祥""金永顺"商船2艘。

1月16日至28日　日军仓谷次太郎率部1300人,伙同刘桂堂部七八百人,由平度侵入掖县,秘密残杀抗日军政人员及无辜群众。25日夜,在县政府西院杀害抗日军民34人,其中4名女性;27日夜,在原省立九中校园,杀害抗日军民120人;28日夜,在九中南操场、老掖县公安局大院,再次杀害抗日军民250人。

1月18日　日、伪军冲入巨野县城北的丁官屯村实行重点进攻,杀死村民李月文、李玉珍等73人。烧毁房屋1000多间，烧掉衣物、家具无数，所有牲畜烧死的烧死，活着的被全部牵走。

1月19日至21日　日军飞机连续3次轰炸莱州郭家店、下徐家、洼里曹家、埠上等村，死伤群众10余人，炸毁房屋五六百间。

1月30日　日军路经费县马庄镇大井头村想通过费县新庄镇东流村西侵，东流村民愤怒抗击，打死日军78人、伪军21人。全村村民被日军枪杀、烧死73人，受重伤22人。其中，吴广孝一家8口被日军捆押在吴凤堂屋内烧死，吴宝堂等3人被捆押在吴恩法屋内烧死；日军用铁丝穿透窦铁匠父子俩的肩胛骨吊在树上浇上汽油烧死；吴宝吉一家10人被日军枪杀8人，重伤2人；孙开箱的妻子周广兰（20岁）怀孕八个月，被日军用刺刀剖腹，挑的未出生的胎儿。毁坏树木500余棵，炸毁、烧毁房屋93间，抢走牛马驴4头、粮食3.5万余公斤，烧毁农具、服饰、门板及生活用品一宗。

1月　日军在宁阳县东庄乡陈美村建立据点，将全村170余户人家2000余间民宅全部烧光。村民财物被日军洗劫一空，村里大小树木900余棵全部被日军砍掉围作寨墙。

2月8日　日军进犯东平县东平镇无盐村，烧毁民房1000余间，抢走树1800余棵、牲畜200余头、粮食1万余公斤。农民吕树友的父亲被活活打死，其母被用刺刀穿死；农民毛元信的父亲被枪杀，双目失明的母亲被烧死在地瓜窖里；一个叫"八哥"的孩子，被日军连刺数刀而死。

2月9日　驻烟台日、伪军600余人，分乘20多辆汽车进犯蓬莱县潮水镇。驻扎在该镇的国民党军蔡晋康部进行阻击，因寡不敌众撤出战斗。日军闯进李福星院内，一枪打死刚从地窖里爬出的李父，接着将点燃的柴草抛进藏匿7人的地窖里，李福星和其堂兄带着满身烧伤爬出地窖，其堂兄被日军开枪打死，李福星滚进路沟里幸免于难。日军砸开杨世仁家门，将其母、其妻和三个孩子全部杀死。疯狂的日军将40多名青年驱赶到村东庙台上，架起机枪扫射，然后又向死者尸体上抛洒化学药剂点火焚烧。这次惨案，日、伪军共残杀无辜群众165人，烧毁民房70多间。

2月15日　日军从博山出发去沂源"扫荡"，行至池上村，将东、西池村5200间房子烧得只剩25间，树烧得只剩2棵，烧死牛、猪、羊等家畜1560头（只）。

2月16日　日、伪军1000余人向巨野西南部的大李楼、马楼、蒋海、葛集、徐堂5个村庄发起进攻，烧毁房屋6000余间，残杀群众7人。

2月23日　驻昌邑县城日军队长小川率日、伪军500余人，进犯八路军驻地昌邑县龙池镇龙池村，遭八路军打击。日军窜进龙池村，杀害村民齐思孔、齐思智、齐思理、齐庆太、齐庆新等72人，重伤1人，纵火烧毁民房300余间。

2月28日　日军少川支队与700多伪军侵占华北第一大金矿——招远县玲珑金矿。在此后的6年半里，日军先后从玲珑金矿掠夺精矿粉5万余吨，运回其国内冶炼，折合纯金16万多两；剩余矿石在招远冶炼，掠夺黄金11万两；另有白银38.4吨、铜6226吨，还有大量的硫等矿产。

同日　驻昌邑县城和岞山据点的日、伪军追击国民党鲁苏战区挺进第2纵队第12团，在昌邑县饮马镇兴会庄子、赶仙庄一带发生战斗。战后，日、伪军枪杀兴会庄子村村民王金升、王相乾、王奎海和赶仙庄村村民郑思秀、郑邦杰等46人，烧毁民房712间，抢走大车1辆、骡马3匹、粮食5000余公斤、衣服450余件。

2月　日军在金乡县白浮图村"扫荡"，杀害群众400余人，烧毁房屋100余间。

3月4日　日军进入禹城县辛寨乡赵庄，村民赵玉生、赵玉街、赵玉辉、赵德顺、赵玉燕等89人被杀害，37人受伤。烧毁房屋230余间，烧死牲畜140头、家禽500多只。

3月5日　日军一辆载有军用物资的列车在潍县廿里堡村东翻车。日军将廿里堡村74人抓到日本宪兵队刑讯逼供后，将徐光仁、庄树梅、刘毓寿、韩立正等12人杀死。

3月9日　日军到泗水县济河街道北彭村进行抢掠，遭到北彭村抗日自卫团的反击，盛怒之下将全村500多间民房烧光。

3月17日　日军"扫荡"滕县龙阳镇顾庙村，烧毁房屋近500间、树木900余棵，抢走畜禽近500头（只）、粮食近1万公斤、服饰约1000件。

3月18日　驻招远县城伪军刘桂堂部到招远县6区盛家村，放火烧毁230户村民的1000余间房屋，烧死村民3人，烧死牲畜170余头。

3月22日　日军从聊城县、东阿县等地出发侵犯阳谷县阿城，打死驻阿城29军冯寿彭部100余人，杀害陈廷元、陈廷举、刘金文、刘佃明、齐云路等112名群众，烧毁房间1000余间。

3月25日　日军进犯齐河县崔桥村，村民崔加亮、崔传甲等被枪杀，抢牛50多头、马驴30多匹、猪60多头，火烧房屋1000余间、树木500多棵，粮食、衣物等财产几乎烧光，致使群众无粮无柴，饿死、病死近百人。

3月27日　驻沂水县日军渡边部队袭击关坡乡上下峪等村，杀害群众56人，伤9人，抢走粮食、衣物无数。

3月 日军入侵昌邑县丈岭镇山西村，枪杀村民马瞒、孙庆田、孙瑞华三人，烧毁民房600余间。

同月 日、伪军先后侵占新泰市岔河村东岭、岔河西南，并设立据点。日军枪杀村民谭德友，抢走禽畜1200余只(头)、粮食3万余公斤，毁坏土地2000余亩、树木1000余棵，炸毁、烧毁房屋984间。

同月 日军在夏津县柳元庄东头向村内发射炮弹50余发，炸毁房屋30余间。傍晚，又向村内施放毒气弹数发，100余名群众中毒，后日军冲进村里刺杀群众7人，奸淫妇女20多人，并放火烧毁部分房屋。

4月5日 邹平县青阳镇化庄村被日军烧毁房屋1000间左右，毁坏生产、生活用具1万余件。

4月6日 因东进支队在肥城大董庄击溃日军，日军对大董庄进行报复，烧毁房屋500余间。

同日 日军"扫荡"邹平县青杨乡南部山村，烧毁民房3000余间，并火烧醴泉寺，寺内文物被洗劫一空，千年古迹毁于一炬。11日，日军"扫荡"邹平县西董乡山区，烧毁房屋4254间，残杀村民6人。

4月22日 八路军在肥城县3区山岳地带活动，日军闻讯即调集13县日、伪军8000余人，分9路星夜"围剿"，22日将凤凰山附近村庄包围，经一昼夜激战，八路军突围，日军杀害群众1251人。

4月23日 驻招远县城日、伪军下乡"扫荡"，在招远县6区柳杭村，烧毁民房1000余间，烧死村民1人，烧死牲畜60余头。

同日 驻济南、长清、高唐日、伪军2000多人"扫荡"，与八路军东进纵队副司令员朱德崇率领的2团两个营在禹城县常庄、赵庄激战1天。傍晚八路军部队转移，日军冲进赵庄纵火烧村，有80多人被杀害，烧毁房屋250间。

4月24日 驻济南日军"警备队"与驻郭店、龙山日军共500人到田庄"扫荡"。在日军队长小林的指挥下，杀害田庄村民70余人，伤数人，烧毁房屋2000间，烧死大牲畜70余头。

4月25日 日军将潍县北大于河村的房子点燃，过四五天又烧一次。两次大火共计烧毁房屋1000余间，烧毁粮食4.5万余公斤及家具、农具等不计其数，烧死牲畜60余头。

同日 夜，八路军冀鲁豫支队2大队从曹县东南出发，以闪电战术从西门袭入金乡城，活捉日军5名，击毙10余名。次日拂晓，2大队撤离金乡城。日军报复，在文峰塔附近枪杀居民、教民180余人；在城西南角南家后坑边，三次屠杀居民400余人。日军连续搜杀4天，共杀害居民3000余人，城内的奎星河、迎子坑等坑塘漂满尸体。

4月29日　驻济宁市金乡县城伪军对成武县白浮图镇施行报复性"扫荡"。正值白浮图大会，日军对赶会的群众肆意开枪放炮，用汽车驱赶、碾轧群众，造成100多人受伤、20多人死亡，掳走妇女10多人；烧毁房屋26间、生产工具366件，抢走生活用品500余件。

4月　日军侵入费县朱田镇久太庄村，打伤村民7人，打死陈毛孩等85人，抓村民80多人到长岗山修炮楼，抢走鸡1200多只、耕牛40余头、猪180多头和粮食3000余公斤，砍伐树木1600余棵，烧毁民房36间，400多亩土地荒芜。

5月10日　日、伪军100多人突然窜进新泰市碗窑头村，搜索抗日游击队。村民刘玉春、刘传京、马云仁、刘洪训4人被杀，刘玉鉴等2人被打伤。烧毁房屋721间，砍伐大树1000余棵。

5月12日　日军消灭八路军115师的企图被粉碎后，对狼山一带的群众进行疯狂报复。在狼山北，日军逼迫12名青壮年穿上八路军的服装，拍照后全部用刺刀捅死。山前刘家村桥下藏着的8人被拉到桥上枪杀。从早晨到中午，日军共杀害群众66人，其中刘家村即有24人被杀，东陆房村仅马家街就有12人遇难，烧毁房屋153间。

5月21日　日军40余人进驻东阿县陈集乡陈店村，在此后3个月的时间里建起陈店炮楼，共动用民工2000余人，拆毁房屋300余间，砍伐树木1000余棵，占用土地60余亩。

5月22日　日军一部，由东平去肥城，路过大羊村，见有军队号房的标记，即进村搜查。开枪打死看门的老头（是个外乡人），后来又抓到侯银场、侯家星、魏玉荣3人用刺刀猛刺，侯银场、侯家星当场死亡，日军又将侯家星扔到地瓜井子里，填上柴草烧。日军抓到纪凤桐老人的孙女，集体施暴时，纪凤桐极力阻拦，被日军用刺刀刺死。在该惨案中遇害的还有西北村侯庆录之长子、西南村村民姚学福、东南村村民张白氏等6人，受伤10余人。随后，日军火烧大羊街，800多间房子和财物全部被烧毁。

5月24日　日军6架飞机轮番对莱阳城进行轰炸，共造成50多人死亡，伤残无数，房屋损坏大半。

5月27日　下午，从汶口开出几辆满载日军的汽车，当行至宁阳9区西韩家庄时，因桥断路毁而停下。日军200余人纷纷跳下车冲入村内，见村民大都逃散,便逐户烧房屋。少数没有逃走的村民惨遭毒打或枪杀。全村有180余户760多间房屋被烧毁,同时被烧的还有村内700余棵树和800余头(只)畜禽。

同日 日军在平邑县7区大平安庄"扫荡"时,杀害妇女9人、老年人7人、青壮年16人、烧死妇女1人,活埋青壮年10人,伤14人,共计死伤57人,抢去牲畜、粮食、衣物无数。

5月29日 拂晓,侵华日军大佐常谷川率骑兵中队及伪军一部报复进攻东营市河口区义和庄。驻守的国民党军队逃跑。日军对义和庄及附近村庄进行疯狂的烧杀抢掠,将各村掳来的青壮年屠杀在庄中三角湾内,共300多名无辜群众被杀害。

5月30日 日军对莱阳城山前店镇南务村持续轰炸,村民姜俊德夫妻、接朋贵3人在家中被炸死。全村90%的房屋计1200多间被烧毁,村民家中财产损失殆尽。

同日 日军飞机轰炸扫射莒南刘家庄集,造成300余人死亡,200余人伤残,100多人下落不明。

5月 日军从济阳县济阳镇八里村抓走村民张兆泉并进行毒打,因张兆泉一伙不服,日军在县城西黄家洼用机枪将张兆泉等杀害,共100余人丧命。

同月 日军侵入沂水县8区石坂村,枪杀村民张大和蒙阴县7区大三地村村民刘守春、孙立木3人,烧毁房屋1000多间,抢走猪、鸡等畜禽无数。

6月1日 日军飞机轰炸诸城县营子集,28名群众被炸死,70余名群众被炸伤。

6月7日 日军轰炸沂水县3区东里店,当场炸死300余人。仅东里店就有84人丧命,300多人受伤。炸毁房屋4000多间。此后,日军在东里店建立据点。

同日 7架日机轰炸蒙阴县坦埠村,正逢坦埠大集,整个集市被炸为一片废墟,几百间房屋被烧毁。当场炸死刘月功、公丕文、公茂龙之父、公大头、公方祥等58人,伤几百人。第3天日军兵分五路从不同方向包围了坦埠村,杀害1名精神病人,烧光全村的所有住房,只剩下3座庙宇。日军烧完村庄后,在村东北的山神庙前,还杀死他们在路上抓到的1名伤员。

6月8日 日军突袭宁阳县乡饮乡乡饮村,烧毁房屋500余间、麦场多处,全村70%的户被烧光。

6月11日 日军"扫荡"沂水县3区东流泉村,打死村民王玉科的大爷爷、王印新、王恩新、王恩奎、王恩运5人;烧毁房屋1000多间,全村的粮食和家畜被抢光。

6月12日　日军飞机轰炸莱阳县姜山五村，炸死村民苏香朴、苏李氏、苏科、苏国军4人，炸毁民房663间。

6月20日　驻泗水县卞桥村日军30余人、伪军60余人，到三岔河"围剿"曹济舟领导的抗日游击队，行至太平庄村时，杀死村民2人，烧毁房屋1300多间、粮食10多万公斤，烧死耕牛60余头、驴100余头、猪羊3800余头（只）。

6月　驻青岛日军到即墨县里栲栳村抢走大型木帆商用船5艘，分别是："金玉寿"号、"金永平"号、"金永泰"号、"金永来"号和"金道兴"号。

同月　以郭继垒为首的小刀会在滕县羊庄镇大赵庄成立。日伪讨伐小刀会，郭继垒战死，会徒战死6人。大赵庄、中顶山、丘庄、北王庄等10余个村庄被焚烧。此次，日军还杀害老百姓10余人，烧毁民房1000余间。

同月　日军斋藤部在附近各县"扫荡"，抓群众70余人，分别在烟台市区九皇宫、西沙旺、东炮台等地将他们杀害。

同月　日军进入新泰市中合寨村，打死村民2人，火烧房屋600余间、树木1000余棵，烧死耕牛12头、猪80余头、鸡1000余只，烧毁小煤窑1处、木工坊1处、小麦300亩。

同月　日军在平原县祖庄杀害村民90余人，殴打群众240余人，烧毁民房200余间。

7月1日　日军在沂水县夏蔚镇王庄村设据点，将人困在教堂中不准出、不准就医，致使70多人死亡。

7月12日　日军"扫荡"高密县西李家苓芝村、西门家苓芝村、黄山莹村一带，烧毁民房580余间、小麦3500公斤。

7月21日　日军小队长常谷川部在邹平县长山镇小巩村遭抗日军队伏击后，恼羞成怒，于第二天上午包围小巩村，实施报复，村民刘淑义、李凤武、周凤山、李向臻、周金牛等6人被打死，烧毁房屋588间，抢走鸡、猪715只（头）、粮食2.65万公斤、生活用品6000件。

7月24日　伪军勾结曲阜市吴村日军200余人携10余门大炮，从峪口方向包围宁阳县葛石镇葛石店村，杀害张延亮、赵廷富、张宝柱、王茂柱、王玉成等30人，打伤11人，奸污妇女30余人。

7月下旬　自日军占领华北以后，即加强对华北劳工的掠夺，赴满劳工日增。据伪青岛社会局调查，截至本月底，经由青岛赴满洲（东北）的劳工已达71万人。

7月　鲁西北和冀南地区连降大雨，日军为破坏冀南抗日根据地，乘机掘开滏阳河、卫运河河堤，致使临清、威县、清河等35县被淹，300万人无家可归。

8月5日　日军纠集步骑炮兵1000余人、装甲车90余辆，在七八架飞机的掩护下，对梁山附近的独山、张坊、前集等十几个村进行报复性"扫荡"。未来得及撤退的100余名群众惨遭杀害，数十名妇女被蹂躏，7000余间房屋被烧毁，财物被洗劫一空。

8月26日　日、伪军"扫荡"牟平县曲家口村。村民曲乃成老人被日军抓住压在石条下用刺刀挑死，曲桂芸的母亲被绑起来放在烧红的铁板上烙死，曲守田老人被推进屋子里用火烧死。日、伪军共杀死村民20人，全村1665间房屋被烧毁1521间。

8月　日军在威海市桥头村连续遭地雷轰炸，恼羞成怒，放火烧毁房子1000多间。

9月1日　日军侵占微山县南阳后，杀伤无辜群众34人，奸污妇女112人，烧毁房屋1000余间。

9月9日　日军冈野部队在单县黄岗集一带"扫荡"，杀害群众100余人，烧毁房屋30余间，抢去牲口20余头。

9月19日　驻滕县日、伪军1000多人向郭里集一带"扫荡"。途经微山县南阳镇，被埋伏在南阳镇旱路口的苏支4大队钢8连打败。第二天日军出动大批兵力报复，血洗南阳镇，杀死群众34人，烧毁房子5567间。

9月27日　驻安丘县白芬子镇大山岭据点日军来到安丘县官庄镇官庄村北岭，向赶集人群连发2炮，炸死24人，炸伤112人，其中重伤60人。

9月28日　日军与国民党军曹简亭部作战。国民党部队溃败后，日军放火烧掉曹县大同寨整个村庄，烧毁房屋700余间，将李松山、李张氏、李青山、李王氏、张明亮等10人枪杀。

9月　沂水县夏蔚镇长岭村韩顺付、武式福在院庄村被日军用火烧死，牛大被用枪打死，崔秀成的女儿在南山被日军强奸，阚成恩的妻子患病因日军封锁无法就医而死亡，武茂友被日军打伤。日军烧毁该村房700间，抢走生活用品1200件、衣服400件、粮食800公斤，毁50亩庄稼，李增顺家1头牛被打死吃掉。

同月　沂水县夏蔚镇东村闫修贞在西坪被日军枪杀，日军在该村烧毁房屋560间，抢牛24头、猪100头、家禽1000只、家具约160件、粮食5000公斤、蔬菜3000公斤，烧毁衣服90件、生活用品320件，损坏土地20亩、树木150棵。

同月　日军第59师团"扫荡"莒南宴子堆村时，杀害区政府工作人员及老百姓140余人。

秋 日军三次到胶县第3区大店村放火，使100余户遭难，烧毁房屋500余间、粮食10万公斤，屋内衣物、家具等全部化为灰烬。

秋 日本东北开发株式会社一钻探机组进入莱芜，经过不到半年的地质勘探，于1940年春正式动工修建安仙煤矿。至1945年8月，共掠走优质煤10余万吨。

10月25日 日、伪军闯入商河县和泰乡红庙村"扫荡"，将全村房屋点燃，造成560间房屋被烧毁，63户人家无家可归。

10月 日军进犯郯城县李庄镇大唐庄村，杀死孙林勋、孙洪义、葛继圣、小白驴、王文清等12人；烧毁房屋600间，砍伐树木1万棵，抢走禽畜5000只(头)、粮食1万公斤。

11月6日 日军"扫荡"牟平县马格庄村，全村360余户1600多间房屋被烧成瓦砾，450余头牲畜被抢走，粮食、家具、衣物等或被烧掉，或被劫走。

11月19日 东平县夏谢据点的日、伪军再次血洗林马庄村。村民夏振元、夏慧廷、夏振铎3人被杀害。烧毁民房539间，烧死马1匹、牛2头，粮食损失2.8万公斤，其他物资损失一大宗。

11月29日 日军从广饶、高苑、青城等地纠集300多人包围进犯博兴县院庄村周胜芳部，周部3营70多人奋起抗击，全部战死，日军也有20多人被击毙。12月2日，日军再次血洗院庄，残杀院庄村群众焦云令、刘开文、焦兰经、刘丕元、焦大生等67人（另有河东村40余人被杀）。

11月 日军上古部队在莱州湾"扫荡"时，抓捕青年男女及学生300余人，全部杀害于掖县城内。

同月 日、伪军"扫荡"，抓走邹县落陵区群众100余人带到县城，只有1人生还。

同月 驻兖州的日、伪军2000余人向南"扫荡"至鲁桥镇，大肆逮捕抗日人员和抗属，仅鲁桥就捕去100余人。

同月 日军侵占平邑县柏林镇柏林村后，强迫村民汪大亮、林传顺等人给其修炮楼、盖"红部"、挖围壕，民工们自己带着干粮，稍不顺眼，日本人就放狼狗咬、用皮鞭抽，一些人被打死或活埋。仅在现在的中学附近，就活埋108人。

同月 驻武城县日军将其怀疑通共的赵善堂、赵居堂、李长春、齐云清等50余人关押在一小屋内，致使30多人窒息死亡，其余人被日军当作靶子活活刺死。

同月　日军路过曹县梁堤头镇申庄村，抢老百姓的粮食，遭到村民申丙臣反抗，把1名日军打伤。日军报复，打死村民付明合、申玉清、申玉合、申文件、郭文郎等57人，活埋4人，申孙氏遭日军轮奸。

同月　日军以津浦、平汉、陇海三铁路线主力部队1万余人、汽车300余辆，分8路"扫荡"鲁西南地区，烧毁民房500余间，杀死村民94人。日、伪军于定陶孔庄包围李子房抗日自卫队，抓去200余人，部分被杀，部分送东北服苦役，烧毁民房328间，杀害无辜村民10人。

12月10日　驻掖县和招远县的日军联合对掖招边区进行疯狂"扫荡"。驻掖县7区河南村的中共胶东区委党校和《大众报》报社200余人被日军包围，突围中校长李辰之、社长阮志刚等61人遭杀害。

12月11日　日军闯进庆云县单屯村烧杀抢掠，单保林、王保有、孙德伍等7人遇害，受伤百姓达60余人，烧毁民房400多间，抢走村民财物4大卡车。

12月　日军在枣庄市山亭区兑头沟遭八路军苏鲁支队伏击后，自本月至1940年1月对兑头沟等32个村庄进行疯狂报复，给枣庄市山亭区冯卯、城头、水泉、山亭4镇32个村的人民群众的生命财产造成巨大损失。据统计，日军共烧毁民房6978间，杀害南峪村村民范景洪、韩河村村民赵明贵的祖母和姐姐、西王峪村村民王玉堂、王玉林、王兴吉等16人，重伤3人，烧粮4.5万公斤，烧死牛300多头，抢走粮食1.5万公斤，牛、羊、猪、鸡2000多只（头）。

同月　日军将潍坊"华丰机器厂"141部机床全部拆除，连同原材料一起运往济南，建立"历山工厂"，专搞军火生产。

冬　日军在惠民城东北隅修建军用飞机场，抢占姜家、辛庄、马虎家、马画家、仁胡村、于家一带3900余亩土地，强拉民夫1万余人，工期长达1年多。期间，民工们受尽日军的折磨和凌辱。

本年　由胶济铁路经胶县站运往日本小麦13127吨、花生9485吨、花生饼4233吨、花生油54吨、牛肉4949吨、棉花3372吨、草制品3054吨、烟制品283吨、蔬菜水果762吨、棉布634吨、谷类359吨、鸡蛋357吨。

本年　日军侵入泰安市岱岳区房村镇东南望村，枪杀陈优太、陈优书，将潘承森、刘西玉、陈优良、刘钦群4人带至东北当劳工，用毒气伤害村民800余人。

本年　日军飞机在莒县中楼镇中楼村两次投下燃烧弹33枚，全村大火，紧接着数百日军扑入该村，造成董立文、陈光廷、赵光法、徐凤平之母等10人死亡，伤19人，奸污1人，全村被烧房屋583间、生活用品6450件、粮食36.61万公斤、树木2556棵、生产用具8000余件、禽畜5330只（头）。上涧村被日军抢走驴2头、粮食6000公斤。

本年　日军到沂水县高桥镇柳子沟村，烧毁房屋1500间，打伤佟秀新、周花等5人。

本年　日军飞机轰炸沂南县葛沟镇北村，陈谱、权有学之妻及其儿子、王贯山的3个女儿、刘春录之妻等15人当场被炸死；炸毁、烧毁民房1000间、树木3000棵、家禽400余头，损失粮食5万余公斤、生产生活用品一宗。

本年　日军在临清县杨桥乡西旧村让村民免费吸食白面（鸦片），待其上瘾后，再售高价牟取暴利。全村共计60余人被诱惑吸食鸦片。

1940 年

1月3日　日、伪军数百人追赶国民党军丁树本的特务团至东明县小井乡小井村，发生激战，特务团撤往牛集方向。日、伪军进村后，杀死无辜村民杨昆、杨双喜、杨环、李登营、李二妮等84人，砍伤4人。

1月4日　日、伪军对历城县仲宫区大佛村、小佛村、道沟村3个村进行"扫荡"，打死大佛村村民张路明、冯金福、王质子等8人，打伤10人，烧毁房屋15间，勒索大洋1万余块。在小佛村打死村民宗玉香、宝星、宗修贞等6人，摔死3个孩子，重伤9人，强奸侮辱妇女10人，由于村民受惊吓走失5人（生死不详），精神失常8人，抢走牛27头、驴骡12头、鸡鸭鹅570余只、粮食1500余公斤，烧毁房屋60余间，勒索大洋6000余块。在道沟村，打死1人，重伤5人，抓走村民时殿安、时殿宝、时春田3人做劳工（生死不详），村民时殿仁、时孟进失踪，抢走牛30头、驴骡8头、鸡鸭鹅370余只，将村里房屋烧光（大约160间），抢走粮食350余公斤、钱1200余元。

1月17日　日、伪军"扫荡"临淄县4、5区，魏家、陈家、罗家3村损失尤为严重。柴草、粮食、房屋大半被烧，总计烧毁民房500余间，劫走牲口120余头。

2月1日　日军将冀鲁豫支队5大队包围在曹县楼庄，双方激战一天，冀鲁豫支队5大队伤亡300余人。日军进村后，打死、打伤无辜村民66人，烧房20余间，抢走大量粮食和牲畜。

2月9日　日军100余人包围寿光县杨家尧河村，刺死村民刘志敦、王德成，打死村民杨之英、刘志同、孟庆荣、杨百玲、孟庆太5人，烧毁380多户的房屋500余间。

2月11日　驻莱阳日、伪军700余人到海阳县郭城镇战场泊村、西楼子村和东楼子村"扫荡",打死战场泊村村民杨日臣、杨日恒等64人,杀死外村3人,打伤3人,毁坏、掠走粮食2.5万公斤、衣物800件、生产工具300件;打死西楼子村村民孙福清、孙宝贞等8人;在东楼子村圈马沟打死杨仁堂等5人,憋死2名男童。

2月15日　日军"扫荡"博山县鲁村区姬家峪村,由于叛徒出卖,民兵王政芳等被日军抓走,王政芳、亓学梦在莱芜郑王庄被杀害,王政仁在黄庄被枪杀,侯印成、秦元石在涝坡村被杀害,村民王政友等250余人被抓作劳工,王政友4个多月后逃回。烧毁房屋80余间,杀死耕牛20头,赶走羊6群计450余只。

2月　日军在海阳县留格庄镇留格庄村、河崖村和霞河头村"扫荡"。杀死留格庄村村民王和礼、刘兆福等6人,刺伤苏书田等3人,致终生残疾;杀死河崖村村民于崇为、于文秀等11人,强奸妇女多名,抢走粮食、草、家具、衣被、畜禽、银元等大量财物;枪杀霞河头村村民张卓利、张志维等19人,打伤张子铅、张炳春等12人。

同月　日军到肥城市汶阳镇河岔口村,把全村村民聚集在一起,施放化学毒烟,中毒100余人,放火烧毁房屋10余间,把杜景鲁的哥哥抓到安驾庄据点拘禁。

3月16日　日军与国民党蔡晋康部在栖霞县臧家庄镇小夼村发生战斗,日军枪杀该村村民林枝、林培庆等7人,打伤孙桂平、吴成卿(女)等4人,烧毁房屋700多间。

3月29日　伪军陈三坎部火烧蒙阴县7区胡家宅村,村民马宗龙被活活烧死;烧毁房屋1183间、粮食数万斤,烧死牛驴7头、猪350头。

春　华北矾土股份有限公司在张店成立分公司,在湖田火车站东北强征土地15亩,设立湖田采矿所,采矿工有700多人。1942年后又在北大山设立东、西采场2处,修筑通往火车站的公路,后采用电力采掘,1943年采矿进入盛期,平时工人900多人,最多达到1300多人。1944年后,每年掠夺15万吨矿石。

4月2日　傍晚,日军纠集一个旅团的兵力,攻破由国民党濮阳专员冀南15县联防中将司令丁树本部丁培尧固守的东明县东明集镇王官营村。残酷杀害国民党丁部伤散官兵和随军民夫2300余人,及无辜村民沈友莲、张恩、戴新良、范大盘、范二盘等100余人。烧毁房屋200余间、树木500余棵,烧死、抢走骡马100余头、耕牛20头、羊500余只,损失粮食1.5万余公斤,其他物品不计其数。

4月8日　驻文登县高村据点侵华日军远峰部到水井等村"扫荡",以召集群众开会为名,施放毒气,毒死3人,严重中毒100余人。刺死道士2名、八路军战士2名。

4月9日　德县城东民团组织黄沙会与日、伪军激战,在马家溜口街日本领事馆警察署德州分署门前遭日军机枪扫射,黄沙会死伤50余人。

4月22日　日军到沂水县四十里堡镇大李马庄村"扫荡",苏氏、刘氏被炮击伤,孙烈被炮击中死亡。烧毁房屋600间、树木1000棵、粮食2500公斤、生产工具400件、家具等生活用品600件及其他军装等4000件。

4月23日　日军轰炸莒县吕家崮西,炸死居民14人。轰炸后日军窜入该村,放火烧毁房屋2000多间。

4月24日　文登县文城日军据点的川合率步兵队长循福吉成部下40余人,配合驻大水泊据点的日军岗本步兵队长到文登东部的毕家店、西堡子后等村"扫荡",烧毁民房700余间,用木杠子顶死群众1名,火烧群众7名(幸因日军集合离去,未被烧死),还将一孩童扔进火里烧死,强奸妇女2名;用铡刀铡死牛2头,拉走骡子8头、驴10头。

4月　驻日照县日军九保部队,在该县小连村杀害群众54人。

5月3日　日军"扫荡"莘县大王寨乡西丈八村和东丈八村,村民袁明朝、李保祥之父、纪胜红之哥、刘福印之父4人被砍死,李春奇叔、李银贵伯父被日军飞机炸死。日军烧毁房屋2300多间,抢夺麦子1.3万公斤、花生250公斤、鸡鸭300多只。

5月9日　日军纠集商丘、济宁和多个县的日、伪军共1万余人,在大炮、坦克、飞机的配合下,由南北同时进攻驻在定陶县黄店镇黄店村、大陈楼,孟海镇南王庄、双庙一带的国民党军高树勋部。南路日、伪军于早晨攻打黄店(高树勋部穆团驻黄店),约上午8点多钟,黄店失守。黄店村民黄启科、黄海银、黄汝合、黄汝苏、崔宝多等53人被枪杀;黄郝氏等15名妇女被奸污,50名村民外逃;烧毁房屋35间、衣物300件,抢走粮食4万公斤、衣服1200件、牲畜25头,毁坏农具28件。中午,日军开始攻打定陶县黄店镇大陈楼村(高树勋军部驻地),高树勋调集兵力在陈楼西寨门外战壕和司庄之间与日军交火,战斗持续4个小时,高部抵挡不住,于傍晚撤至成武县姬楼。此时高部只剩3000余人,损失7000余人。大陈楼村民田来成一家被日本飞机炸死4人,陈先章、陈衍一、陈知浩、陈衍功、老六等8人被日军刺死。陈楼西、北半部被炸为平地,村民18人被日军打死,65人被打伤,奸污妇女32人,抓走45人。炸毁房屋270间、烧毁衣物1000件、粮食1.5万公斤,抢劫大牲畜95头、粮食12万公斤、衣物4500件、银元400块,造成80多亩土地荒芜。北路日、伪军于早晨5点左右，开始进攻孟海镇南王庄、双庙。高部撤至南王庄与日军展开巷战。这场血战，高部官兵阵亡35人，伤70多人；村民20多人被日军枪杀、刺死、烧死，其中村民王凤泗一家当天被杀死6人。全村遭日军炮轰炸毁民房426间，烧毁农户家具396件，烧掉粮食1.5万余公斤、衣物400余件，烧死耕牛4头、骡子2头，损坏树木900余棵，毁坏田间即将收获的小麦50多亩。另外，日军在进攻定陶县黄店镇大陈楼村时，在贾庄村驻军，杀死村民陈氏、贾献义，打伤贾万中、贾献礼、贾万江、贾福中、贾献军等14人，抓走村民杨锁义等8人，村民张陈氏等6名妇女被奸污，贾庄村农救会干部张德福被抓到孟海镇许楼村杀害。烧毁房屋20间、衣物90件，抢走粮食4.5万余公斤、衣物900件、大牲畜10头、银元50块，毁坏农具12件。

5月14日 驻梁山张坊据点的日军突然窜至莲台寺庙会，用机枪向群众扫射，许多人当场毙命。这次屠杀，日军共杀害中国平民57人，伤304人。

6月28日 日、伪军1000余人窜进寿光县台头镇牛头镇村，屠杀干部群众73人，烧毁房屋数十间。

6月 根据烟台海关本月统计，自1939年底到1940年本月，仅半年时间，日军在烟台掠夺的海产、矿产、土产和粮食等就达27720吨。

同月 日军侵入安丘县辉渠镇李家沟村，抓去李怀堂等14人当劳工，其中伤13人；烧掉159户的房屋720间、粮食31.8万公斤；杀掉、抢走大牲畜80头、羊120只；烧掉农具400件。

同月 日本博通公司在日军的保护下，在曲阜县城东八宝山开挖煤矿。到1945年8月，日本博通公司掠走原煤12万吨。

同月 日、伪军将乐陵县4区大王家村9名青年抓进乐陵县姚孙据点，打死1人，饿死1人，将1名妇女轮奸后痛打。几日后，敌人又包围该村，杀死1人示众，后又把该村2613间民房全部扒毁，财物被抢劫一空。

同月 在阳谷县城内西北角苦奶奶庙西，日、伪军将与共产党有联系的群众张继河、孟继汉活埋，并枪杀共产党地下工作人员张协孔、刘福林等4人。此后6个月内，先后用刺刀挑、枪杀、活埋等方式杀害共产党人330名。

同月 日军在东明县武胜桥乡花屯村抓走周二金、周二贵、周艳华、周健等60多人，后下落不明。村民三歪嘴（外号）在村里被日军刺死，儿童周宝善在街中心被刺死。

7月3日 日军200余人和刘桂堂部300余人，携带钢炮、迫击炮、轻重机枪进攻费南县地方镇大平安庄。该村民众自卫团以土枪土炮奋勇反击，激战7小时，毙伤日伪10余人，后因天降大雨土炮失效，村庄完全失陷。副村长徐英明、朱玉清、孙炳军、徐玉廷等13人被活埋，胡大娘及7岁的儿子惨遭杀害，王振伦之妻被扔进汪里淹死，朱天合之妻怀孕6个月被锁在屋里放火烧死。共计杀死村民43人，伤60余人，烧毁房屋260余间，全村财物被抢掠一空。

7月31日　侵占高唐日军进犯朱庄，残杀村民140余人，将民房一律烧光，民众物资被掳夺一空。

7月　日军"扫荡"博山县南博山镇青杨杭村，枪杀村民马修谷，砍死外地人楚某，炸伤马连周的母亲，打伤村民尹玉伟，烧毁房屋近1000间，村民的粮食、衣物、家具等财产全部烧光，烧死动物不计其数。

同月　平原县大务集据点的日军试用新炮，向平原县祖庄连发炮弹30发，炸伤群众50余人，炸毁民房数十间。

8月　日军"扫荡"博山县南博山镇下瓦泉村，枪杀村民王明树、翟路本、王成富、王妮子4人，烧毁房屋800多间、粮食120多石，烧死猪羊100多头，抢走大牲畜10头。

同月　日、伪军近1000人对寿光县张家屯村进行"扫荡"，将群众的牲畜、家禽及贵重财物洗劫一空，残杀抗属及儿童8人，抓去群众五六十人。

同月　日军第59师团村上勇二部队在昌乐县第9区"扫荡"时，枪杀群众32人，刺死19人，烧死7人，烧毁房屋640间。

9月6日　日军放火烧日照市东港区两城街，烧毁房屋501间，烧死1人。

9月11日　驻泰城、黄前日、伪军1000余人，进入泰安市岱岳区下港乡山区"扫荡"，将桃花、西圈、杨台、裙子沟、翟家岭、茅茨舍等一带7个村庄160多户1000余间房子和十几万斤粮食全部烧光，杀死无辜群众40多人，赶走牛1000余头、羊3000余只、猪4头。

9月17日　日军军官角唱韵带队"扫荡"莱芜县西下游村，捕去村民38人，韩庆严、韩道秋、韩玉振等被拉到满洲去当劳工，强奸妇女13人。同时抢去耕牛80头、驴15头、粮食4000余公斤。

秋　日军在定陶县马集镇力本屯村的后张家开设2个大烟馆，后又在赵庄增设一个，强行把群众抓到大烟馆内吸食大烟，先后使70多名群众吸食上瘾，造成11人死亡，60余人倾家荡产。

10月17日　驻潍县固堤据点日军入侵昌邑县第2区渔洞埠村，纵火烧毁民房653间，抢掠耕牛150头。

10月27日　早晨六七点钟，曹县古营集据点的日、伪军纠集曹县袁阁村的日、伪军1000余人攻打苗楼寨村。苗楼红枪会员及周围各村的1000多名红枪会员也陆续赶来守卫村寨。在这场战斗中被日军枪杀、刺死的红枪会员和群众共有300余人，其中苗楼村民有苗继怀、二喳呀（苗发作的二哥）、三修、祝传启之母、苗发磊之母等65人。全村遭日军炮轰炸毁的民房300多间，烧毁农具30多套、太平车10多辆，烧掉、抢走的粮食不计其数，抢走牛、驴、马等大牲口200多头、猪100多头、羊500多只。

11月10日　日军军官角唱韵带队"扫荡"莱芜县枯河等村，杀死周王许村村民丁德先，烧毁民房1500间，烧死耕牛70头、猪240头、粮食10万多公斤。

11月15日　日军进攻苍山县卞庄镇南哨村，杀死10人，全村300多户800间民房全部被焚烧，所有家产、粮食等都成了灰烬。

11月　乐陵县黄夹据点的日军因怀疑本县8区宋集村有共产党，就把该村近70户约500间屋全部烧毁，粮食颗粒无存。

12月7日　日军田中联队及奉天联队共3000人，分6路"扫荡"费县天宝山抗日根据地和费北仲村一带。在天宝山区残杀民众200余人，费南古路沟、桃峪等村庄1500余户房屋被烧毁；费北也有60多个村庄被日军焚毁，致使2万余民众无家可归。

12月　据伪省公署警察署统计，本年由济南出境的劳工达105716人。

冬　日军"扫荡"莱阳县西军寨村，烧毁民房54间；又施放毒瓦斯，71名村民中毒（其中2人死亡），毒死牲畜2头、家禽无数。

本年　日军通过山东矿业公司掠夺章丘矿区军用煤22.7万吨，运往日本的日用煤50.9万吨。1941年又掠夺军用煤40.5万吨、日用煤32.1万吨。

本年　据伪青岛市警察局统计，从青岛渡满（东北）的劳工总数为145263人。

本年　麦收前，日军强迫大批村民在胶济铁路即墨段两侧挖一条宽6米、深3米的护路沟。施工中，日军持枪监工，民工们稍有怠慢，轻则毒打，重则活埋、枪杀。其中，鲁家埠村鲁显在，五里村李存忠、泮日久都是在挖沟时被杀害。

本年　日本占领当局的掠夺式开采，致使淄博矿区多次发生透水事故：大成煤矿公司吹手地井透水事故，淹死矿工70人；博东公司东凤凰岭井透水，淹死矿工14人；东大公司周家台井透水，淹死矿工14人；博东公司太平岭二号井透水，淹死矿工17人；悦升煤矿公司大奎山井发生透水事故，淹死矿工15人。

本年　日、伪军进入枣庄市山亭区水泉镇为沟村"扫荡"，焚烧房屋740余间，大量粮食、柴草等生活生产用品被抢光、烧光。

本年 日、伪军"扫荡"枣庄岗头镇岗头村，残害群众8人，焚烧房屋1100间。村民邵泽合看到自己的房子被烧，便急忙回家抢救老母亲，刚进屋内，就被日本兵一刀劈作两半投入火中，老母亲也被烧死在屋里。杨茂萱见日军要去他家放火，便开门抵抗，被当场刺死，其房屋财产全被烧光。

本年 日军在利津县占领区强征劳工1114人，分别运往东北牡丹江、广东、内蒙古、福建等地，从事繁重的伐木、挖煤等劳役。在日军的残酷折磨下，被抓劳工中有342人死亡。

本年 日军从烟台港押走胶东12万人去东北当劳工。

本年 日本宪兵队组织日军及伪警备队赴昌邑龙池、瓦城一带"扫荡"，村民死伤数百人，400余人被押解到潍县。

本年 日军"扫荡"微山县两城乡东单村，烧毁房屋700多间。

本年 日军进犯郯城县胜利乡南新汪村，杀死杜二亚、杜大家、杨如良、杨晓、杜大臣等6人，烧房屋704间，烧毁树木1450棵，抢走禽畜400只(头)、粮食5000公斤。

本年 日军100余人"扫荡"平邑县柏林村和邢家庄，邢家庄被杀害村民15人，伤10人，失踪60人，被侮辱受害妇女3人。

本年 日军抓走沂南县辛集镇苗家曲村青壮劳力修沂水至临沂的公路，在此期间王同功被打死，王同善、张凤国等七八十人被打成轻、重伤，烧毁房屋20间。

1941 年

1月1日 日、伪军在兵分多路合围八路军兵工厂驻地莱芜县常庄区南峪村扑空后，屠杀无辜群众11人，捕走120多人(其中妇女7人)。有30多人在南博山脱逃，30多人在张店被折磨致死，20多人死在济南，4人死在北平，其余被卖到东北的煤矿做苦工，后仅有6名妇女和4名男子幸存。日、伪军撤回据点时，纵火烧毁民房1400多间，抢走耕牛40头、羊300只。

1月5日 日、伪军"扫荡"东阿县牛角店镇黄起元村，打伤村民田利怀，抓走王绪义、王如瑞、张连坡、张传海、王成道等30多人，强奸村民刘庆常和张力告的妻子等20多人，烧毁房屋5间，掠走牛羊30多头、豆子1万余公斤、高粱1.5万余公斤、衣服被子约150件、牛车40余辆。

1月7日　　日军到沂水县富官庄乡西石壁口村搜寻国民党部队的杨营长，高丕梓、高敬田、高洪双、高金田、高丕海等6人被杀害，烧房屋730间，抢驴、牛、羊等443头，砍树1000棵。

1月14日　　日、伪军1700余人将八路军鲁西南独立团和曹县抗日县政府包围在曹县常乐集乡李楼村，用炮向村内猛轰，还施放瓦斯弹。独立团和县政府伤亡30余名干部、战士后突围。日军进村后，血腥屠杀无辜村民，被刺死、炸死的村民有訾小云、李学进、李洪月、李迷头、李喜进等48人，被刺伤、炸伤的有王雨来、李福远、李付北、李付喜、李马氏等20余人。日军烧毁房屋100余间，抢走禽畜100只（头）。

1月28日　　晨，日军出动飞机9架轰炸沂水县8区龙王官庄，掷弹100余枚。中午，日军2000余人"扫荡"龙王官庄，驻守该村的国民党军第51军1000余名官兵与日军展开激战，因伤亡较重而被迫撤退。日军将村庄抢劫一空，纵火焚烧，全村除2间牛棚外，530间房屋化为灰烬，并抓去青壮年39人。

1月30日　　驻招远城日军小队和200多名伪军侵入招北县2区蚕庄村，强征民工，伐树抢物，修筑起炮楼3座。从此，侵占蚕庄金矿，至1944年秋蚕庄解放，日军共在这里掠夺黄金2万多两。

1月　　驻蓬莱村里集据点日、伪军与顽军高炳旺部勾结，对艾崮山区抗日根据地的上、下薛家村，南、北花夼村，以及戴家村、邓格庄一带进行报复性"扫荡"，烧毁民房500多间，残杀民众6人，伤2人，抓走34人，抢走牲畜78头、猪30多头。

同月　　日、伪军在博兴、高苑、邹平等9县屠杀群众700余人，烧毁房屋2万余间，抢走骡、马、牛、驴3500余头，抢去粮食、财物不计其数。

2月4日　　日军"扫荡"平度县山里石家村，打伤村民石喜玉，村民方秀花被强奸致死。日军又放火烧毁600余间房屋、2万余公斤粮食。在火灾中，石京四、石付成被烧伤。

2月10日　　日、伪军出动500多人，包围莱芜县李石窝村，枪杀村民44人，烧死12人，奸杀妇女23人，另有4人被狼狗撕咬致死。全村30户人家中有17户被灭门，有4户仅剩下1人。

同日　　日、伪军到宁津县大柳镇李满家村报复，把七八百群众都集合在村中的井台旁，用棍棒乱打，之后又开始屠杀。村民孙好杰、贾桂峰、孙好俊、杜成治、杜清林等30多人被杀死，烧毁房屋720多间，衣服被褥、牲口、车辆等被抢劫一空。

2月12日　驻掖城日军包围袭击崮山区谷口村，杀害村民徐洪南、唐吉行、唐吉礼等7人，重伤徐洪深、徐洪吉等6人，烧毁房子570间。接着又突袭唐家村，烧毁房屋340间。

2月13日　日军调集几个县的兵力，开着多辆汽车，趁夜雾包围国民党孙良诚部石敬团驻地定陶县黄店。日军先用炮轰塌西门，攻入寨内。守军多数听北门枪声稀少，开北门乱跑，正钻进日军陷阱里，数百人被打死。日军在寨内挨家挨户搜查，怀疑是抗日者，一律用刺刀扎死，被杀村民50多人。崔林福一家被刺刀扎死8口，连83岁的老人也不放过。青年胡志芳被刺7刀，侥幸逃脱。武师闫文渊持枪鞭反抗，被日军用枪打伤后，又用刺刀穿死。32名妇女被侮辱。

2月22日　盘踞广饶、临淄两县的日军侵袭小马头村，枪杀、烧死村民74人。

2月23日　掖城日军"扫荡"崮山区朱盘沟村，杀害群众10余人，烧毁房屋1100间。

2月　大野贞美供述：日军独立混成第5旅团第18大队于掖县小庙庄与抗日军作战，发现在山谷中避难的中国居民约150人后，开枪射击，杀死100人以上。

3月8日　日军"扫荡"沂水县8区西北庄，烧死村民杨自柏之妻，烧伤村民杨本成之妻；烧毁房屋1200余间（全村仅剩下8间房屋），粮食被烧光，烧死牛20余头、驴30余头、羊350余只、鸡鸭无数。

3月19日　驻掖城朱桥据点日军到掖县午城区招贤村"扫荡"，杀害村民彭登祥、卜继德、张俊等15人，全村120户村民的房屋被烧毁。

3月23日　驻掖城夏邱堡据点日军"扫荡"掖县文峰区蔡格庄村，全村512间房屋被烧毁，村民毛洪升、孙善福等4人伤亡。

3月25日　莱芜县张里据点日军"扫荡"唐王许村，将村民唐永培扔进井里后用石头砸死，临走时又放火烧村，全村1500多间房屋全部化为灰烬。同时，烧死耕牛4头、毛驴1头、猪100头、家禽1000多只，烧掉粮食10多万公斤及大量衣物、家具。

3月29日　日、伪军3000多人包围曹县青岗集乡李新庄，当时曹县抗日县大队300多人正在村内。县大队牺牲100余人，伤100余人，伤者多被日军填入井内。日军打死村民郭广恩、崔建臣等30余人。全村200余间房屋被烧毁，粮食、生产用具、生活用具、棉被、柴草等全部被烧掉，鸡、鸭、猪、羊、大牲畜全部被日军抢走。当天，日军还打死、打伤附近村庄胡王庄、江海、新王庄、郭楼、田庄、李堂村民32人。

3月　日军抓民工修筑临朐县城弥河桥，抢去群众门板上万副、箱柜上万个，有200余人因毒打、受冻而死。

春　日军强迫平南县数千百姓修筑高密至平度的公路，由日军队长茨田沿路巡逻监督。茨田等肆意打骂摧残修路百姓，动辄枪杀刀刺，仅45公里的高平路修成后，死伤即有200多人。

春　日军窜到蒙阴县旧寨乡抓劳工，在庙后村抓20余人，在东彭吴村抓20余人，在莲汪崖村抓300余人。

春　日军在胶县进行"治安强化运动"，在里岔村一带放火焚烧3天3夜，烧毁民房500余间，烧死1人，烧伤多人，烧死、烧伤家畜家禽不计其数。

4月15日　驻昌邑县石埠镇据点日军威逼周围村庄群众开会，遭到村民反抗，日军将1人砍首，又绑架126人，押至昌邑城残酷折磨96天，致多人伤残。

4月16日　驻平度县小庙后村据点的120余名日、伪军，于是日凌晨包围杨家村，突袭驻该村的平度县抗日民主政府机关和教师集训班，残杀王永贵、方郁山、黎芳、董高占等30余名教师，满希清、杨顺祥、满智、满音、满希桂等村民以及数名政府机关工作人员。杨家惨案中共有50余人被杀害。

4月21日　日、伪军1000余人"围剿"莱芜县4区高家庄、白冶子村一带。驻莱芜县4区高家庄村的八路军和驻白冶子村的八路军后勤机关、工厂的干部职工等100余人遇难，村民吴希和、高继文、吴茂柱3人被打伤。泰山军分区贸易局所有的物资和北海币被截获毁坏。之后，日、伪军又到棋山一带村庄"扫荡"，打死圈里村村民郑学海、艾德禹的大女儿、郑贵吉、郑玉义4人，打伤村民艾德禹、郑玉才、吴式为、李丰会4人。

4月　日本控制管理的淄川县洪山煤矿第一坑（井）发生重大透水事故，淹死矿工300余人。

5月1日　八路军与日军在沂南县铜井镇珠宝村作战，八路军牺牲17人，村民范恩文、范金英（女）、范金兰（女）、毛德运、毛德欣等39人遇害，25人失踪（姓名不详）。炸毁、烧毁房屋60间、树木400棵，掠走家禽1000余只、粮食5000多公斤，损毁农田900亩。

5月5日　驻荣成县石岛据点日军纠集800多人，对宁津一带进行"扫荡"。洗劫12个村，杀害干部群众32人，伤16人，烧房1962间。

5月下旬　增田清藏笔供：日军第43大队在惠民县榆林镇进行"肃清讨伐"作战，烧死平民60人。

6月4日　日、伪军"扫荡"蒙阴县黄庄区龙巩峪村、霞峰村、北金水河村一带，打死村民3人，伤1人，烧毁房屋731间、衣物2500件、蚕茧2500公斤，毁树1016棵，损坏生产工具及生活用品约1000件，抢走牛12头、粮食1100公斤。

6月17日　日、伪军200余人包围章丘县白云湖镇牛码头村。把群众驱赶到李家院子里，最后将王永德、王永康、宁延福、王振英、王福昌等10名青壮年从人群中拉出来。将王永康绑在木床上灌凉水，还用火烧，最后用刀砍死。两个日军给宁延福脖子上套上麻绳，一人一头拽着来回"拉锯"。把王振英倒吊在树上。把王长山双手缚在门槛上，一推一搡地"荡秋千"，唤狼狗撕咬王的双腿，鲜血淋漓，惨不忍睹。后，日军将王长山松绑，令其指出同伙的"首犯"，王长山夺过一杆步枪砸死1名日军，被4名日军、汉奸用刺刀捅死。宋殿宽、马园子、王宪海3人被杀死。日军翻译张沛文和延海臣将王永德绑在树上，活活烧死。把宋文秀推入井中，再推下大石块沉尸水中。入夜，日、伪军又把300多名无辜群众逼进李开太家的高墙大院内，把男女强行分开，一夜奸污妇女60余人。

6月28日　日军疯狂"扫荡"荣成市寻山所村，烧死、刺死、枪杀村民李兆三、黄可启等6人，烧毁房屋874间，宰杀、烧死生猪180头、鸡540只，烧死大牲畜2头，烧毁被褥900余套、衣服2700余套、粮食5万余公斤。

6月　日本三菱公司张庄采煤所动工修建三合土围墙，东西长250米，南北宽200米，底部厚2米，上部厚1.2米，高3.5米，留有东、西、北3个门。北门两侧开有两个地下道，此围墙周围建有8个岗楼。此工程用劳力1.2万多个。

同月　泰西军分区后方医院驻肥城县马家堂时，因汉奸周庆东告密，遭到数百名驻兖州日、伪军的突然袭击。96名伤病员和工作人员，除5人脱险外，其余都被俘或遭残杀。其中，隐蔽在村外地堰洞中的20余名重伤员全部被日、伪军用手榴弹炸死。

7月1日　日军独立混成第6旅团山田部队纠集惠民、广饶、潍县等地日、伪军5000余人，合围"扫荡"清水泊根据地。八路军主力突围转移，日、伪军在央上、马头、东燕、桑科等村烧毁民房数百家，抓壮丁100余人，杀害群众130余人。

7月11日　驻广饶城日军纠集毛王、大王、张淡伪据点1000余人，到北卧石一带村庄"扫荡"，北卧石村300多户人家，有70%左右的房子被烧掉，许多农户的房子、农具、家具、炊具、树木、衣服、被褥、粮食、柴草被烧光。日军到北张淡村，将村民于渭清夫妇反锁在屋内活活烧死，抢走粮食1000余公斤，全村960间房屋被烧毁，受灾村民240余户。

7月12日　驻掖城、小庙后、平里店等据点日、伪军200余人，包围袭击掖县庙山区车栾庄村和东狼虎埠村，杀害群众45人，烧毁房屋879间，制造了骇人听闻的大惨案。其中车栾庄遇难民众有赵恩秀、赵恩积、赵学业等37人，重伤1人，烧毁房屋476间；东狼虎埠村遇难民众有刘昌寿等8人，刘洪明、刘明山之妹受重伤，烧毁房屋403间。

7月 伪山东省建设厅公布本月济南出境劳工23644人。

同月 日军多次对以寿光县牛头镇为中心的根据地进行"清剿"，杀害群众16人，烧毁房屋1320间。

8月28日 日军把博山县池上镇上小峰村的200多间房屋全部烧光，房内财产、衣物等全部烧毁；随后又来到中小峰村，将180多间房屋烧毁，房内财产、衣物全部烧毁；在下小峰村，将800多间房屋全部烧毁，赶走牛羊，还枪杀5人。其中，在山上住的刘延庆被烧死，其儿媳（已到临产期）躲在草地被日军发现打死，用刺刀挑开腹部将胎儿取出带走，孙兆兴的爷爷在村前被日军打死，张道富的爷爷和奶奶被日军枪杀。

同日 日军"扫荡"博山县北博山镇五福峪村，枪杀村民韩三丰、孕妇翟王氏，烧毁房屋1200间，抢畜禽、衣服、财产、财物众多，抢粮食5万公斤。

8月 伪军赵保原部以3个团的兵力2000余人，配合日军100余人分3路"围剿"莱(阳)东抗日根据地，杀害共产党员、干部、抗日军民100余名。

9月6日 凌晨，驻新泰市大协、孙村、张庄矿、新泰城等据点的日、伪军700余人突然包围围山庄，妄图将抗日军民一网打尽。该村民兵群众依托本村围墙，以土枪土炮等简陋武器与其拼搏，血战终日，打退日、伪军十几次进攻，毙伤日、伪军80多人。后终因敌众我寡，被攻进村庄，民兵群众壮烈牺牲72人，负伤30多人。房屋被烧毁1280余间，损失粮食18万公斤、牲畜120头、生活用品1.4万余件、树木1600棵、生产工具1440件、服饰3200余件。八路军11团3营闻讯前去解围，战斗中伤亡32人。

9月18日 日、伪军1000余人，从王村、章丘、普集、博山、莱芜向淄川县委、县政府驻地峪口村包围。在阻击战中，县大队副政委许光汉等30余名干部、战士壮烈牺牲。日军侵占五股泉村后，对附近的东、西牛角村和镇门峪、珠宝峪、峪口、黄连峪、吴家宅子等村进行7昼夜残酷的烧杀掳掠，共杀死和掳去干部、村民100多人，并将11个村庄抢劫一空，焚烧殆尽。其中，镇门峪乡30多名老弱群众躲藏在村东后峪山崖上的毕家洞，多被日军瓦斯毒死。自此至翌年春，日、伪军及国民党军高松坡部对该地区连续进行20余次"扫荡"和袭击，致使西山根据地只剩"十里之长、一沟之宽"的活动范围。"扫荡"期间，淄博矿区工会特务队副队长翟干臣到牛角村找县委时，不幸被日、伪军包围，他和通讯员小鲁在突围中牺牲。

同日 日、伪军出动6000余人"扫荡"泰山区，抓壮丁3000余人，烧毁村庄近100个，抢劫牲畜近千头。

同日 驻泰安、莱芜、章丘、淄博等据点的日、伪军1万余人，在飞机配合下，对淄川、博山、章莱边区根据地进行持续10余天的大"扫荡"，推行"三光"政策，放火烧毁村庄100多个、房屋不计其数，残杀无辜群众32人，群众财产及物资亦被抢劫一空。

9月24日 上午9时许，日军派飞机轰炸无棣县小山大集，炸死群众130多人，炸伤120多人。

9月30日 日、伪军1000余人突然袭击临沭县岌山区西山前村。山前乡乡中队和该村自卫团在山前乡乡长张作洪领导下英勇抗击，苦战竟日。乡长张作洪等壮烈牺牲，村民彭廷三、彭廷伍、张永宗、张夫同、张作礼等38人被杀，被捕100多人，焚烧房屋500余间，毁坏树木4800余棵，禽(畜)2100多只（头）、10万余公斤粮食被抢走。

9月 日军第59师团53旅团43大队在莱芜县茶叶口附近，将中国居民房屋烧毁，并将50名病人、小孩推入火中烧死。

同月 日军纠集伪李青山、孟祝三、苗思九、王砚田部1000余人，对益都、寿光、临淄、广饶4县边区连续进行1个月的轮番"扫荡"，遍及50余个村庄，烧毁民房2万余间，残杀无辜群众200余人，抢走牲畜200余头，抢走粮食、衣物无数。

秋 日军池田部队侵入抗日根据地进行"扫荡"，掳掠男女百姓1000多人，其中男性400多人被押送到烟台山下伪"劳工协会"，由该处分批遣发东北从事劳役；一部分被送到爱德街一秘密处所，分批进行集体屠杀。女性100余人由邹子敏（伪商会会长）主持先由商会垫款向日军买出，后交给日、伪军奸淫，按年龄面貌定价秘密贩卖出去。

秋 1名伪军到曹县城东三官庙催粮逼款，被村民打死。县城日军报复，共烧毁三官庙及周围村庄房屋1000余间，烧麦秸垛600多个、高粱秸垛100余个，牵牛100余头，抢走粮食无数。

秋 日军围攻东明县东明集镇郝士廉村，在封锁沟内杀害无辜群众100余人，日军又开炮进行轰炸，炸死3人，炸塌房屋1座。

10月7日至11日 日军包围沂南县辛集镇石泉村，围捕八路军通讯员夏学征，抓捕本村男劳力用各种酷刑审讯，将李收田枪杀，孙平、李月本烧成重伤，张洪欣、高风举砸成重伤，打伤村民60多人；烧毁房屋40多间、禽(畜)500只(头)、粮食1500多公斤、包裹200多个、张洪超家蜂箱110箱、张洪祥家蜂箱40箱，抢走全部蜂蜜。

10月11日　数百名日军将苍山县层山镇肖姬庄包围，向村内疯狂扫射、炮击、放毒气，党支部率全村村民英勇抗击，激战2小时后被攻破，日军残酷杀害37名群众，活埋20余人，烧毁房屋240余间。

10月中旬　日军第44大队侵入新泰县某村，在第2中队大尉有木元冶指挥下，施放催泪瓦斯，烧死八路军战士30名、居民120名，还用步枪射杀村中跑出的3名农民，上等兵铃木松太郎将5名农民用手榴弹炸死在他们躲藏的水井里。

11月2日　日军以5万重兵用所谓"三光"政策、"铁壁合围"战术，大举"扫荡"沂蒙山区。历时50余天的大"扫荡"，使沂蒙区中心根据地遭受重大损失。日军所到之处，大肆烧杀抢掠，野蛮屠杀抗日军政人员和伤病员及无辜群众，3500多人惨遭杀害。仅蒙阴县大崮山周围，八路军军民就死伤数百人，1万多名青壮年村民被抓走，80万公斤粮食被抢掠，1/4的房屋被烧毁。许多村庄的自卫队及游击小组被打散，部分地方武装及基层党组织、乡村政权被破坏。

11月4日　日军侵入平度县古庄村，烧毁古北村房屋300余间、古南村房屋250余间。全古庄村500余村民流离失所。

11月28日　自本日起至1942年2月，青岛日伪当局强迫大批市民和村民修筑青岛市郊第一条封锁沟（日伪称其为"惠民沟"）。封锁沟工程用费45万元，动用民工327890人，挖掘土方1435026立方米。同时，日军规划长35公里的第二道封锁沟，计划1942年春天完成。

12月4日　11月底，山纵领导机关从滨海返回，罗荣桓、朱瑞和黎玉会面，派刘仲华带3营迎接。12月3日晚，刘仲华率部到艾山前，他和警卫排及7连、8连住夏庄村，9连、10连住栗林村。4日拂晓，9连、10连突遭数百名日军偷袭，与营部失去联系，在副营长秦鹏飞的指挥下，向东边的和尚崮突围。撤至和尚崮西侧山脚下，又遭到河北村、南瓦庄一带迂回合击的日军堵截，陷入日军的合围，终因寡不敌众，大部分牺牲。剩下的17名战士，摔碎枪支，跳下悬崖壮烈牺牲。此次战斗，歼灭日军300余人。山东纵队2旅4团3营亦遭受重大损失。9连和边联县独立营1连共172名战士，除4人突出重围、4人受伤被当地群众救出外，其余164人壮烈牺牲。同时，还有100多名群众未能及时突出日军的合围，也惨遭杀害。

12月8日　日军在平邑县郑城一带杀害村民3人，伤者无数，烧毁民房500

余间，毁坏山林3000余亩，抢掠牲口300余头、鸡鸭2000余只及大批粮食和生产农具。

12月20日 上午8点多钟，日、伪军1000余人，分两路包围沭水县渊子崖村。日军用大炮向村里轰炸，炸死、炸伤不少群众，许多房屋被炸毁。全村300多名自卫团员及男女老少，在村长和自卫团长带领下，用土炮、土枪、大刀、长矛打退日军多次进攻。日军攻入村内，村民与其展开巷战，共打死打伤日、伪军100余人。日军对村民进行血腥屠杀。先杀死守围墙的林九宣、林端五父子，又打死林九乾、林九兰、林九先等10余人，在后街杀死林九臣及其妻，在西巷把林清义等10余个60多岁的老人用刺刀穿死，扔到一个粪坑里泼上汽油烧掉。许多妇女儿童被日军扔到火中烧死。临走时，还把掳掠的几十名村民赶到村东北面一个叫葫芦沟的深渊边上，挨个用刺刀捅倒推到渊子里。用绳子拴着几十名村民走到土龙头村，用刺刀刺死王清洛、王清余等12人。一些人被日军胁迫到江苏等地挑水、喂马、干苦力，多数被折磨致死。全村共有147人英勇牺牲，房屋被烧毁833间，占全村房屋总数的90%以上，粮食、衣物、家具、牲畜损失殆尽。

12月22日 晨，广饶、临淄两县的日、伪军500余人包围广饶县大码头乡小码头村，使用重炮向村内轰击，随后挨家搜索，见人就抓，见物就抢。没来得及逃出村的人，被日军赶到村北门里王三山的场院里，杀死22人，烧死52人，重伤4人，烧毁房屋无数，财物被抢劫一空。

12月27日 日、伪军"扫荡"东平县昆山村，烧毁300余户人家1500余间房屋，300多户人家的各种家庭财产、粮食、牲畜被焚毁一空。

12月28日 日军"扫荡"东阿县顾官屯镇刘海村，打伤村民刘玉泽之妻、刘玉岭之母等100余人，掠走鸡、鸭、牛、羊等禽畜1000余只、服饰31件。

12月 广饶日、伪军对人民实行残酷的镇压和屠杀，制造多起惨案。据不完全统计，全县有9900余名共产党员、抗日积极分子及无辜百姓惨死在日、伪军的屠刀下，占总人口的3.3%，损失牲畜2.2万头，烧毁房屋4900余间。

本年 日、伪军两次到商河县新徐村"扫荡"，杀死群众3人，扒掉房屋550间，烧毁50间，砍伐树木2000余棵，抢掠大量财物，致使全村老少流离失所。

本年 日军侵占高密县化山重晶石矿，用汽车、马车将所产重晶石运往高密火车站，再由高密火车站运往青岛，装船运往日本，至1945年，总共运往日本的重晶矿石约2万吨。

本年 日军"扫荡"微山县昭阳街道黄埠庄村，打死21人，烧毁民房3000余间、牲口400余头。

本年　日本三菱公司张庄采煤所设立招收矿工机构，名为劳动协会，至1942年在菏泽、济宁、兖州、平阴、费县、临清、德州、章丘、长清、潍坊等地，抓、骗二三千名贫苦农民当劳工。至1945年8月15日，日本三菱公司张庄采煤所前后共开采4年之久。在第二煤层采出煤炭约90万吨，在第四煤层采出煤炭约60万吨。共计掠夺煤炭约150万吨。

本年　日军"扫荡"平阴县前庄科村，一次杀害群众11人。伪宋保连中队用枪杀、刀砍、活埋、勒死等手段残酷杀害党员干部和群众70人，伪刘传海中队用同样手段杀害干部群众380人。

本年　日军侵占胶县、诸城县后，通过逼迫、抓捕、欺骗等手段，将大批青壮年押送到大同、北海、东北及日本等地当劳工。据不完全统计，胶县、诸城县仅死在煤窑中的劳工即达157人。

1942 年

1月20日　日军在泰安黄前镇黄前集以报复八路军为借口，用机枪对赶集的人群进行疯狂扫射，当场打死张宗瑞、张富华、李善起、孙际山等群众70余人，打伤100余人。

1月24日　日军及伪县大队400多人"扫荡"汶南抗日根据地，包围沟头和泗汶村，先将来不及转移的群众剥去衣服毒打、罚冻，接着放火烧村。据统计，两村惨遭毒打的群众630人，其中打死7人，重伤14人，强奸妇女80多人，烧毁房屋900多间、粮食4万多公斤，抢走牲畜100多头。

1月28日　日军在沂水县杨庄镇下杨林村烧毁房屋600多间，烧死张效玉的弟弟和张明真之母，张明洁被抓去带路，被日军活活打死，日军还打死1名姓贺的地下工作者。全村100多户房屋被烧光，粮食、生活用品、驴80多头被抢走。

1月　泰安（西）县安驾庄、汶阳、过村、马家埠、孙伯等地的党组织遭到严重破坏。安驾庄、汶阳一带240余名被迫自首人员都被运往东北充当劳工，其中绝大部分被虐杀。

2月18日　日军"扫荡"新蒙县张庄区北旋峰村，烧死村民李乐臣，刺死村民李乐臣的妻子杨氏，烧毁房屋800多间，抢走牛20余头、猪450头、羊120余只、驴1头。

2月　兖州日军板平部约1000人到邹县太平桥进行大逮捕，抓走群众300多人，多数被折磨致死。

同月　日军在宁（津）吴（桥）边界的詹庄安设据点，强占民房40多间，扒毁民房500多间，抢去檩条500多根，砍伐树木800多棵。

同月　石神好平笔供：日军独立混成第10旅团第45大队1中队，于平原县小屯庄、大务集等村，抓捕150名中国农民进行刑讯后，杀害70人。

同月　日军在定陶县4区黄店村杀害群众50人，烧房730间。

3月5日　日军山口信一率日、伪军数千人"扫荡"巨野县西南30公里处的5大村（大李楼、蒋海、葛集、徐堂、马楼），杀害大李楼村民李云陵、李长法，蒋海村村民蒋以听及许多没有及时撤走的老弱妇幼。各村财物被日军抢劫一空，房屋被烧毁数千间。

3月19日　日军进攻驻定陶县裴河村国民党军王子杰部，王部麻痹轻敌，日军从南北两方合围，进了村寨王部还未发觉，枪响后，王子杰带着其护兵逃跑。此战王部死伤200余人，裴河村村民裴风军之女、何庄村的何兰粉、何玉祥之兄等300余人惨死，100余人受伤。

3月26日　驻威海卫日军和驻文登城日、伪军进入营南村，将全村贵重财物洗劫一空。第二日，日军又包围营南村，残杀群众138人，烧毁房子1008间，其他财物也被抢光、烧光。

3月　日、伪军出动1000多人，"铁壁合围"文登县昆嵛山区，烧毁民房3000余间，屠杀群众300余人。

同月　伪军齐子修部7旅旅长薄光三率4000余人侵占冠县桑阿镇一带，杀害周围村民200多人。在大花园头村（原有900户），抓走12人，6人活活饿死，80多户外出逃亡。丁阎二庄30多户人家，全部外出逃亡，被拆、烧房屋120余间。

同月　驻福山、栖霞、莱阳的日、伪军6000多人合围牙山地区，一股日、伪军窜到牙山西麓包围100多户的栖霞县刁崖前村，大肆放火抢掠，五六十人被烧伤，烧毁民房586间，只剩下约40间房子。

春　因伪军张步云部在诸城县刘卜疃村的数月抢劫和折腾，再加缺医少药，造成瘟疫大流行。仅仅数月，该村村民先后死亡340多人。

春　日军"扫荡"沂南县依汶镇隋家店村，王善合之弟、胡成元、胡家孝、赵佃之父、代洪贵之父5人在独角山被杀害，抓走劳工32人，烧毁房屋500余间，砍伐树木800棵，掠走大量禽畜、粮食、生产工具及生活用品等。

4月13日　日、伪军300余人"扫荡"青岛市郊晓望村，残杀姜东、苏银子（儿童）、姜刘氏3人，烧毁房屋820间。村中126户人家的所有粮食、衣物、器具化为灰烬。

4月23日　驻掖县朱桥据点日军突袭掖县梁郭区小郎家村、耿家村和孟家村。烧毁小郎家村民房600间，刺死该村村民郎锡奎、孙锡芝等8人；杀害耿家村村民耿启新、耿福光等12人；用刺刀捅死孟家村村民孟兆范、孟兆元等14人，烧毁民房240间。

4月29日　日军第59师团第42大队在武城"扫荡"。抗日军民500余人遇难，其中有200人被日军用刺刀破腹而死。

4月　驻平度县日军寺田部队，在埠口村烧死男女老幼200余名。

同月　日军100多人进入栖霞县庙后镇枣园村，并用飞机对该村进行轰炸，枪杀或刺死林树平、姜胡仕、侯进才、黄启升的妻子、王成贤的姐姐5人，抓走约220名劳工，打死110头牛、80只鸡、230头驴和骡，炸坏800多间房屋，烧毁1000件布衣，毁坏30亩粮田。

同月　自本月至1945年3月，经由日军第59师团高级副官广濑三郎在新泰、泰安、临清、口镇、莱芜、济南、张店、博山、周村、德县、东阿等地，指示各大队设置的慰安所即有127所。

5月1日　4月28日，日军第35师团、32师团等部及伪军共1万余人，"扫荡"观城、濮县地区高树勋部队驻地。5月1日，高部撤至冯胡同一带，日军尾追至鄄北。经激战，高部败退，分散向东明、范县等方向转移。日军所到之处烧杀强奸，一小股日军在彭庙村驻扎4天，杀害该村及冯胡同、刘庄、刘南垓、硕子陈庄、徐垓等村村民87人，伤60人，抢走粮食、财物一宗。

5月4日　驻商丘日军纠集济宁、菏泽等地日军1000余人，伪军500余人，携重炮10余门，分乘20辆坦克车和数十辆汽车，突袭单县潘庄寨。驻扎在潘庄寨内的国民党军朱世勤部1500余人（包括师部、专区机关及单县和成武两个县政府机关）奋起反击。中国军民伤亡惨重。朱世勤及少将副师长兼11区保安副司令郭子斌、参谋长刘星南等1500名官兵阵亡，其中随军妻女20余人被日军奸杀；金乡县派来慰问朱世勤部的民众代表11人也同时遇难。村民张自房、靳保丰、马金川、吕振铎、宋效岩等24人被枪杀或毒死；吴兆严、吴氏、吴根玉、吴二郎4人失踪；陈学成、祝自义、陈佰海、吕福合、吕氏等6人严重致残。3500亩小麦全部被日军坦克车和汽车轧毁，秋季荒芜少收粮食61万余公斤；种粮和吃粮被抢、被毁7.5万公斤；同时毁坏房屋560间、树木4000棵、服饰5000件、农具3000件、生活用品5000件；掠夺马匹500匹、牛300头、猪540头、羊400只、鸡600只。此外，由于受到日军毒气污染，较长时间内，潘庄一带许多村民出现轻度精神失常、眼睛流泪、鼻孔出血、胸闷气喘、四肢无力等症状。

5月18日至21日　入侵昌邑、潍县的日、伪军2500余人，在空军的配合下，对昌北抗日根据地进行"大扫荡"，先后袭击昌邑县姜家泊、二甲、下营、刘家车道、潮海等30多个村庄，抓捕群众751人，有近500人因受刑致残，后由家人变卖家产赎回，200余人被押至济南和本溪当劳工，大多数人被迫害致死，抛骨他乡。

5月　冈村宁次坐阵德州，指挥日、伪军2万人对宁津、东光、南皮、鬲津县进行"拉网扫荡"。在宁津城北白菜魏村屠杀无辜村民魏秀元、魏洪元、魏香海、魏福治等42人。该县张户头村也有村民40人被杀，靳庄800间民房被烧。

6月19日　烟台宪兵队队长石川熊作纠集烟台、龙口、威海宪兵队、黄县警备队和伪警察所的日、伪军300余人，将黄县西部的横沟、洼子、台上殷家等10余个村庄包围，杀害无辜群众10余名，抓去干部群众100多人。21日凌晨，日、伪军又包围尚家、大小陈家、于家庄等村，抓走干部群众200多人。被捕人中有党员20多人、干部积极分子90人，被叛徒辨认出后，遭酷刑。其中11人惨遭杀害，共产党员被押送济南监狱，最后多数牺牲。还有75人被发往东北通化铁矿当劳工，不少人冻饿而死。其余被送往黄城集据点扣押起来。

6月　菏泽市牡丹区李村镇的前张寨、赵庄寨、刘李村寨、高李村寨、辛寨被称为"五家寨"。中共菏泽县委在此一带工作，动员广大群众积极抗日，捐资捐粮支援八路军，募捐的粮食和物资存放在"五家寨"内。得此消息，日、伪军出动大批人马进行"围剿"。杀害村民2人，抢粮1.65万余公斤，烧房屋1800余间，抢鸡2000多只、猪羊和大牲畜976头（只）。日军走后，大火4天4夜没有熄灭，致"五家寨"及附近村庄4000多村民无家可归。

同月　日、伪军联合"围剿""蚕食"徂徕山一带村庄，制造"无人区"，实行"三光"政策。以壕沟为界，将居住山里的786户村民赶下山，烧毁房屋4160余间，抢劫大牲畜366头、猪866头、羊472只、粮食8.255万余公斤、衣物12705件。当时进山种地，必须到岗楼领取"良民证"，方可进山，否则以"私通八路"论处。岱岳区化马湾乡赵家沟兰永会、枣行兰继德、洪河村张树坡等人，因进山种地未领取"良民证"，惨死在日、伪军的屠刀下。

7月初　日军与驻防在费县上冶镇上冶街的国民党军第57军10连官兵展开激战，10连官兵全军覆灭，共有86人阵亡。日军占领上冶街后，惨无人道地用机枪对手无寸铁的平民进行扫射，费县上冶镇上冶一村村民崔德良和刘俊杰被日军在上冶东岭枪杀。日军放火烧了上冶街，大火一直烧到北大寺，300余户1000

余间房屋、粮食、衣被、生产工具、生活用品及树木全部被烧光。其中包括13座油坊、2座酒坊和10余家店铺。

7月12日　南乐县东节村民兵巧扮民工，借日军加修南炮楼之机，一举歼灭日军7人并放火焚烧南炮楼。从7月12日至8月中旬从南乐县、千口镇出动大批日、伪军对东节村及附近村庄进行报复性"扫荡"，先后捕捉抗属和无辜群众等200余人，利用活埋、枪杀、棒打、水灌、火烧、狗咬等手段残暴屠杀。日军还放火焚烧房屋300多间，群众被迫离乡逃散，1400余亩土地全部荒芜，全村变成瓦砾场，东节村除遇害群众外，改嫁、饿死、失踪者达150余人。

7月13日　驻马场据点的日、伪军100多人对平度县两目山以东地区进行"扫荡"，夜宿平度县祝沟镇水磨涧村。当天傍晚，八路军一部奉命袭击。战斗中，日军施放毒气后撤退，八路军战士先后中毒倒地。翌日拂晓，日、伪军又返回村内，逐个刺杀倒地的八路军战士。此役，八路军、村民共92人死亡，20人受伤。

同日　驻朝城伪绥靖31师师长文大可派1名团长带兵到店子村征粮被拒，调集1000多人将前后店团团围住。马如明、马福田、王罗头、王广五、"二猴子"等13人被打死，十几人被打伤。伪军烧毁房屋860多间，抢走牲畜几十头，劫掠粮食、生产生活物品大宗。

7月　日、伪军5000余人"扫荡""蚕食"徂徕山，环围徂徕山修筑据点30处，挖筑壕沟、封锁墙80余公里，将山内居民2000余人全部逐出，制造山内"无人区"。徂徕山区有1730多名抗日干部和群众被杀害，近3000间房屋被烧毁，140万公斤粮食被抢走。此外，日军逼迫群众将山上2万棵合抱粗的柏树全部砍掉，把山顶上的古建筑群全部烧毁。

同月　日军第59师团54旅团45大队1中队，在山东章丘田家庄等地"扫荡"中，从抓捕的许多中国居民中，拉出120名20岁至50岁左右的男女，分别交给1中队下属的1、2、3小队各40名，命令各小队严刑审讯后杀害。

8月25日　日军"扫荡"寿光县台头镇马家庄村、张家庄村、太平村，烧毁马家庄村房屋300余间，烧毁张家庄房屋780余间，烧毁太平村房屋195间。

8月28日　日军集结济南、泰安、新泰、莱芜等据点的日、伪军6000余人，"扫荡"莲花山区抗日根据地莱芜县云凤乡，屠杀无辜群众111名。其中，蔺家庄14人、李条庄23人、程家庄16人、东凤阳15人、西凤阳14人、庞家庄6人、绿矾崖4人、张家庄6人、孙家庄13人。此外，还有大量房屋被烧毁。

9月9日　日、伪军对临朐县石家河乡岸青村进行"扫荡"，打死村民聂洪义、侯三界、张贵志3人，烧毁房屋800多间，抢走牛10头、驴5头、猪33头、羊80只、鸡鸭100余只、粮食1500公斤，烧死村内树木500多棵，烧毁其他物品一宗。

9月27日　日军第12军以第32、59师团及骑兵第4旅团和伪军一部共二三万人，在空军协同下，采用"铁壁合围"战术，突然对濮（县）、范（县）、观（城）地区实施大"扫荡"。冀鲁豫军区司令员杨得志紧急指挥军区、区党委、行署等领导机关适时向南越过黄河故道，到达南华地区，脱离险境。日、伪军合围边区主力扑空，随在中心区"清剿"3天。其中，在阳谷县张秋镇钱楼、窟窿石、桑段营一带，用机枪扫射群众，打死、打伤40多人；在黄河堤南的顾庄、金庄一带，打死、打伤群众60多人，用汽车载走几百人；在东庄、东邵庄一带，打死、打伤群众70多人；在旧城，日军把群众赶到猪圈、土坑里，进行集中屠杀，用汽车将青壮年运走，强迫他们做劳工。合围圈压缩至阳谷县闫楼一带，双庙苏村4名青年农民来不及逃跑，被日军用机枪打死；王中穿一身灰衣服，被抓住后硬说是八路军，用汽车载到筑先县，严刑拷问后活埋。关庄杜金钱正在地里干活，日军抓住他就一起摔跤，摔不过他就将他挑死。温碾村霍兆平、霍兆雷等5人被枪杀。

9月至10月　本年9月至10月，日北支那派遣军第12军到东平县强拉劳工，为了掩盖罪行，特意将此次行动命名为"东平湖西方扫共作战"，在东平抓了约3000人。后因人数不够，第12军又实施"鲁东作战"，于本年11月至12月在鲁东抓了8000多人。

秋　日、伪军5000多人"扫荡"烟台牙山地区，共抓去抗日军民290多人，烧毁房屋2500多间，抢掠牲畜340多头，抢劫粮食2万多公斤。

10月12日　日、伪军1000多人，对泰安市下里村一带实行大"扫荡"。朝阳、新庄、下里、保家庄被抓群众达300余人。其中，新庄的孙光愚、孙永代两个小青年被绑住手脚推到湾里，露头就用抓钩砸，将要淹死的时候，又捞出扔在地瓜井子里，用碌碡砸死。西坡的孙永水被抓到下里，用铁丝牵到薄板台，绑在陈忠斗家椿树上，用开水从头上往下浇，头发、肉皮全部脱落，变成了"白人"。区邮局被包围破坏，牺牲1人，其余被捕。日、伪军在下里共住了20多天，下里一带被害20余人。原祝山区区委书记朱浩变节投敌，下里的党组织遭到严重破坏。

10月15日至16日　日军"扫荡"至海阳县郭城镇，分别对上十字夼村、下十字夼村、东鲁家夼村、郭城四村、窦家疃村和母仙村进行杀戮和抢劫，打死于天荣、姜作春、姜成振等54人；打伤周善玉、周丰顺等6人；抓走刘春祥等4人，至今下落不明；强奸宫某、姜春阳之妻等6人；掠走23头牲畜，烧毁刘国德等10间房子，焚烧2.15万余公斤粮食、30余匹布和40余担棉花。

10月17日　日军"扫荡"海阳县盘石店镇周家沟村，八路军136名官兵壮烈牺牲，210名群众被日军打死。

10月18日　日军在海阳县郭城镇史家村、东刘家村、前夼村和沙旺村"扫荡"时，打死村民史泽乐、刘云堂、兰金典、于五一、于召文等48人，打伤村民史朋令等7人，烧毁69间房屋，抢走33头骡子、150余公斤粮食。

11月19日　日、伪军出动3000多人对牟平一带进行拉网式"扫荡"，历经30多天，仅在牟平4、5区就杀害矫菊清、矫文京、孙文远、李孟太、于培成等135名群众，烧毁房屋1030间，抢走粮食18.5万公斤、牲口567头。

11月23日　日军以栖霞、牟平、海阳、莱阳间的牙山、马石山为中心实施"拉网合围"。在马石山上及周边几个村庄至少有500多名军民惨遭杀害。在制造"马石山惨案"的同时，日军还相继在马石山周围的海阳市槐山村、宫家苇夼村、松树夼村、晶泉村、郭城五村、小龙夼村等制造了一系列惨案。在这次以马石山为主的惨案中，中国军民伤亡近千人，其中民众伤亡至少826人。

12月1日　为躲避日军"扫荡"，邹平县西董镇西峪村部分群众藏在村东北土洞里，不幸被日军发现，日军向洞里喊话后，便施放毒气，藏在洞内120余名村民中47人被毒死。

12月4日　日、伪军"扫荡"进入荣成，西从文荣交界处，北从埠柳、成山，南从石岛向崂山一带合围，6日形成包围圈。共残杀干部群众及军工战士300多人，抢走粮食30多万公斤，烧毁门窗1.2万多副，宰杀家畜3.8万只，损失其他物资折款15.3万元（北海币）。

12月16日　日、伪军1.5万余人分10余路合围"扫荡"烟台雷山地区，1000余名抗日军民被包围，一部分转移中的群众遭日、伪军伏击枪杀。日军共杀害崔玉昌、慕炳文等225名无辜群众，打伤慕大树等79人，捕走376人，抢走611头大牲畜。

12月21日至23日　21至22日，部分"扫荡"的日、伪军包围招远县4区松岚子村，用枪托砸、棒子打、爪钩抓、刺刀捅、大刀砍等手段，残杀抗日军民郝金声、郝京声、王启令等108人，打伤多人，抓去200多人，抢走、破坏财物若干。23日，400余名日、伪军包围1区古宅村，将全村群众赶到村西场园里，用斧砍、水淹、火烧、辣椒水灌等手段，杀害李东歧、李尊山等18名干部群众，毒打致残

10余人。

12月22日　日军1000余人包围寿光县6区小头庄后，将村中130余人赶入村北一个场院房里，用机枪扫射后，点火将房烧掉。

12月24日　日本宪兵队从益都至临朐，抓捕地下共产党员和积极分子94人，杀害50多人，其余押送东北煤窑服苦役。

12月29日　胶东抗日军民经过约50天的反"扫荡"浴血奋战，歼敌2000余人，迫使日、伪军于本日撤退。在反"扫荡"中，抗日军民牺牲1183人，被抓群众8675人。

12月　淄博矿区遮断线全部竣工，此项工程包括炮楼、公路、壕沟、电话，自1941年9月开工共耗时1年零3个月，征调民夫110余万人次。遮断线经过的地区，共占用民田1000多亩，用石拆堰，使1000多亩土地被雨水冲塌，在线内外有2500余亩土地因无法耕种而荒芜。在施工期间，民夫因工伤和染病发生死亡的为数不少。

本年　日军进行年关"扫荡"，平度县被抓走青壮年500余人，先监押在青岛体育场，后发往东北抚顺、本溪以及日本等地的矿山当劳工，多数失踪。

本年　日军自占领即墨南泉火车站至是年冬，共杀害抗日志士和无辜百姓100余人，在火车站东侧专门设有杀人场，群众经常看到被害者的尸体。

本年　日军"扫荡"海阳县盘石店镇嘴子前村和栾家疃村，烧毁房屋1200间，枪杀于在云之妻、于坤之妻、于在文之女、王连兴4人，抓走王文举，一直未归。

本年　伪军万金山团对徂徕山实行封锁，挖封锁沟20余公里，东起松棚庄，西至徂徕山，毁坏农民土地2000余亩，并将封锁沟以内的700余间民房全部烧毁或拆除。还到处逼粮要款，制造饥荒，仅夏坦、颜家庄等21个村庄就因粮食被抢光而饿死170人。是年，万团在观音堂村逮捕八路军战士5名送给日军，全被残杀。1941年至1943年期间，万团共杀害抗日人员及群众200余人。

本年　日军大"扫荡"，实行"三光"政策。东平县戴庙乡中金山村600余人伤亡。

本年　日军投放霍乱、瘟疫病菌，致使临清县尚店乡焦西村疫病流行，村民于明、于早、于台、黑之草、倪现毅等285人死亡。

本年　日军在日照市东港区石臼先后抓走劳工173人，其中在石臼街道林家滩抓走120人，全部惨遭杀害；在石臼代家村抓走44名劳工，其中4人惨遭杀害，其余40人全部受伤致残；在石臼十村抓走劳工9人，其中费守贵、历夫秋之父、刘旺臣之父、张仁轩三叔、张凤臣之父等6人受虐致死，贺金朋、贺金早、刘树田3人受伤致残。

1943 年

1月7日　日军"扫荡"寿光县田柳镇邢姚村、里院村、孙云子村等村，枪杀邢姚村村民刘庆家、刘维成、杨之谦、王可利、刘其寿等10人，打死孙云子村村民郑学书、郑义宗父亲、郑兰亭、郑希家等14人，烧毁房屋500余间、学校7间，抢走牲畜、粮食等若干，伐树木800余棵。

2月2日　拂晓，日军1000余人长途奔袭滨海地委、军分区驻地温水泉和十字路，抢劫财物，烧毁房屋2000余间。

2月4日　日军进犯昌邑县围子镇民丰村，纵火烧毁民房500余间、家具600余件。

2月22日　深夜，日军包围曹县西北的抗日模范村吕楼，挨家挨户搜查共产党、八路军。天亮后，将群众赶进一个单场里，采用火烧、刀砍、棒打等酷刑，残杀无辜群众多人。之后，分别将群众赶进两间房子，放火焚烧。这次惨案，共计烧死、杀死吕喜生、吕耿氏、吕二海、吕进芝、吕喜朝等138人，其中儿童30人。全村130户，108户遭害，死绝11户。

2月　日军"扫荡"临朐县柳山镇柳山寨村，烧死村民李佩荣之母，烧毁房屋822间，还强拆掉27户房屋81间，拆下的材料全部劫去修战壕。

3月11日　单县、金乡、成武3县的日、伪军1000余人，向成武县白浮图一带"扫荡"，遭到当地联防队的截击。日军攻破村寨后，杀害村民80余人，烧毁房屋200余间，李怀成、李衍才等8名联防队员被抓走。

3月15日　日军攻打筑先县张柳绍村，战斗中村民伤亡102人（其中外村48人）。

同日　伪军齐子修调动第7、8、9旅的兵力对冠县抗日根据地进行大"扫荡"。打死群众128人，抢走妇女40多人、大车300余辆、牲口200余头，粮食被全部抢光。

3月　驻济日军在济南天桥官扎营街西北角建立的"救国训练所"改名济南新华院，由驻鲁日军参谋部直接领导，施行法西斯残暴统治，疯狂屠杀中国战俘。1945年日军投降以后，该处由国民党政府接管。据国民党当局宣布，在济南新华院存在的两年半间，先后关押抗日军民和爱国人士3.5万余人，其中被酷刑和劳役折磨致死者1.5万余人，被抽血致死者100余人，被注射毒药、细菌致死者200余人，被押送东北和日本国内充当劳工者1万余人。另据战俘人员等揭露，上述统计并不完全，仅在1943年5月至1944年8月的短短15个月内，被杀害或囚死在这里的抗日军民和爱国人士就有1.7万余名。

同月 滨县湾赵村铁板会大师兄赵小辫率众抗粮，被日伪骗去，伤亡50人。

春 日、伪军以八路军嫌疑为罪名，抓捕淄川县教师260多名，枪杀60余人。

春 因日、伪军长期搜刮，加上天灾，宁阳县发生特大饥荒，群众以草根、树皮充饥。全县外流7383户、2.47万人，逃荒要饭12617户、5.4万人，卖掉儿女1772人，饿死4252人。添福庄村以100公斤高粱为身价，卖掉4人。杨李庄村时有500多人，外出乞讨350人，饿死70多人，卖掉儿女8人，下落不明15人。

春 小清河以南日伪占领区前往胶东逃荒的百姓，路经寿光县伪第15保安旅苗思九团防地时，先后有200余人被以八路军家属名义杀害。

春 泰安市岱岳区汶口镇柏子村因战乱发生瘟疫，死亡400余人；本村八路军陈松生、颜承文与日军作战时牺牲；周传才与其母周高氏被日本红部狼狗撕咬致死。

4月9日 日、伪军追击国民党山东保安15旅27团至潍县三官庙村、赵家庄子村一带，双方发生激战。当夜27团成功突围，日、伪军伤亡300余人。次日，日、伪军便对三官庙村、赵家庄子村实施报复性的烧杀抢掠。共计杀害以上两村及附近北里、禹王台、柳科、二甲朱等村的村民229人，致伤10人，烧毁房屋1300余间，烧死大牲畜50余头，抢走牲畜10余头，劫掠粮食及财物若干。

4月17日 1500多名日军、3000多名伪军对冠县北部地区实施"铁壁合围"。冠县北部地区的八路军主力部队分区基干团、马颊河支队和1区游击队在冠县店子乡孔村一带与之激战后突围。突围中，1区队指导员周如交、副队长张金山和群众齐才止、齐登仁、齐付带、齐付宽、齐和年等200多名抗日军民牺牲。

4月19日 伪军齐子修部9旅袭击冠县抗日堡垒兰沃乡张柳邵村。杀害自卫队队长张洪儒等男女村民108人，烧毁房屋104间，牵走耕牛130头。齐部还将51名村民带至兰沃乡朱庄、赵柳邵村，打死4人，活埋2人，饿死17人，其他人被赎回。

5月7日 伪军赵保原选择莱阳五处渡村赶集之日，在村旁富水河边一次即杀害14名党员和4名群众。同时，在莱阳淳于、大陶漳、留格庄等地共杀害被捕的32名党员和21名群众。

5月9日　日军在枣庄市薛城区沙沟镇沙沟村、常庄镇小庄村、南临城、古井4个村抓走60名村民，无一生还。

5月　日军在1941年4月招募350名华工修筑青岛太平山火药库。1943年5月完工后，将这批劳工全部杀害。

同月　日军放火烧掉泰安市岱岳区化马湾乡枣杭村4个自然村（鹰望玉、黑山前、小枣杭、糊树棚沟）民房600间、树木5000棵、柴草1万公斤。

同月　日军侵入新泰7区北马庄村，烧杀抢掠，无恶不作，烧毁民房800余间，抢走各种粮食1.5万多公斤、家具和生产工具700余件、衣物和生活用品近3000件、畜禽300余头（只）。

同月　"扫荡"中，日、伪军在无棣县杀害干部群众3000余人；在沾化县，毁房屋2.2万余间，杀耕畜4660头。

6月10日　日军"扫荡"平度县东高家村，全村240户居民中有187户1200余间房屋被烧毁。

6月　日、伪军大举"蚕食"博兴县抗日根据地，先后在西王文、周庄、纯化镇、官阎、小孙家安设据点，大肆拆民房、修工事、筑碉堡，烧杀抢掠。博兴县委干部肖锡琚、曹家村民兵队长曹树君、康坊村村长马鸿书3人先后遭杀害。在纯化镇修筑据点期间，日、伪军杀死村民3人，扒毁237户人家的房屋1356间，抢夺粮食480石、牲畜59头、大批家具、农具。

同月　日本三菱公司张村采矿所发生瘟疫，死亡矿工900人。殃及禹村煤矿，死亡矿工700人。

夏　日本宪兵队在济南设立秘密特务机关，对外称"洓源公馆"，对内称日本特别警备队甲第1415部队"武山队"，驻西门大街。专司对共产党抗战人员的侦捕、杀戮、情报的搜集和向解放区进行派遣活动，用打进、拉出的手段进行策反。曾抓获中共地下工作人员40余人、抗日爱国群众150余人，其中被杀害18人，140余人下落不明。

7月4日　日、伪军2000余人包围青岛市郊小寨子村，将全体村民及游击队宫垂华部人员全部赶到大街上，后将妇女、儿童逐出村外，剩余的全部集中在一大院中关押2天1夜，经逐个辨认，宫垂华部500余人全部被绑至村西南东南茔壕沟边，砍杀张以耿、赵成戴、秦丕江等47人，宫垂华及其随从7人被带到城阳村残杀，其余400余人押到日照关押，后被送往日本或东北当劳工。

8月23日　日军到阳谷县张秋镇进行"扫荡"。入镇第一天放火烧毁清真东大寺房屋8间，拆毁城门外山西会馆房屋100余间。各村群众死伤严重，据不完全统计，打死58人，打伤11人，抓走6人当劳工。村民财产损失惨重，日军宰杀、抢走牛266头、羊402只、马16匹、驴45头，烧毁房屋1185间，抢走粮食1.425万公斤、生活用品1115件，烧毁树木2350棵。

8月下旬　从年初开始，日军就准备在鲁西北进行霍乱撒布行动可行性试验。这项作战，由华北方面军司令冈村宁次、关东军防疫给水部（731）部队长石井四郎、华北防疫给水部（1855）部队长西村英二和第12军司令官喜多诚一亲自部署，第59师团师团长细川忠康具体指挥。参加作战部队有第53旅团司令部120人、独立步兵第41大队300人、独立步兵第42大队600人、独立步兵第44大队500人、独立步兵第109大队600人、独立步兵第110大队500人、独立步兵第11大队350人、师团工兵队25人、华北防疫给水部济南支部（1875）15人、师团防疫给水班10人，共计3020人。此外，还有第32师团一部，第12军防疫给水部，第12军直辖汽车联队，野战重炮联队一部，蒙疆坦克部队，华北方面军航空部队一部，保定陆军医院一部。作战代号为"十八秋鲁西作战"。8月下旬，鲁西北地区突然普降大雨，卫河水迅猛上涨。日军华北方面军司令冈村宁次和关东军731部队长石井四郎趁机下令发起细菌战。9月中旬至10月，日军在鲁西地区的阳谷、莘县、堂邑、范县、朝城、濮县、临清、夏津、馆陶等18县，撒放大量的霍乱细菌，独立步兵第14大队一部在临清县城附近掘开卫河大堤。据战后在押日军战犯供述：日军第59师团为在卫河泛滥期间掘堤放水淹没临清、武城西抗日根据地，曾派人多方考察根据地的八路军、群众情况及卫河沿岸地形。经日军空中、陆地撒放和卫河决堤放水扩散，霍乱菌在鲁西北、冀南30余县迅速蔓延开来。感染者剧烈呕吐腹泻，严重脱水，衰弱至极，几天后即死去。该病传染极快，一人得病，全家、四邻甚至全村都难以幸免，老百姓一批一批地死亡。堂邑县周围方圆百里成为"无人区"。冠县贾镇东有63个村庄成为"无人区"，死亡村民2.11万人，其中桑阿镇周围有33个"无人村"，死亡1.1万人。据参加实施这次细菌战的矢崎贤三1954年供称，"有20万以上的中国人民和无辜农民被霍乱病菌杀害"。

9月7日　日军侵犯莱阳县三都河村，并出动飞机6架轮番轰炸。西三都河村及周边东三都河、中三都河、前张家庄、后张家庄等村村民伤亡51人。其中，西三都河村村民邵德绪、邵王氏、邵孙氏、邵小嫚、邵友贤的妻子等8人被炸死，2人被炸伤，9人被枪杀，4人被打伤；炸毁房屋173间，抢掠粮食5万公斤、牲畜120

多头、木推车50多辆。中三都河村民17人被枪杀，2人被打伤。东三都河、全家屯一村和后张家庄村民8人被枪杀。前张家庄1名村民被打伤。

同日　驻考城、菏泽日军突然将滨县刘岗村包围，将500余村民捆起来扔入村边水坑使群众浑身肿胀腐烂，致病者200余人，致死者50余人，残废者30余人。

9月14日　日、伪军窜到新泰市清河、楼峪乡"扫荡"。一股日、伪军在清河村抢掠时，1名日军小队长和2名日军士兵被民兵埋设的地雷炸死。日军恼羞成怒，放火焚烧清河村的600余间房屋，残酷杀害未及逃出的2名妇女儿童。

9月　在日军指使下，伪济南市商会向工商界摊派对日军的"献金"。是月，向青岛日军"献金"890万元（伪币）。年内，日军还以反"暴利"为名，向济南工商界搜刮"暴利"3200余万元（伪币），补充其侵华军费。

同月　自19日以来，冀南地区连续7天普降大雨，洪水成灾。27日，日军为进一步加剧冀南区的洪水灾害，又在临清大石桥、武城渡口驿等处将运河掘口，同时还在鸡泽县将滏阳河掘口，并破坏漳卫河堤，致使洪水泛滥，冀南30余县受灾，淹没村庄3000余个、土地5500余顷，受灾群众达300万人。

10月4日　日、伪军由南而北到达鲁西南中心区刘岗一带，对抗日群众进行血腥大屠杀。在刘岗的水坑和寨壕里设下水牢，对上千名群众严刑逼供，妄图迫使群众供出抗日人员和物资。杨二嫂、秦兴体等73人被残杀。

10月7日至8日　驻平度城日、伪军700余人"扫荡"平南县。日、伪军分两路行动，西路300余人于7日下午1点左右将高戈庄村包围，东路400余人将丘西村包围。高戈庄村民兵自卫团奋起自卫。战斗中张林福、张申成、张申福、张右德等31名村民遇害，30多名村民受伤。东路日、伪军抓走青年学生季明照、季明信及村民季连锡、季连泽、李功臣等17人。8日，两路日、伪军在丘西村附近会合。东路日、伪军沿途抓了40人，其中13人逃走，剩余的27人被押到钟楼埠村。日、伪军将这27人刀砍后投入井中，用棉被将井口塞住，再用土封盖，27人全部遇难。

10月18日　日、伪军撤出季刘庄后，又包围菏泽市牡丹区安兴镇里冯庄，受到驻该村国民党军某部1营的顽强抗击，经过十几小时激战，张应江营长及其他官兵300余人大部捐躯。日、伪军占领里冯庄后，把村民所有的门窗、家具烧成灰烬，宰尽家禽、牲畜，又把粮食抢劫一空。把抓到的村民赶到东街旁一人多深的水坑里，逼迫村民打捞国民党士兵扔进水中的枪支，村民下水后，日军兽性大发，开枪射击，杀人取乐，坑水被鲜血染成红色。全村150人，被杀59人，重伤

20多人。

10月19日　驻广饶日军侵入博兴营李村,将村内4名村民打死在村北沟里,将1名老年妇女架进火里烧死,临走还点燃村内650余间房屋。

10月24日　伪军吴化文部配合日军进攻博莱县张黄区南岩,刺死民兵公茂志、于公臣;烧毁房屋700多间,全村仅剩下3间瓦房和1座门楼。

11月14日　日、伪军800余人"扫荡"高唐县玉皇堂村,烧毁村民房屋1500余间,烧死耕牛1头,烧崩古磨87盘。同时,在孙家集村放火烧毁房屋300余间。

11月16日　日军将驻垦利县2区张家圈的清河军区医院工作人员及伤病员167人驱赶到神仙沟下游,除6名伤员被救出外,其余161人被日军杀死或被海水淹死。

11月18日至12月8日　日、伪军2.6万余人对垦区进行一次为时21天的大"扫荡",垦利县有99人遭日、伪军杀害,7人被俘,2人失踪,40人受伤。

11月底　日军强占青岛市达翁村、东南山村、大兴村451户民宅地164.692亩、农田321.487亩、园艺地182.124亩。强拆达翁村村民房屋2330间、东南山村民房303间、大兴村民房387间,并将明真观、长寿庵拆除。大兴村、长寿庵就此消失。

12月　日军"扫荡"垦区老庙村,在村内杀害群众12人,抓劳工1人,打伤5人,其余村民被迫逃到荒草地里躲避。之后,1500余名日军驻老庙村20余天,日军撤退后,全村800余间房屋被烧,牲畜、粮食全部被抢,家具、农具全部被烧。

同月　日军在阳谷县范海乡毛坊村抓捕军政人员及百姓80多人,用铁丝穿透胳膊,押至济南,全部杀害。

本年　淄川灾荒严重,加之日军与伪军吴化文部在博山县峨庄一带制造"无人区",人民生活极端困苦,饿死者、卖儿卖女者甚多,外出讨饭者无数。柏树村原居民20余户,仅余2人;东峪村170户人家,外逃107户,饿死270人,卖儿卖女达37户44人。村民牛占花、郭士友、李新成、秦元奎、司传良等被饿死。

本年　日军炮艇队开始强迫征用烟台渔船,按班循环,每班30只,直到日本投降时为止。至1945年,烟台渔船由战前的1540余艘减至720艘;渔轮由150余艘减至34艘;鲜鱼产量仅及战前的8%,干鱼产量不及战前的9%。

本年　日军实施细菌战,武训县闫寺大王庄村病死630人(原有1100人)。

本年　七七事变前的临朐县共有38万人。据不完全统计,日军入侵临朐县后，疯狂推行"三光"政策，烧杀掳掠，又加连年灾荒、瘟疫，到1943年底，全县被杀害和病、饿、冻而死的10万多人，骨肉分离、典妻卖子1.4万多人，背井离乡、逃荒要饭的16.8万多人，县内仅存8万人，造成骇人听闻的临朐"无人区"。

本年 日军对诸城县障日山一带"扫荡"8次，杀害群众144人，强奸妇女233人。

本年 因连年的干旱和日伪的掠夺，肥城县6区有400余人被饿死；5区有饿死者569人；4区因生活无路，被迫自杀者119人，卖儿卖女937人；3区被饿死者450余人，630余户卖儿卖女，7200余户、1.8万人逃荒要饭。全县近万人被饿死，卖儿卖女者达1.2万余户，外出逃荒要饭者逾12万人。

1944 年

2月2日 日本人开设的博大公司博山县山头镇新博煤井发生透水事故，遇难116人。

2月13日 日军在肥城市湖屯镇东湖东村抓劳工75人，抢走耕牛37头、衣物5019件、农具106件、粮食4万公斤，85名群众被打伤。

2月15日 日军"扫荡"抗日根据地菏泽市高庄镇圈头村，杀死12人，烧毁房屋887间，毁坏庄稼4800亩、树木2400余棵，抢走粮食1.8万公斤、畜禽300头（只）。

3月8日 从1941年12月8日太平洋战争爆发至此时，青岛市民被迫向日伪"献金"达4357万元（伪币）。

3月17日 日、伪军1500余人包围莱芜县雪野镇邢家峪村，进行烧杀抢掠。村民邢曰传、邢商业、邢念福、邢瑞业、邢曰文等8人被杀，30多人被打伤，20多名妇女被奸污，其中1名少女被轮奸致死。日、伪军还烧毁房屋26间，抢走粮食1万余公斤、牛1头、羊30只、猪15头及无法计数的衣物、家具等财产。

3月 临沂兰山区义堂镇后乡村村民史德峰、史存被日军杀害，日军烧毁村民住房600间，占用土地1600亩，砍伐树木2150棵，掠夺粮食800公斤、生产工具若干。

同月 蒙阴县大崮区在日、伪军"扫荡"时，遭受严重破坏，群众生产、生活十分困难。大崮一带霍乱、疟疾、腹泻病流行，坡里、丁家庄两村5天即死亡34人，据20个村的调查统计，死亡326人。

同月 日军第59师团在兖州5区"扫荡"时，杀害居民61人。

春　日本三菱公司张庄采煤所发生伤寒病，因得不到治疗每天最少死亡10多人，最多每天死亡达50多人，全矿共死亡1000余人。

春　茌平、博平伪旅长罗兆荣疯狂杀害共产党员和抗日群众。区委书记秦怀玉、地下党员郎镜如、杨瑞龙、李克达、陈忠、岳志清、张宝理、姬占山、张登恒、许庆录等十几户全家被残杀。至1945年底，被杀者300余人。

4月28日　日军在泰安"华丰合记煤矿公司"假意答应矿工们提出的乘矿车下井的要求，矿车开动后，日军先是两次突然刹车，使矿车前后相撞，矿工们身受重创；尔后日军在放了快车后又一次突然刹车，导致绞绳断开，矿车顺着轨道撞在井底岩石上，致使63名矿工被摔得血肉横飞，全部丧生。

5月上旬　招远县伪县长杜祖光，为配合登州道日、伪军对招北县"扫荡"，于招远城附近抓壮丁，并令被抓壮丁随日、伪军"扫荡"，责令每人回来后交价值400元的东西，否则执行枪决。杜祖光还大肆屠杀老百姓，仅5月3日至7日5天中，即杀害60余人。

5月13日　伪军吴化文部"扫荡"莱芜县徐家店、陈家庄一带，杀死群众34人，烧毁房屋1560余间，抢走和烧毁粮食6.3万余公斤。

5月21日　日军侵犯高唐县后屯，枪杀村民王吉星、王杜氏、王曰立、王有毅、王义人等10人，烧毁民房550间，毁坏铁锅108口，踏损全村小麦2300亩。

5月　成通纱厂日方代表拆除本厂纱锭10400枚及机器254台，向日军献铁。

同月　日、伪军的"扫荡""蚕食"给博兴造成重大损失。从1943年5月至1944年5月，博兴抗日根据地损失粮食61.25万公斤，被烧毁、拆除房屋1908间，群众被杀害83人、伤29人。

6月27日　茌平、聊城、博平、阳谷等县日军纠集日、伪军向茌平县南部进行合围，在张会所庄东南、韩集以东、门庄以北、莫庄以西的旷野上，屠杀群众134名，打伤23名，抢走牲口26头、被子50床、包袱12个、衣服125件。

6月　孙艺英父亲孙祝庆由青岛坐船回烟台，途中遭日军飞机轰炸，包括孙祝庆在内的船上700余人全部遇难。

7月5日　驻聊城、阳谷日、伪军1000余人"扫荡"朝（城）阳（谷）交界处的莘县徐庄乡张楼村，村民刘章程、"二老怨"被枪杀于村西北的高粱地里，80岁的老太太刘氏被刺死在自己家里，村民张子功、"三布袋"被枪杀，全村500间房屋被烧毁，粮食和生产、生活用品被洗劫一空，幸存的村民只得外出逃荒，张楼村一时成为了"无人村"。

7月7日　日、伪军200余人对朝城东部地区实行"扫荡"，在莘县徐庄乡刁坊村将未来得及逃出的村民全部驱赶到村头的一打麦场内，强令说出八路军的下落，村民顾玉环、赵福臣、杨士元、区可现、许德林等19人被刺刀挑死，李洪恩、区成仁被挑伤，"二瞎子"被闷死。日、伪军临走时抓走100多人。

8月27日　日、伪军"扫荡"牟平县尺坎村，烧毁全村720余间房屋，生产、生活用品均受损。

8月　青岛市劳工训练所正式启用。训练所日常关押劳工2000余人，多数是被日军抓来的农民和中国战俘。

9月2日　800余名输日劳工由青岛转运日本北海道昭和矿业所。高密县草泊村农民刘连仁不堪虐待，逃匿深山，度过了12年野人生活，1958年4月被救援回国。

秋　日军在齐河县修建晏城飞机场，先后强迫徐庄（全村300余人）向北迁出2公里，改称义和庄，迫使小李庄（全村200余人）向东南迁出2.5公里，改称仁和庄。至1945年春，修大小飞机窝10个，圆形地堡17个，地下室4个。共占粮田1300余亩，其中飞机场占用地1220.646亩、宅地48.295亩、劳工宿舍占地11.4亩、铁路支线占地53.667亩；拆除村民房屋1676间。

10月　日、伪军在沂蒙山区"大围剿"三天三夜，12月在赤柴煤矿"大逮捕"，这两次有几百名无辜群众被捕，都被送往日本服劳役，绝大部分都死在日本，生还的只有几十人。

同月　日军第59师团"扫荡"泰西2区古城村时，杀害群众60余人，抢去牲畜50余头，烧毁民房70余间。

11月2日　日军平井部队300余人向齐禹县政府驻地高庄奔袭合围，开炮炸死、炸伤战士王长春、战成忠等30余人，并对县大队驻地齐河县大马张村群众进行屠杀，村民张荣元、张合元、张信一、张金玉、张忠民等40余人被杀死，同时将齐河县刘桥村李玉梅等31人打伤。

11月8日　临邑、盘河、芦院等几处日军"扫荡"临邑县临盘街道姜坊子村，残杀村民8人，烧伤40多人，抓走38人。

11月　日军在安丘县景芝镇北张洛村潍河渡口架桥，飞机炸毁房屋100余间，抢伐树木1800余棵，拆掉房屋500余间，抢走鸡鸭1000余只、猪500余头。

同月　日、伪军"扫荡"泰安市岱岳区角峪镇一带掳掠21人，与从各村掳掠的4000余名劳工一起送往日本，到1945年回国时，仅1000多人生还。

12月　日军第59师团"扫荡"兖州，杀害群众57人，烧房115间。

冬日　军"扫荡"广饶县9区大宋村，烧毁房屋960间，打死村民5人，打伤1人。

本年　从1942年开始，日军在烟台多次抓捕群众，用"厚利号""二十八号""长平号"等轮船运往东北和日本当劳工，每船有800—1000人，均有去无回。

本年　日军"扫荡"曹县郑庄乡常洼村，打死村民孙存明之母、孙金存祖父、孙其才、孙其利、王进元等15人，活埋王立志、王战成等5人，王照林被吓死，抓走壮丁30人。

本年　徂徕山区王家庄子据点的日、伪军在据点以东的小河里，血腥屠杀群众108人。

本年　据不完全统计，日本洪山宪兵队、"剿共"队残害矿工、抗日干部和其他群众达200余人。

1945 年

1月16日　盘踞蓬莱城的日、伪军在1至6区疯狂残杀抗属和群众50余人。

2月6日　驻兖州、曲阜县日、伪军1000多人疯狂"扫荡"泗水县戈山厂村，杀害村民谭风友、李凤瑞、张志尧、陈长德、田富成等96人，打伤132人，烧毁房屋1200多间，烧死大牲畜2000多头。

2月20日　日军"扫荡"东阿县姚寨镇枣科杨村，杀死村民李长祥、杨玉苓、刘为刚、杨玉寅、杨玉魁等31人，打伤村民刘先之、刘为道、杨立恒、杨西角、刘庆银等17人，抓走村民刘安之、王殿荣、杨玉江、杨玉敬、李召路等18人去日本做劳工，抓走村民杨玉告、杨立代、杨长兰、刘中之、崔得邵等7人至平阴监狱，烧毁房屋253间、柴草10万余斤、树木2000余棵。

2月　日军侵入泰安市岱岳区房村镇朱家庄等村，杀死村民高士洪、刘向正等14人，打伤3人，抓走82人。

3月17日　日、伪军1700余人袭击诸城县2区荆山乡刘家庄及其附近的王家庄、妗家庄、冯家屯、臧家庄、黄吉埠等7个村庄。刘家庄村民奋起反击，激战7小时，击毙日军38人、伪军102人。刘家庄村民刘德燕、刘德新、刘赵氏、刘汝木、永春等86人牺牲，加其他村庄共130余人牺牲。

3月31日　日军、治安军、伪军3700余人对茌平县广平乡张家楼村发动突然袭击，杀害村民333人，打伤271人，抓走264人。其中，王振瑞、王开春、徐凤公、徐凤奎、王都忠等8人被送往日本当劳工，1人死于日本。烧毁民房2723间，抢走耕牛86头、大车48辆。

4月7日　盘踞石岛的日、伪军，自海上到文登县南海沿的长会口村，杀害群众姜开玉、姜开兴、姜来顺、姜开胜、姜开瑞等32人，焚烧民房1200间，烧毁渔船6艘，抢猪60头、鸡鸭200余只。

4月22日　日军任命藤田茂为华北方面军第43军第59师团师团长，藤田茂率部驻济南。藤田茂到任师团长的第一天，就向师团司令部的军官们进行"刺杀试胆"训示，在"秀岭第一号作战"中又训示两次，命令"就地杀掉俘虏算入战果"，要求每当有刺杀的机会即进行"试胆教育"。仅藤田茂在山东任师团长期间，为了所谓"试胆教育"，杀害被俘人员和群众200余人，其中，仅一次就集体屠杀群众34人。

4月24日至26日　日军"扫荡"东明县武胜桥乡海头集村，在十字大街打死2名儿童，杀死村民马小小、万冰川、冉国江、刘冻英等21人，村民韩大文、张氏、万元成、左氏、崔氏等30人被打伤，陈清天、马祥和、万盼来等89人失踪。抢走粮食1500公斤、树500多棵、牛160头、羊300只、鸡1000只，堵死水井3眼，烧毁房屋80间。海头集村洪拳拳师马大哈在玉皇阁与日本兵比武，日本兵不敌，开枪将其打死，拳师门徒13人与日军搏斗被全部打死。

4月25日　日军华北方面军第43军第59师团长（中将）藤田茂在济南召开第43军兵团长会议，部署"秀岭第一号作战"计划，在博山、益都、沂水、新泰、蒙阴、莒县、莱芜、诸城以及鲁东南和渤海地区实施了30天。杀害八路军战士550余名，杀害被俘人员98名，采取各种残暴手段杀害居民460名，其中强迫群众趟地雷致死40人。

5月2日　日军一个小队从邳县官湖出发去临沂，途经重坊镇南宋庄时，遭到群众的袭击。郯马增援日、伪军行至徐圩子村东遭徐圩子村自卫队员的埋伏射击，日军当即死伤3人。日军遂将村庄包围，县独立团2连和区中队战士同村自卫队员一起进行反击。激战1小时，掩护群众突围失败。遂将圩门紧闭。下午3时，郯3区分区委书记兼区长任兆铎闻讯带领附近几村的自卫队前去支援，在圩西北面与日军展开激战，任兆铎不幸中弹牺牲。日军集中炮火终将围墙炸开，冲进圩内，见人即杀，连婴儿也未能幸免。打光子弹的军民用刺刀、镰刀、铡刀、铁锹等，与日军展开肉搏战。在危急之际，县独立团到达，迫使日军退回马头。此次保卫战，共击毙日军49人，伤数十人。抗日军民亦伤亡惨重，徐敏传、徐敏环、徐加礼、徐加礼之母、徐会学等55人被杀，25人被打伤，烧毁房屋516间，抢走禽畜2头、粮食2000公斤,烧毁服饰480件、生活用品513件。

5月12日至6月16日　伪滨海地区警备军李贤斋部在诸城县泊里地区制造了惨绝人寰的"泊里惨案"。据不完全统计,伪军先后杀害牛光民、丁耀本、冷建济、冷清美、冷瑞云等共产党员和进步群众300余人(夜间活埋的不计在内),仅6月的一天内就枪杀75人。

5月16日　日军长岛旅团所属第45大队,于蒙阴县依徐庄用迫击炮向农民射击,杀伤农民50人。

5月21日　伪杜孝先、周胜芳、成建基部配合日军共5000余人,分路包围驻陈户一带的博兴县独立营、区中队、县委、县政府、公安局等党政军机关。突围中,击毙日、伪军100余名。独立营协理员王竹川、县政府秘书陈岳奎等180多人牺牲,群众伤亡300余人、被俘100余人,大量大车、牲口及其他物资被抢走。

同日　日军在博兴县西寨合围"扫荡"中,杀害群众68人,抢去牲畜、衣物无数。

5月26日　驻诸城等地的日军到马耳山一带"扫荡",烧毁五莲县松柏乡松柏林村、三关村房屋628间,在五莲县许孟镇朱家老庄枪杀村民1人,在马耳山后枪杀朱家老庄村民18人。

6月23日　日军特挺部队一部约450人,突然包围驻有蒲台县2区区中队和税务所机关的三合寺村。税务所所长刘兴华、区中队战士、工作人员及群众30多人被抓,日军将他们押到村边,全部刺死在土坑中,200多名群众被打伤,多名妇女被奸污。

6月　日营博大公司山头岭竖井发生透水事故,死亡97人。

同月　日、伪军到武城县老城镇沙庄村"扫荡",将村民赵小九杀死,烧毁民房600余间,抢劫牲畜80余头、其他财产无数。

同月　伪军在海阳孙家夼一次活埋群众70多人,在北索格庄残杀群众40多人。

7月3日　日、伪军2000余人包围、袭击诸城县贾悦区委、区政府驻地小岳戈庄村。日军将李陪业、小聚、帅洪恩等38名青壮年绑到油坊里,先用刺刀捅,又放火全部烧死,刺死小掠、小路、李合等43名自卫队员,用刺、烧、炸等多种手段杀害36名妇女儿童。全村有286人惨遭杀害,其中9户被杀绝,房屋被烧毁150多间,粮草被抢走5万多公斤。

7月　从1938年1月开始,日军在即墨县蓝村火车站候车室以南的铁路边设杀人场,经常把抓来的中国人用枪杀、刀砍、活埋方式杀害。仅在该年7月就杀害蓝村村民15人。从1938年1月至1945年7月，在这里被杀害的中国人达300人之多。

本年 日军盘踞海阳县小纪镇东索、西索、北索、小纪、凤凰、大刁家、小刁家、山汪家、东野口、西野口期间，制造105天的"无人区"，造成重大损失，其中受损房屋2033间，掠夺树木85700棵、禽畜5603头、粮食155.1万斤、服饰3850件、生产工具1440套、生活用品6520件和其他谷物32600斤。

后　记

《山东省抗日战争时期人口伤亡和财产损失》在纪念抗日战争胜利70周年之际，终于正式出版了。谨以此书缅怀在那场战争中不幸罹难的同胞，慰藉备受摧残的伤者。

2006年，按照中央党史研究室关于开展抗日战争时期中国人口伤亡和财产损失调研方案的总体要求，山东省开展了抗日战争时期人口伤亡和财产损失大型调研活动，其间全省共收集证言证词79万余份，复印档案资料406912页、文献资料220177页。活动结束后，山东省委党史研究室组织骨干力量，对抗损调研活动中收集的全部资料再次进行了细致梳理和深入研究，最终编纂形成了《山东省抗日战争时期人口伤亡和财产损失》一书。

全书共包括三部分：山东省抗日战争时期人口伤亡和财产损失调研报告、资料、大事记，计80余万字。调研报告部分，成稿后由山东省委党史研究室特聘的省内12名中共党史、中国近代史、军史以及抗损相关研究专家审稿。资料部分，编选了抗损调研中搜集的档案资料、文献资料和口述资料。大事记部分，选取了全省各市、县（市、区）编写的抗损大事记中一次性伤亡50人和财产损失达500间房屋（或相当规模）以上的事件。

山东省抗战损失大型调研活动和《山东省抗日战争时期人口伤亡和财产损失》的编纂工作是一项极其复杂的系统工程。这项工程自始至终按照中央党史研究室设定的调研项目、方法步骤和基本要求开展，自始至终得到中央党史研究室的精心指导，倾注着中央党史研究室领导和专家的智慧和心血。

这项工程得到了山东省各级各有关部门和广大基层干部的积极支持和热情参与，包含着全省32万余名调研人员的辛勤奉献和全省各级党史部门编纂人员历时数年的艰辛付出。本书稿的形成更是凝结着山东省委党史研究室参与编纂人员的多年心血。

本书即将付梓，但我们深知，这只是山东省抗战损失研究的阶段性成果，为达到整个研究的最终目标，我们仍需不懈的努力。

山东省委党史研究室

2015年10月

总 后 记

　　历时多年的《抗日战争时期中国人口伤亡和财产损失调研丛书》终于问世了。参加这套丛书编纂工作的，主要是承担《抗日战争时期中国人口伤亡和财产损失》课题调研任务的各省、自治区、直辖市及其下属市、县的领导同志和课题组成员，以及部分著名专家。他们以高度的责任心和使命感，竭尽全力，攻坚克难，终于完成了各自承担的任务，并按统一要求，形成了调研成果的 A 系列书稿。同时，有关省、自治区、直辖市还从实际情况出发，编纂了主要反映市、县调研成果的 B 系列书稿。由于各地情况不尽相同及其他原因，呈现在读者面前的丛书，将分批陆续完成和出版。

　　为了保证质量，我们对本丛书中由各省、自治区、直辖市完成的 A 系列书稿（即省级调研成果）实行了四级验收制，即：所有的省级调研成果，先由有关省（自治区、直辖市）课题领导小组及其聘请的省级专家验收组分别审读通过、写出书面意见；然后提交到中共中央党史研究室课题组。中共中央党史研究室课题组审读后，再聘请国内知名专家审读书稿，提出书面意见。对每次审读提出的意见，各省、自治区、直辖市课题组都认真研究落实，对书稿进行反复修改，或是说明相关情况，直到符合要求。由一批专家完成的 A 系列书稿（即带全局性的专门课题调研成果），也通过类似的办法验收。主要反映市、县调研成果的 B 系列书稿，则由有关省、自治区、直辖市党史研究室组织验收。各种调研成果验收修改的过程，同时也是调研的深化过程、提高过程。经过反复修改补充的成果，在质量上都有明显提高。

该课题的调研和编辑出版工作分两个阶段：

第一阶段从 2004 年启动到 2010 年部分成果出版。在这一阶段，中共中央党史研究室课题组在中共中央党史研究室室委会和分管室副主任的具体领导下开展工作。中共中央党史研究室几任主要领导同志即孙英、李景田、欧阳淞主任，非常关心和重视本课题调研工作的开展，室副主任李忠杰同志分管这项工作，第一研究部承担具体工作，各地同志和有关专家同中共中央党史研究室课题组保持密切联系，对中共中央党史研究室课题组的工作给予了积极配合和支持。

第二阶段从 2014 年 1 月重新启动此课题至今。2014 年 1 月，中央领导同志对"抗损"工作作出重要批示，要求我室重新启动"抗损"课题。在此前后，曲青山主任主持全室工作，并直接分管第一研究部的工作，尽管李忠杰副主任已不再担任副主任职务，室委会仍全权委托李忠杰同志对《抗日战争时期中国人口伤亡和财产损失调研丛书》的宣传出版负总责。室委会高永中副主任、冯俊副主任对此工作也给予积极的指导和帮助。

在曲青山主任的关心指导下，在李忠杰同志的领导和具体部署下，在一部主要负责同志蒋建农的主持下，课题组自 2014 年年初起，围绕进一步提高书稿质量和尽快全部推出该套丛书，全力以赴，做了多方面的努力。

2015 年年底，曲青山主任口头明确由张树军副主任代表室委会负责主持"抗损"书稿的编辑修订出版等后续工作。2016 年 3 月 2 日，室委会正式明确由张树军副主任代表室委会全权负责"抗损"课题出版工作。

中共中央党史研究室课题组由李忠杰、李蓉、姚金果、李颖、王志刚、王树林、杨凯同志组成。先后担任中共中央党史研究室第一研究部领导职务的黄修荣、刘益涛、霍海丹同志参与了课题调研部分工作。中共中央党史研究室科研管理部、办公厅的部分同志也参与了有关工作。特别是在北京市和山东省召开的两次全国性会议，中共中央党史研究室科研管理部、办公厅的有关同志自始至终参与了繁忙的会务工作，付出了大量心血和辛勤劳动。

中共中央党史研究室课题组承担了组织指导与协调推进各地课题调研和联系有关专家完成全局性专题调研的繁重任务。在人手十分有限的条件下，课题组同志们近十年如一日，以对民族负责、对历史负责的自觉精神，克服困难，埋头苦干，为圆满完成任务做了大量工作。计先后编发 213 期达 60 多万字的《工作简报》，同各省、自治区、直辖市的同志和有关专家进行了数以千万次的电话联系及当面沟通，先后到 10 多个省、自治区、直辖市实地调查、参加会议，了解情况，当面指导，协助各地完成调研工作，或邀请有关地方的同志到北京进行座谈；还组织 22 个省、自治区、直辖市课题组编纂《抗日战争时期全国重大惨案》，同中央档案馆联合编辑《抗日战争时期解放区人口伤亡和财产损失档案选编》，同中国第二历史档案馆、中国人民解放军档案馆联合编辑其馆藏的相关档案资料，撰写有关专题报告，等等。将近 10 年来，课题组成员虽有变动，但工作始终如一，没有延误和懈怠。

需要说明的是，《抗日战争时期中国人口伤亡和财产损失》课题，有时也简称为抗战损失课题或抗损课题。虽然有学者认为"抗战损失"或"抗损"通常只能反映抗日战争中财产方面的损失，人口伤亡不能称作损失，但考虑到当年国民政府习惯采用"抗战损失汇报"或"抗战中人口与财产所受损失统计"等表述，所以本课题参照前例，以"抗战损失"或"抗损"作为课题简称。

2014 年初，根据中央领导同志的指示精神和中共中央党史研究室室委会关于做好出版和对外宣传全国抗战损失课题调研成果准备工作的要求，我们组织部分省、自治区、直辖市的分管领导和课题组成员对已经印出样本的 A 系列书稿再次进行复审和互审，并邀请部分承担了抗战损失专题调研任务的专家参加审稿工作。这次集中复审和互审的主要任务是：审核已经印出样本的 A 系列书稿，对相关数据、史实严格把关，保证课题调研结论的真实性，保证书稿没有重大差错。中共中央党史研究室主要领导同志和分管领导同志也提出要求：把工作做得再深入、再扎实一些，统一规范，责任到人，把问题消灭在书稿正式出版之前。

在复审和互审过程中，地方同志和邀请的专家以多种形式及时沟通，围绕审稿发现的问题研究讨论，和中共中央党史研究室分管领导进行交流，对一些重要的共性问题达成一致。经过复审和互审，对有关的 A 系列书稿做出进一步修改。在此基础上，中共中央党史研究室课题组同志又对拟第一批出版的每一部 A 系列书稿进行多环节的审读、检查、修改、校对，严格审核把关，尽可能如实、客观地反映调研情况和成果。

中共中央党史研究室的其他同志及一些外聘同志、从地方党史部门借调的同志，如徐玉凤、谢忠厚、杨延力、郭明泉、戴思厚、王俊云、梁亿新、宋河星、毛立红、王莹莹、茅永怀、庚新顺、李蕙芬同志等，满腔热情地参加了本课题调研的部分工作。不论是调研选题的讨论、同有关各方的联络，还是资料的整理、归类、建档等，他们都付出了辛勤的劳动。还有不少领导和同志对课题调研给予了关心和帮助。

这里，还要特别感谢国家社会科学基金规划办公室、国家新闻出版广电总局有关领导和同志对本课题调研工作的支持和帮助，感谢有关部门对丛书出版经费的支持和保证。中共党史出版社的领导汪晓军以及陈海平、姚建萍等同志，也为这套丛书的出版花费了很多心血。

我们相信，本丛书 A 系列和 B 系列各卷的陆续公开出版，必将大大有助于抗战损失课题调研成果的推广利用，有利于固化历史，更好地发挥以史为鉴、资政育人的作用。但是，我们也深知，本课题调研迄今所取得的成果，还只是阶段性的、部分的、不完全的成果。在已经取得的来之不易的成果的基础上，今后，这一课题的调研工作还要深入不懈地继续进行下去。

中共中央党史研究室课题组

2016 年 8 月 19 日